信息融合概念、方法与应用

Conceptions, Methods and Applications on Information Fusion

赵宗贵　熊朝华　王珂　许阳　著

国防工業出版社

·北京·

图书在版编目(CIP)数据

信息融合概念、方法与应用/ 赵宗贵等著. —北京:
国防工业出版社,2012.11
ISBN 978-7-118-08089-6

Ⅰ. ①信... Ⅱ. ①赵... Ⅲ. ①信息融合—研究
Ⅳ. ①G202

中国版本图书馆 CIP 数据核字(2012)第 267733 号

※

国防工業出版社出版发行
(北京市海淀区紫竹院南路23号 邮政编码100048)
北京奥鑫印刷厂印刷
新华书店经售

*

开本 787×1092 1/16 **印张** 25 **字数** 569 千字
2012 年 11 月第 1 版第 1 次印刷 **印数** 1—4000 册 **定价** 78.00 元

国防书店:(010)88540777 发行邮购:(010)88540776
发行传真:(010)88540755 发行业务:(010)88540717

序

在人类认识世界的过程中，信息融合起着不可或缺的作用；它通过多源信息的关联、归纳和推理，产生对事物完整、准确的认识，为人类改造世界的决策和行动提供依据。在步入信息时代的今天，信息融合作为一门新兴的跨领域学科和工程实现技术，已在疾病诊断、机器人、交通控制、地质探测、自然灾害预报，以及安全监测等诸多领域获得广泛应用。在21世纪所面临的信息化战争中，随着传感器和探测手段的增多，人们几乎被信息海洋所淹没，即信息过多但并不充分。这就使得战场感知领域成为信息融合的主要需求和发展的推动力。

赵宗贵研究员是我国C^4ISR领域知名专家，自1991年信息融合概念进入我国，他率先树起信息融合旗帜，编译了第一本进入我国的信息融合专著：E. L. Waltz和J. Llinas的《多传感器数据融合》，该译著虽然只印刷500册且没有正式出版，但很快风靡全国，引领了我国信息融合领域的发展。20年来，赵宗贵研究员和他的团队密切跟踪美国JDL信息融合专业组不断滚动发展的信息融合理论、方法和技术研究成果，密切关注各领域中的信息融合应用状况，并结合我国实际进行理论和应用创新，在ISR和C^4ISR领域的应用中，取得了不斐的成绩。本书就是该研究团队20余年部分研究成果和应用的一个概括。该书的特点之一是创新性，在信息融合体系结构、态势与威胁估计、柔性融合、非均匀分布传感器空间配准等概念、方法和实现技术等方面均有创新。特点之二是实践性，书中给出了大量来自工程实际应用的研究成果和案例，应用实践使相关概念更加清晰，如关联与相关的差异、态势的清晰性和连续性、信息融合级别的内涵等，纠正了如统一态势、决策级融合等模糊概念；书中还描述了信息融合随应用实践滚动发展出现的新概念和新方法，如软数据、硬数据及其融合方法，分布式融合结构和实现方法，态势一致性等。特点之三是指导性，该书的每一章内容都从技术发展和应用需求角度，指出了技术难点、尚未解决的问题和发展趋势，以引领相应的研究工作。

该书的内容来自团队自身的研究和实践成果，以及尚未编译刊出的最新研究文献。该书采用扬长避短的方式，通篇逐句自主撰写，内容完整，与已有信息融合领域出版物基本上无重复描述，这在国内并不多见。该书的出版发行必将进一步推动我国信息融合理论、方法和技术的发展，推动信息融合应用迈上新台阶。

在人类认识世界和改造世界的长河中，随着科学技术的螺旋上升式交叠发展，信息融合必将向知识融合和智慧融合演变。期望赵宗贵研究员及其团队在信息融合发展中有进一步成果和新的著作问世。

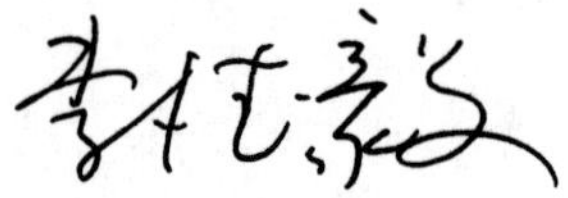

2012.6

前　言

现代信息化战争中，信息来源愈益广泛，信息量愈益增大，表现形式愈益多样；对信息处理的响应速度及精度等要求不断提高，大大超出人脑和人工手段的信息综合能力，因而利用计算机和计算网络技术对获得的多源信息进行自动分析、优化综合以获得作战活动所需的估计与判断结果——信息融合，已成为各类军事信息系统的核心技术之一。

信息融合起源于军事需求，军事领域一直是它的产生和主要应用领域。信息融合军事概念是指战场态势感知诸环节（信息获取、信息传输、时空配准、目标估计、态势/威胁估计、态势展现）中多源信息的处理过程，其目的是获取及时、准确、连续、完整和一致的战场态势，以支持战场预警、作战决策、指挥控制、火力打击等作战活动。早期称之为"数据融合"，主要进行多传感器测量数据的融合，以获得及时、准确的目标估计，对目标进行连续跟踪。20 世纪 90 年代以后，随着融合信源不断扩大，包括了技侦、人工、开源等各类侦察情报和中长期情报；信息形式也更加多样化，包含了信号、数据、声音、图像、文本等；并且融合能力也提升到战场态势估计和威胁判断等高级功能，作战应用则扩展到指挥决策和精确打击；此时更多地使用"信息融合"这一概念。不过在目前很多军事应用场合，两个概念在一定程度上是通用的。

信息融合技术产生与发展来源于军事需求牵引，其发展历程可分为以下 5 个阶段：

• 信号融合

1973 年，美国海军对海上分散配置的声纳报知的水下探测信号进行汇集，使目标信号增强，以检测某海域中的潜艇目标。当时称为信号融合，其融合处理同类（声纳）传感器模拟信号，采用集中式融合方式，功能主要是实现目标的发现、定位与识别。信息融合的概念即来源于此，或者说信号融合是信息融合的初始概念。

• 数据融合

20 世纪 70 年代后期和 80 年代，有源雷达探测能力增强，自主检测和录取使得单雷达能获得目标点迹/航迹数据，实现单雷达目标跟踪；由于受通信带宽的限制，这一阶段雷达站只能将其处理后的目标航迹和属性数据传送到情报中心，在情报中心进行多雷达航迹数据关联和融合处理，生成目标综合航迹。由于在确定的多传感器配置条件下，只有通过多源探测信息融合才能提高战场整体感知能力（覆盖范围、目标数量、精度、时间延误、连续性等）；因此，到 20 世纪 80 年代，多源数据融合概念已为各军事强国的战场感知系统（主要针对战场侦察和探测传感器等信息源）所认同。数据融合系统主要针对传感器数据，信源以同类多传感器为主，也包括具有同等信息形式的异类信源数据；主要功能以 1 级融合目标估计为主，实现多传感器探测目标的融合定位、识别与跟踪，作战应用以战场预警为主，部分应用于作战任务区分和作战平台指挥控制。

• 信息融合

进入20世纪90年代,随着苏联解体,冷战结束,地缘政治和多极化发展趋势与美国单极独霸世界的野心冲突加剧,局部冲突和战争频现。此时,出现了多军兵种联合作战和多平台协同作战需求。随着远程打击和精确打击武器/弹药的出现,协同作战和精确作战对战场感知的实时性和精确性提出了更高要求。此阶段战场感知系统接入的信息源类型进一步扩展,特别是中长期情报、技侦/部侦情报、人工情报的接入,在信息格式、信息粒度、信息不确定性和信息的相容性等方面出现较大差异,信息形式已远不止数据,出现信号、数据、图像、文本、声音等多介质、多形式/格式,于是进入信息融合阶段。该阶段的融合功能向上扩展到战场态势估计和威胁估计,从而支持作战筹划与决策。为支持多平台协同作战和远程/超视距精确打击控制,融合系统接入目标跟踪和火控传感器或直接实现传感器与武器平台交联,使目标定位、识别与跟踪能力在精度、实时性上进一步增强。此时出现了信息融合典型的3级和4级功能结构(目标估计、态势估计、威胁估计,以及融合评估与反馈控制模型),作战应用也从战场预警扩展到作战决策、指挥控制和精确打击领域。

• 复杂战场环境中的信息融合

20世纪90年代后期,随着战场电磁环境日趋复杂,电磁干扰/抗干扰愈演愈烈,单一传感器已无法发现强电磁干扰下的目标或弱信号目标(隐身目标,如B-2二代隐身机的RCS只有$10^{-3}m^2$),有时只能发现一些不连续点迹(是不是目标,尚不得而知),无法生成航迹上报,这对传感器自主处理能力提出了严峻挑战。针对这一问题,人们又重新追溯到声纳信号融合检测某海域潜艇的融合初始阶段,但大范围、多节点、多介质、多目标信号的融合检测对探测资源的需求已远非夕比。其中,多平台协同作战对火力级传感器信息的融合对通信资源提出了更高的要求(如美军海上编队协同防空系统(CEC)实现了远程30英里和本平台30英尺在通信容量、时延、可靠性上达到同等水平,因此能在几十千米小范围有限节点之间进行协同作战)。然而随着网络通信技术的发展,多源目标融合检测、集中式点迹融合日益成为可能,于是信息融合功能增加了零级融合,即多信号融合目标检测功能,这对传感器组网探测、检测和发现弱信号目标(电磁干扰环境目标、隐身目标、机动目标、低小慢目标等)具有重要应用价值,从而出现了21世纪初的信息融合5级模型,对作战应用增加了对多平台协同作战和火力协同打击的支撑。

• 分布式信息融合

21世纪初,随着新军事变革的日益深入,军事强国正在加快军队向信息化转型的步伐,多军兵种在全维战场上的联合作战日益成为主导战争样式。基于信息支撑的网络中心战概念自1997年美海军提出后,至今已为世界各国军事领域所认同。支持网络中心战的战场感知中最重要的功能就是分布式信息融合,其对传统集中式信息融合体系提出了许多挑战性和颠覆性问题。面向网络中心战的分布式融合体系,首先在结构上依赖于其隶属的网络结构(分层结构、反馈结构、全分布结构),网络的信息传输能力(带宽、速率和误码率等)和环境噪声对分布式融合体系结构和融合算法的选择具有重要影响;其次,分布式融合所出现的共用信息节点为多路由后续融合节点的多次重复使用,会引起融合误差的增长,是必须解决的关键技术之一;再次,分布式融合节点的输入信息的相关性、不同的噪声分布等已经不能采用传统集中式融合中的先验假设方式来近似(独立同分布、不相关噪声等),而是必须认真面对的问题,特别是未知相关和未知分布情况,必须寻求新的理论和方法加以解决。分布式信息融合理论、方法和实现模型/算法正在研究和发展中，尚未形成完整体系。

长期以来，单雷达多目标自主检测、定位、识别与跟踪和在网络条件下迈向多雷达多目标集中式融合一直在信息融合及其应用领域占主导地位。这一领域的代表人物首推美国康乃狄克大学的 Yaakov Bar - Shalom 教授，他在多雷达多目标跟踪、密集回波环境中点迹关联与航迹起始、假目标判定和目标识别领域有大量杰出研究成果，著名的概率数据关联滤波(PDAF)算法和联合概率数据关联滤波(JPDAF)算法就是由他建立的。新奥尔良大学李晓榕(Li X. Rong)教授在目标跟踪领域有大量研究成果，提出了著名的变结构多模型目标跟踪理论与方法，对机动目标跟踪技术领域的发展起了引领作用。李晓榕教授 1999 年被美国导弹防御部门聘为信息融合与目标跟踪领域十位国际著名专家之一，担任 1999 年—2002 年国际 Fusion 学会副主席和 2003 年国际 Fusion 学会主席。近年来，李晓榕教授作为我国聘任的长江学者，每年都带领一批世界信息融合顶级专家回国讲学和研讨，推动了我国信息融合技术的发展。此外，罗德岛州立大学和马萨诸塞州立大学教授 Roy Streint 在多传感器融合、分布式自主系统与信号处理，及融合软件开发、评估和应用领域有许多创新成果，曾获 1999 年美海军工程师学会 Solkery 奖和 2001 年海军部最高公民成就奖，现任 2009 年—2010 年国际信息融合学会主席。法国 ENSTA 工程学院教授、ONERA 研究院高级研究员 Jean Dezert 创建了新的似真与悖论推理信息融合理论 DSmt，发表了 3 部专著，是 Fusion2000 巴黎大会主要组织者，是 2001 年—2007 年信息融合国际大会常务理事/副主席。

从事信息融合军事应用领域的代表人物主要有纽约州立大学巴夫勒分校的 James Llinas 教授和马里兰大学巴尔的摩分校的 Edward L. Waltz 教授，美国导弹防御局高级专家 Alan Steinbery 教授，他们是美国防部实验室联合理事会 JDL 数据融合小组成员，在目标跟踪、目标识别、态势估计与威胁估计，以及著名的 JDL 数据融合模型的建立和修订方面做出了重大贡献，并积极参加美、欧、澳、亚、非洲各种有关融合和集成传感器发展方面的学术交流和学术会议。

信息融合概念是 1991 年海湾战争之后进入我国的，当时称为数据融合(Data Fusion)。第一本进入我国的代表著作是 Edward L. Waltz 和 James Llinas 的 Multisensor Data Fusion(多传感器数据融合)，该书由中国电子科技集团 28 所赵宗贵研究员等编译，尽管只是内部发行，却很快传播到全国各主要研究单位，成为我国信息融合的启蒙读物。

1991 年之前，国内就已经开始研究空、海运动目标跟踪技术，其中包括对 Bar - shalom 的单/多目标的关联与跟踪方法，多传感器目标定位、识别与跟踪技术等的研究与应用，1992 年海湾战争后，首先响应数据融合技术研究的是军事应用领域，即相应的国防工业研究院、所和部队的一些研究院、所。他们从不同的研究领域和项目任务出发开展了大量研究，20 年来成绩斐然。

目前，国内出现了不少有关信息融合的专著，包括赵宗贵等译著的《多传感器数据融合》和《数据融合方法概论》、胡卫东等编著的《信息融合》、杨万海编著的《多传感器数据融合及其应用》、康耀红编著的《数据融合理论与应用》、何友等编著的《多传感器信息融合及应用》、韩崇昭等编著的《多源信息融合》、潘泉等编著的《现代目标跟踪与信息融合》、王润生编著的《信息融合》、彭冬亮等编著的《多传感器多源信息融合理论及应用》、敬忠良等编著的《图像融合—理论与应用》等，也出现不少高水平的论文。但是，目前国内院校主要集中在信息融合的基础理论和纯方法研究方面，与实际应用结合不太紧密；而研究院、所虽然已有部分研究成果在工业部门相关领域中应用，却尚未纳入信息融合理论体系，特别是近期信息融合领域所产生的新的结构、方法和技术尚未得到有效应用。本书紧密围绕信息融合实际应用需求，主要是军事应用需求，在介绍国外信息融合的最新动向的同时，归纳和总结多年来所取得的研究和应用成果。

全书共分为10章。第1章主要介绍了信息融合的基础概念与内涵，包括信息融合5级概念、应用领域与学科体系，以及与信息融合相关的态势感知概念；特别重点介绍了信息融合的当前技术难点和发展趋势。第2章主要描述信息融合系统结构与模型，介绍美国防部JDL信息融合模型结构与发展沿革；描述了2004年JDL推荐模型，指出了其不足和发展动向，并建立了战场感知资源管理与信息融合的关系。第3章主要介绍来自实际应用需求的信息源空间配准方法与实现技术，其中固定平台传感器空间配准方法已得到有效应用，针对系统误差非均匀分布和低可观测情况，以及运动平台探测系统空间配准等应用领域的难点，提出了有效解决方法。第4章介绍了多传感器多目标探测与跟踪方法和实现技术，包括传感器优化配置规划模型、杂波抑制和假目标判定方法、传感器点迹融合和点/航迹融合方法、机动目标跟踪方法，以及无源多站测向定位规划模型和实时求解方法，其中包含了一些实际应用案例。第5章介绍了战场态势估计与威胁估计概念、定义、内涵、结构，以及实现方法、技术和应用案例，其中的态势质量概念与控制方法、共用态势图概念和发展趋势等融入了大量当前最新概念和方法。第6章介绍了多类较大差异特征感知信息的柔性融合方法。第7章介绍了网络中心战条件下的分布式融合提出的挑战性问题，如分布融合结构、共用信息节点的重用产生融合误差增长，以及相关性部分未知或完全未知情况的多源信息融合问题等，提出了解决的技术途径和方法，并给出了应用案例。第8章介绍了多分辨率图像融合和红外、可见光、SAR等多类介质图像融合的方法和实现技术，并给出了应用案例。第9章给出了战场感知信息质量的最新研究成果，包括信息质量概念、指标体系和不确定性综合评估方法，其中给出的运动目标航迹质量分级体系构建方法和实时计算模型具有重要实用价值。第10章为读者展示了基于某信息融合仿真试验平台研究成果的信息融合技术验证评估方法与实现技术，填补了该领域空白。

本书第1章、第2章、第5章、第7章由赵宗贵研究员撰写，第4章由熊朝华研究员、黄山良研究员和吴蔚高工撰写，王珂工程师撰写第3章，李君灵博士撰写第6章，刁联旺、许阳博士和赵宗贵研究员撰写第9章，吴小俊教授和赵宗贵研究员及王晓文博士撰写第8章，裘海蓉高工撰写第10章。徐欣博士为第5章提供了部分素材，主编赵宗贵研究员为其他各章提供了大量资料并对所有章节进行了多次修改，许阳博士和李君灵博士对全书的文字整理做了大量工作，参加本书文字整理的还有惠新成工程师，以及朱霞、王晓璇工程师等。感谢于永生、毛少杰、李云茹、陆敏、戚志刚、杨志海研究员，他们在资料、技术和人员上对本书的撰写提供了大力支持。

本书是信息融合领域最新研究成果与实际应用相结合的产物，因此，与该领域已出版著作不同，本书某些章节内容，缺少严格的数学推导，只给出方法、公式和应用效果。这反映了本书基于经验和面向应用的特点，期望能对国内信息融合学科研究人员和应用领域技术人员有所启示和帮助，不足之处请读者指正。

作者

目　录

第1章　信息融合基础概念与内涵

信息融合是20世纪70年代出现的一个跨领域学科，当时称为数据融合。“数据融合”一词是美国1973年提出的，当时在美国国防部资助下进行声纳信号理解研究，即对多个独立连续信号进行融合，以检测某一海域中的潜艇。随着信息源从单类传感器扩展到多类介质和技术手段，在20世纪80年代末，数据融合演变为信息融合，应用也扩展到现实世界各领域。然而，迄今为止，尚未有被诸学界一致认同的信息融合定义。

1.1　感知域中的信息融合

1.1.1　信息融合通用概念

信息融合属于人类对现实世界的认知领域。从唯物论的认识论出发，人类对现实世界的认识是一个由浅入深、由低到高、由片面到全面的过程。人类在认识过程中总是从客观事物的诸多方面一一察觉开始，然后对诸察觉结果进行综合，总结出规律性认识，再循环往复、不断提高，实现对事物的准确认知。这就是由特殊到一般，并且不断发展变化的认识过程，其中由诸多察觉信息产生对事物的综合认识的过程就是信息融合的概念。人类对客观事物的认识是对其五官（对该事物）的察觉信息在头脑中的融合结果所产生的。随科学技术发展所出现的各类探测传感设备和技术手段，它们又可装置在陆、海、空、天范围各类平台上，实际上是感官的延伸。因此，通过多平台多传感器和技术手段获取的事物察觉信息，产生对事物的综合认识的信息处理过程就成为当前信息融合的通用概念。一般，将综合认识信息直接称为融合信息，它能实现比单一察觉信息更全面、更准确的事物认知。简单地说，人类认识现实世界必经的过程如图1-1所示。

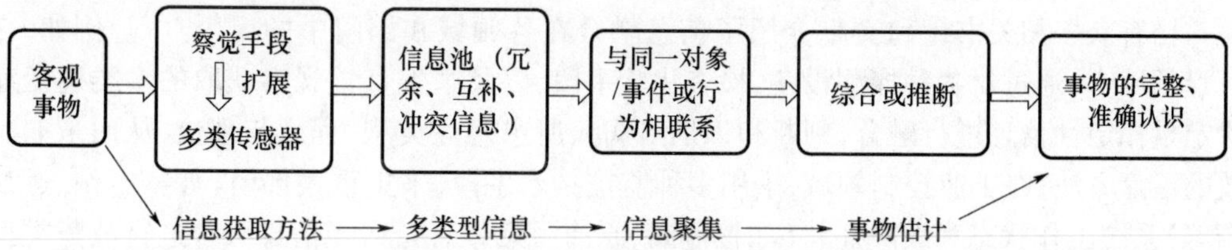

图1-1　人类对客观事物的认识过程

图1-1中，在获取不同类型的众多客观事物信息（信息池）之后，进行源于同一事物的信息聚集（关联/相关）处理，以及对事物进行准确、及时的融合估计与改善皆是信息融合的工作内容。鉴于信息的多介质、多频谱和多模式，并且经常呈现出信息太多但并不充分的情况，因此信息融合技术存在巨大难度。

下面分析人类对客观世界的智能感知与推断和信息系统感知与推断，在诸阶段的对应关系。人类智能感知与信息化系统感知的5个阶段对应关系如图1-2所示。

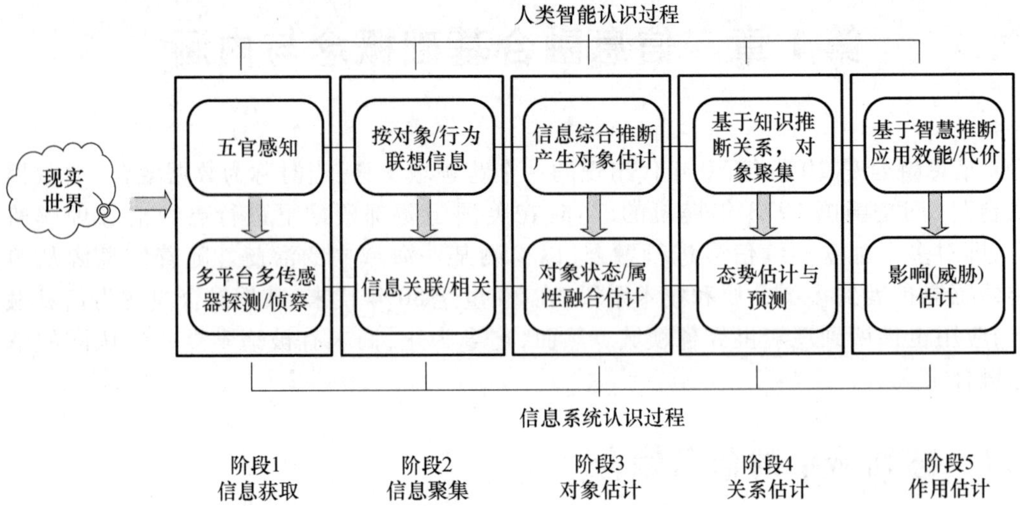

图1-2　人类与信息系统5个阶段感知对照

从图1-2可以看出，信息系统对事物的认识过程就是采用信息技术模拟人类认知过程5个阶段的多源信息融合过程，包括客观事物信息融合获取、融合处理和融合应用，它们遍布物理域、信息域和认知域，是人类认识世界并走向改造世界不可或缺的技术途径和方法。

从这个意义上说，虽然信息融合概念产生于军事应用领域，实际上它是人类对现实世界各类事物认识过程中早已应用的概念和方法，只是当前由于信息技术，特别是电子技术的发展，传感器和感知技术手段在能力、精度和自动化程度上得到极大提升，为人类认识能力的提升创造了新的环境条件和可行性，这就使得信息融合技术更加体现出其在人类认知活动中的作用和巨大应用潜力，从而受到人类各应用领域普遍青睐和重视，而成为日益兴起的新的边缘学科。

1.1.2　信息融合民用领域概述

已有众多相关书籍和文献介绍了信息融合在各领域和部门中的应用[1,2]。例如，在医疗领域[3]，通过对各种探测设备、检查化验手段，以及医生直觉观察获取的多类病变症状定量和定性信息进行融合，判断和识别出病人所患病症类型、程度与部位，从而采取有效的治疗方法；在工业控制领域，采用多种监控技术手段，采集重大部门（如核电站、运油船等）系统工作状态和故障症状（如核泄漏、原油污染等）信息，经信息融合进行故障类型判断和故障定位，以及时维护和排除故障，提高系统的可靠性；在机器人控制领域，机器人上装置的多类传感器采集到视觉、触觉、距离等环境信息后，需经信息融合才能判断障碍物，计算状态参数，自主控制机器人的相应动作，快速准确地完成确定的操作和运动功能；在城市交通控制领域[4]，通过红外、光学图像传感器和压力/振动传感器采集路口附近车辆的数量及型号、速度、方向等状态参数，经融合处理后获得实时、准确的路口交通状态及环境信息，以实时、准确地控制该路口的红绿灯；在空中航行管理领域[5]，可以通过多雷达对空中航路和机场上空目标探测信息与飞机报告的定位信息的融合，产生实时、准确的相应航路和空域中目标态势信息，实现对目标的偏航控制和冲突检测，以及目标起降控制，从而保障飞行安全；在安全防护领域，早在20世纪70年代，某些西方银行就采用本人签字图形和笔触压力特征曲线融合识别提款者，以保障资金安全；随着技术的发展，采用指纹、虹膜、声音等多类生物特征及面部图像融合识别技术已在海关、机场、边防，甚至选举投票中广泛使用，起到了前所未有的安全保障作用；在图像融合领域[6,7]，通过多时空分辨率图像的配准和融合，能产生高分辨率图像，能增强图像中所含目标和特征的能量及其与背景的对比度，从而提高对目标的定位、识别与跟踪能力；不同介质图像的融合，能基于多介质融合特征进行图像目标提取、状态估计与识别，获得更加全面、准确的目标信息，因此，在各领域皆具有重要的应用前景，如多介质遥感（卫星、航拍）图像融合进行作物长势和地貌估计，多介质地质图像融合实现矿物资源定位与识别判断[1]，在医疗诊断中X射线、CT扫描、MRI等图像信息的融合能获得任何单一影像无法获得的疑难病症确诊效果。

1.1.3 信息融合学科/技术领域的初步评价

信息融合作为一门应用技术，是许多传统学科与新兴信息技术领域的结合应用，这一点已为学术界所公认。然而，目前信息融合仍是一个不成熟的研究领域，还要反复锤炼；在形式、方法和理论上，虽有一些成熟的方法，但尚不能实现多领域统一、对等的应用；尚未建立信息融合在理论、方法、结构、过程、分类等方面的规范，因此，形式上的信息融合学科在学术界尚未得到一致的认同。在军事应用中，多传感器目标关联融合、定位与跟踪技术已基本成熟，但对地面目标的跟踪，以及空、海目标跟踪中的高难度问题（如目标机动判定与跟踪、密集目标跟踪等），技术尚未成熟，并且随着运动平台性能的提高不断出现新的亟待解决的问题。对于多源目标属性融合识别问题，由于不同类型信息源获取的目标属性信息粒度（敌我、国籍、类型、型号等）存在较大差异，信息级别也存在较大差异（信号级、数据级、特征级、判定级等），并且信息之间有时存在弱相容或相悖性，因此，无法构建统一的物理识别模型和统计识别模型，更缺乏统一的理论和方法支持；自动识别只能限于局部（特定）属性范围，而智能识别则需借助于人机交互。战场态势与威胁估计知识/规律的提取与精炼是目标（状态与属性）融合估计对作战决策整体支持能力的提升，由于涉及到对诸战场目标之间及与其他态势要素之间关系的估计与预测，并且要与作战意图紧密联系，因此，更是十分复杂且与指挥员的能力（知识、理解与智慧）相关的一个高深莫测的领域；目前，已出现一些研究方向，如定量方法与定性方法、结构化方法（如特定的威胁估计模型）与非结构化（如基于知识的系统KBS）方法、软数据融合、自动推理和人在环中方法、Context技术框架等。作为实现态势自动估计与推理的信息融合技术，囿于其信息来源（除实时战场目标估计信息外）的多样化、多精度、多不确定性、多粒度，尚未有成熟的、统一的理论与方法，只在威胁估计的某些具体局部领域，有一些定量或定量定性相结合方法的应用。至于融合过程的精炼与优化，目前还只限于提出研究思路的层面上，如针对信息源的传感器管理、基于知识的方法与技术选择、基于Context或KBS的过程推理控制，以及面向服务的体系结构（SOA）等。总的看来，信息融合是一个不成熟的领域，需要一个支持体系的方法论，以统一覆盖各专业类型环境的应用。

如前所述，信息融合是人类认识世界的重要技术途径，并由此发展起来的新兴跨领域学科，在当今各类察觉手段和技术日益发展的情况下，信息融合愈益显现出重要性；由于认识世界是为了改造世界或顺应规律发展，因此，信息融合技术是为应用即解决现实问题服务的，军事领域的信息融合目标是支持各类作战活动（预警、决策、指控、火力等）；信息融合作为战场感知领域的关键信息处理功能环节，在结构上与应用领域紧密相关，特别是军事领域的信息融合系统是应作战、决策、指挥控制和火力打击的网络化需求呈现出典型的分布式结构，包括对等式分布结构、按功能的时空分布结构、多级多中心结构和混合式结构等，它们都是在相应通信网络支撑下实现的；不同的分布式结构具有不同的信息源并采用不同的信息融合方法，其中的结构化方法尚不完全成熟，缺乏统一的理论基础，而智能化方法是正在研究的方向。

1.2 信息融合的军事概念与内涵

信息融合起源于军事应用，目前已成为战场感知领域不可或缺的重要环节。简单说来，信息融合能将多类传感器/信息源对战场目标的察觉数据/信息与指挥员所关注的战场对象/事件联系起来，实现和改善对这些战场实体及其相互关系的及时、准确估计，并随战场态势的变化和作战需求不断精炼；多类信息源产生的信息海洋淹没了指挥员，并且信息过多但并不充分（够用）这一事实，是当前军事领域亟需信息融合技术的主要动力。

美国国防部实验室联席理事会（Joint Directors Laboratory，JDL）1987 年推出数据融合初始模型，从功能角度确定了数据融合的军事概念是：**对来自多源的信息和数据进行检测、关联、相关、估计与综合等多级多层面的处理，以得到精确的目标状态与身份估计，以及完整、及时的态势与威胁估计**[9]。

该概念可视为比较权威的数据融合的军事概念，它强调了数据融合的 3 个方面。

（1）数据融合是在几个层次上对多源数据的处理，每个层次表示相应的数据提取层次的信息融合处理。这里的数据提取层次指信息获取环节（如传感器）所能提供的数据级别，如信号级、数据级/像素级、特征级、判定级等。

（2）数据融合的过程包括数据的检测、关联、相关、估计和组合。对于不同的数据级别须采用不同的融合方法，如信号/数据级依次采用联合检测—点迹关联—目标估计技术；信息源提取的数据级别越高，说明其自主处理能力越强，后续的融合处理越简单；但产生的信息损失越大，导致融合效果越差。

（3）数据融合结果包括低层次的目标状态和身份估计，以及较高层次的整体态势估计。数据融合的低层次产品，即诸单一目标的估计结果无法满足作战活动的需要，因此，必须扩展到能够提供诸目标之间及与战场环境要素之间的关系估计结果，即提供战场的整体态势估计和威胁估计，以支持作战决策和指挥控制等整体作战活动。

JDL 的信息融合军事概念经历了从数据融合到信息融合，从 3 级初始模型到 5 级修正模型的发展历程，简述如下。

信息融合军事应用初期，其信息形式主要是来自探测/侦察传感器的数据，如雷达、声纳、无源传感器等,主要是对同类传感器数据的融合,以实现对战场单一目标的定位、识别与跟踪。随着作战应用需求扩展到完整、及时的态势估计与威胁估计功能,必须引入除实时传感器之外的信息源,如技侦、部侦、人工情报、开源文档等准实时和中长期情报等;探测平台扩展到天基、空基、海基和陆基移动平台,探测手段也从电磁(微波/天波/地波雷达/SAR/无源 ESM 等)扩展到红外、多光谱、光电、激光、水声、振动等多类介质;由于探测传感器和获取手段的自主处理能力增强,基本上已可实现从数据到定量定性信息的转换,直到可局部定位、识别和跟踪目标;这样,数据融合概念让位于信息融合就是一个十分自然的转变。当前,经常将这两个融合概念不加区分地使用,并且信息融合也含有探测级(信号、数据)的融合处理。

JDL 推出的上述信息融合的军事概念强调了目标定位、识别与跟踪,以及战场态势估计与威胁估计,它们分别称为数据融合的 1 级、2 级、3 级,数据融合的 3 级功能模型详见第 2 章。自 20 世纪 80 年代后,由于传感器自主探测与处理能力的增强,在相当一段时间内,1 级融合主要基于诸传感器上报的局部航迹融合实现。然而,自 20 世纪 90 年代开始,随着电子对抗技术在作战中应用能力的提升,战场电磁环境日趋复杂,战场目标掩埋在强电磁压制干扰或欺骗干扰环境中;随着电磁防护和反探测技术的发展,隐身目标的出现正在对传统战术战法提出挑战,如美军第二代隐身机 B2 的雷达探测 RCS 只有 $10^{-3}m^2$,相当于一只鸟,常规雷达无法发现。这两种情况均导致雷达探测信号(相对)减弱,再考虑到巡航弹、直升机、无人机等小目标,均称为弱信号目标。在实战环境中,固定频段的单一传感器无法连续定位跟踪弱信号目标,甚至无法检测出目标点迹和形成航迹,这已是严峻的事实;为解决弱信号目标的发现与跟踪,人们设计了双/多基雷达,以及应用不同介质、不同频段、多站点结构传感器,并将多源信息融合向下延伸到探测级,于是基于多传感器探测信号融合/数据融合实现目标联合检测再次提到信息融合日程上来,出现了软判定传感器和软判定传感器系统技术;为此,JDL 模型增加了“0 级融合”概念。随新军事变革导致的多军兵种联合作战样式的出现,以及基于网络的信息化支撑,对战场感知,特别对信息融合效能提出了更高要求,于是融合系统的效果评估和基于作战需求的优化控制与过程精炼等功能也纳入到信息融合功能之中,称为“4 级融合”。为了体现人的智慧和判断力在信息融合各层级中的作用,将人机交互作为信息融合的第“5 级”,这一观点尚未被普遍接受。

基于上述信息融合概念的发展沿革,图 1-3 给出了目前信息融合 5 级概念示意图。

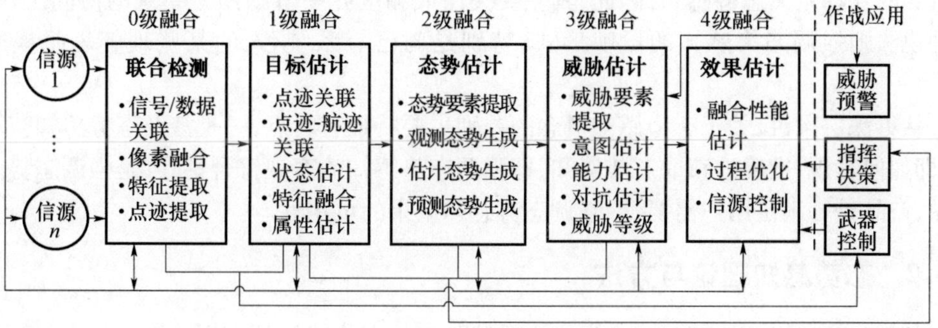

图 1-3　信息融合 5 级概念与功能关系

1.3 态势感知概念与方法

1.3.1 态势感知概念

态势(Situation)是指现实世界中人们所关注的事物的状态及其可能出现的变化,军事领域的战场态势则是指战场环境与兵力分布的当前状态和发展变化趋势[9],该概念将文献[10]中所定义的“敌我态势”概念向前推进了一步,即由静态概念发展为动态概念。关于态势感知的概念,则要向前追溯。

Stanton 等人在关于态势感知与安全的描述中指出[11],最早的态势感知(Situation Awareness)概念是 Oswald Boelke 在第一次世界大战期间提出的,他指出了“先于敌方获得态势感知并设计达成方法的重要性”[12]。然而态势感知引起关注是直到 20 世纪 80 年代之后,最早推动研发的是航空业,因该行业中飞行员和交管人员存在高于其他行业的安全紧迫感,而安全则与态势感知的准确性与实时性密切相关。这并非夸大其词,200 次飞行事故统计表明,态势感知的缺失是发生事故的主要因素[13],因此,态势感知研究与提高飞行控制自动化程度紧密结合。这一点对当今网络中心战时代,将作战平台驾驶员和指挥中心操作员转变为战术指挥(决策)员的战场感知需求,仍然具有重要意义。

1995 年,美国心理学家 Endsley 提出[14],态势感知概念不仅对安全领域具有重要性和可应用性,而且可扩展到各种应用领域,尤其是论证了即使很小的态势偏差也可能产生严重的负面影响。关于态势感知概念,有下述诸表述:

(1) 态势感知是对一个时空范围中的环境元素的察觉,对其含义的理解和其未来状态的预测[15]。

(2) 态势感知是个体对态势有意识地动态反映,它提供态势的动态取向,不仅能适时地反映态势的过去、现状和将来,还反映该态势的潜在特性。动态反映包含人的逻辑概念、想象、有/无意识思维,以形成对外部事物的思维模式[16]。

(3) 态势感知是某环境代理系统,它使用该环境的一个性能择优器,生成达到指定目的需求的瞬时(短期)知识和行为[17]。

上述第一种说法强调采用某些未来预测形式察觉和了解世界;第三种说法则采用人与世界的互动定义态势感知,因此,其主要关注人和世界中事物两个系统的协同工作;第二种说法则强调态势感知的反映形式,特别是与已有系统/人的某些理解思维模式相联系。

从更深层次讲,关于态势感知概念的差别主要特征有两点,一是涉及态势感知获取过程,即如何客观、准确地获取态势感知,即强调态势感知的客观符合性;二是强调态势感知产品,产品是否满足用户需要,即强调态势感知结果的可用性。

1.3.2 态势感知理论与方法

各种态势感知理论都与现实世界中描述与确定态势感知的概念和方法具有很强的关联性,占支配地位的是 3 个主要理论方法:信息处理方法、活动性方法和察觉周期方法。

信息处理方法采用 Endsley 的三级态势感知模型表示[14]，它将态势感知展开为高阶认知处理予以实现；活动性方法是将态势感知仅作为面向反映能力的成分之一来描述[16]；察觉周期方法则将态势感知作为人与其所在环境的一个动态交互，即在互动关系上定义态势感知[17]。

1.3.2.1 三级信息处理模型

态势感知属于自然判定类，而自然判定类又属于通用的信息处理类。基于航空任务的态势感知信息处理模型是由 Endsley 提出[14]，后被整理成态势估计的 3 个层次，该模型遵从态势察觉、理解、预测的信息处理链。

（1）1 级态势感知：态势元素察觉（Perception）。这是态势感知的最低层，指飞行员对飞行状态（机内）和空中环境（其他飞机、地形、交管控制）信息的察觉，对原始察觉数据尚未解释和提取特征，只进行了集成。

（2）2 级态势感知：当前态势理解（Comprehension）。对集成的原始察觉数据进行理解，产生数据元素的信息含义并获得一个当前画面，产生对飞行员相关任务的认识（基于可用燃油的飞行时间/距离、战术威胁态势、任务完成状态等）。此时，飞行员能够判断其行动能否达到预期结果。理解程度标志飞行员的专业知识和思维能力。

（3）3 级态势感知：未来状态预测（Prediction 或 Projection）。最高级别的态势感知，与对环境元素的未来预测能力相联系（如预测冲突/交战活动），预测精度依赖于 1/2 级态势元素感知精度和理解准确度。预测态势提供给飞行员和相关指挥员，以规划下一步采取的活动路线和行为。所有从事时敏（Timing Sensitive）活动的实体都极大地依赖于所期望的问题预测，以采取适时的处置方法。

图 1-4 是将 3 级态势感知嵌入到一个描述人类活动的动态系统模型中的框图。

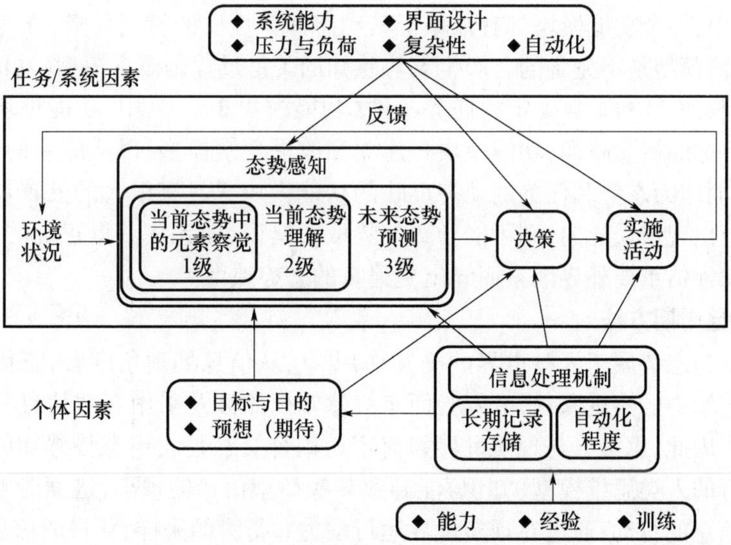

图 1-4 Endsley 的 3 级态势感知模型嵌入图

由图 1-4 可以看出，个人因素和环境因素对态势感知的影响，能力、经验和训练程度不同的人，对同一态势可能会得到不同的结论。态势感知程度随信息处理级别的提高而增加，态势理解包含对外部察觉数据的认知，知识的提取与目标的集成，进而形成进一步的预测状态。3 级态势感知的信息处理模型符合人类的常规认识过程，为许多应用领域特别是动态系统提供了相关的理论框架，因而具有通用性。

1.3.2.2 活动性理论

这是从俄罗斯引入西方的一种交互式认知子系统方法，它提出问题所含有的过程范围仅依赖于任务的性质和个人的目标[16]。该理论假设由 8 个功能模块组成调整活动功能模型，面向的任务是理解态势的功能含义，如图 1－5 所示。

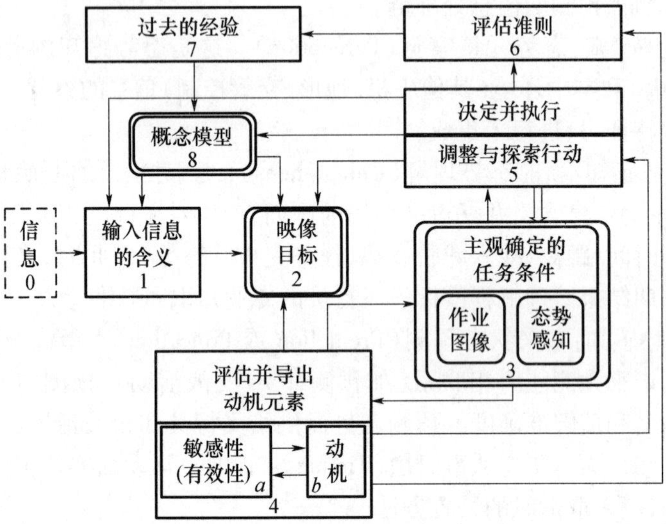

图 1－5　态势估计的一个互动子系统方法

图 1－5 中，每个功能模块都有依赖于其动态态势性质的特定任务，作为活动性的一种系统理论，该模型是不完备的。产生态势感知的关键过程是概念模型（功能模块 8）、映像目标（功能模块 2）和主观确定的任务条件（功能模块 3）。其中，功能模块 2 是建立信息—任务—目标的概念映像，功能模块 8 建立和改进现实模型，以适应新的信息，它们是相对稳定的；而作为态势和任务的动态反映的功能模块 3 具有很大的处置灵活性。若操作人员主观上出现错误导向，则可能导致态势取向错误，即无法获得正确的态势感知，很难再重新取向评估重要外界因素而导出更逼真的态势映像。

1.3.2.3 察觉周期方法

该方法认为态势属于人与世界的交互作用[17]，从信息处理角度看，态势感知过程涉及不断改进感知中的察觉和认知活动，而态势感知产品涉及采用有效信息和知识表示所感知的态势。因此，思考人与现实世界如何密切耦合交互是实现态势感知的核心。基于现实世界运行的人类思维模型（知识）能导致某些类型信息的预测，进而能够指导发现产生这些类型信息的行动；通过对现实世界运行动力和行为的采样，获得的信息能够用于对人类思维模型（认知模型）的修改和完善，以进一步指导相应信息活动的查找。上述过程就是态势感知的察觉周期方法，如图 1－6 所示。图 1－6 中，圈内描述察觉周期，圈外描述通常的研究周期。

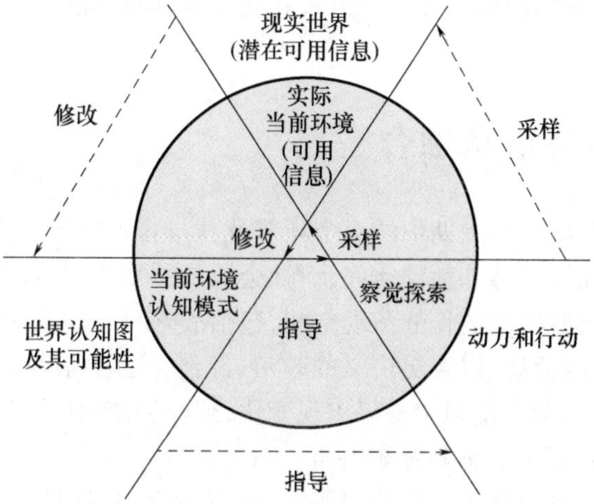

图 1-6 察觉周期扩展视图

1.3.3 态势感知环节

上述3种态势感知理论和方法的目标都在于获取实时、准确的态势视图,为问题决策和行动提供态势支持。其中,Endsley 的3级模型是从信息处理功能出发,体现了感知程度的逐步深化和为决策/行动提供更加准确、完整的信息支持,该模型还体现了感知—决策—行动的一体化过程中的人机交互与反馈控制过程。活动性理论更加强调主观确定的任务条件与态势感知活动的相互作用,但没有进行态势感知活动自身功能的深化研究;因此,从态势感知角度而言,该理论并不完善。察觉周期方法是以人类思维(知识/智能)模型为基础,过分强调人的思维在态势感知中的判断和预测作用,将多周期的察觉采样最终落实到对人的思维模型(认知模型)的修改和完善;按照此方法,不同思维方式/不同智慧层次的人对同一现实很可能会产生不同的态势感知结果。这样看来,Endsley 的3级模型相对合理,比较符合态势感知规律。后来的研究表明,在军事领域的信息融合技术发展中,特别是战场态势视图的生成阶段划分,完全继承了 Endsley 的3级模型,并赋予其新的概念和内涵[18]。

Endsley 的3级模型完全是从信息处理与理解建立的,从完整的战场态势感知周期看来,可以将战场感知周期分为6个环节,即信息获取、信息传输、时空配准、对象估计、态势估计、态势图生成与分发,如图1-7所示。

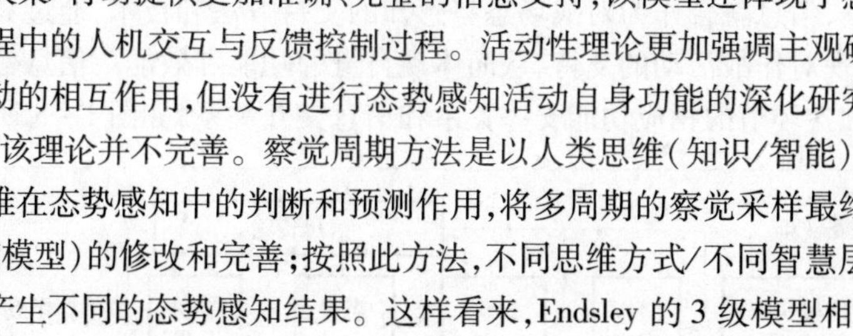

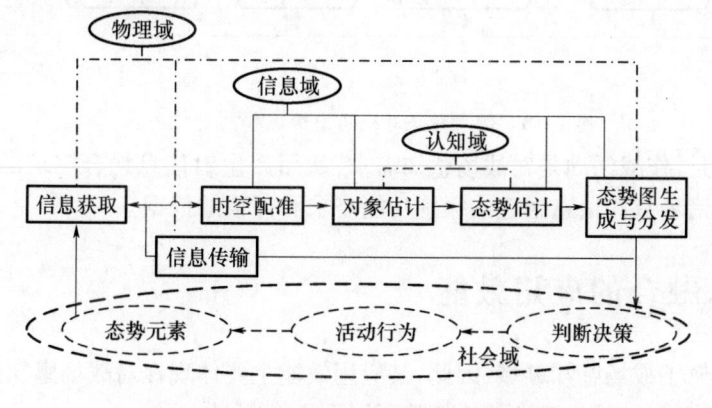

图 1-7 态势感知环节及其与4域的关系

该图给出了战场感知周期中6个环节及其与4域，即物理域、信息域、认知域、社会域（作战空间）的关系。

1.4 态势感知与信息融合

图1-7给出了战场感知周期中的6个环节及其与客观世界的4个域的关系，其中的物理域、信息域和认知域是感知活动空间，而社会域是感知所支持的应用活动空间。在军事应用中，社会域是指较广泛的作战活动空间，包括战略/战役/战场预警、作战决策、指挥控制和火力打击等作战活动，以及更广义的政治、经济、文化/宗教、地缘等领域的舆论和支援保障活动。这些活动会使现实态势出现变化，须经探测/侦察等察觉手段进一步获取和更新态势要素，进入下一个态势感知周期。

图1-3描述了信息融合的5级功能概念。信息融合是战场感知中所采取的方法和技术，而且当前已成为战场感知不可或缺的因素。从一定意义上讲，在物理域的探测/侦察和传输手段确定后，提高战场感知能力的关键因素就是信息融合处理，并且信息融合处理遍布覆盖4域的战场感知各环节。因此，信息融合的广义概念可以描述为：**信息融合是指态势感知诸环节中多源信息的处理过程，其目的是获取及时、准确、连续、完整、一致的态势视图，以支持在社会域（作战空间）中达到相应意图的活动与行为。**

在此概念下，信息融合作为对战场态势感知的支持方法和技术，通过对战场态势感知功能的支持，实现对作战活动的支持，从而体现自身的功能和效能。信息融合的各级功能对战场态势感知各环节的相应功能支撑关系和信息交互关系，如图1-8所示。

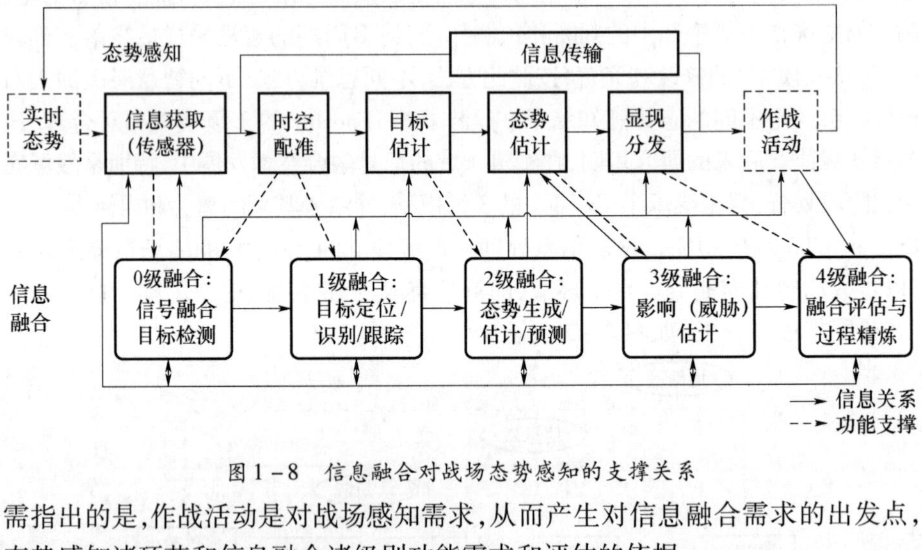

图1-8 信息融合对战场态势感知的支撑关系

需指出的是，作战活动是对战场感知需求，从而产生对信息融合需求的出发点，也是战场态势感知诸环节和信息融合诸级别功能需求和评估的依据。

1.5 信息融合的应用效能

信息融合属于战场感知领域，因此，其应用效能主要体现在对战场感知能力多方面的提高。需要指出的是，信息融合效能依赖于以下3个因素：

第一个因素，是所接入的信息源（传感器/获取手段和探测平台）对战场环境和目标的察觉（侦察和探测）能力，包括察觉范围、精度、及时性、可信程度等；察觉能力依赖于传感器的类型、频段、介质、分辨率、功率，以及探测平台所在空间范围和动力性能、导航定位精度等，信息源的能力是融合系统效能的基础。

第二个因素，是战场感知通信网络的传输能力，包括有线/无线、数据链、卫星通信，以及通信组网连接平台的空间范围、通达率、带宽速率、误码率、信道抗干扰能力，还包括物理网络的承载通信系统传输的信息类型（文电、格式情报、短军语/密语、可变报格式VMF、图像等）、传输协议和加/脱密机制等；通信网络的传输能力对信息质量从而对信息融合效能起重要影响。

第三个因素，也是最重要的，是信息融合自身的信息处理能力，包括时空配准、检测/定位/识别、实体融合估计、态势估计与威胁估计，以及过程优化反馈控制等各级各类信息处理采用的模型和方法对输入的战场目标、环境信息质量的融合改善和增益，这是产生信息融合效益的主要因素，也是信息融合技术和应用实现研究的核心内容。

信息融合对战场感知能力的提高主要表现在以下几方面：

（1）能够改善测量信息聚集/目标分辨能力。在复杂的战场环境（气象、水文、地理、电磁等）和密集目标/回波条件下，从大量的多源测量的目标信息和虚假信息中滤除虚假信息并聚集提取出真实目标信息将十分困难。信息融合的这一效能体现在其对测量信息的关联和相关判定能力上，包括信号/像素关联与识别、点迹关联与识别、航迹相关与识别，以及目标属性特征相关/关联与识别等，这些相关/关联功能是通过各类定量、定性判定准则和唯一、非唯一分配逻辑实现的。运动目标分辨能力的统计指标为单一目标所获得的融合航迹数量，在测量平台和传感器确定的情况下，这一指标既取决于采用的关联/聚集模型和方法，也取决于通信网络的传输能力（时延、误码率等）。例如，美军目前采用的3级目标探测/信息收集网络条件下，单目标融合航迹数：联合计划网络（JPN）下为1.5，联合数据网络/战术数据信息链（JDN/TDIL）下为1.35，复合跟踪网络/协同作战能力数据分发系（CTN/DDS）下为1.06。

（2）目标的融合定位精度高于单一信息源。有人提出“目标融合精度能够高于精度最高的传感器吗？”在对同一目标具有较高测量覆盖率的条件下，信息融合通过按需求的精度设置统计门限，剔除粗精度测量，从而产生较高的融合信息精度，而不是“折衷”融合精度。当高精度信息源丢失目标时，融合的高精度和高时效性更是显而易见的。需指出的是，在目标测量覆盖率较低情况下，实现这一融合目标比较困难。

（3）能够提高战场监视和预警能力。部署在多类探测平台，特别是陆、海、空、天运动平台上的多介质、多类型传感器，以及技侦、人工情报等侦察/探测手段的网络连接和信息接入，经信号融合检测/点迹融合航迹生成和属性融合识别，能够实现全天候、全维空间不间断探测和监视，从而扩展战场探测和监视范围和电磁频谱、目标类型的覆盖范围，实现战场目标的尽早发现与识别，从而提高战场监视和预警能力，提高对陆、海、空、天大范围和全频谱作战的支持能力。

（4）对目标的跟踪能力高于单一信息源。多频段、多介质、多模式传感器的信息融合所具有的弱信号目标联合检测能力能实现和增强对隐身目标、强干扰环境目标、机动目标和高速目标（如弹道目标、巡航弹等）的跟踪能力，包括扩大跟踪范围、提高跟踪目标航迹的连续性和精确性，支持大范围跨区域作战指挥控制和火力协同打击（如接力制导、协同瞄准/跟踪）、巡航弹和临近空间超高声速飞行器跟踪等。

（5）对目标的识别能力高于单一信息源。单一信息源基本上采用一种介质为主的技术手段/传感器进行目标信息获取，其对目标属性的识别只限定在该介质范围内；单一探测平台上配置多传感器，能够进行一定程度的融合识别，但其范围有限。多平台多介质信息融合能够在信号/像素、点迹/特征和局部判定结论等多级别上进行多类型目标（如空间目标、弹道目标、巡航弹目标，以及低小慢目标）属性融合识别，并能对相容性较弱，甚至相悖的特征和判定信息进行融合处理，因此，多源信息融合识别能力高于任何单一信源是显然的。

（6）能提供较准确、完整、连续、一致的态势/威胁视图。单一信源探测目标数量、类型和探测范围均有限，无法提供完整的战场态势视图，其提供的威胁视图只能针对小范围、少量来袭目标情况。2 级、3 级信息融合针对大范围整体作战需求和不同的作战意图构建所需要的态势视图和威胁视图，具有较完整的态势要素；态势估计和威胁估计能在认知域挖掘战场感知信息中隐藏的规律性知识，如敌方作战能力、作战意图、作战计划/行动路线，以及可能采取的作战行为与可能出现的战场事件与结果预测等，通过多节点指挥人员的互动，产生对态势和面临威胁的一致理解，为作战决策和指挥控制提供准确、完整、连续、一致的态势支持。

（7）能充分利用战场感知资源，提高信息使用效率。第 4 级信息融合旨在对信息融合全程直到对信息源进行基于作战需求的优化反馈控制，包括基于需求的传感器/探测手段的选取和部署、工作状态/制式控制、监视区域/目标获取指示，以及基于目标精度/时间延误需求的融合环节/判定参数的调整控制，还包括对战场感知手段/传感器的安全防护考虑，提高战场感知体系整体生存能力的反馈控制等，实现战场感知资源的优化管理、合理使用。信息融合既能摒弃无用、多余的战场信息，把指挥员从信息海洋中解脱出来，又能通过信息共享和一致理解，反馈获取缺失信息，提高有用信息的使用效率，充分发挥有用信息的效能，获取信息优势。

（8）能提高战场感知信息的可信度和健壮性。通过对战场信息的可信度表示和可信度推理变换，在信息融合中能实现信息作用/效能与其可信度的正确匹配，从而发挥高可信信息的关键作用，提高融合信息的可信度。多介质和多手段信息源在战场监视与战场信息获取上的互补性，以及信息融合中的多级融合与不确定性推理，能实现大差异特征信息（如较大的不确定性差异、较大的信息粒度/尺度差异、弱相容/相悖信息等）的融合，从而提高融合信息的健壮性和可信赖性。

（9）能提高战场感知的智能化水平。多源多级信息融合在许多判定环节，如目标机动检测、属性识别、态势估计与威胁估计等环节引入了不确定性处理技术和基于知识的系统（KBS），并在这些环节设置了人机交互手段，以体现情报人员和指挥人员的思维推断在诸环节中的作用，发挥人在战场感知环中的认知能力，从而提高战场感知的智能化水平，使信息融合产品更加体现人的思维和智慧，大幅度提高对作战决策、指挥控制和火力打击的支持效能。

1.6 信息融合主要技术难点

图 1－3 所描述的 0 级 ~4 级信息融合功能中，每一级有其具体实现的融合技术，本

节只简要介绍信息融合中的主要技术难点。从应用角度讲,信息融合当前具有下述15项有待解决或正在研究解决的关键技术。

1. 多传感器信号融合目标检测技术

在强电磁干扰、目标隐身和目标机动环境中,目标的电磁探测信号较弱;此外,在战场上还存在大量的低、小、慢目标(如无人机、巡航弹、直升机、气球等)。对于这些弱信号目标,单一传感器已无法连续跟踪,甚至无法发现;因此,采用多传感器探测信号/数据融合实现目标联合检测是一种可行的技术手段。该技术跨物理域和信息域,存在较高的技术难度。目前,实现电磁传感器(如有源雷达)多门限信号融合检测的软判定传感器/软判定传感器系统,在同类传感器组网中处于试验阶段;异类传感器信号融合目标检测还处于理论和方法研究阶段。

2. 测量系统/作战单元的时空配准技术

时间配准是指遂行同一作战任务的诸作战单元实现时间同步,包括时间基准的统一/优化选择、时标传输时延估计与补偿等技术,在基于固定传输网络(有线网络或传统固定设施)的系统中已基本解决;在无线网络传输环境或有线—无线交织通信网络环境,时间同步已获部分解决(如美军的数据链 Link－16/TDIL、协同作战能力 CEC 系统等已达到局部应用水平),尚无通用、有效的解决办法。空间配准是指估计和补偿测量系统的固定偏差,提高目标探测精度和目标航迹的一致性;基于合作目标的固定平台探测系统空间配准技术已成熟并获成功应用,但偏差非均匀分布的空向配准问题,尚有较大的研究空间;基于非合作目标的多传感器空间配准,由于涉及多传感器偏差估计的可观测性问题,因此,只获得部分解决;对于运动平台探测系统的空间配准问题,由于平台的定位和姿态误差与传感器测量偏差耦合在一起,至今在理论和技术上无法完全解决,只能在具体应用环境中,采用近似、解耦等方法解决到一定程度。

3. 多传感器数据关联技术

数据关联是点迹融合和点迹—航迹融合的基础。随着平台机动性能的提升和探测技术的发展,目前在多传感器多目标/密集回波环境中,数据关联技术只能局部或部分解决。对于唯一关联分配中的两类模糊、真假目标点识别,以及非唯一关联分配等问题,只能针对具体问题解决。漏关联和错关联引起的航迹标识变化会使单一目标的航迹唯一起始率大大降低,美军在传统通信网络、数据链组网和 CEC 数据分发系统 DDS 环境下,表示单一目标的航迹数量分别达到1.5、1.35和1.06,从而引起态势的模糊性。

4. 多传感器点迹融合技术

点迹融合要解决的问题有多源测量点迹空间配准、杂波/假目标滤除、基于实体的点迹(位置、方位、属性特征等)关联/聚集,以及最终融合起始目标航迹等。目前,已有的多传感器多目标多周期测量点迹最优分划模型和整数规划求解方法尽管在理论和方法上很漂亮,但巨大的统计和枚举运算量使其无法在工程中应用。工程中许多具体条件下的问题,如无源多站多方位测量虚假交点滤除与多目标定位、测量位置点与方位关联聚集与融合等都出现不同的难题需要解决,至今尚无考虑实时性和最优解平衡的解决方法。

美军已解决了带有不确定性附加信息的多传感器点迹融合问题,其为埃及装备的国土防空系统的首都(开罗)防空作战中心(Air Defence Operational Center,ADOC)就成功采用了多雷达点迹融合技术。国内目前采用的以点迹—航迹融合居多,典型的点迹融合技术已在试验，尚无成功应用。

5. 差异信息的柔性融合技术

该项技术是基于实际工程需求提出的，属于当前信息融合中的技术难点，包括大差异不确定性信息融合、粒度差异和互包含信息融合、不同尺度信息融合、完整/不完整信息融合、非同步/非时序信息融合，以及弱相容/相悖信息融合等。信息特征的差异主要是由对实体观测手段不同而引起的，因此，柔性融合主要面向实体状态融合估计和属性融合识别，如较大粒度差异传感器数据/目标航迹融合、特征和判定级弱相容/相悖证据融合、传感器硬数据和人工情报软数据融合、有源雷达定位信息与 ESM 测量方位融合，以及多介质多分辨率图像融合等。柔性融合所采用的技术依信息源而不同，已出现的一些通用方法如 D－S 证据理论及其改进方法、图像融合方法、软硬数据融合方法、人工智能和神经网络技术等皆属于正在发展、尚不完善的理论和方法。

6. 多源目标融合识别技术

在目标识别领域，目前尚未建立完备的目标属性/身份体系，所建立的多级识别技术体系无法与多级属性/身份体系相对应。当前，只能基于探测/侦察手段的具体配置，采用按专业探测手段融合、平台多源融合和多平台融合等与装备结构相对应级别的实现方法，在技术上具有较大跨度。例如，有源与无源传感器信息融合识别、传感器与技侦信息融合识别、人工情报与传感器信息融合识别、多介质图像融合识别等均无完善的识别理论和实现技术。当前研究和部分使用的基于波形、特征、物理指纹、图像等的各种统计方法和人工智能方法正处于百花齐放阶段，皆不成熟。

7. 多介质图像融合技术

多介质图像融合旨在依据（辐射、反射、折射生成的）多类频谱图像实现对目标的定位、识别与跟踪，由于多维空间平台、多介质（可见光、红外、SAR、视频等）图像的频谱特征、分辨率、距离/范围均不相同，因此，在图像配准、特征关联、目标提取、目标识别等方面均存在大量难题有待解决。目前，单源多帧或同介质多分辨图像融合已有一些研究成果，在目标识别、威胁预警和打击效果评估中有一定应用，如美军 DSP 星载红外弹道导弹发射识别，最多可提供 25min～30min 的预警时间，星载光学图像（CCD）图像对地面目标分辨率达 10cm。异介质图相融合当前处于起步阶段。

8. 机动目标跟踪技术

由于目标机动偏差隐藏在测量随机误差中，且传感器对目标机动测量的丢失现象使得对目标机动反应滞后已成为一个永远无法完美解决的技术难题。多假设统计机动检测虽能准确判定机动时间，但仍存在反应滞后问题；增加状态维度（高阶速度）无法一致应对目标机动和不机动两种状态；交互多模型或变结构模型方法需依具体物理问题确定模型先验转移概率等。对机动目标的跟踪，采用多传感器探测信息融合技术，虽对上述问题有一定改善，但存在目标机动的可观测性问题，仍无法解决。随平台动力（机动）性能的提升，机动目标跟踪问题愈益突出。

9. 态势估计、预测与一致共享技术

态势估计除依据传感器探测信息融合外，还要融入技侦、人工情报、开源情报及其他战略战役平台（卫星、预警机等）遥感情报，即将实时信息与非实时、中长期情报融合，并与作战意图相联系。该项技术目前在概念、方法和实现技术的研究上目前也处于百花齐放时期，要解决的主要问题有基于作战意图的战场要素关系估计、作战意图估计、作战计划识别、作战行为估计与路径/关键点预测等。此外，目标、态势、影响（威胁）3 个级别的融合在概念上的关系也是正在研究的理论问题。由于战场态势直接为指挥员的作战决策服务，且涉及众多类型信息源，因此，既涉及统计类方法，又涉及智能类方法；既涉及自动处理，又需体现人的意图。总的来说，其跨越信息域与认知域，所以，实现多指挥员态势一致理解和共享，也是亟待解决的问题。

10. 威胁估计概念与实现技术

威胁估计在概念上来源于预测态势对作战活动的影响，对我方作战活动具有不利或有害的影响称为威胁。因此，威胁估计跨越感知域和作战域，即其与作战意图和作战效果相联系。至今，对威胁与态势、威胁与场景、态势与场景等关系在概念上仍无法统一认识和描述。威胁估计面对的问题有威胁能力评估、威胁意图估计和威胁时机预测。在实际应用中，威胁估计要解决威胁对象和威胁区域估计、威胁时间估计和威胁等级估计等问题，其中威胁等级估计依赖于来袭兵力能力和运动状态、我方兵力（防线）部署和能力及与来袭兵力对抗结果，包括防御兵力毁伤代价和威胁对抗效果（如对威胁方的毁伤率、敌空防率等）等。因此，威胁等级估计涉及大量关键技术，如威胁要素的模糊表示模型、模型驱动和数据驱动的对抗推理模型、威胁效果评估模型等。目前，威胁估计已在预警和指挥决策中有局部应用，但在方法和技术上很不完善。

11. 信息融合仿真、评估与反馈控制技术

目前，尚未统一建立信息融合性能和效能的指标体系，目前，信息融合对作战活动的支持效能指标体系及分级计算模型有各种定义、概念和计算方法，它们都是在特定条件下针对具体应用问题确定的。当前，对信息融合仿真评估和测试平台的研究正方兴未艾，如美国乔治—梅森（George - Mason）大学建立了融合算法测试、单项功能测试，以及目标识别跟踪、态势与威胁估计的仿真实验环境；以色列建立了多传感器目标算法测评（DFTB）系统；加拿大建立了场景生成仿真、效能评估和资源监控试验床；荷兰和加拿大开发了多融合算法性能比较试验床等；它们多是与 C^3I 系统仿真结合开发的。至于信息融合系统反馈控制技术，目前仅限于控制结构与方法研究阶段，尚无自动反馈（优化）控制的应用案例。对基于评估结果的传感器控制虽有一定应用，但多是人工或半自动实现的；至于对融合过程的优化控制，还只是理论和方法研究。在 2004 年 JDL 关于信息融合的推荐模型中，将第 4 级信息融合划分为过程估计和资源管理，反馈控制作为资源管理的一部分位于信息融合领域之外，详见 2.5 节。

12. 信息融合中的能控性和能观测性问题

能控性和能观测性是战场感知领域信息获取、控制、配准和估计的基础。与能控性和能观测性初始概念不同，信息融合中的能控性和能观测性的内涵范围更大，主要包括：

（1）基于多平台探测的目标状态估计的能观测性，特别是多平台非完全测量的目标定位的能观测性。

（2）纯方位跟踪的单一探测平台运动状态的能控性。

（3）机动目标跟踪的多平台控制。

（4）固定和运动平台探测系统误差的能观测性。

（5）基于探测系统误差估计的多运动平台状态的能控性。

其中除第(2)项技术目前从控制理论的角度有一定研究成果(尚无实际应用案例)外,其他各项尚无人问津。

13. 分布式融合理论、方法和实现技术

分布式融合是网络中心战环境对信息融合提出的新课题,与传统集中式融合相比,分布式融合提出了许多挑战性问题。首先,在分布式系统中,某节点输入信息的统计特征,颠覆了集中式系统中的相互独立、同分布白噪声、线性系统等多项假设前提,出现了输入信息相关或相关性未知、异噪声分布或未知分布,以及状态或测量的非线性等无法回避的问题。其次,多类分布结构中,随时间推移产生共用信息节点,其信息会经多冗余路由为某些后续融合节点重复使用多次,导致融合误差增长。最后,也是最重要的,就是在给定的信息融合性能/效能指标下,分布式融合结构的选择在很大程度上依赖网络资源提供的通信能力(带宽、时延、误码率等)和过程噪声的大小,以及采用的融合方法。分布式融合中的这些问题,目前在理论、方法和实现技术上正在同时开展研究和实验,均处于初始研究阶段。

14. 信息融合体系结构研究

随目标平台动力性能、探测/侦察传感器能力的提高,作战样式/模式对战场感知需求的变化,信息融合体系结构正在滚动发展,美国国防部实验室联合理事会 JDL 引领了信息融合体系结构发展方向,从最初的 3 级模型、1998 年的信息融合扩展模型,直到 2004 年的信息融合推荐模型,在体系结构上不断发展变化,并且在多次国际融合年会上提出信息融合体系结构发展报告。当前的两个方向,一是 2004 年模型提出的位于融合范围之外的资源管理(RM);二是将信息融合结构向分布式融合系统扩展;其中许多新的概念、理论和方法都在研究之中。

15. 战场感知信息质量体系与应用

从图 1-8 信息融合对态势感知的支撑关系可以看出,战场感知信息质量对信息融合性能和效能的重要性,并且信息融合作为战场感知信息处理功能,融合信息质量也是战场感知信息质量的组成部分。由于每一级融合产品皆有相应的作战应用,因此,战场感知信息质量体系会有诸感知环节获得的质量指标体系,并且要以真实性和实用性两方面进行评估。建立战场感知质量体系并取得实际应用面临以下待解决的问题:

(1) 战场感知信息质量概念和影响因素。

(2) 战场感知信息质量分级指标体系和计算模型。

(3) 战场感知信息质量的(不确定性)逐级综合方法。

(4) 战场感知信息质量的实时统计计算与等级确定方法。

本书第 9 章给出了战场感知信息质量的 3 级指标体系和不确定性逐级综合方法,以及态势信息质量计算模型,只是一家之见,并不一定具有通用性,其中许多问题有待深入研究。

1.7 信息融合领域发展趋势

当前,随着世界范围的新军事变革的深入,新的信息化武器装备和信息化系统装备不断涌现,其功能日益强大,正在推动传统作战样式向信息化作战样式的演变。当前,信息化作战样式的主要体现就是网络中心战,它对军兵种作战特别是多军兵种联合作战起着不可替代的作用。为适应网络中心战对战场感知的需求，我们从当前信息融合领域中的短板和需要发展的新方向和新技术描述信息融合领域的发展趋势。

1. 信息融合功能向下延伸

随着信息化平台和武器装备不断投入战场，出现了强电磁干扰环境、隐身目标、高机动目标和低、小、慢（静止）目标，它们的共同特征表现为电磁传感器探测回波信号弱小。因此，传统的单一传感器已无法连续跟踪甚至无法发现这些目标，必须采取多传感器联合探测手段，通过多特征、多信号的融合实现弱信号目标的检测、识别和连续跟踪，这也是2004 年 JDL 推荐的信息融合模型中出现零级融合的原因，其能大大提高弱信号目标（如隐身战略轰炸机、弹道导弹等）发现和预警能力、高机动目标（如巡航导弹、无人机、直升机等）跟踪能力，对获取战场信息优势具有举足轻重的作用。

2. 天基平台探测信息的融入

目前，卫星平台遥感遥测信息已对陆、海、空战场进行全面支持，从目标探测、态势感知、威胁预警和专业功能支持（通信、导航定位、气象、测绘等）提升到对武器平台引导和火力打击控制（精确瞄准和弹药制导），20 世纪 90 年代以后的多次局部战争和近年来的反恐战争都充分证明了这一点。随着作战空间扩展到太空，卫星更成为太空战兵器的主要搭载和控制平台。可以说，丧失了制太空权就等于丧失了陆、海、空战场。因此，为了抢滩太空，除了发展卫星平台及其探测、侦察和武器装备外，必须将星载探测信息融入战场感知系统。其中，将星载遥感遥测信息接入信息融合系统，是实现陆、海、空、天、电磁全维战场信息优势不可或缺的技术途径。

3. 分布式信息融合

分布式信息融合是使单节点多源信息融合迈向网络化融合、实现对网络中心战有力支撑的必由之路。分布式融合概念是 21 世纪初提出的，与传统集中式信息融合比较，分布式融合除了在技术上出现许多挑战性问题（如共用信息节点信息的多次重复使用引起的融合误差增长、节点输入信息的相关性未知，以及节点输入信息的多类差异特征等）之外，还在分布式融合功能结构和信息流程上强烈地依赖于其所隶属的网络结构，特别是网络节点之间的信息传输能力对分布式融合系统结构（多层次结构、局部分布结构、全分布结构）和信息流向（有反馈、无反馈、部分反馈）起决定性影响。

4. 多介质图像融合

多介质图像融合是试图从多频谱（辐射、反射、折射）域实现对战场实体认知的技术途径，特别是天基和空基探测平台，以及海上和地面运动探测平台，所装备的如 SAR、CCD、红外、EO 等图像或视频传感器。因此，多介质图像融合对定位、识别和跟踪战场实体、准确估计战场态势和威胁是不可或缺的。当前，图像传感器是单一图像自主处理、供人观察分析的工作方式，在技术上的融合处理和分析手段弱，特别是异介质图像融合理论和方法研究刚刚起步，是信息融合领域中的短板之一，是全维战场感知必须弥补的内容。

5. 信息融合向认知域发展

向认知域发展系指信息融合需融入人对事物的观察、判断、推理信息和知识，以实现对客观事物的全面、完整和深入认识。信息融合领域中，人的认知和推断主要出现在目标发现、目标识别、机动判定，以及态势估计、威胁估计等环节，因此，向认知域发展是信息融合对作战活动的支撑从低级向高级的扩展过程，也是作战模式从平台中心战向网络中心战转型所需要的。其中许多问题的研究还刚刚起步,如基于知识的信息融合方法、人类观测和推断的软数据融合方法、人的意图和行为预测模型、软数据与硬数据融合方法等等,这些问题的解决存在巨大难度,已有的人工智能类方法(如不确定性推理、人工神经网络等)尚无法解决这些问题。

6. 战场感知与作战应用的一体化

为适应新军事变革技术模式需求,必须实现战场感知与指挥控制、精确打击等作战活动的一体化,以形成多系统之大系统(System of Systems)。作为战场感知领域关键环节的信息融合功能在该一体化方向上面临下述问题:

(1) 信息融合与战场感知资源管理一体化,包括信息融合与信息获取资源的一体化管理、信息融合与资源管理在各级别上的一体化动态控制,以实现基于作战活动需求的最优战场感知。

(2) 信息融合与作战预警一体化,信息融合要与各类情报、监视与侦察(ISR)手段无缝链接,适应全维战场空间中可能出现的各种复杂环境和目标态势,尽早识别和发现目标、识别态势与威胁,以获取信息优势;为己方作战活动提供尽可能长的预警时间。

(3) 信息融合与指挥控制一体化,信息融合为作战决策,特别是行动方案(COA)的动态规划提供实时、准确的态势和威胁信息,以获取决策优势;为实现网络中心战并进而向知识中心战和智慧中心战提供指挥控制支撑。

(4) 信息融合与火力打击一体化,在统一指挥控制下信息融合平台与武器平台紧密连接,融入火控传感器信息,为武器系统提供精确打击目标指示、多平台集中打击和远程打击弹药接力制导等火力协同打击所需要的高实时、高精度目标数据。

7. 多源信息融合目标识别技术

目标识别对于目标早期发现和预警、战场态势估计,特别是威胁估计具有不可或缺的作战应用价值,然而,由于目标防探测(隐身)、防识别能力的增强,特别是对目标探测的多手段、多介质、多特征使得目标的多源融合识别面临诸多困难,至今仍是信息融合技术的短板之一。目前,基于单一类型信息的目标融合识别技术,如电磁传感器(雷达、ESM类)信息关联与融合识别、多分辨图像融合识别、技侦情报整编与分类识别等均在进行研究,且有一定成果。但是,不同类型信息的交互融合识别技术研究基本上处于空白状态。此外,目标属性的多级分类体系和展现特征至今尚无统一的标准;在已有工程应用中,基本上是基于已有平台和观测手段,以人机交互方式识别判断目标属性,无法满足作战活动的需求。如美军在海湾战争、阿富汗和伊拉克反恐战争中,误伤事件屡屡发生就说明该领域是信息融合最不成熟的短板。

参考文献

[1] Waltz E L. Data fusion for C^3I: A Tutorial Command Control Communication Intelligence(C^3I) Handbook, EW Communication[M]. Palo Alto, California. 1986, 217 - 226.

[2] Blackman S S, Broida T J. Mulitisensor Data Association and Fusion in Aerospace Application [J]. Journal of Robotic Systems. 1990, 7(3): 445 - 485.

[3] Buchanan B G. Shortliffe E H, eds. Rule - Based Expert System: The MYCIN Experiments of the Seanford Heuristic Pro-

gramming Project[R]. Addison - Wesley Reading, Mass, 1984.
[4] 金永焱.城市交通控制[M].人民交通出版社,1987.
[5] Grorge Donohue Vision On Aviation Surveillance System[A].国际雷达会议.1995,1-4.
[6] 汤磊.多分辨率图像融合理论及其应用的研究[R].解放军理工大学指挥自动化院.2008.
[7] 吴小俊.图像融合理论及其应用的研究[R].江南大学信息工程学院,2009.
[8] Prospector 地质勘测专家系统.
[9] 赵宗贵.信息融合技术现状、概念与结构模型[J].中国电子科学院学报,2006,1(4).
[10] 军事科学院.中国人民解放军军语[M].北京:军事科学出版社,1997.
[11] Stanton N A, Chambers P R G, Piggolt J. Situsion awareness and safety[J]. Safety Science. 2001, 39(3): 189-204.
[12] Gilson R D. Situation Awareness - Special isuue preface[J]. Human Factors. 1995, 37(1): 3-4.
[13] Hartel C E J, SmitH K, Prince C. Defining Aircrew Coordination[A]. Sixth International Symposium on Aviation Psychology. Columbus, Ohis. 1991.
[14] Endsley M R. Toward A Theory of Situation Awareness in Dynamic Systems[J]. Human Factors. 1995, 37(1): 32-64.
[15] Endsley M R. Design and Evalution for Situation Awarness Enhancement[A]. Proceeding of the Human Factors Society 32nd Annual Meeting. Sanloa Monica: HFES. 1998. 97-101.
[16] Bedny G, Meister D. Theory of Activity and Situation Awarness[J]. International Journal of Congnitive I - egonomics. 1999, 3(1): 63-72.
[17] Smith K, Handcock P A. Situation Awareness is Adaptive, Externally Directed Consciousness[J]. Human Factors. 1995, 37(1): 137-148.
[18] Edward LWaltz, JamesLlinas. Multisensor Data Fusion[M]. Artech House. Boston London, New York. 1990.

第2章 信息融合系统结构/模型

信息融合作为信息处理领域的技术和方法，其在应用中以系统的形式出现，如ISR系统中的多源信息处理、C^4ISR系统中的情报信息处理，即指信息融合技术和方法的应用，称为信息融合系统。通用意义应用和军事领域应用的信息融合系统的结构是相同的，只不过在功能上有差别。信息融合功能模型自1987年出现美国防部实验室联合理事会JDL的原始模型[1]（称为初级模型）之后，1994年出现了Dasarathy的输入/输出模型[2]，1998年出现了Steinberg, Bowman, and White的JDL修订模型[3]，Bedworth等人2000年提出了多用途处理模型[4]，2004年出现了Llinas的JDL推荐修订模型II[5]，以及自1990年以来出现的分布式信息融合结构[6-8]，其适应于网络中心运用环境中的作战需求。

2.1 信息融合系统的功能结构演进

功能结构是指信息融合系统所实现的信息处理功能层级构成及功能层级间的相互支持关系，又称为信息处理模型。

2.1.1 JDL信息融合初级模型

该模型（图2-1）是美国防部实验室联合理事会（JDL）数据融合工作组于1987年建立[9,10]，首次提出信息融合功能的层级概念，明确了3级融合功能。

（1）1级处理：对信息源报知的数据和信息进行聚集/关联，并对来源于同一实体的数据信息进行组合计算，以获得实体位置、速度、属性和身份的可靠、精确估计，支持对实体未来位置、速度、属性等的预测。1级处理又可称为实体（目标）估计（Object Assessment）。

（2）2级处理：称为态势提取（精炼：Refinement）或态势估计（Situation Assessment），旨在分析诸实体及其与事件、环境之间的关系，通过目标聚集/相关关系确定兵力结构、作战企图；再通过兵力结构（编成、部署/配置）及其与环境的关系确定行动方案（Course of Action）和行为，以及对抗关系或协同支援关系。这实际上是寻找隐藏在诸实体及环境要素中的规律性或态势知识，即对态势进行估计和预测，为进一步的行动决策提供及时、准确的态势依据。在军事应用中，态势估计主要是估计并预测敌方作战企图、识别其作战计划、可能的行动方案和可能采取的作战行动，为我方作战决策提供依据。

（3）3级处理：称为威胁估计（Threat Assessment）。在军事应用中，态势估计与预测结果的最重要的作用就是确定敌方对我方可能产生的威胁，因此3级处理在军事上一直称为威胁估计。随着融合应用超出军事领域，在以后的修订模型中，将3级处理表示为当前态势与预测结果对进一步活动可能产生的影响估计（Impact Assessment）。实际上威胁是一种特殊的态势,即威胁态势。威胁态势估计更多地着重于威胁要素的提取与估计,如敌方的作战能力要素、威胁企图要素、作战行为要素、威胁时机要素,以及致命点、脆弱点分析,攻/防对抗效果估计等。威胁估计的产品是对威胁区域/目标、威胁事件、威胁等级和威胁时机的定量估计结果,为战场预警、作战决策,直到为制定武器/火力对来袭敌兵力的打击方案提供依据。

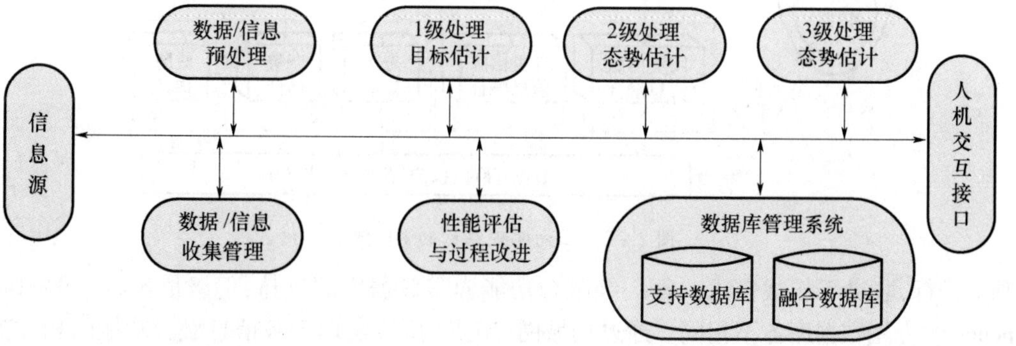

图 2-1 JDL 信息融合初级模型

态势及其影响(威胁)估计依据 1 级融合产品即对象实体估计结果,还依赖其他情报源提供的当前形势和趋势类情报,如侦察、人工情报、开源文档等中长期情报,以及作战原则、作战条令/条例/案例和指挥员的经验/思维模式等。这些因素在确定实体—环境—事件之间的关系中起着重要作用。还须指出的是,2 级和 3 级融合需要与双方作战意图紧密联系,需要实时态势与作战原则、样式、战术紧密结合,才能产生正确的态势估计与威胁判断,这已超出了“纯粹”的战场感知范围,是在信息融合系统支持下情报人员与作战指挥人员的联合行为。

图 2-1 给出的 JDL 模型中,几个附加功能框的作用是:数据/信息预处理实现信息格式的统一、时空坐标系的统一,以及时空配准等功能;性能评估与过程改进是对信息融合过程进行性能测试,并基于作战需求对融合过程进行评估和反馈优化控制;数据/信息收集管理是指基于作战需求对信息源(传感器)的工作状态、探测目标与探测范围、探测模式、安全模式等进行控制管理,以获得在精度和实时性上满足作战急需的目标信息,该功能是性能评估与过程改进向传感器的延伸。JDL 信息融合初级模型需要情报/作战数据库的支持,包括测量信息 DB、目标航迹 DB、历史案例 DB、作战原则/条令/条例 DB,以及态势图 DB 等。

JDL 信息融合初级模型只在 1 级融合中实现了部分自动化,1 级融合中的目标属性/身份识别、目标运动状态变化(如航向/速度机动)检测判断,以及态势估计和威胁估计中的诸多与作战意图有关的问题,主要依赖于情报人员和指挥人员的思维判断,即主要是在认知域中实现的。因此,JDL 信息融合初级模型中设置了人机交互接口,以图形、命令、文本等方式实现人对融合过程的干预控制,特别是对信息融合性能评估和过程改进及信息收集管理的控制。

如前所述,信息融合与作战应用紧密相关,通常,基于信息融合的 ISR 系统可以独立设置,也可与相应作战指挥机构结合在一起,成为 C^4ISR 系统的一部分。JDL 信息融合初级模型的实现结构如图 2-2 所示[11]。

图 2-2 中,1 级融合含有同类源信息融合和异类源信息融合两种,它们采用不同的融合方法;2 级融合含态势提取(态势生成)和态势估计;威胁估计可基于态势估计进行,也可

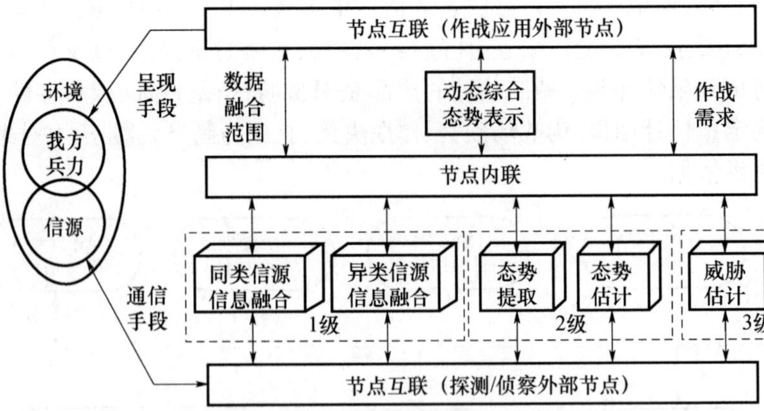

图 2-2　面向实现结构的 DF 模型

独立进行，取决于作战需求。每一级融合功能皆需数据库的支持，但级依赖(Level - Dependent)专用数据库各不相同。通过局域网(节点内联)实现 3 级信息融合功能的相互支持，在 C^4ISR 系统中，局域网连接 C^2 单元，实现情报与作战功能交互，以获得完整的信息融合功能，直接为作战活动提供信息和估计/预测支持。独立的 ISR 系统只有通过远程网与 C^2 系统互联，才能实现完整的态势感知。图 2-2 中下面的节点互联指与信息源或其他 ISR 节点的互联，以实现更大范围的信息融合；图 2-2 上面的节点互联指与其他 C^2 节点的互联，以实现大范围信息共享和应用。这显然是一个分布式的信息融合与应用结构的雏形。

2.1.2　1 级信息融合系统结构

2.1.2.1　基于应用的 1 级融合功能结构

1 级信息融合在概念上是实现战场诸单一目标的定位、识别与跟踪，从单传感器单目标/多目标信息处理直到多传感器多目标信息处理已历半个世纪以上，已有信息融合领域诸多著名专家建立和提供了许多成熟的、行之有效的模型和方法。因此，1 级信息融合系统技术上比较成熟，基于应用的功能结构也比较合理和完善。作者在研究文献[12]给出的结构基础上，结合个人的工作经验，描述的 1 级信息融合的 3 种结构如图 2-3 所示。

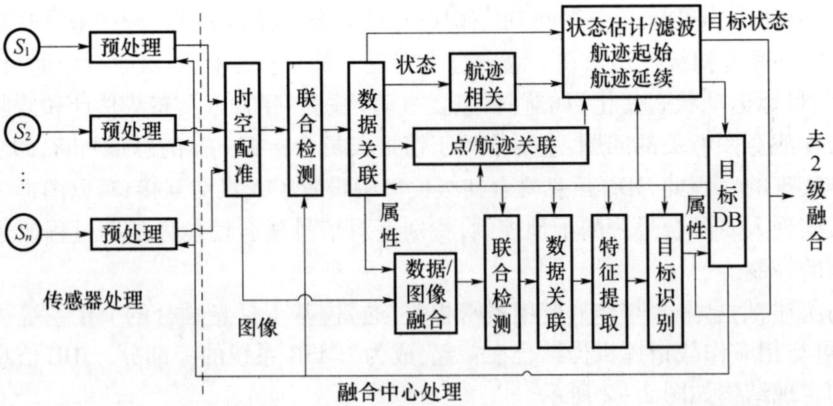

(a)

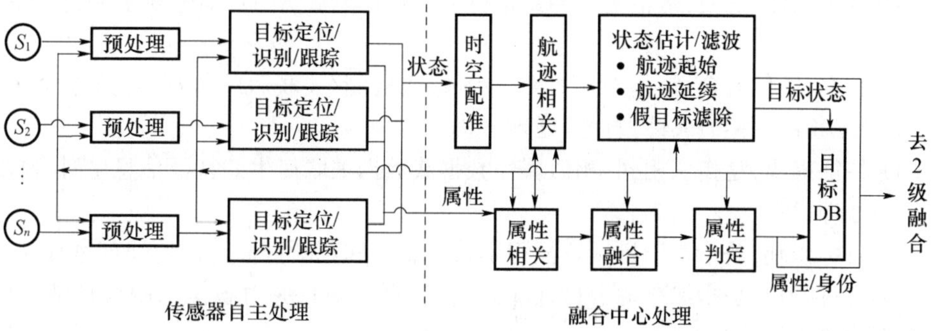

(b)

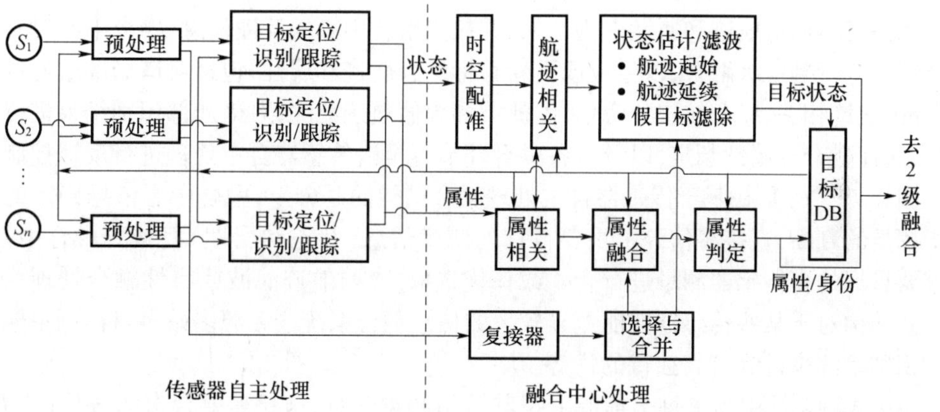

(c)

图 2-3 基于应用的 1 级信息融合功能结构

(a) 基于测量的融合结构；(b) 基于传感器自主处理的融合结构；(c) 混合式融合结构。

图 2-3 (a)又称为集中式融合结构，在此结构中，传感器自主处理只限于局部信号检测和向上报格式的转换，传感器将其原始测量信号或数据上报融合中心，所有信息融合处理工作皆在中心进行，包括：

(1) 时空配准，是指对各传感器进行空间配准及其与融合中心进行时间同步。其中，时间同步指各传感器和融合节点的时间误差控制在所需精度之内的处理过程，如采用同一信息基准并进行网络时间同步处理；空间配准是指基于合作目标或非合作目标，估计传感器测量的系统误差，并对测量进行实时补偿的处理过程。空间配准可对传感器不同级别的测量层次(信号、数据/点迹、航迹)进行。

(2) 联合检测，是指从配准后的多传感器信号数据中联合检测出实体(目标或杂波)数据/点迹的过程。

(3) 数据关联，是指对检测出的数据/点迹进行识别(假目标)并自动聚集成源于同一目标测量集合的过程。

(4) 航迹相关，是指传感器局部航迹向已确认综合航迹的指派/分配的处理过程，或多条局部航迹聚集生成源于同一目标的航迹集合的处理过程。

(5) 点/航迹关联，是指测量点迹直接向已确认航迹进行关联指派/分配的处理过程。

(6) 状态估计/滤波，是指基于测量进行新航迹起始或进行已有航迹更新延续的处理过程。

(7) 数据/图像融合，是指对配准后的图像或检测/关联后的数据/点迹集合进行融合，获取源于相同或相似属性数据的处理过程。

(8) 特征提取，是指从相同/相似属性数据或数据关联产生的特征信息中融合提取目标特征的处理过程。

(9) 目标识别，是指基于目标特征识别目标属性和判断目标身份的处理过程。

(10) 目标 DB，是指保存融合目标航迹（含识别结果），并对各信息融合环节，直至传感器局部检测进行反馈指示。

图 2-3 (b) 中，各传感器系统自主进行目标的局部定位、识别与跟踪，上报融合中心的信息是目标局部航迹和属性识别结果，并接受融合中心的反馈信息；融合中心对各局部融合结果进行判定级融合，以生成或更新目标综合航迹和属性，包括对诸局部航迹进行时空配准、航迹相关，综合航迹状态估计/滤波和虚假航迹滤除；对诸局部识别结果进行属性相关、属性融合与属性判定，以及对各融合环节直至诸传感器自主处理进行反馈控制等。

图 2-3 (c) 是在基于传感器自主处理融合结构的基础上，融合中心依据确定的准则或指挥员的判断，直接将信源中重要目标的测量信息（状态和属性）复接到融合中心，并对重要目标的多传感器测量进行合并或择优选取，参与航迹滤波或属性融合处理。这种混合式结构对于某些传感器性能差异较大的信息融合系统或无源多站多目标测量融合定位与识别系统来说具有其独特的优势。

集中式融合结构要求每个信源上报其原始测量信息，这就需要较多的通信（带宽、速率）资源，并且融合中心要具有强大的海量数据处理能力。集中式融合结构不损失原始测量信息，具有较高的航迹精度和识别准确率，随着计算机网络资源的增强，其越来越成为可行的结构模式。基于自主处理的融合结构需要的通信资源较少且具有较高的传感器自主处理能力，但测量信息损失较大，目前仍有许多系统采用这种结构，但其越来越不满足网络中心战的信息需求，处于正在进行改造和更新的阶段。与这两种融合结构相比，混合式融合结构是对通信资源和融合处理中心能力的要求的一个折衷，是目前比较流行的一种结构。但混合结构中，许多选择和判断处理需要人的参与，自动化程度低、时间延误大。随着信息技术特别是基于知识的技术和智能技术的发展，混合式结构仍具有较强的生命力。

2.1.2.2 目标属性融合识别的多级结构

多源目标属性融合识别是基于各传感器/信息源的侦察/探测信息进行的。最终融合生成的联合属性说明可能有目标国籍、敌我、类型/分类、型号和数量等身份/属性，具体包含哪些依赖于传感器的识别级别和识别结果。信息源察觉信息的级别不同，融合识别目标属性所采用的技术和方法也不同。参照文献[13]，在图 2-4 中给出了信号级、数据级、特征级和判定级的多源目标属性融合识别结构。

图 2-4 给出的 4 级目标属性融合识别结构分别对应传感器报出的不同的测量信息级别，因此它们之间的不同点在于关联与融合环节分别发生在这相应的 4 个级别上，即信号级、数据级、特征级和判定级，分别说明如下。

1. 信号级融合识别结构

信号关联与融合结构从各传感器探测的多目标信号中获取源于同类（类型/型号）目

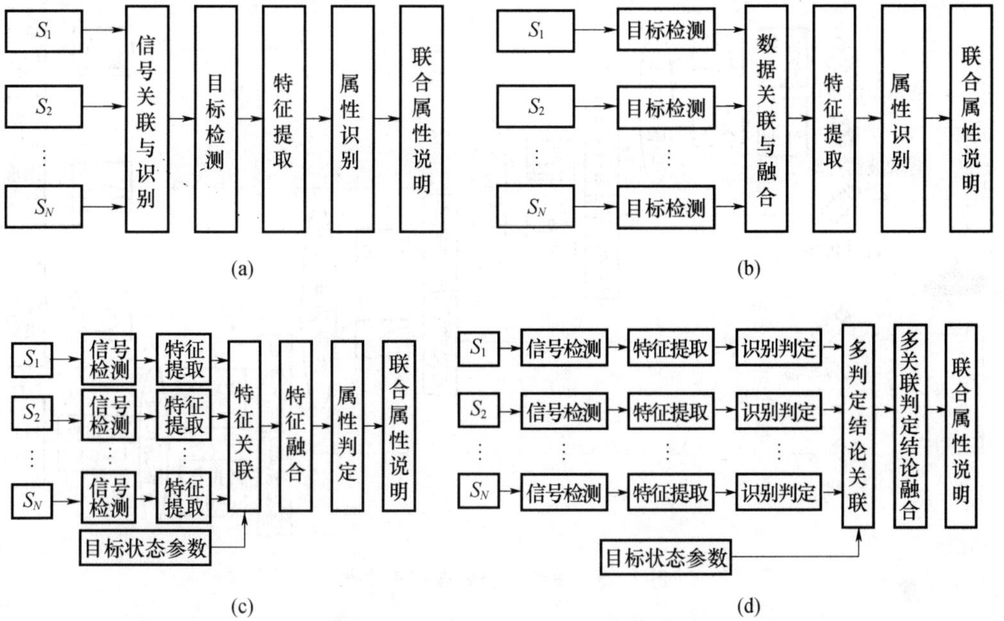

图 2-4　目标属性融合识别多级结构

(a) 信号级融合识别结构；(b) 数据级融合识别结构；
(c) 特征级融合识别结构；(d) 判定级融合识别结构。

标的信号集合并进行融合，产生目标融合信号，然后采用硬/软判定准则进行目标属性数据检测和属性特征提取，最后基于目标特征库或物理模型/统计模型识别目标，产生目标的联合属性与身份。

2. 数据级融合识别结构

数据关联与融合结构从各传感器自主检测出的多目标属性数据中获取源于同类（类型/型号）目标的数据集合并进行融合，产生目标的融合属性数据，然后进行目标属性特征提取和判定识别目标（与信号级相同），产生目标联合属性与身份。

3. 特征级融合识别结构

对诸传感器自主进行信号检测和特征提取获得的多目标特征进行特征关联，获取源于同类（类型/型号）目标的特征集合，然后对集合中特征进行融合，获得同类目标的融合特征，最后进行属性判定识别（与信号级相同），产生目标联合属性和身份。

4. 判定级融合识别结构

对诸传感器自主进行信号检测、特征提取和判定识别获得目标的多个局部识别结论进行判定级关联，产生源于同类（类型/型号）目标的判定集合，最后选择不确定性融合推理或智能代理融合推理等方法进行同类目标的多判定结论融合，产生目标的联合属性和身份说明。

不难看出，图 2-4 中每一级融合识别结构均要求诸多传感器报出的目标属性信息处于同一个级别上。下面给出多级目标属性测量或识别信息同时报来时的目标属性的多级混合融合识别结构范例，如图 2-5 所示[14]。

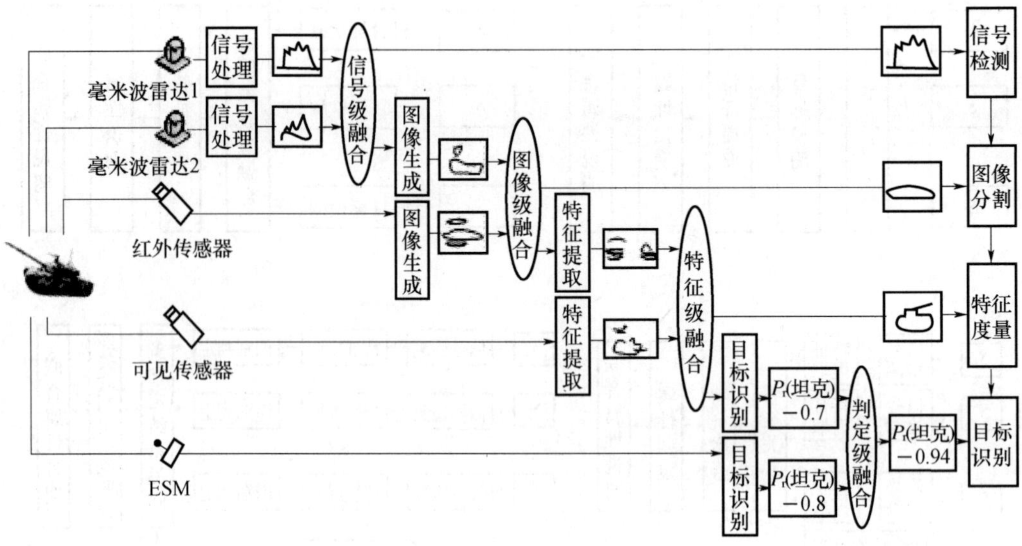

图 2-5　多级混合融合识别结构

2.1.3　JDL 信息融合修订模型

JDL 于 1987 年提出了信息融合初级模型[1]，以后又经多位学者的修正，直至 2004 年 Bowman 等人推荐的 JDL 信息融合修订正模型 II[5]，明确提出信息融合中的“0 级融合”和“4 级融合”概念，并将信息融合扩展到认知域，有人称为第 5 级融合为“用户精炼”[15]，但并未获得一致认同。与 JDL 信息融合初级模型比较，该修订模型的主要修订体现在下述几点：

（1）扩展信息融合应用领域，在概念、内涵和方法上将信息融合应用扩展到军事领域之外的任何多源信息处理。

（2）对信息融合“层级”及其特征的修订，包括层级的划分、诸层功能内涵的进一步明确和细化，特别是对“0 级”和“4 级”融合的明确定义。

（3）洞察和初步确定跨层级处理，包括跨层信息流和控制流及跨层信息判断与冲突求解、信息质量与一致性控制，以及 2 级不确定性（如可靠性）处理等。

（4）信息融合的外延推理，是指在归纳的基础上，实现对非合作方行为、目标、计划等无法预测事物的外延推理，实现信息融合与数据挖掘的综合[16,17]。

（5）分布式融合，即考虑所有当前/未来军事、国土安全、IT 环境的分布式融合对 JDL 模型在信息流向、多网络节点融合算法及共享策略的需求。

2004 年推荐的 JDL 修订模型还指出了信息融合系统在工程中应用的复杂性，包括：

（1）观测和描述观测的模型，以及目标状态模型中的不确定性。

（2）非同等（不匹配）信息（如不同介质/形式的信号、图像、文本）的融合方法。

（3）多源多实体观测的解析方法，如关联/相关与识别方法。

（4）过多的术语与方法/技术的混杂。

图 2-6 描述了迄今为止数据融合/信息融合领域所使用的术语及其概念交叠状况[18]：

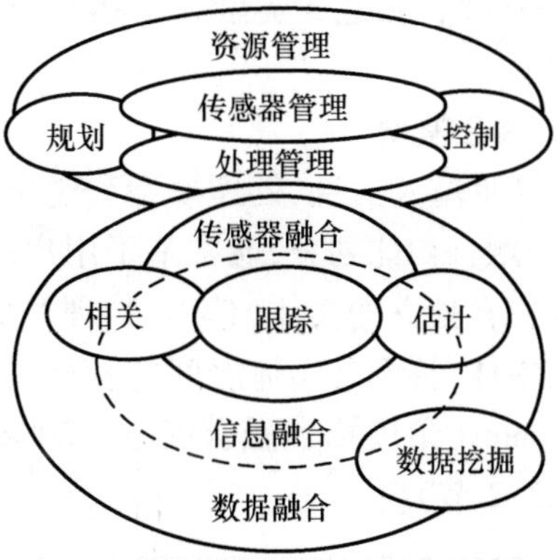

图 2-6 当前共同使用的融合术语

2.1.3.1 1998 年修订版 JDL 融合模型

1998 年,Steinberg 等人[3]提出了 1998 年 JDL 融合模型,该模型从定义上修正了初始的 JDL 模型,如图 2-7 所示。

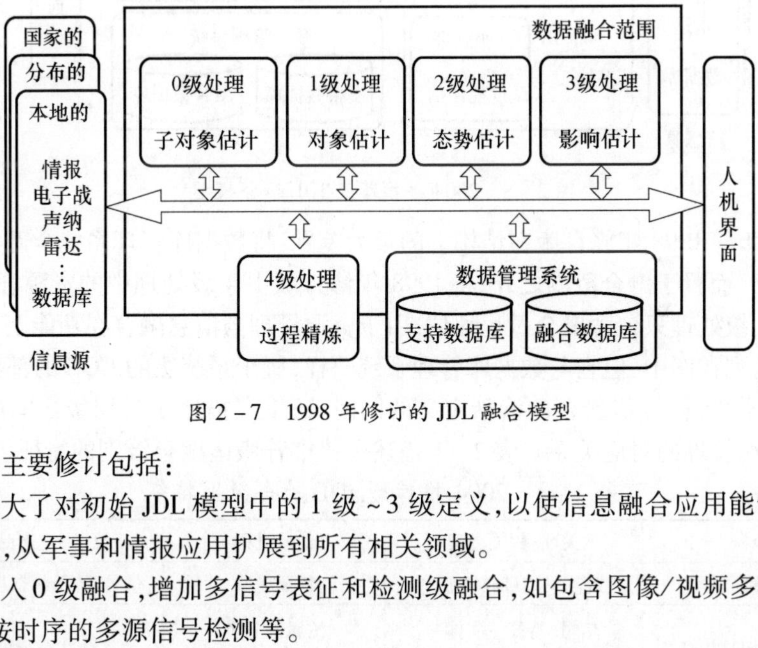

图 2-7 1998 年修订的 JDL 融合模型

该模型主要修订包括:

(1) 扩大了对初始 JDL 模型中的 1 级~3 级定义,以使信息融合应用能够跨越广阔的应用领域,从军事和情报应用扩展到所有相关领域。

(2) 引入 0 级融合,增加多信号表征和检测级融合,如包含图像/视频多维空间特征融合提取,按时序的多源信号检测等。

(3) 强调过程精炼有组织地设想和进行,既含有融合功能,又含有静态规划与动态控制功能。如图 2-7 中,将 4 级处理过程精炼中的一半(主要指融合评估)划入信息融合范围,另一半(管理与控制)放在融合之外。

(4) 将数据库管理系统(DBMS)作为公共操作环境(COE)所完成的对信息融合的支持功能,因此,只有一半(如融合数据)包含在融合范围之中。

(5) 将 3 级融合改为"影响估计"是由于 JDL 初始模型中的 3 级融合威胁估计仅局限于战术军事或安全领域,而影响估计将概念扩展到非威胁领域,表示参与者的估计和预测态势对未来采取行动的影响。

(6) 该修订模型还提出了局域性(本地)多源融合结构、广域分布式多源融合结构,以及大范围(国家范围)多源融合结构,这 3 类融合结构对应的应用层次不同,相应的信息源类型和范围也有较大差别。

2.1.3.2 2004 年推荐版 JDL 融合模型

该推荐版 JDL 融合模型按照输入信息、处理模型和输出信息,以及多类融合问题推理方法等方面的重大差别进行融合功能划分,通常基于用户所关注的特征所形成的不同融合产品进行划分。其中,既包含独立的实体(信号、物理对象、聚集体/结构)的属性、特征和行为,更包含多成分的聚集体,特别是实体之间的相互关系、聚集体各成分之间的相互关系,即从本体论角度或 Context 角度描述融合问题。2004 年推荐版 JDL 融合模型如图 2-8 所示(见文献[15]的 3.2 节)。

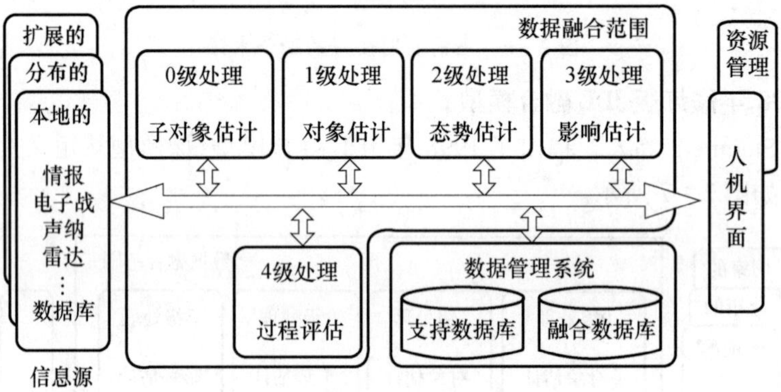

图 2-8　2004 年推荐版 JDL 融合模型

该推荐版与 1998 年修订版在结构上的重大差别:将数据库管理系统全部归于公共操作环境(COE)而置于融合范围之外;将 1998 年修订版中 4 级处理中的资源管理(RM)划分出去,故 4 级处理只包含融合过程评估,由于资源管理与信息融合在功能上存在对应关系,故仍将其列在图中,但它与数据库管理系统一样,属于系统级的 COE 的部分功能。该推荐版在给出 0 级~4 级融合的清晰定义的同时,还重点描述了各层级之间的跨级功能流及其与资源管理的对应关系。表 2-1 描述了该推荐版诸融合级别的特征。

表 2-1　2004 推荐版 JDL 融合级别特征

融合级别	关联/相关过程	估计过程	产品
0 级:信号/特征估计	观测—信号或特征*	特征提取	信号/特征状态与可信度估计
1 级:实体估计	信号/特征—实体* 实体状态—实体*	按属性分类 实体状态估计	实体状态与可信度估计
2 级:态势估计	实体—实体* 实体—关系* 关系—关系*	关系状态估计	关系、态势与可信度估计
3 级:影响估计	行动方针— 态势和效能*	代价/效益分析	实体、态势的效能与 可信度估计与预测
4 级:过程估计	系统状态— 目的和实际状态估计	性能分析	性能度量(MOPS)、效能度量 (MOES)与可信度估计
注:“*”表示与特征、信号、实体、关系和态势有关的关联是由系统推断完成的			

该推荐版 JDL 融合模型诸级别中的关联/相关过程和融合产品与下述诸融合级别的功能说明相对应。

(1) 0 级融合:信号/特征估计,即估计信号或特征的状态。从图像或模拟信号中估计目标信号或提取特征,从电磁、声音或其他信息/数据中估计目标特征或参数,即在某时空域中发现有用的信息。0 级处理不需要实体的出现或其特征的假设,仅涉及测量集合的结构,而不是其含义。若以多实体出现或特征为条件,则要视为一个 Context 或态势,并且信号和特征是可推断的。0 级处理通常由各传感器独立完成,当通信带宽或处理负荷容许时,可在多处理层次上通过多源数据融合实现目标检测与特征提取,如跨越多传感器图像融合进行目标特征提取、目标定位与识别,已在某些系统中实现。

0 级融合输出/产品是信号/特征状态与可信度估计。

(2) 1 级融合:实体估计,这是最突出、最重要的数据融合应用,即对独立的物理对象进行检测、识别、定位与跟踪,或称独立实体的状态估计。这里的状态估计包括活动性动态实体的连续运动参数估计和目标身份、分类属性、运动特征属性等离散参数判断与估计。1 级融合可以认为是数据/信息融合的起源,已有众多文献描述的各种方法和广泛应用。至今尚有待解决和进一步完善的问题:某些动态实体的潜在状态变化(如机动)的判断,复杂环境和密集实体态势中的实体关联与相关,以及不同粒度/相悖/弱相容信息融合识别实体身份和属性等。

1 级融合输出/产品是诸实体状态(含属性/身份识别结果)和可信度估计。

(3) 2 级融合:态势估计,即估计现实事物的结构。从某种意义上说,信息融合就是依据多类信息估计现实世界的某些样式的状态及其变化。抽象的态势可以表示一组关系,包括实体之间相互关系和聚集体内部成分之间的关系;而现实的态势则是指用具体案例说明的一组关系。在军事应用中的战场态势即指参与作战的诸方在战场上的兵力分布(及战场环境)的当前状态和进一步发展变化的趋势。态势估计的功能包括下述 3 个方面。

① 态势获取或态势生成,在经过 1 级融合获得时空域中各独立的物理对象状态估计之后,基于系统用户期望达到的目的,通过对诸实体之间的关系估计及其与用户意图的关联推断,实现相关实体(物理对象)的聚集,生成系统用户所需要的态势,该态势可以反馈回到 1 级融合,以进一步对该态势中的诸物理对象进行识别、分类和状态变化判断。

② 态势知识提取/发现,采用数据挖掘或其他智能技术,挖掘或发现该态势中潜藏的规律性知识及该态势与其他态势之间的关系,估计非合作对象的企图、行动方案与行为,这是军事应用战场态势估计的最主要功能。

③ 态势预测,基于 1 级融合对象状态/属性估计和 2 级融合提取的态势潜藏规律,考虑与其他态势的关系,通过态势中所含诸实体的变化预测和基于预测后诸实体的再聚集,以及与历史态势的相关性,获取态势预测结果,态势预测是系统用户最关心也是最有用的。

不难看出,态势估计已超出纯粹"感知领域"的范畴,上述三方面估计内容皆要与用户自身的期望目标、策略和行为紧密联系在一起。

态势估计的输出/产品是实体内/外关系、态势状态分类与可信度估计。

(4) 3 级融合:影响估计,1998 年修订版 JDL 融合模型已将 3 级融合由"威胁估计"改为可能具有非威胁的影响估计,其概念是估计预测态势对规划/期望的行动的影响,如估计自身规划的行动对预测态势的敏感度和脆弱性。在军事应用中,威胁估计主要是指在预测的可能出现的敌我交战行为中,估计对我方不利/有害影响。其内涵包括敌方企图估计、作战能力估计、威胁时机估计,以及我方薄弱点估计等。因此,影响估计与态势估计一样,更是超出了纯粹"感知领域"范畴,对用户作战行动采取的策略、行为产生直接、重大影响,是用户行动决策不可或缺的重要依据。

在军事应用中,影响估计很可能不惜代价,否则无法在威胁对抗中取胜。但在非对抗(非威胁)条件下的影响估计则必须考虑准确、及时的影响估计所付出的代价与所能达到的效果,即进行效果与代价分析,以确定可采纳的策略。

影响估计的输出/产品是实体、预测态势的效能、代价与可信度估计和预测。

(5) 4 级融合:过程估计,4 级融合设计为过程估计,包括对融合过程各级别(0 级 ~3 级)融合产品的估计。4 级融合功能主要包含对融合系统的性能度量(MOPs)和基于一个期望的系统(需求目标)状态与实际响应输出的差别的效能度量(MOEs)。在 4 级融合中,需要求解的首要问题是确定系统输出与所期望状态的符合性。

4 级融合中,估计包含的 MOPs 主要是指从整体上对融合系统性能的度量,如传感器配准、基线误差估计、目标航迹纯度、航迹零碎度等;而 MOEs 则包含对目标分类和定位精度等用户需求的效能度量。这两类估计可基于信息融合系统的各级融合产品的实际应用效果进行,也可基于试验床进行信息融合产品实验评估。

值得注意的是,这里 4 级融合已不包含反馈优化控制内容。在 2004 年推荐版 JDL 模型中已将反馈控制列入"资源管理"(RM)功能中,资源管理属于更广的战场感知范畴,即已超出了信息融合领域,详见 2.3 节。

2.2 JDL 融合功能结构的扩展

这里仅描述当前 JDL 融合模型扩展中的几个主要概念,包括跨融合级别的功能流、关于"5 级融合"的讨论、Dasarathy 的输入/输出模型等。

2.2.1 跨级信息与功能流

图 2-7 和图 2-8 将 5 个融合级别挂到总线上,即采用总线结构,从而避开了跨越融合级别的信息和功能关系描述和理解。跨级融合信息与功能包含两个内涵,一是某些融合功能是诸融合节点或诸级别共有的;二是不同级别之间具有信息交换与功能支撑关系。

作为较低的战术层次的数据融合节点,每个节点在接收到多传感器测量数据后都要完成数据预处理(数据合并、共用组织、时空配准、可信度规格化等)、数据关联(针对具体状态估计问题设置、评估、选择关联假设)、状态估计与预测(适应节点需求的实体状态、属性及相互关系、性能和效能等)。对于较高的战略层次节点,每个节点都要进行态势估计、影响估计,有时还要对下级报来的实体状态/属性进行二次估计(协调估计或冲突处理)。无论层次高低,都可根据需要进行 4 级过程估计处理。

有些融合处理功能需要在每个融合级别上进行,比较典型的是数据/信息关联功能可能出现在每个融合级别上,即具有跨级功能特点。如 0 级融合中的信号/特征关联、1 级融合中的测量(特征)—实体关联、实体—实体相关;在 2 级、3 级融合中,确定态势内外关系、确定威胁实体与威胁对象之间的关系显然属于关联/相关范畴。这些级别上关联功能处理的共同点是都涉及关联假设的生成、评估和选择，当然不同级别的关联假设的内涵、得分和评估方法有所不同。

图2-9描述了在每个融合级别上数据/信息关联/相关的对象内涵和得分矩阵等概念。

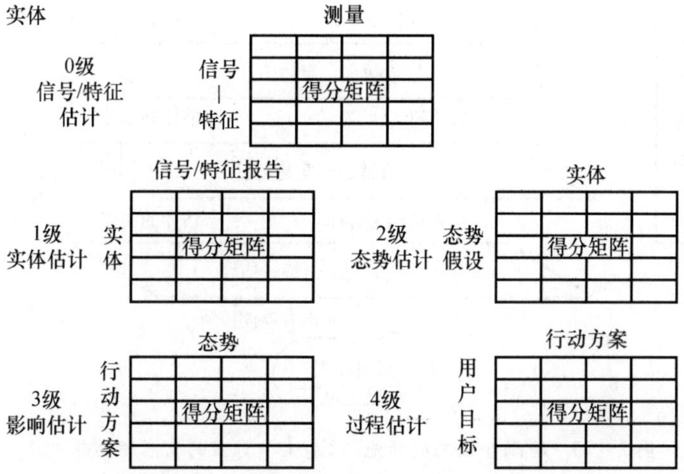

图2-9 数据/信息关联/相关出现在每个融合级别上

图2-9中，0级融合的关联是对信号/特征进行的，即将诸测量按可能的特征分类计算关联得分并进行聚集，生成源于相同特征的测量集合；1级融合的关联是对实体进行的，即将0级融合获取的诸信号—特征测量报告按可能出现的实体计算关联得分并进行聚集，产生源于同一实体的信号/特征或局部航迹集合，经融合后产生诸单一实体的综合航迹；2级融合的关联对态势进行，将诸实体按可能产生的态势假设计算关联得分并进行聚集，产生构成同一态势的实体及其关系集合；3级融合的关联是对态势的效能进行的，即确定诸态势与可能行动方案关联关系，产生与诸行动方案相关的态势集合；4级融合过程估计的关联则基于感知任务目标进行，计算诸可能的行动方案与任务目标的关联得分并进行聚集，生成基于同一任务目标的可能行动方案集合，以融合生成优化方案，评估支撑该方案的相应级别融合结果信息的性能和效能；为资源管理对各融合级别直至对目标测量手段实施反馈控制提供依据。

在实际应用中，融合节点并不是从0级~4级逐一地进行相应的融合层级处理的，每个节点都可依据用户所在层次对感知的需求任务，对其接收的信息进行相应的融合层级处理。或者说，任意融合级都可独立进行或几个级别组合进行相应的输入、处理和输出。然而，需要考虑的是，0级和1级是针对单一实体的融合，而2级及以上级别融合则是针对整体感知的融合，如态势估计中的意图估计是结合多实体关系及与环境要素的关系获得的，而不是单一实体的动向；态势探测和影响估计是基于态势的向外扩展或多态势的相互作用产生的，而不是一个孤立的态势产生的功能。

图2-10描述了0级~4级融合由低到高的功能支撑关系和信息关系，并描述了基于Context的反向（自高到低）需求驱动及信息关系（见文献[15]的3.4节）。

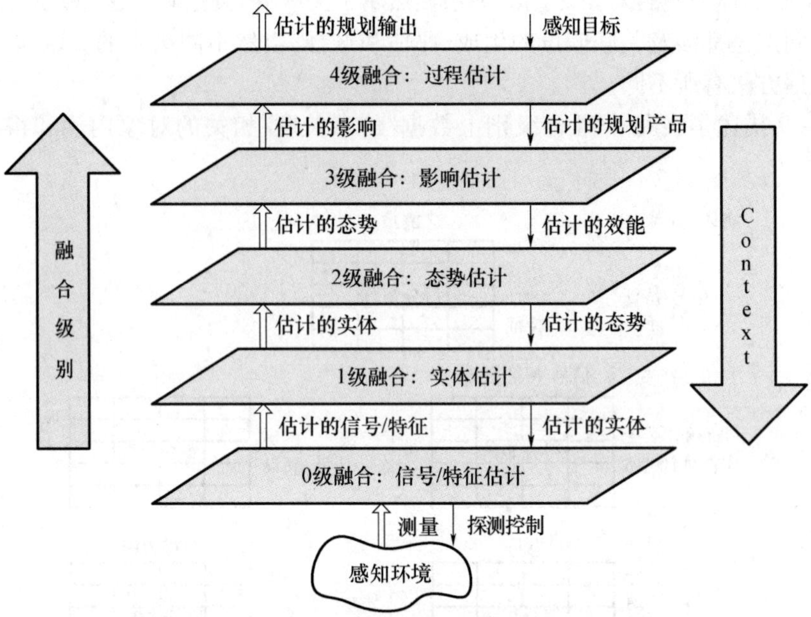

图 2-10　跨融合级别的功能/信息流与对应的需求驱动信息流

由于 Context 在概念上表示客观事物及其关系(复杂事物内部成分之间关系和事物之间的关系),其与信息融合中的“态势”概念相近。Context 同时又是人们认知客观事物的一种方法,称为 Context 敏感方法(Context - Sensitive)。图 2-10 中的 Context 的反向认识驱动实际上就是对信息融合诸级别自上而下的融合功能需求关系,如用户的感知目标需求是过程评估的依据,估计的规划产品需求是影响估计的依据,估计的效能需求是态势估计与预测的依据等。

信息融合的每一级处理既依赖于前面级别的估计结果,又以反向输入的规划需求为基准或制约条件,如 2 级融合态势估计依赖 1 级和 0 级融合估计结果,又以效能需求为基准来评估态势估计结果。

2.2.2　关于“5 级融合”

近年来,许多文献(如文献[19,20,21])提出了各种各样的“用户精炼”过程,并称为“5 级融合”,其内涵主要包括:

(1) 认知精炼,即通过人机互动达到人类认知活动的精炼过程,包括呈现给人类用户的所有方法,如采用图形和表页显示的人机界面,确定用户对融合的需求,以及不断改进和完善用户需求,提高人的认知能力等。

(2) 知识管理,支持人的认知判定与行动决策,如态势与威胁判定,实体身份与属性识别等。

(3) 可视化,强调基于用户需求的融合剩余问题与融合过程联系起来,通过对融合过程各级、各环节的可视化形成反馈或控制,以增强和改善相应级别的融合产品。

然而,含有人机交互的自动处理系统本质上就存在对相关处理事物的精炼过程,就是说“用户精炼”并不是信息融合系统特有的功能。另外,我们已经定义的 0 级 ~4 级融合过程中的许多功能,包括信息聚集以估计态势、识别实体、关联分配等本身就含有人与自动过程的交互，正如 JDL 首任主席 Frank White 所述的“人为中心”的 JDL 融合功能含义：首先人在其头脑中形成“模型”，然后组织和融合信息、辨识融合功能，建立出 JDL 模型，使其成为融合学界、理论家和系统开发者之间的桥梁[22]。

由此可见，将“用户精炼”列为第 5 级融合是不适宜的，它属于人机交互辅助融合功能类，并不只在融合系统中出现。当然，“用户精炼”是以 4 级融合（过程评估）为基础的，其精炼改进过程可以作为资源管理功能的一部分，但其自身不应属于信息融合范畴。

2.2.3 Dasarathy 的输入/输出模型

Dasarathy 从输入和输出信息类型入手，对 JDL 融合模型进行扩展[3,24]，他将 0 级融合再分解为数据（像素）级和特征级，从而将人们认识世界的层次，包括人们通过各种手段获取的输入信息和处理后的输出结果信息（产品）都划分为数据、特征、对象、关系、影响和响应等 6 个层次，其中“响应”指用户需求对诸层次信息的反应，或诸层次信息满足用户需求的程度。

表 2－2 给出了 6 个输入信息层次与生成 6 个输出结果信息层次之间对应的融合处理关系。

表 2－2　0 级～4 级融合的 Dasarathy 扩展模型

I \ O	数据	特征	对象	关系	影响	响应
数据	信号检测 DAI/DAO	特征提取 DAI/FEO	基于整体形态的对象提取 DAI/DEO	基于整体形态的态势估计 DAI/RLO	基于整体形态的影响估计 DAI/IMO	自身响应 DAI/RSO
特征	基于模型的检测特征提取 FEI/DAO	特征精炼 FEI/FEO	对象表征 FEI/DEO	基于特征的态势估计 FEI/RLO	基于特征的影响估计 FEI/IMO	基于特征的响应 FEI/RSO
对象	基于模型的检测估计 DEI/DAO	基于模型的特征提取 DEI/FEO	对象精炼 DEI/DEO	基于实体—关系的态势估计 DEI/RLO	基于实体的影响估计 DEI/IMO	基于实体—关系的响应 DEI/RSO
关系	Context—敏感的检测 RLI/DAO	Context—敏感的特征提取 RLI/FEO	Context—敏感的对象精炼 RLI/DEO	微观—宏观的态势估计 RLI/RLO	Context—敏感的影响估计 RLI/IMO	Context—敏感的响应 RLI/RSO
影响	代价敏感的检测/估计 IMI/DAO	代价敏感的特征提取 IMI/FEO	代价敏感的对象精炼 IMI/DEO	代价敏感的态势估计 IMI/RLO	代价敏感的影响估计 IMI/IMO	代价敏感的响应 IMI/RSO
响应	反应敏感的检测估计 RSI/DAO	反应敏感的特征提取 RSI/FEO	反应敏感的对象精炼 RSI/DEO	反应敏感的态势估计 RSI/RLO	反应敏感的影响估计 RSI/IMO	反应敏感的响应 RSI/RSO

该表中输入/输出相应层次标识符号 x、y、z 的内涵是

$$z=\begin{cases}\text{I} & \text{输入}\\ \text{O} & \text{输出}\end{cases}\qquad x,y=\begin{matrix}(\text{数据}) & (\text{特征}) & (\text{对象}) & (\text{关系}) & (\text{影响}) & (\text{响应})\\ \text{DA、} & \text{FE、} & \text{DE、} & \text{RL、} & \text{IM、} & \text{RS}\end{matrix}$$

表 2－2 的显著裨益是能通过信息类型（层次）的输入—输出变换产生相应的融合处理方法。表 2－2 中前 3 行某些融合过程是工程中已见过的 3 层次输入信息和产品的 6

层次输出结果，如FEI/DAO表示基于特征模型的检测（预检测），DEI/FEO表示基于对象模型的特征提取，DEI/DAO表示基于对象模型的数据分类等。

表2-2中许多方格内所标识的过程是对目前已有融合功能的扩展，目前尚无成熟的融合方法，是有待进一步探讨的内容。在2.5节中对该内容进行了讨论。

2.3 感知资源管理模型[25]

2.3.1 感知资源管理概念

感知资源管理在概念上是指对战场感知资源的运用筹划，包括感知资源的选择、配置与运用的管理与控制，以获取满足作战活动需求的感知产品。感知资源管理最早是作为对信息融合模型的改进提出的，图2-8描述的2004年推荐版JDL融合模型明确设置了资源管理功能块，其将图2-7所示的1998年修订的JDL融合模型中的过程精练分解为过程估计和反馈优化控制两部分，从而4级融合仅包含过程（1级~3级融合产品性能与效能）估计，并将反馈控制置于资源管理之中，而资源管理显然位于更上层的战场感知领域，已不属于信息融合专用技术范围。这是2004年推荐版JDL融合模型对1998年模型的重大修改，标志着信息融合体系结构逐渐走向成熟。

图2-11描述了战场感知概念及其与作战活动的关系，从中可以初步看出资源管理的概念和作用[26]。

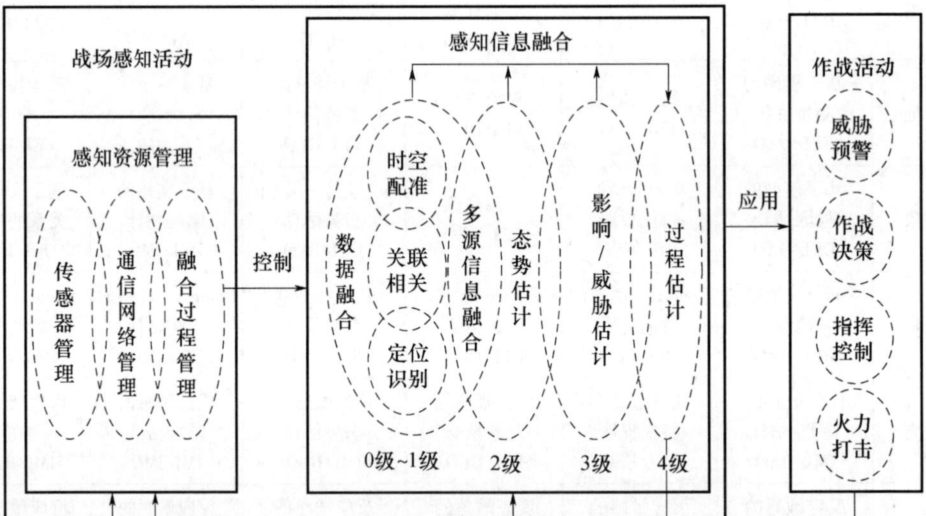

图2-11 战场感知概念与内涵

从图2-11可以看出，资源管理和信息融合构成了战场感知活动。其中，资源管理包含对诸级信息融合过程的管理与控制，对战场感知产品的质量起决定性作用。战场感知产品为作战活动提供支撑，对感知资源管理和控制的依据来源于作战效能评估和信息融合过程估计的结果。

2.3.2 资源管理的功能内涵

资源管理是在基于作战任务的感知目标驱动下，对信息获取（信息源）、通信传输、信息融合等各环节/级别的硬/软资源实施规划、配置管理和运行控制，以实现战场感知的优化。

资源管理的主要功能如下：

（1）基于作战需求的信息源选择，包括：①基于目标精确打击任务的传感器（探测平台及设置的传感器类型、型号、精度、探测范围等）选择；②基于决策需求的侦察手段（技侦、人工情报、开源文档和数据库等）选择；③基于目标识别和预警任务的探测传感器和侦察手段综合选择等。

（2）基于作战任务的感知资源配置。包括：①探测和侦察装备的配置地域/平台、型号/数量；②侦察系统/手段信息的接入；③信息融合软件产品的配置（配置节点、产品级别）。

（3）分布式感知网络的配置，包括：①基于诸作战节点任务需求的分布式融合结构；②基于分布式融合结构的通信网络配置（如路由、带宽、误码率和抗干扰能力等）。

（4）探测/侦察平台和传感器的运行控制，包括：①传感器工作状态控制；②传感器工作模式（跟踪、搜索模式和脉冲重复频率、探测/上报周期等）控制；③传感器检测参数（虚警/漏警率、杂波/假目标识别参数等）控制；④平台和传感器探测区域、跟踪目标控制等。

（5）信息融合系统的功能（结构）控制，包括：①信息融合软件结构与流程控制；②信息融合模型组合选择控制；③信息融合软件控制参数（关联门限、机动门限、融合检测门限和识别置信度等）调整等。

其中，前3项资源管理功能是静态管理功能，后2项是动态管理功能。

2.3.3 资源管理的作用

资源管理在专业技术内涵上包含资源配置管理、资源响应管理和资源效能管理，它跨接在感知任务需求和感知资源之间，通过管理和控制，实现感知资源能力的最大化和感知产品满足作战需求的最大化。图2－12描述了资源管理的作用。

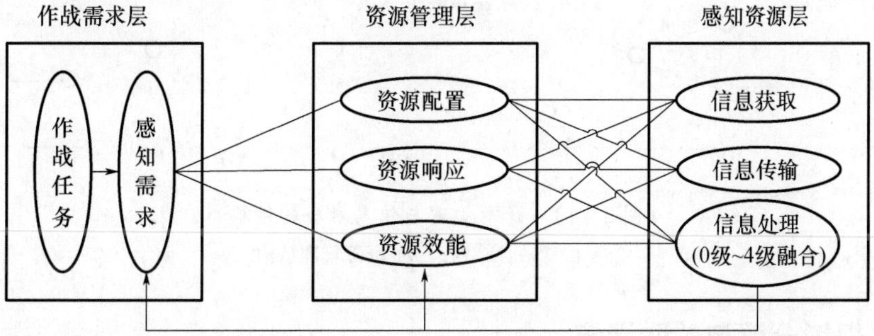

图2－12 资源管理的作用

由图2－12可以看出，资源管理层的输入信息是作战任务对战场感知的需求，以及融合过程估计，即诸级信息融合产品（4级融合）的性能评估结果；而感知需求的动态变化则依赖于信息融合产品的性能及其对作战活动的支持效能。此外,资源配置、资源响应和资源效能等 3 项管理功能皆是对信息获取、信息传输和信息处理等每类资源的管理和控制,特别是对信息获取资源和 0 级 ~ 4 级信息融合资源进行管理与控制。正是在这个意义上,2004 年 JDL 推荐信息融合模型将资源管理视为对信息融合概念的扩展。从这个概念出发,可以认为资源管理在功能、结构、作用等皆可由感知资源层,特别是信息处理资源的功能和结构向上自举产生。需强调的是,静态资源配置和响应是基于资源的原始性能基线进行的,而配置的动态调整和资源响应的动态控制则依赖于资源的实际运行性能和支持效能,特别是感知信息处理中的 4 级融合——过程估计结果。

2.4 资源管理与信息融合

2.4.1 管理结构与融合结构

资源管理结构与信息融合结构之间的对应关系如图 2 - 13 所示。

图 2 - 13(a)所示的信息融合结构中,设置多个输入端口接入传感器/信息源信息,然后按时间、信息源/数据类型、探测平台或按探测/侦察力量编成,经多级局部融合节点的处理,最终在一个全局融合节点形成全局融合的输出产品,是一个典型的由树梢到树根的树形聚集结构。而图 2 - 13(b)所示的资源管理结构中,首先设置一个全局节点,负责全局资源管理;其次,按时间、资源类型、管理方式、活动类型等将全局资源管理任务逐级分解为多级局部资源管理任务,由相应的多级局部管理节点逐级管理;最后,形成多个独立的管理对象(最小粒度资源)及相应管理节点,是一个典型的由树根到树梢的树形规划分解结构。由此可见,资源管理与信息融合在功能结构上正好相反。

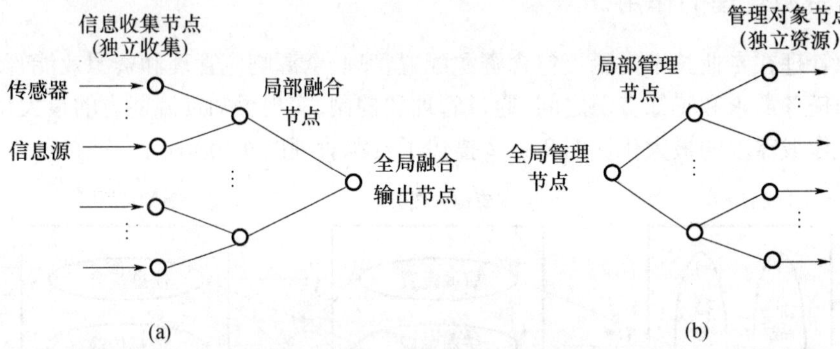

图 2 - 13 资源管理与信息融合的结构
(a) 信息融合结构; (b) 资源管理结构。

2.4.2 规划分解与关联聚集

信息融合领域的数据/信息关联可能出现在从 0 级 ~4 级每(各)个融合级别之上,但每个级别上的内涵有所不同,图 2 - 14 给出了每个融合级别上计算关联得分所涉及的关联对象。

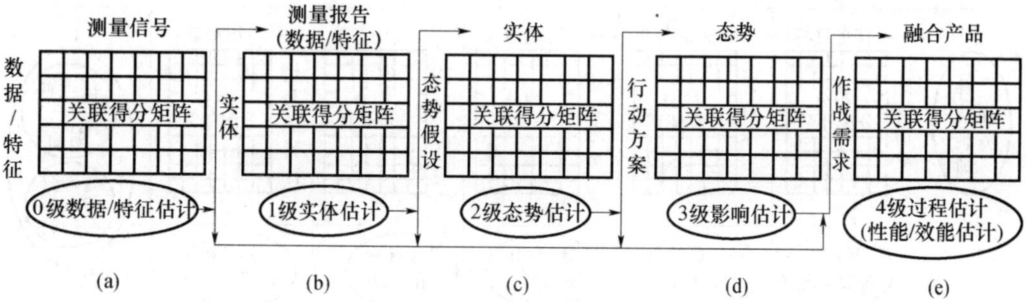

图 2-14 信息融合诸级别上的关联对象与相互关系

对图 2-14 中诸级别关联功能的说明如下：

(1) 如图 2-14(a)所示，测量信号按目标的数据/特征模式进行关联，根据计算出的关联得分进行聚集，实现目标的数据/特征级的融合估计。

(2) 如图 2-14(b)所示，基于 0 级融合结果或传感器自主产生的关于目标数据/特征模式的测量报告，与目标实体进行关联，实现目标实体(状态、属性)的融合估计。

(3) 如图 2-14(c)所示，基于 1 级融合产生的目标实体或传感器自主报告的目标实体与态势假设进行关联，实现态势生成、择优与更新。

(4) 如图 2-14(d)所示，基于 2 级融合产生的态势或其他节点报告的态势与行动方案(Course of Action, COA)进行关联，实现态势对 COA 的影响估计(不利/有害影响即威胁)。

(5) 如图 2-14(e)所示，由 0 级~3 级所有或部分融合估计结果构成的融合产品与作战需求进行关联，实现对诸级别和全过程的融合产品性能和作战支持效能的估计。

在资源管理中，与信息融合逐级信息关联聚集概念相反的是管理任务/目标的逐级规划分解。这里不像文献[15]中图 3-9 那样抽样地、勉强地将战场感知资源管理与信息融合的 0 级~4 级进行对应划分①。而是基于比较成熟的信息融合级别进行划分(信息融合诞生近 40 年，而资源管理迟于信息融合至少 10 年，且是应信息融合要求，即提升融合性能和效能出现的)，从信息融合自举派生出感知资源管理/控制功能的相应级别，并且在 0 级向下扩展到信息源/传感器管理与控制，在 4 级向上扩展到作战任务分解形成战场感知需求，从而与信息融合所有级别对应起来。图 2-15 给出了战场感知资源管理级别划分和信息融合诸级别的规划分解关系。

对图 2-15 中诸管理级别上的资源规划分解功能与关系分述如下：

(1) 如图 2-15(a)所示，将(来自作战任务)感知目标分解为感知需求，即计算不同任务目标与诸感知需求的关联得分，为获得 4 级融合(过程估计)功能需求提供支撑。

(2) 如图 2-15(b)所示，将感知需求分解为支撑需求的影响效果，计算不同感知需求与诸可能影响效果的关联得分，为获得 3 级融合(影响估计)功能需求提供支撑。

(3) 如图 2-15(c)所示，将影响效果分解为产生相应影响效果的战场态势，计算不

① 文献[15]中 3.6 节关于各管理级别上的资源规划分解的描述，除了 0 级资源信号管理是对传感器探测进行控制，4 级设计管理将作战任务向感知需求划分之外，其他中间级别的描述如资源关系、资源响应、资源协同等均无法与 1 级~3 级信息融合相对应。

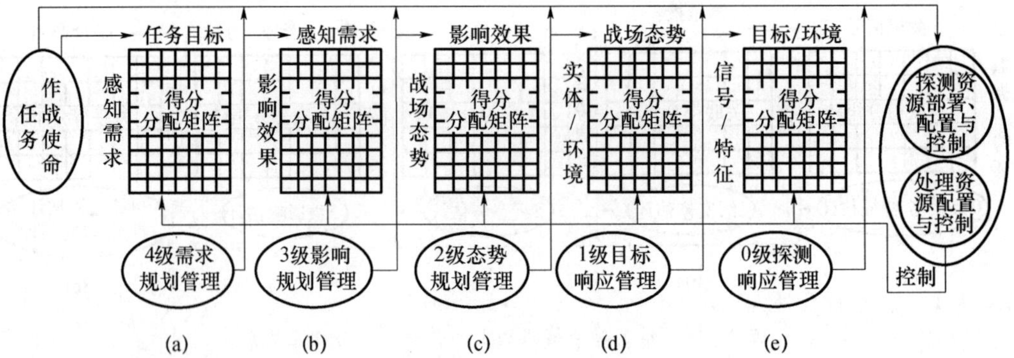

图 2-15　感知资源管理级别划分与关系概念

同影响效果与诸态势假设的关联得分,为获得 2 级融合(态势估计)功能需求提供支撑。

(4) 如图 2-15(d)所示,将战场态势分解为响应该态势的实体、环境、关系等要素,计算不同态势与诸实体/环境等要素的关联得分,为获得 1 级融合(实体估计)功能需要求提供支撑。

(5) 如图 2-15(e)所示,探测管理将实体/环境分解为探测实体/环境的资源特征和介质信号分类,计算关联得分,为获得 0 级融合传感器探测(信号/特征估计)需求提供支撑。

上述感知资源管理是从任务目标出发直至传感器(部署、配置与运行)的管理,所划分的 5 个管理级别与信息融合的 5 级逐一对应,每一级管理的规划分解结果都产生对相应信息融合级别的功能需求,因此,都是动态进行的,称为感知资源管理的动态管理/控制部分。感知资源管理的另一部分是静态管理,包括信息获取资源和信息处理资源的部署、配置等。图 2-15 最右侧圆框中列出了感知资源管理的内容,其中包括探测资源和处理资源的部署、配置和控制,通信资源的控制目前尚未涉及。

2.4.3　资源控制与状态估计

资源管理中的资源控制与信息融合中的状态估计相对应。

状态估计出现在信息融合的每个级别上,分别产生相应级别的融合产品,主要功能如下:

(1) 0 级融合:子对象估计,估计数据模式/特征。

(2) 1 级融合:实体估计,估计单一实体/目标状态和属性。

(3) 2 级融合:态势估计,估计实体等战场要素之间的关系。

(4) 3 级融合:影响估计,估计和预测场景状态及其中各态势之间的关系,产生预测态势对作战行动的影响估计,其中对我方不利/有害的影响估计称为威胁估计。

(5) 4 级融合:过程估计,估计各级融合产品的性能和作战支持效能。

资源控制出现在资源管理的每一级别上,主要功能如下:

(1) 0 级控制:控制传感器(信息源)获取测量信号的工作状态。

(2) 1 级控制:控制实体估计资源的运行状态。

(3) 2 级控制:控制实体关系估计资源的状态。

（4）3 级控制:控制态势关系（场景）估计资源的状态。

（5）4 级控制:控制感知效果估计资源的状态。

其中,4 级控制的目标是使战场信息获取与处理的全过程估计结果更准确,为实现对融合过程直至传感器状态的反馈控制提供依据,如 JDL 信息融合 1998 年修订模型中 4 级融合的反馈控制功能,该功能在 JDL 信息融合 2004 年推荐模型中被划归到资源管理功能中。

2.4.4 资源管理与信息融合功能关系

2.4.4.1 资源管理域与信息处理域的多级闭环结构

针对文献[15]中图 3－8 所描述的带有有序级别互动的多级数据融合与资源管理系统网络图存在缺陷:将武器资源纳入资源管理的模糊概念,并且没有描述 4 级融合/管理,以及没有形成闭环结构等。本文依据战场感知周期性的特点,建立了资源管理域与信息处理域较完整的闭环结构,如图 2－16 所示。

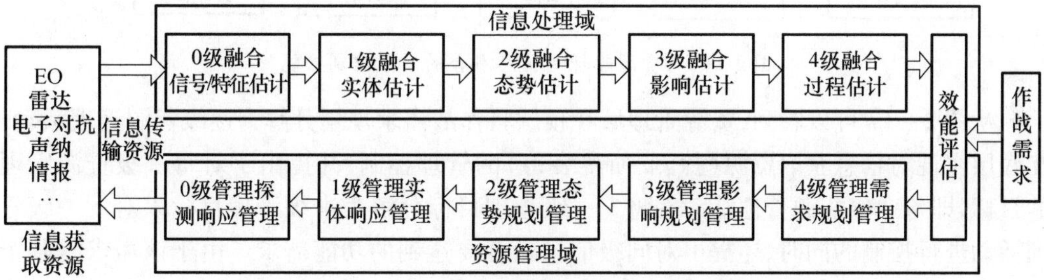

图 2－16　资源管理域与信息处理域的闭环结构

图 2－16 所示的资源管理域与信息处理域的闭环结构中,二者的交汇点（闭环点）有两个。第一个交汇点是顶层的效能评估,与 4 级融合产品性能不同,该节点基于融合产品性能估计和作战任务对战场感知的需求,评估融合产品的支持效能是否满足作战活动的需求。评估结果反馈给资源管理功能域,对信息获取资源、信息传输资源和信息处理资源逐级进行管理控制,以在下一个战场感知周期中提高感知产品的作战支持效能。第二个交汇点是底层的信息获取资源（含信息传输资源）,它既为信息融合资源提供战场探测信息,又接受 0 级资源管理的探测控制指令,按该指令进行信息源运行状态控制,以获取满足作战需求的战场目标/环境信息。

2.4.4.2 资源管理对信息融合的逐级控制

在图 2－16 所示的战场感知周期的闭环结构中,并没有体现出资源管理活动的各级别功能对相应信息处理活动相应融合级别的控制关系。实际上,每一级资源管理活动都要确定对相应级别信息处理的融合产品的需求,信息处理活动中第 4 级融合过程估计功能,就是对融合过程的 0 级～3 级融合产品的性能和效能估计,每一级估计都是以相应级别的资源管理活动产品——对相应级别融合产品的需求为依据,最终的战场感知效能评估则以资源管理的出发点——作战任务对战场感知的需求为依据,综合评估各级融合产品对作战活动（威胁预警、作战决策、指挥控制、火力打击）的支持程度。从这个意义讲,资源管理域的每一级管理活动都产生对相应级别信息融合的需求,控制信息融合相应级别的评估与精炼。

图 2－17 描述了战场感知资源管理与信息融合的逐级控制关系，这使我们进一步认识到基于作战需求的战场感知活动是由感知资源管理和感知信息融合这两个活动域逐级紧密耦合完成的。

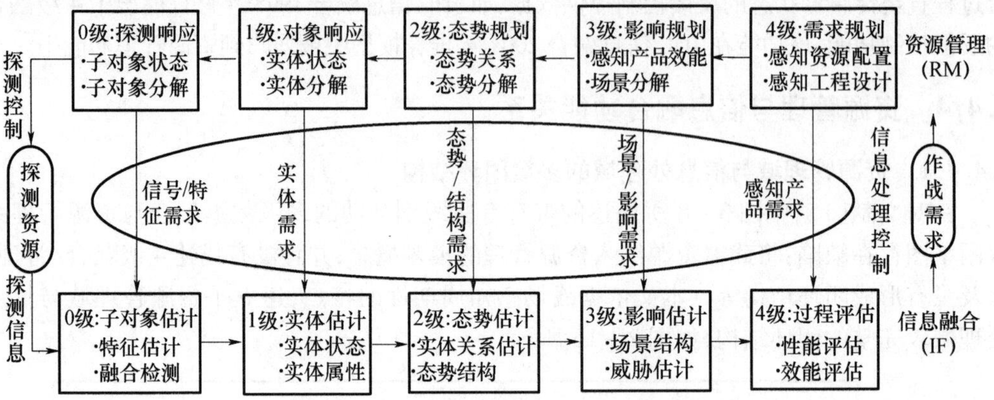

图 2－17　资源管理对信息融合的多级控制功能

从图 2－17 可以看到，资源管理域在顶层将作战需求规划分解为逐级资源管理活动，在底层实现对信息获取资源（探测/侦察装备）的管理控制，并提出了对每一级资源管理的目标，即每一级资源管理活动在将上一级管理目标分解为本级管理目标以对下一级管理活动进行控制的同时，还提出对同级信息融合要达到的功能需求。由于该需求是基于作战需求逐级分解结果与信息融合过程估计结果对比分析获得的，因此，既是对该级信息融合产品评估的指标，又是本级信息融合满足作战需求要达到的产品目标。可见，图 2－17描述的战场感知各级资源管理对相应级别信息融合需求的控制关系，对于实现战场感知过程从信息获取到信息处理逐级别产品的评估和精炼，以使战场感知产品最终满足作战需求，具有重要意义。

2.5　资源管理、信息融合与 Dasarathy 模型[26]

表 2－2 给出的融合节点输入/输出模型是 B. V. Dasarathy 从信息分类级别入手对 JDL 模型进行的扩展，其对输入/输出信息皆划分为数据、特征、对象、关系、影响和响应等 6 级，这已囊括了从信息获取、信息融合到信息应用（响应）等战场感知诸多层次，即已将信息融合扩展到整个战场感知领域。分别考察表 2－2 中输入信息层次低于、等于、高于输出信息层次等 3 种情况，研究这 3 种情况在战场感知中的作用及其相应采用的技术，以进一步理解和扩展 Dasarathy 的输入/输出模型的概念及其内涵。

2.5.1　数据驱动与信息融合

在表 2－2 中，左上至右下主对角线以上各框中的内容皆表示输入信息的层次低于输出信息的层次，这实际上就是对 2004 年 JDL 推荐信息融合模型的简单扩展。其中，将 0 级融合分解为数据和特征两级，向上扩展到响应级，即对信息融合的作战支持效能的评估。这些框中的信息融合功能都是基于某层次的多源信息输入，融合生成更高层次的信息产品。如果将此时的多源输入信息皆称为数据,输出信息皆称为反映输入信息的融合状态规律的模型,则可以将各级信息融合过程都理解为数据驱动的自下而上的融合推理过程。当特征及其以上层次的输入信息是有一定规律的局部信息模式时,各级信息融合过程可理解为由低层次多源局部信息模式逐级融合为高层次全局信息模式的推理过程。

不难看出,表2-2中位于主对角线上的各框是同层次的输入和输出信息,这实际上是对同层次多源信息融合与精炼过程,也可以理解为数据驱动融合推理过程,或同层次多局部信息/模式融合生成同层次全局信息模式的推理过程。

2.5.2 模式驱动与资源管理

在表2-2中,主对角线以下各框中的内容皆表示输入信息的层次高于输出信息的层次,这实际上是基于预先给出的反映某层次信息规律模式,推断支持该层次信息模式的较低层次或逐级推断较低的多个层次的信息规律模式或数据;或者说,基于某层次的先验信息模式推断或提取以下层次信息的规律或模式。这样,这些框中采用的是自上而下的模式驱动的推理过程。例如,表2-2中的FEI/DAO框表示基于特征模式进行信号检测的过程,即从数据信号中提取出符合先验特征模式的信号,而DEI/FEO框则表示基于实体状态(或属性)的先验模式对下一层次的信息进行特征提取的过程。

当某级(框)的输入信息层次高于输出层次,输入信息实际上也反映了对该输入层次信息的处理需求。此时,Dasarathy模型的推理过程变成将满足某层次作战需求的信息规律或模式分解为下一级需求的信息规律或模式/数据的推理过程,这实际上属于战场感知资源管理与控制范畴。从表2-2可以看出主对角线以下的各列框中,从下至上皆是从用户需求响应出发,逐级规划分解为影响(威胁)模型、关系(态势)模型、对象(实体)模型……,即将作战任务对战场感知的需求目标逐级向下分解为对信息融合诸级别,直到对探测资源的管理和控制的具体需求。由此可见,战场感知资源管理与控制过程是自上而下的逐级模式驱动推理过程。

从2.5.1节和2.5.2节的分析可以看出,Dasarathy的信息融合扩展模式在功能上涵盖了自下而上的逐级信息融合的数据驱动推理过程和自上而下的逐级资源管理的模式驱动推理过程。因此,可以说Dasarathy模型是对战场感知的资源管理和信息融合的整体功能的一个描述。

2.6 小结

随着信息融合理论和方法研究的不断深入,特别是信息融合技术应用范围的不断扩展,必然引起信息融合体系结构/模型的不断演进,甚至可能出现概念和内涵的变化。因此,本章在描述信息融合结构和模型历史沿革的同时,还必须说明,即使是2004年JDL推荐模型也不是一成不变的。迄今为止,关于该推荐模型一直存在多种评论,例如,4级融合(L4)是否由“评估与反馈控制”改为“融合评估”,而将“反馈控制”放到资源管理中?资源管理与信息融合是什么关系?它是否属于信息融合范畴?笔者从更高的战场感知领域出发,将资源管理和信息融合视为战场感知的两个不可或缺的组成部分,在构成元素、处理级别、主要功能之间相互存在对应关系,并且资源管理对信息融合存在诸级别的需求控制关系。在作战任务的驱动下，资源管理与信息融合经从传感器/信息源配置和0级～4级融合的多次调整和优化，才能实现基于作战任务的战场感知目标，获得信息优势，从而为达成决策优势和最优作战效果提供支撑。本书在2.5节中将扩展信息融合的Dasarathy输入/输出模型与整个战场感知域联系起来，提出了该模型与感知资源管理和感知信息融合的关系，从而加深了对Dasarathy模型理解和对其应用价值的讨论。

美国纽约州立大学Buffalo校区多源信息融合中心(CMIF)主任、JDL模型创立者之一James Llinas教授在来华技术交流期间(2010年10月)，曾讲述了信息融合的JDL模型和结构的这种正在发展演化的特性。他指出，信息融合理论、方法与技术是在应用中发展起来的，当前出现的分布式融合、软数据与硬数据的融合等新概念和新方法，必然引起信息融合模型和结构的变化。美国国防部实验室联合理事会(JDL)正在组织专家提出对信息融合JDL模型的修改意见，并提供2011年芝加哥Fusion大会和2012年新加坡Fusion大会讨论。Llinas教授还诚恳邀请中国同行参加信息融合的JDL体系结构和模型工作委员会，参与修改工作。

参考文献

[1] White J. Data Fusion Lexicon. Joint Directors of Laboratories, Technical Panel for C3, Data Fusion sub - panel, Naval Ocean System Center, San Diego, 1987.

[2] Dasarathy B V. Sensor fusion potential exploitation - innovative architectures and illustrative applications. IEEE proceedings, 1997, 185(1).

[3] Steinberg A N, Bowman C L, White Jr F E. "Revision to JDL Data Fusion Model" proc. 3rd NATO/iris conf., Quebec City Canada, 1998.

[4] Bedworth M, O' Brien J. The omnibus model: a new model of data fusion. IEEE Transaction on Aerospace and Electronic System, 2000, 15(4): 30 - 36.

[5] Llinas J et al. Revisiting the JDL Data Fusion Model Ⅱ. Proc, Fusion 2004.

[6] Chong C Y, Mori S, Chang K C. Distributed multitarget multisensor tracking, in Multitarget Multisensory Tracking: Advanced Applications, Bar - shalom Y(Ed.). Artech House, NorwoodMA, 1990: 247 - 295.

[7] Chong C Y. Distributed architectures for data fusion. Proceedings First International conference on Multisensor Information Fusion, Las Vegas, July 1998: 85 - 91.

[8] Liggins M E, Chong C Y, Kadar M G, et al. Distributed fusion architectures and algorithms for target tracking(Invited paper). Proceeding of the IEEE, vol85, Issue1, January, 1997: 95 - 107..

[9] Waltz E, Llinas J. Multisensor Data Fusion. Artech House, Boston London, 0 - 89006 - 277 - 3, 1990.

[10] White F, et al. A model for data fusion. SPIE Conference on Sensor Fusion, Orlando, FL. April, 1988.

[11] Data Fusion Subpanel/JDL - TPC3, Proc. 1998Tri - Service Data Fusion Symp. Johns Hophins University, Baltimore. May, 1988.

[12] Reiner J. Application of Expert System to Sensor Fusion. Proc. IEEE National Aerospace Electron. Conf. 1985.

[13] Liggins M E, David L H, Llinas J. Handbook of Multisensor Data Fusion: Theory and Practice(Second Edition), 1.5 Tree Processing Architecture. CRC Press, Taylor & Francis Group, Boca Raton London, New York. 2009.

[14] Llinas J. An introduction to data and information fusion. Http://www. Info. fusion. buffalo. edu/tm/Dr. Llinas' stuff/. 2001.

[15] Liggins M E, David L H, Llinas J. Handbook of Multisensor Data Fusion: Theory and Practice(Sencond Edition), 3.5 Model Extension and Variant. CRC Press, Taylor & Francis Group, Boca Raton London, New York. 2009.

[16] Waltz E L. Information Understanding Data Fusion and Data Mining Processes. Proc. of IEEE International Symposium on Circuits and Systems. Monterey C A. May 31 – June4,1997.
[17] Waltz E L. Knowledge Management in the IntelligenceEnterprise, Chapter 8. Norwood MA: Artech House. 2003.
[18] Steinberg A N, Bowman C L. Handbook of Multisensor Data Fusion. CRC Press, London, 2001.
[19] Hall M J. Hall S A, Tate T. Removing the HCI bottleneck: : the humancomputer interface(HCI) affects the performance of data fusion system. Proceedings of the MSS National Symposium on Sensor Fusion, 2000.
[20] Blasch E P, Plano S. Level 5: User reginement to aid the fusion process, in Multisensor Multisource Information Fusion: Architecture Algorithms and Applications 2003, Dasarathy BV(Ed.). Proceedings of SPIE, 2003, 5099.
[21] Hall D L, Mcmullen S A H. Mathematical Techniques in Multisensor Data Fusion, second Edition. Artech House, Boston. 2004.
[22] Bowman C L. The dual node network(DNN) data fusion and resource management(DF & RM) architecture. AIAA Intelligent Systems Conference, Chicago. September 20 – 22, 2004.
[23] Dasarathy B V. Sensor fusion potential exploitation – innovative architecture and illustrative application. IEEE proceedings, 1997, 85(1).
[24] Steinberg A N, Bowman C L. Revisions to JDLdata fusion model, chapter 2 of Handbook of Multisensor Data Fusion, Hall D L, Llinas J(Eds.). CRC Press, London. 2001.
[25] Liggins M E, David L H, Llinas J. Handbook of Multisensor Data Fusion: Theory and Practice(Second Edition), 3.6 Data Fusion and Resource Management Levels. CRC Press, Taylor & Francis Group, Boca Raton London, New York. 2009.
[26] 赵宗贵,等.战场感知资源管理与信息融合[J].指挥信息系统与技术,2011.2(5).

第 3 章 信息源空间配准方法与技术

3.1 问题的提出

随着信息技术的发展,信息化武器装备得到越来越普遍地使用,特别是以雷达、ESM(Electronic Support Measure)、声纳等为代表的探测传感器,已经成为战场感知的主要手段。C^4I 系统一般接入多个探测源,形成对监视区域的完全覆盖,在探测源相互交接的边缘或某些重要监视区域会出现两重或多重覆盖探测的情况。C^4I 系统中,多传感器多目标跟踪系统(Multi - Sensor Multi - Target Tracking System)的主要任务之一,就是将源于同一目标的多条传感器航迹融合成为单一的、更精确和更可信的系统航迹。然而,多次实装试验发现,系统常常由于同一目标的多个传感器的测量点迹关联失败或局部航迹相关失败(包括错、漏关联/相关)而产生态势混乱的现象。经数据分析,某些探测传感器长期没有进行标校和调试,产生目标测量的固定偏移(Fixed Bias)或测量误差过大,从而产生点迹或局部航迹歧义,是导致该类问题发生的主要原因之一。这里,航迹歧义是指由于测量系统误差,导致多传感器对同一目标产生的测量关联/航迹相关失败,使得一个真实目标产生两条或者多条位置“平行”或“交叉”的系统航迹,如图 3 - 1 所示。

图 3 - 1 所示的现象对于某些应用是十分致命的。例如,在对目标实施拦截过程中,指挥员或者引导解算软件会由于拦截目标数量和位置“模糊”而产生“判情”失误或者解算失败。

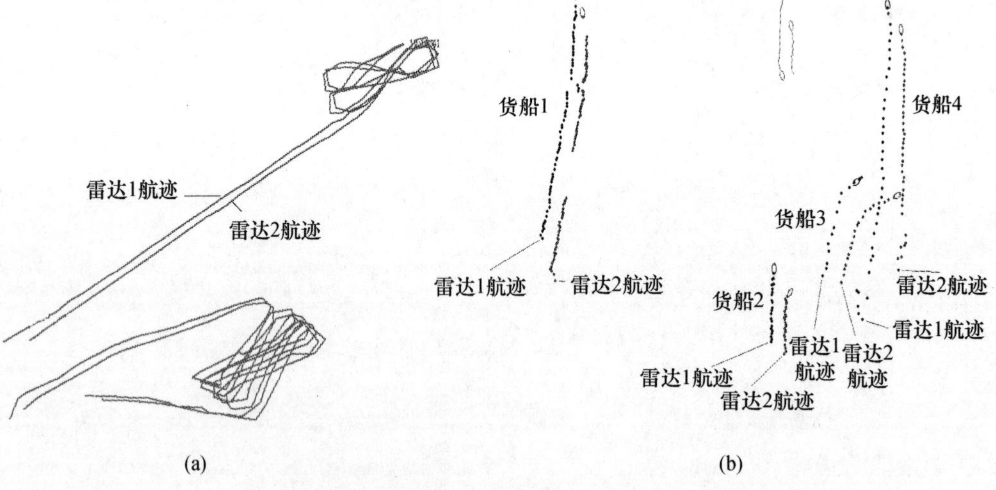

图 3 - 1 传感器测量误差产生的航迹偏移

(a) 同一空中目标的两雷达航迹;(b) 多批海上目标的两雷达航迹。

目前,对传感器测量系统误差校正的传统方法,主要是标定、瞄星[1]、校飞等。然而,这些传统方法仅能校正传感器的部分误差;并且传感器测量系统误差即使按传统维护方法进行了一定程度的消除,随着作战过程或时间的推移,受内在和外界因素的影响(如伺服系统的老化和磨损、风力对天线姿态和转速的影响、测量模拟量的零点漂移等),传感器的测量系统误差又可能重新生长。因此,除了采取周期性例行维护的方法,还必须研究实际运行过程中实施传感器空间配准(Spatial Registration)的理论和方法[2,3]。

传感器(信息源)的空间配准是指在传感器运行中,基于其对目标的探测信息,估计传感器探测的系统误差(固定或相对固定误差),以对目标测量(点迹或航迹)进行实时补偿,这对后续的关联、滤波和消除多传感器测量引起的态势混乱具有重要意义。

3.2 系统误差描述

在建立传感器测量系统误差模型时,主要从声、光、电磁等信号在介质中的传播,传感器水平校正和正北方向校准,(雷达)伺服系统传动,以及观测瞄准等方面进行分析。

按测量误差产生的来源和特征,可分为以下 3 种类型[4]。

(1) 固定误差。固定误差包括传感器(声、光、电磁)信号传播速度误差产生距离误差和距离误差增益,以及伺服系统或器件老化产生的测角误差和基准漂移误差等。该类误差对测量影响较大,其相对固定或随时间缓慢变化。

(2) 相对固定误差。相对固定误差包括环境介质不均匀(磁场、气象、水文等不均匀)产生的折射误差等。该类误差与气象水文环境有关,但变化范围及对测量的影响相对较小,可通过应用在不同气象水文环境的实测数据进行统计分析和补偿。

(3) 随机误差。随机误差包括传感器测量过程中产生的测量噪声、目标运动的状态噪声等。在实际应用条件下,可能不具备检验条件,因此,这些误差完全依赖于探测系统整体校正和数据装填的结果。一般情况下,假设该类误差是均值为零的随机变量。

固定误差和相对固定误差可看作是传感器测量系统误差。在一定条件下,该误差可由维护人员通过检飞和标校等技术手段予以一定程度的降低或消除,剩余的系统误差则可通过建立传感器测量系统误差数学模型,利用其对目标的测量数据来统计估计,估计性能依赖于模型匹配程度和测量样本对系统误差的可观测程度。

通过上述分析可以看出,影响传感器对目标测量精度的因素很多。然而,在数据级(目标测量点迹或局部航迹)处理中心通常只能获得传感器报告的方位、距离测量,在有俯仰角测量的传感器或者三坐标传感器的情况,才能获得目标高度或俯仰角测量。因此,从系统内部来辨识或估计传感器误差参数是不可能的,只能从获得的外部目标的观测量入手对测量误差进行估计和补偿。从系统角度来看,各测量系统误差附着在传感器对目标的测量参数上,主要有径向距离测量误差 $\Delta\rho$、方位角测量误差 $\Delta\theta$、俯仰角测量误差 $\Delta\varphi$,如图 3-2 所示[5]。

不难得出,目标位置测量值(ρ', θ', φ')、真值(ρ, θ, φ)与测量误差值($\Delta\rho$, $\Delta\theta$, $\Delta\varphi$)之间的关系为

$$\begin{cases}\rho' = \Delta\rho + \rho \\ \theta' = \Delta\theta + \theta \\ \varphi' = \Delta\varphi + \varphi\end{cases} \tag{3-1}$$

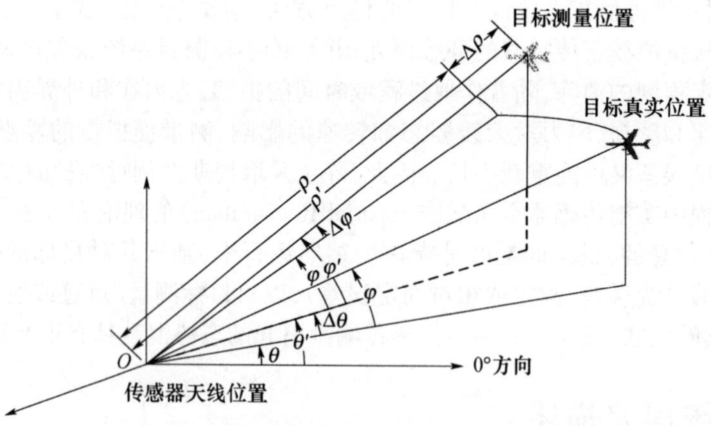

图 3-2 传感器测量误差对目标位置测量的影响

式(3-1)适用于通常意义下的传感器对空间位置的测量。针对不同工作原理实现的传感器测量,需对式(3-1)中的测量误差进一步详细描述。例如,对三坐标雷达测量来讲,由于距离误差随测量距离而增大,故又可表示为基本距离误差 $\Delta\rho_b$ 与距离误差增益 $\Delta\rho_g$ 之和。于是雷达测量误差又可表示为

$$\begin{cases}\Delta\theta = \Delta\theta_b + V_\theta(t) \\ \Delta\rho = \Delta\rho_b + \rho\cdot\Delta\rho_g + V_\rho(t) \\ \Delta\varphi = \Delta\varphi_b + V_\varphi(t)\end{cases} \tag{3-2}$$

式中:$V_\theta(t)$、$V_\rho(t)$、$V_\varphi(t)$ 为零均值随机噪声。

通常情况下,对空警戒雷达都是两坐标雷达配以测高雷达,实现对空中目标的三维测量,因此,其高度测量与方位和距离测量在时间上不同步,需要将仰角测量误差与方位、距离测量误差分别采样、滤波和估计。此外,对于作用距离较近的雷达,可以认为电磁波在传播过程中的衰减对测距精度影响较小,即可以忽略距离增益误差,则

$$\begin{cases}\Delta\theta = \Delta\theta_b + V_\theta(t) \\ \Delta\rho = \Delta\rho_b + V_\rho(t) \\ \Delta\varphi = \Delta\varphi_b + V_\varphi(t)\end{cases} \tag{3-3}$$

3.3 空间配准中的坐标系及其变换

3.3.1 坐标系

本节中常用坐标系有传感器测量坐标系(Sensor Coordinate)、传感器局部坐标系(Local Coordinate)、大地坐标系(Geodetic Coordinate)、地心地固坐标系(Earth Center Earth Fixed Coordinate, ECEF)。

1. 传感器测量坐标系

传感器测量坐标系是以传感器天线位置为原点的空间坐标系,也可称为球(极)坐标系。以 ρ(径向距离或斜距)、θ(方位角)、φ(俯仰角)来表示该三维空间中某点的相对位置,如图 3-3 中 $O-\rho\theta\varphi$ 所示。

2. 传感器局部坐标系

传感器局部坐标系是以传感器天线位置为原点的笛卡儿坐标系，z 轴指向原点处地面向上铅垂方向（天），x 轴指向地球自转切线方向（正东），y 轴指向经线的切线方向（正北），$O-xyz$ 构成右手坐标系。传感器局部坐标系也称为东北天坐标系。传感器局部坐标系如图 3-3 中 $O-xyz$ 所示。

3. 大地坐标系

大地坐标是表示地球椭球面或邻近椭球面位置的地理坐标，用(L, B, H)表示，如图 3-4 所示。其中，L 是地理经度，B 是地理纬度，H 是海拔高度。

4. 地心地固坐标系

地心地固坐标系是以地球质心为原点的惯性坐标系，Z 轴指向地极原点（Z 轴与地球自转轴相同），X 轴指向赤道与格林威治本初子午线的交点，Y 轴指向经度 90°方向，$O-XYZ$ 构成右手坐标系。地心地固坐标系与大地坐标系、传感器局部坐标系之间的关系如图 3-4 所示。

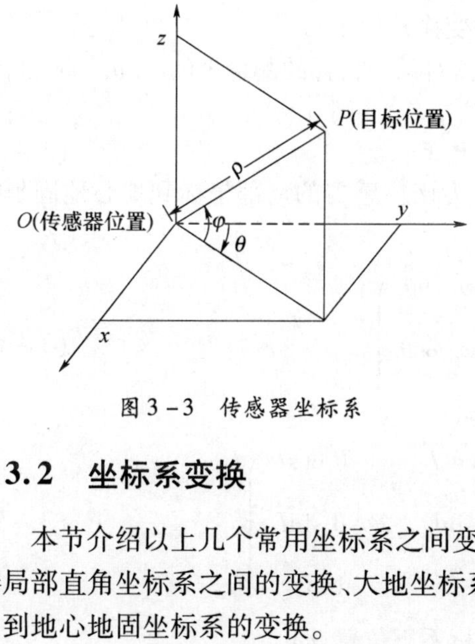

图 3-3 传感器坐标系

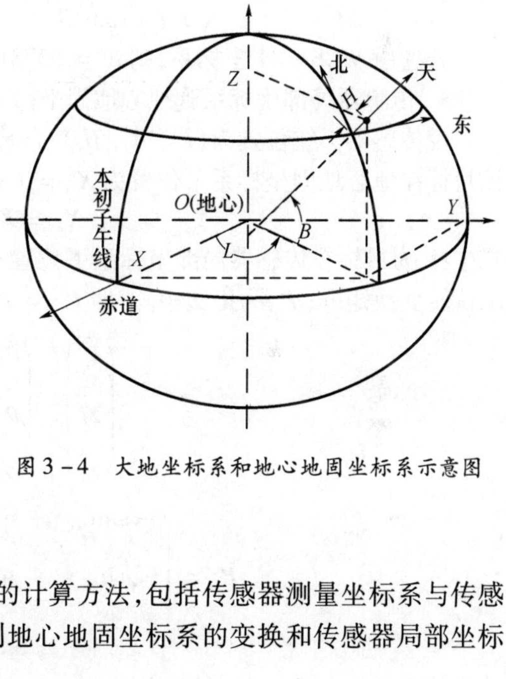

图 3-4 大地坐标系和地心地固坐标系示意图

3.3.2 坐标系变换

本节介绍以上几个常用坐标系之间变换的计算方法，包括传感器测量坐标系与传感器局部直角坐标系之间的变换、大地坐标系到地心地固坐标系的变换和传感器局部坐标系到地心地固坐标系的变换。

1. 传感器测量坐标系与传感器局部坐标系之间的变换

设某一目标在传感器测量坐标系下坐标为$(\rho,\theta,\varphi)^{\mathrm{T}}$，在传感器局部坐标系下坐标为$(x,y,z)^{\mathrm{T}}$，则正、反变换关系为

$$\begin{pmatrix} x \\ y \\ z \end{pmatrix} = \begin{pmatrix} \rho\cos\varphi\sin\theta \\ \rho\cos\varphi\cos\theta \\ \rho\sin\varphi \end{pmatrix} \tag{3-4}$$

$$\begin{pmatrix}\rho\\ \theta\\ \varphi\end{pmatrix}=\begin{pmatrix}\sqrt{x^2+y^2+z^2}\\ \left[\arctan\dfrac{x}{y}\right]_0^{360^\circ}\\ \left[\arctan\dfrac{z}{\sqrt{x^2+y^2}}\right]_{-90^\circ}^{90^\circ}\end{pmatrix} \tag{3-5}$$

2. 大地坐标系到地心地固坐标系的变换

设某一目标位置在大地坐标系下为(L, B, H),在地心地固坐标系下坐标为(X, Y, Z),则变换关系为

$$\begin{pmatrix}X\\ Y\\ Z\end{pmatrix}=\begin{pmatrix}(C+H)\cos B\sin L\\ (C+H)\cos B\cos L\\ \left[C(1-e^2)+H\right]\sin B\end{pmatrix} \tag{3-6}$$

式中:$e^2=\dfrac{a^2-b^2}{a^2}$;$C=\dfrac{a}{\sqrt{1-e^2\sin^2 B}}$;$a$ 为地球长半轴;b 为地球短半轴。

若选用 WGS-84 坐标系,则 $a=6378137\text{m}$,$b=6356752\text{m}$。

3. 传感器局部坐标系到地心地固坐标系的变换

设传感器天线位置为(L_s, B_s, H_s),该传感器对某一目标的测量为$(\rho_t, \theta_t, \varphi_t)^{\mathrm{T}}$,设该目标在地心地固坐标系下位置为$\boldsymbol{X}_t=(X_t, Y_t, Z_t)^{\mathrm{T}}$,则

$$\boldsymbol{X}_t=\boldsymbol{X}_s+\boldsymbol{P}_s\boldsymbol{x}_t \tag{3-7}$$

式中:$\boldsymbol{x}_t$为目标在传感器局部坐标系下位置;$\boldsymbol{P}_s$ 为该传感器的局部坐标到地心地固坐标的旋转变换矩阵;$\boldsymbol{P}_s$ 为正交矩阵,即$\boldsymbol{P}_s^{\mathrm{T}}=\boldsymbol{P}^{-1}{}_s$。

$$\begin{pmatrix}x_t\\ y_t\\ z_t\end{pmatrix}=\begin{pmatrix}\rho_t\cos\varphi_t\sin\theta_t\\ \rho_t\cos\varphi_t\cos\theta_t\\ \rho_t\sin\varphi_t\end{pmatrix} \tag{3-8}$$

$$\boldsymbol{P}_s=\begin{pmatrix}-\sin L_s & -\sin B_s\cos L_s & \cos B_s\cos L_s\\ \cos L_s & -\sin B_s\sin L_s & \cos B_s\sin L_s\\ 0 & \cos B_s & \sin B_s\end{pmatrix} \tag{3-9}$$

式(3-7)中:$\boldsymbol{X}_s$ 为该传感器天线在地心地固坐标系下位置,即

$$\begin{pmatrix}X_s\\ Y_s\\ Z_s\end{pmatrix}=\begin{pmatrix}(C_s+H_s)\cos B_s\sin L_s\\ (C_s+H_s)\cos B_s\cos L_s\\ \left[C_s(1-e^2)+H_s\right]\sin B_s\end{pmatrix} \tag{3-10}$$

式中:符号含义同式(3-6)。

3.4 二维探测传感器平面配准方法

本节主要描述两个二维传感器的探测平面接近重合情况,即考虑它们在同一平面中

运行时的空间配准方法,并且主要描述基于目标测量的传感器系统误差估计方法。因为系统误差估计出来之后,后续测量的补偿是比较容易实现的。

3.4.1 系统误差模型

在工程应用中,当两个探测传感器距离较近时,通常采用某种适宜的地图投影算法将两传感器坐标系近似到一个投影平面上,并保持其投影变形在容许偏差范围内,从而大大减少配准的运算量,提高实时配准效能。

二维空间传感器配准的实时质量控制算法(Real Time Quality Control, RTQC)是 Burke 等人在 1966 年提出的一种基于球(极)投影的空间配准方法[6]。该方法将不同雷达对同一目标在同一时刻的观测投影到一个公共的二维坐标系中,如图 3-5 所示。

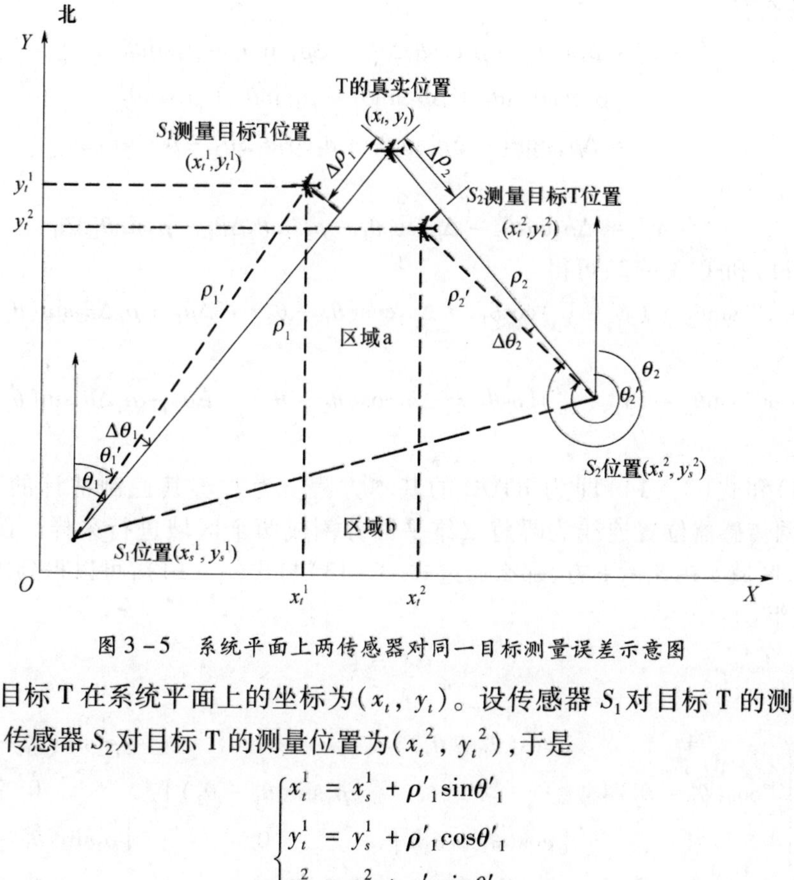

图 3-5 系统平面上两传感器对同一目标测量误差示意图

其中,目标 T 在系统平面上的坐标为(x_t, y_t)。设传感器 S_1 对目标 T 的测量位置为(x_t^1, y_t^1),传感器 S_2 对目标 T 的测量位置为(x_t^2, y_t^2),于是

$$\begin{cases} x_t^1 = x_s^1 + \rho'_1 \sin\theta'_1 \\ y_t^1 = y_s^1 + \rho'_1 \cos\theta'_1 \\ x_t^2 = x_s^2 + \rho'_2 \sin\theta'_2 \\ y_t^2 = y_s^2 + \rho'_2 \cos\theta'_2 \end{cases}$$

式中:(x_s^i, y_s^i) 为 S_i 坐标($i = 1,2$);(ρ'_1, θ'_1)、(ρ'_2, θ'_2) 分别表示极坐标系下 S_1 和 S_2 对目标 T 的测量值。

忽略噪声项,则测量和测量固定误差的关系为

$$\begin{cases} \theta'_1 = \theta_1 - \Delta\theta_1 \quad \rho'_1 = \rho_1 - \Delta\rho_1 \\ \theta'_2 = \theta_2 - \Delta\theta_2 \quad \rho'_2 = \rho_2 - \Delta\rho_2 \end{cases}$$

式中：(ρ_1, θ_1)、(ρ_2, θ_2)分别表示极坐标系下 S_1和 S_2对 T 的测量真值；$(\Delta\rho_1, \Delta\theta_1)$、$(\Delta\rho_2, \Delta\theta_2)$分别表示 S_1和 S_2的测量误差。

注意：$x_s^2 - x_s^1 = \rho_1\sin\theta_1 - \rho_2\sin\theta_2$，则 S_1和 S_2对 T 的测量在 X 轴上的相对误差为

$$
\begin{aligned}
x_t^2 - x_t^1 &= x_s^2 + \rho'_2\sin\theta'_2 - x_s^1 - \rho'_1\sin\theta'_1 = x_s^2 - x_s^1 - \rho'_1\sin\theta'_1 + \rho'_2\sin\theta'_2 \\
&= \rho_1\sin\theta_1 - \rho_2\sin\theta_2 - \rho_1'\sin\theta_1' + \rho_2'\sin\theta_2' \\
&= (\rho'_1 - \Delta\rho_1)\sin(\theta'_1 - \Delta\theta_1) - (\rho'_2 - \Delta\rho_2)\sin(\theta'_2 - \Delta\theta_2) - \rho'_1\sin\theta'_1 + \rho'_2\sin\theta'_2 \\
&= \rho'_1\sin\theta'_1\cos\Delta\theta_1 - \rho'_1\cos\theta'_1\sin\Delta\theta_1 - \Delta\rho_1\sin\theta'_1\cos\Delta\theta_1 + \Delta\rho_1\cos\theta'_1\sin\Delta\theta_1 - \rho'_2\sin\theta'_2\cos\Delta\theta_2 + \\
&\quad \rho'_2\cos\theta'_2\sin\Delta\theta_2 + \Delta\rho_2\sin\theta'_2\cos\Delta\theta_2 - \Delta\rho_2\cos\theta'_2\sin\Delta\theta_2 - \rho'_1\sin\theta'_1 + \rho'_2\sin\theta'_2
\end{aligned}
$$

若假设误差量 $\Delta\rho_1$、$\Delta\theta_1$、$\Delta\rho_2$、$\Delta\theta_2$均非常小，则忽略其高阶小项对结果不会造成严重影响，那么有

$$
\begin{aligned}
x_t^2 - x_t^1 &\approx \rho_1\sin\theta_1 - \rho_1\cos\theta_1\Delta\theta_1 - \Delta\rho_1\sin\theta_1 - \rho_2\sin\theta_2 + \\
&\quad \rho_2\cos\theta_2\Delta\theta_2 + \Delta\rho_2\sin\theta_2 - \rho_1\sin\theta_1 + \rho_2\sin\theta_2 \\
&= \Delta\rho_2\sin\theta_2 - \Delta\rho_1\sin\theta_1 + \rho_2\cos\theta_2\Delta\theta_2 - \rho_1\cos\theta_1\Delta\theta_1
\end{aligned} \tag{3-11}
$$

同理可得

$$
y_t^2 - y_t^1 \approx \Delta\rho_2\cos\theta_2 - \Delta\rho_1\cos\theta_1 - \rho_2\sin\theta_2\Delta\theta_2 + \rho_1\sin\theta_1\Delta\theta_1 \tag{3-12}
$$

由式(3－11)和式(3－12)可得

$$
(x_t^2 - x_t^1)\sin\theta_1 + (y_t^2 - y_t^1)\cos\theta_1 = \Delta\rho_2\cos(\theta_1 - \theta_2) - \Delta\rho_1 + \rho_2\Delta\theta_2\sin(\theta_1 - \theta_2) \tag{3-13}
$$

$$
(x_t^1 - x_t^2)\sin\theta_2 + (y_t^1 - y_t^2)\cos\theta_2 = \Delta\rho_1\cos(\theta_2 - \theta_1) - \Delta\rho_2 - \rho_1\Delta\theta_1\sin(\theta_2 - \theta_1) \tag{3-14}
$$

式(3－13)和式(3－14)即为 RTQC 的基本方程。为改善其控制估计的数值条件，RTQC 以两传感器位置连线为界将二维平面分割成两个区域进行采样。设区域 a 在 S_1S_2上方，区域 b 在 S_1S_2下方，那么通过式(3－13)与式(3－14)，可以得到以下形式的线性方程组：

$$
\boldsymbol{Ax} = \boldsymbol{\xi} \tag{3-15}
$$

其中

$$
\boldsymbol{A} = \begin{pmatrix}
1 & [\cos(\theta_1^a - \theta_2^a)] & 0 & [\rho_2^a\sin(\theta_1^a - \theta_2^a)] \\
[\cos(\theta_1^a - \theta_2^a)] & 1 & [\rho_1^a\sin(\theta_1^a - \theta_2^a)] & 0 \\
1 & [\cos(\theta_1^b - \theta_2^b)] & 0 & [\rho_2^b\sin(\theta_1^b - \theta_2^b)] \\
[\cos(\theta_1^b - \theta_2^b)] & 1 & [\rho_1^b\sin(\theta_1^b - \theta_2^b)] & 0
\end{pmatrix}
$$

$$
\boldsymbol{\xi} = \begin{bmatrix}
(x_t^2 - x_t^1)\sin\theta_1^a + (y_t^2 - y_t^1)\cos\theta_1^a \\
(x_t^1 - x_t^2)\sin\theta_2^a + (y_t^1 - y_t^2)\cos\theta_2^a \\
(x_t^2 - x_t^1)\sin\theta_1^b + (y_t^2 - y_t^1)\cos\theta_1^b \\
(x_t^1 - x_t^2)\sin\theta_2^b + (y_t^1 - y_t^2)\cos\theta_2^b
\end{bmatrix}
$$

$$
\boldsymbol{x} = (\Delta\rho_1 \quad \Delta\rho_2 \quad \Delta\theta_1 \quad \Delta\theta_2)^{\mathrm{T}}
$$

式中：θ^a 和 ρ^a 分别表示区域 a 内的采样数据，θ^b 和 ρ^b 分别表示区域 b 内的采样数据，它

们可采用多次采样的算术平均值。

为保证式(3-15)有解,需要保证矩阵 $\boldsymbol{A}$ 满秩。于是,RTQC 算法要求采样要分布在直线 S_1S_2 的两侧,且不能距连线 S_1S_2 太近或偏离中心点太远。

3.4.2 系统误差统计估计理论与方法

3.4.2.1 最小平方估计算法

由于 RTQC 要求样本必须分布在传感器位置连线的两侧,且估计性能强烈依赖样本相对传感器的分布,这些都限制了 RTQC 的应用范围。为了克服这些局限性,人们提出采用最小平方(Least Square,LS)方法[7]。

考虑 S_1 和 S_2 对公共目标进行 m 次测量,根据式(3-11)和式(3-12)可得

$$x_t^2(k)-x_t^1(k)=\Delta\rho_2\sin\theta'_2(k)-\Delta\rho_1\sin\theta'_1(k)+\rho'_2(k)\cos\theta'_2(k)\Delta\theta_2-\rho'_1(k)\cos\theta'_1(k)\Delta\theta_1 \quad (3-16)$$

$$y_t^2(k)-y_t^1(k)=\Delta\rho_2\cos\theta'_2(k)-\Delta\rho_1\cos\theta'_1(k)-\rho'_2(k)\sin\theta'_2(k)\Delta\theta_2+\rho'_1(k)\sin\theta'_1(k)\Delta\theta_1 \quad (3-17)$$

$$k=0,1,\cdots,m$$

不难发现,由式(3-16)和式(3-17)构成的方程组含 $2n$ 个方程和 4 个变量,因此,当 $n\geqslant 2$时即满足估计条件。通过式(3-16)与式(3-17)相减,将估计问题变换为线性方程组形式,即

$$\boldsymbol{Ax}=\boldsymbol{z} \quad (3-18)$$

其中

$$\boldsymbol{z}=(\cdots;x_t^2(k)-x_t^1(k),y_t^2(k)-y_t^1(k);\cdots)^{\mathrm{T}}$$

$$\boldsymbol{x}=(\Delta\rho_1\quad\Delta\rho_2\quad\Delta\theta_1\quad\Delta\theta_2)^{\mathrm{T}}$$

$$\boldsymbol{A}=\begin{pmatrix}-\sin\theta'_1(0) & \sin\theta'_2(0) & -\rho'_1(0)\cos\theta'_1(0) & \rho'_2(0)\cos\theta'_2(0)\\ -\cos\theta'_1(0) & \cos\theta'_2(0) & \rho'_1(0)\sin\theta'_1(0) & -\rho'_2(0)\sin\theta'_2(0)\\ \vdots & \vdots & \vdots & \vdots\\ -\sin\theta'_1(m) & \sin\theta'_2(m) & -\rho'_1(m)\cos\theta'_1(m) & \rho'_2(m)\cos\theta'_2(m)\\ -\cos\theta'_1(m) & \cos\theta'_2(m) & \rho'_1(m)\sin\theta'_1(m) & -\rho'_2(m)\sin\theta'_2(m)\end{pmatrix}$$

多次测量时($m>2$),式(3-18)是超定的。变量 $\boldsymbol{x}$ 的最小平方估计为

$$\hat{\boldsymbol{x}}=(\boldsymbol{A}^{\mathrm{T}}\boldsymbol{A})^{-1}\boldsymbol{A}^{\mathrm{T}}\boldsymbol{z} \quad (3-19)$$

3.4.2.2 广义最小平方算法

与 LS 不同,广义最小平方(General Least Square,GLS)方法考虑了传感器测量噪声[8]。对于二维平面,设传感器测量误差模型为

$$\begin{cases}\Delta\theta=\Delta\theta_b+V_\theta\\ \Delta\rho=\Delta\rho_b+V_\rho\end{cases} \quad (3-20)$$

式中:$\Delta\rho$ 、$\Delta\theta$ 分别表示径向距离和方位角测量误差;$\Delta\rho_b$ 、$\Delta\theta_b$ 分别表示径向距离和方位角的系统误差;V_ρ、V_θ表示相互独立的高斯噪声,方差分别为 σ_ρ^2、σ_θ^2 。

那么,与式(3-18)导出类似,可得含噪声的线性模型,即

$$\boldsymbol{A}(\boldsymbol{x}+\boldsymbol{v})=\boldsymbol{z} \quad (3-21)$$

其中

$$A = \begin{pmatrix} 1 & -\cos(\theta_1-\theta_2) & 0 & -\rho_2\sin(\theta_1-\theta_2) \\ -\cos(\theta_1-\theta_2) & 1 & \rho_2\sin(\theta_1-\theta_2) & 0 \end{pmatrix}$$

$$x = (\Delta\rho_1 \quad \Delta\rho_2 \quad \Delta\theta_1 \quad \Delta\theta_2)^{\mathrm{T}}$$

$$v = (V_{\rho_1} \quad V_{\rho_2} \quad V_{\theta_1} \quad V_{\theta_2})^{\mathrm{T}}$$

根据最小平方估计

$$\hat{x} = (A^{\mathrm{T}}\Sigma^{-1}A)^{-1}A^{\mathrm{T}}\Sigma^{-1}z \tag{3-22}$$

其中

$$\Sigma = \mathrm{cov}(Av,(Av)^{\mathrm{T}}) = A\begin{pmatrix} \sigma_{\rho_1}^2 & & & \\ & \sigma_{\rho_2}^2 & & \\ & & \sigma_{\theta_1}^2 & \\ & & & \sigma_{\theta_2}^2 \end{pmatrix}A^{\mathrm{T}}$$

根据估计公式,GLS 估计的误差协方差为

$$\mathrm{cov}(\hat{x},\hat{x}^{\mathrm{T}}) = A^{\mathrm{T}}\Sigma^{-1}A$$

由此可以看出,GLS 估计精度不仅与传感器测量噪声方差大小有关,还与目标测量样本相对传感器的分布有关。

极大似然(Maximum Likelihood,ML)方法需要考虑传感器测量噪声[9],在高斯分布噪声情况,ML 估计方法将导致与广义最小二乘估计相似的结论。线性 ML 估计的测量方程为

$$H(x+v) = z \tag{3-23}$$

其导出的系统误差估计为

$$\hat{x} = (H^{\mathrm{T}}\Sigma^{-1}H)^{-1}H^{\mathrm{T}}\Sigma^{-1}z \tag{3-24}$$

其中

$$\Sigma = \begin{pmatrix} \sigma_{\rho_1}^2 & & & \\ & \sigma_{\theta_1}^2 & & \\ & & \sigma_{\rho_2}^2 & \\ & & & \sigma_{\theta_2}^2 \end{pmatrix}$$

式中:$\sigma_{\rho_1}^2$、$\sigma_{\theta_1}^2$、$\sigma_{\rho_2}^2$、$\sigma_{\theta_2}^2$ 分别为测量噪声的方差。

与 GLS 估计对比不难发现,ML 的估计结果只是在 Σ 的计算上有所不同。

3.4.2.3 精确极大似然方法

由于上述 RTQC 方法及 LS 方法都忽略了传感器测量噪声,所以其估计精度依赖于误差估计系统的可观测程度和测量噪声大小。ML 方法和 GLS 方法虽然考虑到测量噪声,但要求测量噪声较小。为了克服上述方法存在的局限性,下面介绍一种新的估计方法,精确极大似然估计(Exact Maximum Likelihood, EML)算法[10]。

根据图 3-5 中几何关系可得

$$\begin{cases} x_t^1 = x_s^1 + (\rho_1 + \Delta\rho_1)\sin(\theta_1 + \Delta\theta_1) + n_1 \\ y_t^1 = y_s^1 + (\rho_1 + \Delta\rho_1)\cos(\theta_1 + \Delta\theta_1) + n_2 \\ x_t^2 = x_s^2 + (\rho_2 + \Delta\rho_2)\sin(\theta_2 + \Delta\theta_2) + n_3 \\ y_t^2 = y_s^2 + (\rho_2 + \Delta\rho_2)\cos(\theta_2 + \Delta\theta_2) + n_4 \end{cases}$$

式中:n_1、n_2、n_3、n_4为独立同分布的高斯噪声,方差为$\sigma_n^{\ 2}$。

系统误差较小的情况下,可略去其高阶项,得到上面各方程一阶形式,即

$$\begin{cases} x_t^{\ 1} \approx x_s^1 + \rho_1\sin\theta_1 + \rho_1\Delta\theta_1\cos\theta_1 + \Delta\rho_1\sin\theta_1 + n_1 \\ y_t^1 \approx y_s^{\ 1} + \rho_1\cos\theta_1 - \rho_1\Delta\theta_1\sin\theta_1 + \Delta\rho_1\cos\theta_1 + n_2 \\ x_t^2 \approx x_s^2 + \rho_2\sin\theta_2 + \rho_2\Delta\theta_2\cos\theta_2 + \Delta\rho_2\sin\theta_2 + n_3 \\ y_t^2 \approx y_s^2 + \rho_2\cos\theta_2 - \rho_2\Delta\theta_2\sin\theta_2 + \Delta\rho_2\cos\theta_2 + n_4 \end{cases}$$

对目标真实位置有

$$\begin{cases} x_t = x_s^1 + \rho_1\sin\theta_1 = x_s^2 + \rho_2\sin\theta_2 \\ y_t = y_s^1 + \rho_1\cos\theta_1 = y_s^2 + \rho_2\cos\theta_2 \end{cases}$$

于是,目标测量位置又可重写为

$$\begin{cases} x_t^1 \approx x_t + y_t\Delta\theta_1 + x_t\Delta\rho_1/\rho_1 - y_s^1\Delta\theta_1 - x_s^1\Delta\rho_1/\rho_1 + n_1 \\ y_t^1 \approx y_t - x_t\Delta\theta_1 + y_t\Delta\rho_1/\rho_1 + x_s^1\Delta\theta_1 - y_s^1\Delta\rho_1/\rho_1 + n_2 \\ x_t^2 \approx x_t + y_t\Delta\theta_2 + x_t\Delta\rho_2/\rho_2 - y_s^2\Delta\theta_2 - x_s^2\Delta\rho_2/\rho_2 + n_3 \\ y_t^2 \approx y_t - x_t\Delta\theta_2 + y_t\Delta\rho_2/\rho_2 + x_s^2\Delta\theta_2 - y_s^2\Delta\rho_1/\rho_1 + n_4 \end{cases}$$

矩阵形式表达式为

$$\boldsymbol{\xi} = \boldsymbol{A}\boldsymbol{x} + \boldsymbol{b} + \boldsymbol{n} \tag{3-25}$$

其中

$$\boldsymbol{\xi} = (x_t^1 \quad y_t^1 \quad x_t^2 \quad y_t^2)^{\mathrm{T}}$$

$$\boldsymbol{A} = \begin{pmatrix} y_t - y_s^1 & \dfrac{x_t - x_s^1}{\rho_1} & 0 & 0 \\ -x_t + x_s^1 & \dfrac{y_t - y_s^1}{\rho_1} & 0 & 0 \\ 0 & 0 & y_t - y_s^2 & \dfrac{x_t - x_s^2}{\rho_2} \\ 0 & 0 & -x_t + x_s^2 & \dfrac{y_t - y_s^2}{\rho_2} \end{pmatrix}$$

$$\boldsymbol{x} = (\Delta\theta_1 \quad \Delta\rho_1 \quad \Delta\theta_2 \quad \Delta\rho_2)^{\mathrm{T}}$$

$$\boldsymbol{b} = (x_t \quad y_t \quad x_t \quad y_t)^{\mathrm{T}}$$

$$\boldsymbol{n} = (n_1 \quad n_2 \quad n_3 \quad n_4)^{\mathrm{T}}$$

不难看出,$\boldsymbol{A}$ 和 $\boldsymbol{b}$ 不依赖于系统误差,由采样点的真实位置和传感器位置确定。

若存在 K 次测量,根据式(3-25)建立似然函数,即

$$p(x(1),x(2),\cdots,x(K))$$

$$= \prod_{k=1}^{K} \frac{1}{(2\pi)^2 \boldsymbol{\sigma}_n^4} \exp\left\{ -\frac{1}{2\boldsymbol{\sigma}_n^2} [\boldsymbol{\xi}(k) - \boldsymbol{A}(k)\boldsymbol{x} - \boldsymbol{b}(k)]^{\mathrm{T}} [\boldsymbol{\xi}(k) - \boldsymbol{A}(k)\boldsymbol{x} - \boldsymbol{b}(k)] \right\} \tag{3-26}$$

$$\boldsymbol{\sigma}_n^2 = \begin{pmatrix} \sigma_{n_1}^2 & 0 & 0 & 0 \\ 0 & \sigma_{n_2}^2 & 0 & 0 \\ 0 & 0 & \sigma_{n_3}^2 & 0 \\ 0 & 0 & 0 & \sigma_{n_4}^2 \end{pmatrix}$$

于是,其负对数似然函数为

$$J = -\log p = 2K\log(2\pi\boldsymbol{\sigma}_n^2) + \frac{1}{2\boldsymbol{\sigma}_n^2}\sum_{k=1}^{K} \| \boldsymbol{\xi}(k) - \boldsymbol{A}(k)\boldsymbol{x} - \boldsymbol{b}(k) \|_F^2 \tag{3-27}$$

式中:$\| \blacksquare \|_F$为 Frobenius 范数。

令$\boldsymbol{\eta}(k) = [x_t(k), y_t(k)]^{\mathrm{T}}$,则 J 可看做$\boldsymbol{x}$、$\boldsymbol{\eta}(k)$和$\sigma_n{}^2$的函数。那么,由$\frac{\partial J}{\partial \boldsymbol{\sigma}_n^2} = 0$,可得

$$\hat{\boldsymbol{\sigma}}_n^2 = \frac{1}{4K}\sum_{k=1}^{K} \| \boldsymbol{\xi}(k) - \boldsymbol{A}(k)\boldsymbol{x} - \boldsymbol{b}(k) \|_F^2$$

将其重新带入似然函数后,配准问题变成优化问题,即

$$[\hat{\boldsymbol{x}}(k), \hat{\boldsymbol{\eta}}(k)] = \arg \min_{\boldsymbol{x}(k), \boldsymbol{\eta}(k)} J \tag{3-28}$$

$$J = \frac{1}{K}\sum_{k=1}^{K} \| \boldsymbol{\xi}(k) - \boldsymbol{A}(k)\boldsymbol{x} - \boldsymbol{b}(k) \|_F^2$$

不难看出,$\boldsymbol{x}(k)$ 和$\{\boldsymbol{\eta}(k)\}$是分离的,可通过序贯搜索方法优化求解。首先,求取目标 J 对 $\boldsymbol{x}$ 的偏导并令其为 0,即

$$\frac{\partial J}{\partial \boldsymbol{x}} = -\frac{1}{\boldsymbol{\sigma}_n^2}\sum_{k=1}^{K} \boldsymbol{A}^{\mathrm{T}}(k)[\boldsymbol{\xi}(k) - \boldsymbol{A}(k)\boldsymbol{x} - \boldsymbol{b}(k)] = 0$$

可得到$\boldsymbol{\xi}$ 的估计值,即

$$\hat{\boldsymbol{x}} = \left(\sum_{k=1}^{K} \boldsymbol{A}^{\mathrm{T}}(k)\boldsymbol{A}(k) \right)^{-1} \sum_{k=1}^{K} \boldsymbol{A}^{\mathrm{T}}(k)[\boldsymbol{\xi}(k) - \boldsymbol{b}(k)]$$

将 $\boldsymbol{x} = \hat{\boldsymbol{x}}$ 代入目标函数,则 J 仅是 $\boldsymbol{\eta}(k)$ 的非负函数,于是估计问题进一步简化为

$$\hat{\boldsymbol{\eta}}(k) = \arg \min_{\eta(k)} J \tag{3-29}$$

这是一个典型的非线性最优化问题,可以使用 Newton 迭代求解。令 m 步的 $\boldsymbol{\eta}(k)$递推式为

$$\hat{\boldsymbol{\eta}}^{m+1}(k) = \hat{\boldsymbol{\eta}}^{m}(k) - \boldsymbol{\mu}^m \boldsymbol{H}^{-1}(k)\boldsymbol{G}(k)$$

式中:$\boldsymbol{\mu}^m$ 为第 m 步的步长;$\boldsymbol{H}(k)$为 J 相对于 $\boldsymbol{\eta}(k)$在 $\hat{\boldsymbol{\eta}}^m(k)$ 的 Hessian 矩阵;$\boldsymbol{G}(k)$为 $\hat{\boldsymbol{\eta}}^m(k)$ 位置的梯度,即

$$\boldsymbol{G}(k) = 2\boldsymbol{R}(k)\boldsymbol{\gamma}(k)$$

式中:$\boldsymbol{\gamma}(k) = \boldsymbol{\xi}(k) - \boldsymbol{A}(k)\boldsymbol{x} - \boldsymbol{b}(k)$,而$\boldsymbol{R}(k)$是$\boldsymbol{\gamma}(k)$相对于向量$\boldsymbol{\eta}(k)$的 Jacobian 矩阵,即

$$
\boldsymbol{R}(k)=\begin{pmatrix}
-1-\dfrac{\Delta\rho_1\,(y_t(k)-y_s^1)^2}{(\rho_1(k))^3} & -\Delta\theta_1+\dfrac{\Delta\rho_1(x_t(k)-x_s^1)(y_t(k)-y_s^1)}{(\rho_1(k))^3}\\
\Delta\theta_1+\dfrac{\Delta\rho_1(x_t(k)-x_s^1)(y_t(k)-y_s^1)}{(\rho_1(k))^3} & -1-\dfrac{\Delta\rho_1\,(x_t(k)-x_s^1)^2}{(\rho_1(k))^3}\\
-1-\dfrac{\Delta\rho_2\,(y_t(k)-y_s^2)^2}{(\rho_2(k))^3} & -\Delta\theta_2+\dfrac{\Delta\rho_2(x_t(k)-x_s^2)(y_t(k)-y_s^2)}{(\rho_2(k))^3}\\
\Delta\theta_2+\dfrac{\Delta\rho_2(x_t(k)-x_s^2)(y_t(k)-y_s^2)}{(\rho_2(k))^3} & -1-\dfrac{\Delta\rho_2\,(x_t(k)-x_s^2)^2}{(\rho_2(k))^3}
\end{pmatrix}
$$

$\boldsymbol{R}(k)$中元素均采用上一步计算得到的值近似。对于给定 $\hat{\boldsymbol{\eta}}$，$\boldsymbol{H}(k)$的计算式为

$$
\boldsymbol{H}(k)=\frac{\partial^2 J}{[\partial\boldsymbol{x}(k)]^2}=2\left\{\left[\frac{\partial\boldsymbol{\gamma}(k)}{\partial\boldsymbol{x}(k)}\right]^{\mathrm{T}}\frac{\partial\boldsymbol{\gamma}(k)}{\partial\boldsymbol{x}(k)}+\boldsymbol{\gamma}(k)\,\frac{\partial\,\boldsymbol{\gamma}^2(k)}{[\partial\boldsymbol{x}(k)]^2}\right\}
$$

Newton 迭代算法中，$\boldsymbol{H}(k)$用来修正梯度以加速收敛，因此每次迭代$\boldsymbol{H}(k)$必须是正定的。然而，工程实践中由于存在设备干扰等情况，虽然总体上测量可以保持一致，但并不能保证短时间内实际测量保持一致，所以这里不得不以一个半正定阵近似$\boldsymbol{H}(k)$，即

$$
\boldsymbol{H}(k)=2\boldsymbol{R}(k)\boldsymbol{R}^{\mathrm{T}}(k)
$$

由于一般情况下的实际系统都不能满足 EML 的假设："在公共平面坐标系的 X 轴和 Y 轴上传感器的测量随机误差是独立同分布的高斯噪声"，因此，EML 这种方法得出的结果也不尽人意。修正方法是将似然函数写为

$$
\begin{aligned}
&p(x(1),\cdots,x(K))\\
&=\prod_{k=1}^{K}\frac{1}{(2\pi)^2\,|\,\boldsymbol{Q}(k)\,|^{\frac{1}{2}}}\exp\left\{-\frac{1}{2}[\boldsymbol{\xi}(k)-\boldsymbol{A}(k)\boldsymbol{x}-\boldsymbol{b}(k)]^{\mathrm{T}}\right.\\
&\qquad\left.\boldsymbol{Q}^{-1}(k)[\boldsymbol{\xi}(k)-\boldsymbol{A}(k)\boldsymbol{x}-\boldsymbol{b}(k)]\right\}
\end{aligned}
\tag{3-30}
$$

$$
\boldsymbol{Q}(k)=\begin{pmatrix}
\boldsymbol{\sigma}_{x;1}^2 & \boldsymbol{\sigma}_{x,y;1} & & \\
\boldsymbol{\sigma}_{x,y;1} & \boldsymbol{\sigma}_{y;1}^2 & & \\
 & & \boldsymbol{\sigma}_{x;2}^2 & \boldsymbol{\sigma}_{x,y;2}\\
 & & \boldsymbol{\sigma}_{x,y;2} & \boldsymbol{\sigma}_{y;2}^2
\end{pmatrix}
$$

$$
\begin{aligned}
\boldsymbol{\sigma}_{x;i}^2&=\boldsymbol{\sigma}_{\rho;i}^2\cos^2\theta(k)+\rho^2(k)\boldsymbol{\sigma}_{\theta;i}^2\sin^2\theta(k)\\
\boldsymbol{\sigma}_{y;i}^2&=\boldsymbol{\sigma}_{\rho;i}^2\sin^2\theta(k)+\rho^2(k)\boldsymbol{\sigma}_{\theta;i}^2\cos^2\theta(k)\\
\boldsymbol{\sigma}_{x,y;i}^2&=[\boldsymbol{\sigma}_{\rho;i}^2-\rho^2(k)\boldsymbol{\sigma}_{\theta;i}^2]\cos\theta(k)\sin\theta(k)
\end{aligned}
$$

式中：$\boldsymbol{\sigma}_{x;i}^2$、$\boldsymbol{\sigma}_{y;i}^2$ 分别表示传感器 i 在公共平面坐标系 X 轴和 Y 轴方向的测量噪声方差；$\boldsymbol{\sigma}_{x,y;i}$ 表示传感器 i 在 X 轴和 Y 轴方向的测量噪声协方差；$\boldsymbol{\sigma}_{\theta;i}^2$、$\boldsymbol{\sigma}_{\rho;i}^2$ 分别表示传感器 i 的方位和距离测量噪声方差。

该似然函数的负对数为

$$
\begin{aligned}
J=-\log p&=\frac{1}{2}\sum_{k=1}^{K}\log[(2\pi)^4\,|\,\boldsymbol{Q}(k)\,|\,]\\
&+\frac{1}{2}\sum_{k=1}^{K}\{[\boldsymbol{\xi}(k)-\boldsymbol{A}(k)\boldsymbol{x}-\boldsymbol{b}(k)]^{\mathrm{T}}\boldsymbol{Q}^{-1}(k)[\boldsymbol{\xi}(k)-\boldsymbol{A}(k)\boldsymbol{x}-\boldsymbol{b}(k)]\}
\end{aligned}
\tag{3-31}
$$

后续推导与 EML 估计方法类似，不再重述。

3.4.3 几点说明

对本节所描述的二维探测传感器平面配准方法在应用中的几个问题说明如下。

(1) 如本节开始所述，二维探测传感器平面配准方法主要是指基于统一的平面笛卡儿坐标系进行传感器空间配准，基本假设是两个或两个以上传感器水平测量平面重合，该假设只有当传感器距离较近时才近似成立。

在实际应用中，平面配准方法只适用于战术级、小范围多雷达探测系统。当雷达距离超过 100km 或几百千米时，雷达探测水平面有一定角度差，平面配准方法会由于模型误差导致无法准确估计雷达系统误差参数；此时，采用 3.5 节给出的三维配准方法，即采用地心地固(ECEF)坐标系为统一笛卡儿坐标系进行传感器三维配准。统一坐标系也可以采用中心雷达站局部坐标系(东北天坐标系)，此时，其他雷达站需通过 ECEF 坐标系向中心雷达站局部坐标系转换。

(2) 二维探测传感器平面配准方法另一个基本假设是同一水平面的传感器正北方向相同，当传感器位置特别是经度差较大时，其正北平行假设无法近似成立。此时，需要对平面配准所得到的传感器系统误差估计结果，进行正北偏差修正，修正方法可以参照本书第 6.5.1.3 小节关于不完整测量传感器的扩维融合算法，对传感器平面坐标系正北不一致产生的参数估计偏差进行修正，具体公式如式(6－48)和式(6－49)所示。

(3) 3.4.2 节给出的系统误差统计估计理论和方法是各种模式下传感器系统误差估计的基础，特别是最小平方(最小二乘)估计和广义最小平方估计构成了统计估计理论的基础，而精确极大似然估计更广泛为传感器三维空间配准所采用。

(4) 之所以以一定篇幅介绍二维探测传感器平面配准方法，主要来自高精度、高实时性系统的需求。对于目标拦截和火力打击系统来讲，高精度和高实时目标跟踪是实现其效能的基础。因此，实时估计和补偿传感器系统误差成为提高装备实时探测精度的关键环节。平面配准估计方法计算量小，实时性强，在容许误差范围内成为首选方法，如 3.4.1节所介绍的误差模型就是基于实时质量控制算法 RTQC 建立的。二维探测传感器平面配准方法虽然受限于传感器距离，但在一定的范围内仍是目前常用的方法。

3.5 三维空间固定传感器配准方法

3.5.1 实现框架

以岸基对海探测系统为例，基于合作目标的固定平台传感器配准架构如图 3－6 所示。携载北斗或 GPS 接收器等精确定位设备的合作目标通过无线通信(AIS、数据链等手段)将自身定位航迹报告给地面/岸基数据处理中心，中心将其与传感器探测到的该合作目标航迹进行相关，判断它们是否源于该合作目标。若目标航迹相关成功，中心将合作目标报告的定位航迹和传感器报告的观测航迹同时送入偏差估计模块。偏差估计模块根据目标报告位置和传感器位置及其对合作目标的测量参数，对该传感器测量系统误差进行估计。估计结果送入传感器参数数据库，然后根据需要输出到偏差修正模块来对该传感器报告的所有目标航迹进行补偿。这种实现架构将合作目标报告航迹作为目标真实航迹,对传感器测量误差进行统计估计。其算法容易实现,并且配准效果优于基于非合作目标的配准模式。但是,该方式需要合作目标具有高精度定位功能,并且具备将其自身位置实时报告给数据中心的通信能力。

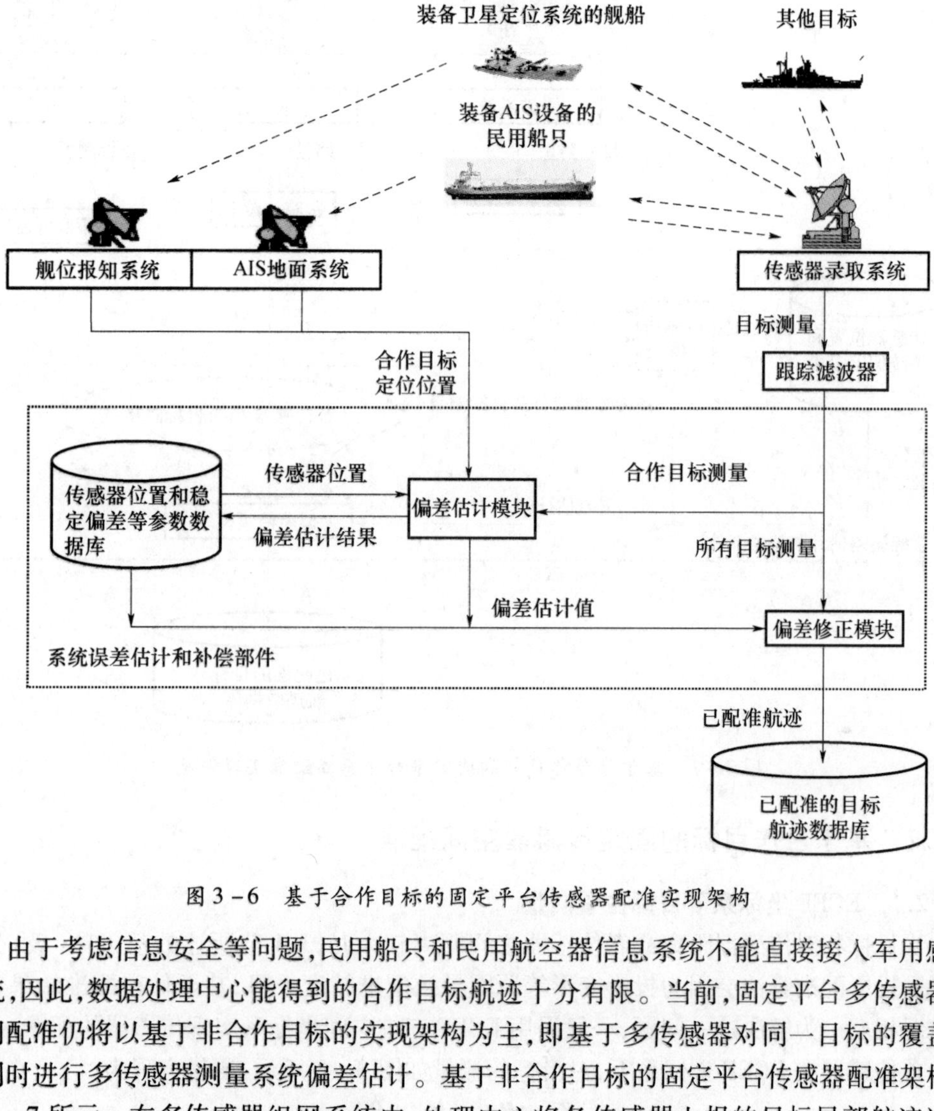

图 3-6 基于合作目标的固定平台传感器配准实现架构

由于考虑信息安全等问题,民用船只和民用航空器信息系统不能直接接入军用感知系统,因此,数据处理中心能得到的合作目标航迹十分有限。当前,固定平台多传感器的空间配准仍将以基于非合作目标的实现架构为主,即基于多传感器对同一目标的覆盖测量同时进行多传感器测量系统偏差估计。基于非合作目标的固定平台传感器配准架构如图 3-7 所示。在多传感器组网系统中,处理中心将各传感器上报的目标局部航迹进行相关后,将源于同一公共目标的局部测量航迹送入偏差估计模块;偏差估计模块基于相关的几条局部航迹进行诸传感器系统偏差估计,并将结果送入传感器参数数据库,然后根据需要输出到偏差修正模块,对传感器报告的所有目标局部航迹进行补偿完成航迹配准。与基于合作目标配准架构不同,该配准架构性能强烈依赖目标分布:若样本的可观测性好,则可达到与基于合作目标配准方法相同的效果;否则,仅能改善样本中诸航迹相对偏差。其优点是对观测目标无任何要求,可适用于各种对空/对海探测系统的空间配准问题。

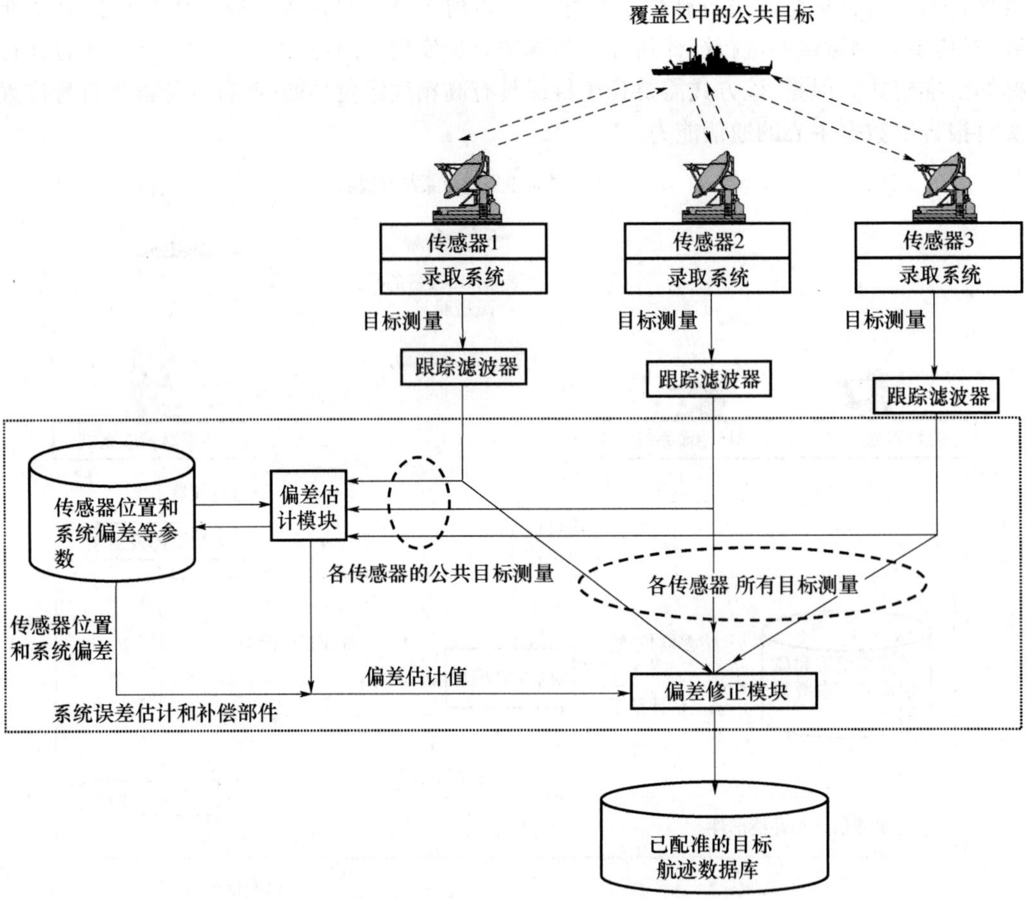

图 3－7　基于非合作目标的固定平台传感器配准实现架构

3.5.2　基于合作目标的固定传感器空间配准

3.5.2.1　ECEF 坐标系下目标位置向量

当目标相对传感器距离或者传感器之间距离较大时，3.4 节所述的基于球（极）坐标的平面投影配准算法会因为投影变形等原因导致配准精度下降，甚至使得配准结果与实际情况相反。为解决这一问题，一般采用 ECEF 三维空间坐标系实现传感器的配准。

单传感器在 ECEF 坐标系下，对目标的测量如图 3－8 所示，测量方程为

$$\boldsymbol{Z} = \boldsymbol{R}_a = \boldsymbol{R}_c + \boldsymbol{R}_t \tag{3-32}$$

式中：$\boldsymbol{R}_a$为目标 T 在 ECEF 坐标系的位置向量；$\boldsymbol{R}_c$为传感器天线在 ECEF 坐标系下的位置向量，那么由式(3－10)，可知

$$\boldsymbol{R}_c(L_r, B_r, H_r) = \begin{pmatrix} (C_r + H_r)\cos B_r \cos L_r \\ (C_r + H_r)\cos B_r \sin L_r \\ [C_r(1 - e^2) + H_r]\sin B_r \end{pmatrix} \tag{3-33}$$

式中：L_r、B_r、H_r分别为传感器天线位置的经度、纬度和高度。式(3－32)右端的 $\boldsymbol{R}_t$为目标 T 在传感器局部坐标系下的位置向量 $\boldsymbol{x}_T$在 ECEF 坐标系下的投影，即

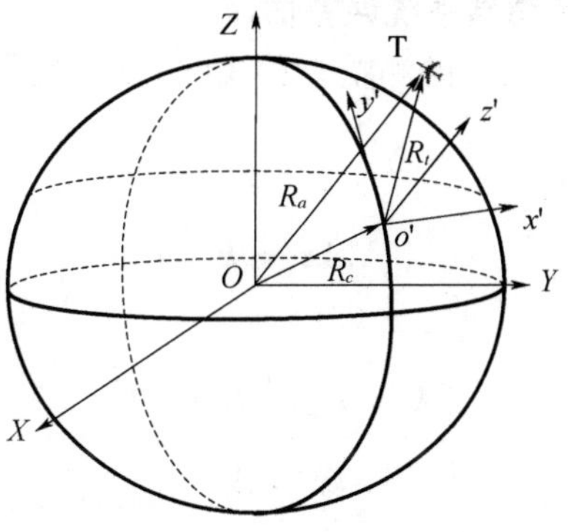

图 3-8　ECEF 坐标系下传感器对目标的测量

$$\boldsymbol{R}_t(L_r,B_r,x_T) = \boldsymbol{P}(L_r,B_r)\cdot \boldsymbol{x}_T \tag{3-34}$$

式中：$\boldsymbol{P}(L_r,\ B_r)$ 为传感器局部(东北天)坐标系 $o'-x'y'z'$ 到 ECEF 坐标系 $O-XYZ$ 的坐标变换矩阵，计算同式(3-9)。若 $[\rho,\theta,\varphi]^{\mathrm{T}}$ 为传感器对目标的测量向量，则

$$\boldsymbol{x}_{\mathrm{T}} = \begin{pmatrix} \rho\cos\varphi\sin\theta \\ \rho\cos\varphi\cos\theta \\ \rho\sin\varphi \end{pmatrix} \tag{3-35}$$

3.5.2.2　ECEF 坐标系下基于合作目标的系统误差测量方程

在 ECEF 坐标系下，综合式(3-32)~式(3-35)，再考虑传感器测量系统误差表示式(3-1)和式(3-2)，可将合作目标条件下传感器系统误差向量表示为

$$\boldsymbol{Z} = \boldsymbol{Z}(\boldsymbol{\Delta}) = Z(\Delta\rho_b,\Delta\rho_g,\Delta\theta_b,\Delta\varphi_b;v_\rho,v_\theta,v_\varphi)$$

不难看出，要估计的传感器的系统误差向量 $\boldsymbol{\Delta}$ 的各分量包含在 $\boldsymbol{x}'_{\mathrm{T}}$ 诸分量中，于是传感器系统误差测量方程可写为

$$\begin{aligned} \boldsymbol{Z}(\boldsymbol{\Delta}) &= \boldsymbol{R}'_a - \boldsymbol{R}_a = \boldsymbol{R}_c + \boldsymbol{R}_t - \boldsymbol{R}_a = \boldsymbol{R}_c(L_r,B_r,H_r) + \boldsymbol{P}(L_r,B_r)\boldsymbol{x}'_T - \boldsymbol{R}_a \\ &= \boldsymbol{R}_c(L_r,B_r,H_r) - \boldsymbol{R}_a(L,B,H) + \boldsymbol{P}(L_r,B_r)(\rho + \Delta\rho_b + \rho\Delta\rho_g + v_\rho) \\ &\quad \cdot \begin{pmatrix} \cos(\varphi + \Delta\varphi_b + v_\varphi)\sin(\theta + \Delta\theta_b + v_\theta) \\ \cos(\varphi + \Delta\varphi_b + v_\varphi)\cos(\theta + \Delta\theta_b + v_\theta) \\ \sin(\varphi + \Delta\varphi_b + v_\varphi) \end{pmatrix} \end{aligned} \tag{3-36}$$

式中：目标真值球坐标 (ρ,θ,φ) 是由合作目标定位报告信息 (L,B,H) 变换获得的传感器球坐标下的目标真值位置向量，变换过程为

$$(L,B,H) \to (X,Y,Z) \to (x,y,z) \to (\rho,\theta,\varphi)$$

将式(3-36)中左侧理解为由传感器测量 (ρ',θ',φ') 经变换 $(\rho',\theta',\varphi') \to (x',y',z') \to (X',Y',Z')$ 获得的 ECEF 坐标系下的测量向量 $\boldsymbol{Z}$，而右侧含有待估计的传感器诸系统误差参数，于是式(3-36)即为 ECEF 坐标系下基于合作目标的传感器系统误差测量方程。

3.5.2.3 基于测量方程的传感器系统误差估计

ECEF 坐标系下的传感器误差的测量方程式(3 - 36)是典型的非线性方程,其求解过程如下。

将测量方程线性化,可得

$$\boldsymbol{Ax} = \boldsymbol{b}$$

其中

$$\boldsymbol{A} = \boldsymbol{P}(L_r, B_r) \cdot \boldsymbol{J}$$

$$\boldsymbol{x} = \boldsymbol{\Delta}$$

$$\begin{aligned}\boldsymbol{b} &= \boldsymbol{R}_a{}' - \boldsymbol{R}_a = \boldsymbol{R}_c + \boldsymbol{R}_t - \boldsymbol{R}_a \\ &= \boldsymbol{R}_c(L_r, B_r, H_r) + \boldsymbol{P}(L_r, B_r)\boldsymbol{x}_{\mathrm{T}}{}' - \boldsymbol{R}_a(L, B, H)\end{aligned}$$

式中:$\boldsymbol{b}$ 为测量与真值之差,是已知量;$\boldsymbol{P}(L_r, B_r)$ 为传感器笛卡尔坐标系向 ECEF 坐标系的转换矩阵;$\boldsymbol{J}$ 为一阶 Jacobi 矩阵,即

$$\boldsymbol{J} = \frac{DZ}{D\Delta} = \left\{\frac{\partial x'_{T_i}(\Delta)}{\partial \Delta_j}\right\}_{\substack{j=1,2,3 \\ j=1,2,\cdots,7}}\Bigg|_{\Delta=0} \tag{3 - 37}$$

对线性方程组 $\boldsymbol{Ax} = \boldsymbol{b}$ 的批量测量 $\boldsymbol{b}$($\boldsymbol{R}_a$ 和 $\boldsymbol{R}'_a$),可采用最小平方估计、极大似然估计或最小方差递推估计(卡尔曼滤波)求取传感器系统误差估计向量 $\hat{\boldsymbol{x}}$,如最小平方批量估计可得

$$\hat{\boldsymbol{x}} = (\boldsymbol{A}^{\mathrm{T}}\boldsymbol{A})^{-1}\boldsymbol{A}^{\mathrm{T}}\boldsymbol{b}$$

3.5.2.4 基于合作目标的固定传感器空间配准案例

某系统接入 4 个雷达站 8 部雷达。以合作目标报告的位置数据作为基准,各雷达系统误差估计和补偿结果统计如表 3 - 1 所列。其中,初始偏差表示成功相关的原始雷达航迹与目标报告航迹之间的未配准航迹距离偏差;剩余偏差表示经过空间配准后,成功相关的雷达航迹与目标报告航迹之间的距离偏差。

表 3 - 1　雷达系统误差估计和补偿结果统计分析

雷达站	雷达序号	系统误差估计值		校正结果分析	
		距离/m	方位/rad	初始偏差/m	剩余偏差/m
雷达站 A	1	710.686	-0.0131	1258.7	957.3
	2	470.0021	-0.0336	1275.7	403.9
雷达站 B	1	549.7599	-0.0147	1141.8	427.4
	2	596.5746	-0.0141	1315.8	319.2
雷达站 C	1	339.6962	0.0134	652.93	483.9
	2	-16.9420	-0.0020	334.51	349.1
雷达站 D	1	161.6555	0.0044	744.13	672.1
	2	120.7108	-0.0073	530.2	338.8

图 3 - 9 和图 3 - 10 是雷达站 B 观测到的两批目标航迹配准前后比较。其中,目标 1 配准前与基准航迹的平均距离偏差为 903.8m,配准后与基准航迹的平均距离偏差为

345.4m；目标 2 配准前与基准航迹的平均距离偏差为 918.8 m，配准后与基准航迹的平均距离偏差为 339.9 m。

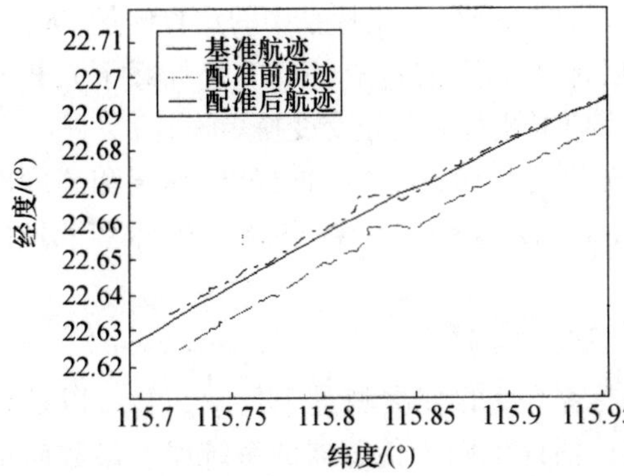

图 3-9　雷达站 B 观测目标 1 配准前后与基准航迹对比

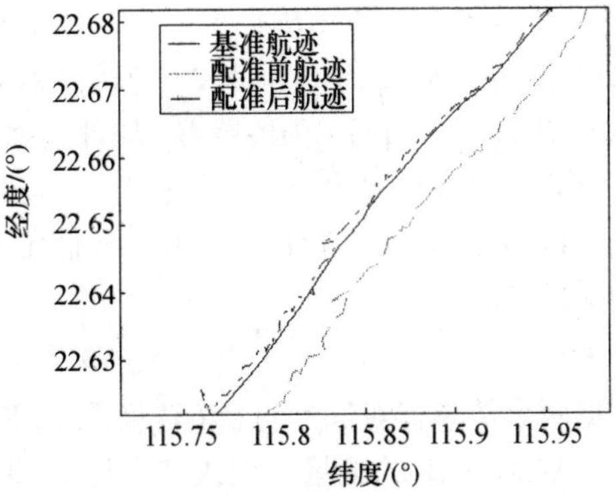

图 3-10　雷达站 B 观测目标 2 配准前后与基准航迹对比

3.5.3　基于非合作目标的多传感器误差估计

在无合作目标报告其位置真值的情况下，只能依靠两个或两个以上传感器同时测量位于其覆盖区内的同一个目标所获观测数据估计相应传感器的系统误差。基本思路是，在将两个感器对同一目标的测量变换到同一坐标系（如 ECEF 坐标系）之下，每个传感器测量都是该目标真值向量与误差向量之和，将两个传感器对同一目标的测量向量相减，在一定程度上消除了目标真值的影响，只剩下两个传感器误差向量留待估计。

3.5.3.1　ECEF 坐标系下两个传感器系统误差测量方程

在 ECEF 坐标系下，两个传感器观测同一目标如图 3-11 所示。

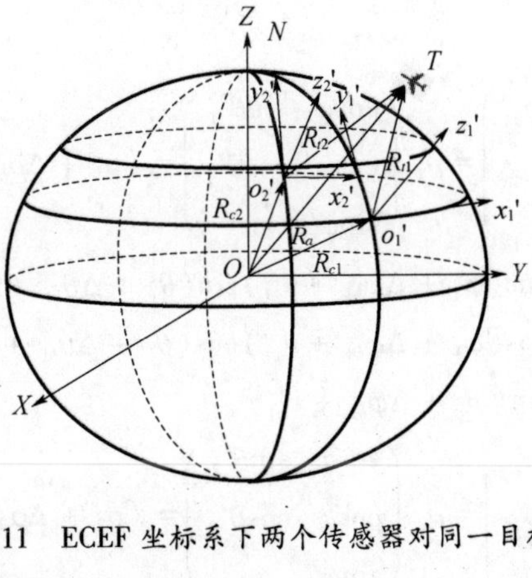

图 3-11　ECEF 坐标系下两个传感器对同一目标测量

设两个传感器测量系统误差向量为

$$\boldsymbol{\Delta}_i = [\Delta\rho_{bi}, \Delta\rho_{gi}, \Delta\theta_i, \Delta\varphi_i]^{\mathrm{T}} \quad i = 1, 2 \tag{3-38}$$

根据式(3-32)，它们之间的目标测量向量之差为

$$
\begin{aligned}
Z(\boldsymbol{\Delta}_1,\boldsymbol{\Delta}_2) &= \boldsymbol{R}_{a_1} - \boldsymbol{R}_{a_2} = \boldsymbol{R}_{c_1} + \boldsymbol{R}_{t_1}(\boldsymbol{\Delta}_1) - \boldsymbol{R}_{c_2} - \boldsymbol{R}_{t_2}(\boldsymbol{\Delta}_2) \\
&= \boldsymbol{R}_{c_1} - \boldsymbol{R}_{c_2} + \boldsymbol{P}_1 x_{T_1}(\boldsymbol{\Delta}_1) - \boldsymbol{P}_2 \boldsymbol{x}_{T_2}(\boldsymbol{\Delta}_2)
\end{aligned}
\tag{3-39}
$$

式中：$\boldsymbol{R}_{c_i} = \boldsymbol{R}_c(L_i, B_i, H_i)$ $(i=1,2)$ 为传感器 i 天线在 ECEF 坐标系中的位置向量；$\boldsymbol{R}_{t_i} = \boldsymbol{R}_t(L_i,B_i;\rho_i',\theta_i',\varphi_i')$ $(i=1,2)$ 为传感器 i 对目标 T 的测量向量（ECEF 坐标系下）；$\boldsymbol{P}_i = \boldsymbol{P}(L_i,B_i)$，$(i=1,2)$ 为传感器 i 局部坐标系向 ECEF 坐标系的正交变换矩阵。

此处，L_i、B_i、H_i 和 ρ'_i、φ'_i、θ'_i $(i=1,2)$ 分别为传感器 i 天线的经度、纬度和高度以及对目标在同一时刻的距离、方位和仰角测量；$\boldsymbol{x}_{T_i}(\boldsymbol{\Delta}_i)$ 为传感器 i 笛卡儿坐标系下目标的测量，即

$$
\boldsymbol{x}_{T_i}(\boldsymbol{\Delta}_i) = (x'_{T_i}, y'_{T_i}, z'_{T_i})^{\mathrm{T}}
$$

依据两个传感器对同一目标（转换到 ECEF 坐标系下）的多次测量 $\{Z_{1i},Z_{2i}\}_{i=1}^{n}$，以及系统误差 $\boldsymbol{\Delta}_1$ 和 $\boldsymbol{\Delta}_2$ 的测量方程式(3-39)，即可统计估计出两个传感器的系统误差参数向量 $\boldsymbol{\Delta}_1$ 和 $\boldsymbol{\Delta}_2$。

3.5.3.2 测量方程的线性化

由测量方程式(3-39)可以看到，两传感器待估误差向量 $\boldsymbol{\Delta}_1$ 和 $\boldsymbol{\Delta}_2$ 主要包含在传感器局部坐标测量 $\boldsymbol{x}'_{T_1}(\boldsymbol{\Delta}_1)$ 和 $\boldsymbol{x}'_{T_2}(\boldsymbol{\Delta}_2)$ 之中。将 $\boldsymbol{x}'_{T_1}(\boldsymbol{\Delta}_1)$、$\boldsymbol{x}'_{T_2}(\boldsymbol{\Delta}_2)$ 分别对 $\boldsymbol{\Delta}_1$ 和 $\boldsymbol{\Delta}_2$ 向量的诸分量在 $\boldsymbol{\Delta}_i=0$ 进行一阶泰勒展开，得

$$
\boldsymbol{Z}(\boldsymbol{\Delta}_1,\boldsymbol{\Delta}_2) = \boldsymbol{R}_{c1} - \boldsymbol{R}_{c2} + (\boldsymbol{P}_1\boldsymbol{J}_1 - \boldsymbol{P}_2\boldsymbol{J}_2)(\boldsymbol{\Delta}_1\boldsymbol{\Delta}_2)^{\mathrm{T}} + \delta(\boldsymbol{\Delta}_1) + \delta(\boldsymbol{\Delta}_2) \tag{3-40}
$$

略去二阶以上小量，整理得测量方程标准线性方程：

$$
\boldsymbol{A}\boldsymbol{x} = \boldsymbol{b}
$$

式中：$\boldsymbol{A} = (\boldsymbol{P}_1\boldsymbol{J}_1 - \boldsymbol{P}_2\boldsymbol{J}_2)$ 是系数矩阵；$\boldsymbol{x} = (\boldsymbol{\Delta}_1,\boldsymbol{\Delta}_2)^{\mathrm{T}}$ 是待估计的未知向量；$\boldsymbol{b} = \boldsymbol{Z}(\boldsymbol{\Delta}_1,\boldsymbol{\Delta}_2) - \boldsymbol{R}_{c1} + \boldsymbol{R}_{c2}$ 是两个雷达对同一目标测量获得的 ECEF 坐标系下的测量向量之差，是已知量；$\boldsymbol{J}_i$ 是一阶 Jacobi 矩阵，即

$$
\boldsymbol{J}_i = \frac{D\boldsymbol{Z}}{D\boldsymbol{\Delta}_i} = \left\{\frac{\partial x_{\mathrm{T}ij}'(\Delta)}{\partial \Delta_{jk}}\right\}_{\substack{j=1,2,3\\ k=1,2,\cdots,7}}\Bigg|_{\boldsymbol{\Delta}_i=0} \quad i=1,2 \tag{3-41}
$$

注意下面式子：

$$
\begin{aligned}
\boldsymbol{x}'_{\mathrm{T1}}(\boldsymbol{\Delta}_1) &= \begin{pmatrix} x'_{\mathrm{T}_{11}} \\ x'_{\mathrm{T}_{12}} \\ x'_{\mathrm{T}_{13}} \end{pmatrix} = \rho_1' \begin{pmatrix} \cos\varphi'_1 \sin\theta'_1 \\ \cos\varphi'_1 \cos\theta'_1 \\ \sin\varphi'_1 \end{pmatrix} = (\rho_1 + \Delta\rho_{b1} + \rho_1\Delta\rho_{g1} + v_{\rho1}) \\
&\cdot \begin{pmatrix} \cos(\varphi_1 + \Delta\varphi_{b1} + v_{\varphi1})\sin(\theta_1 + \Delta\theta_{b1} + v_{\theta1}) \\ \cos(\varphi_1 + \Delta\varphi_{b1} + v_{\varphi1})\cos(\theta_1 + \Delta\theta_{b1} + v_{\theta1}) \\ \sin(\varphi_1 + \Delta\varphi_{b1} + v_{\varphi1}) \end{pmatrix}
\end{aligned}
\tag{3-42}
$$

$$
\begin{aligned}
\boldsymbol{x}'_{\mathrm{T2}}(\Delta_2) &= \begin{pmatrix} x'_{\mathrm{T}_{21}} \\ x'_{\mathrm{T}_{22}} \\ x'_{\mathrm{T}_{23}} \end{pmatrix} = \rho_2' \begin{pmatrix} \cos\varphi'_2 \sin\theta'_2 \\ \cos\varphi'_2 \cos\theta'_2 \\ \sin\varphi'_2 \end{pmatrix} = (\rho_2 + \Delta\rho_{b2} + \rho_2\Delta\rho_{g2} + v_{\rho2}) \\
&\cdot \begin{pmatrix} \cos(\varphi_2 + \Delta\varphi_{b2} + v_{\varphi2})\sin(\theta_2 + \Delta\theta_{b2} + v_{\theta2}) \\ \cos(\varphi_2 + \Delta\varphi_{b2} + v_{\varphi2})\cos(\theta_2 + \Delta\theta_{b2} + v_{\theta2}) \\ \sin(\varphi_2 + \Delta\varphi_{b2} + v_{\varphi2}) \end{pmatrix}
\end{aligned}
\tag{3-43}
$$

$$\boldsymbol{\Delta}_i = (\Delta\rho_{bi}, \Delta\rho_{gi}, \Delta\theta_{bi}, \Delta\varphi_{bi}; v_{\rho i}, v_{\theta i}, v_{\varphi i})^{\mathrm{T}} \quad i = 1,2$$

于是,有

$$\boldsymbol{J}_1 = \left\{ \frac{\partial x_{\mathrm{T}_{1i}}{}'(\Delta)}{\partial \Delta_{1j}} \right\}_{\substack{i=1,2,3 \\ j=1,2,\cdots,7}} \Bigg|_{\boldsymbol{\Delta}_1 = 0} = \begin{pmatrix} J_{11} & \cdots & J_{17} \\ J_{21} & \cdots & J_{27} \\ J_{31} & \cdots & J_{37} \end{pmatrix} \tag{3-44}$$

矩阵 $\boldsymbol{J}_1$ 诸元素均含有覆盖测量目标的真实位置的传感器 1 球坐标 $(\rho_1, \theta_1, \varphi_1)$;同理获得的矩阵 $\boldsymbol{J}_2$ 也含有覆盖测量目标的真实位置的传感器 2 球坐标 $(\rho_2, \theta_2, \varphi_2)$。在基于合作目标传感器误差估计方法中,目标真实位置是已知的,而在这里却是未知向量,也就是说系数矩阵 $\boldsymbol{A}$ 中含有未知的目标真值向量。若将目标状态真值同时作为未知参数与系统误差一起估计,则待估向量成为 17 维(传感器 1 误差变量 7 维,传感器 2 误差变量 7 维,目标状态变量 3 维),其中两个传感器系统误差变量 8 维,随机误差变量 6 维,目标状态变量 3 维。这对于仅依据一定数量的目标测量样本实现如此多的参数估计存在较大难度,或称为待估计参数的可观测性较低。

3.5.3.3 线性化测量矩阵 A 诸元素的导出

将系统误差与随机误差分离表示,线性测量方程可分解为

$$\boldsymbol{Z} = \boldsymbol{AX} = (\boldsymbol{H} \ \ \boldsymbol{M}) \begin{pmatrix} \boldsymbol{X} \\ \boldsymbol{V} \end{pmatrix} = \boldsymbol{HX} + \boldsymbol{MV} \tag{3-45}$$

其中

$$\boldsymbol{H} = \begin{pmatrix} h_{11} & \cdots & h_{18} \\ h_{21} & \cdots & h_{28} \\ h_{31} & \cdots & h_{38} \end{pmatrix} \qquad \boldsymbol{M} = \begin{pmatrix} m_{11} & \cdots & m_{16} \\ m_{21} & \cdots & m_{26} \\ m_{31} & \cdots & m_{36} \end{pmatrix} \tag{3-46}$$

待求变量向量为

$$\begin{cases} \boldsymbol{X} = (\Delta\rho_{b2} \quad \Delta\rho_{g2} \quad \Delta\varphi_2 \quad \Delta\theta_2 \quad \Delta\rho_{b1} \quad \Delta\rho_{g1} \quad \Delta\varphi_1 \quad \Delta\theta_1)^{\mathrm{T}} \\ \boldsymbol{V} = (v_{r1} \quad v_{\varphi 1} \quad v_{\theta 1} \quad v_{r2} \quad v_{\varphi 2} \quad v_{\theta 2})^{\mathrm{T}} \end{cases} \tag{3-47}$$

由于 $\boldsymbol{H}$、$\boldsymbol{M}$ 诸元素是原非线性测量方程中测量向量对相应误差变量的 Jacobi 矩阵。相应元素通过原非线性测量向量对相应误差变量求取一阶偏导数并在零误差处取值,可以得出两个传感器系统误差向量的系数矩阵 $\boldsymbol{H}_{3\times 8}$ 诸元素为

$$h_{11} = \cos B_{r2}\cos\varphi\cos\theta + \sin B_{r2}\sin\varphi$$

$$h_{12} = \rho_{02} h_{11}$$

$$h_{13} = \rho_{02}(-\cos B_{r2}\sin\varphi_{02}\sin\theta_{02} + \sin B_{r2}\cos\varphi_{02})$$

$$h_{14} = -\rho_{02}\cos B_{r2}\cos\varphi_{02}\cos\theta_{02}$$

$$h_{15} = -(\cos B_{r1}\cos\varphi_{01}\cos\theta_{01} + \sin B_{r1}\sin\varphi_{01})$$

$$h_{16} = \rho_{01} h_{15}$$

$$h_{17} = -\rho_{01}(-\cos B_{r1}\cos\varphi_{01}\cos\theta_{01} + \sin B_{r1}\cos\varphi_{01})$$

$$h_{18} = \rho_{01}\cos B_{r1}\cos\varphi_{01}\cos\theta_{01}$$

$$h_{21} = \sin L_{r2}\sin B_{r2}\cos\varphi_{02}\cos\theta_{02} - \cos L_{r2}\cos\varphi_{02}\sin\theta_{02} - \sin L_{r2}\cos B_{r2}\sin\varphi_{02}$$

$$h_{22} = \rho_{02} h_{21}$$

$$h_{23} = \rho_{02}(-\sin L_{r2}\sin B_{r2}\sin\varphi_{02}\cos\theta_{02} + \cos L_{r2}\sin\varphi_{02}\sin\theta_{02} - \sin L_{r2}\cos B_{r2}\cos\varphi_{02})$$

$$h_{24} = \rho_{02}(\sin L_{r2}\sin B_{r2}\cos\varphi_{02}\sin\theta_{02} - \cos L_{r2}\cos\varphi_{02}\cos\theta_{02})$$

$$h_{25} = -(\sin L_{r1}\sin B_{r1}\cos\varphi_{01}\cos\theta_{01} - \cos L_{r1}\cos\varphi_{01}\sin\theta_{01} - \sin L_{r1}\cos B_{r1}\sin\varphi_{01})$$

$$h_{26} = \rho_{01}h_{25}$$

$$h_{27} = -\rho_{01}(-\sin L_{r1}\sin B_{r1}\sin\varphi_{01}\cos\theta_{01} + \cos L_{r1}\sin\varphi_{01}\sin\theta_{01} - \sin L_{r1}\cos B_{r2}\cos\varphi_{01})$$

$$h_{28} = -\rho_{01}(\sin L_{r1}\sin B_{r1}\cos\varphi_{01}\cos\theta_{01} - \cos L_{r1}\cos\varphi_{01}\cos\theta_{01})$$

$$h_{31} = -\cos L_{r2}\sin B_{r2}\cos\varphi_{02}\cos\theta_{02} - \sin L_{r2}\cos\varphi_{02}\sin\theta_{02} + \cos L_{r2}\cos B_{r2}\sin\varphi_{02}$$

$$h_{32} = \rho_{02}h_{31}$$

$$h_{33} = \rho_{02}(\cos L_{r2}\sin B_{r2}\sin\varphi_{02}\cos\theta_{02} + \sin L_{r2}\sin\varphi_{02}\sin\theta_{02} + \cos L_{r2}\cos B_{r2}\cos\varphi_{02})$$

$$h_{33} = \rho_{02}(\cos L_{r2}\sin B_{r2}\sin\varphi_{02}\cos\theta_{02} + \sin L_{r2}\sin\varphi_{02}\sin\theta_{02} + \cos L_{r2}\cos B_{r2}\cos\varphi_{02})$$

$$h_{34} = \rho_{02}(\cos L_{r2}\sin B_{r2}\cos\varphi_{02}\sin\theta_{02} - \sin L_{r2}\cos\varphi_{02}\cos\theta_{02})$$

$$h_{35} = -(\cos L_{r1}\sin B_{r1}\cos\varphi_{01}\cos\theta_{01} - \sin L_{r1}\cos\varphi_{01}\sin\theta_{01} + \cos L_{r1}\cos B_{r1}\sin\varphi_{01})$$

$$h_{36} = \rho_{01}h_{35}$$

$$h_{37} = -\rho_{01}(\cos L_{r1}\sin B_{r1}\sin\varphi_{01}\cos\theta_{01} + \sin L_{r1}\sin\varphi_{01}\sin\theta_{01} + \cos L_{r1}\cos B_{r1}\sin\varphi_{01})$$

$$h_{38} = -\rho_{01}(\cos L_{r1}\sin B_{r1}\cos\varphi_{01}\sin\theta_{01} - \sin L_{r1}\cos\varphi_{01}\cos\theta_{01})$$

两个传感器随机误差向量的系数矩阵为

$$\boldsymbol{M} = \begin{pmatrix} h_{11} & h_{13} & h_{14} & h_{15} & h_{17} & h_{18} \\ h_{21} & h_{23} & h_{24} & h_{25} & h_{27} & h_{28} \\ h_{31} & h_{33} & h_{34} & h_{35} & h_{37} & h_{38} \end{pmatrix}$$

式中：L_{ri}、B_{ri} 分别为传感器 i 天线经纬度（$i = 1,2$）；ρ_{0i}、θ_{0i}、φ_{0i} 分别为目标真实位置相对传感器 i 的距离、方位和仰角。

3.5.3.4 两传感器误差向量估计中的问题及解决思路

1. 关于随机误差问题

工程实践中，通常将传感器系统误差作为确定性误差来估计和补偿，即考虑系统误差是稳定的。在空间配准中不考虑传感器测量中所含有的随机误差，而在配准后，再独立统计估计传感器测量的随机误差方差。这样，就导致了配准剩余误差混入随机误差中，使其均值非零。工程中，有时将随机误差非零均值估计补偿到传感器测量中，也是一种处理办法。

2. 关于目标真值问题

为减少估计参数的维数，工程中将配准与随后的多传感器目标融合估计相结合，采用上周期目标估计对本周期的预测状态作为本周期目标状态真值。由于存在预测误差（如目标机动时），故系数矩阵 $\boldsymbol{A}$ 中存在一定的不确定性摄动。

3. 关于传感器系统误差的可观测性问题

无论采用最小平方估计、极大似然估计或卡尔曼滤波等哪种方法，都存在估计算法是否收敛的问题，即能否准确估计出传感器系统误差。由于模型和估计算法皆依据传感器测量进行，该问题又称为传感器系统误差的可观测性问题。该问题存在两个环节：一是传感器目标测量对于估计系统误差的效用度；当目标航线与两个传感器位置连线平行时，测量值的效用度较高；当目标航线垂直于两个传感器位置连线或目标对传感器位置相向运动时，测量值的效用度较低，表现为测量方程右侧诸测量向量具较强的相关性，此时可通过对测量的筛选，去除效用度低的测量；二是测量方程的线性化产生的大误差导致系数矩阵 A 诸行向量产生较强相关性，对于这种情况，可采用增大测量样本结合各种病态系数矩阵相关处理技术解决，也可不进行测量方程线性化，采用适宜的非线性滤波估计方法求解。

3.5.3.5 基于非合作目标的多传感器空间配准案例

某系统共接入 6 部雷达，两两雷达之间相关样本数量如表 3－2 所列。

表 3－2 两两雷达之间相关样本个数

雷 达	雷达 a	雷达 b	雷达 c	雷达 d	雷达 e	雷达 f
雷达 a	—	—	—	—	—	—
雷达 b	—	—	140680	—	—	—
雷达 c	—	140680	—	3821	14322	1300
雷达 d	—	—	3821	—	—	75911
雷达 e	—	—	14322	—	—	219544
雷达 f	—	—	1300	75911	219544	—
注：数字表示两雷达相关的航迹样本点数，无数字表示两雷达之间没有相关的航迹						

利用 3.5.3.2 节中的线性测量参数表达式，估计出每个雷达的系统误差，结果如表 3－3所列。

表 3－3 基于非合作目标的雷达系统误差估计

雷 达	系统误差估计值	
	距离误差/m	方位角/rad
雷达 a	—	—
雷达 b	624	－0.019886
雷达 c	603	－0.019857
雷达 d	997	0.016712
雷达 e	673	0.006274
雷达 f	668	0.008561

经统计，成功相关的两个雷达航迹之间的初始相对距离平均偏离 1373m，配准后其距离偏差降低至 260m，极大改善了航迹相关正确率和航迹位置精度。雷达 b 和雷达 c 基于对同一目标的观测进行航迹配准前后相对偏差如表 3－4 所列，它们对同一目标的观测航迹配准前后的对比如图 3－12 所示。

表 3－4 两部雷达对同一目标的观测航迹配准结果

雷达	系统误差估计值		配准前后航迹精度	
	测量距离误差/m	测量方位误差/rad	航迹初始偏差/m	航迹剩余偏差/m
雷达 b	624	－0.019886	2485.7	1478.2
雷达 c	603	－0.019857		

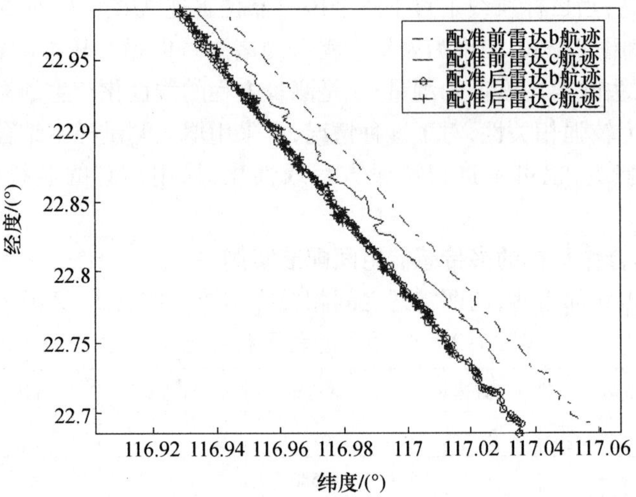

图 3-12　雷达 b 和雷达 c 对同一目标的观测航迹校正前后的对比

3.6　运动平台传感器空间配准

3.6.1　实现框架

基于合作目标的运动平台传感器空间配准可在每个传感器平台上进行,配准架构依赖于系统误差估计和补偿模块与目标跟踪模块的相对关系。当基于未配准的传感器测量实现自主跟踪的模块已固定无法改变时,空间配准要对传感器局部航迹进行,称为航迹配准,如图 3-13 所示。当传感器自主跟踪模块可以灵活提供测量时,可以在传感器平台上直接进行测量点迹误差估计和补偿,然后基于补偿后测量实现传感器自主跟踪,称为测量点迹配准或测量配准,如图 3-14 所示[11,12]。

两种架构都有一个加装 GPS 接收机的合作目标,通过数据链向传感器平台报告其定位信息;传感器平台加装 GPS 接收机和陀螺仪(或加装机械稳定装置),以随时得知自身位置和姿态。两种结构的系统误差估计模块都要基于合作目标定位数据滤波、传感器定位数据滤波和平台姿态滤波结果,估计传感器测量误差和平台姿态误差。在图 3-14 所示的测量配准构架中,误差补偿模块对所有未配准测量分别进行传感器测量和平台姿态补偿,然后再进行传感器目标测量的稳定变换,以实现传感器稳定坐标系下的目标跟踪。在图 3-13 所示的航迹配准架构中,由于稳定变换是基于未补偿的测量和姿态进行的,因此,传感器输出的是非配准的目标航迹。因此,在航迹误差估计模块中,首先需要将非校准目标航迹通过未补偿的姿态角进行逆变换,恢复未配准的目标非稳定测量,作为航迹误差估计模块的输入,然后基于误差估计模块输出的传感器测量误差和平台姿态误差的估计结果,对目标测量位置、速度和平台姿态进行补偿,最后才能实现传感器对目标的航迹配准后跟踪。

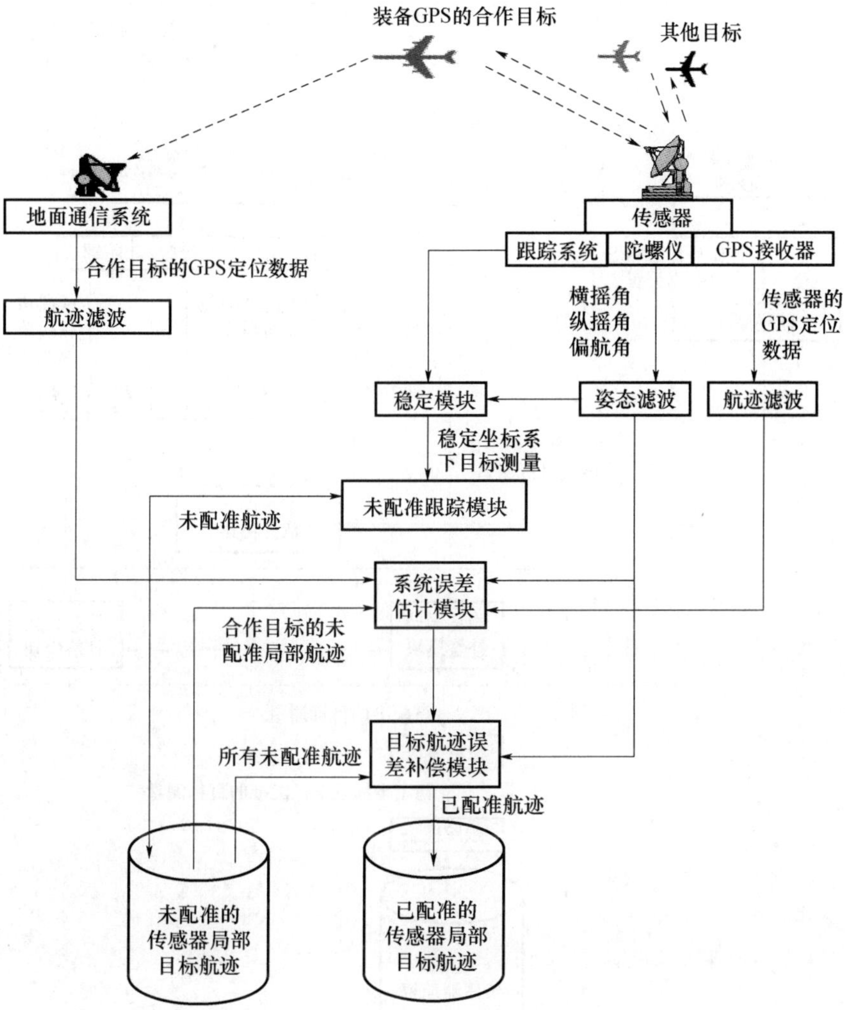

图 3-13 基于合作目标的运动平台跟踪航迹配准架构

3.6.2 数学模型

3.6.2.1 稳定坐标系与非稳定坐标系及变换

运动平台传感器测量坐标系的坐标轴与其所在平台有关。例如,如图 3-15 所示的舰载传感器测量坐标系以传感器天线位置为原点,$X-Y$ 为甲板平面,Y 轴指向舰艏方向;X 轴垂直 Y 轴且指向右舷方向;Z 轴向上垂直于甲板平面。舰载传感器测量坐标系随传感器或者平台的姿态角变换而发生旋转,因此,该坐标系不是惯性的,称为“非稳定的”。虽然传感器测量确实产生于“非稳定”坐标系中,但需要将其转换到惯性坐标系或者近似惯性坐标系中。因为只有在惯性坐标系中,目标位置的变化才仅由目标的运动状态决定,而与目标自身以外测量系统位置和姿态没有关系。这里,“稳定坐标系”是一个传感器使用的惯性坐标系或者近似惯性坐标系;“稳定”是指对传感器测量坐标系进行姿态角补偿的过程。图 3-15 描述了运动平台传感器局部坐标系中的常用的稳定坐标系和非稳定坐标系。

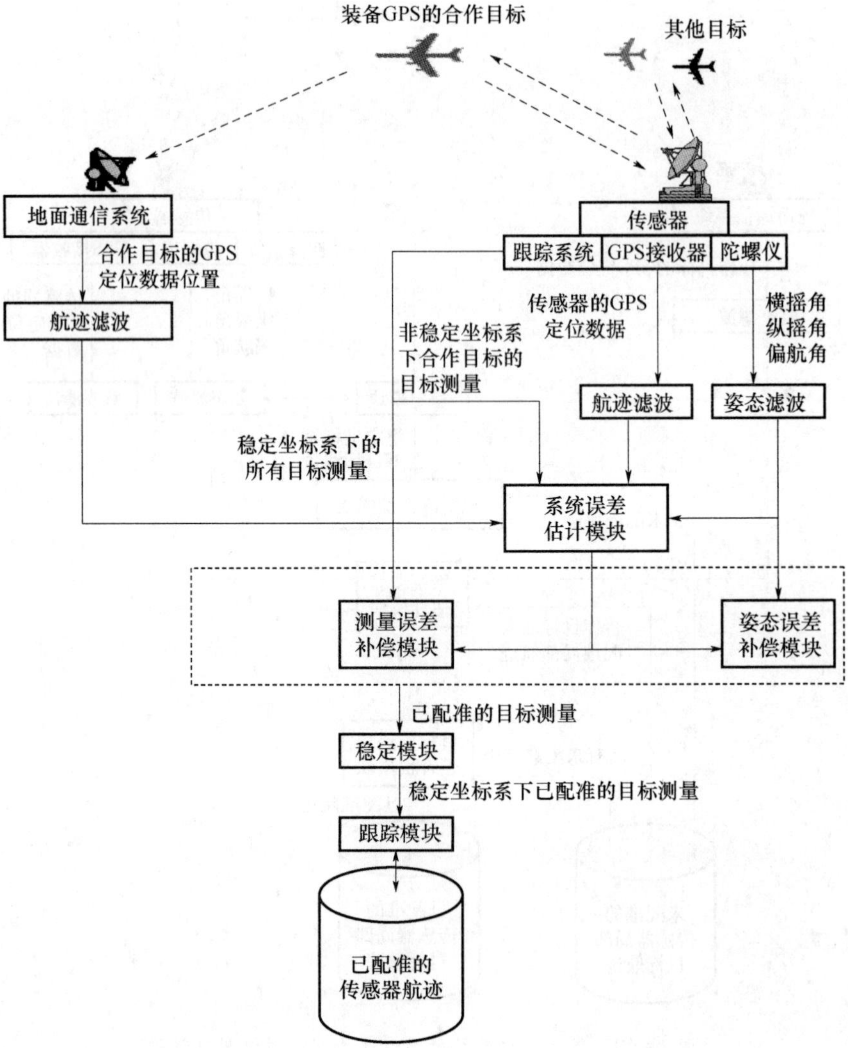

图 3-14　基于合作目标的运动平台测量点迹配准架构

稳定一般通过以下 3 种办法获得。

(1) 通过机械装置(如万向节等)保持传感器与稳定坐标系对准;

(2) 测量传感器的姿态角(如陀螺仪或回转仪等),然后将传感器测量转换到稳定坐标系中;

(3) 使用前两种方法的组合。

稳定技术可以归结为以下 3 类。

(1) 非稳定。传感器工作在完全非稳定的环境,其测量数据中包含传感器(平台)的姿态角(横摇角、纵摇角和偏航角)。测量数据补偿所使用的传感器姿态角都是通过陀螺仪等装置测量得到的,且测量数据向稳定坐标系转换完全是通过数学计算的方法。

(2) 部分稳定。传感器沿某个坐标轴实现机械稳定,其测量数据中仅包含剩余的其他姿态角。非稳定坐标轴方向的测量数据补偿方法与非稳定相类似。

(3) 完全稳定。传感器是完全机械平衡的,其测量数据不包含任何姿态角,不需要进一步补偿。

传感器测量坐标系下稳定坐标系和非稳定坐标系之间转换可以通过一组欧拉角表示。如图 3-15 所示。

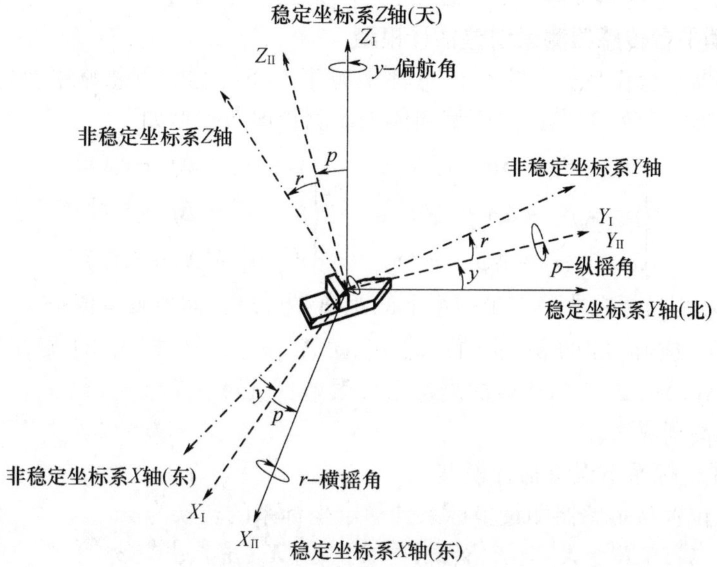

图 3-15　非稳定测量坐标系与稳定坐标系和姿态角的关系

在传感器测量坐标系下,设传感器对目标的测量为(ρ,θ,φ),那么对应的位置向量为

$$\boldsymbol{X}_u = (\rho\cos\varphi\sin\theta \quad \rho\cos\varphi\cos\theta \quad \rho\sin\varphi)^{\mathrm{T}} \tag{3-48}$$

从稳定坐标系到非稳定坐标系可通过以下步骤来实现:首先,将 Z 轴旋转角度 y(偏航角);然后,将 Y 轴旋转角度 p(纵摇角);最后,将 Z 轴旋转角度 r(横摇角)。非稳定坐标系下目标位置 $\boldsymbol{X}_u$ 向稳定坐标系下 $\boldsymbol{X}_s$ 转换公式如下[13]:

$$\boldsymbol{X}_s = \boldsymbol{r}_y \cdot \boldsymbol{r}_p \cdot \boldsymbol{r}_r \cdot \boldsymbol{X}_u = \boldsymbol{R} \cdot \boldsymbol{X}_u \tag{3-49}$$

其中

$$\boldsymbol{r}_y = \begin{pmatrix} \cos y & \sin y & 0 \\ -\sin y & \cos y & 0 \\ 0 & 0 & 1 \end{pmatrix};\boldsymbol{r}_p = \begin{pmatrix} \cos p & 0 & -\sin p \\ 0 & 1 & 0 \\ \sin p & 0 & \cos p \end{pmatrix};\boldsymbol{r}_r = \begin{pmatrix} 1 & 0 & 0 \\ 0 & \cos r & \sin r \\ 0 & -\sin r & \cos r \end{pmatrix} \tag{3-50}$$

$$\boldsymbol{R} = \begin{pmatrix} \cos p\cos y & \cos p\sin y & -\sin p \\ \sin p\sin r\cos y - \cos r\sin y & \sin p\sin r\sin y + \cos r\cos y & \cos p\sin r \\ \sin p\cos r\cos y + \sin r\sin y & \sin p\cos r\sin y - \sin r\cos y & \cos p\cos r \end{pmatrix}^{\mathrm{T}} \tag{3-51}$$

对于球坐标系下的相应变换,设ρ_s、θ_s、φ_s 和ρ_u、θ_u、φ_u 分别为某点在传感器稳定和不稳定坐标系中的球坐标(距离,方位,仰角),球坐标系下的稳定变换公式导出如下:

$$\begin{cases} \rho_s = \rho_u \\ \theta_s = \theta_I - y \\ \varphi_s = \arcsin[-\cos\varphi_u\sin\theta_u\sin p + (\cos\varphi_u\cos\theta_u\sin r + \sin\varphi_u\cos r)\cos p] \end{cases} \tag{3-52}$$

其中

$$\theta_I = \arctan\left[\frac{\cos\varphi_u \sin\theta_u \cos p + (\cos\varphi_u \cos\theta_u \sin r + \sin\varphi_u \cos r)\cos p}{\cos\varphi_u \cos\theta_u \cos r - \sin\varphi_u \sin r}\right] \quad (3-53)$$

由此式得出两点结论：①距离 ρ 是稳定变换的不变量；②方位 θ 和仰角 φ 的稳定过程不需要距离，仅需不稳定的角度测量 θ_u 、φ_u 和 3 个姿态角 y、p、r 。

3.6.2.2 运动平台传感器测量误差估计模型

由于传感器和合作目标的定位信息都来源于 GPS，因此，可忽略平台定位误差的影响。建立传感器（平台）姿态误差模型和传感器测量误差模型如下：

$$\begin{cases}\theta_u = \theta_u^0 + \Delta\theta + v_\theta(t) \\ \rho_u = \rho_u^0 + \Delta\rho + v_\rho(t) \\ \varphi_u = \varphi_u^0 + \Delta\varphi + v_\varphi(t)\end{cases} \qquad \begin{cases}y = y_u^0 + \Delta y + v_y(t) \\ p = p_u^0 + \Delta p + v_p(t) \\ r = r_u^0 + \Delta r + v_r(t)\end{cases} \quad (3-54)$$

式中：ρ_u、θ_u、φ_u 为目标在非稳定坐标系下的距离、方位角、仰角测量值；y、p、r 是传感器偏航角、纵摇角、横滚角的测量值；ρ_u^0、θ_u^0、φ_u^0、y_u^0、p_u^0、r_u^0 为相应的测量真值；$\boldsymbol{\Delta} = (\Delta\rho, \Delta\theta, \Delta\varphi; \Delta y, \Delta p, \Delta r)^{\mathrm{T}}$ 为相应的测量系统误差；$v_\rho(t)$、$v_\theta(t)$、$v_\varphi(t)$、$v_y(t)$、$v_p(t)$、$v_r(t)$ 是相互独立的高斯噪声。

1. 笛卡儿坐标系下误差估计模型

目标真实位置从传感器测量坐标系到稳定坐标系的转换为

$$\begin{aligned}\boldsymbol{X}_s^0 &= \boldsymbol{R}^0 \cdot \boldsymbol{X}_u^0 = \boldsymbol{R}(y_u{}^0, p_u{}^0, r_u{}^0) \cdot \boldsymbol{X}_u(\rho_u{}^0, \theta_u{}^0, \varphi_u{}^0) \\ &= \boldsymbol{R}(y - \Delta y - v_y(t), p - \Delta p - v_p(t), r - \Delta r - v_r(t)) \\ &\quad \cdot \boldsymbol{X}_u(\rho_u - \Delta\rho - v_\rho(t), \theta_u - \Delta\theta - v_\theta(t), \varphi_u - \Delta\varphi - v_\varphi(t))\end{aligned} \quad (3-55)$$

式中：$\boldsymbol{X}_s^0$ 表示在稳定坐标系下传感器对目标的测量真值，是由合作目标报告的真实位置变换到传感器稳定坐标系下获得的；$\boldsymbol{X}_u^0$ 表示在传感器测量（非稳定）坐标系下传感器对目标的测量真值。

式（3－55）就是笛卡儿坐标系下运动平台测量误差（含传感器测量误差、姿态误差和随机误差）估计模型，其中 ρ_u、θ_u、φ_u 是目标非稳定测量值，y、p、r 是姿态角测量值，它们都是已知量。

2. 球坐标系下的系统误差估计模型

球坐标系下的稳定变换式（3－52）和式（3－53）可改写为

$$\begin{cases}\rho_s = \rho_u \\ \varphi_s = g(\theta_u, \varphi_u, p, r) \\ \theta_s = f(\theta_u, \varphi_u, p, r, y)\end{cases} \quad (3-56)$$

式中：ρ_s、θ_s、φ_s 是分别由 ρ_u、θ_u、φ_u 经稳定变换获得的传感器稳态测量距离、方位和仰角。

$$\begin{cases}f(\theta_u, \varphi_u, p, r, y) = \arctan\left[\dfrac{u(\theta_u, \varphi_u, p, r)}{v(\theta_u, \varphi_u, r)}\right] - y \\ g(\theta_u, \varphi_u, p, r) = \arcsin[w(\theta_u, \varphi_u, p, r)] \\ u(\theta_u, \varphi_u, p, r) = \cos\varphi_u \sin\theta_u \cos p + (\cos\varphi_u \cos\theta_u \sin r + \sin\varphi_u \cos r)\sin p \\ v(\theta_u, \varphi_u, r) = \cos\varphi_u \cos\theta_u \cos r - \sin\varphi_u \sin r \\ w(\theta_u, \varphi_u, p, r) = -\cos\varphi_u \sin\theta_u \sin p + (\cos\varphi_u \cos\theta_u \sin r + \sin\varphi_u \cos r)\cos p\end{cases}$$

$$(3-57)$$

将传感器稳定球坐标系下的目标真值ρ^0、θ^0、φ^0和式(3-54)给出的非稳定坐标系下的测量真值$\rho_u{}^0$、$\theta_u{}^0$、$\varphi_u{}^0$，以及姿态测量真值p_u^0、r_u^0、y_u^0代入式(3-56)，可得

$$\begin{cases}\rho^0 = \rho_u - \Delta\rho - v_\rho \\ \theta^0 = f(\theta_u{}^0, \varphi_u{}^0, p_u^0, r_u^0, y_u^0) \\ \quad = f(\theta_u - \Delta\theta - v_\theta, \varphi_u - \Delta\varphi - v_\varphi, p_u - \Delta p - v_p, r_u - \Delta r - v_r, y_u - \Delta y - v_y) \\ \varphi^0 = g(\theta_u{}^0, \varphi_u{}^0, p_u^0, r_u^0) \\ \quad = g(\theta_u - \Delta\theta - v_\theta, \varphi_u - \Delta\varphi - v_\varphi, p_u - \Delta p - v_p, r_u - \Delta r - v_r)\end{cases} \tag{3-58}$$

式(3-58)就是球坐标系下运动平台传感器测量误差(系统误差和随机误差)估计模型。其中，第一式是距离偏差线性方程；第二、三式是角度偏差方程，是角度偏差的非线性函数，见式(3-57)给出的f、g表达式。从式(3-58)可看出，距离偏差方程与角度偏差方程相分离，这对实现测量误差估计具有重要意义。

3.6.2.3 运动平台传感器测量误差线性化估计模型

1. 系统误差估计模型的线性化

采用式(3-58)，在传感器测量值($\rho_u, \theta_u, \varphi_u; p, r, y$)处对系统误差进行一阶泰勒展开(这里暂时忽略随机误差)，可得

$$\begin{cases}\theta^0 \approx f(\theta_u, \varphi_u, p, r, y) + \dfrac{\partial f}{\partial \theta_u}\Delta\theta + \dfrac{\partial f}{\partial \varphi_u}\Delta\varphi + \dfrac{\partial f}{\partial p}\Delta p + \dfrac{\partial f}{\partial r}\Delta r \\ \quad = \theta_s + \dfrac{\partial f}{\partial \theta_u}\Delta\theta + \dfrac{\partial f}{\partial \varphi_u}\Delta\varphi + \dfrac{\partial f}{\partial p}\Delta p + \dfrac{\partial f}{\partial r}\Delta r \\ \varphi^0 \approx g(\theta_u, \varphi_u, p, r) + \dfrac{\partial g}{\partial \theta_u}\Delta\theta + \dfrac{\partial g}{\partial \varphi_u}\Delta\varphi + \dfrac{\partial g}{\partial p}\Delta p + \dfrac{\partial g}{\partial r}\Delta r \\ \quad = \varphi_s + \dfrac{\partial f}{\partial \theta_u}\Delta\theta + \dfrac{\partial g}{\partial \varphi_u}\Delta\varphi + \dfrac{\partial g}{\partial p}\Delta p + \dfrac{\partial g}{\partial r}\Delta r \\ \rho^0 = \rho_s - \Delta\rho\end{cases} \tag{3-59}$$

式中：ρ_s、θ_s、φ_s分别为ρ_u、θ_u、φ_u经稳定变换(3-56)获得的传感器稳态测量距离、方位和仰角。

式(3-59)就是运动平台传感器系统误差估计的线性化模型。

2. 系统误差线性化估计模型的简化

仿真表明，若想估计所有角度(方位、仰角、偏航、纵摇和横滚角)偏差，会遇到可观测性问题。特别是很难区分方位偏差$\Delta\theta$和偏航偏差Δy，因为当Δp、Δr都很小时，传感器稳定与非稳定坐标系只有些微差异，此时$\Delta\theta$、Δy绕几乎平行的轴旋转。当Δp、Δr都较小时，通过求偏导数并在测量处取值，不难导出诸偏差项的一阶近似为

$$\frac{\partial f}{\partial \theta_u}\Delta\theta = \Delta\theta, \frac{\partial f}{\partial \varphi_u}\Delta\varphi = 0, \frac{\partial f}{\partial p}\Delta p = (\tan\varphi_u\cos\theta_u)\Delta p, \frac{\partial f}{\partial r}\Delta r = (\tan\varphi_u\sin\theta_u)\Delta r, \frac{\partial f}{\partial y}\Delta y = -\Delta y$$

$$\frac{\partial g}{\partial \theta_u}\Delta\theta = 0, \frac{\partial g}{\partial \varphi_u}\Delta\varphi = \Delta\varphi, \frac{\partial g}{\partial p}\Delta p = -(\sin\varphi_u)\Delta p, \frac{\partial g}{\partial r}\Delta r = (\cos\theta_u)\Delta r$$

此时，线性化角度偏差估计模型简化为

$$\begin{cases}\theta^0 = \theta_s + (\Delta\theta - \Delta y) + (\tan\varphi_u\cos\theta_u)\Delta p + (\tan\varphi_u\sin\theta_u)\Delta r \\ \varphi^0 = \varphi_s + \Delta\varphi - (\sin\theta_u)\Delta p + (\cos\theta_u)\Delta r\end{cases} \tag{3-60}$$

当 Δp 、Δr 皆较小时,可将 $\Delta\theta$ 、Δy 组合为

$$\Delta\Theta = \Delta\theta - \Delta y \tag{3-61}$$

于是,得到系统误差线性化估计模型为

$$\begin{cases}\theta^0 = \theta_s + \left(\dfrac{\partial f}{\partial\theta_u}\right)\Delta\Theta + \left(\dfrac{\partial f}{\partial\varphi_u}\right)\Delta\varphi + \left(\dfrac{\partial f}{\partial p}\right)\Delta p + \left(\dfrac{\partial f}{\partial r}\right)\Delta r \\ \varphi^0 = \varphi_s + \left(\dfrac{\partial g}{\partial\theta_u}\right)\Delta\Theta + \left(\dfrac{\partial g}{\partial\varphi_u}\right)\Delta\varphi + \left(\dfrac{\partial g}{\partial p}\right)\Delta p + \left(\dfrac{\partial g}{\partial r}\right)\Delta r \\ \rho^0 = \rho_s - \Delta\rho\end{cases} \tag{3-62}$$

3. 测量误差线性化估计简化计算模型

当 Δp 、Δr 有一定量值(不充分小)时,考虑随机误差,可以导出运动平台传感器测量误差(含系统误差和随机误差)线性化估计简化模型为

$$\begin{cases}\rho^0 = \rho_s - \Delta\rho + \Delta v_\rho; \\ \theta^0 = \theta_s + \Delta\Theta + C_1\Delta p + C_2\Delta r + \Delta v_\theta \\ \varphi^0 = \varphi_s + \Delta\varphi + C_4\Delta p + C_5\Delta r + \Delta v_\varphi\end{cases} \tag{3-63}$$

其中

$$\begin{cases}\Delta v_\rho = v_\rho(t) - v_\rho^0 \\ \Delta v_\theta = v_\theta(t) + C_1 v_p(t) + C_2 v_r(t) + C_3 v_y(t) - v_\theta^0 \\ \Delta v_\varphi = v_\varphi(t) + C_4 v_p(t) + C_5 v_r(t) + C_6 v_y(t) - v_\varphi^0\end{cases} \tag{3-64}$$

$$\begin{cases}C_1 = \sin r + \tan\varphi_u\cos\theta_u\cos r \\ C_2 = \tan\varphi_u\sin\theta_u \\ C_3 = -\sin\theta_u\cos r \\ C_4 = \cos\theta_u \\ C_5 = -\cos r\cos p - \tan\varphi_u(\sin\theta_u\sin p - \cos\theta_u\cos p\sin r) \\ C_6 = -\sin\theta_u\sin r\cos p - \cos\theta_u\sin p\end{cases} \tag{3-65}$$

式(3-63)就是运动平台传感器测量误差的线性化估计简化模型,其中 ρ^0、θ^0、φ^0 为合作目标获得的其在传感器球坐标系下的精确位置,ρ_u、θ_u、φ_u 为该目标的传感器测量(不稳定)球坐标位置。ρ_s、θ_s、φ_s 是经式(3-52)和式(3-53)变换得到的目标稳定球坐标位置;$C_1 \sim C_6$ 则由 θ_u、φ_u 和 p、r 经式(3-65)计算得到;$v_\rho(t)$、$v_\theta(t)$、$v_\varphi(t)$ 为传感器测量随机误差;v_ρ^0、v_θ^0、v_φ^0 为合作目标精确定位随机误差。

式(3-63)中待求误差变量为系统误差 $\Delta\rho$ 、$\Delta\Theta = \Delta\theta - \Delta y$ 和角度误差 $\Delta\varphi$、$\Delta\rho$、Δr,以及随机偏差 Δv_ρ、Δv_θ、Δv_φ,它们都是传感器稳定坐标系下的偏差量。若忽略随机偏差,待估变量数目减少,可观测性提高。

3.6.2.4 运动平台传感器测量系统误差补偿

从图 3-13 和图 3-14 给出的运动平台传感器的两种空间配准结构,可以看出,在获得了运动平台传感器测量偏差和姿态偏差估计之后,对后续测量的补偿模块分为两类,一类是对原始测量点迹进行补偿,另一类是对传感器报告的局部航迹进行补偿。

1. 传感器原始测量点迹补偿

传感器原始测量点迹补偿步骤如下:

步骤1:将姿态角以及传感器测量偏差估计和姿态偏差估计均外推或插值至同一测量时刻t,获得$p(t)$、$r(t)$、$y(t)$,$\Delta\hat{\rho}(t)$、$\Delta\hat{\Theta}(t)$、$\Delta\hat{\varphi}(t)$,$\Delta\hat{p}(t)$、$\Delta\hat{r}(t)$ 。外推中$\Delta\hat{\rho}(t)$采用常速动态模型,角度偏差采用常量模型,即

$$\begin{cases}\begin{bmatrix}\Delta\hat{\rho}(t_k)\\ \Delta\dot{\hat{\rho}}(t_k)\end{bmatrix}=\begin{bmatrix}1,T\\0,1\end{bmatrix}\begin{bmatrix}\Delta\hat{\rho}(t_{k-1})\\ \Delta\dot{\hat{\rho}}(t_{k-1})\end{bmatrix}+w_\rho(t_{k-1})\\ \Delta\boldsymbol{b}(t_k)=\Delta b(t_{k-1})+w_b(t_{k-1})\\ \Delta\boldsymbol{b}(t)=[\Delta\hat{\Theta}(t),\Delta\hat{\varphi}(t),\Delta\hat{p}(t),\Delta\hat{r}(t)]\end{cases} \tag{3-66}$$

步骤2:传感器稳定坐标系下的目标(球坐标)位置配准结果为

$$\begin{cases}\hat{\rho}_s(t)=\rho_u(t)+\Delta\hat{\rho}(t)\\ \hat{\theta}_s(t)=f[\theta_u(t)+\Delta\hat{\Theta}(t),\varphi_u(t)+\Delta\hat{\varphi}_u(t),p(t)+\Delta\hat{p}(t),r(t)+\Delta\hat{r}(t),y(t)]\\ \hat{\varphi}_s(t)=g(\theta_u(t)+\Delta\hat{\Theta}(t),\varphi_u(t)+\Delta\hat{\varphi}_u(t),p(t)+\Delta\hat{p}(t),r(t)+\Delta\hat{r}(t))\end{cases} \tag{3-67}$$

2. 传感器局部航迹补偿

传感器局部航迹补偿步骤如下:

步骤1:将姿态角以及传感器测量偏差估计外推到同一测量时刻t,同原始测量点迹补偿之步骤1。

步骤2:将稳定坐标系下的局部航迹估计位置点$\rho_s(t)$、$\theta_s(t)$、$\varphi_s(t)$逆变换为非稳定坐标系下的位置点:

$$\begin{cases}\hat{\rho}_u=\rho_s\\ \hat{\theta}_u=\arctan\left[\dfrac{\sin(\theta_s+y)\cos p-\tan\varphi_s\sin p}{\cos(\theta_s+y)\cos r+[\sin(\theta_s+y)\sin p+\tan\varphi_s\cos p]\sin r}\right]\\ \hat{\varphi}_u=\arctan\{\cos\varphi_s\cos(\theta_s+y)\sin r+[\cos\varphi_s\sin(\theta_s+y)\sin p+\sin\varphi_s\cos p]\cos r\}\end{cases} \tag{3-68}$$

这是球坐标系下稳定变换式(3-52)和式(3-53)的逆变换。

步骤3:局部航迹位置补偿,同原始测量点迹补偿之步骤2。

步骤4:局部航迹速度补偿,将稳定坐标系下的目标球坐标位置配准结果变换为笛卡儿坐标系下的位置向量:$\hat{\boldsymbol{X}}_s=(\hat{\rho}_s\cos\hat{\varphi}_s\sin\hat{\theta}_s,\hat{\rho}_s\cos\hat{\varphi}_s\cos\hat{\theta}_s,\hat{\rho}_s\sin\hat{\varphi}_s)$ 。于是可得补偿后的目标速度为

$$\begin{aligned}\hat{v}_s&=\frac{\mathrm{d}\hat{\boldsymbol{X}}_s}{\mathrm{d}t}\approx\frac{\mathrm{d}\hat{\boldsymbol{X}}_s}{\mathrm{d}t}\Big|_{\Delta=0}+\sum_{i=1}^{5}\frac{\mathrm{d}\dfrac{\partial\hat{\boldsymbol{X}}_s}{\partial\xi_i}\Delta\xi_i}{\mathrm{d}t}\\ &=v_s+\sum_{i=1}^{3}\left[\boldsymbol{R}\frac{\partial\hat{\boldsymbol{X}}_u}{\partial\xi_i}\frac{\mathrm{d}\Delta\xi_i}{\mathrm{d}t}+\Delta\xi_i\frac{\mathrm{d}\left[\boldsymbol{R}\dfrac{\partial\hat{\boldsymbol{X}}_u}{\partial\xi_i}\right]}{\mathrm{d}t}\right]+\sum_{i=4}^{5}\left[\left(\frac{\partial\boldsymbol{R}}{\partial\xi_i}\hat{\boldsymbol{X}}_u\right)\frac{\mathrm{d}\Delta\xi_i}{\mathrm{d}t}+\Delta\xi_i\frac{\mathrm{d}\left(\dfrac{\partial\boldsymbol{R}}{\partial\xi_i}\hat{\boldsymbol{X}}_u\right)}{\mathrm{d}t}\right]\end{aligned} \tag{3-69}$$

式中:稳定变换矩阵$\boldsymbol{R}$如式(3-51)所示,$\hat{\boldsymbol{X}}_u$由$\hat{\boldsymbol{X}}_s$逆变换得到。各项偏差的微分$\dfrac{\mathrm{d}\Delta\xi_i}{\mathrm{d}t}$可

按偏差动态模型式(3-66)计算。

3.6.2.5 关于运动平台传感器空间配准的几点说明

对运动平台传感器空间配准方法给出如下几点说明。

(1) 关于测量方位角和偏航姿态角的补偿问题。如式(3-61)将 $\Delta\theta$ 和 Δy 形成的 $\Delta\Theta$ 被估计出来之后,由于无法分割为对方位角和偏航角的补偿,通常将 $\Delta\Theta$ 整体补偿到测量方位角 θ_u 之上,而视偏航角 $\Delta y=0°$,如式(3-67)中第二式所示。

(2) 合作目标采用的自定位装置(如 GPS)获得的"绝对标准"也存在系统误差和随机误差,因此,本报告所导出的合作目标运动平台传感器测量误差估计模型的配准效果并不比"绝对标准"更好。

(3) 用于使传感器非稳定测量稳定化的姿态角通常采用陀螺仪和其他导航定位系统确定,视为已知量。

(4) 运动平台探测系统的绝对配准软件分为误差估计模块和测量偏差补偿(校准)模块,误差估计模块只利用其探测范围内某些典型(合作目标)轨迹即可。但估算出来的系统偏差(含测量偏差和姿态偏差)却可以对探测范围内的所有目标测量(点迹或者航迹)进行补偿。

(5) 不难看出,运动平台探测系统的绝对配准需要有定位装置提供合作目标的精确位置向量 $\boldsymbol{X}^o$ 和传感器的准确位置向量 $\boldsymbol{X}^r$,以获得传感器稳定坐标系目标位置向量。例如,若 $\boldsymbol{X}_t$ 与 $\boldsymbol{X}_s$ 皆为 ECEF 坐标系下的位置向量,则 $\boldsymbol{X}=\boldsymbol{X}^o-\boldsymbol{X}^r$ 是合作目标相对于传感器的位置向量,其坐标系与 ECEF 坐标系平行,原点位于传感器上。此时,采用变换:

$$\boldsymbol{X}_s=\boldsymbol{P}_s\boldsymbol{X} \tag{3-70}$$

即获得传感器稳定坐标系下的合作目标精确位置向量 $\boldsymbol{X}_s$ 作为绝对标准;这里 $\boldsymbol{p}_s$ 是3.3.2节式(3-9)中传感器局部坐标系向 ECEF 坐标系的变换矩阵。

(6) 传感器对合作目标的测量与合作目标精确定位(绝对标准)是相互独立的,要估计的传感器系统误差与传感器的测量报告也是相互独立的。

(7) 在系统误差(传感器测量偏差和姿态偏差)估计和补偿公式中,基本上采用传感器球坐标系,主要原因是球坐标系下的目标距离是稳定变换的不变量,并且与角度偏差解耦,从而给偏差估计带来极大方便。第二个原因是距离偏差是线性模型,构造距离偏差滤波器极其容易;角度偏差是非线性模型,大量的简化和线性化均是针对角度模型进行的,目的是以获得角度偏差滤波的可行、可观测、可收敛的估计结果。由于笛卡儿坐标系的直观性和变换的简单化,在报告的某些推导中仍含有笛卡儿坐标系变换。

3.6.3 基于合作目标的运动平台测量配准仿真验证

3.6.3.1 仿真验证环境

1. 合作目标样本轨迹设置

系统偏差估计模块采用圆弧、直线和连续转弯目标轨迹,如图3-16(a)、(b)、(c)所示;偏差补偿模块采用抛物线目标轨迹,如图3-16(d)所示。

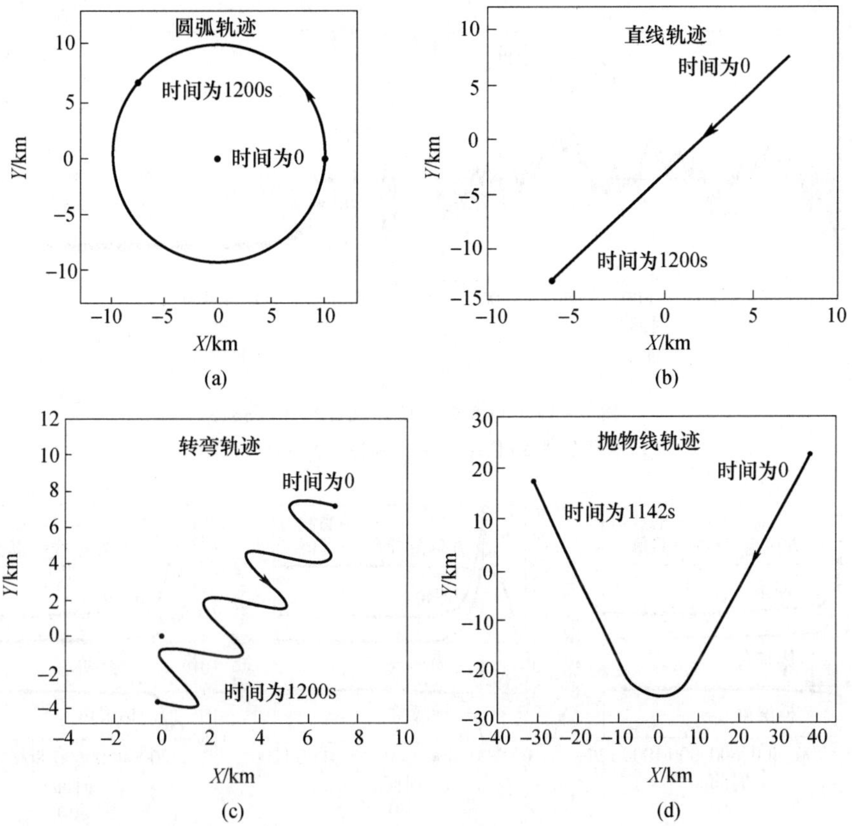

图 3-16 目标轨迹

2. 传感器姿态参数设置

静态姿态

$$p(t) = r(t) = y(t) = 0$$

舰载动态姿态：

$$p(t) = A\cos\left(\frac{2\pi t}{T}\right), r(t) = A\cos\left(\frac{2\pi t}{T} + \frac{\pi}{4}\right), y(t) = A\sin\left(\frac{2\pi t}{T}\right)$$

式中：$A = 0.1745\text{rad}$；$T = 30\text{s}$。

测量参数误差设置：

$$\Delta\rho = 25\text{m}, \Delta\theta = 15\text{mrad}, \Delta\varphi = 10\text{mrad}, \Delta p = 10\text{mrad}, \Delta y = \Delta r = -5\text{mrad}$$

3.6.3.2 静态姿态偏差估计与校准结果

(1) 距离偏差估计及其均方根误差(RMSE)如图 3-17 所示。从图 3-17 中可以看出，估计值迅速向真值收敛，RMSE 稳态精度 5m。

(2) 角度偏差估计结果如图 3-18 所示。角度偏差的 RMSE 如图 3-19 所示。

(3) 抛物线轨道的配准结果如图 3-20 所示。

结论如下：

① 图 3-20(a)距离误差设置为 39m，校准后误差约为 30.4m。

② 图 3-20(b)抛物线稳定方位非配准误差 RMSE 为 20mrad，圆弧和转弯轨迹效果好，直线轨迹方位配准误差初始 100ms～150ms 比非配准的还大。

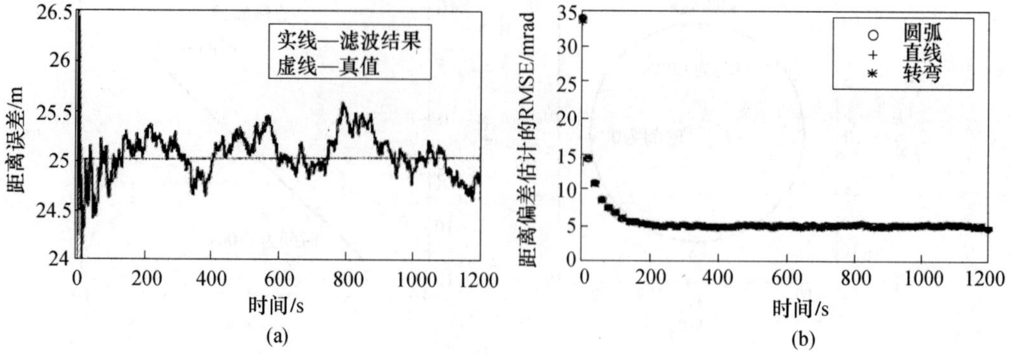

图 3-17　距离偏差估计及其均方根误差

(a) 圆弧轨迹 $\Delta\rho$ 估计；(b) 3 种轨迹 $\Delta\rho$ 估计的 RMSE。

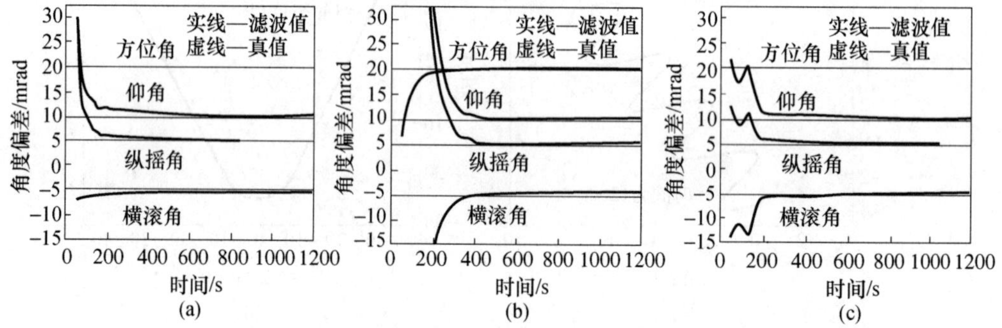

图 3-18　静态姿态的角度偏差估计结果

(a) 圆弧轨迹；(b) 直线轨迹；(c) 转弯轨迹。

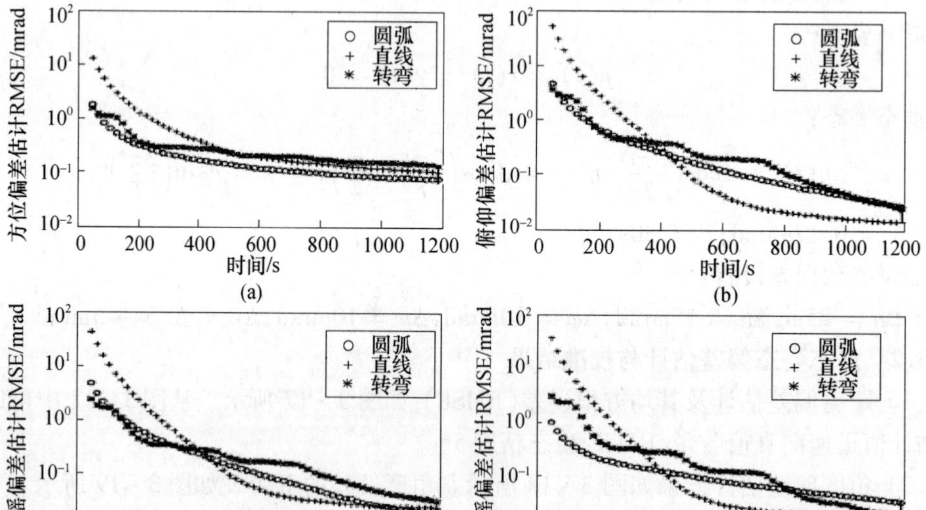

图 3-19　静态姿态的角度偏差估计的 RMSE

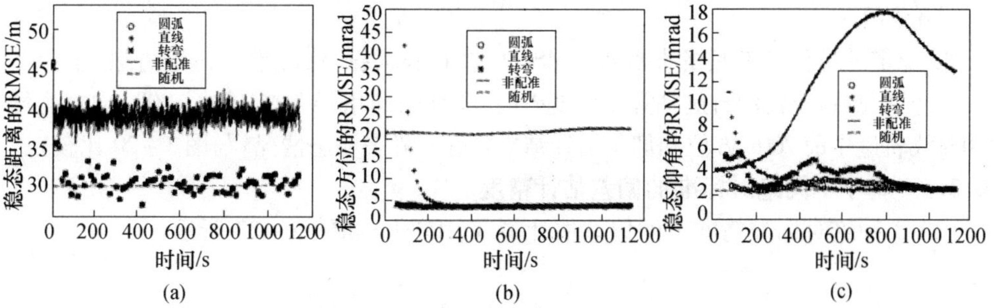

图 3-20 抛物线轨迹配准和非配准误差比较

③ 图 3-20(c)稳定仰角非配准 RMSE 从 4mrad 到 17mrad 显著变化,直线轨迹配准仰角 RMSE 初始 100s～150s 内反而大于非配准误差,400s～800s 则显著下降到 2mrad 以下;圆弧或转弯轨迹配准仰角误差 400s～800s 内会增加,然后下降,但比非配准仰角 RMSE 小得多(小于 4mrad)。

3.6.3.3 动态姿态偏差估计与补偿结果

(1) 动态姿态角度偏差估计结果如图 3-21 所示。

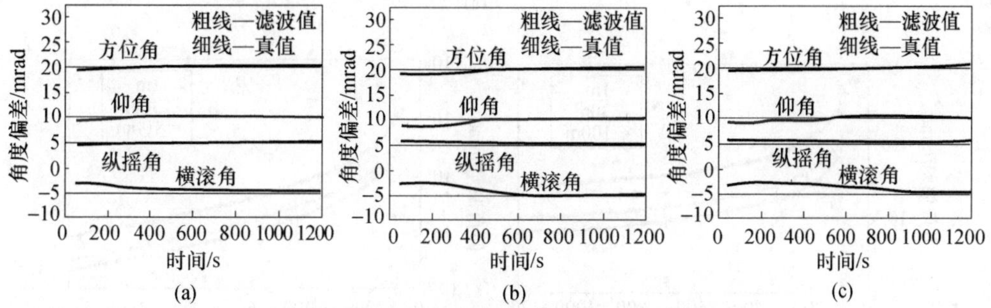

图 3-21 动态姿态情况下的角度偏差估计结果

(a) 圆弧轨迹;(b) 直线轨迹;(c) 转弯轨迹。

结论如下:

① 图 3-21(b)直线轨迹的角度偏差初始估计比静态姿态情况(图 3-18 (b))更精确。

② 图 3-21(a)、(c)所示的圆弧与转弯轨迹的角度偏差初始估计也比静态姿态情况(图 3-18 (a)、(c))误差小。

③ 所有轨迹情况的偏差估计收敛时间比静态姿态情况略长。

(2)抛物线轨迹的动态姿态情况的配准和非配准误差比较如图 3-22 所示。

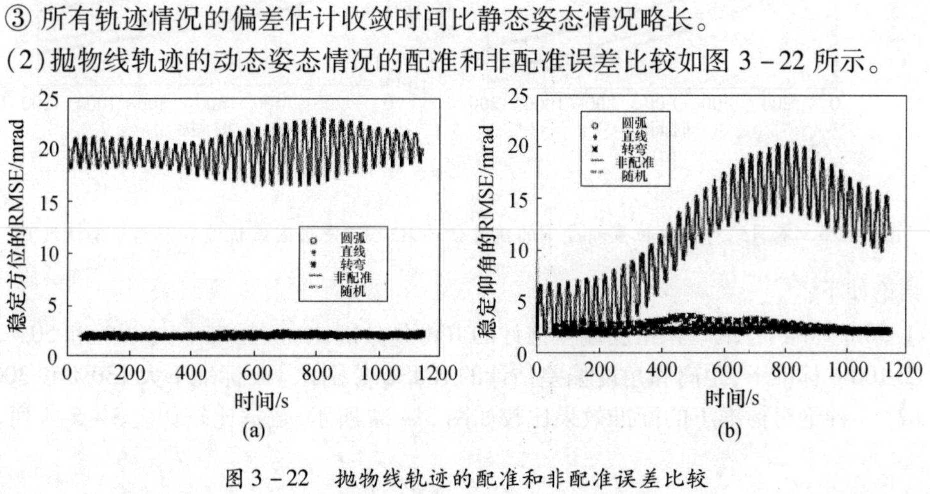

图 3-22 抛物线轨迹的配准和非配准误差比较

结论如下：

① 稳定的方位和仰角的非配准 RMSE 中存在较大振荡，配准后得以清除。

② 使用圆弧或转弯轨迹估算角度偏差时，配准的仰角误差在 400s ~ 800s 内略有增加，使用直线轨迹中前 200s 方位和仰角估计结果要好于静态姿态情况（与图 3－20 比较）。

3.6.3.4　基于不同绝对标准的偏差估计精度

（1）3 种绝对标准精度下的偏差估计精度（RMSE）如图 3－23 所示。

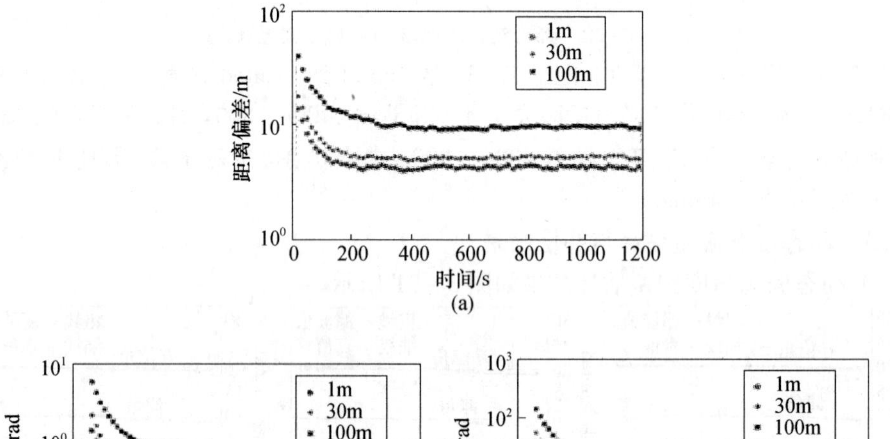

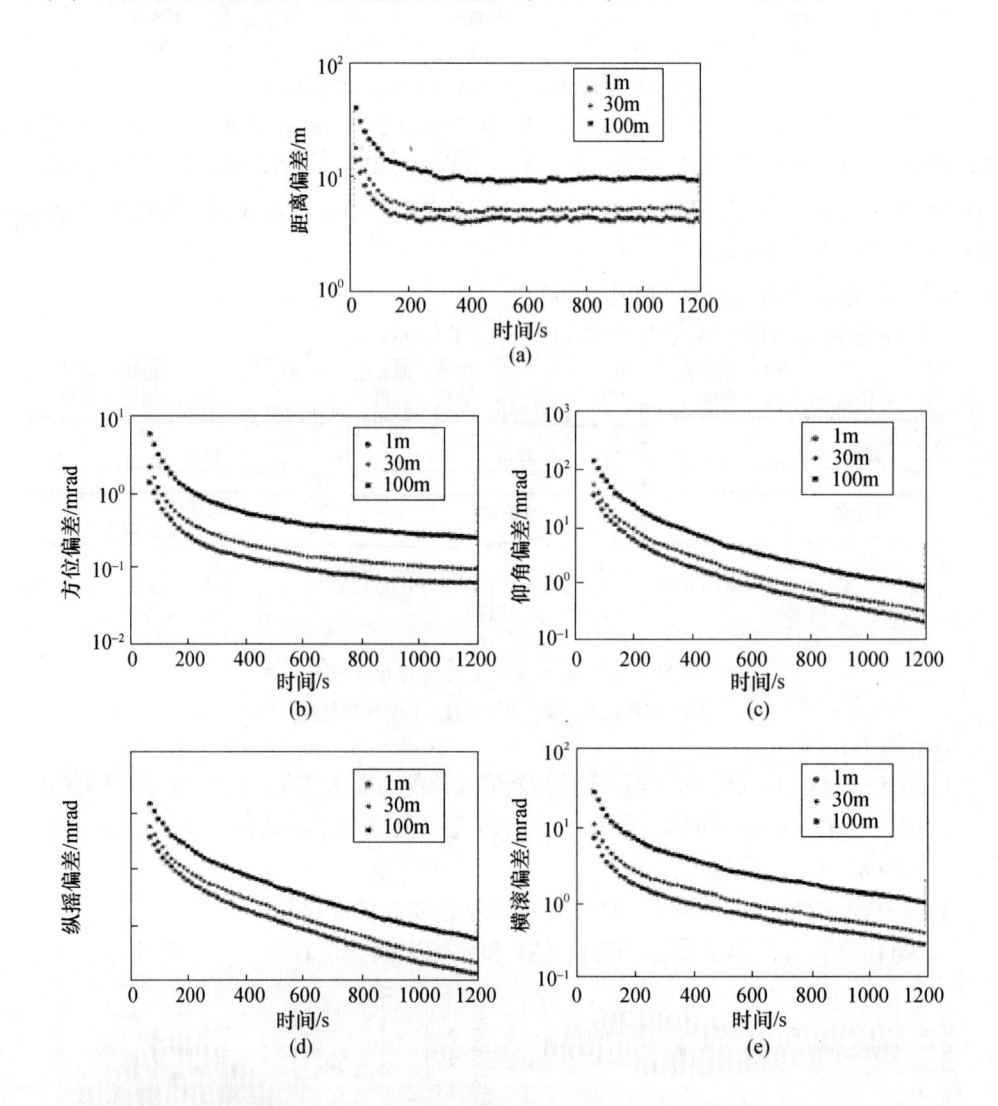

图 3－23　不同绝对校准位置精度下的偏差估计 RMSE（使用圆弧轨迹和静态姿态情况）

结论如下：

① 30m 标准下，距离和角度偏差估计的 RMSE 分别比 1m 标准下大 20% 和 50%；

② 100m 标准下，距离和角度偏差估计的 RMSE 分别比 1m 标准下大 130% 和 300%。

（2）3 种绝对标准下的配准效果比较如图 3－24 所示，数据比较如表 3－5 所列。

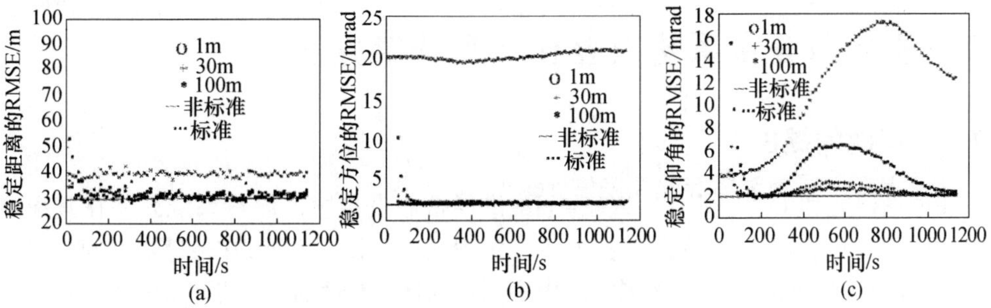

图 3－24　不同绝对标准精度下，抛物线轨迹的配准和非配准误差比较

（使用圆弧轨迹和静态姿态情况）

表 3－5　不同绝对位置精度下，获得抛物线轨迹的校准和非校准坐标的 RMSE

校准结果	绝对精度/m			非校准
	1	30	100	
稳定距离 RMSE/m	30.0	30.5	31.5	39.0
稳定方位 RMSE/mrad	2.0	2.0	2.1	19.9
稳定仰角 RMSE/mrad	2.3	2.5	4.3	12.8

结论如下：

① 100s～150s 后三种位置标准精度下，方位配准精度基本相同。

② 1m 和 30m 标准下，仰角和距离都获得相同的配准精度。

③ 当标准由 100m 变为 30m 或 1m 时，会获得较大的配准增益，由 30m 变为 1m 时，配准增益不明显。

④ 略去初始误差影响，从 200s～1142s 的统计结果看，30m 标准下的平均配准效果为 1m 标准情况的 98%；100m 标准下的方位配准效果为 1m 的 99%，距离和仰角为 85%。

3.6.3.5　几点说明

（1）采用图 3－16(a)、(b)、(c)三种轨迹中的任一种皆容易估计距离偏差，精度和收敛性基本相同，静态和动态姿态情况也基本相同。

（2）角度偏差估计精度和收敛性依赖于使用的轨迹和传感器姿态/类型。在偏差估计的初始误差衰减后，直线轨迹能够产生角度偏差的最佳估计精度，因直线轨迹目标接近传感器时，其上逐点之间的方位变化较大；相反，直线轨迹初始部分上的逐点方位变化小于圆弧和转弯轨迹，故角度偏差的初始估计误差更大。

（3）为了获得精确的角度偏差估计且快速收敛，使用的目标轨迹上逐点间应具有尽可能大的方位变化，其受轨迹形状、传感器到目标的距离、目标航向和速度等因素影响，这实际上是角度偏差估计的可观测性问题。

（4）测量距离、方位和仰角的传感器即完全测量传感器，需 200s 实现对方位和仰角的精确估计和补偿，而只测量距离和方位的不完全测量传感器需要 400s～600s 才能精确估计和校准方位，这是由于不完全测量只有一个角度测量方程的方位误差估计模型，而完全测量则有两个角度测量方程。

3.7 非均匀分布系统误差估计和补偿方法

3.7.1 问题的提出

在理论研究和工程应用中,传统空间配准通常假设传感器测量系统误差在其探测空间内是均匀分布的。然而,实际情况并不一定满足该假设。例如,在传感器空间配准工程应用中,曾发现依据同一雷达探测空间内不同局部区域的采样,所估计出的该雷达方位偏差有较大不同(位于真实方位的两侧)。因此,传统配准方法采用某局部区域采样获得的误差参数估计对整个探测空间的目标测量(点迹或航迹)进行补偿时,对某些非采样局部区域内目标航迹补偿结果可能不到位,甚至出现误差增大,导致航迹分裂,从而出现态势混乱现象。下面就是该问题在工程应用中的一个实例展现。

某雷达系统对空中目标的测量和航迹补偿如图 3-25 所示。使用相对配准法计算图 3-25中雷达 B 的误差时(C 为标准雷达),发现基于Ⅰ区样本和Ⅱ区样本所获得的雷达 B 误差估计结果不一样,即雷达 B 对Ⅰ区和Ⅱ区中的目标探测系统误差不同。使用较高纬度的Ⅰ区中样本,雷达 B 的系统误差估计值($\Delta\theta = 1.19°$, $\Delta\rho = -86.92$m)进行全区域航迹补偿的结果如图 3-25 粗划线航迹所示。其中,对Ⅰ区中的目标,补偿前航迹平均偏差为4203.63m,补偿后航迹剩余偏差为 1461.97m,具有一定补偿效果;基于Ⅰ区 B 雷达的稳定误差估计对纬度较低的Ⅱ区中的 B 雷达目标进行补偿时,补偿前航迹平均偏差为 2100.00m,补偿后航迹偏差却增大至 4123.22m,全然没有达到误差补偿目的,反而加剧了航迹分裂。

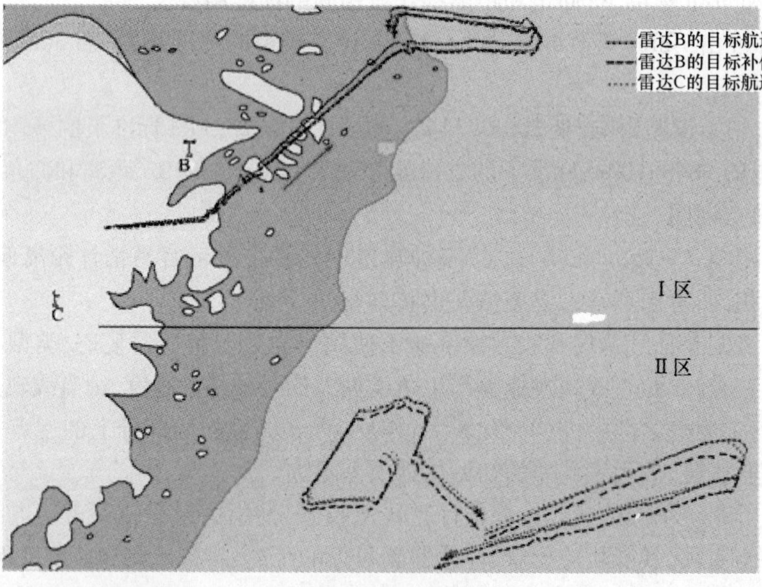

图 3-25 某雷达系统对不同区域目标航迹补偿比较

3.7.2 系统误差分布假设

图 3-25 给出的案例说明,传感器的系统误差在其探测范围内的不同区域可能不相同;此时,传统基于系统误差均匀分布假设的空间配准方法已不能应用。为了解决传感器

测量系统误差非均匀分布情况的探测配准问题，需要建立新假设：在充分长的时间内，传感器测量系统误差在其探测覆盖空间内是以位置为自变量且缓慢变化的连续函数，即对任意传感器测量（$\rho_0, \theta_0, \varphi_0$）和方向向量 $\boldsymbol{d}$，系统误差函数满足：

$$\lim_{(\rho,\theta,\varphi)\to(\rho_0,\theta_0,\varphi_0)} \Delta(\rho,\theta,\varphi) = \Delta(\rho_0,\theta_0,\varphi_0) \tag{3-71}$$

$$\left|\frac{\partial \Delta}{\partial \boldsymbol{d}}\right| < M \tag{3-72}$$

式中：（ρ, θ, φ）为传感器测量向量；M 为一个较小的常数。

在此假设下，传感器测量系统误差分布被描述为一个随其探测目标位置缓慢变化的二维曲面。

3.7.3 非均匀分布系统误差分区近似估计方法

根据 3.2 节对测量误差的来源和分类的总结，不难看出，系统误差分布受到各种各样内部因素和外部环境因素的影响，很难根据误差产生原理建立一个综合的、精确的误差分布模型。这里退而求其次，通过建立一个分区近似模型来估计传感器测量系统误差在其探测空间内的分布[14]。

分区近似估计方法又称为网格逼近法，该方法将传感器探测空间按一定规则分割成为若干区域，将基于区域采样获得的系统误差估计值看作该区域几何中心点的系统误差值，再采用所获得的多个离散点系统误差估计值拟合误差分布曲面，实现传感器探测空间内任一位置目标测量的误差求取与补偿。

1. 正方形（体）形状网格

一个简单的近似方法针对图 3-26 所示的二维正方形网格区域，使用网格 i 内的采样计算出该网格中心的误差值 a_i，然后利用 4 个相邻的网格中心误差值 a_i（如图 3-26 中 a_1、a_2、a_3、a_4）计算该 4 个网格交点的误差值 b_i（如图 3-26 中的 b_1）。最后，采用插值或其他方法就能由任一个 b_i 和其相邻的两个 a_i 进一步计算以它们为顶点的三角形内任一点误差值。该方法以多个顶点连接的三角形逼近误差曲面，从而使误差补偿值连续，避免由于缺少采样或估计不准，出现跨区配准航迹跳跃。对于三维雷达，可采用图 3-27 所示的正立方体三维网格划分方法，三维网格中心点和任一点误差求取可与二维平面方法类似的三维近似方法计算得到。

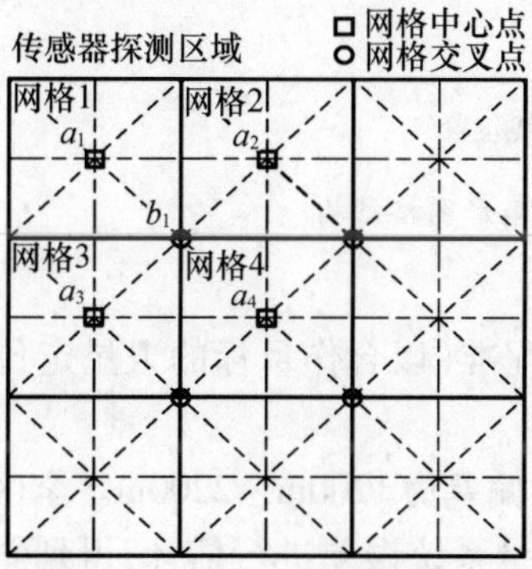

图 3-26 二维误差逼近矩形网格结构

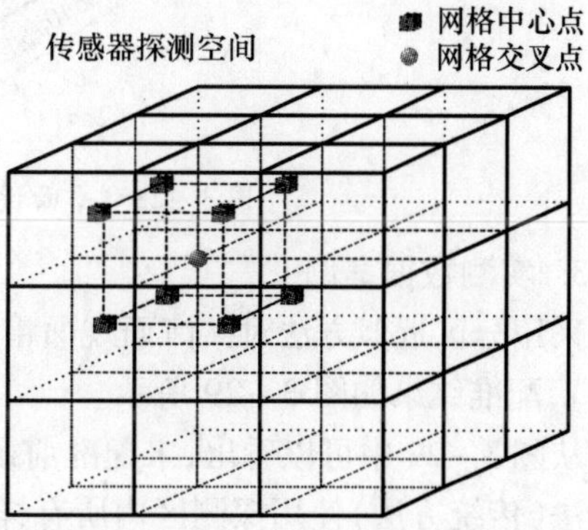

图 3-27 三维误差逼近立方体网格结构

网格逼近法的优点:不需要传感器测量系统误差在其探测区内的解析模型,而是使用测量系统误差在每个二维/三维网格内的分布来近似误差分布曲面。其缺点是:网格大小很难选择,网格面积/体积过小可能导致采样数据不足,从而使得统计计算的系统误差分布数据可信程度较低,网格面积过大则不能解决使用误差相同数值补偿后的同一网格内目标航迹分裂问题。此外,对于没有采样或者样本量过小的区域,网格法无法提供系统误差补偿值或系统误差估计值可信度低。因此,如何基于传感器的分辨率、采样间隔、目标的速度范围确定网格划分粒度,以满足系统误差估计精度和测量补偿范围是个很难平衡的问题。

2. 扇环形状网格

由于传感器测量系统误差参数附着在目标径向距离、方位角、俯仰角等测量参数上,一种更合理的网格划分是与传感器测量球坐标一致的扇形划分方式。例如,图 3-28 是一个观测扇面为 120°,最大探测距离为 60n mile 的二维雷达探测区的划分。在邻近网格内均已获得误差估计值的情况下(相邻近的网格中心点的误差估计已知),任一点的误差值可由与其邻近网格中心点的误差估计值加权得到,即

$$\Delta(P) = \frac{1}{w_c}\sum_{i=1}^{n} w_i \Delta_i \tag{3-73}$$

$$w_c = \sum_{i=1}^{n} w_i , w_i = D(P, N_i(P))$$

式中:P 为目标位置点,$\Delta(P)$ 为要求取的传感器探测的 P 点系统误差,$N_i(P)$ 为 P 点邻域中具有误差估计值 Δ_i 的第 i 个网格(共有 N 个)中心点位置,$D(P_1, P_2)$ 为 P_1 和 P_2 两点间空间距离函数。

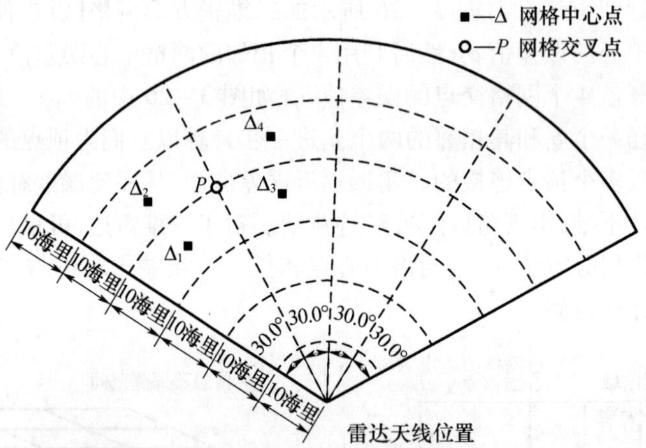

图 3-28 平面误差逼近的二维扇形网格结构

3. 实测数据案例

采用分区近似方法对某海面观通雷达进行空间配准(以合作目标的卫星定位数据为基准),配准结果如图 3-29 所示。

从图 3-29 中可以看出,未配准前雷达航迹距离偏差为 1200m~2200m。全区采样估计方法(传统方法)使用探测区内所有样本对雷达测量系统误差进行估计,得到斜距误差 279.04m,方位误差 0.75°,使用该组误差值对测量进行补偿后,大部分区域内的目标航迹

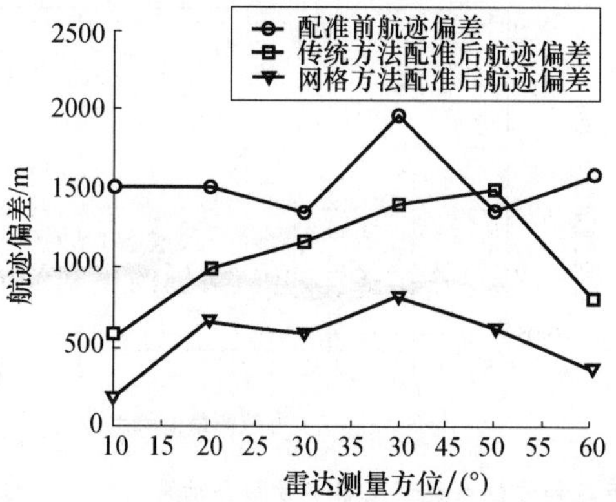

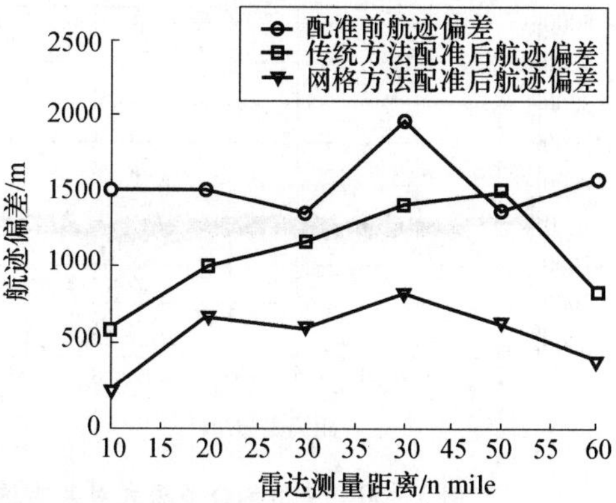

图 3－29　空间配准前后航迹偏差随目标方位和距离变化图

偏差都有所改善，但仍有局部区域（如方位角为60°，距离50n mile附近）内的航迹偏差不降反升。新方法以扇形分区方式将雷达探测覆盖区域划分成为若干扇形网格，统计估计扇形网格内雷达测量系统误差进行统计估计，初步得到以下结论：

（1）扇形网格误差估计和补偿效果优于全区采样误差统一估计与补偿效果。

（2）补偿效果随样本容量增加得到改善。

（3）补偿效果依赖于样本中随机误差方差大小和稳定性。

（4）配准方法具有局限性，即始终存在补偿后的剩余误差。

3.7.4　非均匀分布系统误差分布函数拟合方法

1. 分布函数的多项式拟合

为了降低分布函数拟合的复杂程度，提高拟合方法的可操作性，这里对3.7.2节中假设进行简化。进一步假设：传感器各测量系统误差参数分别附着在传感器对目标的各测量参数上，换句话说，也就是各系统误差分量仅与其测量分量有关，那么单变量误差参数的分布函数多项式拟合方程如下：

$$\begin{cases}\Delta\rho = f(\rho) \approx \sum_{p=0}^{m} a_p\rho^p \\ \Delta\theta = g(\theta) \approx \sum_{q=0}^{n} b_q\theta^q \\ \Delta\varphi = h(\varphi) \approx \sum_{r=0}^{t} c_r\varphi^r \end{cases} \tag{3-74}$$

式中：$f(\cdot)$、$g(\cdot)$、$h(\cdot)$为系统误差的单变量分布函数；$\{a_p \mid p = 1,2,\cdots,m\}$、$\{b_q \mid q = 1,2,\cdots,n\}$、$\{c_r \mid r = 1,2,\cdots,t\}$为多项式拟合方程中的待估参数；$m$、$n$、$t$为预先设定的拟合方程的阶数，一般情况下，选择$m = 3$，$n = 3 \sim 9$，$t = 0$或1。

使用拟合多项式对某二维雷达距离和方位系统误差单变量拟合结果如图3－30所示。

2. 多变量分布函数的多项式拟合

根据3.7.2节中假设，建立传感器测量坐标系下系统误差分布函数的多项式拟合方程如下：

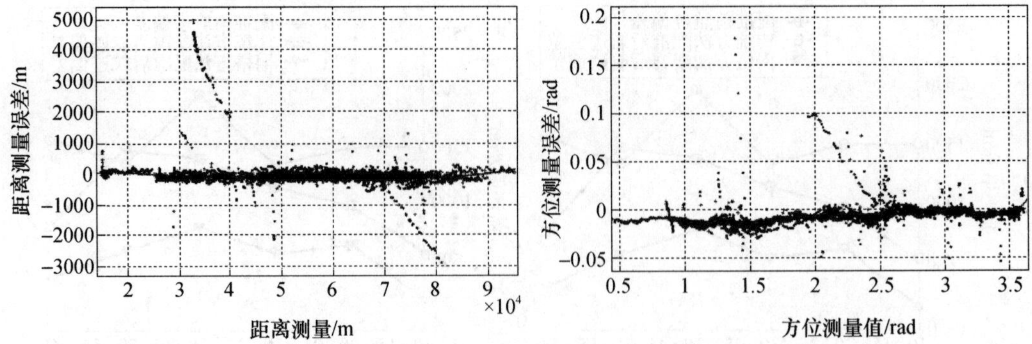

图 3-30　使用拟合多项式对某雷达距离和方位系统误差单变量拟合结果

$$
\begin{cases}
\Delta\rho = f(x,y,z) \approx \sum\limits_{p=0}^{m_\rho}\sum\limits_{q=0}^{n_\rho}\sum\limits_{r=0}^{t_\rho} d_{pqr}x^p y^q z^r \\
\Delta\theta = g(x,y,z) \approx \sum\limits_{p=0}^{m_\theta}\sum\limits_{q=0}^{n_\theta}\sum\limits_{r=0}^{t_\theta} e_{pqr}x^p y^q z^r \\
\Delta\varphi = h(x,y,z) \approx \sum\limits_{p=0}^{m_\phi}\sum\limits_{q=0}^{n_\phi}\sum\limits_{r=0}^{t_\phi} f_{pqr}x^p y^q z^r
\end{cases}
\tag{3-75}
$$

式中：x、y、z 为传感器测量坐标系下目标点位置，d_{pqr}、e_{pqr}、f_{pqr} 为多项式拟合方程中的待估参数；m_ρ、n_ρ、t_ρ，m_θ、n_θ、t_θ，m_φ、n_φ、t_φ 为预先设定的拟合方程的阶数。

由于计算量较大，一般拟合方程的阶数不大于 2。使用拟合多项式对某二维雷达距离和方位系统误差多变量拟合结果如图 3-31 所示。

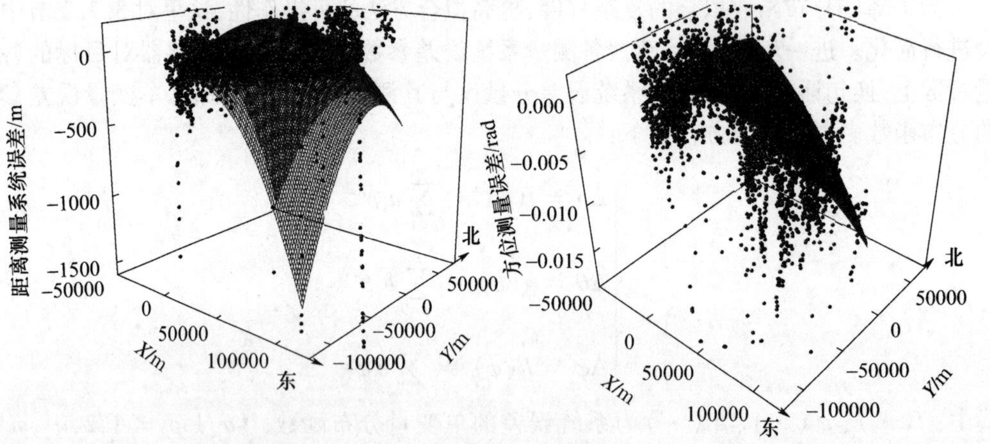

图 3-31　某二维雷达距离和方位系统误差多项式拟合结果

3. 分布函数拟合效果评价

在计算出分布函数拟合多项式的各项参数后，根据式(3-74)或式(3-75)可得到传感器探测空间内任一点测量（ρ'、θ'、φ'）的系统误差补偿值（$\Delta\rho_b$、$\Delta\theta_b$、$\Delta\varphi_b$），然后传感器修正测量值（ρ，θ，φ）可通过下式计算，即

$$\begin{cases}\rho = \rho' - \Delta\rho_b \\ \theta = \theta' - \Delta\theta_b \\ \varphi = \varphi' - \Delta\varphi_b\end{cases} \tag{3-76}$$

将式(3－76)结果代入式(3－4),计算传感器局部坐标系下目标位置修正值 P^{c}_{sensor}。然后计算传感器探测空间内每个位置测量的剩余航迹距离偏差为

$$d_{\text{residence}}(\rho,\theta,\varphi) = \frac{1}{m}\sum_{k=1}^{m} D(P_{\text{standard}}(k), P^{c}_{\text{sensor}}(k,\rho,\theta,\varphi)) \tag{3-77}$$

式中 $P^{c}_{\text{sensor}}(k)$ 、$P_{\text{standard}}(k)$ 分别为传感器第 k 次测量修正后测量目标位置和该目标相应基准位置。

通过式(3－77)可绘制传感器系统误差在探测空间内的分布图。对比配准前后的传感器系统误差分布情况,可直观得到对传感器系统误差估计及其分布函数拟合的效能评价。

4. 实测数据案例

图 3－32 给出了基于多项式拟合的雷达配准前后二维目标位置测量误差的等值分布曲线,从中可以看出配准后雷达二维定位系统误差的改善情况。

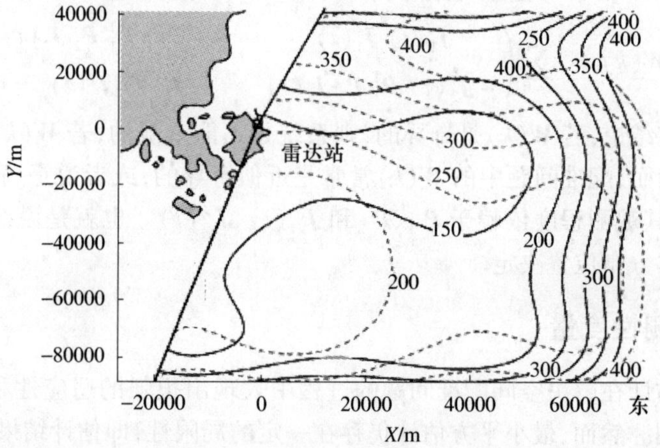

图 3－32　基于拟合多项式的某雷达配准前后测量定位误差分布

图 3－32 中,虚线表示配准前雷达定位误差等值线,实线表示配准后雷达定位误差等值线。从该图中可以直观得到雷达探测区内任意位置的测量定位误差及配准后的定位误差改善情况。在基于系统误差拟合多项式进行测量补偿后,该雷达定位误差的等值线范围大大扩展,探测覆盖区内大部分区域测量定位误差下降到 200m 以下。

3.8　传感器系统误差的可观测性分析

3.8.1　可观测性概念

本节基于线性系统的能观性理论[15],引出可观测性的概念。k 时刻系统误差的状态方程和测量方程如下:

$$\begin{cases}\boldsymbol{x}(k+1)=\boldsymbol{\Phi}(k+1,k)\boldsymbol{x}(k)\\ \boldsymbol{y}(k)=\boldsymbol{C}(k)\boldsymbol{x}(k)\end{cases}\tag{3-78}$$

式中：$\boldsymbol{\Phi}(k+1,k)$为系统误差变量状态转移矩阵。

不难发现，式(3-78)是线性时变的。根据线性系统理论可知，作为离散线性时变系统能观性判据的格拉姆矩阵计算如下：

$$\boldsymbol{W}(k)=\sum_{t=0}^{k-1}\boldsymbol{\Phi}(t+1,t)^{\mathrm{T}}\boldsymbol{C}^{\mathrm{T}}(t)\boldsymbol{C}(t)\boldsymbol{\Phi}(t+1,t)\tag{3-79}$$

假设系统误差稳定或随时间变化缓慢，即$\boldsymbol{\Phi}(k+1,k)$恒为单位矩阵，那么格拉姆矩阵可简化如下：

$$\boldsymbol{W}(k)=\sum_{t=0}^{k-1}\boldsymbol{C}^{\mathrm{T}}(t)\boldsymbol{C}(t)=\sum_{t=0}^{k-1}\begin{pmatrix}\boldsymbol{J}_1^{\mathrm{T}}(t)\boldsymbol{P}_1^{\mathrm{T}}\boldsymbol{P}_1\boldsymbol{J}_1(t) & -\boldsymbol{J}_1^{\mathrm{T}}(t)\boldsymbol{P}_1^{\mathrm{T}}\boldsymbol{P}_2\boldsymbol{J}_2(t)\\ -\boldsymbol{J}_2^{\mathrm{T}}(t)\boldsymbol{P}_2^{\mathrm{T}}\boldsymbol{P}_1\boldsymbol{J}_1(t) & \boldsymbol{J}_2^{\mathrm{T}}(t)\boldsymbol{P}_2^{\mathrm{T}}\boldsymbol{P}_2\boldsymbol{J}_2(t)\end{pmatrix}\tag{3-80}$$

观察式(3-80)，可以发现$\boldsymbol{W}(k)$与式(3-40)中线性化测量方程系数矩阵$\boldsymbol{A}$的自乘$\boldsymbol{A}^{\mathrm{T}}\boldsymbol{A}$是一致的。其中的$\boldsymbol{J}_1$和$\boldsymbol{J}_2$是两个传感器系统误差从非线性状态向线性状态的一阶变换矩阵，而$\boldsymbol{P}_1$和$\boldsymbol{P}_2$分别是两个传感器坐标系向统一坐标系的变换矩阵(参考式(3-41)和式(3-9))。由于$\boldsymbol{P}$是正交矩阵，有$\boldsymbol{P}^{\mathrm{T}}\boldsymbol{P}=\boldsymbol{I}_{3\times3}$，格拉姆矩阵又可写为

$$\boldsymbol{W}(k)=\sum_{t=0}^{k-1}\begin{pmatrix}\boldsymbol{J}_1^{\mathrm{T}}(t)\boldsymbol{J}_1(t) & -\boldsymbol{J}_1^{\mathrm{T}}(t)\boldsymbol{P}_1^{\mathrm{T}}\boldsymbol{P}_2\boldsymbol{J}_2(t)\\ -\boldsymbol{J}_2^{\mathrm{T}}(t)\boldsymbol{P}_2^{\mathrm{T}}\boldsymbol{P}_1\boldsymbol{J}_1(t) & \boldsymbol{J}_2^{\mathrm{T}}(t)\boldsymbol{J}_2(t)\end{pmatrix}\tag{3-81}$$

根据能观性判定结论，若$\boldsymbol{W}(k)$是奇异的，则系统是不能观测的；若$\boldsymbol{W}(k)$是非奇异的，则系统能观测。然而，配准问题中的$\boldsymbol{W}(k)$常常是近似奇异的，或者说是病态的；因此，系统是弱能观测的，其观测程度依赖于$\boldsymbol{P}_1$、$\boldsymbol{P}_2$和$\boldsymbol{J}_1(t)$、$\boldsymbol{J}_2(t)$。也就是说，可观测程度由传感器位置及样本分布位置决定。

3.8.2 可观测性度量

最小平方估计在解决空间配准问题的过程中表现出很强的适应性和稳健性，从而得到最广泛的应用。然而，最小平方估计仍存在一定的局限性，即估计结果严重依赖样本相对传感器的分布情况。下面就这个问题从理论上进行探讨。

以基于 ECEF 最小平方估计模型为例，其线性方程描述如下：

$$\boldsymbol{A}\boldsymbol{x}=\boldsymbol{b}\tag{3-82}$$

最小平方估计解为

$$\boldsymbol{x}_{LS}=(\boldsymbol{A}^{\mathrm{T}}\boldsymbol{A})^{-1}\boldsymbol{A}^{\mathrm{T}}\boldsymbol{b}\tag{3-83}$$

在观测噪声非常小或者系统可观测性较好的情况下，式(3-83)可以取得满意的结果。然而，当样本分布相对密集或观测噪声不能被忽略时，最小平方估计的缺点就十分明显了。首先，式(3-83)为最优估计的前提是噪声引起的摄动仅存在于测量向量$\boldsymbol{b}$中，而由式(3-82)可知，矩阵$\boldsymbol{A}$中也存在摄动，该条件下式(3-83)的估计结果是有偏的。其次，由于大量民用航空器或船只的航线或航道固定，公共目标的采样位置相对集中，使得矩阵$\boldsymbol{A}$中某些行向量相关性非常强，$\boldsymbol{A}^{\mathrm{T}}\boldsymbol{A}$的求逆存在很大数值计算误差，导致“病态”问题出现。

无论理论上还是工程实践都表明仅通过增加样本容量,并不一定能改善系统误差估计准确性。一种解决办法是以 $\boldsymbol{A}$ 的条件数的倒数作为估计系统可观测度[16-18],即

$$\mathrm{Deg} = \frac{1}{\mathrm{cond}_2(\boldsymbol{A})} \tag{3-84}$$

式中:$\mathrm{cond}_2(\boldsymbol{A})$表示矩阵 $\boldsymbol{A}$ 的条件数,即

$$\mathrm{cond}_2(\boldsymbol{A}) = \left[\frac{\lambda_{\max}(\boldsymbol{A}^{\mathrm{T}}\boldsymbol{A})}{\lambda_{\min}(\boldsymbol{A}^{\mathrm{T}}\boldsymbol{A})}\right]^{\frac{1}{2}}$$

式中:$\boldsymbol{\lambda}(\boldsymbol{A})$表示矩阵 $\boldsymbol{A}$ 的特征值。

条件数刻画了求解线性方程时,误差经过矩阵 $\boldsymbol{A}$ 的传播扩大为解向量的误差的程度,因此是衡量线性方程数值稳定性的一个重要指标。

在可观测度较小的情况下,矩阵 $\boldsymbol{A}$ 中存在的噪声会严重影响估计性能。这里给出改善误差估计系统的可观测度的一种方法,该方法通过去除观测集合中可观测性差的样本获得次优观测集合,以改善系统的可观测度。

基于式(3-84)的次优观测集的产生方法如下。

设:

$$\boldsymbol{A} = [\boldsymbol{v}_1, \boldsymbol{v}_2, \cdots, \boldsymbol{v}_m]^{\mathrm{T}}$$

其中

$$\boldsymbol{v}_{\mathrm{j}} = (\boldsymbol{R}_1\boldsymbol{J}_1(j) - \boldsymbol{R}_2\boldsymbol{J}_2(j)) \qquad j = 1,2,\cdots,m$$

第 1 步:根据 m 次观测得到样本 S,样本容量为 m,置样本计数器 $j = 1$。

第 2 步:删除矩阵 $\boldsymbol{A}$ 中的子块 $\boldsymbol{v}_j$ 得 $\boldsymbol{A}'$。

第 3 步:计算 $\boldsymbol{A}$ 和 $\boldsymbol{A}'$ 的可观测度 Deg 和 Deg′。

第 4 步:若 Deg < Deg′,则用 $\boldsymbol{A}'$ 代替 $\boldsymbol{A}$,即删除第 j 个采样,否则 $\boldsymbol{A}$ 保持不变。

第 5 步:若 j 等于 m,则停止,此时 $\boldsymbol{A}$ 即为所求;否则 $j = j + 1$,返回第 2 步。

该方法获得的次优观测矩阵 $\boldsymbol{A}$ 的行向量的相关性大大减少,从而增加了系统可观测度,对提高算法估计准确性和收敛性具有很重要的作用。然而,改善可观测度的方法并没有触及估计模型中存在的本质问题。下面使用基于总体最小二乘估计模型的正则化算法尝试解决该问题。

3.8.3 典型的低可观测度情况

本节讨论两种典型低观测度情况以及相应的解决办法[19]。

(1) 传感器位置过于邻近。如图 3-33 所示,传感器 1 和传感器 2 位于同一个运动平台上,这将导致两个传感器坐标变换矩阵 $\boldsymbol{P}_1$ 和 $\boldsymbol{P}_2$ 基本相同。同时,也使得两个传感器在同一时刻对同一目标的测量相近,即 $\rho_1(t) \approx \rho_2(t)$, $\theta_1(t) \approx \theta_2(t)$, $\varphi_1(t) \approx \varphi_2(t)$, $t = 0,1,\cdots,k-1$,因此,两个传感器定位误差模型一阶线性化矩阵也相近,即 $\boldsymbol{J}_1(t) \approx \boldsymbol{J}_2(t)$, $t = 1,2,\cdots,k-1$,最终使得格拉姆矩阵 $\boldsymbol{W}(k)$ 趋于奇异。这种情况对两个传感器的系统误差估计十分不利,无法或很难得到高精度估计值。一种妥协的解决办法是,求解它们之间的相对误差,即以精度较高的传感器(如传感器 1)作为基准,此时式(3-39)简化为式(3-32),即

$$\boldsymbol{R}_a - \boldsymbol{R}_{c2} = \boldsymbol{P}_2\boldsymbol{x}'_{T_2}(\Delta_2) \tag{3-85}$$

式中：$\boldsymbol{R}_a$是传感器1在ECEF坐标系下的目标测量，视为已知的目标真值。这相当于基于合作目标的单一传感器空间配准情况，基于式(3-85)即可估计出传感器2的系统误差。此时，虽然得不到传感器真实的系统误差，但能大大增强计算的稳定性，明显改善系统误差造成的航迹分裂现象，非常适用于传感器密集配置环境下的空间配准问题。

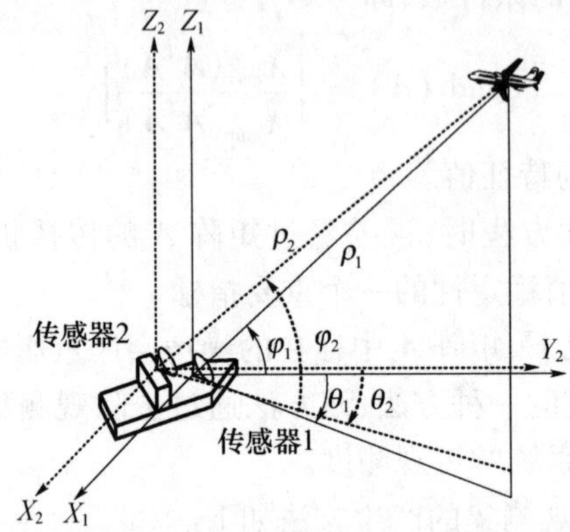

图3-33　两传感器位置邻近情况目标探测图

(2) 雷达发现目标的空间范围较小，导致测量样本分布十分密集，使得传感器对目标的各个测量都很接近，出现$\rho_i(0) \approx \rho_i(1) \approx \cdots \approx \rho_i(k-1)$，$\theta_i(0) \approx \theta_i(1) \approx \cdots \approx \theta_i(k-1)$，$\varphi_i(0) \approx \varphi_i(1) \approx \cdots \approx \varphi_i(k-1)$情况，此时

$$\boldsymbol{W}(k) \approx k\boldsymbol{C}^{\mathrm{T}}(0)\boldsymbol{C}(0) \tag{3-86}$$

很明显，式(3-86)所示的拉格姆矩阵$W(k)$为近似奇异矩阵。然而，与第一种情况不同，此时不能采用系统误差相对估计方法，下面通过几何作图来说明这一点。设目标真实位置在A点，传感器i的距离、方位的测量系统误差分别为$\Delta\rho_i$、$\Delta\theta_i$、$i=1,2$，传感器i测量A_i与真实位置A点之间的关系如图3-34(a)所示。设传感器2对传感器1的相对系统误差为$\Delta\rho_{12}=\rho_2-\rho_1{}'$、$\Delta\theta_{12}=\theta_2-\theta_1{}'$，其中$\rho_1{}'$、$\theta_1{}'$分别为传感器2对传感器1测量点$A_1$的距离和方位，如图3-34(b)上半部分所示。

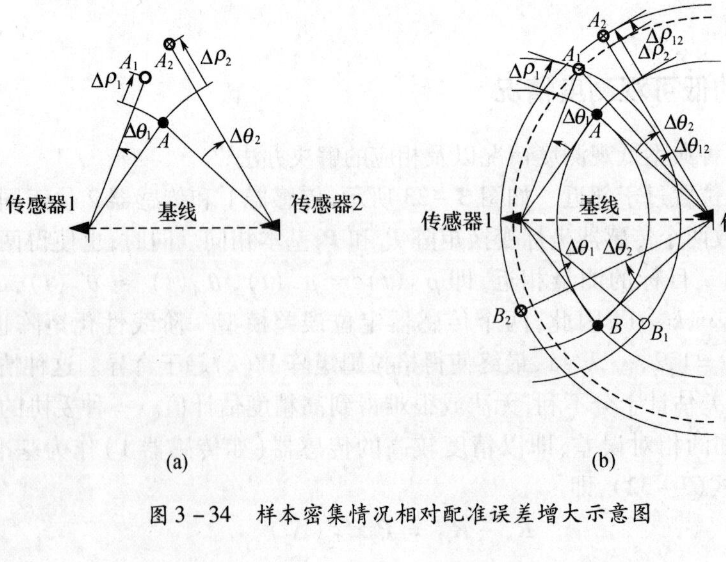

图3-34　样本密集情况相对配准误差增大示意图

假设 A 相对两个传感器基线对称位置 B 还存在一个目标，那么通过作图可得它的传感器测量 B_i，如图 3-34(b)下半部分所示，注意 B_i 与目标 B 的位置要保持与 A_i 和目标 A 位置相同的（距离、方位）关系。

若采用基于目标 A 的测量所获得的传感器 2 的相对测量误差 $\Delta\theta_{12}$、$\Delta\rho_{12}$，对传感器 2 目标 B 的测量进行补偿，那么补偿后获得的 B'_2 位置应与传感器 1 对目标 B 的测量位置 B_1 相同。然而图 3-35 所示的采用 $\Delta\rho_{12}$、$\Delta\theta_{12}$，通过作图得到 B_2 的修正后位置 B'_2 与传感器 1 测量位置 B_1 并不重合，它们之间的距离随点 B 相对点 A 的位置及两个传感器之间的距离远近而变化。

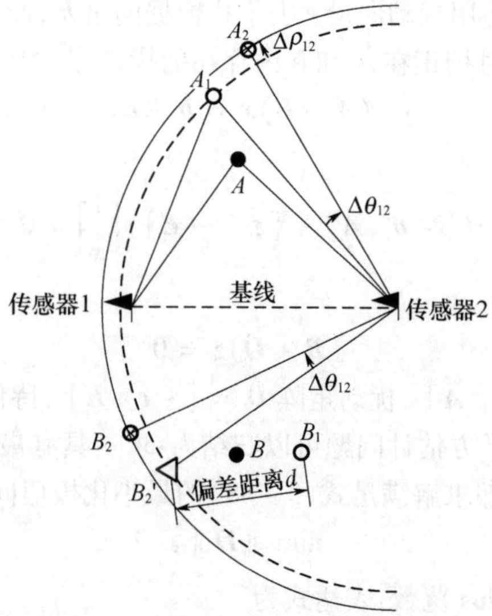

图 3-35　相对误差对测量 B_2 的补偿图示

由此可见，在目标样本密集，特别是两个传感器相距较远情况下，采用系统误差相对估计和补偿方法可能增大航迹相对偏差，从而产生航迹分裂，导致态势模糊。

3.8.4　求解低可观测条件下的空间配准问题的数学方法

本节针对传感器系统误差模型线性化产生的格拉姆矩阵病态化，采用 Tikhonov 等正则化方法[21]，通过平衡误差估计剩余量得到折中的稳定解。

传统最小平方估计是一种在工程计算中广泛使用的方法，已有几百年的应用历史。然而，给定数据向量 $\boldsymbol{b}$ 和系数矩阵 $\boldsymbol{A}$，求解线性方程 $\boldsymbol{Ax} = \boldsymbol{b}$ 的最小平方估计，只有在向量 $\boldsymbol{b}$ 的噪声或者误差是零均值的高斯白噪声的少数情况下，才能保证未知向量 $\boldsymbol{x}$ 的估计误差的平方和最小。如果系数矩阵 $\boldsymbol{A}$ 也存在误差或者扰动，那么传统最小平方估计解 $\boldsymbol{x}_{LS} = (\boldsymbol{A}^{\mathrm{T}}\boldsymbol{A})^{-1}\boldsymbol{A}^{\mathrm{T}}\boldsymbol{b}$ 从统计学的观点上看就不再是最优的，它将是有偏的，而且偏差的协方差将由于 $\boldsymbol{A}^{\mathrm{T}}\boldsymbol{A}$ 的噪声误差的作用而增加。

假设系数矩阵 $\boldsymbol{A}$ 和常数向量 $\boldsymbol{b}$ 均存在扰动，且扰动 $\boldsymbol{E}$ 和 $\boldsymbol{e}$ 满足 $\boldsymbol{A} = \boldsymbol{A}_0 + \boldsymbol{E}$，$\boldsymbol{b} = \boldsymbol{b}_0 + \boldsymbol{e}$，那么最小二乘估计为

$$\boldsymbol{x}_{LS} = (\boldsymbol{A}^{\mathrm{T}}\boldsymbol{A})^{-1}\boldsymbol{A}^{\mathrm{T}}\boldsymbol{b} \approx (\boldsymbol{A}_0^{\mathrm{T}}\boldsymbol{A}_0)^{-1}\boldsymbol{A}_0\boldsymbol{b}_0 + (\boldsymbol{A}_0^{\mathrm{T}}\boldsymbol{A}_0)^{-1}\boldsymbol{A}_0^{\mathrm{T}}\boldsymbol{e} +$$
$$(\boldsymbol{A}_0^{\mathrm{T}}\boldsymbol{A}_0)^{-1}\boldsymbol{E}^{\mathrm{T}}[\boldsymbol{I} - \boldsymbol{A}_0(\boldsymbol{A}_0^{\mathrm{T}}\boldsymbol{A}_0)^{-1}\boldsymbol{A}_0^{\mathrm{T}}]\boldsymbol{b}_0 -$$

$$(A_0^{\mathrm{T}}A_0)^{-1}A_0^{\mathrm{T}}E(A_0^{\mathrm{T}}A_0)^{-1}A_0^{\mathrm{T}}b_0 \quad (3-87)$$

从式(3－87)可以看出,如果 E 的分量是零均值、方差为 σ_1^2 的独立同分布噪声, e 的分量是零均值、方差为 σ_2^2 的独立同分布噪声,而且 E 和 e 的分量相互独立,则传统最小平方估计解的方差与 $E = 0$ 的情况相比有明显增加。业已证明,方差的增加倍数为[20]

$$1 + (\sigma_1/\sigma_2)^2 \| (A_0^{\mathrm{T}}A_0)^{-1}A_0^{\mathrm{T}}b_0 \|^2$$

由此可见,当 A 和 b 二者均存在扰动时,矩阵方程 $Ax = b$ 的最小平方估计解会导致大的方差。改善传统最小二乘估计的基本思想是用一个范数平方为最小的扰动向量 e 去干扰数据向量 b ,以校正 b 中存在的噪声。总体最小平方 (Total Least Square, TLS)估计正是基于这种思想,不仅使用扰动向量 e 去干扰数据向量 b ,而且同时使用扰动矩阵 E 去干扰数据矩阵 A ,以便同时校正在 A 和 b 内存在的扰动[20],于是原问题变为

$$(A - E)x = b - e$$

即

$$([-b \quad A] + [e \quad -E])\begin{bmatrix} 1 \\ x \end{bmatrix} = 0$$

等价为

$$(B + D)z = 0 \quad (3-88)$$

式中:增广矩阵 $B = [-b \quad A]$,扰动矩阵 $D = [-e \quad E]$,待估向量 $z = [1 \quad x]^{\mathrm{T}}$。

这样一来,总体最小平方估计问题可以归结为:求一具有最小范数平方的扰动矩阵 D 使得 $B + D$ 是非满秩的,即求解满足式(3－88)的最小化极值问题:

$$\min_{D,x} \| D \|_F^2$$

式中: $\| \cdot \|_F$ 表示 Frobenius 范数,表达式为

$$\| D \|_F = \left(\sum_{i=1}^{m} \sum_{j=1}^{n} d_{ij}^2 \right)^{\frac{1}{2}} = tr(D^H D)$$

式中: m、n 为矩阵 D 的行数和列数; d_{ij} 为矩阵 D 的第 i 行第 j 列的元素。

总体最小平方估计解可表示为

$$\hat{x}_{TLS} = (A^{\mathrm{T}}A - \mu_i^2 I)^{-1}A^{\mathrm{T}}x \quad (3-89)$$

式中: ${\mu_i}^2$ 为 $A^{\mathrm{T}}A$ 的最小特征值。

可见, ${\mu_i}^2 I$ 能够减少由观测矩阵中的噪声引入的偏差(该偏差包含在 $A^{\mathrm{T}}A$ 中)。如果 E 和 e 服从零均值正态分布,与最小平方估计比较,总体最小平方估计更加准确高效。然而,对于观测样本相对集中带来的病态问题,总体最小平方估计仍然不能很好解决,下面讨论一下总体最小平方估计的正则化概念和方法。

病态问题概念最早可以追溯到上世纪初的 Hadamard。Hadamard 实质上定义了一个不适定的病态(Ill－Posed) 问题,如果其解不唯一或者它不是关于数据的连续函数,即数据的任意微小的扰动能使解产生任意大的扰动。Hadamard 认为不适定问题只是"人造的"(Artificial),它不能描述现实世界中的物理系统。但事实上,不适当采样的传感器测量误差估计就是一个不适定问题。

由于矩阵 A 的行/列之间存在很大程度的线性相关,也就是说,小的奇异值表明 A 接近亏秩,其解对扰动非常敏感;然而,通过一个满秩的良态矩阵来逼近 A ,仍然可以得到

有意义的解，这就是 Tikhonov 正则化。它的基本思想是：由于系统高度病态，或者观测数据不准确，解被误差淹没掉了；因此，必须进一步添加关于解的一些其他信息以规范问题，从而识别出一个有意义且稳定的解。虽然原则上解有很多类型的附加信息可以利用，但将离散不定问题正则化的主要方法是要求系统解的二范数或适当的半范数要小。也可以将解的一个初始估计 $\boldsymbol{x}^*$ 包含在约束中，即使下式极小化

$$\boldsymbol{\Omega}(\boldsymbol{x}) = \|\boldsymbol{L}(\boldsymbol{x}-\boldsymbol{x}^*)\|_2$$

式中：矩阵 $\boldsymbol{L}$ 一般取为单位矩阵 $\boldsymbol{I}$。

在引进约束 $\boldsymbol{\Omega}$ 后，就必须放弃 $\boldsymbol{Ax}=\boldsymbol{b}$，转而寻找一个解，使得 $\boldsymbol{\Omega}(\boldsymbol{x})$ 与极小化估计余量范数 $\|\boldsymbol{Ax}-\boldsymbol{b}\|_2$ 达到相对平衡。基本准则是使得正则解有小的范数（半范数）和恰当小的余量，且与没有扰动过的原问题未知解的距离较近。最常用的正则化方法是 Tikhonov 正则化方法。最小平方估计的 Tikhonov 正则化的一般形式为[21]

$$\min_x \|\boldsymbol{Ax}-\boldsymbol{b}\|_2^2+\beta\|\boldsymbol{Lx}\|_2^2 \tag{3-90}$$

式中：β 为正则化参数，它不仅控制极小化 $\boldsymbol{\Omega}$ 相对于极小化余量的权重，也同时控制正则解对 $\boldsymbol{A}$ 和 $\boldsymbol{b}$ 的扰动的敏感度。

选取总体最小平方估计问题的 Tikhonov 正则化准则为

$$\min J' = \boldsymbol{e}^{\mathrm{T}}\boldsymbol{e}+\boldsymbol{\xi}^{\mathrm{T}}\boldsymbol{\xi}+\beta(\boldsymbol{x}^{\mathrm{T}}\boldsymbol{x}) \tag{3-91}$$

其中，$\boldsymbol{\xi}$ 是矩阵 $\boldsymbol{A}$ 的扰动矩阵 $\boldsymbol{E}$ 的向量化形式。考虑约束式（3-88），构造条件极值的拉格朗日函数为

$$J = J' + 2\boldsymbol{\lambda}^{\mathrm{T}}(\boldsymbol{b}-\boldsymbol{Ax}+\boldsymbol{Ex}-\boldsymbol{e}) \tag{3-92}$$

式中：$\boldsymbol{\lambda}$ 是拉格朗日乘子。

引入 $Ex=(\boldsymbol{x}^{\mathrm{T}}\otimes\boldsymbol{I})\boldsymbol{\xi}$，$\otimes$ 为 Kronecker 乘积算子。求 $\boldsymbol{J}$ 极值问题即转化为求解方程组：

$$\begin{cases}\left.\dfrac{\partial J}{\partial \boldsymbol{x}}\right|_{e,\xi,\lambda,x} = 2(-\boldsymbol{A}^{\mathrm{T}}\boldsymbol{\lambda}+\boldsymbol{E}^{\mathrm{T}}\boldsymbol{\lambda}+\beta\boldsymbol{x}) = 0\\ \left.\dfrac{\partial J}{\partial \boldsymbol{\xi}}\right|_{e,\xi,\lambda,x} = 2(\boldsymbol{\varepsilon}+(\boldsymbol{x}\otimes\boldsymbol{I})\boldsymbol{\lambda}) = 0\\ \left.\dfrac{\partial J}{\partial \boldsymbol{e}}\right|_{e,\xi,\lambda,x} = 2(\boldsymbol{e}-\boldsymbol{\lambda}) = 0\\ \left.\dfrac{\partial J}{\partial \boldsymbol{\lambda}}\right|_{e,\xi,\lambda,x} = \boldsymbol{b}-\boldsymbol{Ax}-\boldsymbol{e}+\boldsymbol{Ex} = 0\end{cases} \tag{3-93}$$

整理后消去拉格朗日乘子 λ 后，得

$$\boldsymbol{x} = [(1+\boldsymbol{x}^{\mathrm{T}}\boldsymbol{x})^{-1}\boldsymbol{A}^{\mathrm{T}}\boldsymbol{A}-(1+\boldsymbol{x}^{\mathrm{T}}\boldsymbol{x})^{-2}(\boldsymbol{b}-\boldsymbol{Ax})^{\mathrm{T}}(\boldsymbol{b}-\boldsymbol{Ax})-\beta]^{-1}\boldsymbol{A}^{\mathrm{T}}\boldsymbol{b}(1+\boldsymbol{x}^{\mathrm{T}}\boldsymbol{x})^{-1} \tag{3-94}$$

令

$$c = \frac{(\boldsymbol{b}-\boldsymbol{Ax})^{\mathrm{T}}(\boldsymbol{b}-\boldsymbol{Ax})}{1+\boldsymbol{x}^{\mathrm{T}}\boldsymbol{x}}-\beta(1+\boldsymbol{x}^{\mathrm{T}}\boldsymbol{x}) = \frac{(\boldsymbol{Bz})^{\mathrm{T}}(\boldsymbol{Bz})}{\boldsymbol{z}^{\mathrm{T}}\boldsymbol{z}}-\beta\boldsymbol{z}^{\mathrm{T}}\boldsymbol{z} = \mu_{n+1}^2-\beta\boldsymbol{z}^{\mathrm{T}}\boldsymbol{z} \tag{3-95}$$

式中：μ_{n+1}^2 为 $\boldsymbol{B}^{\mathrm{T}}\boldsymbol{B}$ 关于向量 z 的特征值，即 $\boldsymbol{B}^{\mathrm{T}}\boldsymbol{Bz}=\mu_{n+1}{}^2\boldsymbol{z}$，则

$$\hat{\boldsymbol{x}}_{\mathrm{TTLS}} = [\boldsymbol{A}^{\mathrm{T}}\boldsymbol{A}-(\mu_{n+1}^2-k)\boldsymbol{I}_n]^{-1}\boldsymbol{A}^{\mathrm{T}}\boldsymbol{b} = [\boldsymbol{A}^{\mathrm{T}}\boldsymbol{A}-c\boldsymbol{I}_n]^{-1}\boldsymbol{A}^{\mathrm{T}}\boldsymbol{b} \tag{3-96}$$

式中：$k = \beta z^{T} z$。

正则化参数 β 的先验取值方法可参见相关文献[22]。

对比最小平方估计解式(3－83)、总体最小平方估计解式(3－89)和总体最小平方估计正则解式(3－96)，不难发现，总体最小二乘正则解 $\hat{x}_{TTLS}$ 介于 $\hat{x}_{LS}$ 和 $\hat{x}_{TLS}$ 之间。

3.8.5 低可观测条件下传感器空间配准案例

1. 样本优选仿真案例

针对3.8.3节所描述的目标样本密集条件下的传感器空间配准问题，通过3.8.2节所描述的改善系统可观测度概念，改善传感器系统误差可观性可以归结为测量样本优化问题：

$$J = \min_{m(p),p\in S}\left\{\mathrm{cond}_2\left[\sum_{p\in S} m(p)W(p)\right]\right\} \tag{3-97}$$

式中：p 表示采样点的真实位置；S 表示传感器公共探测样本空间；$m(p)$ 表示在 p 点重复采样次数，$m(p) \geq 0$；$W(p)$ 表示在 p 点单次采样产生的格拉姆矩阵；$\mathrm{cond}_2(\cdot)$ 表示矩阵条件数函数。

这里，$m(p)$ 是需要确定的变量，由于采样点 p 的数量较大，且 $\mathrm{cond}_2(\cdot)$ 的连续或可微性未知，因此，仅能采用贪心法(一维枚举)实现计算机仿真，寻求目标次优测量样本，从而提高传感器系统误差估计的可观测性。

传感器位置参数如表3－6所列。仿真实现采用与3.8.2节所给出的5个步骤类似，每次迭代都将搜索已有采样点周边的点，通过比较格拉姆矩阵的条件数，确定是否将其纳入样本集合，即已有样本集合是否增加，而不像3.8.2节中使已有样本集合逐渐减少。设置迭代 10^4 次，经纬度方向采样粒度都是0.05°，得到次优的样本采集区域如图3－36所示，而相应的矩阵条件数变化如图3－37所示。

表3－6 传感器位置参数

传感器	经度/(°)	纬度/(°)	高度/m
传感器1	120.00	29.00	1000
传感器2	120.00	30.00	1000

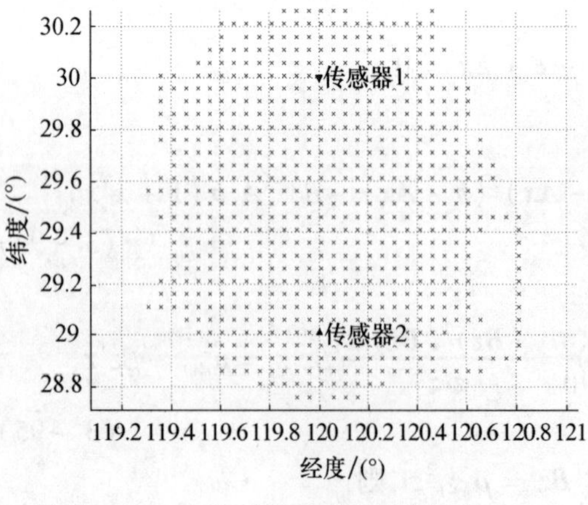

图3－36 次优的样本采集区域

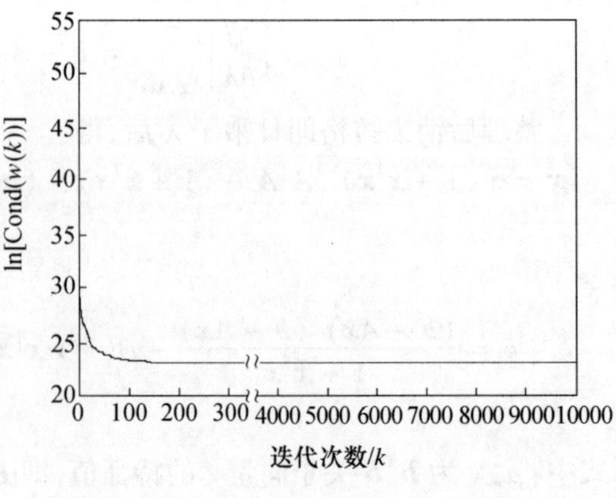

图3－37 矩阵条件数随迭代次数的变化

从图 3－36 可以看出，贪心算法得到的次优样本集的覆盖范围呈现出以两个传感器所在位置为焦点的椭圆形状。通过多次传感器相对位置变化的试验，初步结论是，椭圆长短半轴长度与传感器之间距离相关。同时，结合可观测性理论分析，可推测当传感器位置接近时，次优观测集覆盖范围应该呈现出长短半轴逐渐一致，且轴长度变小的圆形。然而，由于式(3－84)性质未知，还不能从理论上确定椭圆随传感器相对位置的变化关系。此外，当迭代次数超过 10^2 后，格拉姆矩阵条件数下降十分缓慢，也就是说，样本增多并不能明显改善系统可观测性。

2. 低可观测条件下空间配准案例

试验使用的 1 号和 2 号雷达。两部雷达对公共目标有 3634 对观测，其相对于传感器位置分布如图 3－38 所示。使用样本全集对两部雷达测量系统误差估计所求取的 LS 和 TLS 解数据如表 3－7 所列。图 3－39 分别给出了 1 号和 2 号雷达的距离误差、方位误差，以及两部雷达航迹的相对剩余误差的总体最小二乘正则解(TTLS 解)随正则化参数 β 的变化情况。

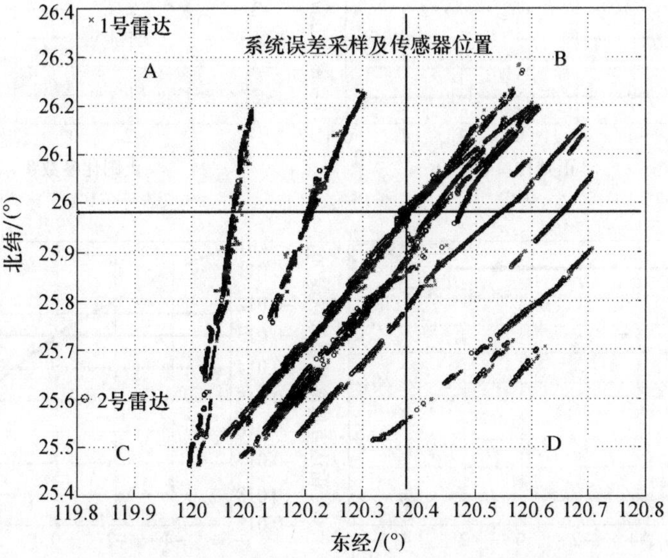

图 3－38　重叠采样区内样本分布及传感器位置

表 3－7　使用样本全集的 LS 解、TLS 解和 TTLS 解及评价指标

样本	雷达序号	误差参数	未配准	LS	TLS	TTLS
样本容量：3634	1	$\Delta\rho$/m	—	－80.621	-1.625×10^{-7}	图 3－39(b)
		$\Delta\theta$/rad	—	-1.0412×10^{-3}	-2.4475×10^{-4}	图 3－39 (c)
	2	$\Delta\rho$/m	—	－81.034	5.1704×10^{-8}	图 3－39 (d)
cond(A) = 2.94×10^5		$\Delta\theta$/rad	—	-1.2298×10^{-2}	-1.2999×10^{-2}	图 3－39(e)
	1、2	航迹距离剩余偏差/m	1145	502.36	506.71	图 3－39(a)

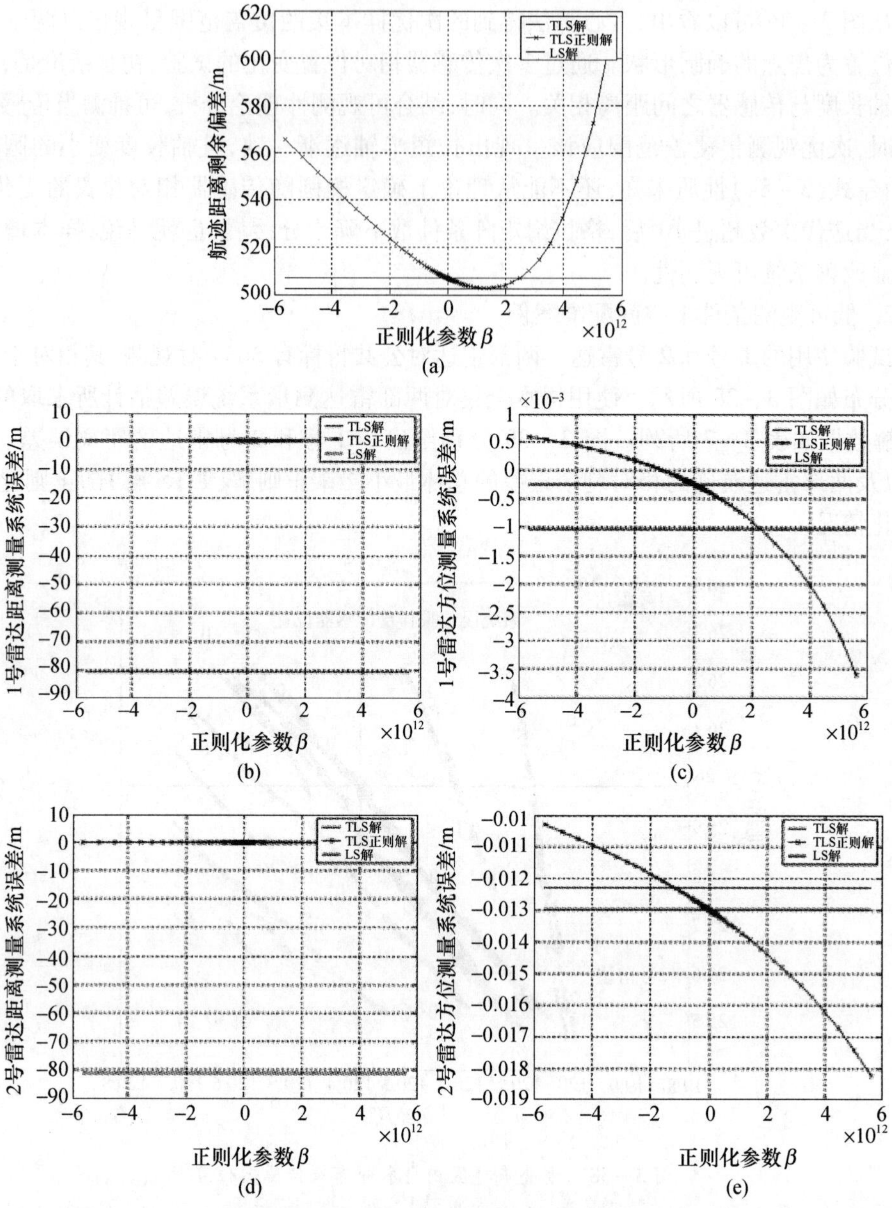

图 3－39　总体最小二乘正则解 $\hat{x}_{\mathrm{TTLS}}$ 随 Tikhonov 正则化参数 β 的变化

图 3－39 表明，使用 $\hat{x}_{\mathrm{TTLS}}$ 正则解补偿后的航迹剩余距离偏差对正则化参数 β 的变化敏感程度不高，因此，可通过 β 的取值来控制解的平滑变化。当 $\beta = 0$ 时，TTLS 解(3－96)就是 TLS 解(3－89)；当 $\beta = \mu_{n+1}^2 / \boldsymbol{z}^{\mathrm{T}}\boldsymbol{z}$ 时，TTLS 解就是 LS 解(3－83)。这里，为了平衡解的稳定性和当次观测的 $\boldsymbol{Ax} - \boldsymbol{b}$ 余量，选取 β 为区间 $(0, \mu_{n+1}^2 / \boldsymbol{z}^{\mathrm{T}}\boldsymbol{z})$ 内的一个值，如令 $\beta = 10^{11}$。

下面将按时间和空间将样本划分成若干部分，分别对雷达测量系统误差进行估计。将采样区域分隔 A 区、B 区、C 区、D 区(图 3－38)，分别进行估计，结果数据如表 3－8 所列。

表3-8 各分区内LS解、TLS解和TTLS解及评价指标

样本	雷达序号	误差参数	未配准	LS解	TLS解	TTLS解
A区样本 $L\in[120, 120.4)$ $B\in[26, 26.5)$ 样本容量:366 $\mathrm{cond}(A)=$ 5.10×10^5	1	$\Delta\rho$/m	—	312.15	-2.9152×10^{-7}	-4.7766×10^{-7}
		$\Delta\theta$/(°)	—	5.9597×10^{-3}	2.7601×10^{-3}	2.9828×10^{-3}
	2	$\Delta\rho$/m	—	215.15	-4.8816×10^{-8}	-1.831×10^{-7}
		$\Delta\theta$/(°)	—	2.1301×10^{-2}	-1.5212×10^{-2}	-1.7078×10^{-2}
	1、2	航迹相对偏差/m	943.03	541.43	548.01	554.6
B区样本 $L\in[120.4, 121)$ $B\in[26, 26.5)$ 样本容量:792 $\mathrm{cond}(A)=$ $1.4353\mathrm{e}\times10^6$	1	$\Delta\rho$/m	—	−1427.1	-1.4985×10^{-7}	-5.4461×10^{-8}
		$\Delta\theta$/(°)	—	1.5261×10^{-2}	7.3516×10^{-4}	6.2308×10^{-4}
	2	$\Delta\rho$/m	—	447.24	6.6357×10^{-8}	8.3151×10^{-8}
		$\Delta\theta$/(°)	—	1.3795×10^{-2}	-1.0475×10^{-2}	-1.0763×10^{-8}
	1、2	航迹相对偏差/m	924.78	408.81	420.63	420.81
C区样本 $L\in[120, 120.4)$ $B\in[25, 26)$ 样本容量:2032 $\mathrm{cond}(A)=$ 2.87×10^5	1	$\Delta\rho$/m	—	−90.298	-1.6112×10^{-7}	3.3958×10^{-8}
		$\Delta\theta$/(°)	—	-4.3211×10^{-4}	-4.1312×10^{-6}	-3.9876×10^{-5}
	2	$\Delta\rho$/m	—	−39.125	3.095×10^{-8}	1.4598×10^{-7}
		$\Delta\theta$/(°)	—	-1.262×10^{-2}	-1.3602×10^{-2}	-1.3703×10^{-2}
	1、2	航迹相对偏差/m	1236.10	500.59	503.29	501.7
D区样本 $L\in[120.4, 121)$ $B\in[25, 26)$ 样本容量:444 $\mathrm{cond}(A)=$ 8.56×10^5	1	$\Delta\rho$/m	—	450.3	-1.8882×10^{-7}	-2.6407×10^{-7}
		$\Delta\theta$/(°)	—	5.4378×10^{-3}	-2.9057×10^{-3}	-3.3712×10^{-3}
	2	$\Delta\rho$/m	—	800.41	1.2925×10^{-7}	7.1411×10^{-8}
		$\Delta\theta$/(°)	—	-1.3948×10^{-2}	-1.3519×10^{-7}	-1.4089×10^{-2}
	1、2	航迹相对偏差/m	1240.50	475.69	488.68	488.16

将采样时间分隔为时段Ⅰ、时段Ⅱ和时段Ⅲ,分别对其进行估计,其结果数据如表3-9所列。

表3-9 各时段内LS解、TLS解和TTLS解及评价指标

样本	雷达序号	误差参数	未配准	LS解	TLS解	TTLS解
时段Ⅰ: 2008-9-19 15:15:26- 19:17:09 样本容量: 1802 $\mathrm{cond}(A)=$ 3.05×10^5	1	$\Delta\rho$/m	—	−70.775	-1.6641×10^{-7}	-1.1651×10^{-7}
		$\Delta\theta$/(°)	—	-2.7768×10^{-3}	1.2554×10^{-5}	-7.3103×10^{-5}
	2	$\Delta\rho$/m	—	−149.18	3.5571×10^{-8}	2.899×10^{-7}
		$\Delta\theta$/(°)	—	-1.3807×10^{-2}	-1.4259×10^{-2}	-1.4456×10^{-2}
	1、2	航迹相对偏差/m	1277.2	414.41	423.46	420.69

（续）

样本	雷达序号	误差参数	未配准	LS 解	TLS 解	TTLS 解
时段Ⅱ：2008－9－19 17:37:41—20:35:26 样本容量:1214	1	$\Delta\rho$/m	—	－188.46	-1.6019×10^{-7}	1.1655×10^{-7}
		$\Delta\theta$/(°)	—	2.6024×10^{-3}	4.4511×10^{-4}	4.0827×10^{-4}
	2	$\Delta\rho$/m	—	71.085	1.719×10^{-8}	-7.1×10^{-8}
		$\Delta\theta$/(°)	—	-1.1475×10^{-2}	-1.3818×10^{-2}	-1.3994×10^{-2}
cond(A) = 2.67×10^{5}	1、2	航迹相对偏差/m	1222.5	467.63	473.66	471.14
时段Ⅲ：2008－9－19 19:17:09—22:01:14 样本容量:974	1	$\Delta\rho$/m	—	－175.58	-1.5524×10^{-7}	6.9792×10^{-9}
		$\Delta\theta$/(°)	—	3.0189×10^{-3}	-5.3592×10^{-5}	-1.1919×10^{-4}
	2	$\Delta\rho$/(m)	—	126.67	2.647×10^{-8}	-9.5795×10^{-8}
		$\Delta\theta$/(°)	—	-1.0419×10^{-2}	-1.2799×10^{-2}	-1.3021×10^{-2}
cond(A) = 2.91×10^{5}	1、2	航迹相对偏差/m	1190.8	586.69	588.91	585.57

不难发现，LS 解通常可以使航迹剩余误差减少 40% ~65%。但由于 LS 算法本身问题，其解容易受到噪声影响，从而造成连续求解过程中，解向量中某些元素变化幅度较大。由于两部雷达的测量系统误差真值未知，所以 TTLS 解相对于 TLS 解的优势并不明显。但从原理上可知，TTLS 解能够兼顾误差余量极小化和解的稳定性两个特点，是 LS 解和 TLS 解的一个折中。

综上所述，相对与通常意义下的 LS 估计，TLS 估计可降低噪声对矩阵 $\boldsymbol{A}$ 的影响，进而提高估计准确度；通过正则化方法，可降低病态系数矩阵 $\boldsymbol{A}$ 将噪声过度放大而湮没样本信息差异的程度。这两种方法如何组合应用，在何种场合下应用哪种方法还需进一步研究。

参考文献

[1] 孙晓昶，皇甫堪. 以恒星位置为基准的运动平台上测控雷达精度标校技术[J]. 宇航学报，2002(3):29－33.

[2] 陈非，敬忠良，姚晓东. 空基多平台多传感器时间空间配准与目标跟踪[J]. 控制与决策，2001，16(Suppl)：808－811.

[3] 余谅，邓宏洋. 空中交通管制系统中的多雷达数据的配准法[J]. 四川联合大学学报(工程科学版)，1999，3(3):19－25.

[4] MerrillI. Skolink. 雷达手册[M] 王军，等译. 北京：电子工业出版社，2004.

[5] P Dana Martin. Registration techniques for multiple sensor surveillance[C].//proceedings of the 9th MIT/LIDS workshop on C3 systems，[S. l.]：MIT ,1986

[6] Burke J J. The SAGE real quality control fraction and its interface with BUIC II/BUIC III. MITRE Corp. Tech. Rep. Nov，1966，308.

[7] Leung H，Blanchette M. A least squares fusion of multiple radar data. In：Proceedings of RADAR 1994. Pairs，France，1994. 364－369.

[8] Dana M P. Registration：A prerequisite for multiple sensor tracking. In：Bar－Shalom Y，Ed. Multitarget－Multisensor

Tracking: Advanced Applications. Norwood MA: Artech House, 1990.
[9] Sokkappa B G. TOS # 16: Registration Computation for RTQC. The MITRE Corporation, WP - 7681, 1971.
[10] 韩崇昭,朱洪艳,段战胜,等.多源信息融合[M].北京:清华大学出版社, 2006.
[11] Helmick R E, Rice T R. Absolute alignment of sensors[R]. Virginia: Naval Surface Warfare Center Dahlgren Division, 1996.
[12] Helmick R E, Jeffrey E. Conte, Rice T R. Absolute sensor alignment using GPS[R]. Virginia: Naval Surface Warfare Center Dahlgren Division, 1996.
[13] Conte J E, Helmick R E. Real - time bias estimation and alignment of two asynchronous sensors for track association and fusion[R]. Virginia: Naval Surface Warfare Center Dahlgren Division, 1995.
[14] 王珂, 蒋保富, 张遥. 一种非均匀系统误差的传感器空间配准方法[J]. 指挥信息系统与技术, 2010, 8:26 - 31.
[15] 郑大钟. 线性系统理论[M]. 北京:清华大学出版社, 2002: 84 - 98.
[16] 欧阳志宏, 杨宏文, 胡卫东, 等. 一种基于可观测度检测的雷达系统误差估计算法[J]. 现代电子技术. 2008, 9: 57 - 60.
[17] 杨宏文, 郁文贤, 胡卫东, 等. 基于可测度分析的雷达系统误差估计[J]. 国防科技大学学报, 1999, 21(15): 53 - 56.
[18] 杨宏文, 郁文贤, 胡卫东, 等. 基于数据补偿的雷达系统误差估计[J]. 火力控制与指挥, 2000, 25(2): 23 - 27.
[19] 王珂, 陈玥文. 低可观测度条件下多传感器系统空间配准技术探讨[J]. 南京: 指挥信息系统与技术, 2010, 1: 84 - 98.
[20] Hodges S D andMoore P G. Data uncertainties and least square regression. Applied statistics, 1972, 21:185 - 195.
[21] 袁振超, 沈云中, 周泽波, 等. 病态总体最小二乘模型的正则化算法[J]. 大地测量与地球动力学, 2009, 29, (2):131 - 134.
[22] 徐会林. 一种选取线性不适定问题正则化参数的迭代算法[J]. 江西科学, 2010, 4:425 - 428,465.

第 4 章　多传感器多目标探测与跟踪

4.1　网络中心战体系下的信息融合

现代海、空战场上，强电磁干扰环境、隐身平台和高机动目标的出现，使得单传感器对目标的发现概率和连续跟踪率大大降低。高速、长航时，远距离目标又使得单传感器全程掌握目标的能力降低。多传感器数据融合技术，通过对传感器的优化配置和控制，能够最大限度地利用多传感器检测信息，对目标进行联合航迹起始和跟踪，即能够快速起始目标航迹、提高跟踪精度、确保对高机动目标的连续跟踪，并能够解决对弱信号目标航迹起始与跟踪等难题。

多传感器数据融合技术将不同体制、不同功能和不同频段的多平台多传感器优化组网，实现对区域内多传感器统一指挥控制，进行目标信息融合处理，能极大地提高情报保障能力。随着通信网络技术和数据处理技术的不断发展，多传感器数据融合处理结构经历了集中式结构、分布/集中混合式结构和适应当前"网络中心战"的分布式结构。多传感器数据融合处理方法也经历了多传感器航迹择优输出、多传感器航迹融合、多传感器点迹融合、多传感器点迹航迹混合式数据融合，以及多传感器检测前信号、图像、点迹、融合、实现检测前跟踪等多个发展阶段。

"网络中心战"分布式体系结构面向陆、海、空、天一体化作战，融合了以往多传感器数据融合处理结构的几乎所有优势，是当前多传感器数据融合的前沿课题。

经典的多传感器信息融合技术主要关注一个独立处理系统对与其直接连接的多部传感器的融合，即集中式结构。在"网络中心战"体系结构下，多传感器信息融合必须统筹考虑全网的整体作战任务和入网的各类传感器资源，组网的信息源涵盖陆、海、空和天基平台，以及电磁、光学、红外等多光谱传感器和技侦、部侦、人工等多类手段，通过多源信息融合处理，将在全网范围内提供全面、持续、实时的态势感知能力，为作战任务提供有效的信息支持。

面对现代战场的复杂对抗环境，如何解决多传感器数据融合中各类关键技术，从而设计出满足作战需求的信息融合系统是当前的首要目标。图 4－1 是集中式 5 级通用信息融合功能模型，它对多传感器信息融合的功能流程框架和处理目标进行了较全面概括。

"网络中心战"体系下的多传感器分布式融合技术，首先要根据接入的网络节点平台，包括传感器和服务对象的信息组织模式，确定多传感器分布式融合的架构。对象是接入网络的分布式融合系统的各类情报处理中心、单兵种和综合作战指挥控制系统，以及作战任务执行单元，包括固定的和运动的。图 4－2 是"网络中心战"体系下多传感器信息融合的处理架构，其中各类信息融合功能以构件方式嵌入网络功能节点中。

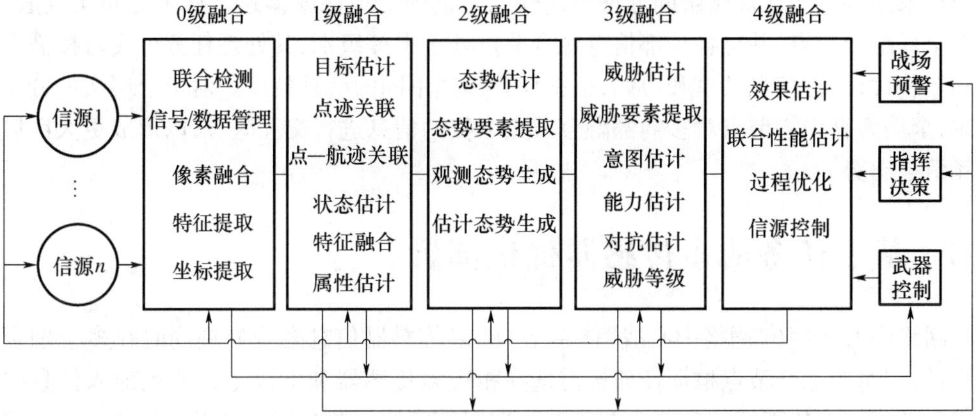

图4-1 集中式信息融合功能模型

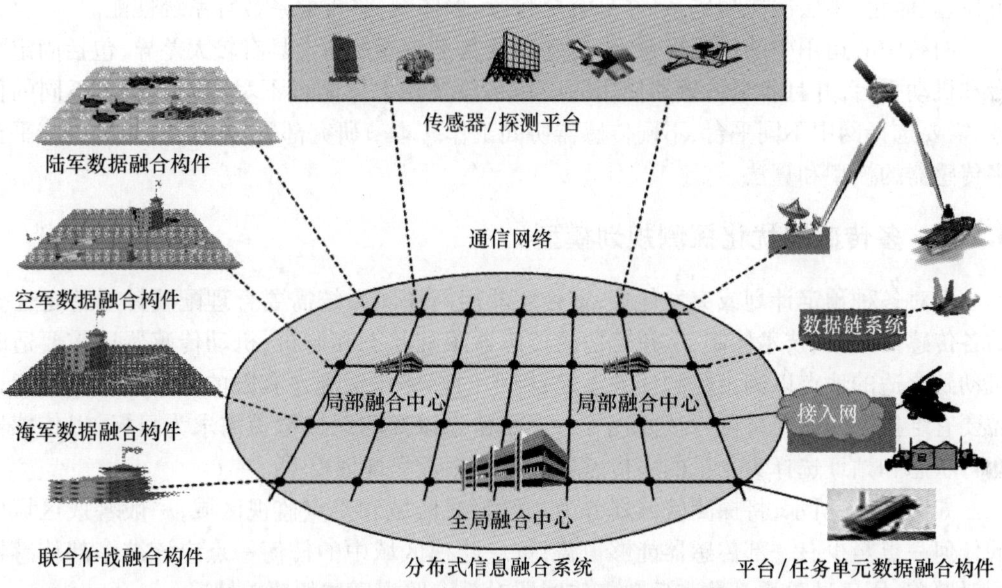

图4-2 “网络中心战”体系下分布式信息融合架构

图4-2所示的分布式信息融合的处理架构中，接入网络的陆军、海军、空军和联合作战指挥系统及任务单元都能按需共享原始的探测信息和多级信息融合中心的融合信息。各类指挥控制系统和作战单元中信息融合构件完成对所获得的传感器信息进行按需融合处理，“网络中心战”下的分布式信息融合架构将使数据融合系统的情报保障能力获得大幅提升。传感器信息被按需调度使用，数量多、种类全，并可跨区域(甚至全球)组网共享；在目标运动全过程连续多手段监视，全面精确掌握目标。在多数情况下，宽带通信能将更多的传感器原始信息传送到融合中心进行不同粒度的融合处理，更快、更好地发现目标并获取目标完整信息。反过来，信息融合中心可根据不同通信保障能力自适应选择传感器及其信息探测模式，保障完成任务所需的情报信息。

“网络中心战”体系中多传感器信息融合的处理模式是扁平化的多处理中心模式，每个信息融合构件可视为整个“网络中心战”体系中的一个信息融合处理节点，所有信息融合节点采用的分布式优化协同处理模式构成完整的情报保障体系。从全分布角度看,不存在全局融合节点,并且各局部信息融合节点处于平等级别,其处理任务可实时按需改变和相互替代,进行信息共享和协调,根据任务选择不同的信息粒度。对于分层次的分布式系统,全局融合中心节点对多局部融合节点上报的信息进行交互融合,以形成更大区域的战场情报态势。

4.2 基于任务的多传感器优化部署

网络中心运用("网络中心战"体系下)的多传感器信息融合处理同时在多个融合节点中进行,每个融合节点根据任务按需选择相应多传感器和下级融合节点输入信息并进行融合处理。多传感器信息融合在调度和控制传感器资源时要充分考虑作战中广泛采用的反侦察、反干扰、反摧毁、反隐身等技术措施。在战场上使用多传感器信息可以构成全方位、立体化、多层次探测体系,并具有全频段、多体制、多重叠系数等系统性能。

网络中心运用中的探测平台、多传感器及其工作参数通常具有较大差异,包括固定平台和机动平台,并且各个传感器使用的工作频段及技术体制也不尽相同。面对不同的任务,需要选择网中不同平台、不同传感器协同工作。本节研究部署、配置、管理网内多平台多传感器的模型和算法。

4.2.1 多传感器优化探测规划模型

面对各种预定计划或突发任务,多传感器组网探测系统需要合理配置针对特定任务的各传感器频段、技术体制,选择合适的传感器跟踪状态和时机;机动传感器还需要适时机动到合适的地点以满足探测任务需求;网中的传感器资源是有限的,且不能24h运行,需要有维护时间以保持可持续监视等。下面建立以探测区域覆盖需求为目标,以传感器运行状态和站址选择为变量的多传感器优化探测数学规划模型。

如图4-3所示,将探测区域划分为一般警戒区域和重点监视区域,一般警戒区域中的任何一点至少有一部传感器能够覆盖;重点监视区域中的任何一点应该被多部传感器同时覆盖,用区域重叠系数来反映多传感器对重点监视区域的覆盖情况。

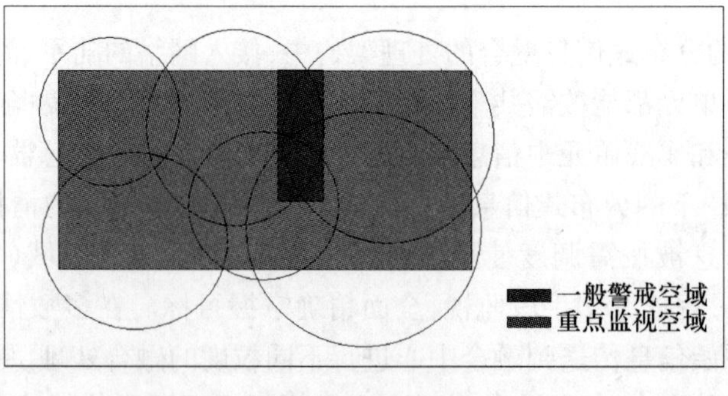

图4-3 传感器探测区域及覆盖图示

传感器的探测区域由站基址和探测范围决定,其中探测范围是固定的。将传感器的开机工作状况和机动传感器的站基址作为可选变量。

使用$f_1(X)$表示传感器网的雷达开机数，$f_2(X)$表示开机雷达的探测覆盖区域面积，$f_3(X)$表示多传感器对重点监视区域的覆盖程度(重叠系数)，问题转换为如下多目标规划问题[1]：

$$\begin{cases} V-\min f(X)=[f_1(X),f_2(X),f_3(X)]^{\mathrm{T}} \\ \text{s.t.} \quad G\supseteq A_g \\ \qquad K\geqslant K_0 \end{cases} \tag{4-1}$$

其中

$$\begin{cases} f_1=\sum_{i=1}^{N}O_i(x,y,M_i) \\ f_2=-a[\cup_{i=1}^{N}O_iA_i(x,y,M_i)]=-aG \\ f_3=-\dfrac{\sum_{i=1}^{N}a[O_iA_i(x,y,M_i)\cap A_s]}{a(A_s)} \end{cases} \tag{4-2}$$

其中

$$O_i(x,y,M_i)=\begin{cases} 0 & \text{当第}\ i\ \text{部传感器关机} \\ 1 & \text{当第}\ i\ \text{部传感器开机} \end{cases}$$

于是，$\min f_1(X)$表示开机工作传感器最少。$G=\cup_{i=1}^{N}O_iA_i(x,y,M_i)$表示$N$个多传感器的覆盖区域，$A_i$表示第$i$部传感器的探测区域，$A_s,s\in[1,N]$表示任务要求的重点探测区域，$A_g,g\in[1,N]$表示所要求的一般警戒区域，函数$a(\cdot)$表示区域的面积，$\min f_2(X)=\min(-aG)$表示最大探测范围。

$K=\sum_{i=1}^{N}a[O_iA_i(x,y,M_i)\cap A_s]/a(A_s)$表示多传感器对重点监视区域的重叠系数，$K_0$表示要求的最小区域重叠系数，$\min f_3(X)=\min(-K)$表示最大重叠系数。

4.2.2 求取规划模型 Pareto 解的遗传算法

4.2.2.1 Pareto 最优解

在很多情况下，多目标优化问题的最优解求取的难度极大，一个子目标性能的改善会引起另一个子目标性能的降低。为了正确解决多目标优化问题，引入 Pareto 最优解的概念[2]。

设$X\in R^m$是满足多目标优化模型约束的可行解集合，$f(x)\in R^p$是多目标优化的向量目标函数，满足：

$$f_k(x_1)\leqslant f_k(x_2) \quad k=1,2,\cdots,p$$

并且，至少存在一个l满足：

$$f_l(x_1)<f_l(x_2) \quad l\in\{i\}_{i=1}^{p} \tag{4-3}$$

则称解x_1比解x_2优越。

如果对于可行解$\tilde{x}\in X$，X中不存在其他比$\tilde{x}$更优越的可行解，则称$\tilde{x}$是多目标极小化模型的 Pareto 最优解。

通常多目标优化问题大多具有多个 Pareto 最优解,这些解共同构成了问题的 Pareto 最优解集。求解多目标优化问题的关键是求出其 Pareto 最优解集。

4.2.2.2 Pareto 群遗传算法设计

下面的 Pareto 遗传算法,在传统遗传算法的基础上,引入把群体按 Pareto 最优解分级和优秀个体存档的思想,并通过罚函数来解决约束条件的限制。该算法的流程如图 4-4 所示,算法流程说明如下。

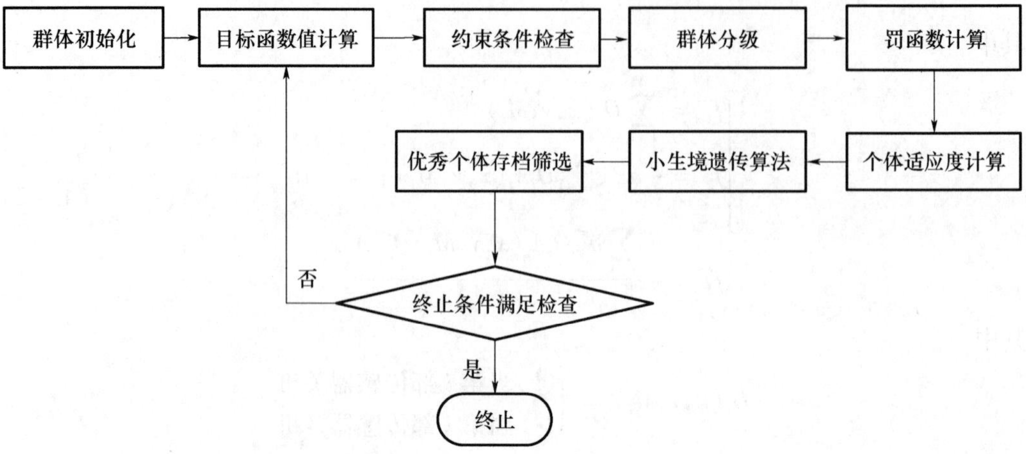

图 4-4 Pareto 遗传算法流程

1. 染色体编码设计

考虑到对目标函数有影响的可变因素有两个:开机状态 O 和传感器位置 (x,y),对于固定位置传感器的情况只有开机状态 O。设 N 部传感器中有 N_1 部是固定的,$(N-N_1)$ 部是可机动的。

将 O 和 (x,y) 联合设为染色体,采用二进制编码,O 用一位二进制编码表示,x 和 y 分别用 32 位二进制编码表示,这样,N 部传感器的一次部署管理使用 $(65N-64N_1)$ 位编码表示为

N_1 部固定传感器状态:$o_1o_2\cdots o_{N_1}$

第 1 部可机动传感器状态:$o_{N_1+1}x_{N_1+1}^{0}x_{N_1+1}^{1}\cdots x_{N_1+1}^{31}y_{N_1+1}^{0}y_{N_1+1}^{1}\cdots y_{N_1+1}^{31}$

……

第$(N-N_1)$部可机动传感器状态:$o_Nx_N^{0}x_N^{1}\cdots x_N^{31}y_N^{0}y_N^{1}\cdots y_N^{31}$

2. 约束条件检查与目标函数计算

对 N 个传感器的每一次部署(每一种编码表示的个体)均进行如下条件检查,重点探测区域重叠系数 K 可以根据式(4-2)直接计算。

计算覆盖区域面积有很多种算法,如积分法、像素映射法等,文献[3]给出的一种改进的圆弧并集面积算法是一种高效的计算方法。

一般区域 A_g 覆盖约束条件 $G\supseteq A_g$ 的检查使用下面的方法近似计算。

用网格将 A_g 分成若干个小正方形,检查每个小正方形的中心是否在某个传感器的探测范围之内,如果有某个中心不在任何传感器的探测范围之内,那么覆盖不成功。

对覆盖成功的部署,进行目标函数计算,按式(4-2)进行。

3. 群体分级

假设群体规模为 J（有 J 个可行解），分级就是将当前群体划分成若干组不同等级的非劣解集合。首先，通过多目标目标函数值的比较，选出所有非劣解，假设有 n_1 个，作为第 1 级非劣解集；然后对剩下的 $J-n_1$ 个个体进行比较，选出所有非劣解，假设有 n_2 个，作为第 2 级非劣解集。这个过程持续下去直到群体中的所有个体都已被分级。

4. 罚函数与适应度计算

假设 x 是状态变量，定义罚函数：

$$\tau(x) = \tau_1(x) \times \tau_2(x)$$

式中：$\tau_1(x) = \alpha(G \supseteq A_g) \times \alpha(K \geqslant K_0)$ 只与约束条件的满足情况有关，其中

$$\alpha(G \supseteq A_g) = \begin{cases} \kappa_1 & G \supseteq A_g \\ 1 & G \subset A_g \end{cases} \qquad \alpha(K \geqslant K_0) = \begin{cases} \kappa_2 & K \geqslant K_0 \\ 1 & K < K_0 \end{cases}$$

这里，$\tau_2(x) = (l-1)/D$ 只与个体所在的非劣解集级数有关，其中 l 为个体所在非劣解集级数，D 是总级数。

单目标优化问题可以用目标函数值直接计算个体的适应度，但是多目标优化问题有多个目标函数且目标函数之间可能是相互冲突的。罚函数的两个罚项，一是约束条件罚项，二是非劣解级数罚项，都间接反映了目标函数值，并且合成后的罚函数是对个体离可行域远近和离 Pareto 最优解远近的综合体现，所以下面用罚函数计算个体适应度：

$$F(x) = 1/(1+\tau(x))$$

5. 小生境遗传算法

使用小生境遗传算法对群体进行选择、交叉，变异操作，得到下一代群体。

6. 优秀个体存档筛选

建立一个 Pareto 最优解集档案，把每一代群体中的罚函数值为 0 的个体存入档案，对档案中的所有个体进行如下两个操作：

(1) 对所有个体执行“3. 群体分级”中的操作，保留第一级非劣解，删除其他个体。

(2) 使用共享函数法，删除相似的个体。共享函数定义：

$$s(d) = \begin{cases} 1 - d/\sigma & d < \sigma \\ 0 & d \geqslant \sigma \end{cases}$$

式中：d 为两个个体之间的海明距离；σ 为预先设好的距离门限。

7. 终止条件检查

对 Pareto 最优解集档案进行收敛性分析，如果收敛，则算法终止；如果不收敛，那么转到“2. 约束条件检查与目标函数计算”继续执行。

4.2.3 规划模型应用效果分析

我们的问题是将任务区域划分为一般警戒区域和重点监视区域，在某个时刻或时间段，选择哪些传感器开机运行，并选择机动传感器部署地点，以最小的代价发挥最大效能。上述方法采用 Pareto 遗传算法解决多目标优化问题，并使用小生境技术保证群体在进化过程的多样性，最后得到的 Pareto 最优解集档案是一些 Pareto 最优解的集合，区域探测决策指挥人员可以根据实际情况从中选择最佳的多传感器网络节点配置方案。下面给出该模型和解法实际应用于多雷达组网探测优化配置的一个实例。

假设本次任务区域为如图4-5中深色方框所示的700km×400 km区域，参与本次任务区域划分的雷达共有5部，按照图4-5的站址部署，各雷达站的探测范围分别为 R_1 :250 km, R_2 :300 km, R_3 :300 km, R_4 :400 km, R_5 :500 km。

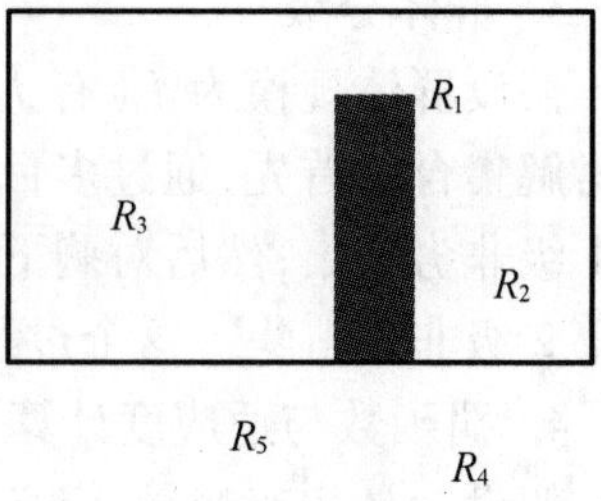

图4-5　任务区域和待分配的传感器分布图

经过4.2.2节提供的算法进行优化配置计算后，给出了2组Pareto最优值可供选择，分别是（R_1,R_3,R_5）和（R_1,R_4,R_5）。图4-6给出两种最优解的雷达站部署和包络线图。表4-1中列出了几组可行解及其关键函数的取值，从表中的计算结果可以看出，遗传算法得出的最优解是约束条件下最优的。

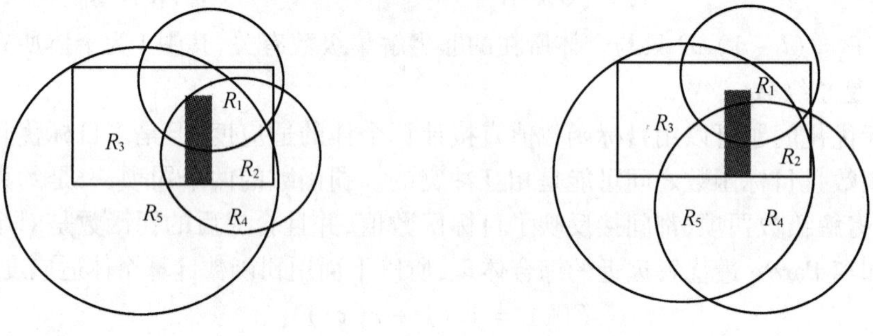

图4-6　遗传算法的2组Pareto最优解

表4-1　优化部署的可行解及其函数值

约束条件 / 可行解	f_1（开机雷达数）	f_2（覆盖范围）/km^2	f_3（覆盖系数）	结果
R_1, R_2, R_3	3	−385241	−1.032	
R_1, R_4, R_5	3	−450327	−1.998	Pareto最优
R_1, R_2, R_5	3	−410358	−2.015	Pareto最优
R_1, R_3, R_4	3	−401689	−1.406	
R_1, R_2, R_3, R_4	4	−789537	−2.568	

决策指挥人员可以根据对重要探测区域的关心程度，决定采用哪种策略。

4.3　多传感器点迹融合方法与实现技术

随着战场环境日益复杂，要求多传感器探测系统能尽早发现目标并进行预警，并且能尽快实现目标精确指示与跟踪，以支持指挥控制和精确打击。为此，多传感器情报处理系统需要充分掌握传感器量测级的情报数据，并采用适宜的量测融合算法。量测级的点迹数据（其中含有固定回波、杂波干扰、虚警）进入多传感器情报处理系统，要求情报处理系统具备处理点迹、航迹数据和进行点迹航迹混合融合的能力。要求提升系统对大容量、目标密集的海量情报数据的处理能力，这就必然要提出新的量测数据处理模型，提供关键技术的解决方法。

4.3.1 点迹—航迹融合结构框架

实现点迹航迹混合处理的目的是充分利用多传感器点迹和航迹信息，这就要求确定点迹和航迹信息间的关系，降低信息冗余度、减少信息存储和通信负载，构建点迹航迹统一处理架构。

多传感器点迹航迹混合式数据融合功能结构框架，如图 4－7 所示。

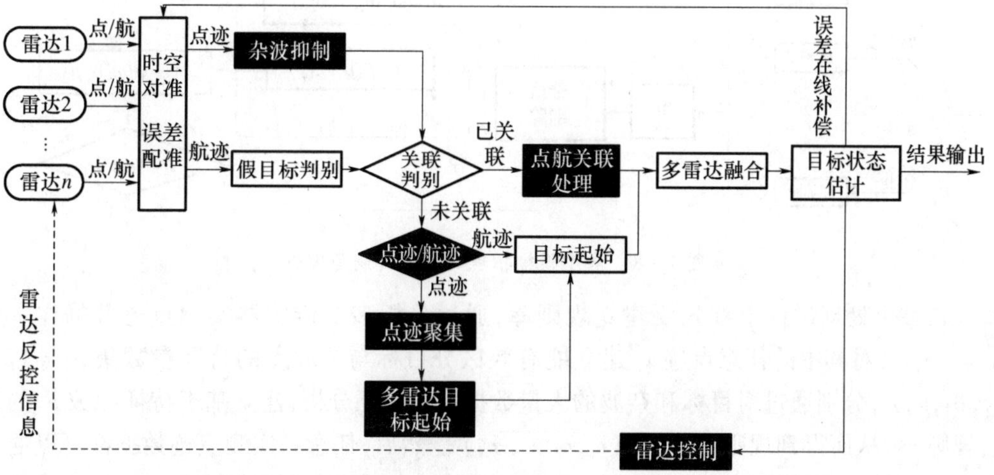

图 4－7　多传感器点迹航迹混合式数据融合处理模型

该模型中的几个黑框表述了与点迹处理有关的几个功能模块。杂波抑制模块对固定回波、干扰和虚警等杂波进行滤波，去除混在点迹信息中的杂波。经过处理的测量数据，与航迹进行数据关联；当系统判决出点迹数据比航迹数据对于目标跟踪有更大的优势时，系统将自动切换成为利用点迹数据进行融合。

与航迹融合相比，多传感器点迹航迹混合融合处理有如下优点：

(1) 结合了基于信息源自主处理的多源航迹融合方法和集中式点迹数据融合方法的优点，明显优于这两类单一结构。

(2) 多传感器点迹航迹混合式融合结构比航迹融合结构大大减少了测量信息的损失，提高了对隐身目标、弱信号目标、小目标、低空目标和高速机动目标的起始和跟踪能力。

(3) 通过对多传感器的报文控制，可提高传感器的按需探测能力和生存能力。

(4) 提高系统对目标跟踪的连续性和精确度。

4.3.2 基于模糊推理的杂波抑制方法

人们熟知的维纳(Wiener)滤波、基于最小均方误差准则的自适应滤波、功率谱估计、时频分布、混沌及高阶谱分析等滤波技术主要依据目标和杂波的时间累积序列在统计意义上呈现的差异性特点来实现滤波，是一种纵向的处理模式，对实现高速处理复杂环境下横向海量数据存在巨大难度。本节给出的基于模糊推理的杂波抑制方法充分利用传感器特征参数中杂波与目标在物理特性和运动动力学特性上所表现的差异性，并结合传感器的评估结果进行综合分析来实现滤波，处理方法可以扩展到用多源综合信息滤除杂波，是一种横向的处理模式。本方法融合多角度信息，刻划处理对象特征尽量多的有用信息，利用推理决策模式以加权多元联合处理实现杂波滤除。

4.3.2.1 模糊推理杂波抑制系统

结合启发推理思想与模糊聚类思想建立的模糊推理杂波抑制方法原理如图4-8所示。

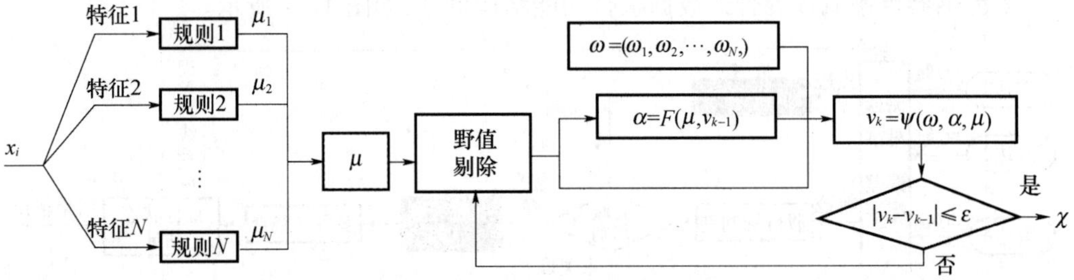

图4-8 基于模糊推理的杂波抑制原理图

在整个处理过程中首先要建立规则库，通过分析多个传感器实测点迹数据样本集 $X=\{x_i\}$，对其中的任意点迹 x_i 建立能有效区分目标与杂波点的特征参数集 $p=(p_1, p_2,\cdots,p_N)$，分别通过对目标和杂波的大量数据进行特征分析，建立基于特征参数 p_i 的判断规则 r_i，从而得到规则库 $\Re=(r_1,r_2,\cdots,r_N)$。然后，任意一实测点迹数据都可以通过式(4-4)第二式计算其在对应规则 r_i 下的隶属度 μ_i，从而得到隶属度集 μ。如杂波点径向速率主要分布在[0,5]m/s，某常规目标点迹的径向速率主要分布在均值为132m/s的[25,230]m/s区间，两者在[7,15]m/s间有一部分重叠分布，存在较大的模糊性。针对这一分布特性，对点迹径向速率特征采用式(4-4)第二式表示的隶属度函数模型，隶属度越大表明从径向速率的角度反映该点迹源于目标的可能性越大。

$$\mu=p\circ\Re=(\mu_1,\mu_2,\cdots,\mu_N)$$
$$\mu_j=f(v)1-\exp(-v^2/144)\qquad j=1,2,\cdots,N\tag{4-4}$$

在通常的二值逻辑模式下，一般只采用隶属度集 μ 中的某一项特征 μ_j 为判据（如位置或速率分量等）。由于任一事物都是多角度多特征信息的集合体，仅从某一角度或特征并不能完全正确反映事物的真实情况。单一特征判断模式容易造成误判，即存在所谓假象。在复杂背景下传感器对所探测目标的判断更是如此，这就需要综合考虑各角度所反应的目标特征，利用隶属度集 $(\mu_1,\mu_2,\cdots,\mu_N)$ 综合判断任意一点迹 x_i 源于目标的隶属度 μ，其判断结果显然比用单一特征的二值逻辑判断模式可靠。模糊推理主要有max-min、min-max、max-min和min-max折中的混合合成推理，以及直接利用if-then推理的模式[4]，式(4-5)是常用的混合模式，即

$$M=(1-\lambda)m_p+\lambda m_o\tag{4-5}$$

式中：M 为推理结果，当 $\lambda=1$ 时为乐观的max-min推理模式 m_o，当 $\lambda=0$ 时为保守的min-max推理模式 m_p。

虽然式(4-5)避免了以单一特征作为判据的判断模式的缺点，但仍然存在难以实现 λ 的适时最优问题。而直接利用if-then模式进行推理，对于多个前提条件下的复杂推理也难以确定推理规则，其推理结果模糊程度高且复杂，解模糊推理难度大等。

回顾整个推理过程,在特征参数集 p 通过式(4-4)得到隶属度集 μ 后,重点是如何对隶属度集 μ 进行综合使之得出一个可靠的综合隶属度。实质上,这一推理也是一个聚类分析的数学规划问题,所求解的综合隶属度相当于聚类中心值的求解。由文献[5],加权模糊 c 均值(WFCM)聚类的数学规划可表示为

$$\begin{cases} \min\left\{ J = \sum_{j}^{N} \sum_{k}^{c} \omega_j \alpha_{jk}^{m} \ \| \mu_j - v_k \|^2 \right\} \\ \text{s.t.} \left| \begin{array}{l} \sum_{j}^{N} \omega_j = 1 \quad \sum_{k}^{c} \alpha_{jk} = 1 \\ \alpha_{jk} \in [0,1] \quad 0 < \sum_{j}^{N} \alpha_{ij} < N \end{array} \right. \end{cases} \tag{4-6}$$

式中:c 为类别数(将聚类样本集所划分的类个数);$\boldsymbol{v}_k$ 和 α_{jk} 的表达式分别为

$$\begin{cases} \boldsymbol{v}_k = \dfrac{\sum_{j}^{N} \boldsymbol{\omega}_j \alpha_{jk}{}^{m} \boldsymbol{\mu}_j}{\sum_{j}^{N} \boldsymbol{\omega}_j \alpha_{jk}{}^{m}} \\ \alpha_{jk} = \left[\sum_{r}^{c} \left(\dfrac{\| \boldsymbol{\mu}_j - \boldsymbol{v}_k \|}{\| \boldsymbol{\mu}_j - \boldsymbol{v}_r \|} \right)^{\frac{2}{m-1}} \right]^{-1} \end{cases} \tag{4-7}$$

式中:$\boldsymbol{v}_k$ 为第 k 个类中心;α_{jk} 为所要求取的任一元素 $\boldsymbol{\mu}_j$ 对于类中心 $\boldsymbol{v}_k$ 的隶属度;$\boldsymbol{\mu}_j$ 为式(4-4)中点迹样本基于特征 p_j 对目标的隶属度;$\boldsymbol{\omega}_j$ 为权值向量。在给出 μ 和 ω 后,$\boldsymbol{v}_k$ 和 α_{jk} 可由式(4-7)迭代求取。

WFCM 聚类算法需满足 $2 \leqslant c < N$ 时才具有分类意义,而本文实际求解问题为 $c = 1$ 时的特例,即式(4-6)的规划退化为类中心求取而无需分类处理的特例。式(4-7)中第二式退化为通常的加权平均值计算,此时可将该规划理解为以 v 为重心的等密度分布的球体。而在单一样本类内可采用以类中心为共同参照基准的高斯型函数作为统一的测度关系,从而构造一个以 v 为重心、密度服从式(4-8)高斯分布的球体模型,这种非线性模型比普通的线性模型具有更好的精度和抑噪性能。

$$\alpha_j = \exp(-\| \mu_j - v \|^2 / 2\sigma^2) \tag{4-8}$$

这里,改以 v 表示类中心,式(4-7)中第一式可重写为

$$v = \sum_{j=1}^{N} \boldsymbol{\omega}_j \alpha_j^m \boldsymbol{\mu}_j \Big/ \sum_{j=1}^{N} \omega_j \alpha_j^m \tag{4-9}$$

式中:权向量 $\boldsymbol{\omega} = (\omega_1, \omega_2, \cdots, \omega_N)$ 体现各特征信息参与判决的重要性程度,α 越大说明 μ 越靠近类中心 v 且对类中心的贡献程度也越高。加权指数 m 一般取等于或略大于 $N/(N-2)$ 的值[6,7]。在式(4-9)中,当加权指数 m 和权值向量 $\boldsymbol{\omega}$ 中各分量都为 1 时,该式退化为经典的重心解模糊方法。通过迭代式(4-8)和式(4-9)可以方便地求解 α、v,从而解决了多前提条件下推理烦杂、结果模糊度大和解模糊难等问题。

为了降低特征野值对结果的影响,在迭代过程中采用下式,即

$$\begin{cases} \text{剔除 } \mu_j & |\mu_j - v_k| > \gamma \text{ 且} (\mu_j - v_k)(v_k - v_{k-1}) < 0 \\ \text{保留 } \mu_j & \text{其他} \end{cases} \tag{4-10}$$

式中：γ 为野值剔除门限。

式(4-10)采用欧氏距离与梯度变化趋势相结合的野值判断方法，在一定程度上能有效避免迭代运算驻留于鞍点，加快收敛速度并保证迭代初期超过门限的合理值不被剔除。

如上所述的杂波抑制模糊推理算法为序贯处理模式，主要实现步骤如下：

步骤1：首先采集样本建立规则库 $\Re$，然后对新来测量点迹采用式(4-4)中第二式计算其隶属度集 μ，并给出权向量 $\boldsymbol{\omega} = (\omega_1, \omega_2, \cdots, \omega_N)$。

步骤2：初始化迭代循环计数器 $k = 1$，隶属度集 μ 的类中心初始为 $v_0 = \sum_{j=1}^{N} \mu_j / N$。

步骤3：由式(4-8)计算 $\alpha = \{\alpha_j\}$，将 μ、α 代入式(4-9)计算新的类中心 v_k。

步骤4：判断 $| v_k - v_{k-1} | < \varepsilon$ 是否成立，如不成立转到步骤5，否则转到步骤6。

步骤5：采用式(4-10)对隶属度集 μ 进行特征野值剔除，然后将新的隶属度集 μ 和计算所得的 v_k 代入步骤3，同时置计数器 $k = k + 1$。

步骤6：迭代结束，令 $u = v_k$，即为综合后的隶属度。

4.3.2.2 杂波抑制试验验证

本节采用实测点迹数据进行试验，其中选择点迹与航迹关联情况、径向速率、回波数、风险系数、幅度值、环境电平6个特征参数。为了简单起见，试验中诸 ω_i 采用等权值，迭代精度 $\varepsilon = 0.00001$。

试验1 验证本节所述方法对杂波和目标具有可分离性，分别用实测的已知杂波点迹数据和目标点迹数据进行试验(图4-9)。图4-9中，横轴 u 表示综合后的隶属度值，纵轴 $P(u)$ 表示各隶属度值所对应样本占总样本的比例数。

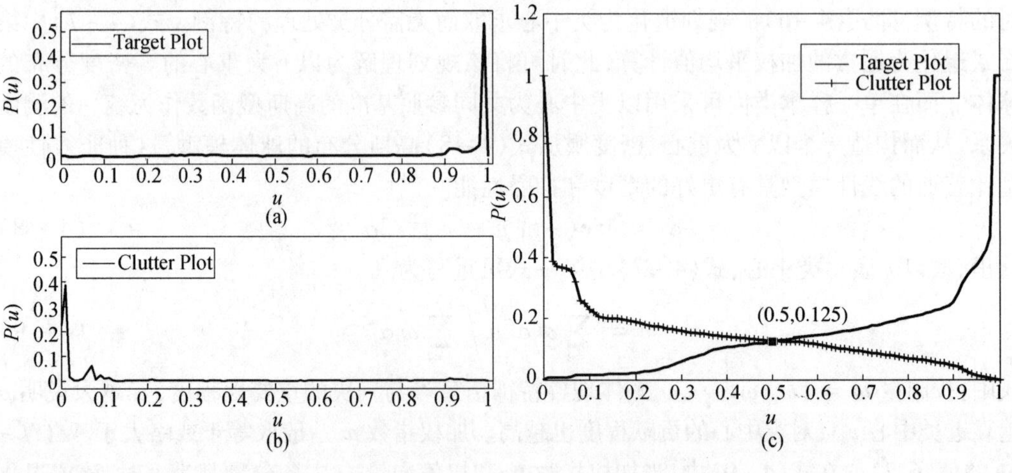

图4-9 各隶属度值的比例

对比图4-9中两条曲线，杂波点迹与目标点迹的隶属度 u 呈现分离的分布态势，杂波的 u 值主要集中在[0,0.13]内，如图4-9(b)所示；而目标的隶属度值 u 主要集中在[0.88,1]之间，如图4-9(a)所示。但仍有少量杂波点迹的隶属度值 u 分布在高值区间，这部分属于具有强反射的强杂波点迹，同时也有小部分弱小或处于强杂波背景下的目标点迹 u 值分布在低值区间，这种错位分布现象是合理的且对杂波与目标点迹所呈现的分离分布态势没有实质影响。为进一步验证本节方法,分别对源于目标和杂波的 5 个时段实测数据进行处理,统计目标和杂波点迹样本中各隶属度区间内所对应的点迹样本数占总样本数的比例(图 4-9(c))。为直观起见,图 4-9 中杂波和目标点迹比例曲线分别以从 0~1 和从 1~0 的 u 值为序作累加统计。结果表明,经该方法处理后约有 87.51% 的杂波点迹处于[0,0.5]隶属度区间内,同时也约有相同比例的目标点迹处于[0.5,1]隶属度处于区间内,即以隶属度 0.5 为界可实现约 87.51% 的分离率。另外,该算法在 $\varepsilon = 0.00001$ 的高迭代精度时,其平均循环迭代次数仅为 9.9289 次。

试验 2 仍采用实测数据进行试验,其参数设置同试验 1。为了显而易见,试验中采用隶属度 $u = 0.6$ 作为杂波抑制门限(实际应用中,不建议直接设置这样的二值逻辑判断门限,而是将该隶属度作为后端处理的参考因子),实时处理结果如图 4-10、图 4-11 所示,图 4-11 中"□"为传感器已判明的目标点迹,"-"为未判明点迹。

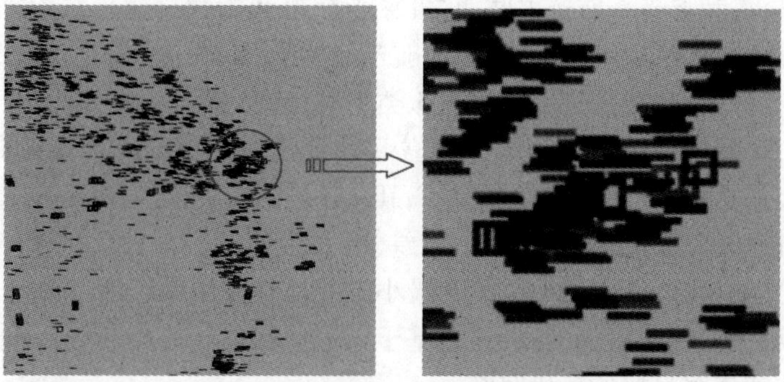

图 4-10　处理前点迹图

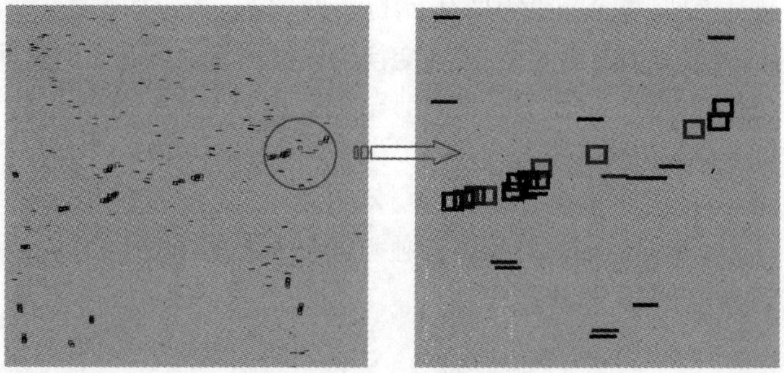

图 4-11　处理后点迹图

图 4-10 为处理前的点迹图,从图中可以看到该区域处于强杂波背景,部分目标几乎被杂波淹没,这将对后端的信息处理造成极大的困难。而利用本文方法处理后的效果如图 4-11 所示,点迹中的绝大部分杂波被抑制掉,只有少数不明点迹存留,它们或为强杂波或为目标点迹。与处理前相比,处理后大大抑制了杂波从而减轻后端信息处理压力,并有利于降低虚警概率。

4.3.3 基于极大似然估计的点迹—航迹融合方法[8-10]

无论从理论上还是从实际应用上看,密集回波环境下的多目标跟踪问题都是雷达数据处理中难度很大的问题。多目标跟踪的基本概念是从大量(空间中的)密集测量值中确定任一可能出现的目标,并估计出其航迹参数。从某种意义上说,多目标跟踪主要是解决不确定性问题,这些不确定性包括以下几种:

(1) 虚假测量是指虚警,即测量来源于诸如环境杂波(地物、海面杂波和气象干扰等)、探测噪声、敌方施放的干扰(积极/消极干扰)或假目标等。

(2) 密集回波中存在的两类模糊现象,即多个测量同时位于一批目标的预测波门内,或一个测量同时位于多批目标的预测波门覆盖区内。

(3) 探测空间中目标数目不确定。

解决多目标跟踪问题主要包括多传感器多测量关联、多传感器多目标航迹起始、多传感器多目标跟踪。

多测量关联是指多传感器(或单传感器)多周期(或单周期)测量对目标的分配问题,包括点迹关联聚集和点迹—航迹关联,它贯穿于航迹起始和目标跟踪的整个过程中。其中,最困难的莫过于多目标航迹起始,因为航迹起始既要识别假目标,又要处理两类模糊,同时还要确定目标数目,涉及到所有上述3类不确定性问题。

迄今为止,多目标跟踪研究领域已建立起的数学方法有最邻近滤波算法(NNF)、轨道分支法、极大似然法、次优贝叶斯(PDAF,JPDAF)方法、最优贝叶斯方法等。这些方法都以通常的估计准则,如最小二乘、最小方差、极大后验、极大似然等估计准则为基础,其中尤其以最小二乘估计、极大似然估计和最小方差估计应用最广泛。

本节主要根据工程应用的实践,建立基于极大似然估计的点迹融合和点/航迹融合模型,以实现多传感器多目标的最优跟踪。

4.3.3.1 问题描述

设有 K 个测量周期,每个测量周期有 $m_k(k=1,2,\cdots,K)$ 个测量点迹,其可来源于多个传感器,若是不同等传感器的测量,需要变换为同类测量。记 k 周期测量为

$$Z_k = \{z_{k,i}\}_{i=1}^{m_k} \tag{4-11}$$

记从 $k=1\sim K$ 时刻测量集合为

$$Z^K = \{Z_k\}_{k=1}^{K} \tag{4-12}$$

假设不来自真实目标的虚假测量服从独立同分布且具有密度 V^{-1} ,V 是预测波门的(超)体积。式(4-12)中总测量数目为

$$m = \sum_{k=1}^{K} m_k \tag{4-13}$$

假设目标运动状态和测量方程已线性化为

$$\boldsymbol{x}_k = \boldsymbol{F}_k\boldsymbol{x}_{k-1} + W_k \tag{4-14}$$

$$\boldsymbol{Z}_k = \boldsymbol{H}_k\boldsymbol{x}_k + V_k \tag{4-15}$$

式中:$\boldsymbol{x}_k$ 为包含目标位置、速度、加速度等的多维状态向量;$\boldsymbol{Z}_k$ 为多维测量向量;$\boldsymbol{F}_k$ 为状态转移矩阵,$\boldsymbol{H}_k$ 为测量矩阵;W_k 、V_k 为状态噪声和测量噪声,它们相互独立且不同时刻亦独立,是具有零均值的正态分布,协方差为 Q_k 、R_k ;初始状态 X_0 服从正态分布。

多目标点迹融合问题是从集合 Z^k (有 $m=m_1+\cdots+m_k$ 个测量)中起始产生真实目标航迹,即确定源于每个真实目标的测量集合,并融合产生真实目标航迹。因此,寻找真实航迹首先是寻求对 Z^k 的最优分划。而极大似然准则就是寻求使其似然函数达极大的

一种最优分划方法。

4.3.3.2 极大似然航迹起始

设从 k 周期的 m_k 个测量集合 Z_k 选择 $z_{ki_{l_k}}(k=1,2,\cdots,K)$，构成的一个特定测量序列为

$$\theta^{l_i}=\{z_{1i_{l_1}},\cdots,z_{Ki_{l_K}}\} \tag{4-16}$$

式中：某些周期的测量可以缺省。

1. 构造可能轨道

如(4-16)所示的测量序列最多可有 $(m_1+1)(m_2+1)\cdots(m_K+1)$ 个，从这些测量序列中选取真实目标轨迹的第一步是粗检，又称构造可能轨道，以减少考虑计算的轨道数目。可能轨道又称为“有点象”轨道，主要考虑其在时间和空间上基本合理。

粗检主要包含两个方面，一是按距离窗口粗检，以剔除在距离上不可能达到的测量序列，一般考虑非机动窗口和机动窗口；二是按时序周期选择时序合理的测量序列。按上述原则构造的“可能”轨道，可以达到每个测量序列(轨道)在一个时序周期中最多只选择一个测量，且该测量又在该轨道的本周期预测值附近。

将粗检后保留的所有可能轨道集合记为

$$\boldsymbol{\Phi}=\{\theta^l\}_{l=1}^L \tag{4-17}$$

即共有 L 条可能轨道，其在数量上仍大大超过真实目标，因其中除真目标外，还包含了某些假目标(归入 θ^{l_0})和重复目标。所谓重复目标是指两条或多条轨道的部分轨道是重合的，这是因为构造可能轨道时，允许测量值重复使用，即一个测量可分配给多条轨道。

2. 构造多周期点迹集合的可行分划

从可能轨道集合 $\boldsymbol{\Phi}$ 中选取轨道集合 $\boldsymbol{\tau}$，即

$$\boldsymbol{\tau}=\{\theta^{l_i}\}_{i=0}^I \tag{4-18}$$

式中：$\theta^{l_i}(i>0)$ 是可能轨道，θ^{l_0} 由不属于任何 $\theta^{l_i}(i=1,2,\cdots,I)$ 的测量构成(一般是虚假点集合)。

集合 $\boldsymbol{\tau}$ 是测量 Z^K 的可行分划，要满足下述条件：

$$Z^K=\theta^{l_0}\cup\theta^{l_1}\cup\cdots\cup\theta^{l_I} \tag{4-19}$$

$$\theta^{l_i}\cap\theta^{l_j}=\phi \quad i\neq j \quad i,j=0,\cdots,I \tag{4-20}$$

在可行分划中，每个测量只属于一个轨道(θ^{l_i} 或 θ^{l_0})。或者说，在可行分划中诸可行轨道无重复测量。记基于可能轨道集合 $\boldsymbol{\Phi}$ 的所有可行分划集合为

$$T=\{\boldsymbol{\tau}^j\}_{j=0}^J \tag{4-21}$$

于是，多目标航迹起始和跟踪问题就成为在可行分划集合 T 中寻求最优分划问题。

3. 极大似然航迹起始

极大似然航迹起始是指对所构造的可行分划，采取极大似然准则选取最优分划，最优分划中包含的每个测量序列就是源于同一目标的测量集合或假点集合。由条件概率公式得

$$P(\boldsymbol{\tau}/Z)=P(Z/\boldsymbol{\tau})P(\boldsymbol{\tau})/P(Z)$$

式中：$P(\boldsymbol{\tau})$ 为可行分划 $\boldsymbol{\tau}$ 的先验概率，在无有关目标的其他先验信息时，通常假设一切可行分划的先验概率相同，于是寻求具极大后验概率的可行分划等价于寻求使下述似然函数达极大的可行分划：

$$\max_{\tau \in T} P(Z/\tau) \tag{4-22}$$

下面求取似然函数 $P(Z/\tau)$ 。由式(4－19)、式(4－20)可知

$$\begin{cases} P(Z/\tau) = P(\theta^{l_0})P(\theta^{l_1})\cdots P(\theta^{l_I}) \\ P(\theta^{l_i}) = P(z_{1i_{l_1}})P(z_{2i_{l_2}})\cdots P(z_{Ki_{l_K}}) \end{cases} \tag{4-23}$$

式中：$z_{1i_{l_1}},\cdots,z_{Ki_{l_K}}$ 是某一可行分划 τ 中的轨道 θ^{l_i} 集合中所含有的 K 个测量(可以缺省)。每个测量的概率密度为

$$P(z_{ik}) = \frac{1}{(2\pi)^{q/2}\sqrt{|D_{ik}|}}\exp\left\{-\frac{1}{2}\boldsymbol{S}_{ik}^{\mathrm{T}}\boldsymbol{D}_{ik}^{-1}\boldsymbol{S}_{ik}\right\} \qquad k = 1,2,\cdots,K;i = 1,2,\cdots,I \tag{4-24}$$

为简化描述,式(4－24)中将 $z_{ki_{l_k}}$ 仍记为 z_{ik} ,这里 q 为测量维数,$\boldsymbol{S}_{ik} = z_{ik} - \hat{z}_i$ 为 k 周期, θ^{l_i} 为轨道的新息(又称残差),$\boldsymbol{D}_{ik}$ 为其协方差。$\boldsymbol{S}_{ik}$ 、$\boldsymbol{D}_{ik}$ 可从对可能轨道 θ^{l_i} 实施的滤波估计中得到,如在卡尔曼滤波中,有

$$\begin{cases} \boldsymbol{S}_{ik} = z_{ik} - \hat{z}_i(k/k-1) \\ \boldsymbol{D}_{ik} = \boldsymbol{H}_k P(k/k-1)\boldsymbol{H}_k^{\mathrm{T}} + R_k \end{cases} \tag{4-25}$$

式中：$\hat{z}_i(k/k-1) = H_k\hat{\boldsymbol{x}}(k/k-1)$,$\hat{\boldsymbol{x}}(k/k-1)$ 为第 k 周期状态预测值,而 $P(k/k-1)$ 为状态预测协方差。

设 θ^{l_i} 中有 n_{l_i} 个测量,则

$$\begin{aligned} \lambda(\theta^{l_i}) &= -\log[p(\theta^{l_i})] = -[\log p(z_{i_1}) + \log p(z_{i_2}) + \cdots + \log p(z_{i_{n_i}})] \\ &= C_{n_{l_i}} + \frac{1}{2}\sum_{k=1}^{n_{l_i}}\boldsymbol{S}_{ik}^{\mathrm{T}}\boldsymbol{D}_{ik}^{-1}\boldsymbol{S}_{ik} \\ &\qquad i = 1,2,\cdots,I \end{aligned} \tag{4-26}$$

其中

$$C_{n_{l_i}} = -\frac{1}{2}[n_{l_i}\log(2\pi) + \sum_{k=1}^{n_{l_i}}\log|D_{ik}|]$$

注意可行分划中的 θ^{l_0} 与可能轨道集合中的 θ^0 是相同的,它们均由不属于任何可能轨道的测量组成,也可视为可行分划中一条“可行轨道”。

由于 θ^{l_i} 中有 $n_{l_i}(i = 1,2,\cdots,I)$ 个测量,于是 θ^{l_0} 中共有元素个数为 $m - \sum_{i=1}^{I} n_{l_i}$,再考虑可行分划所确定的轨道预测波门体积为 V ,且认为 θ^{l_0} 中元素为独立同分布,于是可知 θ^{l_0} 的密度为

$$p(\theta^{l_0}) = \left(\frac{1}{V}\right)^{m-\sum_1^I n_{l_i}} = V^{-(m-\sum_1^I n_{l_i})} \tag{4-27}$$

$$\lambda(\theta^{l_0}) = \log[p(\theta^{l_0})] = (m - \sum_1^I n_{l_i})\log V^{-1} \tag{4-28}$$

从而得到可行分划 τ 条件下的负对数似然函数为

$$\log[p(Z/\tau)] = \sum_{i=0}^{I}\lambda(\theta^{l_i}) \tag{4-29}$$

式中：$\lambda(\theta^{l_i})(i=1,2,\cdots,I)$ 如式(4-26)所示，$\lambda(\theta^{l_0})$ 如式(4-28)所示。

最后，求取最优分划 τ 的问题化为

$$\max_{\tau\in T}[p(Z/\tau)]=\min_{\substack{\tau\in T\\ \theta^{l_i}\in\tau\\ i=1,2,\cdots,I}}\sum_{i=0}^{I}\lambda(\theta^{l_i}) \qquad (4-30)$$

按式(4-30)求出最优可行分划 τ^* 之后，若

$$\tau^*=\{\theta^{l_i^*}\}_{i=0}^{I}$$

则 τ^* 中的各真实目标的测量序列为

$$\theta^{l_i^*}=\{z_{1i_{l_1}^*},z_{2i_{l_2}^*},\cdots,z_{ki_{l_k}^*}\} \qquad i=1,2,\cdots,I$$

对这 I 个测量序列分别进行估计处理，可以进行批估计，也可以进行序贯估计；计算出相应真实目标的状态参数，包括 K 个时刻的目标位置估计(二维情况) $\hat{X}_k^i(\hat{x}_k^i,\hat{y}_k^i)(k=1,2,\cdots,K)$，目标速度估计 $\hat{V}_k^i$ 和航向估计 $\hat{K}_k^i$（或 $\hat{V}_{x_k}^i$，$\hat{V}_{y_k}^i$）$(i=1,2,\cdots,I;k=1,2,\cdots,K)$；从而实现对这 I 批目标的定位和跟踪。

实际上在按(4-26)求取可行分划 τ 产生的轨道 $\theta^{l_i}(i=1,2,\cdots,I)$ 的似然函数时，已经涉及到按递推估计(如卡尔曼滤波)求取多可行轨道的状态参数估计及其误差协方差估计，其中也包括求出了最优分划 τ^* 所含各可行轨道 $\theta^{l_i^*}(i=1,2,\cdots,I)$ 所表示的真实目标状态参数估计值。

4. 极大似然跟踪

航迹起始形成了多条目标航迹，对该多批目标的跟踪问题实际上就变为对以后继续报来的测量值，逐周期地确定与已有多批目标航迹的关联(包括新目标航迹起始、多周期无测量航迹的暂消或消失等)，以及关联分配之后的滤波处理问题。

设依据 $n-1$ 个周期的测量集合 $Z^{n-1}=\{Z_k\}_{k=1}^{n-1}$ 已起始形成 m 条目标航迹，第 n 周期又报来 m_n 个测量值 $Z_n=\{z_{n,i}\}_{i=1}^{m_n}$。将这 m_n 个测量对已有 m 条航迹的最优关联分配问题，实际上变成两周期测量的航迹起始问题，就是说可以将已有的 m 条目标航迹的外推点迹视为第一周期 m 个测量点迹，而将测量集合 Z_n 中的元素视为第二周期的 m_n 个测量点迹，从而沿用4.3.3节的极大似然航迹起始方法实现多目标的极大似然跟踪。

与传统点迹—航迹关联跟踪方法比较，基于两周期点迹关联融合实现多目标起始与跟踪的方法具有的优点是，它能够动态调整已有的航迹，从而纠正上一周期航迹轨道构成的不合理现象，并调整航迹数量，使态势更加清晰。

4.3.4 基于后验概率比的假目标判定方法及其应用

不论是录取的点迹还是生成的航迹(带有批号的雷达点迹即是航迹)中都可能存在假点。假点迹会起始形成假航迹，真目标航迹由于与点迹关联出错，采用假点迹更新也会变成假航迹等。在防空系统中，由于多雷达测量区域相互覆盖，因此，系统中虚假点迹出现的概率大大高于单雷达，形成的假航迹数量也比单雷达多得多。基于预设波门进行测量粗检时无法剔除全部假点，否则会丢失许多真目标点迹；因此，必须在多传感器目标航迹起始和跟踪中再次进行假点迹(假航迹)判定和滤除。

本小节给出的后验概率比假目标判定方法的基本原理是：若真目标和假目标判定假设的先验分布已知，后验概率比将导致似然比；对于真目标与假目标共存环境，其概率密

度为真目标密度与假目标密度之积，而杂波环境的密度仅为其所含假目标的密度，这两个环境概率密度（似然函数）之比就消除了杂波密度，而大大突显出真实目标的密度特征，从而有利于目标的真假判断。

4.3.4.1 假目标判定后验概率比

该模型仍采用目标状态方程式(4-14)、式(4-15)，以及 K 个周期测量值（式(4-11)~式(4-13)）。

在如式(4-17)所示的可能轨道集合 $\Phi = \{\theta^l\}_{l=0}^{L}$ 构造出来之后，再按式(4-19)、式(4-20)构造可行分划：

$$\tau = \{\theta^{l_i}\}_{i=0}^{I} \tag{4-31}$$

$$\begin{cases} Z^k = \theta^{l_0} \cup \theta^{l_1} \cup \cdots \cup \theta^{l_I} \\ \theta_{l_i} \cap \theta_{l_j} = \phi \quad i \neq j \quad i,j = 1,2,\cdots,I \end{cases} \tag{4-32}$$

式中：θ^{l_0} 由不属于任何 θ^{l_i} 的假点组成，而 $\{\theta^{l_i}\}_{i=1}^{I}$ 表示 1 个可行分划 τ 所包含的 I 批目标。

为了对可行分划 τ 中所含假目标的情况进行判定，特给出下述两个假设：

(1) H_0：τ 中所有测量皆为虚假测量（杂波或干扰等），此时 τ 中所包含的 I 批目标皆为假目标。

(2) H_1：τ 是按正常测量的可行分划，假点只集中于 θ^{l_0} 中，并设第 k 周期目标发现概率为 P_{Dk}，各周期虚警（假点发现）概率皆为 P_F。

在假设 H_0 之下，τ 中所有测量皆为假测量，因此，第 k 周期 H_0 的先验概率实际上为对 I 批测量皆丢失的概率 $(1-P_{Dk})^I$ 与 m_k 个测量皆为虚警的概率 $P_F^{m_k}$ 之积，从而 K 个周期 H_0 的先验概率为

$$P(H_0) = \prod_{k=1}^{K} P_F^{m_k} (1-P_{Dk})^I = (1-P_D)^{KI} \prod_{k=1}^{K} P_F^{m_k} \tag{4-33}$$

这里，假设各周期测量目标发现概率皆为 P_D。

在假设 H_1 之下，τ 是正常测量可行分划，此时 θ^{l_0} 中含有的虚假测量数为

$$\Theta = m - \sum_{i=1}^{I} n_{l_i} = m - n \tag{4-34}$$

式中：$m = m_1 + \cdots + m_K$ 为 K 周期总测量数目，而 $n = n_{l_1} + \cdots + n_{l_I}$ 为可行分划 τ 中 I 批目标所含有效测量之和。于是，可知假设 H_1 的先验概率为

$$P(H_1) = P_F^{\Theta} \prod_{i=1}^{I} [P_D^{n_{l_i}} (1-P_D)^{K-n_{l_i}}] \tag{4-35}$$

式中：$P_D^{n_{l_i}}$ 为第 i 批目标（所含 n_{l_i} 个测量）的发现概率。

由于 K 为每批目标所含最多测量数（可能轨道每周期最多选一个测量），因此，$K-n_{l_i}$ 为第 i 批目标所丢失（未发现）的测量数，故 $(1-P_D)^{K-n_{l_i}}$ 为第 i 批目标的丢失概率。注意：

$$p(Z/H_1) = [\prod_{i=1}^{I} p(\theta^{l_i})] p(\theta^{l_0})$$

$$p(Z/H_0) = p(\theta^{l_0})$$

于是，后验概率比为

$$\frac{P(H_1/Z)}{P(H_0/Z)}=\frac{P(H_1)P(Z/H_1)}{P(H_0)P(Z/H_0)}=\frac{P(H_1)}{P(H_0)}\left[\prod_{i=1}^{I}P(\theta^{l_i})\right] \tag{4-36}$$

由式(4－33)、式(4－35)得

$$\begin{aligned}\frac{P(H_1)}{P(H_0)}&=\frac{P_F^{m-n}\prod_{i=1}^{I}P_D^{n_{l_i}}(1-P_D)^{K-n_{l_i}}}{(1-P_D)^{KI}\prod_{k=1}^{K}P_F^{m_k}}\\&=\frac{P_F^{m-n}P_D^n(1-P_D)^{KI}(1-P_D)^{-n}}{P_F^m(1-P_D)^{KI}}=\frac{P_D^n}{P_F^n(1-P_D)^n}\\&=\left[\frac{P_D}{P_F(1-P_D)}\right]^n\end{aligned}$$

再注意：

$$P(\theta^{l_i})=P(z_{1i_{l1}})P(z_{2i_{l_2}})\cdots P(z_{Ki_{l_K}})$$

代入式(4－36)得

$$\frac{P(H_1/Z)}{P(H_0/Z)}=\left[\frac{P_D}{P_F(1-P_D)}\right]^n\prod_{i=1}^{I}\prod_{k=1}^{K}\left[P(z_{ki_{l_k}})\right]^{\delta_{ik}} \tag{4-37}$$

式中：$P(z_{i_{l_k}})$ 按式(4－24)、式(4－25)给出的正态分布密度和可能轨道滤波估计进行计算。

$$\delta_{ik}=\begin{cases}0 & k\text{ 周期丢失目标 }\theta^{l_i}\\1 & \text{其他}\end{cases} \tag{4-38}$$

式(4－37)就是本节所获得的假目标判定后验概率比公式。

4.3.4.2 基于后验概率比的假目标判定模型

将式(4－24)代入式(4－37))并取自然对数，可得

$$\log\left[\frac{P(H_1/Z)}{P(H_0/Z)}\right]=a+\sum_{i=1}^{I}\sum_{k=1}^{k}\delta_{ik}\left[b-\frac{1}{2}\boldsymbol{S}_{ik}^{\mathrm{T}}\boldsymbol{D}_{ik}^{-1}\boldsymbol{S}_{ik}\right] \tag{4-39}$$

其中

$$a=n\log\frac{P_D}{P_F(1-P_D)}\qquad b=-\frac{1}{2}\left[q\log(2\pi)+\log|D_{ik}|\right]$$

式中：q 为测量值维数；$|D_{ik}|$ 为矩阵 $\boldsymbol{D}_{ik}$ 行列式绝对值；a 为常数；当目标状态较平稳时，b 也近似为常数。

后验概率比判定为

$$\begin{cases}\dfrac{P(H_1/Z)}{P(H_0/Z)}>\lambda & \text{接受 }H_1\\[2ex]\dfrac{P(H_1/Z)}{P(H_0/Z)}\leqslant\lambda & \text{不接受 }H_1\end{cases} \tag{4-40}$$

式中：λ 是按某风险准则(如 Neyman－Pearson 准则)确定的判定门限。

式(4－40)最终能够化为

$$
\begin{cases}
\sum_{i=1}^{I}\sum_{k=1}^{K} \boldsymbol{S}_{ik}^{\mathrm{T}} \boldsymbol{D}_{ik}^{-1} \boldsymbol{S}_{ik} < \lambda_1 \text{ 接受 } H_1 \\
\sum_{i=1}^{I}\sum_{k=1}^{K} \boldsymbol{S}_{ik}^{\mathrm{T}} \boldsymbol{D}_{ik}^{-1} \boldsymbol{S}_{ik} \geqslant \lambda_1 \text{ 不接受 } H_1
\end{cases} \tag{4-41}
$$

其中

$$
\lambda_1 = 2\left(a + b\sum_{i=1}^{I}\sum_{k=1}^{K}\delta_{ik} - \log\lambda\right) \tag{4-42}
$$

依据判定式(4-41)可以判定某一可行分划中的 I 条可能轨道 $\theta^{l_1},\cdots,\theta^{l_I}$ 是否是判定风险意义下的真实轨道。因此,在目标航迹起始和跟踪中,增加假目标判定功能实际上就是在极大似然航迹起始/跟踪模型中加入假目标判定的后验概率比模型(式(4-39)~式(4-41))。在构造出可行分划集合 $T = \{\tau_1^j\}_{j=1}^{J}$ 之后,对其中的每个可行分划 τ^j 按式(4-41)进行后验概率判定,将判定接受假设 H_1 的可行分划 τ_1 聚集到一个新集合 T_1 中来,即

$$
T_1 = \{\tau_1^j\}_{j=1}^{J_1} \quad J_1 \leqslant J \quad T_1 \subseteq T \tag{4-43}
$$

然后,再对 T_1 中的可行分划施以如式(4-26)~式(4-29)所示的负对数似然函数计算,并按式(4-30)求取 T_1 中具有极大似然函数的可行分划 τ_1^* ,τ_1^* 中所含的 I 条航迹就是具有给定判定风险下的真实目标航迹。

4.3.4.3 假目标判定模型在点迹—航迹关联分配中的应用

基本假设:

(1) 设已有(航迹起始生成) I 批目标,且有 k 个传感器对其进行后续观测。

(2) 传感器 k 的一周期测量集合为

$$
Z_k = \{z_{ki}\}_{i=0}^{m_k} \tag{4-44}
$$

式中:m_k 为传感器 k 的测量数目,在一周内对一批目标最多有一个测量值; Z_{k_0} 表示传感器 k 丢失目标。

(3) 设传感器 k 的检测概率为 P_D ,并且每个传感器的虚警(假目标出现)概率皆为 P_F 。不难得知传感器 k 的 m_k 个测量中,假目标数为 $m_k - I$ 。

记单周期 k 个传感器的所有测量集合为

$$
Z = \{Z_k\}_{k=1}^{K} \tag{4-45}
$$

定义测量集合 Z 对 I 批目标的可行关联分配 τ 为

$$
\begin{cases}
Z = \theta^{l_0} \cup \theta^{l_1} \cup \cdots \cup \theta^{l_I} \\
\theta^{l_i} \cap \theta^{l_j} = \phi \quad i \neq j \quad i,j = 0,1,\cdots,I
\end{cases} \tag{4-46}
$$

式中:θ^{l_i} 为从各传感器测量集合中选出的对目标 I 的可行关联分配集合。

$$
\theta^{l_i} = \{Z_{ki_{l_k}}\}_{k=1}^{K} \quad i = 1,2,\cdots,I \tag{4-47}
$$

θ^{l_0} 则是假测量(虚警)集合,其不参加关联分配。

式(4-46)中第二式表明,在可行关联分配下,分配给不同目标的测量也不相同,即一个测量最多只能分配给一条目标航迹。设可行关联分配集合为

$$
T = \{\tau^j\}_{j=1}^{J}
$$

仍然按极大似然估计求取 T 中的最优关联分配 τ^* ,即

$$\begin{cases} \max\limits_{\tau \in T} P(Z/\tau) \\ P(Z/\tau) = P(\theta^{l_0}) \cdot P(\theta^{l_1}) \cdots P(\theta^{l_I}) \end{cases}$$

同样,按式(4-23)~式(4-25)求取 $P(Z/\tau)$,只须注意这里与前面概念上的不同点是,与4.3.3.2小节中 τ 是进行航迹起始的可行分划概念不同,这里 Z 是 K 个传感器对 I 批目标的一周期测量集合,并且关联分配集合 τ 是 Z 对 I 批目标的可行关联分配。

为了在求取最优关联分配中考虑假目标判定,仍给出两个假设:

(1) H_0 :关联分配 τ 对 I 批目标分配的测量皆为假点。

(2) H_1 :关联分配 τ 为对 I 批目标的正常分配,假点只集中于 θ^{l_0} 中,且不参与分配。

与4.3.4.2小节完全类似,可以导出如式(4-37)所示的后验概率比公式,并产生如式(4-41)所示的基于后验概率比的真假目标判定式;然后,基于判定结果,剔除不接受假设 H_1 的关联分配,从而使可行关联分配集合 T 减少为其子集 T_1 ;最后,按最大似然准则在 T_1 中选取最优可行关联分配 τ^* ,计算与寻优公式与式(4-26)~式(4-30)完全相同,只是概念上有所差别。

4.3.5 0-1整数规划在多目标点迹融合中的应用

4.3.5.1 基于极大似然的多目标航迹起始实现步骤

在4.3.3节中所述多目标的极大似然准则航迹起始和跟踪中,第一步是依据测量值构造可能轨道集合,第二步是从可能轨道集合中剔除重复测量分配,并按式(4-19)、式(4-20)产生可行分划集合,第三步是计算每个可行分划如式(4-26)所示的似然函数负对数。

$$\lambda(\theta^{l_i}) = \frac{1}{2}\sum_{k=1}^{K}(C_k + \boldsymbol{S}_{ik}^{\mathrm{T}}\boldsymbol{D}_{ik}^{-1}\boldsymbol{S}_{ik})\delta_{ik} \qquad i = 1,2,\cdots,I \tag{4-48}$$

其中

$$C_k = -\frac{1}{2}[\, q\log(2\pi) + \log|\boldsymbol{D}_{ik}| \qquad k = 1,2,\cdots,k \tag{4-49}$$

$$\lambda(\theta^{l_0}) = \left(m - \sum_{i=1}^{I} n_{l_i}\right)\log V^{-1} \tag{4-50}$$

式中: $n_{l_i}(<K)$ 为 θ^{l_i} 中测量数目,即

$$n_{l_i} = \sum_{k=1}^{K}\delta_{ik} \tag{4-51}$$

第4步是求解式(4-30)所示的数学规划,以获取满足极大似然准则的最优分划(或单周期测量对已有 I 批目标的最优关联分配) τ^* ,即

$$\sum_{i=1}^{I}\lambda(\theta^{l_i^*}) = \min_{\substack{\theta^{l_i} \in \tau \\ i=1,\cdots,I \\ \tau \in T}} \sum_{i=1}^{I}\lambda(\theta^{l_i}) \tag{4-52}$$

式中: $\theta^{l_i^*}$ 为最优分划 τ^* 中所包含的第 i 条目标航迹的测量集合(或单周测量中与第 I 批目标关联的测量集合, $i = 1,2,\cdots,I$)。

4.3.5.2 极大似然多目标航迹起始的0-1整数规划模型

在多目标极大似然目标起始实现步骤中,从可能轨道集合 $\Phi = \{\theta^l\}_{l=0}^{L}$ 中剔除重复的

测量分配,按式(4-19)、式(4-20)生成可行分划集合 $T=\{\tau^i\}_{j=1}^{J}$ 是比较困难的事,尤其当目标测量稠密分布时。为此,采用0-1整数规划模型直接对可能轨道集合 Φ 中各元素进行操作,包括计算各可能轨道的似然函数,建立可能轨道对可行分划的隶属向量,以及将式(4-19)、式(4-20)以约束条件形式表现出来等。建立0-1整数规划模型后,利用经典的整数规划解法即可求出最优可行分划 τ^*,从而确定最优可行轨道。下面建立极大似然跟踪0-1整数规划模型,包含下述5个步骤。

步骤1:建立测量 $Z^K=\{Z_k\}_{k=1}^{K}=\{[Z_{k,i}]_{i=1}^{m_k}\}_{k=1}^{K}$ 与可能轨道集合 $\Phi=\{\theta^j\}_{j=0}^{L}$ 的关联矩阵,即

$$\boldsymbol{A}=\{a_{ij}\} \qquad i=1,2,\cdots,m;\quad j=1,2,\cdots,L;\quad m=\sum_{k=1}^{K}m_k$$

$$a_{ij}=\begin{cases}1 & \text{测量 } i \text{ 属于可能轨道 } \theta_j\\ 0 & \text{测量 } i \text{ 不属于可能轨道 } \theta_j\end{cases} \tag{4-53}$$

步骤2:引入可能轨道对可行分划的隶属向量 $\boldsymbol{X}$,即

$$\boldsymbol{X}=(x_1,x_2,\cdots,x_L)^{\mathrm{T}}$$

$$x_j=\begin{cases}1 & \text{可能轨道 } \theta_j \text{ 属于某可行划分}\\ 0 & \text{可能轨道 } \theta_j \text{ 不属于某可行划分}\end{cases} \tag{4-54}$$

隶属向量 $\boldsymbol{X}$ 的诸元素就是0-1整数规划的待求变量。向量 $\boldsymbol{X}$ 中为1的元素即表示相应可能轨道是可行分划包含的轨道。

例如,可行分划 τ 为 $Z^K=\theta^0\cup\theta^1\cup\theta^2\cup\theta^5$,则 $\boldsymbol{X}=(1,1,0,0,1,0,\cdots,0)$。

这两步骤是建立规划的前提条件,可以在约定下由计算机自动实现。

步骤3:建立可行分划约束。由于约束 $\theta^{l_i}\cap\theta^{l_j}=\phi,i\neq j$,表示剔除可能轨道间的重复测量,即一个测量只分配给可行分划中的一条轨道或假点集合;另一约束 $Z^K=\theta^{l_0}\cup\theta^{l_1}\cup\cdots\cup\theta^{l_T}$ 表示可行轨道划分应能覆盖 K 周期测量集合,即具有完备性。因此,可行分划应满足:

$$\boldsymbol{AX}\leqslant \boldsymbol{I} \qquad \boldsymbol{I}\text{ 为 } L \text{ 维单位向量} \tag{4-55}$$

该步骤是确定可行轨道的过程。

步骤4:构造目标函数。对每条可能轨道 θ^j 计算:

$$\lambda_j=\lambda(\theta^j)-n_j\log V^{-1} \quad j=1,2,\cdots,L$$

$$\lambda(\theta^j)=\frac{1}{2}\sum_{k=1}^{K}\left(C_k+\frac{1}{2}\boldsymbol{S}_{jk}^{\mathrm{T}}\boldsymbol{D}_{jk}^{-1}\boldsymbol{S}_{jk}\right) \tag{4-56}$$

式中:$n_j(<K)$ 为 θ^j 中所包含的有效测量数。

再从隶属向量 $\boldsymbol{X}$ 的定义式(4-54),可知

$$-\log[P(Z/\tau)]=\lambda(\theta^{l_0})+\lambda(\theta^{l_1})+\cdots+\lambda(\theta^{l_T})$$

$$=\sum_{j=1}^{L}x_j\lambda(\theta^j)+\lambda(\theta^0)$$

$$= \sum_{j=1}^{L} x_j \lambda(\theta^j) + [m - \sum_{j=1}^{L} x_j n_j] \log V^{-1} \tag{4-57}$$

构造向量 $\boldsymbol{\lambda} = (\lambda_1, \cdots, \lambda_L)^{\mathrm{T}}$，其中各分量如式(4－56)所示，于是

$$\boldsymbol{X}^{\mathrm{T}} \cdot \boldsymbol{\lambda} = \sum_{j=1}^{L} x_j \lambda_j = \sum_{j=1}^{L} x_j \lambda(\theta^j) - (\sum_{j=1}^{L} x_j n_j) \log V^{-1} \tag{4-58}$$

比较式(4－58)与式(4－57)，发现 $\boldsymbol{X}^{\mathrm{T}} \cdot \boldsymbol{\lambda}$ 与 $-\log[P(Z/\tau)]$ 只差一个常数项 $m\log V^{-1}$，因此，按极大似然准则求取式(4－57)的极小值，相当于求取线性目标函数 $\boldsymbol{X}^{\mathrm{T}}\boldsymbol{\lambda}$ 的极小值。步骤4是确定最优分划的过程。

步骤5：最后得极大似然多目标航迹起始的0－1整数规划模型为

$$\text{目标函数}: \min[\boldsymbol{X}^{\mathrm{T}}\boldsymbol{\lambda}] \tag{4-59}$$

$$\text{约束条件}: \begin{cases} \boldsymbol{AX} \leqslant \boldsymbol{I} \\ \boldsymbol{X}\ \text{为}\ L\ \text{维}\ 0-1\ \text{向量} \end{cases} \tag{4-60}$$

式中：$\boldsymbol{A}$ 是按式(4－53)确定的 $m \times L$ 维0－1元素矩阵，$\boldsymbol{\lambda}$ 的 L 个分量按式(4－56)计算。

求解0－1整数规划式(4－59)、式(4－60)，得到最优隶属向量 $\boldsymbol{X}^*$，若 $\boldsymbol{X}^*$ 中非零(为1)元素序列为 $x_{l_1}, x_{l_2}, \cdots, x_{l_I}$，则对应的最优可行分划 τ^* 所含有的目标轨道即为 $\{\theta^{l_1}, \theta^{l_2}, \cdots, \theta^{l_I}\}$，它们分别表示最优分划 τ^* 所确定的 I 批目标的测量集合，或单周传感器期测量对 I 批目标的最优关联分配的测量集合。可能轨道集合中的剩余者，即 $\boldsymbol{X}^*$ 中的零元素所对应的轨道，视为假目标测量集合或错误连接轨道(无法与真实目标对应的轨道)的测量集合。

4.4 基于神经网络的传感器航迹相关方法

在多传感器探测系统中，各传感器自主生成的目标局部航迹之间的相关性是十分重要的问题。相关是确定源于同一目标的航迹集合的处理过程。多局部航迹相关处理，所产生的同一目标航迹集合为融合起始该目标综合(全局)航迹或识别目标提供输入信息。由于诸传感器自主生成的局部航迹也可能是虚警或假目标，因此，相关得到的航迹集合中也可能含有假目标航迹。传感器局部航迹与已有综合航迹也要进行相关处理，以确定局部航迹对综合航迹的归属关系，进而融合生成新的综合航迹状态，实现该综合航迹的延续。

多传感器航迹相关算法很多，但多数算法主要考虑传感器探测目标数据仅包含随机误差，假设系统误差已预先校正。在实际工程中，传感器工作参数漂移，特别是运动平台机动中或机动后传感器开机时，系统误差与随机误差同时存在。如何在上述两种误差情况下进行多传感器目标航迹相关处理是一项关键技术。

在没有更多先验知识情况下，首先进行传感器系统误差与传感器探测随机误差共同存在条件下的多传感器航迹相关计算，然后利用相关结果结合卡尔曼滤波算法迭代估计传感器系统误差。

基于神经网络和拓扑的多传感器航迹相关算法是一种典型的人工智能方法，

能较好解决传感器系统误差与传感器探测的随机误差共同存在条件下的多传感器航迹相关问题,在此基础上设计的多传感器系统可保障多传感器航迹融合的正确性。

实际传感器工作中,不同传感器的杂波背景差别较大且探测相同目标的发现概率不同,人工智能方法所需要的目标参照背景一致性很难保障,随机类方法在此环境下的处理效能高于人工智能方法。

采用人工智能方法与随机类统计方法,或这两类方法相结合,能有效解决实际工程环境中的多传感器多目标航迹相关问题。

4.4.1 目标拓扑矩阵的构造

多传感器航迹相关的参照拓扑方法[11]的原理是:利用周边目标数据作为参照物进行相关检测,以待判目标为中心,构成周边的参照物所在的扇形栅格图和拓扑格子。设所有目标在二维空间中的分布如图 4 - 12 所示 ,雷达 L 探测以目标 C 为中心构成的扇形栅格图 4 - 13(a)所示,雷达 M 探测以目标 C 为中心构成的扇形栅格图 4 - 13(b)所示。

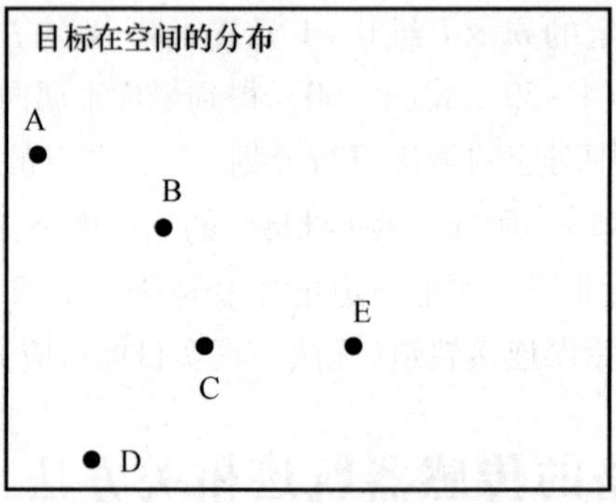

图 4 - 12　目标点空间分布

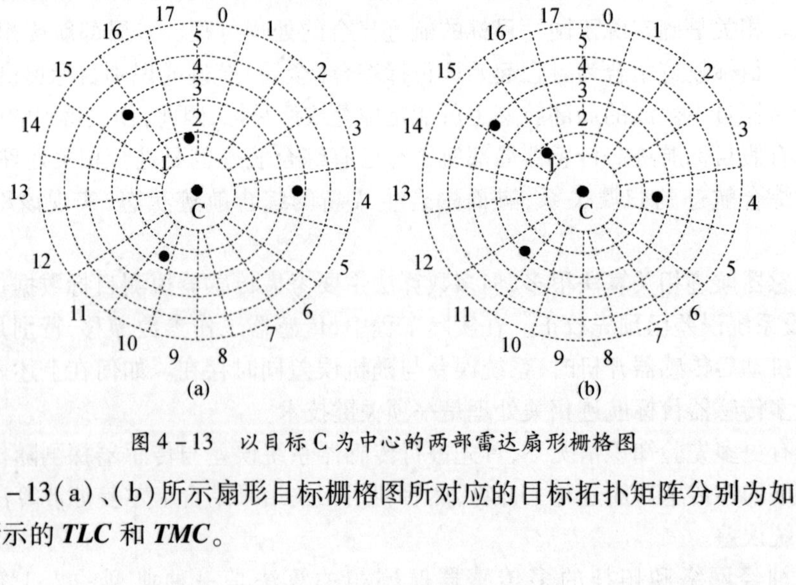

图 4 - 13　以目标 C 为中心的两部雷达扇形栅格图

与图 4 - 13(a)、(b)所示扇形目标栅格图所对应的目标拓扑矩阵分别为如图 4 - 14(a)、(b)所示的 ***TLC*** 和 ***TMC***。

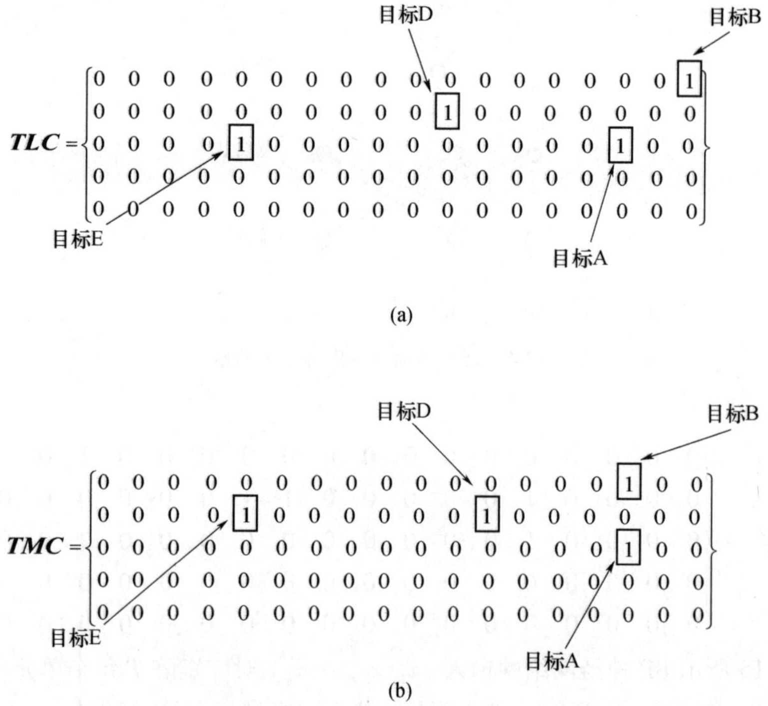

图 4-14 以目标 C 为中心的目标拓扑矩阵

4.4.2 基于多层 B-P 神经网络的传感器局部航迹相关方法

文献[11]指出,可以通过对两个传感器的目标拓扑矩阵的求和,并进行求和矩阵的模计算来判断两个传感器的目标局部航迹是否相关。例如,传统相关判断方法一样,两个传感器的系统误差和随机误差不同,两个传感器覆盖探测区域大小和覆盖探测区域内的目标数量等,皆会影响求和计算和相关判断的正确性。

为解决上述问题,将构建确定两个传感器局部航迹是否相关的 BP 神经网络检测器,如图 4-15 所示。这是一个 3 层 BP 神经网络,输入层神经元数量与传感器拓扑矩阵相对应,隐含层数量在确保相关正确率前提下尽量减少,输出 Y 是对应的相关结果。

设某 BP 神经网络层,假设神经元层 i 为比 j 低一级的神经元层。层 i 的输出为 Y_i,层 j 的输入为 E_j,输出为 Y_j,w_{ji} 为 神经元层 i、j 之间的连接权重,则

$$E_j = \sum_i w_{ji} Y_i \tag{4-61}$$

$$Y_j = f(E_j) \tag{4-62}$$

式中:f 取神经元输出函数为区间(0,1)之间的 S 形函数,即

$$f(E_j) = 1/(1 + \mathrm{e}^{-E_j}) \tag{4-63}$$

对图 4-14(a)、(b)所表示的矩阵 ***TLC***、***TMC*** 求和,可以得到图 4-12 给出的二维空间目标分布例子的和矩阵 ***T***,即

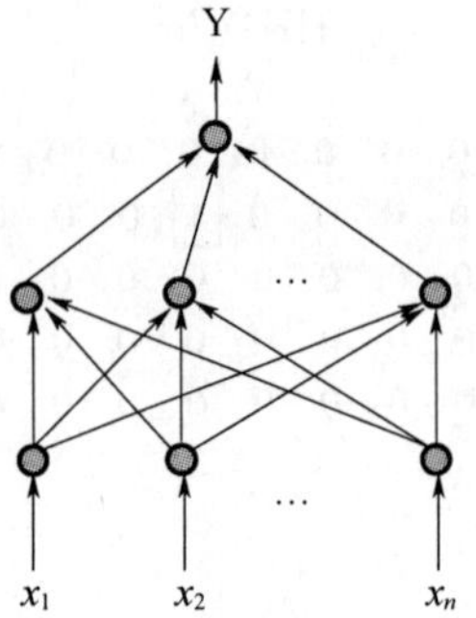

图 4-15　多层 B-P 网神经网络

$$
\boldsymbol{T}=\begin{Bmatrix}
0&0&0&0&0&0&0&0&0&0&0&0&0&1&0&1\\
0&0&0&0&1&0&0&0&0&1&1&0&0&0&0&0\\
0&0&0&0&1&0&0&0&0&0&0&0&0&2&0&0\\
0&0&0&0&0&0&0&0&0&0&0&0&0&0&0&0\\
0&0&0&0&0&0&0&0&0&0&0&0&0&0&0&0
\end{Bmatrix}
$$

图 4-15 所示 BP 神经网络的输入 $(x_1,x_2,\cdots,x_n)$ 对应矩阵 $\boldsymbol{T}$ 每个单元,为每个权值 w_{ji} 赋初值(0<初值<1),利用已知的样本对神经网络进行训练,根据任一输入样本 $(x_1,x_2,\cdots,x_n)$ 的实际输出 Y 和对应的期望输出 O 修正每个权值 w,然后从输出层开始反向递推。

假设 η 为步长调整因子,神经元层 i 为输入层,神经元层 j 为隐含层,神经元层 k 为输出层,O_j、O_k 分别为神经元层 j、k 期望输出值,Y_j、Y_k 为神经元层 j、k 的实际输出值。

每个神经元输出层的实际输出值与预测值的误差为

$$e = O - Y$$

根据均方误差(MSE)标准(此处 E 表示期望)可以表示为

$$J(w)=\frac{1}{2}E\{\mathrm{e}^2\}=\frac{1}{2}E\{(O-Y)^2\} \tag{4-64}$$

网络学习的目的是适应性的修改权值 w,使得式(4-64)最小化。在权值空间中,$J(w)$ 是权向量 $\boldsymbol{w}$ 的二次函数,对于所有权值,式(4-64)均为正。因此,$J(w)$ 的 MSE 曲面有唯一的最小值 w^*,并且是最优的。根据梯度下降法,计算出对于权向量的度量梯度,即

$$\nabla_w J(w)=\frac{\partial J(w)}{\partial w}$$

对于输出层神经元 k,有

$$\nabla_w J(w)=\left.\frac{\partial J(w)}{\partial w}\right|_{w=w_{kj}}=\frac{\partial J(w)}{\partial E_k}\frac{\partial E_k}{\partial w_{kj}}$$

$$=\frac{\partial J(w)}{\partial Y_k}\frac{\partial Y_k}{\partial E_k}\frac{\partial E_k}{\partial w_{kj}}=-(O_k-Y_k)Y_k(1-Y_k)Y_j$$

递推计算的权值 w 可以表示为

$$w_{kj}(t+1) = w_{kj}(t) - \eta \left.\frac{\partial J(w)}{\partial w}\right|_{w=w_{kj}} = w_{kj}(t) + \eta(O_k - Y_k)Y_k(1-Y_k)Y_j \tag{4-65}$$

令

$$\sigma_k = -\frac{\partial J(w)}{\partial E_k} = (O_k - Y_k)Y_k(1-Y_k) \tag{4-66}$$

则

$$w_{kj}(t+1) = w_{kj}(t) + \eta\sigma_k Y_j \tag{4-67}$$

对于隐含层神经元j,有

$$\nabla_w J(w) = \left.\frac{\partial J(w)}{\partial w}\right|_{w=w_{ji}} = \frac{\partial J(w)}{\partial Y_j}\frac{\partial Y_j}{\partial E_j}\frac{\partial E_j}{\partial w_{ji}} = \frac{\partial J(w)}{\partial Y_j}Y_j(1-Y_j)Y_i = Y_j(1-Y_j)Y_i\sum_k \frac{\partial J(w)}{\partial E_k}\frac{\partial E_k}{\partial Y_j} \tag{4-68}$$

将式(4-66)代入式(4-68),得

$$\nabla_w J(w)\big|_{w=w_{ji}} = -Y_j(1-Y_j)Y_i\sum_k \sigma_k w_{kj}$$

令:$\sigma_j = -Y_j(1-Y_j)\sum_k \sigma_k w_{kj}$,则

$$w_{ji}(t+1) = w_{ji}(t) + \eta\sigma_j Y_i$$

多层 BP 神经网络检测器用于多传感器局部航迹相关检测的流程图如图 4-16 所示。

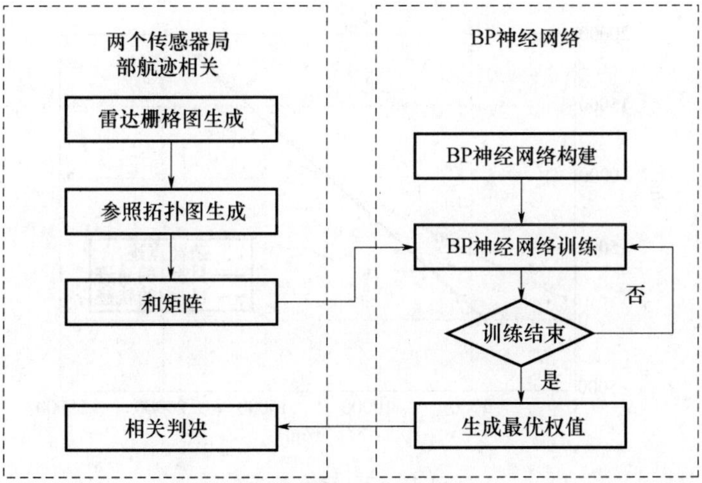

图 4-16　BP 神经网络用于多传感器局部航迹相关检测流程

通过对大量样本的学习,直到诸权值向量 $\boldsymbol{w}$ 稳定,此时该 BP 神经网络检测器即可以用于多传感器目标局部航迹相关检测,以满足工程应用需求。

4.4.3　案例分析

工程应用中,需要在没有更多先验知识情况下,对杂波环境中的密集目标进行跟踪,

以形成稳定的目标轨迹。复杂空情中的作战飞机实施交叉、编队、巡航等各种协同和非协同战术机动,使多传感器多目标关联产生大量的不确定性。并且,不同的传感器在实际工作中,杂波背景差别较大,探测同一目标的发现概率不同,探测的目标数据不仅包含系统误差,还存在随机误差。这样,在复杂的环境中,传统的多传感器航迹关联方法存在以下几种问题:

(1) 多传感器同时探测到一个目标,但由于传感器误差的存在,造成多传感器局部航迹数据关联失败,形成多条目标轨迹。

(2) 多目标编队飞行时,所有候选回波都落入相关波门内,进行了错误的数据关联,形成单一的目标轨迹。

(3) 两个目标交叉飞行时,在交叉点附近,不同目标的候选回波落入相关波门内,造成错误的数据关联,形成混乱的目标轨迹。

采用基于神经网络和拓扑栅格的多传感器航迹相关算法,进行多个传感器局部航迹的关联计算,然后利用相关结果结合卡尔曼滤波算法迭代估计传感器系统误差,能够大幅度提高多传感器航迹关联的正确性。

为了反映多传感器航迹相关的正确性,采用仿真实验对多传感器航迹相关的结果进行统计分析。设定仿真场景如图 4 - 17 所示。模拟两部雷达对两批交叉飞行的目标进行探测,目标速度均为 350m/s。目标 1 的起始位置为(1500m,500m),目标 2 的起始位置为(4000m, - 500m)。仿真实验中雷达探测的随机方位误差为 0° ~ 0.5°,随机距离误差为 0 ~ 100m,仿真次数 50 次。为了验证关联的正确性,仿真实验中同时模拟了一些杂波点迹作为负例样本,如图 4 - 18 中设置的杂波点。基于拓扑栅格的神经网络关联算法的关联统计结果如表 4 - 2 所列。

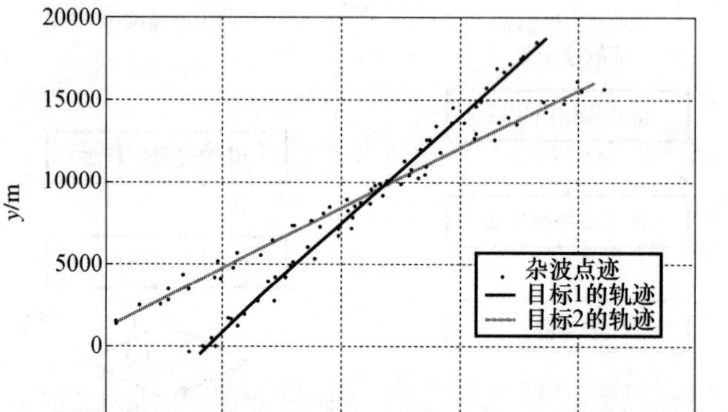

图 4 - 17 仿真场景

表 4 - 2 基于拓扑栅格的神经网络关联算法统计结果

正例样本数		负例样本数	
正确判决样本数 TP	漏警数 FN	正确判决样本数 TN	虚警数 FP
2488	12	2497	3
2500		2500	

模式识别中的 Precision - Recall 评价标准定义为

$$\begin{cases}\text{Precision} = \text{TP}/(\text{TP}+\text{FP}) \\ \text{Recall} = \text{TP}/(\text{TP}+\text{FN})\end{cases} \tag{4-69}$$

依据式(4 - 69)的评价标准和本例的统计结果,可以得到基于拓扑栅格的神经网络关联算法判决目标关联的正确率(Precision)为 99.88%,目标检测正确率(Recall)为 99.52%。可以看出,经过训练后,基于拓扑神经网络的关联检测器的关联正确率较高,跟踪结果相对稳定,并未出现非常大的误差。

4.5 多传感器机动目标跟踪方法与实现技术

现代战争中,目标机动具有高强度和突然性,而且对战术目标的截击行动往往发生在其机动中或机动后很短时间内。因此,实时跟踪机动状态目标,实时精确估算机动目标的运动参数,对截击平台的指挥引导和火力打击的协同控制显得十分重要。

4.5.1 多模型多周期估计方法

为了对目标机动快速响应,同时避免因虚警而导致的跟踪错误,并能同时满足对目标机动状态和非机动状态的跟踪精度,本节运用多模型估计理论,结合交互式多模型算法原理和多模型自适应控制方法,建立工程实用的多周期多模型自适应滤波算法,并给出该算法的实现步骤(流程)和仿真结果。该算法在工程应用中已获得满意的效果。

4.5.1.1 机动目标多模型跟踪算法

1. 交互式多模型(IMM)跟踪算法

机动目标跟踪一直是目标跟踪领域的难点之一。IMM 是指在目标运动状态未知的情况下,同时采用目标可能的状态模型进行滤波估计,然后基于某些规则进行多模型状态估计结果的交互融合,实现目标状态综合估计。该算法因其具有结构化和稳健性等特点,已在目标跟踪某些领域有了一定的应用。标准的 IMM 算法可以分成 4 部分:输入混合器(交互)、滤波器、模型概率估计器、输出混合器,流程如图 4 - 18 所示。$\hat{X}(k/k)$ 为 k 时刻目标状态的最优估计,$X_i(k-1/k-1)$ 为 $k-1$ 时刻第 i 模型的滤波值,$\mu(k-1/k-1)$ 为模型概率。为了覆盖现实环境中可能的目标运动状态,IMM 算法应选择含有尽可能多的模型集合。然而,增加模型的数量会引起计算量的大幅度增加,而且由于在当前时刻模型之间的不一致,会导致模型之间不必要竞争,从而无法提高跟踪性能。此外,IMM 算法在跟踪非机动或弱机动目标时,效果也不够理想。

2. 多模型自适应控制算法

多模型自适应控制算法的基本思想是根据目标状态预测值和各状态参数的分布区间,构造多模型集合,即

$$\Omega = \{M_i \mid i = 1,2,\cdots,N\} \tag{4-70}$$

式中:M_i 表示第 i 个模型。

基于模型集合 Ω 中不同模型建立不同的控制器,构造相应控制器集合,即

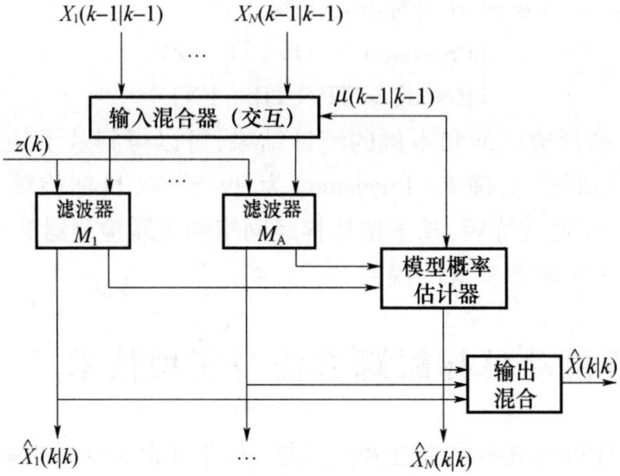

图 4-18　交互多模型(IMM)跟踪算法流程

$$C = \{U_i \mid i = 1,2,\cdots,N\} \tag{4-71}$$

式中：U_i 表示模型 M_i 的选择概率控制器。

多模型自适应控制算法形成多模型自适应估计器，它由一组并行卡尔曼滤波器和假设检验算法组成。每一个滤波器具有特定的系统模型，每个滤波器模型由独立的参数向量 $(a_1, a_2, \cdots, a_N)$ 来描述。各卡尔曼滤波器依据自身的模型和输入矢量(控制 U 和测量 Z)，独立估计当前系统状态 $\hat{X}_i(k)$。其中，利用上周期该估计值的预测形成对本周期测量的预测值，该预测值与本周期实际的测量 Z 相减得到残差 r_i，作为各滤波器模型与实际系统模型相近程度的指示。残差越小，说明滤波器的模型与实际系统模型越匹配。假设检验算法则利用残差来计算各卡尔曼滤波器模型在测量和实际向量参数 a 条件下的系统状态概率 p_i，这些条件概率用来衡量各卡尔曼滤波器的状态估计值的正确性。对各状态估计取概率加权平均，就形成实际系统的状态估计。多模型自适应估计器如图 4-19 所示。

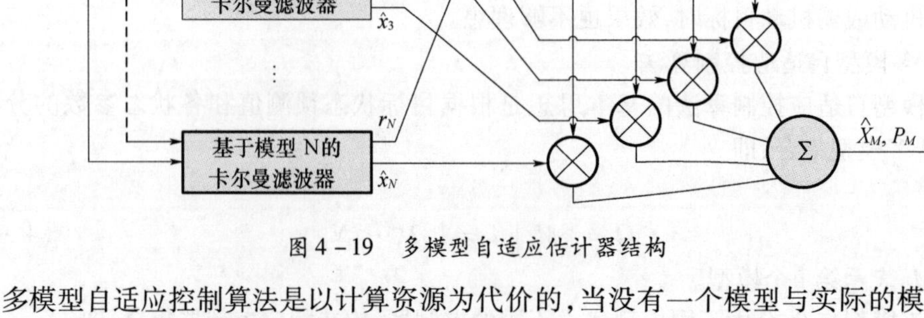

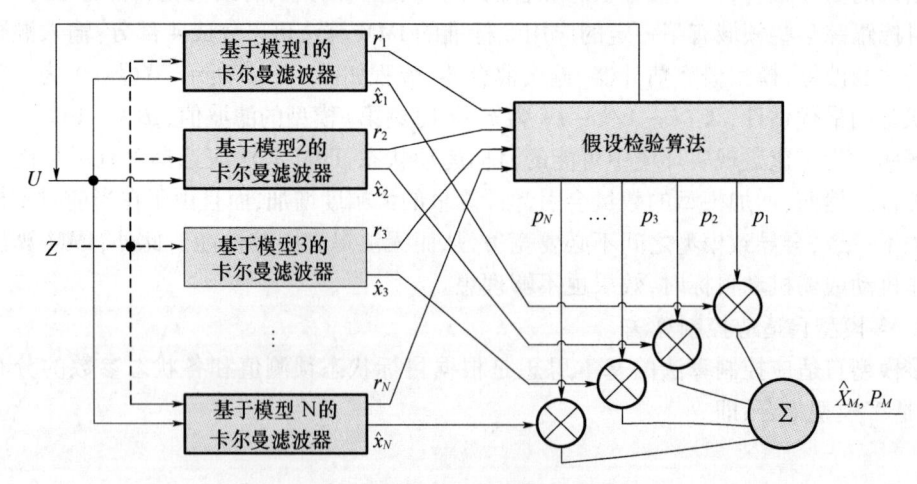

图 4-19　多模型自适应估计器结构

多模型自适应控制算法是以计算资源为代价的，当没有一个模型与实际的模型相匹配的时候，多模型自适应估计器的精度严重下降。

4.5.1.2 多模型多周期滤波算法

作者在这里构建多模型多周期滤波算法，该算法能实现对目标机动状态和非机动状态的稳定跟踪，并在4.5.1.3小节中给出仿真案例。该算法已投入工程应用。

1. "移动子集"的构建

对随机机动目标的运动参数实时精确估计是十分困难的。在现实环境中，为了覆盖可能出现的各种目标机动状态，需要大量的模型，但模型过多会带来很多问题。实际上，在每一步控制中，模型集里有很大一部分模型与当前目标运动状态相差甚远，这样不但造成计算上的浪费，同时这些"多余"的模型造成的"过多的竞争"会降低跟踪性能，甚至导致算法无法使用。

在多模型多周期滤波算法中，多模型是基于不同的过程噪声级，并且每个模型基于可能的轨道建立一个滤波器。移动子集的构建过程就是根据目标多条可能轨道形成的，轨道数量取决于目标运动参数变化的区间范围。

移动子集的构建过程是当获取该目标测量之后，首先与前面 $k-1$ 个周期的测量形成可能轨道，再根据模型切换准则对所有轨道进行隶属判定。为保障跟踪反应的实时性，并排除实际环境下目标测量的随机误差和野值造成的跟踪错误，算法选用多周期轨道来确定该目标测量对应的最可能正确的模型。构建好的多条可能轨道应能代表目标运动的趋势，符合实际目标运动状态。

由于目标状态随时可能发生变化，当最优估计参数落在轨道子集的外部时，就要移动这个子集以获得一个新的轨道子集，使其再次覆盖最优估计参数。移动子集的过程是新的一次轨道子集的构建过程。

移动子集构建通过轨道的似然函数计算实现。

在与4.3.3节相同的测量集合、状态与测量方程假设下，所建立的点迹分划集合确定的可能轨道 θ^{l_i} 一样；设 k 个测量周期，第 l 条轨道为 $\theta^{k,l}=\{M_{1,l},\cdots,M_{k,l}\}$，其中 M 为所采用的模型。在高斯假定下，定义 k 时刻轨道处于模型 M_j 似然函数可表示为

$$\begin{aligned}\Lambda_j(k) &= p\{z(k) \mid Z^{k-1},M_j\} = p[\boldsymbol{s}_j(k)] \\ &= |2\pi D_j(k)|^{-\frac{1}{2}}\exp[-\frac{1}{2}\boldsymbol{s}_j^{\mathrm{T}}(k)D_j^{-1}(k)\boldsymbol{s}_j(k)]\end{aligned} \tag{4-72}$$

式中：$\boldsymbol{s}_j$、$D_j=\mathrm{cov}(s_i,\boldsymbol{s}_j^{\mathrm{T}})$ 分别为模型 M_j 对应的滤波器残差及其协方差。

在每一个测量周期，通过求取极大似然估计，可以获得该周期目标最优轨道参数，然后在此最优轨道参数附近选取可能出现的参数确定的轨道集合，即完成了新一次轨道子集的构建。

2. 轨道模型切换

轨道模型切换策略是基于当前每个轨道模型的估计向量和残差向量，根据 $k-1$ 时刻 i 模型到 k 时刻 j 模型的转移概率 P_{ij}，计算 k 时刻轨道处于 j 模型的后验概率，从而实现模型轨道的切换。具体的计算步骤见下面给出的多模型多周期滤波算法，其中 P_{ij} 算法与交互多模型滤波算法的模型转移概率 π_{ij} 算法相同[12]，是基于后验关联概率实现的。

3. 多模型多周期滤波算法

设目标 $k-1$ 时刻系统模型为 $M_i(k-1)$，状态估值为 $\hat{\boldsymbol{x}}_i(k-1)$，$P_{ij}$ 是目标从 i 模型

到 j 模型转移的已知先验概率，r 为 $k-1$ 时刻移动子集所含轨道(模型)滤波器个数；考虑多周期测量值时，求取 k 时刻多模型状态估值的滤波算法步骤如下：

第 1 步：已知 $P_{M_i}(k-1) \equiv P(k-1$ 时刻处于 i 模型 $\mid Z^{k-1})$，$\hat{\boldsymbol{x}}_i(k-1)$ 为 $k-1$ 时刻处于 i 模型下的状态估计。

第 2 步：计算 k 时刻目标处于 j 模型情况下，$k-1$ 时刻处于 i 模型的概率，即

$$\begin{aligned} P_{M_{i|j}}(k-1) &= P[M_i(k-1) \mid M_j(k), Z^{k-1}] \\ &= P_{ij}P_{M_i}(k-1) \Big/ \sum_{i=1}^{r} P_{ij}P_{M_i}(k-1) \qquad i = 1,2,\cdots,r \end{aligned} \tag{4-73}$$

由 $\hat{x}_i(k-1)$ 得到滤波的初始条件：

$$\hat{\boldsymbol{x}}_{i|j}(k-1) = \sum_{i=1}^{r} \hat{\boldsymbol{x}}_i(k-1)P_{M_{i|j}}(k-1) \qquad i = 1,2,\cdots,r \tag{4-74}$$

第 3 步：根据最新测量值 z_k，以及轨道处于模型 i 条件下的似然函数式(4－72)和式(4－73)、式(4－74)，得到的滤波初始条件，对 $i = 1,2,\cdots,r$ 分别进行 k 时刻处于 j 模型情况下的状态向量估计 $\hat{\boldsymbol{x}}_{i|j}(k)$。计算方法采用单一模型传统卡尔曼滤波公式。滤波器的更新方程为

$$\begin{cases} K_i(k) = P^i(k \mid k-1)\boldsymbol{H}_i^{\mathrm{T}}(k)\,[\boldsymbol{S}_i(k)]^{-1} \\ \hat{\boldsymbol{x}}_j(k) = \hat{\boldsymbol{x}}_{i|j}(k \mid k-1) + K_i(k)[z_k - \boldsymbol{H}_i(k)\hat{\boldsymbol{x}}_{i|j}(k \mid k-1) - V_i(k)] \\ P^i(k) = \boldsymbol{\Phi}_i(k \mid k-1)P^i(k-1 \mid k-1)\boldsymbol{\Phi}_i^{\mathrm{T}}(k \mid k-1) \end{cases} \tag{4-75}$$

式中：$\boldsymbol{S}_i(k) = \boldsymbol{H}_i(k)P^i(k \mid k-1)\boldsymbol{H}_i^{\mathrm{T}}(k) + \boldsymbol{R}_i$ 为残差矩阵。

第 4 步：计算 k 时刻处于 j 模型的概率：

$$P_{M_j}(k) = P[M(k) = M_j \mid Z^k] = P[M(k) = M_j \mid Z^{k-1}$$

$$z_k = \frac{p\{z_k \mid Z^{k-1}, M_j\}P\{M_j \mid Z^{k-1}\}}{p\{z_k \mid Z^{k-1}\}}$$

根据 Bayes 全概率公式，得到

$$P_{M_j}(k) = \frac{p\{z_k \mid Z^{k-1}, M_j\}P\{M_j \mid Z^{k-1}\}}{\sum_{i=1}^{r} p\{z_k \mid Z^{k-1}, M_i\}P\{M_i \mid Z^{k-1}\}}$$

将式(4－72)代入，得

$$\begin{cases} P_{M_j}(k) = \dfrac{\Lambda_j(k)\sum_{i=1}^{r} P_{ij}P_{M_i}(k-1)}{C_k} \\ C_k = \sum_{j=1}^{r}\Lambda_j(k)\sum_{i=1}^{r} P_{ij}P_{M_i}(k-1) \qquad i,j = 1,2,\cdots,r \end{cases} \tag{4-76}$$

第 5 步：由式(4－76)、式(4－75)计算 k 时刻目标的多模型状态估值：

$$\hat{\boldsymbol{x}}_M(k) = \sum_{j=1}^{r} P_{M_j}(k)\,\hat{\boldsymbol{x}}_j(k) \tag{4-77}$$

4.5.1.3 多模型多周期目标跟踪算法仿真案例

本节给出的案例包含对目标航向机动和不机动两种状态的多模型多周期跟踪算法，

旨在分析和验证该算法对非机动情况下的目标跟踪精度和机动情况下的目标跟踪精度，以及目标在进入转弯和改出转弯时，算法对目标机动状态的实时跟踪能力。

仿真1：一架飞机以速度800km/h、航向90°做匀速直线运动，经过一段时间后航向转到270°。采用多模型多周期估计算法的跟踪效果如图4－20所示。

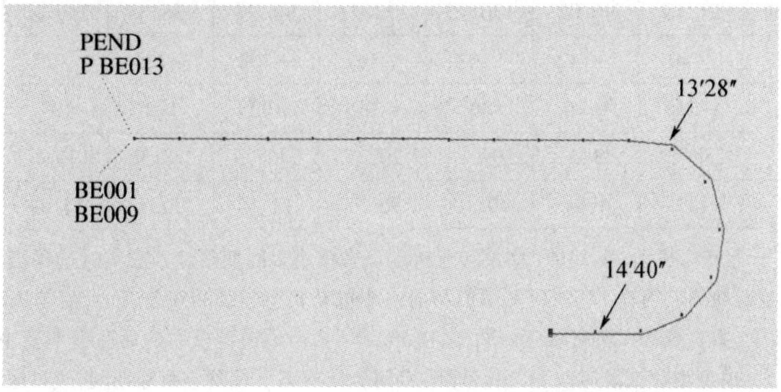

图4－20 仿真非机动和机动目标跟踪效果图(未加随机误差)

图4－20中显示了该目标的雷达测量点迹和多模型多周期滤波航迹，表4－3列出了非机动情况下的目标跟踪数据和误差数据，表4－4列出了对目标进入和改出转弯时的跟踪数据。

表4－3 非机动情况下的目标跟踪数据

时间/(min,s)	t	11′28″	11′40″	11′52″	12′04″	12′16″	12′28″	12′40″	12′52″	13′04″
测量值/m	x	－307255	－304603	－301926	－299250	－296573	－293896	－291244	－288568	－285891
	y	193251	193272	193269	193265	193261	193257	193253	193249	193245
滤波值/(m,(°))	x	－307256	－304593	－301924	－299251	－296577	－293902	－291235	－288563	－285893
	y	193251	193262	193266	193266	193266	193263	193257	193249	193245
	航向	90.08	89.97	89.96	89.97	89.97	89.99	89.99	90.02	90.08
误差/(m,(°))	Δx	－1	10	2	－1	－4	－6	9	5	－2
	Δy	0	－10	－3	1	5	6	4	0	0
	Δs	1	14.14	3.61	1.41	6.40	8.49	9.85	5	2
	ΔK	0	－0.11	－0.01	0.01	0	0.02	0	0.03	0.06
说明：在目标非机动状态，测量信息不含随机误差的情况下，x的坐标误差算术平均值为1.33m左右，y的坐标误差算术平均值为0.33m，距离Δs误差均值为5.76m，航向算术平均误差为0.03°										

表4－4 机动转弯进入和转弯改出期间的跟踪数据

时间/(min,s)	时间	13′16″	13′28″	13′40″	13′52″	14′04″	14′16″	14′28″	14′40″	14′52″
测量值/m	原始x坐标	－283290	－281242	－280371	－280876	－282630	－285133	－287810	－290486	－293136
	原始y坐标	192766	191037	188535	185935	183937	183090	183044	183048	183052

(续)

时间/(min,s)	时间	13′16″	13′28″	13′40″	13′52″	14′04″	14′16″	14′28″	14′40″	14′52″
滤波值/(m,(°))	x 滤波值	-283250	-280900	-280304	-280712	-282422	-285009	-287781	-290452	-293114
	y 滤波值	193021	191047	188449	186050	183837	182898	182911	182873	182872
	航向	91.18	96.02	136.15	172.72	206.16	236.66	260.20	264.10	266.06
误差/(m,(°))	Δx	-40	-342	-67	-167	-208	-124	-29	-34	-22
	Δy	-255	-10	86	-115	100	192	133	175	180
	Δs	258.12	342	109.18	202.7	230.79	228.56	136.12	178.27	181.34
	ΔK	1.1	4.84	40.13	36.57	33.44	30.5	23.54	3.9	1.96
说明:目标在13′28″开始转弯机动,在14′40″结束转弯机动。多模型多周期跟踪算法实时选择当前具有最大后验概率的轨道作为目标当前轨道。当在13′28″时测量值与前面非机动轨道的预测残差变大,而与机动模型的轨道接近了,此时模型将被改变,由直线进入转弯状态。同样,在14′40″时,由原模型求取的后验概率变小,而由非机动模型得到的后验概率变大,模型也会被及时改变,由转弯改出到直线状态。在整个跟踪期间,经过滤波处理的坐标值与相应测量值比较,x 的坐标误差平均为114.7m,y 的坐标误差为54m,航向估计误差平均为19.55°										

仿真2:一架飞机以速度800km/h、航向90°做匀速直线运动,经过一段时间后航向转到270°。其中,雷达测量加入0.2°的方位随机误差。采用多模型多周期估计算法的跟踪效果如图4-21所示。

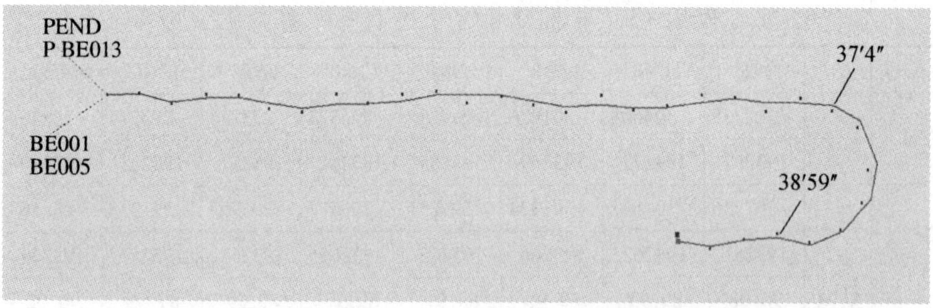

图4-21 仿真非机动和机动目标跟踪效果图(加随机误差)

图4-21显示了目标的雷达测量值和多模型多周期滤波航迹。表4-5、表4-6分别列出了带有测量误差的多模型多周期估计算法对目标非机动状态和机动状态的跟踪数据。

表4-5 有随机误差测量情况目标非机动状态跟踪数据

时 间	t	35′35″	35′47″	36′0″	36′12″	36′24″	36′36″	36′48″	37′0″	37′12″	37′24″
测量值/m	x	-280213	-277637	-275037	-272183	-269659	-266957	-264154	-261503	-259003	-256175
	y	178832	178228	177649	178920	177866	178187	178958	178804	177775	178721
滤波值/(m,(°))	x	-280205	-277593	-274975	-272282	-269639	-266958	-264236	-261511	-258896	-256220
	y	178922	178493	178102	178243	178015	178112	178432	178760	178441	178444
	航向	87.5	91.77	92.68	92.36	92.9	91.23	89.6	87.6	89.85	90.12

（续）

时　间	t	35′35″	35′47″	36′0″	36′12″	36′24″	36′36″	36′48″	37′0″	37′12″	37′24″
误差/(m,(°))	Δx	-8	-44	-62	99	-20	1	82	8	-107	45
	Δy	-90	-265	-453	678	-149	75	526	44	-666	277
	Δs	90.25	268.6	457.2	685.18	151.66	75	532.35	44.7	674.5	280.6
	ΔK	0.9	4.27	0.92	-0.32	0.54	-1.67	-1.63	-2	2.25	0.27
说明：在目标非机动状态，测量信息含有随机误差的情况下，x 的坐标误差算术平均值为 -0.3m 左右，y 的坐标误差算术平均值为 -2.3m，航向算术平均误差在 ΔK = 2.44°											

表 4-6　测量值带随机误差情况下目标在机动状态的跟踪数据

时　间	时间	37′36″	37′48″	37′59″	38′11″	38′23″	38′35″	38′47″	38′59″
测量值/m	原始 x 坐标	-253626	-251527	-250707	-251161	-252891	-255418	-258019	-260721
	原始 y 坐标	177867	176688	173561	171211	169188	168317	168896	168500
滤波值/(m,(°))	x 滤波值	-253567	-251208	-250438	-250817	-252678	-255286	-258007	-260676
	y 滤波值	178299	176919	173906	171518	169134	168125	168654	168502
	航向	90.08	95.31	127.19	162.44	206.5	235.8	266.74	268.74
误差/(m,(°))	Δx	-59	-319	-269	-344	-213	-132	-12	-45
	Δy	-432	-231	-345	-307	54	192	242	-2
	Δs	436	393	437	461	219.7	232.9	242.3	45
	ΔK	0.03	5.23	31.88	35.25	44.06	29.3	30.94	2.0
说明：目标在 37′48″ 开始转弯机动，在 38′59″结束转弯机动。多模型多周期跟踪算法实时选择具有最大后验概率的轨道作为当前轨道。在目标机动状态的整个跟踪期间，经过滤波处理的坐标值与相应测量值比较，x 的坐标误差平均在 Δx = -174m，y 的坐标误差在 Δy =103m，航向估计平均误差为 22.34°									

通过实验室仿真和多项工程的应用，不论对集中式数据融合体制还是分布式数据融合体制，自适应多模型多周期滤波算法跟踪目标的效果都较理想，特别是目标航向机动跟踪效果好，对突然出现机动的目标的各飞行状态具有实时反应能力。同时，也能较好地跟踪目标非机动状态，并且对目标的运动参数估算精度较高。

4.5.2　目标机动的最优判定与跟踪方法[13,14]

机动目标的最优判决与跟踪是统计估计理论和卡尔曼滤波的联合应用。

众所周知，目标机动是指目标状态方程或某些运动参数的改变，而卡尔曼滤波只适应于状态方程为确定的情况。因此，为了实现对机动目标的滤波和跟踪，首先必须解决机动的判决问题。

在统计判决理论中，对于二元假设的检验，无论是 Neyman - Pearson 准则[15]，还是 Bayes 风险准则[15]，最佳检验都导致“似然比”单门限判定准则。当目标机动时刻已知时，J. S. Thop[16] 提出了构造两个卡尔曼滤波器的方法，实现对已知机动时刻的机动判决和跟踪，但此文不能解决未知机动时刻的求取问题，而这一点恰恰是现实问题中所必须解决的。

本文为了解决未知机动时刻的机动判决和机动时刻的求取问题，采取了复合假设的判决方法。以“似然比”为基础,构造多个卡尔曼滤波器,对复合假设提出一种最佳检验方法,实现对目标机动的最优判决。而未知机动时刻的求取及对目标状态的最佳估值(采用最大似然估计值),则可以直接从所选用的卡尔曼滤波器中得到。

真实目标的机动过程一般有两种情况:一是机动过程时间很短,本节假设这种机动在某点附近完成,而忽略机动过程;二是机动过程的时间较长,要经过多个测量周期才能完成,本节则将机动过程视为另一种运动状态,而建立相应的状态方程。后一种情况把目标从开始机动到结束机动看作飞行状态改变两次,而视为“机动”两次,从而进行两次机动判决。

我们构造了第一种情况目标航向机动和速度机动的判定模型(含机动时刻求取),并进行了仿真验证,效果较好。

4.5.2.1 数学模型与复合假设

设测量时间 $[t_0,t_n]$,目标机动时刻 $t_M \in [t_0,t_n]$ 。

离散状态方程:

$$\begin{cases} x_i = \boldsymbol{\Phi}_{i,i-1}x_{i-1} & i = 1,2,\cdots,M-1 \\ x_M = \boldsymbol{\Phi}_M x_{M-1} + w_M & i = M(<n) \\ x_i = \boldsymbol{\Phi}_{i,i-1}x_{i-1} & i = M+1,2,\cdots,n \end{cases} \tag{4-78}$$

离散测量方程:

$$z_i = H_i x_i + V_i \quad i = 1,2,\cdots,n \tag{4-79}$$

w、v 均为均值为零的相互独立高斯白噪声,且与状态独立。

$$\begin{cases} E[\boldsymbol{w}_i,\boldsymbol{w}_j^{\mathrm{T}}] = \begin{cases} Q_M & i = j = M \\ 0 & \text{其他} \end{cases} \\ E[\boldsymbol{v}_i,\boldsymbol{v}_j^{\mathrm{T}}] = \begin{cases} R_i & i = j \\ 0 & \text{其他} \end{cases} \end{cases} \tag{4-80}$$

建立复合假设:由于在 $[t_0,t_n]$ 内,不知是否发生目标机动,故做假设

$$\begin{cases} H_0: t_M \geqslant t_n, [t_0,t_n] \text{ 内不机动} \\ H_1: t_0 \leqslant t_M < t_n, [t_0,t_n] \text{ 内机动} \end{cases} \tag{4-81}$$

这里,只考虑在 $[t_0,t_n]$ 内机动一次的情况,故 H_1 为复合假设。

设

$$H_1 = H_{1,0} \cup H_{1,1} \cup \cdots \cup H_{1,n-1} \tag{4-82}$$

式中: $H_{1,i}$ 为 $t_M = t_i(0 \leqslant i \leqslant n-1)$ 。显然, $P_r(H_0)$ 表示 $[t_0,t_n]$ 内不机动的概率,而 $P_r(H_1) = \sum_{i=0}^{n-1} P_r(H_{1,i})$ 表示 $[t_0,t_n]$ 内机动(一次)的概率,机动点可能在 $t_0,t_1,\cdots,t_{n-1}$ 处出现,成立等式:

$$P_r(H_0) + P_r(H_1) = 1 \tag{4-83}$$

4.5.2.2 判决准则

在假设检验理论中,对于零假设 H_0 和备选假设 H_1 ,一切水平为 ε 的检验中,“最佳检

验 z ”存在,并由满足下式的集合确定:

$$\frac{P_{z|H}(z \mid H_1)^*}{P_{z|H}(z \mid H_0)} \geqslant C \tag{4-84}$$

式中: $P_{z|H}(z \mid H_1)^*$ 表示在假设 H_1 之下 z 的条件概率密度;门限 C 由于预先选择的显著水平 ε 来确定。式(4-84)即为求取最佳检验的“似然比”准则。

针对机动假设 H_1 为如式(4-82)所示的复合假设的情况,可得到后验概率比与似然比的关系式为

$$\frac{P_r(H_1/z)}{P_r(H_0/z)} = \sum_{k=0}^{n-1} \frac{P_r(H_{1k})}{P_r(H_0)} \cdot \frac{P_{z|H}(z/H_{1k})}{P_{z|H}(z/H_0)} \tag{4-85}$$

此时,后验概率比成为 n 个“似然比”的加权和,而权系数皆为已知量。

4.5.2.3 “似然比”求取

由于目标初始状态向量的先验分布为正态,再注意模型中动态噪声和测量噪声的统计性质,可知状态和测量的分布也都是正态的。

记 $z = (z_0, z_1, \cdots, z_n)^r = \{z_i\}_0^n$,连续利用条件概率密度公式,得到概率密度链:

$$P_z(\{z_i\}_0^n) = P_z(z_0) \prod_{i=1}^{n} P_{z|z}(z_i / \{z_j\}_0^{i-1}) \tag{4-86}$$

再注意正态分布系统中各分量间的条件分布仍为正态这个性质[17],可得式(4-86)中各因子的表达式,即

$$P_{z|z}(z_i / \{z_j\}_0^{i-1}) = \frac{1}{(2\pi)^{K_1/2}\sqrt{|S_i|}} \mathrm{e}^{-\frac{1}{2}\tilde{z}_i^{\mathrm{T}} s_i^{-1} \tilde{z}_i} \tag{4-87}$$

这里, $\tilde{z}_i$ 为测量残差, $\boldsymbol{S}_i$ 为残差的条件方差。不难导出:

$$\begin{cases} \tilde{z}_i = z_i - E(z_i \mid \{z_j\}_0^{i-1}) = z_i - z_{i|i-1} \\ z_{i|i-1} = H_i \boldsymbol{\Phi}_{i,i-1} \hat{x}_{i-1} \\ \boldsymbol{S}_i = H_i \boldsymbol{\Phi}_{i,i-1} P_{i-1} \boldsymbol{\Phi}_{i,i-1}^{\mathrm{T}} \boldsymbol{H}_i^{\mathrm{T}} + H_i Q_{i-1} \boldsymbol{H}_i^{\mathrm{T}} + R_i \end{cases} \tag{4-88}$$

在目标状态为正态分布的情况下,这里的 $\hat{x}_{i-1}$ 和 P_{i-1} 作为最小方差估值及估值误差的协方差矩阵可直接从卡尔曼滤波器中得到。

利用上述结果,可以分别得到对于假设 H_0 及 H_1 的各分假设 H_{1k} 的似然函数为

$$P_{z|H}(z/H_0) = P_{z|H}(z_0/H_0) \prod_{i=1}^{n} P_{z|z}(z_i \mid \{z_j\}_0^{i-1}, H_0) \tag{4-89}$$

$$P_{z|H}(z/H_{1k}) = P_{z|H}(z_0/H_{1k}) \prod_{i=1}^{n} P_{z|z}(z_i \mid \{z_j\}_0^{i-1}, H_{1k}) \quad k = 0,1,\cdots,n-1 \tag{4-90}$$

式(4-90)右侧各因子所含有的由式(4-88)表征的测量预测方差中的 Q_i 取值为 $Q_i = \begin{cases} Q_k(i = k) \\ 0(i \neq k) \end{cases}$,而式(4-89)右侧各因子对应的式(4-88)中, $Q_i \equiv 0$。

注意:当 $i < k$ 时,成立等式,即

$$P_{z|z}(z_i/\{z_j\}_0^{i-1},H_{1K}) = P_{z|z}(z_i/\{z_j\}_0^{i-1},H_0) \tag{4-91}$$

再假设：

$$P_r(H_{1k}) = C_1 \quad k = 0,1,\cdots,n-1$$

于是，将式(4-89)~式(4-91)代入式(4-85)，得

$$\frac{P_r(H_1/z)}{P_r(H_0/z)} = C_2\sum_{k=0}^{n-1}\frac{\prod_{i=k}^{n}P_{z|z}(z_i \mid \{z_j\}_0^{i-1},H_{1k})}{\prod_{i=k}^{n}P_{z|z}(z_i \mid \{z_j\}_0^{i-1},H_0)} \tag{4-92}$$

其中

$$C_2 = \frac{C_1}{P_r(H_0)}$$

式(4-92)就是求取复合假设情况下"似然比"的公式。

4.5.2.4 每个卡尔曼滤波器的构成

1. 复合假设的简化

按照式(4-92)右端计算复合假设的似然化，要构造 $n+1$ 个滤波器。当时间增加或采样加密时，分假设个数增加，从而使滤波器个数增加，这将使运算量急剧增大。实际上，每一个点都对应一个分假设是不必要的。于是，我们认为分假设只有 l 个，而且不随 n 的增大而增加，从而只要构造 $l+1$ 个滤波器就足够了。这样做，显然会导致判别区域的缩小，但是对具体模型来说，适当选择 l，总是可以满足要求的。

这样，H_1 将由下面 l 个分假设构成：

$$H_1 = H_{1,n-l} \cup \cdots \cup H_{1,n-2} \cup H_{1,n-1}$$

式中：$H_{1,n-j}$为 $t_M = t_{n-j}(j=1,\cdots,l)$时的分假设。

于是，式(4-92)成为

$$\frac{P_r(H_1/z)}{P_r(H_0/z)} = C_2\sum_{k=n-l}^{n-1}\frac{\prod_{i=k}^{n}P_{z|z}(z_i \mid \{z_j\}_0^{i-1},H_{1k})}{\prod_{i=k}^{n}P_{z|z}(z_i \mid \{z_j\}_0^{i-1},H_0)} \tag{4-93}$$

2. 卡尔曼滤波器运算公式

$$\hat{x}_i = \boldsymbol{\Phi}_{i,i-1}\hat{x}_{i-1} + K_i(z_i - z_{i|i-1}) \tag{4-94}$$

$$K_i = P_{i|i-1}\boldsymbol{H}_i^{\mathrm{T}}(\boldsymbol{H}_iP_{i|i-1}\boldsymbol{H}_i^{\mathrm{T}} + R_i)^{-1} \tag{4-95}$$

$$P_{i|i-1} = \boldsymbol{\Phi}_{i,i-1}P_{i-1}\boldsymbol{\Phi}_{i,i-1}^{\mathrm{T}} + Q_{i-1} \tag{4-96}$$

$$P_i = P_{i|i-1} - K_i\boldsymbol{H}_iP_{i|i-1} \tag{4-97}$$

$$\begin{aligned} S_i &= \ln[(2\pi)^{K_1/2}P_{z|z}(z_i \mid \{z_j\}_0^{i-1})] \\ &= -\frac{1}{2}\{\ln|\boldsymbol{H}_iP_{i|i-1}\boldsymbol{H}_i^{\mathrm{T}} + R_i| + (z_i - z_{i-1})^{\mathrm{T}}\cdot \\ &\quad (\boldsymbol{H}_iP_{i|i-1}\boldsymbol{H}_i^{\mathrm{T}} + R_i)^{-1}(z_i - z_{i|i-1})\} \end{aligned} \tag{4-98}$$

$$z_{i|i-1} = \boldsymbol{H}_i\boldsymbol{\Phi}_{i,i-1}\hat{x}_{i-1} \tag{4-99}$$

通过多个滤波器获得的似然函数对数值为

$$\boldsymbol{S}_i = \sum_{j=1}^{i}S_j$$

似然函数为

$$P_z(\{z_j\}_0^i) = \frac{1}{(2\pi)^{iK_1/2}}\exp[\boldsymbol{S}_n^k]$$

以上各式中，$i = n-l, n-l+1, \cdots, n-1$ 。

3. $l+1$ 个卡尔曼滤波器的构造

对假设 H_0 构造滤波器 L_0，称不机动滤波器。

对假设 H_{1n-k} 构造滤波器 L_k $(k = 1,2,\cdots,l)$，称机动滤波器。试算中，l 最大为 7。

设当前第 n 周期，则 $L_0 \sim L_k$ 分别按式(4－95)～式(4－99)对当前点进行滤波，原理如下：

(1) $L_k(k = 1,2,\cdots,l)$ 是以 $n-1$ 周期 L_{k-1} 的结果 $\hat{x}_{n-1}^{k-1}, P_{n-1}^{k-1}$ 为初值，再依据本周测量 z_n，按 $n-k$ 时刻机动及机动后方程求取本周滤波值 $\hat{x}_n^k, P_n^k, S_n^k$，再求取似然函数对数值：

$$\boldsymbol{S}_n^k = \boldsymbol{S}_{n-1}^{k-1} + S_n^k \qquad k = 1,2,\cdots,l \tag{4-100}$$

(2) L_0 是以 $n-1$ 周期 L_0 的结果 $\hat{x}_{n-1}^0, P_{n-1}^0$ 为初值，再依据本周测量值 z_n，按机动前方程求取本周滤波值 $\hat{x}_n^0$、P_n^0、S_n^0，并求取似然函数对数值：

$$\boldsymbol{S}_n^0 = \boldsymbol{S}_{n-1}^0 + S_n^0 \tag{4-101}$$

(3) L_k 构造原理如表 4－7 所列。

表 4－7 滤波器 $L_k(k = 1,2,\cdots,l)$ 的构造

周期	开始机动点	工作滤波器 L_k	结果 $\boldsymbol{S}_n^k$	结果 $\boldsymbol{S}_n^0$
1	本点	0		$\boldsymbol{S}_1^0 = \boldsymbol{S}_0 + S_1^0$
2	前 1 点	1,0	$\boldsymbol{S}_2^k = \boldsymbol{S}_1^{k-1} + S_2^k(k = 1)$	$\boldsymbol{S}_2^0 = \boldsymbol{S}_1^0 + S_2^0$
3	前 2 点	2,1,0	$\boldsymbol{S}_3^k = \boldsymbol{S}_2^{k-1} + S_3^k(k = 1,2)$	$\boldsymbol{S}_3^0 = \boldsymbol{S}_2^0 + S_3^0$
4	前 3 点	3,2,1,0	$\boldsymbol{S}_4^k = \boldsymbol{S}_3^{k-1} + S_4^k(k = 1,\cdots,3)$	$\boldsymbol{S}_4^0 = \boldsymbol{S}_3^0 + S_4^0$
5	前 4 点	4,3,2,1,0	$\boldsymbol{S}_5^k = \boldsymbol{S}_4^{k-1} + S_5^k(k = 1,\cdots,4)$	$\boldsymbol{S}_5^0 = \boldsymbol{S}_4^0 + S_5^0$
6	前 5 点	5,4,3,2,1,0	$\boldsymbol{S}_6^k = \boldsymbol{S}_5^{k-1} + S_6^k(k = 1,\cdots,5)$	$\boldsymbol{S}_6^0 = \boldsymbol{S}_5^0 + S_6^0$
7	前 6 点	6,5,4,3,2,1,0	$\boldsymbol{S}_7^k = \boldsymbol{S}_6^{k-1} + S_7^k(k = 1,\cdots,6)$	$\boldsymbol{S}_7^0 = \boldsymbol{S}_6^0 + S_7^0$
8	前 7 点	7,6,5,4,3,2,1,0	$\boldsymbol{S}_8^k = \boldsymbol{S}_7^{k-1} + S_8^k(K = 1,\cdots,7)$	$\boldsymbol{S}_8^0 = \boldsymbol{S}_7^0 + S_8^0$
9	前 7 点	7,6,5,4,3,2,1,0	$\boldsymbol{S}_9^k = \boldsymbol{S}_8^{k-1} + S_9^k(k = 1,\cdots,7)$	$\boldsymbol{S}_9^0 = \boldsymbol{S}_8^0 + S_9^0$
⋮				

4. 机动判决及状态估值

对每一周期 n，都求取 l 个“似然比”，即

$$\frac{P_{i|H}(z \mid H_{1n-i})}{P_{z|H}(z \mid H_0)} = \exp[\boldsymbol{S}_n^i - \boldsymbol{S}_n^0] \quad i = 1,2,\cdots,l \tag{4-102}$$

再求“似然比”之和，并进行判决：

$$\begin{cases} \sum_{i=1}^{l} \exp[\boldsymbol{S}_n^i - \boldsymbol{S}_n^0] \geq K \text{ 接受 } H_1 \\ \sum_{i=1}^{l} \exp[\boldsymbol{S}_n^i - \boldsymbol{S}_n^0] < K \text{ 接受 } H_0 \end{cases}$$

接受 H_0 即认为不机动，此时状态估值选取 L_0 的结果 $\hat{x}_n^0$，接受 H_1，即认为机动。此时，再求取 l 个"似然比"中最大者。若

$$\exp[S_n^M - S_n^0] = \max_{1\leqslant i\leqslant l}[\exp[S_n^i - S_n^0]] \tag{4-103}$$

则接受分假设 H_{1n-M}，即认为机动在 t_{n-M} 点发生。此时，状态估值选取 L_M 的结果 $\hat{x}_n^M$，是最大似然估值。

常数似然比门限 K 依赖于所选的后验概率门限 P_M 和及初始状态向量 x_0 的统计值 $\bar{x}'_0$、P'_0。而在实际计算时，往往根据实际需要来调整门限 K。

4.5.2.5 仿真案例

对于飞行目标在匀速直线运动中分别进行速度和航向机动的情况，应用上述方法进行了试算。

状态方程(四维)：

$t_i \leqslant t_M$ 时，有

$$\begin{cases} x_i = x_{i-1} + v_{x_{i-1}}T \\ y_i = y_{i-1} + v_{y_{i-1}}T \\ v_{x_i} = v_{x_{i-1}} \\ v_{y_i} = v_{y_{i-1}} \end{cases} \tag{4-104}$$

$t_i > t_M$ 时，有

$$\begin{cases} x_i = x_{i-1} + v_{x_{i-1}}\cos K_{i-1}T \\ y_i = y_{i-1} + v_{y_{i-1}}\sin K_{i-1}T \\ K_i = K_{i-1} \\ v_i = v_{i-1} \end{cases} \tag{4-105}$$

当 $t_i = t_M$ 时，要进行状态转换，并加动态噪声，即

$$\begin{cases} x_{0_i} = x_M \\ y_{0_i} = y_M \\ K_{0_i} = \left[\arctan\dfrac{v_{y_M}}{v_{x_M}}\right]_0^{360^\circ} + W_2 \\ v_i = \sqrt{v_{x_M}^2 + v_{y_M}^2} + W_1 \end{cases} \tag{4-106}$$

速度机动时，$W_2 = 0, W_1 \neq 0$；航向机动时，$W_1 = 0, W_2 \neq 0$。显然，式(4-106)为非线性系统。

测量方程采用笛卡儿坐标，即

$$\begin{cases} z_{1i} = x_i + V_{1i} \\ z_{2i} = y_i + V_{2i} \end{cases} \tag{4-107}$$

其中

$$
\begin{cases}
x_i = \rho_i \cos\theta_i, V_{1i} = \varepsilon_{\rho i}\cos\theta_i - \rho_i \varepsilon_{\theta_i}\sin\theta_i \\
y_i = \rho_i \sin\theta_i, V_{2i} = \varepsilon_{\rho_i}\sin\theta_i + \rho_i \varepsilon_{\theta_i}\cos\theta_i
\end{cases}
\tag{4-108}
$$

式中：θ_i ，ρ_i 为直接录取的情报数据；ε_{ρ_i} 、ε_{θ_i} 分别为录取的距离和方位误差。

下面列出试算所选用的数据。

目标速度：$V = 0.75\text{km/s}(=2700\text{km/h})$

测量误差方差：$\sigma_x = \sigma_y = 0.3\text{km}(\rho = 170\text{km}$ 时），$DC = \sqrt{E(\boldsymbol{\varepsilon}_\theta, \boldsymbol{\varepsilon}_\theta^{\mathrm{T}})} = 0.1°$，$DR = \sqrt{E(\boldsymbol{\varepsilon}_\rho, \boldsymbol{\varepsilon}_\rho^{\mathrm{T}})} = 0.3\text{ km}$

情报周期：$T = 10\text{s}$

动态噪声：$W_1^2 = (1\text{km/s})^2, W_2^2 = (\pi\text{rad})^2$

判机动从第三点开始，对不同机动量、不同机动时刻和不同门限进行了大量试算和统计，现将部分统计结果列入表4-8。

表4-8 机动判断时延、虚警和漏警试验结果数据表

判定时延/s \ 虚警/% \ 漏警/%		似然比门限							
		0.3	0.7	1	1.3	1.7	2	3	5
航向机动量ΔK和机动时间	$\Delta K=10°$ $t_M=20''$	15	17.4	18.2	19.3	20	20.7	22.3	23.9
		4							
	$\Delta K=5°$ $t_M=60''$	24.1	28.2	29.8	30.9	31.9	32.3	33.8	35.6
		4.6	2.4	1.4	0.8	0.4	0.4	0.2	
	$\Delta K=5°$ $t_M=120''+$	22.9	26.7	27.8	29	29.5	29.4	30.8	32.1
		3.64	1.18	0.82	0.73	0.45	1.36	0.73	0.54
	$\Delta K=5°$ $t_M=180''$	23.7	26	27.3	29	29.6	29.7	30.4	32.6
		3.94	1.65	0.94	0.76	0.59	0.47	0.47	0.18
	$\Delta K=2°$ $t_M=120''$	50.3	58.3	63.2	65.6	66.6	67.5	70.7	74.1
		4.18	1.64	1	0.64	0.55	0.45	0.36	0.27
			0.01	0.02	0.02	0.02	0.03	0.03	0.04
速度机动量ΔV和机动时间t_M	$\Delta V=50$ km/h $t_M=120''$	52.3	68.8	71	74.9	76.7	78.8	81.9	86
		9.82	4.45	3.27	2.27	1.73	1.45	1.18	0.9
		0.03	0.03	0.07	0.12	0.15	0.16	0.21	0.30
	$\Delta V=50$ km/h $t_M=120''$	22.4	25.4	25.7	27.2	28.4	28.7	29.8	32.3
		9.55	3.91	2.27	1.27	1.09	1	0.36	0.18

4.5.2.6 几点结论

由试验结果统计数据表可以得到以下几点结论：

(1) 本节所述方法能使虚警得到纠正，而对真实机动则能获得更大的后验判定概率（漏警率低）。当目标未机动时，某一次出现即有 $\sum_{i=1}^{l}\exp[S_n^i - S_n^0] \geqslant K$，可视为虚警；以后继续报来不机动录取点时，能够成立：$\sum_{i=1}^{l}\exp[S_n^i - S_n^0] < K$，从而使虚警得到纠正。当目标真正机动时（机动后），一旦 l 个"似然比"之和超过门限 K，以后就始终能超过门限，而且对机动时刻的判决很准确。

(2) 本方法由于能判出未知机动时刻，故判出机动的时间延误大小对于平滑和跟踪来说，就显得不那么重要了。事实上，虽然在真实机动后到判出机动前的几个周期中，由于平滑点采用 L_0 的结果（称按录取点自然滤波）而出现较大偏差；但是，一旦判出机动，即采用 L_M 的结果，而这是按真实机动点进行滤波（称真实机动滤波）的结果。这就可以使自然滤波的偏差立即得到纠正，从而克服了由于不知道真实机动时刻，只能从判出机动时刻算起，使自然滤波的偏差要经过几个周期才能得到纠正的缺点。从图 4－22 上可以明显看出这一优点。图 4－22 是采用实测数据的机动滤波图示。其中，录取误差 $\sigma_\theta = 0.1°$，$\sigma_\rho = 0.3\ \text{km}$，在虚警率 0.36% 之下，机动噪声方差采用 $Q = \pi^2$，似然比门限为 9。

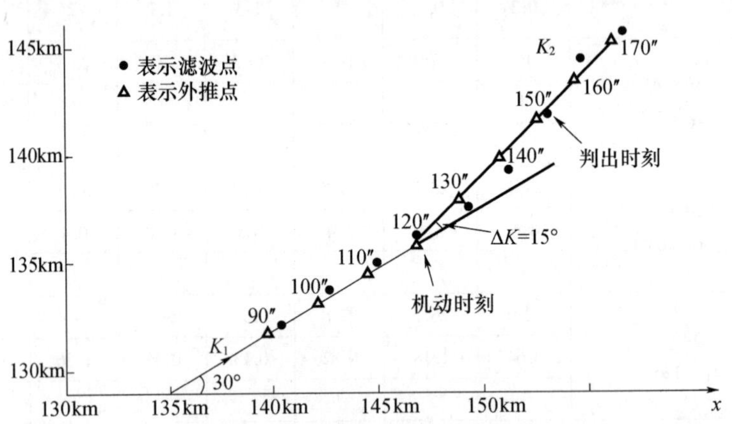

图 4－22 真实机动滤波结果

(3) 若判出机动延误周期大于所构造的机动滤波器个数，则机动点落到判决区域外面，出现判决区域不满足要求的情况。此时，虽得到判决结果，但机动时刻不准，判决不是最优，可滤波结果并无大错。

(4) 滤波器初值选取中的一个问题。对模型中的非线性系统表达式，如能化为严格的线性系统，在应用本文构造的滤波时，初值可以如下选取：$\hat{x}_0 = 0$，$P_0 = N \times \boldsymbol{I}$，其中 $\boldsymbol{I}$ 为单位矩阵，N 可任意大，这就是所谓"缺初值估计"问题，仍能获得较好的机动判决效果。

4.6 无源多站多目标定位方法

电子支援措施 ESM 通常分为以侦察雷达情报为主的 RSM、以侦察通信情报为主的 CSM、以侦察光电情报为主的 OSM 和雷达告警 RWR。这些侦察设备用来获得对方各类电子设备的方位和辐射信息，辐射信号通常用脉冲描述字（PDW）表述，主要电磁参数包括载频、脉冲宽度、脉冲重复频率、天线扫描周期、调制特性等。

当多个电子侦察设备将获得的多个对方电子辐射信号和方位数据上报到各级指挥所

时，如何从这些数据中获得辐射源的数量和位置是一个比较困难的目标辨识与定位问题。解决这类问题的基本思路是根据一段时间内多探测站提供的辐射源方位数据和电磁参数数据进行关联处理，从而将这一段时间内多站获得的辐射源方位和信号参数数据集进行规划划分，每个划分形成不同的可能目标测量集合，然后利用概率统计和求解数学规划，找出一种最优的划分方式，进而确定目标的数量和位置。

4.6.1 测量—目标关联分配规划模型

4.6.1.1 无源测量与分划

与4.3.4.3节中有源传感器对多目标多周期测量不同，这里的无源测量系指多无源站在一个测量周期内对多目标的测量，仍假设一个测量只来源于一个目标或杂波。设第k站报来L_k个测量$Z(k)$，M个站报来的总测量为Z，表示为

$$\begin{cases} Z(k) = \{z_{k_1}, z_{k_2}, \cdots, z_{k_{L_k}}\} & k = 1,2,\cdots,M \\ Z = \bigcup_{k=1}^{M} Z(k) \quad L = \sum_{k=1}^{M} L_k \end{cases} \tag{4-109}$$

不难得知，总测量集合Z的子集数量最多有$2^L - 1$个。

来源于同一目标的测量集合称为可行目标测量集合，记为Z^i，即

$$Z^i = \{z_{1i_1}, z_{2i_2}, \cdots, z_{M_{i_M}}\} \qquad i = 1,2,\cdots,I \quad I \leqslant 2^L \tag{4-110}$$

式中：$z_{k_{ik}}$取自k站测量集合$Z(k)$。

再假设源于杂波(假目标)的集合为Z^0，于是，所有可行目标测量集合应满足：

$$\begin{cases} Z = Z^0 \cup Z^1 \cup \cdots \cup Z^I \\ Z^i \cap Z^j = \phi \qquad i \neq j \qquad i,j = 0,1,\cdots,I \end{cases} \tag{4-111}$$

式中：第一式表示完备性，即诸可行目标集合(以及杂波集合)覆盖所有测量；第二式表示不同可行目标集合之间无共同测量，即一个测量只源于一个目标或杂波。

可行目标测量集合记为

$$F = \{Z^0, Z^1, \cdots, Z^I\} \tag{4-112}$$

则集合F是对Z的一个分划，或者说是将总测量集合Z的(L个)元素对可行目标(或杂波)的一个分配，记为τ，满足条件(4－111)式的分配称为可行分配，记所有可行分配集合为S。

4.6.1.2 关联聚集与得分计算

从测量集合Z产生可行目标测量子集合的可行分划过程，实际上是M个站的L个测量基于目标或杂波的关联聚集过程。在无源探测中，每个传感器的测量包含两类元素，一类是目标方位线θ，另一类是目标信号参数A，即

$$z_k = \{\theta_k, A_k\} = \{\theta_k, (A_{k_1}, \cdots, A_{k_n})\} \tag{4-113}$$

因此，诸无源测量之间基于目标或杂波的关联聚集必须同时考虑这两类元素。这样，无源测量z_i与z_j之间的关联聚集得分可表示为

$$C_{ij} = \boldsymbol{S}_{ij}^{\mathrm{T}}\boldsymbol{D}_{ij}^{-1}\boldsymbol{S}_{ij} \qquad (4-114)$$

式中：$S_{ij} = w_1\theta_{ij} + w_2A_{ij}$ 为 z_i 与 z_j 之间的广义距离；$D_{ij} = \mathrm{cov}(\boldsymbol{S}_{ij}^{\mathrm{T}}, \boldsymbol{S}_{ij})$ 为广义距离协方差。

这里，θ_{ij} 为目标方位线 θ_i 与 θ_j 的贴近度；A_{ij} 为目标信号 A_i 与 A_j 的相似度。注意，θ_{ij} 的计算须考虑 θ_i 与 θ_j 有交点且交点位于可能探测范围内，以及3个以上交点构成的可能目标三角形各边长或内角小于某规定值等条件；A_{ij} 的计算须考虑 A_i 与 A_j 诸对应信号参数之间的差异(包括数值范围差异和信度差异等)，从而得到 A_i 与 A_j 之间的综合相似度，也可以在识别出来的特征级或更高的属性级进行相似度 A_{ij} 计算。

对于某一可行目标测量集合 $Z^i(i = 1,2,\cdots,I)$，其最多 M 个元素的关联聚集得分表示为

$$V_i = V(Z^i) = C_{1i_12i_2\cdots Mi_M} = \boldsymbol{S}_{1i_12i_2\cdots Mi_M}^{\mathrm{T}}\boldsymbol{D}_{1i_12i_2\cdots Mi_M}^{-1}\boldsymbol{S}_{1i_12i_2\cdots Mi_M} \quad i = 1,2,\cdots,I \qquad (4-115)$$

式中：$\boldsymbol{S}_{1i_12i_2\cdots Mi_M} = w_1\theta_{1i_1\cdots Mi_M} + w_2A_{1i_1\cdots Mi_M}$ 为 $z_{1i_1}\cdots z_{Mi_M}$ 的广义距离；$\boldsymbol{D}_{1i_12i_2\cdots Mi_M} = \mathrm{cov}(\boldsymbol{S}_{1i_1\cdots Mi_M}^{T}, \boldsymbol{S}_{1i_1\cdots Mi_M})$ 为相应广义距离的协方差；$\theta_{1i_1\cdots Mi_M}$ 为 M 条目标方位线 $\theta_{1i_1},\theta_{2i_2},\cdots,\theta_{Mi_M}$ 的贴近度，算法与两测量方位线贴近度算法类似；$A_{1i_1\cdots Mi_M}$ 为 M 组目标信号 $A_{1i_1},A_{2i_2},\cdots,A_{Mi_M}$ 的相似度，算法与两信号参数相似度算法类似。

4.6.1.3 无源多站测量关联分配规划模型

设式(4-112)所示的集合 F 的可行分配子集集合为 S，则分配 $\tau \in S$ 且 S 中元素最多为 $2^L - 1$ 个。建立多站测量关联分配规划模型步骤如下：

(1) 建立测量集合 Z 与可行目标测量集合的关联矩阵 $\boldsymbol{A}$。$\boldsymbol{A}$ 的每一列表示一个可行目标的测量集合，每一行表示一个测量向可行目标测量集合的分配，于是

$$\boldsymbol{A} = \{a_{ij}\} \qquad i = 1,2,\cdots,L; j = 1,2,\cdots,I \qquad (4-116)$$

其中

$$a_{ij} = \begin{cases} 1 & \text{测量 } i \text{ 属于可行目标测量集合 } Z^j \\ 0 & \text{测量 } i \text{ 不属于可行目标测量集合 } Z^j \end{cases}$$

(2) 引入可行目标测量集合对可行分配的隶属向量 $\boldsymbol{X}$，即

$$\boldsymbol{X} = (x_1, \cdots, x_I)$$

其中

$$x_j = \begin{cases} 1 & \text{可行目标测量集合 } Z^j \text{ 属于某可行分配 } \tau \\ 0 & \text{可行目标测量集合 } Z^j \text{ 不属于某可行分配 } \tau \end{cases}$$

例如，若可行分配 τ 为 $Z = Z^1 \cup Z^3 \cup Z^6$，则 $\boldsymbol{X} = (0,1,0,1,0,0,1)$。

(3) 建立可行分配约束。由关联矩阵 $\boldsymbol{A}$ 和隶属向量 $\boldsymbol{X}$ 的定义，为满足一个测量只源于一个目标或杂波的条件，应成立下述约束：

$$\boldsymbol{AX} \leqslant \boldsymbol{I}_L \qquad I_L \text{ 为 } L \text{ 单位向量} \qquad (4-117)$$

(4) 构造目标函数。由4.6.1.2小节中所给出的产生可行目标测量集合 Z^i 的关联聚集得分 $V_i = V(Z^i), i = 1,2,\cdots,I$；基于极大后验估计准则[20]的最优分配 τ 应使下述目标函数达极大：

$$\max_{\tau \in S}(V_1, V_2, \cdots, V_I)\boldsymbol{X}(\tau) = \max_{\tau \in S}\boldsymbol{X}^{\mathrm{T}}(\tau)V \qquad (4-118)$$

式中：$\boldsymbol{X}$ 为可行分配 τ 的0-1隶属向量，$\boldsymbol{V} = (V_1, V_2, \cdots, V_I)^{\mathrm{T}}$ 为得分向量；S 为可行分配集合。

（5）最后,得到无源多站测量—目标关联分配规划模型。

目标函数：　　$\max\limits_{\tau \in S} \boldsymbol{X}^{\mathrm{T}}(\tau)\boldsymbol{V}$　　(4-119)

约束条件：　　$\boldsymbol{AX}(\tau) \leqslant \boldsymbol{I}_L$,$\boldsymbol{X}$ 为 0-1 向量

该规划的解 $X^*(\tau)$ 对应的分配 τ^* 即为无源多站测量最优关联分配,由此可产生基于无源多站测量的多目标最优估计,包括目标数量、目标位置和属性等估计量。

仅满足约束条件的解 $\boldsymbol{X}(\tau)$ 称为该规划问题的可行解,对应的 $\boldsymbol{X}^{\mathrm{T}}(\tau)\boldsymbol{V}$ 称为可行分配 τ 的得分。取关联矩阵 $\boldsymbol{A}$ 中任意 J 列（$J < I$）生成矩阵 $\boldsymbol{B}$ 和相应的聚集得分向量 $\boldsymbol{V}_B$（$\boldsymbol{V}_B \subset V$）,相应的规划模型为

$$\begin{cases} \max\limits_{\tau \in S} \boldsymbol{X}_1^{\mathrm{T}}(\tau)\boldsymbol{V}_B \\ \boldsymbol{BX}_1 \leqslant I_L \quad \boldsymbol{X}_1 \text{ 为 } 0-1J \text{ 维向量} \end{cases} \tag{4-120}$$

该规划模型的解称为规划模型式(4-119)的部分最优解。

4.6.2 规划求解方法

4.6.2.1 规划求解原理

使用通常的枚举法求解 0-1 整数规划问题式(4-119)和式(4-120)几乎是不可能的,特别是当目标较多(3 个以上)和测量站较多(3 个以上)时,更是如此。如有 100 个可行目标,则需枚举 2^{100} 个 $\boldsymbol{X}(\tau)$ 向量才能求出最优解,显然是不可行的。

为了快速求解上述整数规划问题,调整关联矩阵 $\boldsymbol{A}$ 的列使其具有如下形式：

$$\boldsymbol{A} = \begin{bmatrix} X & X & X & X & 0 & 0 & & \cdots & & & 0 \\ X & X & X & X & X & X & 0 & 0 & \cdots & & 0 \\ X & X & X & X & X & X & X & X & 0 & \cdots & 0 \\ X & X & X & X & X & X & X & X & X & \cdots & 0 \\ X & X & X & X & X & X & X & X & X & \cdots & X \end{bmatrix}$$
$$\qquad\qquad \underbrace{\qquad\qquad}_{\boldsymbol{F}_1} \quad \underbrace{\qquad}_{\boldsymbol{F}_2} \quad \cdots$$

其中F_i为 $L \times k_i$($k_i \leqslant I$)阶矩阵,其 1～i-1 行元素为零,K_i 为 $\alpha_{ij}=1$ 的元素数量;并且在 $\boldsymbol{F}_i$(i=1,2,…)的分划中,$\boldsymbol{A}$ 中的一个列向量只能进入一个 $\boldsymbol{F}_i$ 矩阵中。将列向量 $\boldsymbol{F}_i$ 中诸 Z^i 的得分按递减方式,排列为 $C_{i1}, C_{i2}, \cdots, C_{i\boldsymbol{F}_i}$,与 $\boldsymbol{F}_i$ 的列对应的 $\boldsymbol{X}(\tau)$ 的分量为 x_{i1},$x_{i2}, \cdots, x_{i\boldsymbol{F}_i}$。同时调整得分使向量 $\boldsymbol{V}$ 与 $\boldsymbol{A}$ 的列保持一致。记 $\boldsymbol{\sigma}_i = \max(V_{i1}, V_{i2}, \cdots, V_{i\boldsymbol{F}_i})$。这时形成的 0-1 整数规划,不妨仍记为式(4-119)。

关于该整数规划问题的求解,有如下规则。

规则 1　如果 $X(\tau)$ 是 0-1 整数规划(4-119)的最优解,则 $\sum\limits_{j=1}^{I} V_j x_j \geqslant 0$。

事实上,显然 $X(\tau)=0$ 是(4-119)的可行解,从而

$$(V_1, V_2, \cdots, V_I)X(\tau) = \max(V_1, V_2, \cdots, V_I)X(\tau) \geqslant (V_1, V_2, \cdots, V_I) * 0 = 0$$

该规则说明在探索最优解时可取最优解的目标函数值初值为零。

规则 2　如果 $V_i < 0$,且 $X(\tau)$ 是 0-1 整规划式(4-119)的解,则 $X(\tau)$ 的第 i 个分量 $x_i = 0$。

若不然，记 $\boldsymbol{T} = (x_1, \cdots, x_{i-1}, 0, x_{i+1}, \cdots, x_I)^{\mathrm{T}}$，则

$$(V_1, V_2, \cdots, V_I)\boldsymbol{T} = \sum_{\substack{j=1 \\ j \neq 1}}^{I} V_j T_j + 0 > \sum_{\substack{j=1 \\ j \neq 1}}^{1} V_j T_j + V_i = (V_1, V_2, \cdots, V_I) X(\tau)$$

这与 $X(\tau)$ 为最优解的假设矛盾。

该规则说明在求解上述整数规划最优解前，可先去掉得分为负的可行目标，减少可行目标数量，使求解更迅速。

规则 3　如果 $X(\tau)$ 是 0－1 整数规划式(4－119)的解，对任意的 $0 < k < I$，若 $x_k \neq 0$，则有

$$\sum_{j=1}^{k} V_j x_j \geqslant \sum_{j=1}^{k-1} V_j x_j$$

由规则 2，该结论显然成立。

规则 4　如果 $X(\tau)$ 是 0－1 整数规划(4－119)的解，则对任意的 i，$X(\tau)$ 的分量 $x_{i1}, x_{i2}, \cdots, x_{iF_i}$ 中最多有一个不为 0。

若不然，不妨设 $x_{i1} = 1, x_{i2} = 1$，考虑到矩阵 $\boldsymbol{A}$ 和 $\boldsymbol{X}(\tau)$ 的元素均为 0 或 1，那么，$\boldsymbol{AX}(\tau)$ 的第 1 个元素为

$$\sum_{j=1}^{F_1} C_{11j} x_{1j} = 2 + \sum_{j=3}^{F_1} C_{11j} x_{1j} > 1$$

这与 $\boldsymbol{AX}(\tau) \leqslant 1$ 矛盾。这说明对应每个可行目标测量集合 F_i，$x_{i1}, x_{i2}, \cdots, x_{iF_i}$ 中最多有一个为 1。

该规则说明在求解上述整数规划最优解时，可以对矩阵 $\boldsymbol{A}$ 按列分组进行，以减少计算量。

规则 5　如果 $X(\tau)$ 是 0－1 整数规划式(4－119)的解，对任意的 $0 < k < I$，若 $\boldsymbol{X}(\tau)$ 的第 k 个分量不为 0，则有

$$\sum_{j=1}^{k} V_j x_j \geqslant -\sum_{i=k+1}^{I} \sigma_i$$

即

$$V_k \geqslant -\sum_{j=1}^{k-1} V_j x_j - \sum_{i=k+1}^{I} \sigma_i$$

若不然，则

$$\sum_{j=1}^{k} V_j x_j < -\sum_{i=k+1}^{I} \sigma_i$$

由于 $\boldsymbol{X}(\tau)$ 是 0－1 整数规划式(4－119)的解，则

$$\sum_{j=1}^{k} V_j x_j \geqslant 0$$

即

$$\sum_{j=1}^{k} V_j x_j \geqslant -\sum_{j=k+1}^{I} V_j x_j$$

于是得

$$\sum_{j=k+1}^{I} V_j x_j \geqslant -\sum_{i=k+1}^{I} \sigma_i$$

由于 $x_k \neq 0$ 是 $\boldsymbol{X}(\tau)$ 的第 k 个分量,由规则 3 知,在 x_k 之后的 $\boldsymbol{X}(\tau)$ 的分量中至多有 $I-k$ 个非零,注意到 $\sigma_i = \max(V_{i1}, V_{i2}, \cdots, V_{iF_i})$,上述不等式不成立,从而该规则成立。

4.6.2.2　规划求解步骤

下面给出 0-1 整数规划(4-119)基于上述 5 个规则的求解步骤。

第 1 步:初始化有关变量。由规则 1,置最优解得分 maxscore 为零。对任意的 k ,计算 $\varphi_k = \sum_{j=k}^{I} \sigma_j$ 。可行解得分 sumscore[i] 置零, $i = 0,1,\cdots,I$ 。

第 2 步:用适当类型的 L 位变量表示矩阵 $\boldsymbol{A}$ 的列。这样,每个可行目标都可以用一个 L 位变量来表示,不妨设这些变量为 $P_1, P_2, \cdots, P_I$ 。对应于 F_i 的列为 $P_{i1}, P_{i2}, \cdots, P_{iF_i}$; $P_0[i]$ ($i = 0,1,\cdots,I$)为字长等于 L 的一数组变量。

第 3 步:探索。置 P_0 为零,从 F_1 即从 $P_{11}, P_{12}, \cdots, P_{1F_1}$ 中依次选取一个,不妨设为第 k 个,判断其对应的得分 V_{1k} 是否满足必要条件:

$$V_{1k} \geqslant \text{maxscore} - \text{sumscore}[0] - \varphi_2 \qquad (4-121)$$

若式(4-121)不成立,结束探索,因为继续探索下去不可能求得得分大于 maxscore 的可行解 $\boldsymbol{X}(\tau)$;若式(4-121)成立,则

$$P_0[1] = P_{1k} \cup P_0[0], \text{sumscore}[1] = \text{sumscore}[0] + V_{1k}$$

判断是否满足:

$$\text{sumscore}[1] < \text{maxscore}$$

若不满足,则 maxscore = sumscore[1],置 $x_{1k} = 1$ 。

若满足,返回到 F_2 中继续探索。

由规则 3 知,当 $j \neq k$ 时, $x_{1j} = 0$ 。置 $\boldsymbol{X}(\tau^*)$ 为此部分最优解,进行第 4 步,检查该部分最优解是否为全局最优解。

第 4 步:进一步探索,检查已有的 $\boldsymbol{X}(\tau)$ 分量是否能发展成为全局最优解。从 F_i 即从 $P_{i1}, P_{i2}, \cdots, P_{iF_i}$ 中依次选取一个,不妨设为第 k 个,判断其对应的得分 V_{ik} 是否满足:

$$V_{ik} \geqslant \text{maxscore} - \text{sumscore}[I-1] - \varphi_{i+1} \qquad (4-122)$$

若式(4-122)不成立,返回到 F_{i+1} 中继续探索;若式(4-122)成立,判断是否满足:

$$P_{ik} \cap P_0[i-1] = 0 \qquad (4-123)$$

若式(4-123)不成立,返回到 F_i 中继续探索;若式(4-123)成立,而对 F_i 已探索完,判断下列不等式是否成立,即

$$\text{maxscore} - \text{sumscore}[i-1] - \varphi_{i+1} \leqslant 0 \qquad (4-124)$$

若式(4-124)成立,则 sumscore[i] = sumscore[$i-1$] , $P_0[i] = P_0[i-1]$,置 $x_{1k} = 0$, $k = 1,2,\cdots,F_i$,并对 F_{i+1} 进行探索,以检查是否能将已有的 $X(\tau)$ 分量是否能发展成为最优解;否则,回到 F_{i-1} 探索。

由规则 3 可知,当 $j \neq k$ 时, $x_{ij} = 0$ 。置 $X(\tau^*)$ 为此部分全局最优解,并到 F_{i+1} 进行探索,以扩大部分最优解;若成立,则置 $x_{ik} = 1$,当 $j \neq k$ 时,取 $x_{ij} = 0$,并到 F_{i+1} 进行探索,以检查已有的 $X(\tau)$ 分量是否能发展成为全局最优解。

第 5 步:利用上述第 3 步、第 4 步,可求得规划问题式(4-119)和式(4-120)的最优解 $\boldsymbol{X}(\tau^*)$ 。根据最优解 $\boldsymbol{X}(\tau^*)$,很容易求得最优分配 τ^* ,从而获得在最大后验概率意义上的真实目标测量集合,进而估计产生各真实目标航迹。

4.6.3 仿真案例

如图4－23所示,设有3个无源探测站各报来两个目标的方位数据,记这些方位数据形成的集合为Z,即$Z=\{z_{11},z_{12},z_{21},z_{22},z_{31},z_{32}\}$。由于测量的方位误差很大,模拟试验结果,这些方位线产生6个可行目标,即$Z^1=\{z_{11},z_{21},z_{32}\}$,$Z^2=\{z_{12},z_{21},z_{31}\}$,$Z^3=\{z_{12},z_{22},z_{32}\}$,$Z^4=\{z_{11},z_{21},z_{31}\}$,$Z^5=\{z_{12},z_{22},z_{31}\}$,$Z^6=\{z_{12},z_{21},z_{32}\}$。6个可行目标测量聚集的得分分别为9.0、8.0、6.6、4.2、1.5、0.01,按上述方法形成的整数规化问题为

$$\max(9.0,4.2,8.0,6.6,1.5,0.01)\boldsymbol{X}(\tau)$$

约束条件为

$$\begin{pmatrix}1&0&0&1&0&0\\0&1&1&0&1&1\\1&1&0&1&0&1\\0&0&1&0&1&0\\0&1&0&1&1&0\\1&0&1&0&0&1\end{pmatrix}\boldsymbol{X}(\tau)\leqslant\begin{pmatrix}1\\1\\1\\1\\1\\1\end{pmatrix}、$$

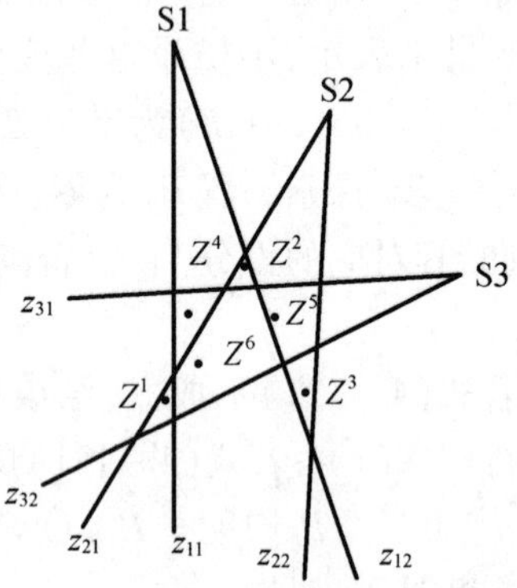

图4－23 多站多目标无源测向定位案例

式中:$\boldsymbol{X}(\tau)$为二进制向量。

$$\sigma_1=\max(9.0,4.2)$$

$$\sigma_2=\max(8.0,6.6,1.5,0.01)$$

$$\varphi_1=\sigma_1+\sigma_2\quad\varphi_2=\sigma_2$$

(1)目标定位结果分析。模拟试验的结果是可行目标3和可行目标4构成方位数据形成的集合Z的可行分配,此可行分配之得分为6.6+4.2=10.8,且在所有可行分配中,此可行分配的得分最大。虽然可行目标1和可行目标2也构成集合Z的分配,其得分为17,大于可行目标3和可行目标4形成的可行分配的得分,但可行目标1和可行目标2共用一个方位数据z_{21},从而,此分配为不可行分配。因此,可行目标3和可行目标4为真目标,而其他目标为假目标。模拟试验的结果与案例想定一致。

(2)定位耗时分析。通过对不同探测站数、不同目标数进行的试验,可以发现,随着站数和目标数的增加,定位识别目标所用时间也不断增加。试验结果如表4－9所列。

表4－9 多站多目标识别定位时间比较

定位时间/s	3站	4站	5站
3个目标	0.2		5
4个目标		4.3	76
5个目标		5.1	100
6个目标		7.8	
9个目标	3.7		

从表4－9可以看出,使用4.6.2节所述方法进行无源多站多目标定位识别时,站数不宜太多,目标数可多一些。当然,随着计算机运算速度的提高,站数也可适当增加。

参考文献

[1] 雷德明,严新平.多目标智能优化算法及其应用[M].北京:科学出版社,2008.

[2] 林锉云,董加礼.多目标优化的方法与理论[M].长春:吉林教育出版社,1992.

[3] 袁平鹏,陈刚.董金祥.动态计算圆弧并面积算法的证明及改进[J].计算机辅助设计与图形学学报,2001,1:13-16.

[4] 权太范.信息融合神经网络-模糊推理理论与应用[M].北京:国防工业出版社,2002.

[5] 权太范,宗成阁.变结构自矫正模糊控制系统设计及其应用[J].控制理论与应用,1989,6(3):114 - 121.

[6] 高新波,姬红兵.一种基于特征加权的模糊c均值聚类算法[J].西安电子科技大学学报,2000,27(增刊):80-83.

[7] 高新波.模糊聚类算法的优化及应用研究[D].西安电子科技大学,1999.

[8] 龙永锡.多目标跟踪的方法[J].指挥与控制,1980,1(1).

[9] Bar-Shalom. Tracking Methoeds in Multitarget Environment[J]. IEEE-AC, august, 1978.

[10] 赵宗贵.多传感器多目标跟踪优化模型与实现技术[J].现代电子工程,2001,2.

[11] 石玥,王钺,王树刚.山秀明.基于目标参照拓扑的模糊航迹关联方法[J].国防科技大学学报,2006,4.

[12] 韩崇昭,朱洪艳,段战胜,等.多源信息融合[M].第2版.北京:清华大学出版社.2010.

[13] 龙永锡,赵宗贵.机动目标的似然比判定滤波及其在C2系统中的应用[J].电子学报,1985,7(4).

[14] 龙永锡,赵宗贵.机动目标的最优判决[C].平滑滤波技术交流会会议录.国防工业火控技术情报网编辑部,1977,10.

[15] Cramer E. Mathematical Methods of Statistics[J]. Princeton. 1946.

[16] Thorp J S. Optimal Tracking of maneuvering targets. IEEE Trans, Aerospace and Electronic System[J]. July 1973, AES-9:512-519.

[17] 中国科学院数学研究所概率论组.离散时间系统滤波的数学方法[M].北京:国防工业出版社,1975.

[18] 汤扣林,赵宗贵.无源探测三维空间目标定位技术研究[J].现代电子工程,2009.

[19] 方炳炎.地图投影计算用表[M].北京:测绘出版社,1979.

[20] 贾沛璋.朱征桃.最优估计及其应用[M].北京:科学出版社,1984.

[21] 秦洪,龙永锡.不同探测维数的多传感器数据融合算法[C].第四届南京市自然科学优秀学术论文集,2001,12

[22] 黄山良,龙永锡.0-1整规划方法在多站多目标识别中的应用[J].东南大学学报,1999.

[23] 赵宗贵,汤扣林,刁联旺.仅有方位测量常速运动目标的可观测性[J].现代电子工程,2007.

[24] Koteswara Rao S. A Recursive Multistage Estimator for Bearings-Only Passive Target Tracking [C]. Intelligent Sensing and Information Processing. 2005. 207-212.

[25] Dogancay K. On the efficiency of a bearing-only instrumental variable estimator for target motion analysis. Signal Processing 85(2005):481-490.

[26] Brehard T, LE Cadre J P. Closed-Form posterior Cramer-Rao bounds for bearings-only tracking. IEEE Transaction on Aerospace and Electronic systems. 2006,42 (4):1198-1223.

[27] Yu Jiaxiang, Xiao Deyun, Yang Xiuting. Square root unscented particle filter with application to angle-only tracking [C]. Proceeding of the 6th world congress on intelligent control and automation, Dalian China, 2006, 1548-1552.

[28] Bavencoff F, Vanpeperstrate J M, Le Cardre J. P. Constrained bearings-only target motion analysis via Markov chain Monte Carlo methods. IEEE Transaction on Aerospace and Electronic systems. 2006, 42 (4):1240-1263.

[29] Clark J M C, Vinter R B, Yaqoob M M. The Shifted Rayleigh Filter for Bearings Only Tracking [C]. 2005 7th International Conference on Information Fusion, pp: 93-100.

[30] Loizou S G, Kumar V. Biologically inspired bearing-only navigation and tracking [C]. 46th IEEE Conference on Decision and Control, 2007, 1386-1391.

[31] Wang Xuezhi, Ellem R, Musicki D. Fast Track Confirmation for Multi-Target Tracking with Doppler Measurements [C]. Intelligent Sensors, Sensor Networks and Information, 2007, pp: 263-268.

第5章　态势与威胁估计

在 JDL 关于数据融合的模型中，无论是初始模型、1998 年修订模型，还是 2004 年推荐的 JDL 修订模型，其中皆含有作为高级数据融合的 2 级和 3 级模型，即态势估计和威胁估计（2004 年的 JDL 模型将其称为影响估计）模型，只是随着人们对数据/信息融合概念功能及其应用认识的不断深化，对态势估计与威胁估计的概念、内涵、求解逻辑，以及采用的基础理论和模型/方法的研究和应用也在不断深化。迄今为止，尽管这两级高级融合尚缺乏理论基础与框架支撑，但在作战应用中都焕发出了强劲的生命力，以共用作战态势图（COP）展现的态势估计结果已成为生成和规划作战方案的主要依据，威胁估计更成为预测可能出现的对抗/遭遇行动和事件的核心功能。因此，近几年所出现的关于态势与威胁估计（STA）的研究成果无一不来自局部战争、反恐和维护国家安全的需求驱动。

本章描述态势与威胁估计定义和内涵、态势估计模型与威胁估计模型，以及态势估计与威胁估计的工程实现方法。内容主要来自文献[1]和作者的工程实践。

5.1　态势与威胁估计的定义与内涵

在 2004 年 JDL 推荐的数据融合修订模型中，将 0 级融合定义为多传感器信号融合，实现目标联合检测并进一步获取目标成分（如特征、子对象等）估计；1 级融合定义为对各单一目标的融合估计，以实现目标的定位、识别与跟踪，此时可假设诸目标是相互独立的；2 级融合定义为估计诸多战场要素之间的关系，建立有关的诸战场要素之间的关系结构（称为态势）；进一步定义的 3 级融合则描述态势估计及其预测结果对未来作战活动的影响（称为影响估计），包括估计所产生影响的效能和成本，在作战中通常表现为估计可能发生的对抗行为和事件，以及付出的代价与产生的后果。值得提出的是，2/3 级融合涉及的是与作战意图和战场环境有关的多类战场目标之间的关系问题，此时诸目标已经不能假设相互独立。态势估计与威胁估计主要功能如表 5-1 所列。

表 5-1　STA(SA&TA)主要功能

融合识别	关联/相关推断	融合估计	估计结果
2 级(SA) 态势估计	• 实体—实体 • 实体—关系 • 关系—关系	• 关系状态估计 • 局部结构估计	关系、局部结构（态势）、可信度
3 级(TA) 影响估计	• 态势—行动方案(COA) • COA—可能事件	• 效能估计 • 代价估计	实体/态势效能、代价与可信度预测

其中，对己方作战活动不利的影响称为威胁，影响估计称为威胁估计（TA）。此时，效能估计表现为对己方的威胁要素（威胁对象、时间、等级）估计和可能产生结果（如目标攻

击概率、突防概率)的预测。代价估计包括敌我双方在威胁对抗中所付出的代价(战果和战损)。

5.1.1 态势估计的定义和内涵

Devlin 提供了一个关于态势的有用定义[2]:态势是由现实产生的一个结构。实际上,态势可以看作具有一定程度感知的一个"局部"的现实状态。从"结构"的定义出发,不难认识到态势是实体及其属性和关系的集合。抽象的态势可以表示为一组关系(Relation),现实的态势可以表示为带有事例的一组关系(Relationships)。从作战应用看来,态势实际上表示的是战场环境和兵力分布的当前状态和发展变化趋势。

这样一来,可直接得到 JDL 关于态势估计的定义[3]:态势估计是对部分(局部)现实结构(实体之间及其隐含的有关实体状态之间的关系聚集)的估计与预测。

从内涵讲,态势估计包含下述功能:

(1) 推断实体间(或复合实体中)的关系。

(2) 对态势的主要元素(实体、属性和关系)估计结果进行识别和分类。

(3) 使用推断出的关系进一步推断实体的属性,包括作为态势元素的实体的属性(用来对实体已有的估计进行精炼)及自身作为实体的态势的属性(如确定态势的一个确凿类型)。

这些功能无疑包含推断和发掘态势之间的关系,如基于当前和历史态势预测未来态势。综合文献[1,4-6]中的内容,对态势学科给出一种分类方法,如图 5-1 所示。

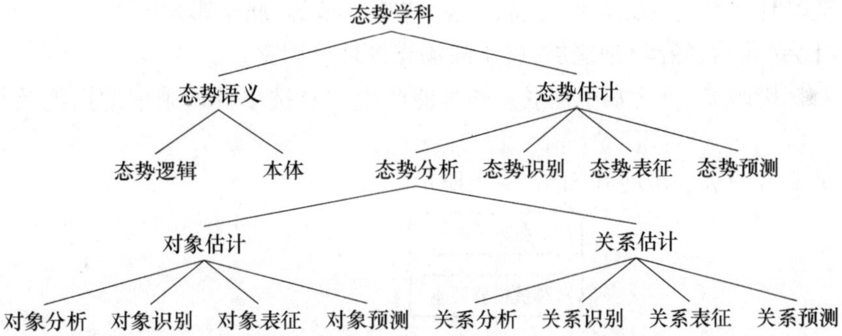

图 5-1 态势学科的分类

态势语义是指定义和说明态势,其相关学科是态势本体论(确定态势中实体类型及依赖性)和态势逻辑(推断实体的方法)。

态势估计是指估计和预测局部现实结构,其包含态势分析、态势识别、态势表征和态势预测。其中,态势表征是指估计态势中的显著特征,如实体间关系及基于接收数据对有关实体状态进行推断,其主要涉及外展过程(Abductive Process);态势识别是指按现实和假设的类型进行态势分类,其主要包含推演过程(Deductive Process);态势预测是指根据估计的结果推断未来态势,或根据假设的或与事实无关的数据推测以前或当前态势,其主要涉及归纳过程(Inductive Process);态势分析是估计和预测实体中的关系及进一步对有关实体状态进行推断,它是态势估计的重点,是态势表征/识别/预测的基础。

态势分析主要包括对象估计和关系估计两部分,其中关系估计是指发现和估计态势中实体关系的存在及其特征,包含关系的识别、表征、分析和预测;而对象估计则是指基于关系估计进一步推断和精炼态势中各单一实体的状态和特征,包含实体识别(目标识别与事件查证)、分析(进一步分解)和预测(跟踪)等几部分。

20 世纪 90 年代,美国防部实验室联合理事会(JDL)对战场态势估计的功能内涵描述[7]:**态势估计是建立在关于作战活动、事件、时间、定位和兵力要素组织形式上的一张视图。该视图将所获得的所有战场力量的部署、活动与战场环境、作战意图及机动性有机结合起来,分析并确定发生的事件,估计敌方的兵力结构、使用特点,最终形成战场综合态势图。**

该描述是前述态势估计内涵的四项功能在战场态势估计功能中的具体运用,基于该非正式定义,可以分析态势估计产品的构成要素和生成过程。

战场态势要素包含以下 3 级:

1 级要素:战场实体(目标、设施与环境)及其状态/属性,是生成战场态势的基础要素。

2 级要素:实体之间的关系,是基于作战意图产生的,是构造战场态势的主要依据。

3 级要素:隐藏在实体及其关系中的需深入理解的作战意图,识别的作战计划和方案,以及可能出现的战场事件及结果预测等。3 级要素又称为态势知识,是基于作战意图进行作战规律挖掘、估计和预测的结果,是态势估计与预测的主要内涵。

1 级(基础)要素包含以下 5 类:

(1) 兵力部署与作战能力类,属于静态因素。

(2) 战场目标类,包括固定目标和运动目标,属于动态因素。

(3) 战场环境类,包括地理、交通、气象、电磁环境等,属于影响因素。

(4) 社会(政治、经济)地缘类,属于战场支撑环境因素。

(5) 对抗措施类,是指基于作战意图可能产生的对抗事件所采取的措施及其涉及的因素。

这 5 类要素的进一步展开如图 5-2 所示。

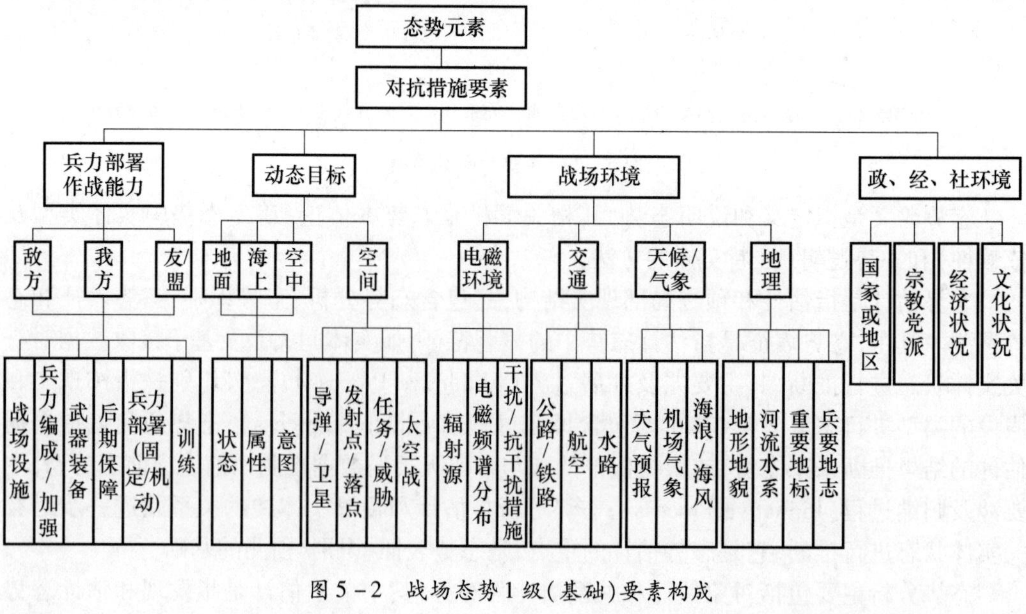

图 5-2 战场态势 1 级(基础)要素构成

战场态势具有下述应用特征：

(1) 目的性:态势及其构成要素依作战意图不同而异。

(2) 不确定性:态势要素及其关系获取/估计的不确定因素。

(3) 动态性:态势随作战进程(阶段或时节)变化。

(4) 互作用性:态势与作战意图/作战效果相互影响。

(5) 一致性:指态势估计结果与真实战场态势的一致(绝对一致),以及多作战单元对态势理解的相对一致。

(6) 周期性:态势周期性更新,基于作战节奏并随作战意图/作战效果的显著变化确定平均更新周期(美陆、海、空军分别为5min、1min、20s)。

(7) 态势图:态势及其要素以视图形式呈现给指挥员,包括底图及在其上标注的军标符号及其说明的覆盖层。

战场态势识别,即基于不同作战应用具有不同的态势分类方法,如图5-3所示。

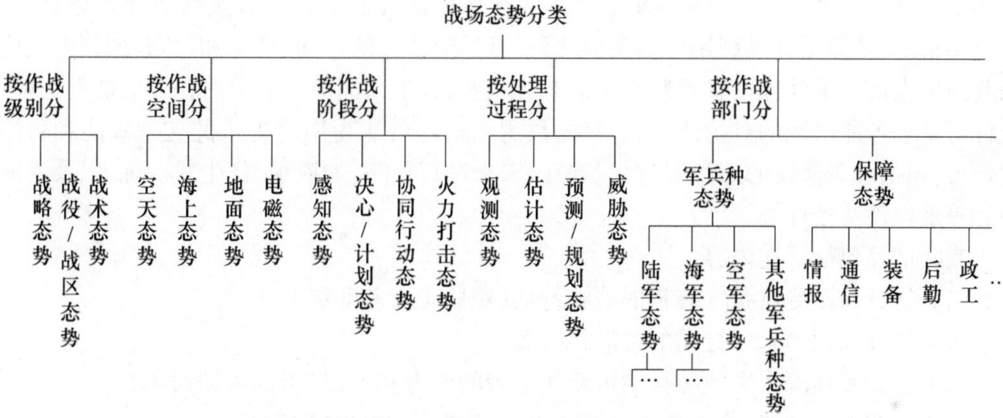

图5-3 基于作战应用的态势分类

态势生成过程含有下述环节：

(1) 基于实体要素状态和属性及与作战意图的关系聚集生成可能的态势假设,或称可能产生的观测态势。

(2) 发现和估计隐藏在观测态势中的敌方兵力结构、作战能力、作战意图、作战计划、作战行为和行动方针,生成战场估计态势。

(3) 进一步估计可能出现的战场事件并预测可能出现的结果,生成战场预测态势。

(4) 形成集观测态势、估计态势和预测态势于一体的战场综合态势(或统称为“态势估计”),为己方作战活动提供支持。

上述4个环节实际上就是军事应用的战场态势估计功能内涵,其皆基于双方作战意图和作战力量要素及其关系估计实现。这里将我方状况(意图、计划和可能行动)视为已知条件。

最后需指出的是,作为信息融合的第2级,态势估计是对1级融合结果——诸单一实体估计扩展为诸单一实体关系估计结构,即是对1级融合结果的延伸和扩展,但需要融入更多的关于战场整体或关系领域的情报信息,如人工情报、开源文档情报、部/技侦情报,以及已有数据资料等。

5.1.2 威胁估计的定义和内涵

1998 年 JDL 修订版力图将 3 级融合在概念上拓展到非威胁领域，将名称改为“影响估计”，意即参与者估计和预测当前态势对其可能出现的行动的影响。由于这里主要指可能发生的对我方不利/有害事件进行估计，仍沿用“威胁估计”名称。

威胁估计与态势估计的区别包括时间、本体和认知等方面。从时间上看，威胁估计是估计和预测态势对未来状态的（不利）影响[8]，此时可将威胁估计视为态势估计（估计当前态势对未来产生的影响）的一部分或其扩展。然而，从本体域看来，态势估计是估计状态（包括实体状态、类型与关系状态），而威胁估计是估计这些状态对假设代理（如我们自己）的用途[9,100]。如果说 1 级融合是对单一实体的描述，2 级融合是对实体间（实体中）关系的描述，那么 3 级融合就是对实体及其关系的作用的描述。基于这两种描述的差异分析，针对 2 级融合是根据观测态势直接估计态势状态的内涵，在认知域对 3 级融合——威胁估计进行下述定义：影响估计或威胁估计是根据其他信息非直接地估计态势状态。该定义指出：威胁估计系利用观测态势之外的已知/估计的意图、任务和计划、预测的反应和其他情报信息等外部信息预测未来的态势状态，包括预测当前态势对任务效能的影响，或针对未来可能出现的对抗或不利事件，预测或估计可能为用户提供的支持效能和付出代价；还包括基于假设的态势对过去、现在、未来进行预测，如模拟、产生式训练，以及逆向态势等虚拟现实估计等。

威胁估计包括下述内容：

（1）估计和预测对我方有害的威胁行动（威胁类型和等级）。

（2）估计和预测未来行动的可能执行者。

（3）估计和预测未来威胁行动可能执行者的能力和意图（可能威胁对象）。

（4）预测威胁态势（含可能威胁行动及其执行者）中的威胁时机。

（5）估计和预测威胁行动的后果，即可能产生的影响；考虑双方可能产生的对抗事件及结果。

5.1.3 态势估计与威胁估计的关系

5.1.1 节和 5.1.2 节分别描述了态势估计与威胁估计的定义和内涵，并在一定程度上描述了它们之间的区别。本小节重点描述态势估计与威胁估计的关系。

如前所述，在态势估计与威胁估计中，已不能假设各战场要素（诸单一目标）是相对独立的。因此，探索要素（目标）之间的相互关系成为 2/3 级融合的主要内容，也是研究态势与威胁估计的出发点。

为了厘清态势与威胁估计的关系，仍引用 M. R. Endsley 提出的 3 级态势感知模型[11]，如图 5－4 所示。

其中的 1 级态势感知，即态势察觉结果与 JDL 模型的 2 级融合中的观测态势相对应；2 级态势感知，即态势理解结果与 JDL 模型的 2 级融合中的估计态势相对应；而态势预测结果与 JDL 模型的 2 级融合中的规划/预测态势相对应。可以认为 Endsley 的态势感知中的态势察觉也包括 JDL 的 0 级和 1 级融合，因为察觉是从各单一要素的探测和估计开始的。但是，从图 5－4 可以看出，Endsley 的态势感知模型纯粹界定在“感知”领域，并不

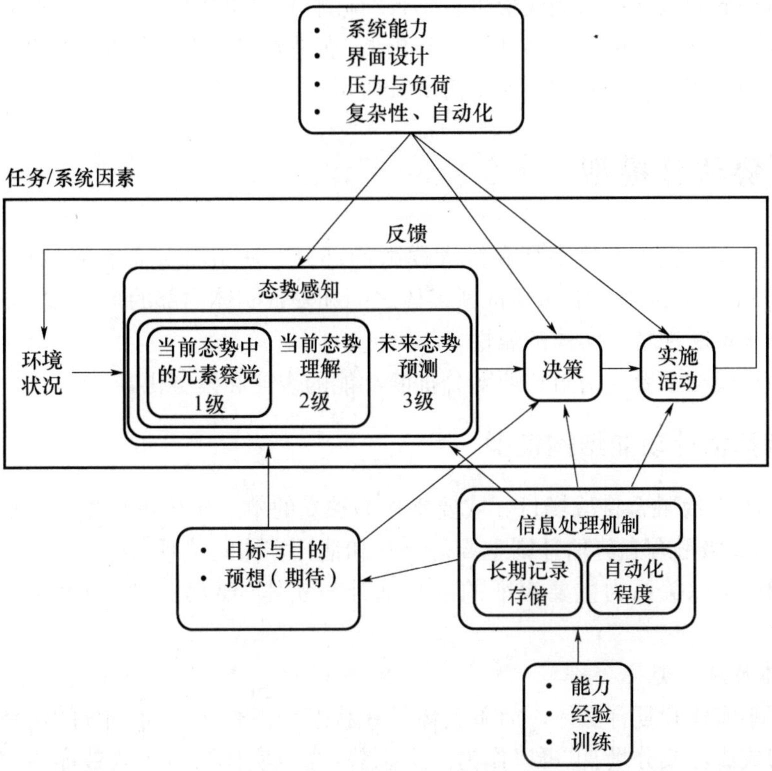

图 5-4　Endsley 的态势感知模型

包含应用支持(如图 5-4 中的应用决策与实施活动),而 JDL 的 3 级融合是从直接感知以外的其他信息(应用活动需求和预测反应或其他情报来源)非直接估计态势状态,特别是预测态势对任务效能的影响,包括代价和效果预测;因此,3 级融合是对态势估计结果从应用出发的再估计和再预测。从这个意义上讲,JDL 的 3 级融合是 Endsley3 级态势感知模型向应用领域的扩展。

由于 JDL 态势估计中含有对未来态势的预测,当态势预测是具有对我方不利的威胁(对抗)态势时,威胁估计就自然成为态势估计的一部分或对态势估计的扩展,称“威胁态势估计/预测”,如图 5-5 中箭头①所示。当预测的态势是对我方不利事件时,涉及到对

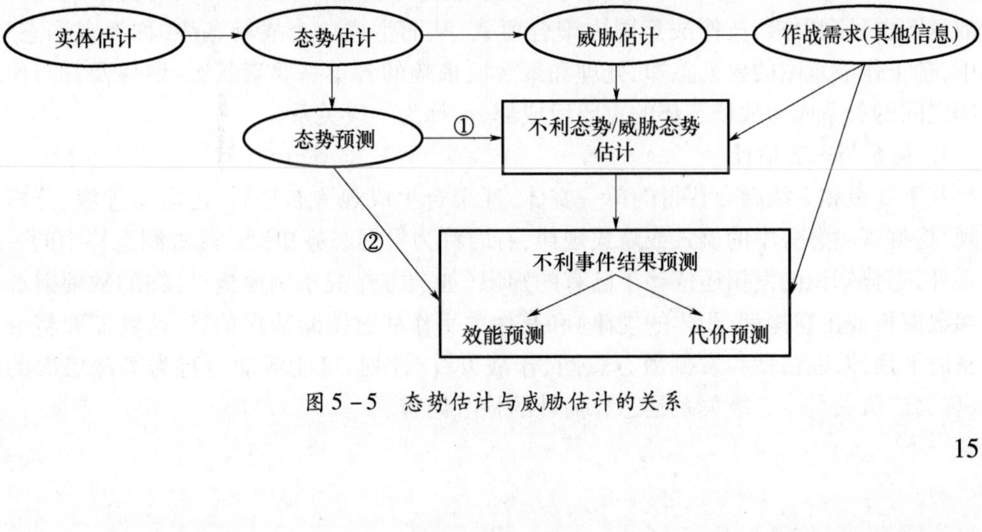

图 5-5　态势估计与威胁估计的关系

态势事件结果的影响和付出的代价进行估计/预测，其以对作战需求的满足程度为度量标准；此时，威胁估计不是由态势估计结果导出的，而是作战需求等外部信息驱动的，是对态势估计结果的应用估计，如图5-5中箭头②所示。

5.2 态势估计模型

态势估计模型包含态势表征和推理模型两部分。从JDL关于态势估计的定义和内涵出发，态势估计的推理功能包括推断实体之间和复合实体内部的关系，以及依据推断出的关系进一步推断和精炼实体的属性。

态势估计模型主要是指对这两部分推断功能的表征和模型化。

5.2.1 态势估计功能结构模型

如前所述，1级融合将战场目标或要素作为独立的单一实体进行估计，确定其状态和属性表征；而2级融合态势估计则主要是考察和估计实体间关系，并进一步发现和精炼实体表征。为弄清以关系为主要表征的态势估计与实体(要素)之间的关系，需注意下述几点。

1. 实体及其分类

(1) 简单实体和复合实体。简单实体是在状态和属性上不可再分的实体，它可以作为态势的构成成分或分量，也可以作为一个态势(当该实体具有重要效能时，如来袭的隐身目标/1架战略轰炸机，即可构成一个空中态势)。复合实体是由多个单一实体(可以是简单实体，也可以是复合实体)构成的实体，可以表征为一个结构；因此，复合实体本身就可视为一个态势。例如，一个防空指挥中心就是由指挥所、通信枢纽、防空武器、雷达、C^3I系统等多个单一实体构成的一个复合实体，可视为一个防空态势。

(2) 抽象实体和具体实体。战场要素(态势要素)可以分为抽象实体和具体实体，抽象实体如意图、计划、行动、事件等；具体实体如战场目标、环境要素等。通常，抽象实体是从具体实体之间(之内)的关系估计中获取的。

2. 实体与态势生成

态势是与作战目的(我方的确定意图和对敌方的估计意图)紧密联系的战场要素的集合，而不是感知的战场要素全部。可以按作战意图去感知(探测、侦察、收集)要素，按作战意图去处理要素，按作战意图去聚合要素，从而生成一个战场态势，称为观测态势。其中，基于作战意图的要素感知、处理和聚合所依赖的各单一要素状态、属性及其与作战意图之间的关系成为战场态势的重要组成部分，称为一级关系。

3. 关系与态势估计

基于0级和1级融合获得的单一实体，经聚合生成观测态势后，还需要理解、分析和发现/挖掘观测态势中的显式或隐式规律，有时称为发掘态势知识。除观测态势中的一级关系外，态势知识的发掘还依赖于已有的知识(如敌方作战条例模板、已知的敌辐射源电磁参数模板或正在探询/积累的规律)和其他关乎作战意图的情报信息，这就需要将一级关系向下延伸，以估计和发掘敌方意图、作战方针/计划、可能活动与行为等深层次的关系，称为二级关系。二级关系是态势估计的核心内容。

4. 态势规划与预测

态势规划与预测是指从某一时空范围/位置的态势估计结果(称为估计态势)出发,规划和预测其他时空范围/位置可能出现的态势。规划(Projection)是指有意识地控制和塑造希望出现的态势,预测(Prediction)是指在时空上进行的未知态势推断。态势规划和预测依赖实体的状态和属性,更依赖于已有关系(一级和二级关系)在时空上的扩展,称为三级关系。从一定意义上看,态势规划和预测是指建立态势中的三级关系,并将其纳入态势中。三级关系包含对实体属性的进一步深化与精炼,发现与所论态势关联的新的实体,以及态势关系在时空上的扩展,即建立所论态势与其他态势之间的关系。由上述3个方面的分析,不难得到态势估计的功能结构模型,如图5-6所示。

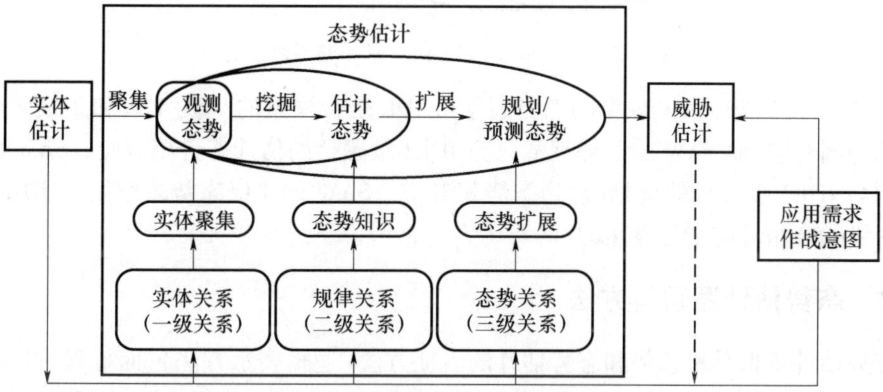

图5-6　态势估计的功能结构(2级融合)

由图5-6可以看出,统称为态势估计的2级融合,实际上含有观测态势、估计态势和规划/预测态势。观测态势是在实体类关系(一级关系)支持下,通过实体/有关战场要素聚集获得的;估计态势是通过从观测态势中发现/挖掘的规律类关系(二级关系),即态势知识形成的;而规划/预测态势是通过推断时空范围的态势类关系,进行态势扩展(包括规划与预测)建立的。对态势估计中所含的三个级别关系的推断皆离不开1级融合——实体估计结果,并且在整体上受应用需求/作战意图的约束。还需指出的是,3级融合——威胁估计的结果有时也会对态势估计产生逆向影响。

下面描述态势估计功能结构与Endsley的态势感知模型[11]之间关系。Endsley的态势感知(Situation Awareness,SAW)模型分为3级——态势元素察觉、态势理解和态势预测,McGuiness和Foy[12]为其增加了第4级,称为态势求解,即寻求能够获得期望态势的最佳行动方案。我们知道,估计是指一个过程,而感知是过程的产品。感知是一种通过估计或分析过程达到的心里状态或信息状态。态势估计系统的性能就是由作为态势估计结果的感知信息状态的逼真度来度量的,而其有效性则是对该感知信息状态所产生的响应的最大效能来度量的。

Lambert[13]将Endsley所定义的SAW模型等价于JDL模型1级~3级,而将McGuiness和Foy增加的SAW4级模型与JDL模型4级模型对应。我们认为这种对应关系不是很适宜。特别在分析JDL融合的2级模型之后,应针对图5-6所示的态势估计模型分解产生的三级关系态势(观测、估计、规划/预测态势),分别研究它们与SAW模型的对应关系。JDL融合模型与Endsley感知模型的对应关系如图5-7所示。

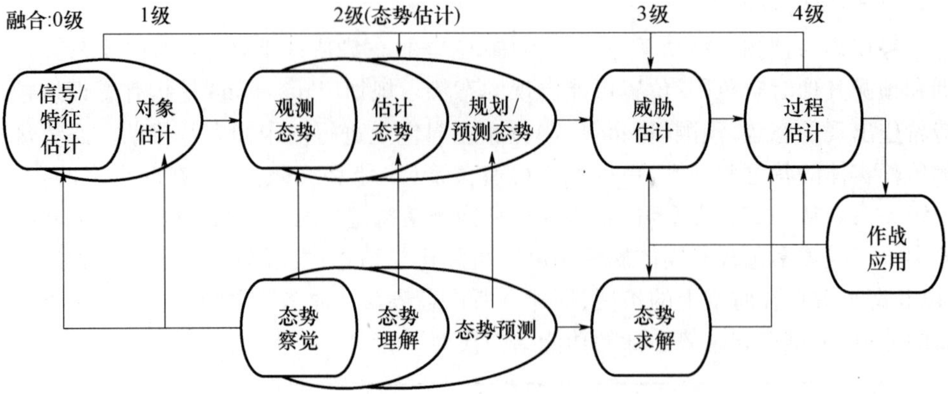

图 5-7 JDL 融合与 Endsley 感知模型对应关系

由图 5-7 可知,SAW 模型的态势察觉与 JDL 融合模型的 0 级/1 级和 2 级融合中的观测态势相对应,而 SAW 的态势理解只与 JDL2 级融合的估计态势相对应。SAW 的态势预测则与 JDL2 级融合的规划/预测态势相对应。SAW 的 4 级态势求解则与 JDL 模型 3 级和 4 级融合相对应则是自然的。

5.2.2 态势估计逻辑与方法

态势估计逻辑是指态势和态势估计的表征方法(逻辑表示方法),而推理方法是指态势估计功能中的三级关系推断,以及态势实体属性推断中所采用的确定性和不确定性推理方法。

可以认为态势估计是采用态势术语对世界进行理解,这里的态势表示对该世界的一组陈述信息。态势(或态势估计)逻辑主要由信息片构成,当态势逻辑作为应用到现实世界或某个具体态势(不管符合实际与否)的信息时,其与人的断言独立;当态势逻辑作为应用到给定态势的信息时,它就是关于该态势的事实。

5.2.2.1 确定性态势逻辑

确定性态势逻辑采用与 Curry 和 Feys 组合逻辑有关的二阶谓词计算法[14]。

一阶命题 $R(x_1,x_2,\cdots,x_n)$ 包含 m 域谓词"R",$m \geqslant n$;二阶命题 Applies$(r,x_1,x_2,\cdots,x_n)$ 采用单一的二阶谓词 Applies;当我们对谓词只考虑为一个关系时,可以将该二阶命题简写为$(r,x_1,x_2,\cdots,x_n)$。于是,将态势逻辑记为

$$\sigma = (r,x_1,\cdots,x_n,h,k,p) \tag{5-1}$$

式中:r 为一个 m 域(元)关系;x_i为实体 $i(i=1,2,\cdots,n)$;h、k 分别为位置和时间;$1 \leqslant i \leqslant n \leqslant m$;$p$ 为可能性或倾向性,对于确定性态势逻辑来说,$p=0,1$,即$(r,x_1,x_2,\cdots,x_n,h,k,1)$和$(r,x_1,x_2,\cdots,x_n,h,k,0)$分别表示关系 r 在时间 k 和地点 h 适用或不适用于 n 元实体$(x_1,\cdots,x_n)$。这里的 r 表示 m 域抽象关系,而$(r,x_1,\cdots,x_n)$表示一组实体之间的关系,即由一个 m 域(元)抽象关系 r 和 n 个有关实体组成的关系。因此,一个态势逻辑表达式(5-1)就是一个由可能(倾向)和时空约束衔接起来的一个实例关系;随着关系 r 的实体 $x_i(i=1,2,\cdots,n)$的变化,式(5-1)就能够表达各种态势;随着 h、k、p 的变化,态势就以不同的可能性出现在不同的时空范围之中。还可以考虑态势嵌套表达,如嵌套

态势：

$$\sigma = (\text{相信}, x, \sigma_2, h, k, 1)$$

表示在时间 k 和地点 h，实体 x 相信态势 σ_2。当把谓词关系 r 扩展为

r = 察觉、假设、断言、猜想、报告、十分、疑问、相信、表示、惊奇……时，其与多重态势嵌套逻辑相结合，就可产生所需要的各种各样、千变万化的态势逻辑表达式，例如：

$$\sigma_1 = (\text{询问}, x_1, x_2, \sigma_2)$$

$$\sigma_2 = (\text{是否报告}, x_3, x_4, \sigma_3)$$

$$\sigma_3 = (\text{相信}, x_5, \sigma_4)$$

表示 x_1 问 x_2：x_3 是否将"x_5 相信 σ_4"报告给 x_4。

态势逻辑的这种关系类型变化、实体属性和数量变化，特别是嵌套模式，使我们可将其用于对敌方的行动方案/计划的识别和对其行动后果进行估计，也可用于估计敌方对我方态势的察觉理解和相信程度。该态势逻辑表示模式支持态势的各种类型：实体（简单实体和复合实体）、关系，以及基于不同准则对态势采用的不同的分解方法和产生的推理模式/方法。

5.2.2.2 不确定性态势逻辑

态势估计中的不确定性包括接收到的观测数据的不确定性和所使用的处理模型的不确定性。从表现形式看，这两类不确定性均包含：

（1）随机性，是指实体或态势随时间变化的不确定性，通常用来描述状态受环境因素与探测设备的影响所出现的无规律变化。

（2）模糊性，通常用来描述对实体或态势认识的清晰程度，以及描述状态模型（物理模型或统计模型）或属性特征识别模型的逼真度。

（3）可信性，是指对实体或态势信息的信任程度，通常用来描述模型的健壮性、稳定性、可靠性，以及对人类行为的相信程度。

态势估计中的不确定性态势逻辑是指基于不确定性表示的态势推理方法。迄今为止，在2/3 级融合中，几乎所有不确定性推理方法都有应用踪迹，它们主要是概率方法、模糊逻辑、D－S 证据理论，以及概率衍生方法（如模式识别、马尔科夫模型、信度网络等）和一些仿生方法（如神经网络、遗传算法、蚁群算法等），这里简介几种主要算法。

1. 统计推理方法

统计推理方法是指概率类方法，其以概率表示实体或态势的不确定性。统计推理的典型应用有经典概率推理方法和后验概率（贝叶斯）推理方法两种。

1）经典概率推理方法

经典概率是一个单一性逻辑，结论是已知的，并不随着证据的出现产生变化；随证据变化的是随机过程，而这恰恰是人们关心的当前、短期或中间过程结果。该方法需要通晓关于态势的一些基本的模型形式，如目标的物理或行为模型，或有组织的社会网络行为模型（尽管可能不完整、带有偏差和噪声），以建立目标或态势行为的随机分布密度，在概率表达式：

$$p = \int_{\Omega} f(X)\,\mathrm{d}X = \int_{\Omega_1} \cdots \int_{\Omega_n} f(x_1, x_2, \cdots, x_n)\,\mathrm{d}x_1 \cdots \mathrm{d}x_n \tag{5-2}$$

中，当给出可能出现的概率 p（即期望出现的结果）时，能够推断出态势向量 $\boldsymbol{X}$ 的活动范围

Ω(或各态势分量的范围 $\Omega_1,\Omega_2,\cdots,\Omega_n$),这就能为控制和约束态势变化过程,确定我方控制态势进程提供依据。

2) 后验概率推理方法

后验概率方法又称贝叶斯推理方法,其来源于英国牧师汤姆斯·贝叶斯1763年发表的论文中的贝叶斯公式:

$$\Pr(H_i \mid E) = \frac{p(E \mid H_i)\Pr(H_i)}{p(E)} = \frac{p(E \mid H_i)\Pr(H_i)}{\sum_j p(E \mid H_j)\Pr(H_j)} \tag{5-3}$$

与经典推理方法不同,贝叶斯推理并不知道可能的结论,只是在给出的一个先验结论的基础上,用采集到的证据不断对其进行改进。只要基于经验或物理机理的先验结论基本合理,采集的证据可观测性较好,那么改进的后验结论就会逐渐向真实结论逼近,但与真实结论可能永远存在偏差(或未知)。贝叶斯公式假设诸可能命题 $H_1,H_2,\cdots,H_n$ 互不相容且构成完备集合,$\Pr(H_i)$ 是命题 H_i 的先验概率,$\Pr(H_i|E)$ 是基于证据 E 的后验概率,$\Pr(E|H_i)$ 是证据 E 的条件密度,$\Pr(E)$ 是证据 E 关于命题集合的分布密度。

在态势和威胁估计中,在已有观测态势或某一已知实体估计的基础上,随着新的预测(证据)的到来,通过计算该证据的条件似然函数,采用贝叶斯公式将已有的先验态势估计改进为后验态势估计。随着后验证据的到来,将已有的改进估计重新作为先验估计,继续改进之,直到达到预期目标。实际上,每一个证据都会调整诸命题假设的分布概率,当最大后验分布概率在一定的证据周期内稳定在某一命题上,并超过预定门限时,即以该命题作为预期选择结果。然而,当同时到来的诸策略证据互不独立时,似然函数的计算比较困难。

2. 模糊推理方法

模糊集理论以隶属度函数(隶属度) $\mu_A(\theta) \in [0,1]$ 来表示不确定性;其表示元素 θ 属于模糊集合 A 的程度,当 θ 完全属于或不属于集合 A 时,取1或0边界值。隶属度 $\mu_A(\theta)$ 可用来表示和推断实体的属性,还可以表示某个态势对作战意图、某个战场事件(包括威胁)的支持和有害程度。视 θ 为收集到的证据(通过观测获得的实体、态势测量),A 为支持 θ 的模糊命题(意图、实体、事件等),$\mu_A(\theta)$ 为 θ 对 A 的支持度量,将其统称为模糊证据集合,$\Theta_A = \{\theta, A, \mu_A(\theta)\}$。于是,基于模糊证据集合 Θ_A 和 Θ_B 的命题推断有两种:

合取推断:$$\mu_{A\cap B}(\theta) = \min\{\mu_A(\theta), \mu_B(\theta)\} \tag{5-4}$$

析取推断:$$\mu_{A\cup B}(\theta) = \max\{\mu_A(\theta), \mu_B(\theta)\} \tag{5-5}$$

合取推断获得的命题是模糊命题 A 与 B 之交集 $A\cap B$,析取推断获得的是 A 与 B 之并 $A\cup B$。

3. 神经网络技术

通过构造神经网络的多层STA隐含层,采用向后传播训练,来聚集情报分析员在态势识别(如数据图——模板图)中的成对选择结果,存在潜在冲突的输出结果可采用改进的Dempster - Shafe证据理论来解决。

神经网络还可以用来预测某些STA中的行动估计(攻击、撤退、佯攻、坚守等)。例如,基于军事部署对战场地图进行分层约束聚集,生成战场要素聚集图,再基于作战规则或构造相应的神经网络来预测敌方意图[15]。

4. 遗传算法

遗传算法已应用于作战计划支持工具中，该算法能快速生成和评估作战行动方案(COA)，其中的 Wargaming 技术可以快速搜寻所需要的处理方法[16]。遗传算法通过产生敌方和我方的 COA，并预测交互状态和交互结果，在 STA 估计中能够广泛应用。

5. 基于知识的方法

基于知识的方法是非结构化方法，在 STA 中可以根据需要对情报分析员和决策指挥员的经验和知识，采用产生式规则、框架结构、语义网络或剧本等知识表示形式，用来识别实体的出现、属性，以及识别实体之间的关系，识别和建立态势结构等。在推理过程中，可以采用概率表示不确定性，采用隐式马尔科夫过程实现概率传播和状态转移，以进行态势判断与识别，如识别虚假(不切实际的)态势状态等。

5.2.3 态势变换模型

1 级融合即实体融合估计中，实体状态变换(转移)已有成熟的数据融合模型，如图 5-8 所示。

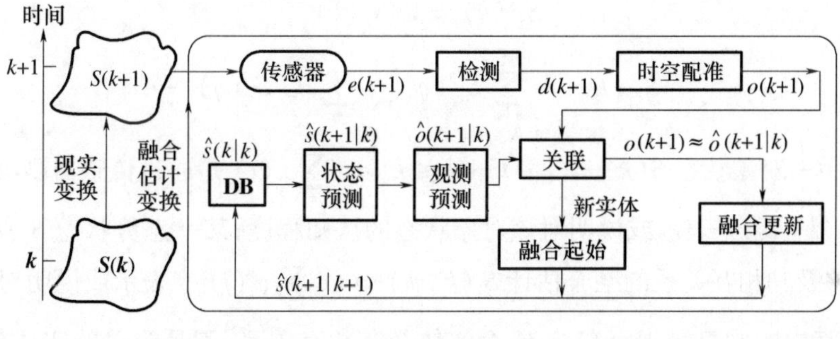

图 5-8 实体状态融合估计变换(转移)模型

图 5-8 中，$S(k)$ 为现实世界 k 时刻实体状态，$e(k+1)$ 为探测信号，$d(k+1)$ 为检测结果，$o(k+1)$ 为配准后观测，$\hat{o}(k+1 \mid k)$ 为观测预测，$\hat{s}(k+1 \mid k)$ 为状态预测，$\hat{s}(k+1 \mid k+1)$ 为 $k+1$ 时刻的实体状态估计。

关于态势变换和影响(威胁)变换模型，其原理与实体状态变换模型类似，但这里要确定实体、态势、威胁三者之间的关系，即确定态势与实体的关系(如何由实体生成态势)，以及威胁与态势的关系(如何由态势产生威胁或影响)。从大致的概念来说，态势是实体及其关系的集合，故自然地可认为一个态势由多个实体及其关系构成；而影响或威胁可以从多个态势或一个态势的多个子成分及其相互作用、相互影响产生；因此，可以将产生威胁或影响的多态势(态势组)定义为“场景”；由于 3 级融合是指对未来某些时刻出现的威胁或影响，因此，涉及到对场景中每个态势在相应未来某些时刻的变化预测，即要以不同的复杂度和规模跟踪和预测态势的动态演化；“场景”估计即影响或威胁估计，还包括场景(或其所含态势)对超前某些时刻的可能变化的估计与预测。

基于上述分析，给出 1 级融合对象状态 $\boldsymbol{S}$、2 级融合态势状态 $\boldsymbol{S}_t$、3 级融合场景状态

S_c 之间的关系，如图 5－9 所示。

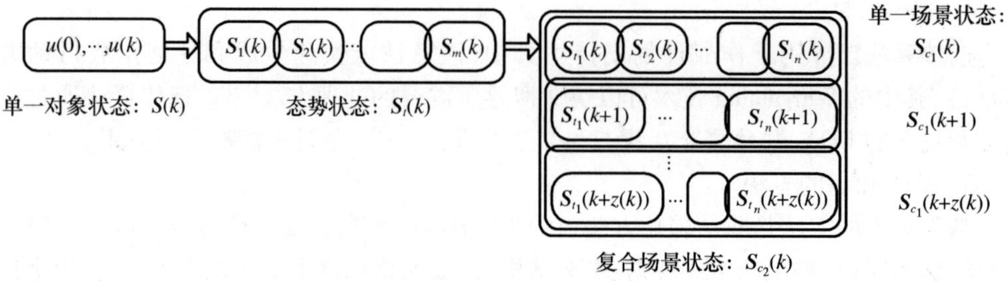

图 5－9　3 个级别的战场感知状态概念

单一对象状态 $\boldsymbol{S}(k)$，态势状态 $\boldsymbol{S}_t(k)$ 和场景（含单一场景和复合场景）状态 $\boldsymbol{S}_{c_1}(k)$、$\boldsymbol{S}_{c_2}(k)$之间的关系表达式为

$$\boldsymbol{S}(k) = \{u(t) \mid t \leqslant k\} = \sum_{t=0}^{k} u(t) \tag{5-6}$$

$$\boldsymbol{S}_t(k) = \{\boldsymbol{S}_t(t) \mid t \leqslant k\} = \bigcup_{i=1}^{m} \boldsymbol{S}_i(k) = \bigcup_{i=1}^{m} \sum_{j=0}^{k} u_i(j) \tag{5-7}$$

$$\boldsymbol{S}_{c_1}(k) = \bigcup_{j=1}^{n} \boldsymbol{S}_{t_j}(k) \tag{5-8}$$

$$\boldsymbol{S}_{c_2}(k) = \sum_{q=k}^{k+z(k)} \boldsymbol{S}_{c_1}(q) = \sum_{q} \bigcup_{j} \boldsymbol{S}_{t_j}(q) \tag{5-9}$$

其中，单一对象状态 $\boldsymbol{S}(k) = \{u(t) \mid t \leqslant k\} = \sum_{t=0}^{k} u(t)$ 是通过传感器测量与融合估计产生的 $\hat{u}(k \mid k)$ 来表示或说明对该对象状态的认知程度；某一态势状态 $\boldsymbol{S}_t(k)$ 是通过对 m 个对象及其相互关系的融合估计 $\hat{\boldsymbol{S}}_t(k \mid k) = \bigcup_i \sum_j \hat{u}_i(j)$ 来表示或说明对该态势的认知程度，其中的并符号表示包含 m 个实体及其相互关系，不是简单的实体状态求和。场景估计包括某一确定时间的单一场景估计 $\boldsymbol{S}_{c_1}(k)$ 和多个超前时刻的复合场景预测 $\boldsymbol{S}_{c_2}(k)$，$\boldsymbol{S}_{c_1}(k)$ 包含关联的 n 个态势，而 $\boldsymbol{S}_{c_2}(k)$ 则含有 $z(k)$个超前的单一场景预测；通过对场景含有的 n 个态势及其相互关系的估计、预测形成融合的场景状态估计 $\hat{\boldsymbol{S}}_{c_1}(k \mid k)$ 和 $\hat{\boldsymbol{S}}_{c_2}(k \mid k)$，用来描述和说明当前或预测的（一个或多个相互关联的）态势在后续某（某些）时刻产生的影响，或产生对我方作战意图和作战活动有害/不利的态势状态估计，即威胁估计。

5.3　威胁估计模型

5.3.1　威胁估计功能与方法概述

威胁是一种特殊的、对我方作战意图和行为具有不利或有害行为的态势，因此，又称威胁态势。威胁态势所展现的不利影响主要来自未来态势，所以，威胁估计主要是指对预测的态势所能够产生的影响进行估计，即影响估计；而威胁估计则成为其中的一种。在 5.1.2 节的最后，曾罗列了威胁估计所包含的内容，这里将其所包含的功能概括如下：

(1) 威胁实体检测和表征。确定实施威胁的主体的身份、属性、构成、位置/航迹、活动、能力、意图；识别该实体即将到来或正在进行的攻击行为。

(2) 威胁事件预测。确定可能的威胁事件（“可能发生”或“攻击”事件）；谁参与，何时？何地？为什么？怎样发生什么事件。

(3) 指示与告警。对即将到来或正在发生的“攻击”进行指示或发布预警。

(4) 攻击（威胁事件）估计。应负责的一方（威胁主体——国家、组织、个人），以及参与攻击的角色、企图攻击的目标、期望达到的效果（政治、物理、经济、心理）、威胁能力（武器和补给系统特征）、力量编成/协同/战术威胁（目标和计划分解）等。

(5) 结果估计。估计和预测事件结果状态（可能出现的态势），责任方、影响方、系统用户的成本/效能，包括有/无意识的结果。

支持这5项功能的技术手段和方法有[17]：领域知识表示技术（便于维护和处理）；获取领域知识的手段和途径；不确定性表述与传播技术；企图、计划识别和事件估计与预测的时空推理方法，包括潜在/未来态势推理、基于假设的当前或过去态势推理，以及基于非固有特征的历史态势推理等；事件和态势预测的原因要素与约束模型，以及从已知预测未知的态势状态。

5.3.2 威胁模型

威胁模型是对有威胁性质的实体与被威胁（有危险迹象）实体或目标之间存在的潜在和实际关系的模型化表述。威胁事件可以定义为对有关实体或目标带来有害或不利后果的事件，具有可能产生威胁事件的态势称为威胁态势。威胁事件可以是有意识的，也可以是无意识的（如自然灾害或人为错误）。有意识的威胁事件称为“攻击”，这是人们最关注的，特别是在军事领域中。当然，我们并不假设敌方企图进行的威胁行动如愿发生或确实造成了期望结果，只是把威胁估计看作估计敌方的蓄意性，以及表征、识别和预测蓄意行动等更通用的事先估计与预测问题。

威胁估计也可以视为对态势估计结果的应用过程或称为对态势估计结果面向下述问题的应用估计：

(1) 预测敌方的企图。

(2) 确定敌方所有可能的行动。

(3) 识别和判断敌方采取敌对行动的时机。

(4) 识别和判断我方资源可能受到的所有主要威胁。

(5) 预测敌方最有可能采取的行动。

(6) 确定我方对敌方可能行动在力量、武器、准备状态等对比上存在的薄弱环节。

(7) 在敌我对抗行动最佳配比之下，确定我方具最小代价的最佳攻击行动。

(8) 确定所有攻击行动的最佳目标[12]。

图5－10给出了威胁态势假设元素和主要推理路径。

由图5－10可见，威胁态势中的3个主要元素是威胁实体的能力、作用于一个或多个其他实体的威胁意图和机会。而威胁估计过程就是产生、评估和选择进行各种攻击行动的威胁实体的能力、意图和机会的假设，并为可能发生的攻击提供告警、提

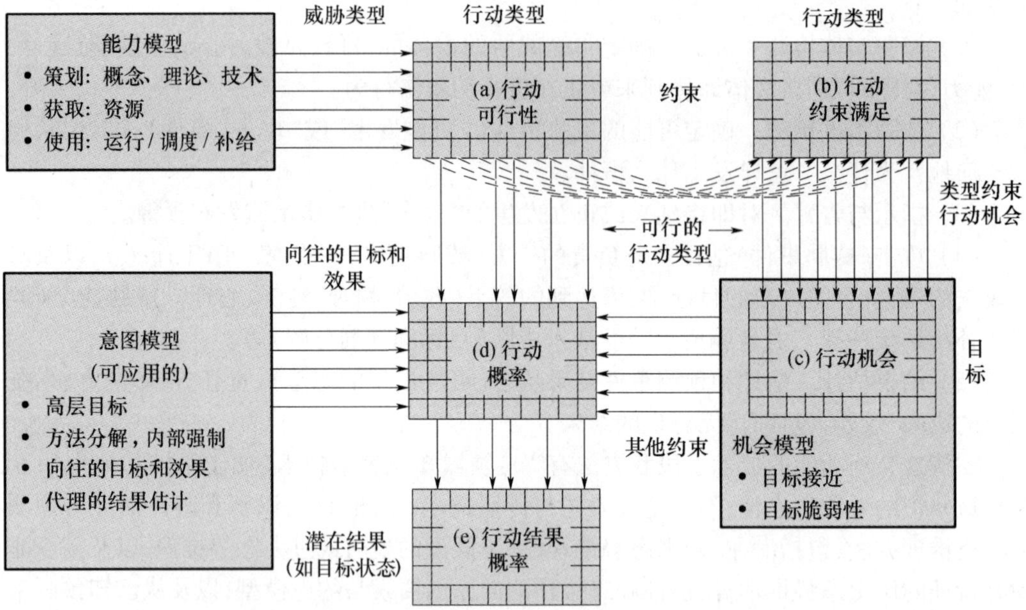

图 5-10 威胁态势假设元素与推理关系

示和表征。因此，威胁实体的能力模型、意图模型和机会模型就构成了威胁模型的核心。

实体的能力模型描述指挥员筹划、决策、指挥能力，作战力量的获取与运用能力（特别是武器装备、指战员综合素质与士气，以及网络中心运用能力）等要素的集成所产生的作战能力指数。威胁假设产生过程就是基于作战能力模型寻求各种可能类型的实体能力，并经图 5-10(b) 框约束检验，产生可行的威胁行动类型列表，传送给图 5-10 中的(a)框。威胁意图模型通过威胁目标的分解，采用单一或复合威胁实体基于内外条件因素和期望（向往）目标与效果的决策模型，来综合推断可能的威胁意图，传送给图 5-10 中的(d)框。满足约束的可行威胁行动类型约束一个威胁实体针对某些具体目标进行攻击的机会（图 5-10 中(c)框），于是，威胁行动机会模型基于威胁行动类型、攻击目标的可接近性、脆弱性（可打击性）等来估计威胁行动时机，并传送给图 5-10 中(d)框。于是可知，可能采取的威胁行动的概率（图 5-10(e)框）依赖于能力模型确定的满足行动约束的行动可行性、意图模型产生的期望目标和效果条件，以及对目标的行动机会模型产生的其他约束条件。

在图 5-10 中，威胁能力、机会和意图全部作用于"行动概率"和"行动结果概率"框中，以推断确定实施威胁行动的攻击实体——攻击对象"配对"。需指出的是，只根据能力和机会进行威胁估计[18]比较容易观测和验证，但是，只依据能力和机会对蓄意攻击行动来说并不是充分条件。在蓄意攻击行动中，意图才是威胁估计的重要因素。还需指出的一点是，威胁行动概率和行动结果概率是基于所建立的威胁模型（能力模型、意图模型、机会模型），依据威胁实体期望的网络察觉结果来评估态势假设，进而确定攻击实体——攻击对象"配对"，但这并不是真实攻击行动和结果，而是对威胁实体估计结果的再次估计。威胁评估过程如图 5-11 所示。

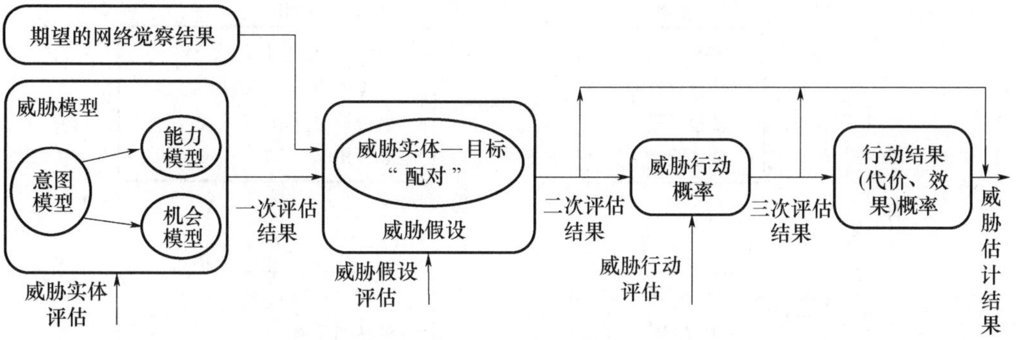

图 5-11　威胁评估过程

5.3.3　人的响应模型

如 5.3.2 节所述，在威胁估计中需要用以估计敌方力量的多种行为模型[9]，而复杂和隐含的人类意图和行为可能并不是随机的。因此，需要采用对策论与组合对策论，组合对策论能提供一种大量选择的多项式反复组合技术。影响敌对行为选择心态至少有以下 3 个因素：

(1) 心态可观测性：人类心态通常无法直接观测到，一般基于物理指示和信息状态进行推断。

(2) 心态复杂性：影响心理状态的原因的类型与数量很多，且其自身又以多种形式相互关联。

(3) 心态模型逼真度：与用于识别和预测目标类型、运动状态的成熟模型相比，产生心理状态的原因无法理解透彻，导致心态模型逼真度不足。

文献[19,20]提出表述、识别和预测人类意图与行为的方法，描述了一个代理响应模型，开发了人的行动预测模型。它以表征和预测人的行为的认知心理学的著名的技能—规则—知识(SRK)模型[21]为基础。SRK 模型又称为表征行为的概率模型，该模型将一个代理的响应行为分解为 4 个过程模型：

(1) 度量模型：$p(Z^k_{Mw} \mid X,w)$，代理 w 给出目标状态 X 条件下，测量集合 Z 的概率。

(2) 推理模型：$p(\hat{X}^k_{Iw} \mid Z^k_{Mw})$，代理 w 给出目标测量集合 Z 条件下，推断目标状态估计 $\hat{X}$ 的概率。

(3) 计划模型：$p(\hat{A}^k_{Pw} \mid \hat{X}^k_{Iw})$，给出目标状态估计 $\hat{X}$ 条件下，估计代理 w 产生行动计划 $\hat{A}$ 的概率。

(4) 控制模型：$p(A'^k_{Cw} \mid \hat{A}^k_{Pw})$，给出行动计划估计 $\hat{A}$ 条件下，控制代理 w 生成行动方案 A' 的概率。

对于这个测量—推理—计划—控制(MIPC)模型，假设其 4 个模块条件独立地支持有序感知活动，如图 5-12 所示。

图 5-12 描述的观测—判断—决策—行为等 4 个有序感知活动，实际是作战活动的 OODA 环在战场感知领域的具体体现。其中，测量和控制过程通常位于物理域，技术上属于传感器和控制理论；推理和计划过程位于信息域和认知域，技术上属于信息融合和动

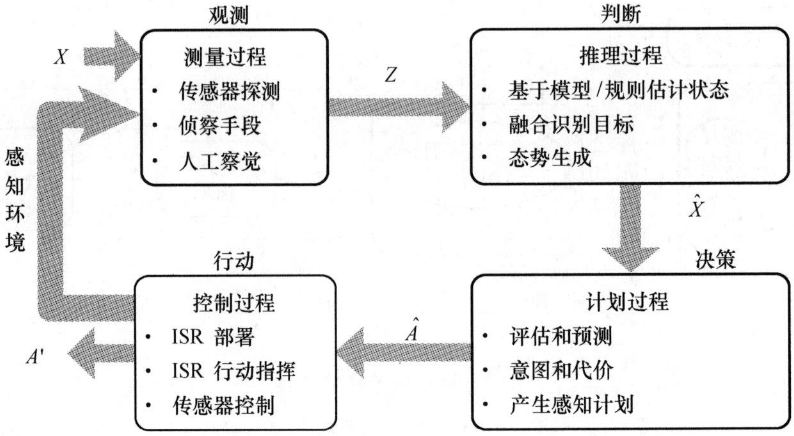

图 5－12　构成感知活动的 4 个过程

态/智能规划理论。由于人的推理和计划无法直接观测到，不太易于理解，故不适宜进行预测建模。

这里的测量、推理和计划过程分别对应于 Endsley 的察觉、理解和预测/规划过程，而控制过程则包括外部活动控制（如传感器和其他侦察设备操作控制、平台运动控制）和内部过程控制[8]，其中内部过程控制则属于物理域、信息域、认知域的结合。这两类控制可以是静态的，也可以是动态的，但都依赖于人的意图（和操作）。图 5－12 中 4 个模块都包含随机性和固定偏离误差，在条件独立假设下，将测量、推理、计划和控制过程含有误差的模型描述如下（隐去代理 w 标记）：

$$\begin{cases} z_M^k = h_s^k(\beta_M, X_I^k) + v_M^k \\ \hat{X}_I^k = h_I^k(\beta_I, Z_M^k) + v_I^k \\ \hat{A}_P^k = h_P^k(\beta_P, \hat{X}_I^k) + v_P^k \\ A_C^k = h_C^k(\beta_C, \hat{A}_P^k) + v_C^k \end{cases} \tag{5-10}$$

式中：z_M^k 为时间 k 测量集合；$\hat{X}_I^k$ 为估计状态，$\hat{A}_P^k$ 为估计计划；A_C^k 为行动方案；β_M、β_I、β_P、β_C 分别为测量、推理、计划和控制的固有系统偏差项；v_M^k、v_I^k、v_P^k、v_C^k 分别为相应的随机噪声（可能是非高斯的）。其中，意图偏差 β_P 作为只有计划过程才具有的固有偏差项，其重点是估计一个代理的有意识的定向行为模式。

对图 5－12 还需说明两点，一是计划过程既包含对推断状态/态势 $\hat{X}$ 的评估和预测，又包含作战意图和可能付出的代价，这是产生感知计划估计 $\hat{A}$ 的两项重要因素，它们都与作战活动有关；二是控制过程产生的行动方案用于对环境的感知活动，该感知活动会影响战场环境的变化，但是影响战场环境变化（兵力部署、动态目标等的变化）的最重要因素是作战活动而不是感知活动，作战活动对环境变化的影响在图 5－12 中并未画出。

5.4 工程应用中的态势与威胁估计

本节主要讨论工程应用中，态势与威胁估计（STA）的实现技术。态势与威胁估计属于 2 级信息融合和 3 级信息融合，其功能在原理上基本与 1 级融合相同，即在实现信息融合的功能节点上具有一致的多级功能结构,但每一级在技术实现上有其特定内涵。

5.4.1 信息融合节点的 STA

作为战场感知的信息融合节点或作为指挥控制(C^2)节点的信息处理部分,超越融合级别的信息融合节点功能如图 5-13 所示。

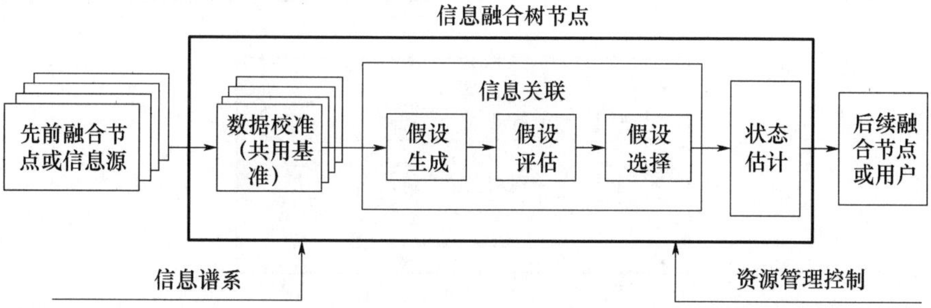

图 5-13 信息融合节点通用功能

从图 5-13 可以看出,基本的信息融合节点功能包括 3 项:数据标准(或共用基准)、信息/数据关联和状态估计。在态势估计(SA)中,这 3 项功能分别描述如下:

(1) 信息校准:确定共用基准,即如何统一不同的信息类型和来源(数字、介质、报告、图像),以进行推理。功能包括统一格式、时空配准、语义校准、信度正则化等,目的是为多类数据/信息的关联与组合准备可用数据。

(2) 信息关联:通过判断关系和信息连接,把不同来源的证据拟合/聚集到一起,生成关联假设;评估和比较复杂的关联假设(数据结构);按一致的标准优化选择关联假设。

(3) 状态估计:发现和表征关系,包括态势元素关系和态势之间的关系。识别态势、发现态势、预测与跟踪态势,包括推断实体之间(之内)的关系(这里的实体作为态势元素或本身就是静态或动态的态势结构,如通常的态势、场景、聚集体、事件和复杂对象等),以及使用推断的关系进一步推断态势实体元素或态势本身的属性等。

威胁(影响)估计(TA)也含有上述 3 项功能,只是其中的状态估计涉及的是预测的,而不是观测的态势,并且 TA 还包含对不利(有害)态势成本(代价)的估计和预测。

5.4.2 STA 结构

我们很希望态势估计,更希望威胁估计过程是自动的和自适应的,因为威胁估计的实时性要求较高。将图 5-8 中的目标融合估计状态变换过程中的每个功能部件及其关系表示的处理结构与信息获取过程(信息收集、数据挖掘等)耦合起来,就能够建立、评估和精炼我方(红方)态势假设,如图 5-14 中红方的判断功能椭圆和观测功能椭圆所示。其中的感知环境中的敌方实体可能对所在环境作为反应,如图中蓝方的 OODA 环中诸功能椭圆所示。

图 5-14(a)被动信息开发是指红方 STA 开发的开环方法。在该方法中,红方唯一能够观测到的蓝方情况是其物理行动结果的一部分(不是全部);蓝方的观测、判断和决策过程,除了一些物理活动(如主动传感器的电磁辐射)之外,大多是隐蔽的,红方只能间接估计和判断这些隐蔽过程。至于决策和行动,在这里显然不是信息融合所能解决的,因红

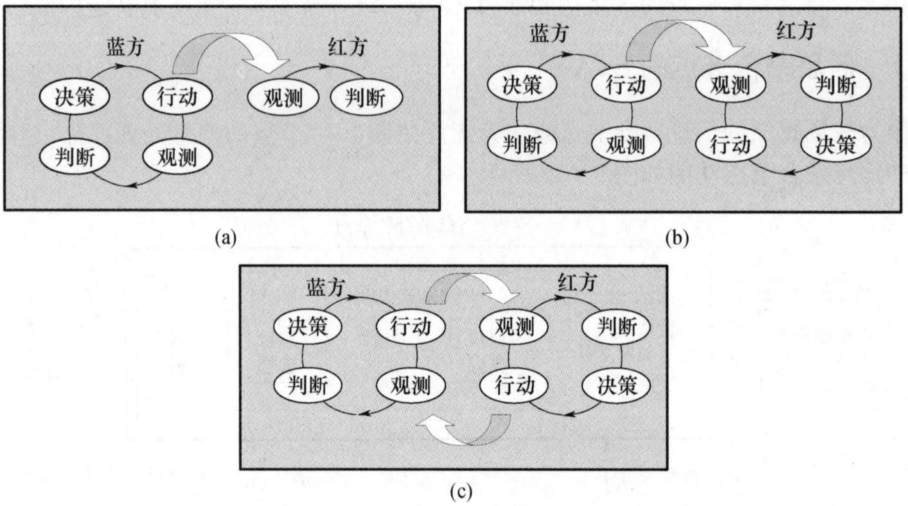

图 5-14　STA 的 3 种开发结构

（a）被动信息开发；（b）自适应信息开发；（c）模拟信息开发。

方对蓝方隐蔽过程的间接估计无法为自身的决策和行动提供足够的(充分的)信息。

图 5-14 (b)自适应信息开发是通过红方对信息收集和融合过程(包括决策和行动)的自适应管理来改善红方自身的融合产品。这是一个自身闭环过程,红方需要预测蓝方实体和态势的未来和偶发状态,如预测蓝方的可能行动及影响,而这需要知悉预测蓝方未来状态所需要的决策信息,以及提供这些信息的可选感知或分析行动的可选方案和可能性。该闭环开发过程将预测蓝方的活动对红方自身活动的影响,但不考虑红方行动对蓝方(环境)的影响,在图 5-14(b)中红方行动与蓝方观测之间没有关系箭头。

图 5-14 (c)模拟信息开发方式,则包含了红方预测、开发和指导蓝方(环境)对红方行动的响应,相当于给出蓝方可模拟的观测情报,这需要采用文献[22]讨论的信息获取模拟技术。模拟信息开发方式目前仅用于仿真演示或模拟训练,尚未达到实际应用的工程 STA 开发需求。在作战模拟或演习演练中,红方可以采用伪装、隐蔽和欺骗(Concealment,Cover and Deception,CC&D)技术和方法,特别是采用示假和佯动手段,向蓝方注入虚假信息,以影响和控制蓝方的行动,塑造符合红方作战意图的战场态势。这是全闭环结构的最终目标,在实现上存在较大难度,属于高超的战争艺术。

5.4.3　STA 中的数据校准

数据校准(Alignment)又称为公共基准(Common Referencing),包括各种必需的数据格式化、配准/标校(Registration/Calibration),以及信度正则化(Confidence Normalization),其内涵如下:

(1) 数据格式化包含符号提取并转化为可用格式所需要的解码和译码。该过程又称为词法与句法配准。

(2) 配准/标校包含测量校准和时空配准/标准。该过程包含坐标和比例转换、语义网络中的数据映射,以及更加复杂的语义变换,统称为语义配准。

(3) 可信度正则化,是指实现层次空间中不确定性的完备/一致表示的变换处理。

5.4.3.1 语义配准

在0级融合和1级融合中,时空配准为数据关联提供了一个共用时空框架;在STA中,语义配准则为概念(状态、关系等)关联提供了一个将传感器融合估计与STA共同转化达到的一个通用语义框架。因此,语义配准可以理解为高级融合的时空配准[9],它实际上是所有融合级别共用的语义框架。

由于STA所需信息是从多类来源获得的,需要把各类介质和形式的信息抽取为一个在句法和语义上通用的格式,而转化为通用语义格式的各类信息很可能存在状态/态势的间断和不连续状况,这在基于内容的图像恢复(CBIR)中,称为语义裂痕问题。弥补语义裂痕的方法是尽量多地精确获取、校准和融合各类信息。文献[23]给出了关于一个军事事件发生地点的多类情报融合推演案例,如图5-15所示。

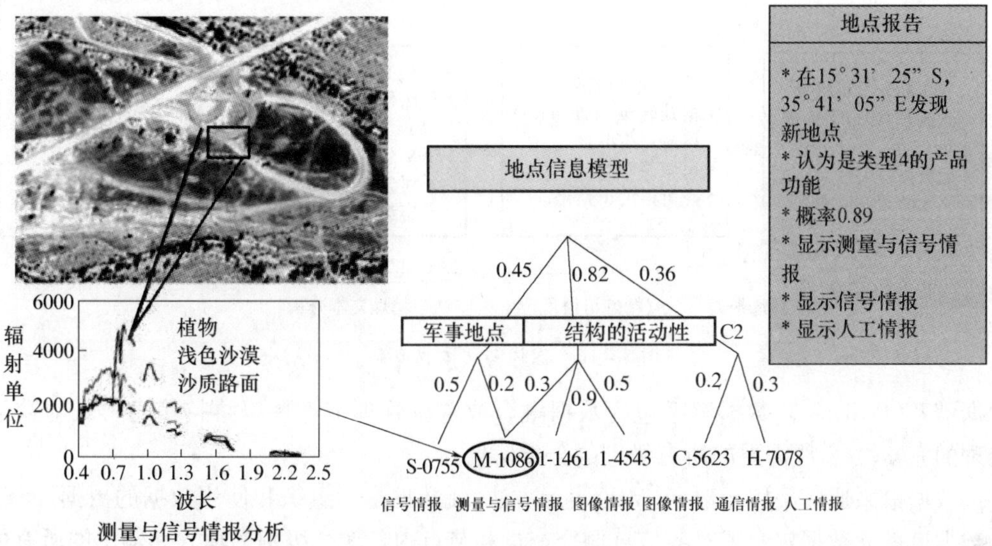

图5-15 多类情报融合推演案例

其中,信息来源于信号情报、测量与信号情报、(2级)图像情报、通信情报、人工情报。图5-15左部是图像情报和对其中事件地点局部图像的测量与信号分析,中部是事件地点信息模型,右部是融合结果的一份事件地点报告。文献[24]讨论了实现这些功能采用的技术和开发情况。图5-16描述了图像和自然语言文本情报的处理和融合填补这个语义裂痕的过程。

5.4.3.2 信息正则化

1. 数据谱系与正则化概念

信息正则化在概念上是指为输入的数据指派/分配一个一致的和可验证的信度度量值。所谓一致是指对于指派给每个数据的信度度量值,必须考虑该数据所在空间的完备性,如考虑为某传感器报告的目标假设分配信度度量值,必须考虑目标在该层次内容所有可能的选择假设,并且保持对可能选择的所有假设分配的信度度量值之和为1;如若一架飞机的属性只可能是F-16、F-22、EP-3、E-2T、B-1等5个型号时,为其分配的信度度量值$m_1, m_2, \cdots, m_5$应满足$\sum_{i=1}^{5} m_i = 1$。这样一来,信度正则化的概念在实现上受限于

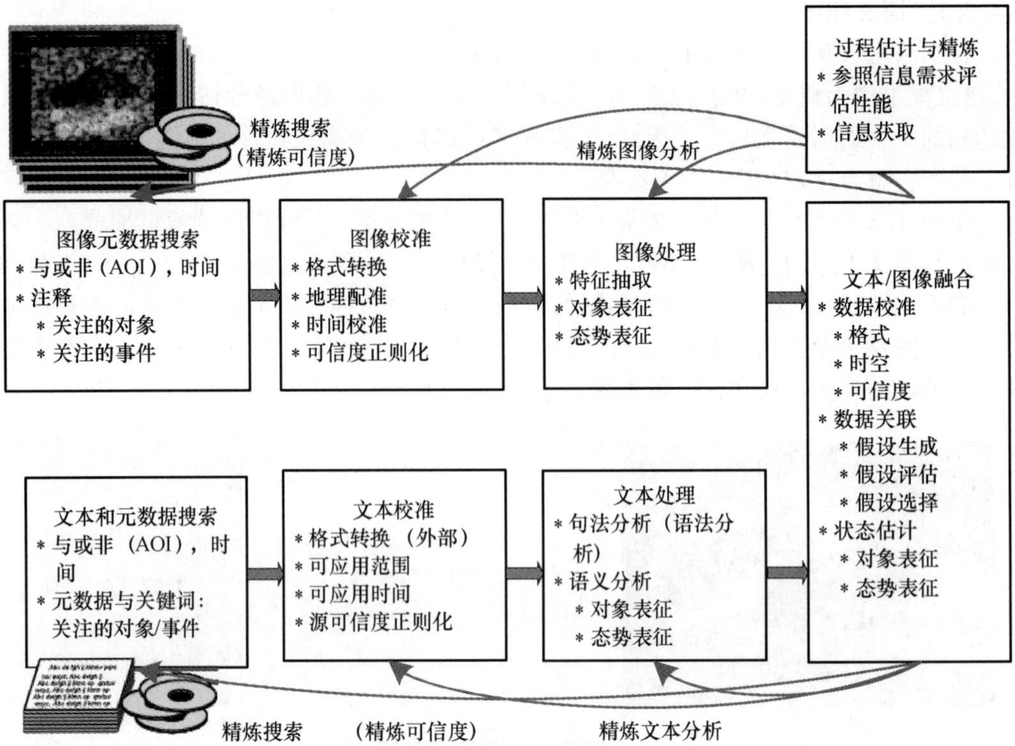

图 5-16 图像与文本信息融合

数据谱系(Pedigree),数据谱系包含数据融合或资源管理节点用以维持信息形式与数学处理的完整性[25]所需要的所有级别的分类信息。

数据谱系通常采用元数据(MD)表示方法,元数据是指组织和使用数据的数据。STA的数据谱系元数据包含了对各信息融合节点和节点内各融合级别的输入和输出的所有可能的数据元素标识、数据结构和约束条件,以及数据来源和处理沿革等的信息组织和应用描述,其中标识数据应用价值和作用的信度度量值是元数据重要组成部分。从理论上讲,首先,数据谱系应表征 STA 各节点和各层次的输入和处理的所有可能信息,但在实践上很难做到这一点;其次,数据的来源和处理沿革(逐次数据融合)中,谱系元数据表示要进行变换,即在每次融合推断产生结论后,结论元数据要赋以新的数据标识、信度、约束、结构等参数。为了维持跨越融合节点或融合级别的信度度量的一致性,必须对融合后产生的诸结论信息的信度进行规格化处理,这是谱系元数据变换的核心。一个由多个证据构成的元证据推断出可能的输出命题及元命题的过程,如图 5-17 所示。

图 5-17 中,MD 变换中的结论信度规格化处理为

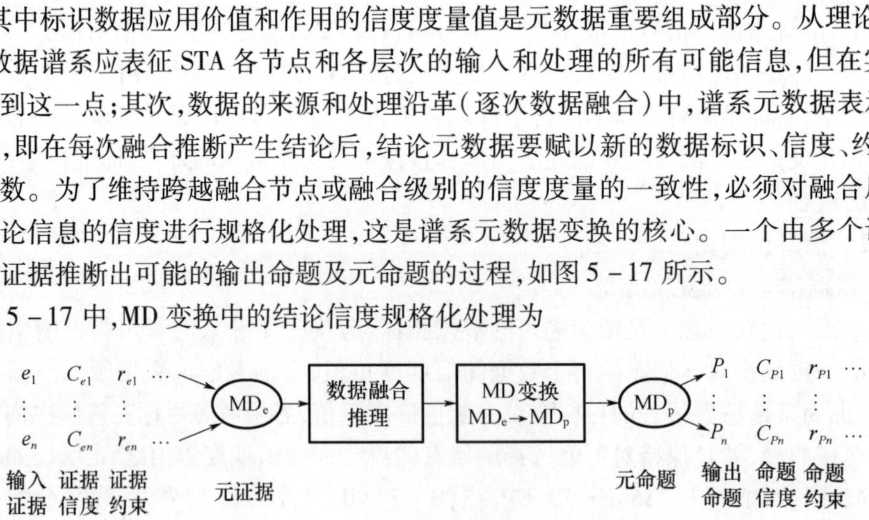

图 5-17 一个推理过程的元数据变换

$$C_{p_i} = C'_{p_i} / \sum_{j=1}^{n} C'_{p_j} \tag{5-11}$$

式中：C'_{p_i} 为 $MD_e \to MD_p$ 推断中直接产生的诸命题信度。

式(5－11)保证了该推理命题空间的完备性($\sum_{i=1}^{m} C_{p_i} = 1$),因此,信息正则化实际上包含信息的可信度赋值(预先分配或基于数据融合推理产生)和可信度的规格化两部分。

2. 可信度的依赖因素

确定可信度的依赖因素实际上是寻求产生信息不确定性的原因,因为通常采用可信度来度量信息的不确定性。在一个开放的通信网络中,STA 所涉及的节点包含 3 类,即信息来源(信息源)节点、信息处理节点和信息应用节点(用户)。若考虑交战双方均位于该网络中,那么一方的诸节点(代理)之间信息交互是有意的(按需分发或广播),而双方节点之间的信息交互通常是无意的,个中还包含主动获取(如有源探测和主动侦察)和被动获取(如电磁或热辐射等无意泄露)。信息可信度的依赖因素通常可从下述四方面描述:

(1) 探测/侦察因素,是指实时探测/侦察动态目标信息的可信性依赖因素,包括:①探测平台状态误差,含导航定位误差和平台姿态误差;②探测/侦察传感器性能,含探测精度、作用距离、虚警、漏警等;③设备标校、检测试验程度;④传感器可靠性,含设备状态、累积可靠性、经验可信性等;⑤环境因素,含噪声、干扰、气象、地形等。

(2) 人工情报(HUMINT)、通信情报(COMINT)和开源文档情报(OSINT)是 STA 的关键信息来源,特别对战略、战役层次更加重要。这类信息源包含人工生成、解释和评估环节,可信性主要依赖人的因素,包括:①人的无意偏差,是指报告代理的观测、推断、判定和报告过程中的偏差;②人的有意(倾向性)曲解,指报告代理在推断和判定中,依据自身的经验、习惯或偏爱的倾向所产生的偏离;③人自身信息,指其能力、经验、训练情况等;④情报报告的确定性程度,含可靠性和可能偏差。

(3) 信息处理环节因素,是指自动信息融合处理和人机交互处理中影响信息可信度的因素,包括:①融合模型的偏差(模型符合度与计算收敛性、关联/滤波精度、识别精度等);②时空配准的程度;③态势估计模型误差和人的判断准确度;④威胁估计模型误差和人的判断准确度。

(4) 评估与分发因素,对态势估计与威胁估计结论的应用效果,特别是威胁估计给出的对我方意图和行动不利/有害程度与付出代价进行评估和分发是 STA 的重要内容,最终涉及提供给用户的 STA 结果的可用程度,其中可信度是 STA 结果可用程度的核心指标,其影响因素包括:①对我方作战意图和作战需求理解的准确程度;②评估指标设置的符合性;③实验统计误差;④评估模型偏差;⑤STA 分发程序和路径的合理性。

3. 提高可信度的方法与途径

从以上对 STA 中信息可信度的影响因素分析,可以看出提高信息可信度主要有下述几类方法和途径:

(1) 评估和选择确定数据源可信性的方法。文献[26]列举了确定数据源可信性的方法,例如:①依据经验为每个数据源确定一个相对或绝对的可信度 R_i,保持 $\sum R_i = 1$;②依据经验指定数据源的可信性相对次序;③依据经验确定部分可信赖的数据源。对于下游融合,采用可信度使用策略有:①直接使用已确定的数据源可信度;②计算和判断输入融合系统数据的信息质量，采用信息质量与信源可信度结合策略确定数据可信度；③去除低质量信息，以确保融合信息高可信度。

(2) 标校与配准措施。标校是指针对信息源的具体运行环境和状态，进行定期物理校正，使其运行参数测量达到标准工作状态或最优精度/可信状态。空间配准是指诸信息源基于其对合作目标或非合作目标的多重覆盖测量，估计系统误差并实时进行测量补偿。时间配准是指基于高精度主时钟实施网络时统，达到诸网络节点时间同步；或采用符合精度要求的同一导航定位系统/手段对系统诸节点统一进行授时。这些措施和方法能大大提高信息精度和可信度。

(3) 语义配准。如前所述，语义配准是对各类介质和形式信息进行抽取，并统一为一个在句法和语义上的通用格式，特别对人工情报、通信(技侦)情报和开源文档情报，以及部队侦察报告，语义配准更具有重要意义。语义配准能识别和纠正信息链中观察者、询问者、解释者、分析员或其他有关人员对情报有意或无意曲解产生的偏差，特别能纠正对“关系”的识别偏差，这对于 STA 最有重要意义。

(4) 多类偏差不确定性的综合方法。在 STA 网络中，一个响应/代理的活动由 5.3.3 节所描述的观测、判断、决策、行动等 4 个过程构成，那里对感知活动中的这 4 个过程的功能进行了较详细的说明。5.3.3 节还描述了这 4 个过程的模型，每个模型都含有其相应的随机误差项和隐含在模型中的系统/主观误差项，特别是有人参与的涉及认知域的模型，如计划模型和控制模型，其中含有体现人的意图和倾向性的系统性误差。每个模型都体现了相应处理过程中系统参数对固定偏差和随机偏差的依赖关系，4 个模型又集中体现了 4 个过程参数之间的依赖和传递关系。例如，$Z_M^k = h_s^k(\beta_M, X_I^k) + v_M^k$ 既体现了 k 时刻观测集合 Z_M^k 与固定测量偏差 β_M 和随机偏差 v_M^k 的关系，又体现了 Z_M^k 与状态推断 X_I^k 之间的估计过程传递关系。这 4 个过程估计模型体现 STA 中典型的 4 个过程中的系统(固定)偏差与随机偏差的综合和传递关系。当然，这 4 个模型中的变换函数并不是容易建立的。例如，计划估计模型 $\hat{A}_P^k = h_P^k(\beta_P, \hat{X}_I^k) + v_P^k$ 中的 β_P 体现人的意图偏差，并且通常 v_P^k 是非高斯分布的随机误差；而该模型的重点是估计人的行为模式，其通常是非线性的。因此，计划模型和控制模型有理论分析价值，在实用上存在较大难度。

鉴于解析综合方法的难度，对于多类偏差的综合采用具有更大的现实性的统计方法和其他方法如下：

(1) 概率统计方法。该方法包括经典概率方法，是从已知结论推断现实(推断过程)的综合方法；后验贝叶斯方法，是通过证据不断改善认知程度的综合方法。在证据或结论不独立时，概率统计方法性能较弱。

(2) 多因子加权(或变权)综合方法。该方法同样存在不同级别权的一致性问题和变权规律(均衡函数)选择问题。笔者建议首先将可变换偏差量尽量变换到同一级别或同一维度上，即采用解析与统计相结合，以在尽量少的级别上确定权系数及其变化规律。

(3) D-S 证据理论及其改进算法。D-S 偏差(转换为可信度)综合公式施于相互独立的基本命题集合的幂集上，它实际上是针对现实世界中的证据和命题存在相交(相互覆盖)性的特点，对统计方法的一个推广。尽管在理论上不成熟(目前出现各式各样的推广/修正公式)，但有时对于某些特定类型的实际问题，实现多类偏差(不确定性)综合却很有效。

(4) 模糊综合方法。将模糊集理论应用于不确定性综合,该方法通常将模糊元素视为不确定参数,而将模糊隶属度视为相应的不确定性,通过模糊隶属度的合成计算求取相应合成模糊元素的不确定综合值。依据物理问题的不同,选取的模糊合成公式也不相同。目前,模糊综合方法已在相当范围内获得成功应用。

(5) 其他不确定性综合方法。该类方法主要是指从无统计分布规律的信息中构造和提取统计规律信息的粒子滤波算法,以及各种仿生算法(如遗传算法、神经网络、蚁群算法等)。它们是目前不确定性推理领域中正在初升的一些方法,均涉及不确定性的综合,具有相应特定领域的应用潜力。

5.4.4 STA 中的数据关联

5.4.4.1 关联假设概念及相互关系

从图 5-13 中可以看到,信息融合中的数据关联包括对各融合级别上输入数据的关联假设的设置、评估和选择。各级关联假设的概念如下:

(1) 信号/特征(0 级融合)关联假设:来自同一子对象的信号/特征的测量集合。由于测量可来自多个传感器,因此,求取该集合的过程就是信号/特征关联处理过程。

(2) 对象(1 级融合)关联假设:来自同一对象的估计结果集合。确定该集合的过程就是 1 级关联/相关处理过程。

(3) 态势(2 级融合)关联假设:构成一个关系结构或一个态势所包含的实体状态估计(可能是一级融合产品)集合。确定该集合的过程就是态势生成过程。

(4) 威胁(3 级融合)关联假设:基于 1 级、2 级、3 级关联假设结果产生的预测态势可能产生的作用(影响)集合。

上述 4 级关联假设的功能关系和信息关系如图 5-18 所示。

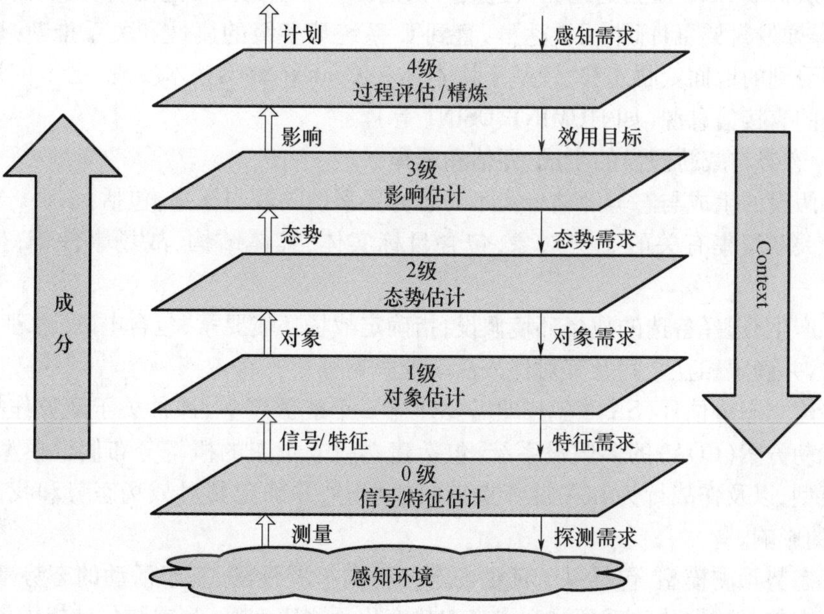

图 5-18　信息融合 4 级关联假设的功能关系和信息关系

图 5－18 反映了信息融合诸级假设产品之间的信息关系。实际上，图 5－18 还反映了诸级融合产品之间的功能推理关系。该推理关系可以由下向上，即从感知过程角度，由感知对象探测、0 级～3 级处理直至 4 级基于过程评估结果和感知需求生成新的感知计划，为制定和改善效用目标提供依据，体现了由低到高的感知过程。还可由上至下，即从感知需求角度，由作为 4 级融合（过程精炼）的功能需求——效用目标出发，分解为 3 级融合的子目标，再进一步进行管理和优化控制，提出 3 级、2 级、1 级直至 0 级融合和探测需求目标，这就是由高到低的基于 Context 敏感的需求管理和控制过程。

上述每一级假设产品可以是基于 Context 的测量、个体、态势、威胁的全部或部分推断结果。例如，一个 2 级（态势）假设是基于 1 级假设推断出来的，但该 1 级假设可能并不包含 0 级产品。图 5－19 给出了基于 Context 敏感的防空威胁实体推断的例子。

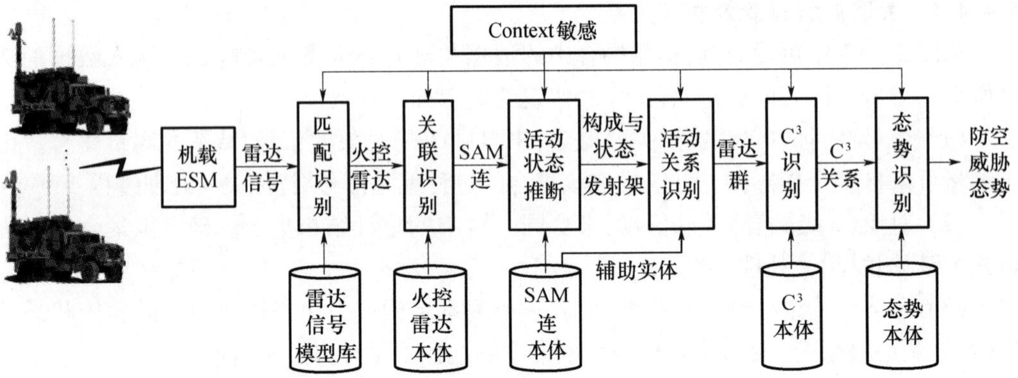

图 5－19　基于 Context 敏感的防空威胁态势识别

图 5－19 描述了空中目标（如预警机）对所遭遇地面防空威胁的识别与威胁态势生成过程。从机载 ESM 探测到地面雷达信号识别出为某型火控雷达之后，接下去进行地空导弹连、导弹发射架、目标指示雷达群，直到 C^3 系统等多级的属性和关系推断，最终生成预警机所受到的地面威胁态势，皆基于该本体和 Context 敏感技术实现，已不依赖提供关系和态势的直接信息源（如 HUMINT、OSINT 等）。

5.4.4.2　态势与威胁假设的生成、评估和选择

态势假设的生成与态势评估皆离不开态势要素的关联与聚集，包括：

（1）关联聚集有关的态势对象，包含目标实体、实体结构、战场事件等，生成观测态势。

（2）产生/选择备选的战场环境假设，指确定战场环境要素，包含电磁、地理、气象、水文等要素，并确定相互之间及其对作战活动的影响等。

（3）建立态势估计（SA）模型，即需要建立一个能够产生、评估关于敌方作战意图和可能的行动方案（COA）的多假设系统，包括建立敌方企图的概率分布假设模型、作战活动假设模型，以及作战行为和关键节点推断模型等，并确定其对战场态势和我方作战意图、行动的影响。

（4）态势预测模型，包括基于证据的态势空间扩展预测、基于活动的态势事件预测，以及基于态势元数据的关系预测和未来态势变化预测模型等，为威胁估计提供依据。

（5）建立威胁估计模型，是指基于态势预测结果的影响估计，包括双方兵力与能力配

比估计、基于作战意图的可能对抗效果估计、基于威胁类型/目标可接近性/脆弱性的威胁时机估计，以及可能产生的代价估计等，为战场预警和作战决策提供依据。

由于 STA 问题具有开放性质，因此上述态势与威胁假设模型的关联生成与 STA 处理过程与 4 级信息融合相比，存在一系列挑战性问题[27]：

(1) STA 中，有关证据的本体约束不清晰，在证据类型、提供方式(介质)、证据关系和时机上具有较大差别和不确定性，难以系统性归纳和整理。

(2) 有关证据的时空约束无严格界限，1 级融合中的目标识别与跟踪的时空范围易于界定，且所受运动学制约明确，而 STA 中证据可能在时空上延展到无法约束的范围，不容易定义约束条件。

(3) 模型因果关系脆弱，包括对人的意图和行为进行推断，既有单一个体，也有集群和团体，其活动的因果关系具有较大随意性，因此，在预测未来事件(攻击指示与告警)和理解/推断当前和过程活动中，与目标识别和跟踪物理模型相比，在很大程度上是不完善和脆弱的。

为解决上述问题，需要进行下述诸方面的研究：

(1) 无法预料的态势与威胁研究，减少对先验知识的依赖性。

(2) 不确定性的一致管理，包括：不确定性理解和产生模型、通用的信度传播模型，以及态势结构的管理和有效搜索算法。

(3) 个体与群体行为推断模型。

(4) 自适应信息需求技术，自适应识别和提取有用的情报(Actionable Intelligence)。

(5) 自适应集成推演与归纳技术，机器自学习进行 STA 本身管理、态势识别、发现与预测等。

态势评估与态势估计在概念上是不同的，态势估计的概念已在 5.1.1 节中进行了描述，而态势评估是指为每个生成的假设确定一个可信度分值，该分值可以基于先验信息或人工经验确定，或在多级态势结构中基于底层元素的信度赋值，经多层不确定性融合/传播获得该态势的信度分值。同样，威胁评估实际上是威胁估计中所生成的诸威胁要素，如作战意图、实体能力、不同类型攻击行动时机，以及预测的对抗事件、结果和代价等进行得分评估，然后逐级综合对威胁假设进行得分评定。

STA 中的假设选择是对具有竞争力的态势/威胁假设进行比较，该比较选择通常基于假设得分进行，择优准则包括最高得分(如极大似然值)准则、得分门限准则、考虑特定因素得分的倾向性准则等。对于涉及认知域的假设评估和选择问题，人的意图和倾向性在其中起重要作用，因此，通常机器自动处理会产生多种可行的态势假设、威胁假设及相应的可信度，最后的选择确定由人进行。特别对威胁态势假设的选择，必须由人来确定，因其对作战活动有决定性的影响。

5.4.5 STA 中的状态估计

STA 中的状态估计包含下述内容：

(1) 基于实体在态势中的参与关系推断实体的出现(存在)及其状态。

(2) 基于实体的状态/属性和关系推断更多的关系。

(3) 对已有的态势进行识别和表征。

（4）预测不确定的（如未来的）态势。

5.4.5.1 STA 中的状态估计方法概述

当前，工程应用中的 STA 状态推断方法大致分为如下 3 类：

（1）数据驱动方法。该方法是采用对先验模型依赖性最小的数据来发现 STA 状态的模式，其中比较突出的是连接分析方法。数据驱动方法采用外展式推理技术来解释所发现的 STA 状态模式。

（2）模型驱动方法。该方法通过与先验模型匹配来识别和发现数据中所隐含的 STA 显著状态模式。这类技术包括图形匹配、模板匹配和基于已知案例的推理等。模型驱动方法通常采用演绎式推理处理。

（3）复合方法。该方法是数据驱动与模型驱动的混合，即通过发现显著特征和构建后验假设模型来解释这些特征及态势成分之间的关系，自适应建立和精炼观测态势假设说明模型。该复合方法通常采用演绎（识别）推理方法对归纳（概括）和外展（解释）方法进行集成，以建立和精炼关于态势成分的局部假设。图 5－20 展现了多成分的 STA 系统中的一个混合驱动技术，其中数据驱动通过搜寻可用数据，寻找新的 STA 状态模式；模型驱动则搜索可用的模型集，寻找与模型集匹配的数据，以提取数据中所隐含的已有 STA 状态模式。所发现的态势成分（片段）假设结构在一个黑板上进行维护。该结构采用归

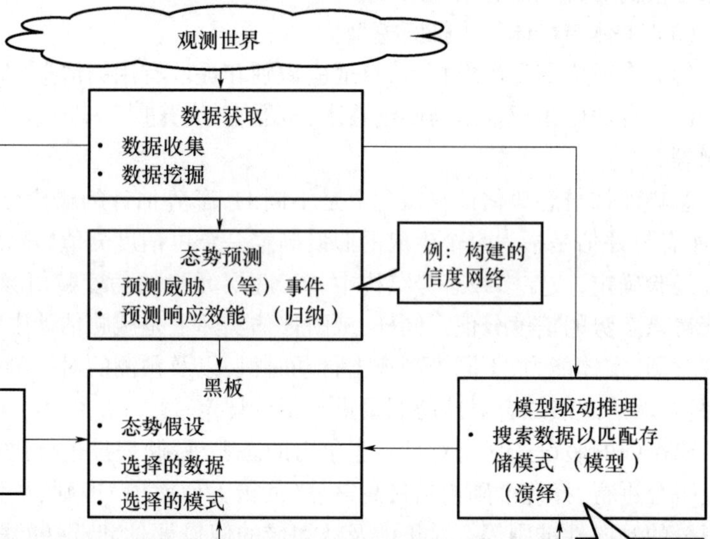

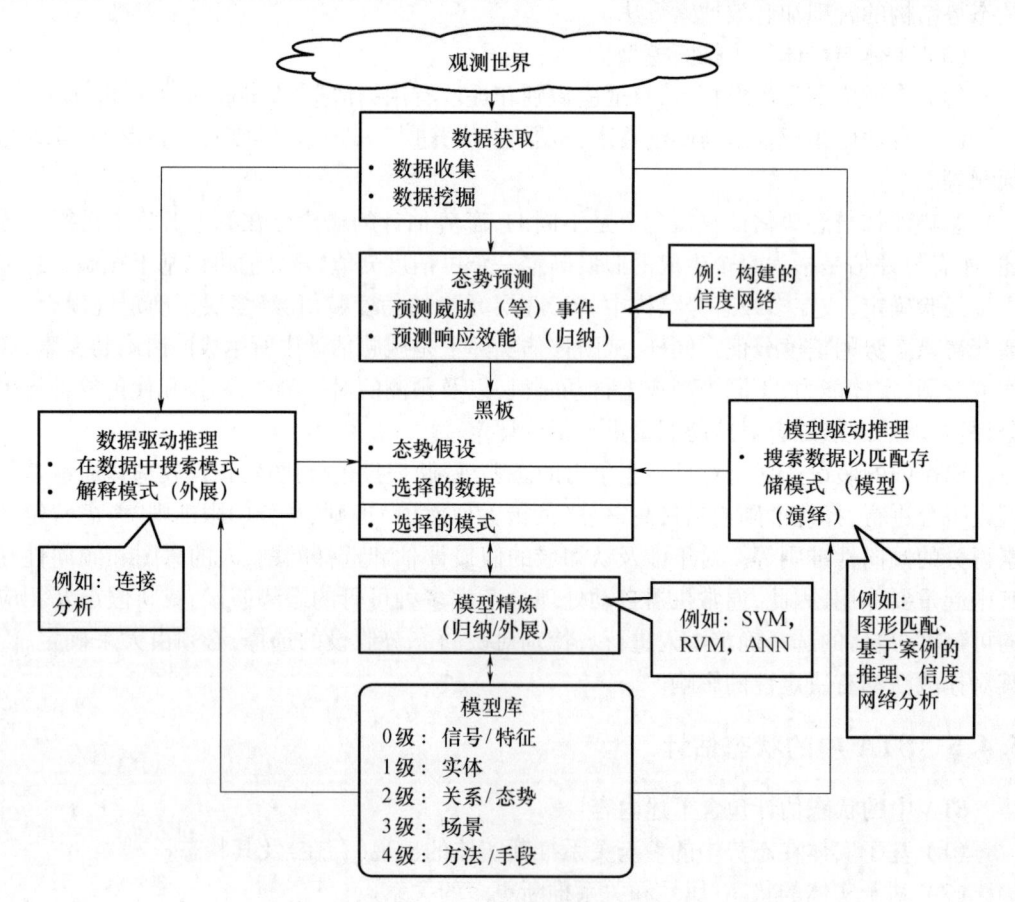

图 5－20　混合的 STA 推理驱动结构

纳技术预测威胁态势和威胁事件，以及备选行动方案在预测未来态势中的有效性，包括分解、精炼和完善态势假设所需数据获取的候选行动的有效性等。

5.4.5.2 STA 状态推断主要方法描述

这里简单介绍 STA 状态推断所使用的几个主要方法：连接分析法、图形匹配法、模板分析法和信度网络法，其中后两种方法单独在 5.4.5.3 小节和 5.4.5.4 小节中描述。

1. 连接分析法

连接分析法通过寻找数据之间的联系，发现（通过数据）所报告的实体之间的各种联系，以将人、组织、活动/事件、效果等连接起来，特别是有效检测和识别人与组织的联系情况，已在反恐和法制强化获得应用。连接分析法的不足是会产生虚警（关联错误），并且对于识别动态运行中的有效关系和行为模式比较薄弱。此外，由于识别异常、可疑活动模式基于各独立活动的联合假设，因此，难于使用连接分析法。

一个典型案例是，DARPA 的 TIA 计划特许开发的数据挖掘和知识发现软件，该软件通过发现关系/联系来检测恐怖组织及其活动。由于在手段上涉及个人隐私，后来将该计划名字由“全员信息感知”改为“恐怖分子信息感知”。另一个典型案例是已开发的 THREADS 系统，它是一个关于威胁的人工情报报告、评估、分析和显示系统，提供了当前作战活动中的连接分析功能。该系统对大量输入的非格式化文本文电和报告的人工情报数据进行监控、分析，并采用面向对象的数据库管理系统对输入的文电和报告与数据库中存储的已检测到的关系网络（如由已提取的属性和连接关系构成树状结构）进行匹配；寻找文电或报告提取出来的人、作战设施、武器、地点、群组、车辆或与它们相似的实体，为分析人员及时反应提供告警。采用了关系映射、图像识别、地理（环境）匹配等多种技术途径，来识别威胁实体的地点和物理属性。成功的实例能够对数据库中已存储的网络连接结构进行修改、删除和更新。

2. 图形匹配方法

图形匹配方法是指 STA 采用图形匹配技术进行态势识别与分析，即将接收的数据中挖掘提取的关系结构（称为数据图）与数据库中存储定义的态势结构（称为模板图）进行匹配。文献[6,11]给出了许多开发并有效使用的图形匹配方法的一个概观。数据图与模板图匹配过程需要消除不确定和不完整的数据，并进行高效搜索和图形匹配，以及提取、生成新的或验证已有的模板图。有 4 种搜索和匹配情况：

（1）同构搜索匹配，是指数据图和模板图是 1∶1 同构映射情况的搜索匹配，这种情况搜索和匹配，能够自动实现，并计算负载最小。

（2）数据图大于模板图，此时数据图中结合的一些案例细节和关系信息无法建模。若模板图能与数据图子图同构，仍可自动实现，但子图搜索匹配计算负载增大。例如，ATR（自动目标识别）中，在场景中看到关注的动态目标，其测量特征记录在数据图中，但目标模板图中无法预先建模。

（3）模板图集大于数据图，即部分模板图可能并不出现在数据图里。此时，若这部分模板图的子图能够与数据图同构或部分同构，仍可自动实现，但模板图子图搜索并与数据图匹配的运算负载更大。在 ATR 中，若由于干扰和遮蔽，对目标无法完整观测，就会出现这种情况。

（4）模板图无法反映数据图中的实际变化特征，即无法对 STA 中的目标和态势分类的变化特征建立模板,如威胁估计中敌方攻击时机和复杂对抗关系中的可变性是无法建模的。此时,可以采用动态模板或模糊模板等不精确图形匹配方法[28],但必须考虑动态模板的成熟度或可信度问题。

美国纽约州立大学巴夫勒分校的研究人员开发了一个图形匹配系统:实时决策的信息融合引擎(INFERD),能够自适应建立从1级~4级信息融合知识体系,如图5-21所示[29]。由图5-21可知,INFERD最重要的特征是能够把先验知识提取为一个称为导引模板的元假设,并且基于动态输入数据产生所关注的假设,经2级融合建立"攻击航迹图",表示当前态势。该攻击航迹根据导引模板,即通过诸动态数据产生的假设与先验提取的元假设相结合,把实际问题转换为含有每个已知的可能节点的元图。图5-21中的INFERD是2级融合部分,其中先验知识的提取是分析员完成的,3级影响估计和4级过程精炼则需体现实时判断人员的认知和意图。

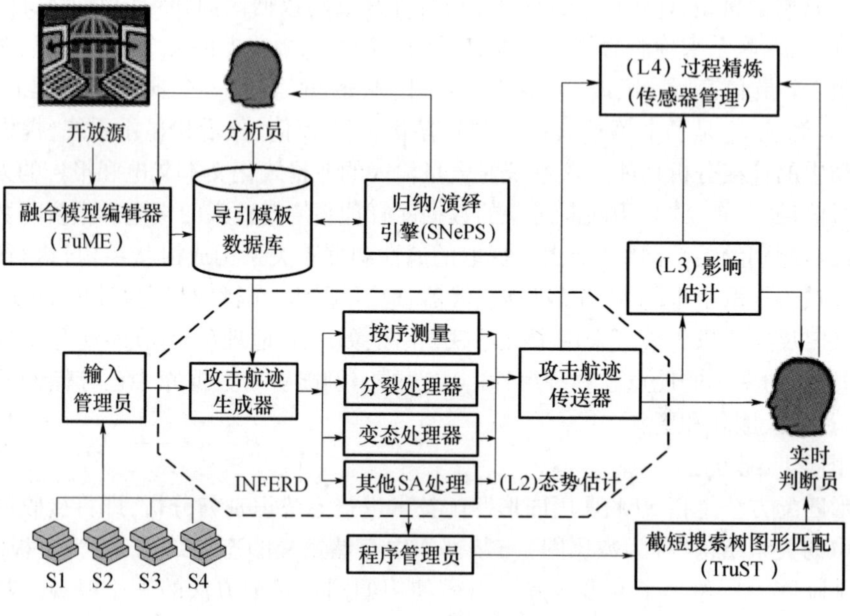

图5-21 基于INFERD的高效融合(2/3/4级)

5.4.5.3 基于模板的方法

为了实现态势与威胁估计(STA)功能,需要开发关于兵力结构、兵力运用、事件顺序、行动等态势要素,或将其汇集起来确定复合态势要素的先验模型,这些模型称为模板。模板能使敌方作战能力形象化,在战前预测敌方最可能的行动方案,并在作战期间证实或否定它们。模板还提供连续识别和估计敌方作战能力和关键部位的手段,以图形方式显示在模板上的信息可随态势变化增加、修改和删除。显然,这是比图形匹配方法更广阔的一类方法。模板通常有3种构成形式[30]:

(1) 表格构成形式,其中反映态势中的参与者,参与的事件顺序、事件之间的时间、距离或其他关系。

(2) 知识构成形式,使用来自人工智能领域的知识表示方法来构建,如采用框架表示或剧本表示方式等。

(3) 品质因数(FOM)和相关度量(MOC)表示形式,是指采用FOM和MOC来表示态势模板中各参与者或各要素之间的关系。

与图形匹配方法一样，建立模板的目的是识别各类信息源报知的数据或信息中的有意义的关系，如果没有数据或信息，模板结构就只是形成反映先验关系的抽象框架。实际上，模板设计者就是面对具体的多源信息融合问题，设计相应的框架来挖掘测量数据/信息中的有效性。上述 3 种模板构成方法与 STA 中处理不同智能程度的测量报告相对应。在某种意义上，模板及其构成方法提供了参与融合的测量信息与特征参数之间的关系框架；或者说，基于模板的态势表示方法易于实现测量信息中的特征提取和关系提取，或统称为知识提取。

模板通常依据情报信息进行构造，而情报信息通常来自战场监视（侦察和探测）、战场演习、人工情报、开源文档等，因此，模板通常分为静态模板和动态模板两类。静态模板依据相对稳定的情报信息（如战斗序列、电子战序列、作战条令/条例，固定的兵力部署如机场、港口、指挥机构等）构建，动态模板则是依据从累积变化的态势要素中提取出的规律特征建立的（如企图、可能航线、关键点/地域、支援/协同关系等）。动态模板的构建有一个不断完善和成熟的过程。

一个陆战场情报提供（Intelligence Preparation of Battlefield，IPB）系统建立了 4 个类型的模板[30]，该系统的战场情报处理过程如图 5－22 所示。

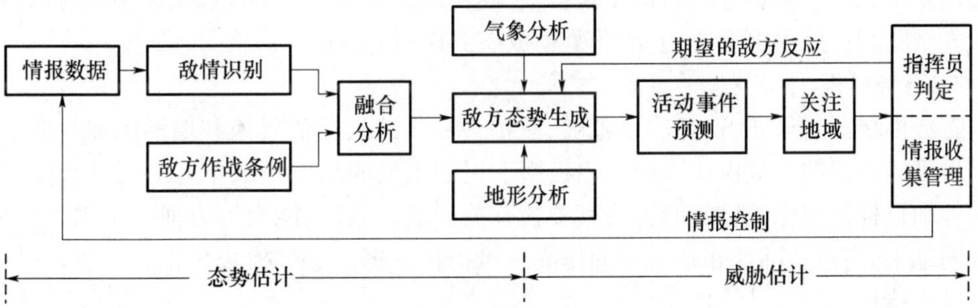

图 5－22　陆战场情报提供（IPB）过程

由图 5－22 可知，IPB 过程由两部分组成：态势估计和威胁估计。在态势估计中，分析员将获取的敌战斗序列情报与作战条例模板融合匹配（去错误、去冲突）获得初始态势，其中包含实际出现的事件和活动；初始态势再与气象、地形分析信息融合，结果填入到态势模板中，生成战场敌方态势，其中态势模板含有敌方典型的活动、企图与行为模式。威胁估计是对态势预测产生的影响或效能的估计与评价，它基于敌方实际态势预测结果确定敌方可能的活动和可能出现的事件，填入事件模板中。对作战活动和事件可能涉及的地域估计也是威胁估计的内容。事件模板和关注地域为指挥员对事件性质的判断和影响/效果估计提供依据。威胁估计中的判定支持模板为指挥员的情报判断、预警和指挥决策提供支持。

下面简述一下 IPB 中使用的 4 个模板的功能和目标。

1. 作战条例模板

作战条例模板属于态势估计功能范畴，它把敌方的战斗序列（OB）要素变换为图形描绘形式，它们是在不受气象和地形约束情况下，敌方按作战条例使用兵力的作战和训练模型。该类模板描绘各种机动能力和模式的各类梯队和作战单元类型，还描绘出兵力结构、配置、正面宽度和纵深，以及诸梯队/单元间距和注记。一个条例模板的使用模式案例如图 5-23 所示[31]。

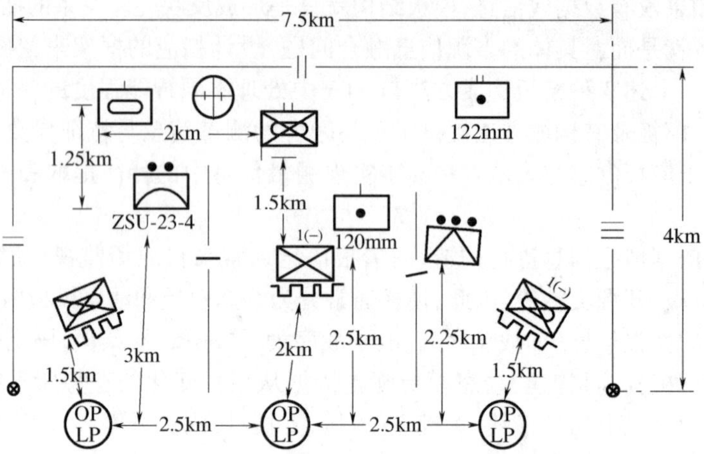

图 5-23　典型摩托化步兵营作战条例模板应用

作战条例模板既包含较高层次的支持元素，也可进一步细化为条例模板子集，包含战场功能系统、武器、装备等的运用子模板，它们在识别敌方兵力单位和编成中很有用，在确定敌方企图和行为中也很有用，因此是构成态势模板的基础。

2. 态势模板

态势模板同时属于 SA 和 TA 范畴，它描述在作战地域的气象和地形影响约束下，敌方兵力可能采用的作战模式。该类模板用于识别重要的敌方作战单元的行动和位置，提供态势和目标的变化、进展和趋势；其中含有关于敌方企图、能力等方面一定程度的估计与预测结果，为威胁估计和进一步的作战决策提供依据。态势模板为生成和实现事件模板提供支持。

3. 事件模板

事件模板属于 TA 范畴，它是以态势模板对可能出现的事件和行动分析为基础建立的。实际上，事件模板就是描述所期望的事件或行为/行动模板。1/2 级融合结果填充到事件模板中，提供指定关注地域内与敌行动方针有关的最可能出现的活动和事件信息。图 5-24 给出了一个事件模板案例[31]，其中有 9 个关注地域 $NAI_1 \sim NAI_9$，每个地域中的活动类型将提供企图征候。例如 NAI_1 中的活动将指出采用运动走廊 MC-A、MC-B 作为前进路线，而其他 $NAI_i(i=2,3,\cdots,9)$ 表示中间点，是为推断计划中的意图或跟踪目标进展设置的。

分析员依靠事件模板就可以有效预测敌方企图、可能行动及关键点，为构造“决策支持模板”提供基础。

4. 决策支持模板

决策支持模板属于 TA 范畴，并延伸到指挥决策领域。它主要描述有效事件和活动的关键判定点，以图形形式进行情报估计，为分析员战场事件判定提供指示。决策支持模板将事件、活动及事件模板的结果与指挥员的决策需求联系起来，基本上是图形情报估计与我方作战计划结合实现的。图 5-25 描述了决策支持模板案例[32]，指挥员和参谋人员

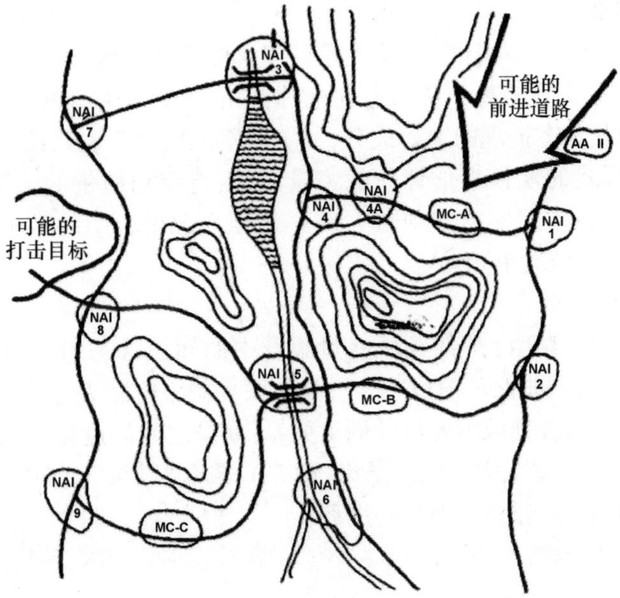

图 5-24　事件模板案例

将我方行动路线的判定点覆盖到事件模板和图示说明的敌方行动路线上，以开发决策支持模板。指挥员必须在这些判定点上判断出使用计划中的哪一条行动路线，才能对敌方产生预期效果。

图 5-25 中的这些判定点（DP）代表选择的区域，TAI 是可能的封锁点，黑色斜阴影区是关键地形区域，每个箭头代表具有相应优先级的运动走廊（MC）、时间线 H^{+-}（分红、蓝、紫色），是依据考虑地形和气象影响的作战条例中的运动速度导出的，并依据实际速度进行修正。

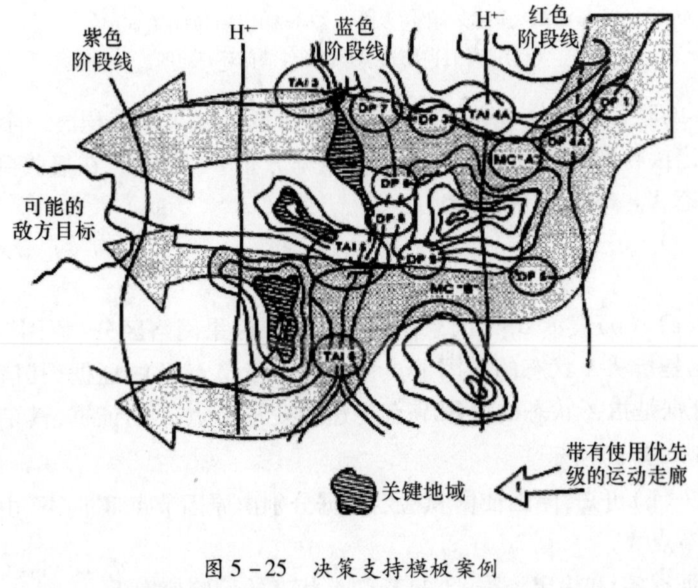

图 5-25　决策支持模板案例

5.4.5.4 信度网络

信度网络是STA状态估计中涉及关系推理所服从的信度传播机制。状态推理除生成结论命题外,更重要的是基于初始命题/证据信度产生结论命题的信度传播计算。在STA中,关系推理是状态推理的主要成分,如美陆军的图像开发系统/初始均衡技术使用贝叶斯信度网络形式的模板来估计作战力量成员、组织和期望的地面编队出现及其位置[18,33]。另一个美国空间实验室项目[34]——增强全源融合中的随机力量结构模板,也采用贝叶斯方法识别作战单元[35]。

1. 贝叶斯信度网络

贝叶斯信度网络(BBN)是某领域变量集合中的知识状态的一种图形化、概念化表示。BBN是一个有向的非循环图(G,P_G),具有联合概率密度P_G。每个节点是一个多元分布变量,拓扑结构蕴含领域内假设的因果关系:变量之间的连接表示因果关系,无连接表示无因果影响;影响从"原因"流向结果(效果),或从"结果"流向"原因",其中某一节点没有回到其自身的有向路径,即没有循环。

图5-26所示的网络拓扑中,图5-26 (c)就不是一个BBN,而是循环有向图。

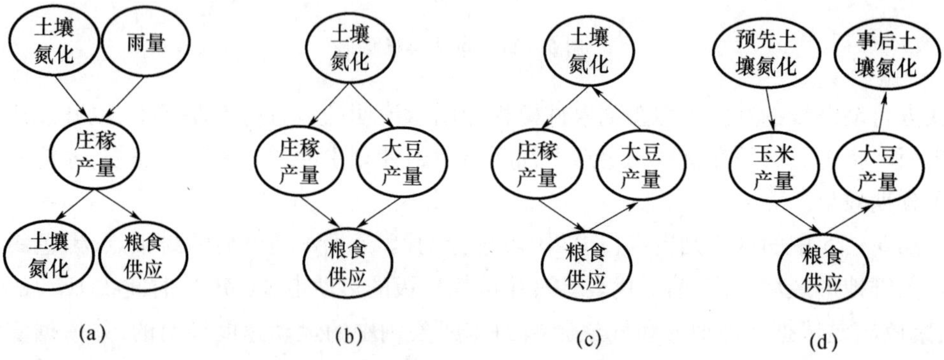

图5-26 网络拓扑抽样

(a) 单一连接有向图(多树); (b) 多连接非循环有向图;
(c) 循环有向图; (d) 有条件的循环有向图。

一个BBN的联合概率分布定义为各随机变量概率分布之乘积。一个信度网络节点X的信度是给定接收到的所有证据条件下的概率分布$P(X|e)$。在接收到证据e_X后,该节点的一个状态$X=x$的后验概率为

$$p(x\mid e_X)=\frac{p(e_X,x)}{p(e_X)}=\alpha\lambda(x)p(x) \tag{5-12}$$

图5-26 (a)、(b)表示BBN因果网络的实例。因果网络区分"原因"证据和"检定"证据,原因证据是指从X状态的原因节点传递到变量节点X的证据,其信度为$\pi(X)=P(e_X^+)$;检定证据是指X状态的效用节点传递到变量节点X的证据,其信度为$\lambda(X)=P(e_X^-)$,如图5-27(a)所示。

从图5-27 (b)可知,原因证据和检定证据分别由原因节点W向下、由检定节点Y向上传播到变量节点X。

基于原因证据e_X^+和检定证据e_X^-的节点X状态的后验信度为

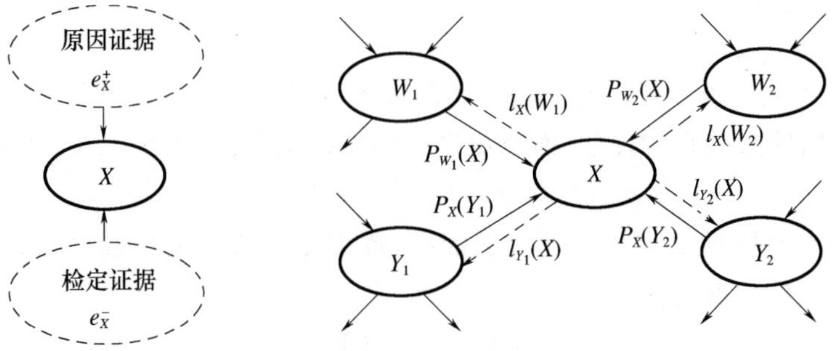

(a)　　　　(b)

图 5-27　因果贝叶斯网络信度修正

（a）贝叶斯网络中信度修正；（b）消息传递因子。

$$
\begin{aligned}
\mathrm{Bel}(X) &= p(X \mid e_X^+, e_X^-) = p(e_X^+, e_X^-, X)/p(e_X^+, e_X^-) \\
&= p(e_X^- \mid X, e_X^+,)p(X \mid e_X^+)P(e_X^+,)/p(e_X^+, e_X^-) \\
&= \alpha\pi(X)\lambda(X)
\end{aligned} \tag{5-13}
$$

式中：$P(e_X^+)/p(e_X^+, e_X^-)$ 为与证据 e_X^+、e_X^- 有关的先验概率，$\lambda(X) = p(e_X^- \mid X, e_X^+,) = p(e_X^- \mid X) = \prod_i p(y_i \mid x)$ 为联合似然函数，这里 y_i 是诸检定子节点 Y_i 对状态 x 的观测值。

$\pi_W(X) = p(X, W) = \sum_j p(x \mid w_j)p(w_j)$ 是一个父节点（原因节点）的证据传送给子节点 X 的概率，表示为以父节点证据为条件的概率密度，其中 $\{w_j\}_{j=1,2,\cdots}$ 是考虑该父节点证据的离散分布情况。考虑 k 个父节点，且其证据向子节点独立传递，则

$$
\pi(x) = \sum_{w_1,\cdots,w_k} p(x \mid w_1, \cdots, w_k) \prod_{i=1}^{k} \pi_{w_i}(x) \tag{5-14}
$$

从其中的求和符号看出，贝叶斯信度网络向同一子节点传送的诸父节点证据并不独立，因此对 X 的状态的后验估计也具有依赖关系。

贝叶斯网络在信息传输路径确定（因果关系确定）的情况下，能够确定相应节点变量的知识（可信或可靠）状态；在信息传输路径可选的情况下，能够基于可选假设集合，确定使关注的节点变量集合的可信概率达极大的信息传输路径。然而，当关注的和非关注的节点较多时，评估巨大的贝叶斯拓扑图是非常困难的。文献[36]采用不同的删除策略去除较弱依赖关系的节点间信息路径，以换取计算速度。

另一个需考虑的问题是在多连接图上保持信息的完整性，如图 5-26（b）中，土壤氮化状态影响庄稼产量和大豆产量，这两者又依次影响粮食供应。这里两次计算了作为公共变量的土壤氮化状态的影响，这就是分布式系统出现的问题（详见第 7 章）。解决该问题采用的几种技术如下[37]。

（1）聚合：生成一个混合变量消除多连接，如将图 5-26（b）中的庄稼产量和大豆产量合并为一个共同节点。

（2）条件化：把网络分解为对应共同节点的一些事例节点，如将图 5-26（c）中的土壤氮化节点分解为一个先验节点和一个后验节点来反映因果状态。

（3）随机模拟：使用蒙特—卡罗法估计一个节点的联合概率。

（4）与聚合算法类似的联接树法[38-40]：传递的信息是节点聚集的函数，因此能消除

重复路径。

2. 广义信度网络

许多 STA 问题的求解所需要的数据图和模板图具有复杂的概率拓扑结构,贝叶斯信度网络只能面对因果关系的评估,而对更复杂的拓扑关系,如图 5-26(c)的循环图则无能为力。

文献[40]对贝叶斯信度网络进行了推广,提出了广义信度传播公式,即将一个网络节点 X 的状态 x_j 的信度建模为

$$b_X(x_j) = k\varphi_X(x_j)\prod_{w\in N(X)} m_{w,X}(x_j) \tag{5-15}$$

式中:k 为归一化常数;$\varphi_X(x_j)$ 为 X 节点的本地(局部)证据信度;$m_{w,X}(x_j)$ 为从节点 X 的邻域 $N(X)$ 中的其他节点 w 传递来的消息证据信度,其表达式为

$$m_{w,X}(x_j) = \sum_{w_i}\varphi_w(w_i)\psi_{w,X}(w_i,x_j)\prod_{Y\in N(w)/X} m_{Y,w}(w_i) \tag{5-16}$$

式(5-16)进一步考虑了 $N(X)$ 中的节点 w_i 的本地证据信度及 w_i 的邻域 $N(w)/X$ 中其他节点 Y 向 w_i 传递的消息证据信度。

于是,X 节点的状态 x_j 与其一个相邻节点 w_i 的联合信度为

$$b_{w,X}(w_i,x_j) = k\psi_{w,X}(w_i,x_j)\varphi_w(w_i)\varphi_X(x_j)\prod_{Y\in N(w)/X} m_{Y,w}(w_i)\prod_{Z\in N(X)/w} m_{z,x}(x_j) \tag{5-17}$$

5.4.6 STA 的应用结构

5.4.6.1 基本思想和案例

如果具有完备的 STA 知识,即可预知所有可能出现的 STA 模式,则可定义一个静态的 STA 结构进行态势与威胁估计和预测。显然,在千变万化的战场上,特别是人的行动和思维的自主性,人们无法获取完备的 STA 知识。前述的图形匹配方法是以预先设定的态势结构即模板图为基础,与测量数据中挖掘的关系结构(数据图)进行匹配来识别现实的 STA 结构。然而,正如前面所述,存在模板图无法全部反映数据图特征,特别是数据图随时间变化的特征;或经过数据/特征积累,会产生新的原模板图中尚未出现的 STA 结构。模板方法在某种意义上试图弥补这一缺乏,由于无法预先定义 STA 的完备集合,只能首先建立 STA 的初始模式,然后随着态势的演进、观测信息(及提取的特征)的不断到来,而不断产生、修订(精炼)STA 模式或事件假设,以使 STA 模式和假设不断成熟起来。因此,识别过程具有自适应性和机遇性。达到一定成熟度的模板才具有 STA 结构的匹配识别能力,或者说其识别的可信度才比较高。所以,模板方法既包含了 STA 结构的建立过程(构建新模型来解释获得的数据),又包含基于已有模型集合对现实态势与威胁模式的识别过程,并且二者滚动发展。

美国国防高级研究计划局(DARPA)开发的"相关证据连续分析与检测(CADRE)"系统能够发现和解释数据中的微妙关系,它基于 Prolog 语言的框架形式表示威胁模式,对无法建立威胁模式的盲区辅以时间和等价约束。CADRE 基于威胁案例的局部证据来识别和建立模式盲区中的规则/模式。通过启动已有的威胁模式假设集合,经盲区中的约束对输入局部证据的匹配分析,计算每个局部证据提取假设的概率得分,去除低分值假设,形成一致的高分值全局假设,以建立和精炼威胁模式。

构建信度网络表示部署的态势的一个例子是空中目标情报收集与防空导弹部署一体化的战术军事态势[27]，如图 5－28 所示。

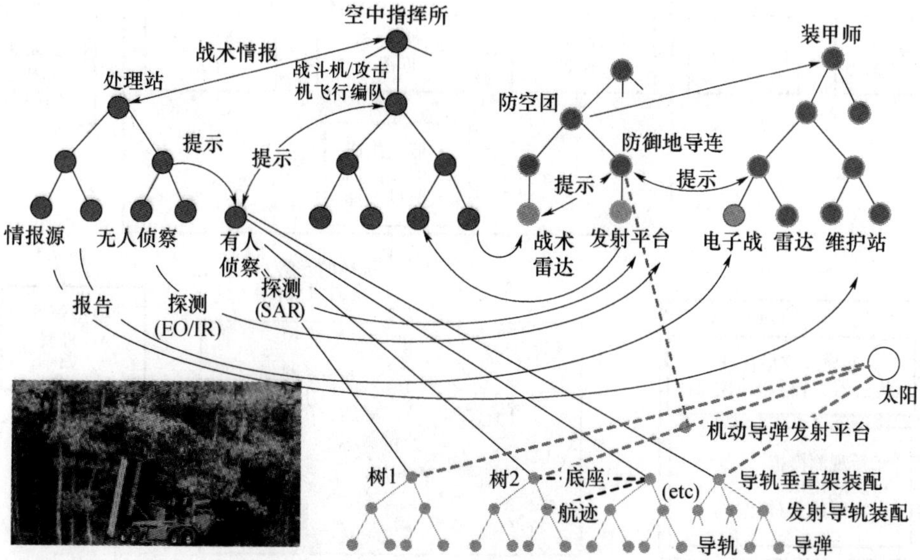

图 5－28　一个战术军事态势图

图 5－28 中，自动目标识别（ATR）、场景理解与态势估计可通过一个不同粒度级别的共用网络一并解决。DARPA 的多源情报相关器（MICOR）[41]将敌方力量结构采用的信度网络组合到一起，军事单元的类型和活动状态都表示为该图的节点。为了获取实体属性状态和关系状态中的不确定性，采用有标注（不确定性传播）的有向图扩展贝叶斯信度网络。具体实现是将 5.4.5.4 小节广义信度网络中从节点 X 的邻域 $N(X)$ 中的其他节点 w 传递到 X 的消息证据信度 $m_{w,X}(x_j)$，通过关系边缘化扩展为

$$\begin{aligned} m_{w,X}(x_j) &= \sum_{w_i} \varphi_w(w_i)\psi_{w,X}(w_i,x_j) \prod_{Y \in N(w)/X} m_{Y,w}(w_i) \\ &= \sum_{w_i} \varphi_w(w_i) \sum_{w_i} p(w_i,x_j \mid r(w,X)) f(r(w,X)) \prod_{Y \in N(w)/X} m_{Y,w}(w_i) \end{aligned} \tag{5-18}$$

通过此式建立一个把实体状态变量和关系变量都作为节点的信度网络。

5.4.6.2　STA 自适应结构

图 5－29 展示了自适应建立和精炼 STA 估计模型的一个可参照处理结构[27]，该结构描述了图 5－20 中的黑板框的内涵，扩展了目标识别模型和基于模型的场景理解。

图 5－29 中部上下两大方框是该 STA 结构的核心。上方框描述了 STA 模式的自适应发现/识别过程，即叠代式建立、验证并竭力解读有效证据的 STA 假设。下方框以有向图的方式描述了一个威胁态势所包含的假设命题：

（1）威胁态势推理：基于参与实体的属性和关系推断一些实体对另一些实体施加影响的意图、能力和机会。

（2）预测威胁态势和事件：基于参与实体的属性和关系，推断一些实体通过何种交互作用危害相关实体，是依据实体的物理、信息和心理状态，推测实体间的实际和潜在关系

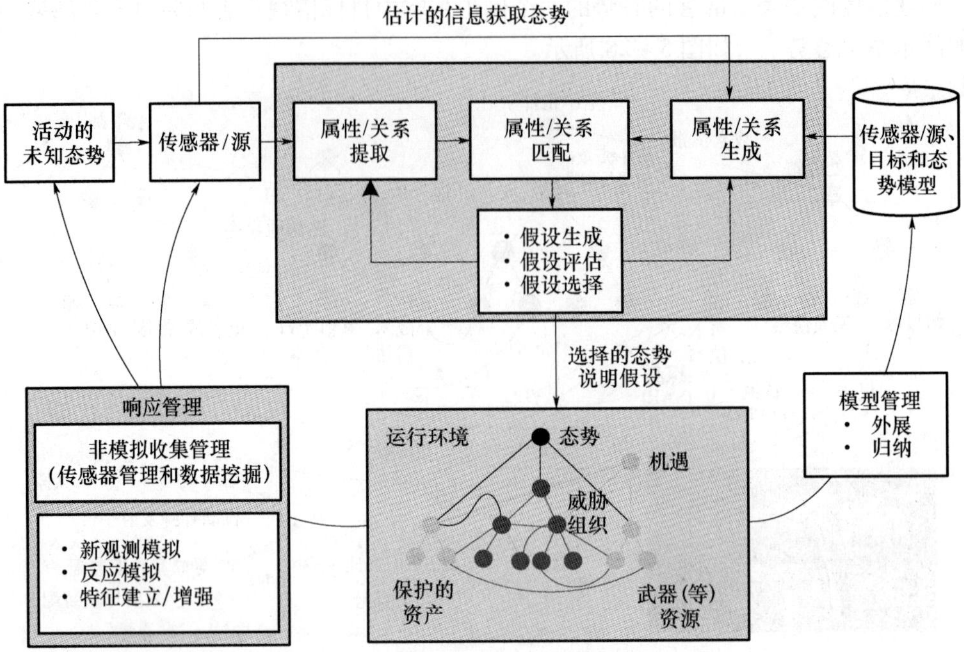

图 5－29　STA 参数结构

实现的。预测的或者正在发生的威胁事件可以通过作战方案(计划、指控等)、执行情况和所获结果来表征。

图 5－29 中,通过信息获取资源响应管理实现闭环。信息获取活动中,无论是带有偏差的信息源模拟和对实测数据的收集管理(传感器管理和数据挖掘),都需要具有各类有关行为的模型库[22]。图 5－29 右上角的模型库包含效用模型和代价模型,其功能包括:

(1) 预测/精炼态势假设所需信息的具体效用;

(2) 确定各种获取行动能够得到该信息的概率;

(3) 执行这些获取行动的代价。

模型库中的两大类模型的开发和验证是图 5－29 中模型管理(外展和归纳)的任务。

5.5　态势一致性概念与控制

5.5.1　态势一致性概念与核心机理

态势一致性在概念上包括绝对一致性和相对一致性。态势的绝对一致性是指作战单元所获得的态势信息与真实战场态势的一致程度,实际上描述的是态势信息质量或称态势质量,是态势评估的依据。态势的相对一致性是指遂行同一作战任务的两个或者两个以上作战单元所共同关注的战场态势信息的相对一致程度,可以理解为态势相对质量。从某种意义上说,态势的相对质量更具有实际应用价值。这两个态势一致性皆指在物理域,信息域和认知域所获得的态势信息的一致性,不仅仅指原始获取信息的一致性。两个态势一致性概念如图 5－30 所示。

战场态势一致性的核心机理有以下 3 点:

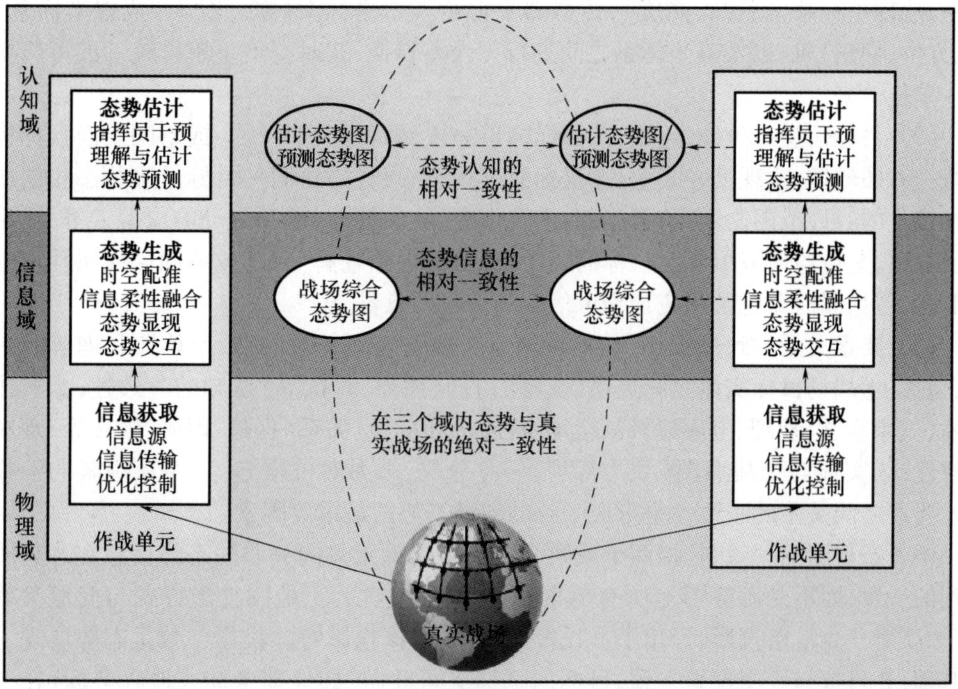

图 5-30　态势的绝对和相对一致性概念

(1) 时间一致性:作战单元的时间误差保持在容许范围内,包括时间基准和计时系统的时间精度(误差)保持在容许范围内的处理过程。例如,在态势绝对一致性中作战单元必须采用统一的协调世界时(UTC),并不断进行时间同步,以使作战单元时间始终保持与UTC一致(或在容差范围内)。而在态势相对一致性中,各作战单元可采用某一高时间精度单元或最高指挥机构的时钟作为统一时间基准,其他单元则不断通过与基准单元的时间同步保持相对一致(或在容差范围内)。

(2) 空间一致性:各作战单元采用统一的空间基准和度量单位,并保持空间误差在容许范围内的处理过程。态势相对一致性情况,是指各作战单元采用统一的空间参考原点和坐标系及度量单位,并通过不断进行空间配准(估计诸信源获取信息的误差并进行补偿),实现所获取的同一战场要素空间状态的一致。

(3) 认知一致性:在目标识别机动检测,态势识别、估计与预测,以及威胁估计等认知环节,人的理解和推理判断所得到的结论保持一致。认知一致性是在时间一致和空间一致基础上产生的,对态势的绝对一致性和相对一致性皆适用。

5.5.2　态势相对一致性内涵与效能

战场态势的相对一致性内涵主要是指战场上各作战单元在时空基准、重要目标信息、态势结构,以及态势展现与理解等诸方面的一致性。

(1) 时空基准的一致性,包括:①时间基准统一,如采用统一的协调世界时或统一的授时源(如GPS、北斗、长波授时台等);②空间位置原点和坐标系统一,如确定空间某相对固定点或某运动平台作为空间坐标原点,并采用统一的坐标系,如地心地固(ECEF)坐标系，地理坐标系（经、纬、高度），传感器平台笛卡尔坐标系（东、北、天）或球坐标系（距离、方位、仰角）等，以及各坐标系之间进行无误差转换；③时空度量单位统一或可转换到统一单位上来。

(2) 目标信息一致性，包括：①目标标识一致，即目标批号统一或不同层面目标批号能统一对照转换，实现唯一表示；②目标航迹状态一致，是指同一目标航迹状态相同或偏差在统一的容许范围内，含位置偏差、速度偏差、航向偏差、以及机动响应偏差等；③目标属性一致，是指各作战单元对目标的属性/身份识别和理解一致，或不同层次属性识别结果兼容，包括属性命题及相应识别可信度的一致或兼容。

(3) 要素关系一致性指标，是指对诸态势要素之间关系的估计、认知和理解的一致性，包括：①战场目标实体之间关系（支援、协同、加强、对抗等）认知的一致性；②实体与环境（气象水文、地理、电磁以及社会地缘、经济环境等）关系（保障、削弱、依靠等）理解的一致性；③实体与作战意图（兵力部署、任务分配、火力对抗措施等）关系理解的一致性等。要素之间关系的一致性是形成一致的战场态势的最重要因素。

(4) 态势图的一致，是指两个或两个以上作战单元共同关心的态势信息在态势图上展现的一致，而不是态势图上所有要素完全一致。包括：①地图投影方式与变形参数一致，如高斯—克吕格投影、等角墨卡托投影、正多圆锥投影等。投影一致是态势展现一致的基础；②目标与底图投影一致，目标的三维空间坐标（如地理坐标或地心坐标）在二维显示平面上的投影与底图采用的投影方式保持一致，以保持投影后的二维目标位置与底图坐标的相对一致性；③队列标号的一致性，是指军队队列标号的统一生成和在底图上的统一叠加标绘显示，以实现对队列标号所示的态势要素的一致理解。

提出战场态势的相对一致性的主要动因是使遂行统一作战任务的各作战单元对共同关注的战场感知信息达到一致的理解，以实现各协同作战单元的作战行动协调一致，从而达到作战活动自同步。由此可以看出，战场态势的相对一致性支持下述作战样式和作战活动。

(1) 多军兵种联合作战指挥决策，包括多军兵种联合作战战略决策和战役决策，需要参与联合作战的各军兵种指挥员对战略态势和战役态势达到相对一致理解，以生成协调一致的作战方案，统一指挥和控制各军兵种作战力量的作战行动。

(2) 多兵种或单兵种多作战单元的协同作战行动，包括各作战单元基于对战场态势相对一致理解，实现对意图、作战计划、作战行动、关键点等的一致理解，从而使各作战单元在遂行同一作战任务的各个阶段都能够达到自主、自觉、自动地协调一致，这是达到作战活动自同步的关键。

(3) 多武器平台的火力协同打击，对于遂行重点目标协同打击任务的多武器平台（包括空中、海上和地面武器平台）来说，对打击目标的属性、企图和状态参数等态势要素认知的一致，以及对所面临的战场环境的一致了解，是遂行协同打击任务的前提。包括不同平台打击目标精确指示跟踪、多平台火力协同发射，以及发射后精确弹药的接力制导等协同打击行动都与各武器平台对所涉及的打击目标和环境要素的相对一致理解密不可分。

5.5.3 态势绝对一致性内涵与效能

如前所述，战场态势绝对一致性，在概念上主要是指作战单元所获取的战场态势与真实战场态势的一致性。因此,态势的绝对一致性实际上描述的是态势信息的真实性质量,即态势质量。第9章给出了包括战场信息获取、战场实体估计,以及实体关系估计等3个阶段的战场感知信息质量指标的元数据模型,并且每个阶段的元数据模型都分三层展开。

战场态势的绝对一致性,即态势真实性质量,其内涵包括:

(1) 态势的符合性,即目标识别、关系估计、态势状态分类识别结果与实际战场状态的符合程度。

(2) 态势的精确性,即态势中的目标状态与关系估计与实际战场目标及其关系状态偏离程度的充分统计度量。

(3) 态势的适时性,即态势生成时间延误和态势更新周期满足相应作战活动需求的平均延误统计度量。

(4) 态势的清晰性,描述态势中所含模糊航迹,即漏关联和错关联产生的冗余航迹(来自真实目标)和虚假航迹(来自杂波)的充分统计估计。

(5) 态势的连续性,是指派给真实目标的航迹编号的改变频率和航迹编号维持最长时间的综合统计描述。

(6) 态势的完整性,是描述态势对所关注区域的时空覆盖程度、对关注的战场要素及其关系的覆盖程度的综合描述。

(7) 态势的可视性,是指态势的展现画面,即态势图上标绘的态势要素(目标、关系、意图等)与真实地图(底图)位置和指挥员决心、计划的一致性。

第9章给出了上述态势绝对一致性指标(1)~(6)的直接定量计算模型。

态势的绝对一致性在概念上描述指挥员所掌握的态势与战场真实态势的诸多方面的一致程度,是战场态势的客观反映。因此,态势绝对一致性的应用效能表现为既是侦察和探测手段所获取的战场信息的客观评估标准,同时也反映了战场感知信息对应用的支持程度。显然,态势的绝对一致性是相对一致性的基础,偏离战场真实态势的相对一致性是没有应用价值的。

5.5.4 态势一致性控制

5.5.4.1 态势一致性影响因素

影响态势一致性(态势质量)的因素产生于战场感知诸环节,简要分析如下:

(1) 信息获取环节影响因素:①传感器探测时间/空间误差,含系统误差和随机误差、时间延误等;②传感器目标识别率(多级属性命题识别及其可信度);③探测平台定位误差和姿态误差;④信息源综合信赖度。

(2) 信息传输环节影响因素:①传输信道可用带宽;②传输信道误码率、时延及其波动状态;③网络(含有线网络和数据链及其组网)传输能力、传输误差及其不确定性。

(3) 时空配准环节影响因素:①时间同步精度;②空间配准剩余误差。

(4) 目标融合估计环节影响因素:①目标关联/相关正确率和漏/错率;②目标状态估计精度与时延;③目标航迹连续性;④目标识别率;⑤目标标识的唯一程度。

(5) 态势估计环节影响因素:①企图估计与计划识别正确率;②态势预测与威胁估计正确率;③指挥人员的认知能力。

(6) 态势展现环节影响因素:①多军兵种联合作战地图投影变形和转换误差;②目标

实体投影与底图投影的一致程度;③军队队列标号生成与显示误差;④态势图与平台的相关性等。

5.5.4.2 态势质量控制框架

控制和提升战场态势的一致性,首先,需要从态势生成各环节产生态势偏差的主要原因,即从各环节的态势一致性主要影响因素入手;其次,分析和提取产生态势偏差的主要敏感要素;最后,确定能够控制的态势一致性的主要环节。态势偏差产生和质量控制的主要环节有:①信息获取环节;②信息传输环节;③态势生成环节;④态势应用环节。对这4个环节采取的控制措施及其与各环节的关系框架如图5-31所示。

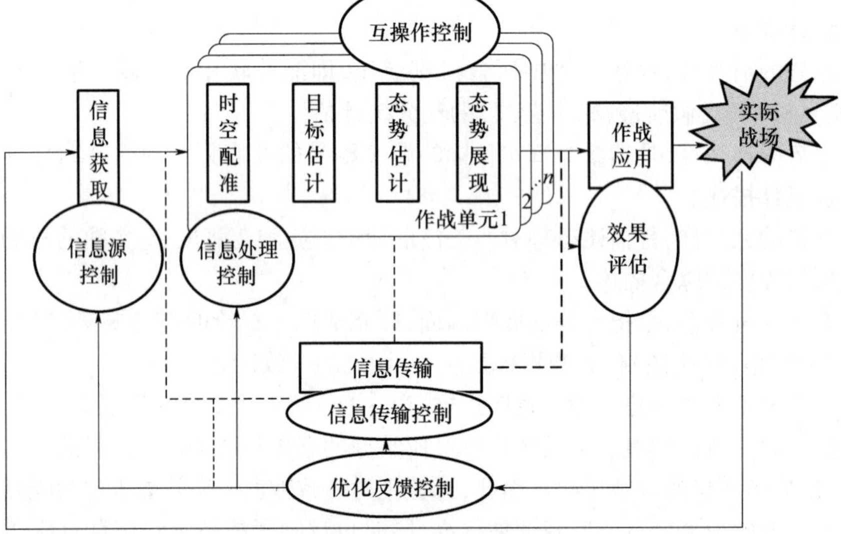

图5-31 态势一致性控制框架

5.5.4.3 态势质量控制措施

图5-31表示的态势质量控制框架中,信息源控制和信息处理(态势生成与估计)控制皆以态势的作战应用效果评估结论为依据,是对整个战场态势感知系统的优化反馈控制的组成部分。不难看出,优化反馈控制是逐周期逐阶段实时进行的,即基于某一周期(阶段)的态势评估结果,在下一周期(阶段)实现对信息获取和信息处理的控制。该框架中的互操作控制指多节点(多作战单元)之间在态势生成和估计过程中的互动,是基于通信网络进行态势互操作动态实现的。无论是基于应用效果的优化反馈控制,还是态势互操作控制,都能够提升战场态势的绝对一致性和相对一致性,即提升感知的态势信息质量。

效果评估是以作战活动对态势感知的需求为依据,分析和评估获得的战场态势(含态势生成,态势与威胁估计)与作战需求的差距,以9.2.2节~9.2.4节所描述的态势质量(一致性)指标和计算模型进行分类和计算,并与相应作战需求指标进行比较,作为优化反馈控制的依据。

信息源控制必须基于效果评估结果进行,首先将评估获得的态势质量指标差距分解到信息获取环节各影响因素之上,然后控制采取提升相关影响因素能力的措施和技术手段,如控制传感器工作状态,虚警率/检测率、目标局部航迹起始率和识别率,以及控制传感器检测模式、探测目标和探测区域等。

信息处理(态势生成)控制也基于效果评估结果,首先将态势质量(一致性)指标差距逐一分解到态势生成所包含的诸环节(时空配准、态势估计、态势展现)上;其次,再分解到每个环节的影响因素上;最后,控制采取提升相关影响因素能力的措施和技术手段。例如,在时空配准环节,提高可观测性、改善主时钟精度;在目标估计环节,减少漏关联和错关联率,提高目标识别率和航迹连续性;在态势估计环节,进一步采用不确定处理和智能处理技术,提高态势的清晰度和态势与威胁估计的正确率;在态势展现环节提高底图、目标与展现平台的一致性等。

互操作控制是基于计算机网络提供的互操作功能,通过态势生成诸环节的多节点(多作战单元)互操作,达到多节点态势协同生成和一致理解。例如,实现同一目标标识的航迹和属性识别的一致,通过要素关系的多节点协同推理实现对敌方企图、计划和威胁的一致估计与预测,以及异构节点上态势图的一致展现等等。态势互操作控制是在战场态势动态生成的过程中,提高多作战单元态势相对一致性的主要手段。美军为突出态势信息展现的形式一多级态势图的一致性,特将其称为互操作作战图族(Family of Interactive Operational Picture,FIOP),以强调态势互操作在实现态势一致中的主导作用。

信息传输控制是分布式系统中,达成节点间互操作的基础;同时,通过控制信息传输速率、传输内容、信息流向,达到在不同的噪声环境中,取得多节点资源管理和态势一致性的综合优化(详见第7章)。

基于效果评估的优化反馈控制,由于其依据的基准是作战活动对态势感知的需求,因此,通常将其视为提高战场态势的绝对一致性,或提高战场态势感知质量的主要手段。从广义上说,态势应用效果评估和优化反馈控制都属于战场态势感知资源管理的范畴。

5.6 一致态势图及其应用现状

如前所述,战场态势(含态势估计与威胁估计)的可视化产品的展现形式是态势图(Situation Picture),由底图(电子地图)及在底图上标绘的表示态势要素及其之间关系,即展现态势要素和态势估计与预测结果的军队队列符号(称军队标号)的覆盖层构成。为适应多军兵种联合作战和多作战单元协同作战对态势一致的需求,美军基于战场态势与其作战应用的结合,自1997年起逐步建立和完善了展现战场态势一致的互操作作战图族[42],该图族分为共同作战图(Common Operational Picture,COP)、共同战术图(Common Tactical Picture,CTP)和单一合成图(Single Integrated Pictrue,SIP)等3级,它们分别面向战略与战役/战区作战决策、战术决策与指挥控制,以及火力打击等不同层次的作战应用。

5.6.1 共同作战图基本概念与沿革

共用作战图的概念最早产生于美军颁布的参联会主席1997年版关于全球指挥控制系统GCCS的3151.01指令中,当时是从战场态势如何实现多作战单元共同使用的可视化角度提出的[43]。2001年9月10日,美国防部在联合作战条令(Doctrine for Joint Operations)中对COP所进行的概念性描述是:“被一个以上指挥部共享的相关信息的一个单一相同显示(a Single Identical Display)。它有利于协同规划,帮助所有层次的作战部队实现态势感知”[44]。最初，美军使用COP的目标是让所有人（从总司令到士兵）看到同样的战场视图，但很快就发现这个目标是不合适的，首先不同层次的作战人员所关心的战场态势元素是不同的，从所关心的战场范围、信息粒度，直到关心的内容都存在差异；其次，同一层次的作战人员由于承担的军兵种和部门业务不同，因此，他们所关心的只是与该层次各自业务内容有关的战场态势要素，对战场全局态势的了解是粗粒度的；最后，在制定协同计划时，在协同双方所共用的态势图上，只需涉及双方协同、共同关心的态势元素相同即可，之外的态势元素并不需要求得一致，因协同双方有各自的信息源报知与其作战业务有关的态势信息，并不全部是对方所关心或与本次协同规划有关的。于是在2003年前后，美军提出了用户定义作战图形（User Defined Operational Picture，UDOP）概念[45]，它使用户能够根据需要主动提取态势信息，而不是坐等靠通用分发到来的“相同态势的画面”。UDOP使COP得到了发展，即从“让所有人看到相同的画面”发展到“可以讨论和组合不同视角观点的协作环境”，并且COP从态势的可视化显示发展到相关态势数据与信息的共享。与UDOP同时出现的COP内涵是2003年美军颁布的参联合主席指令3151.01《GCCS COP报告需求》对1997年版3151.01指令的重新修订[44]，强调“GCCS COP是一个分布式的数据处理和交换环境，用来建立战场目标的动态数据库，它允许用户以各自的责任区域和指挥角色从该数据库选取数据或向该数据库贡献数据。”美国防信息系统局（DISA）的文件从数据环境角度对COP的描述为：COP是数据处理与交换的环境，并能在其中开发出连续的目标战术数据库，每个参与者可以根据自身传感器的观测、处理领域的专门知识和标准作战程序（SOP）中的指挥角色，对该数据库进行增添、修改和提供附加值。

美军在《2020联合构想》中[46]，又将COP发展为更加完整的定义：COP是一个系统，在包括陆、海、空、天和信息的整个战场空间内，将火力、ISR、后勤、机动融为一个整体，提供最新型的指挥与控制方式，实时调整部队，使领导决策过程都建立在网络化、知识共享的环境中。该定义是在原有定义的基础上，重点描述了COP在联合作战中的主要功能，尽管其将COP由战场感知领域扩展到作战领域，但最终仍归结到为指挥员决策建立共享环境，从而与原定义保持一致。

从以上描述可以看出，COP是一个滚动发展的概念。COP是与联合作战概念同时产生的，随着联合作战概念、技术模式和作战模式的深化而不断滚动发展。在概念上，COP经历了态势可视化显示、相关态势数据与信息共享环境、联合C^4ISR全维战场感知信息融合等3个阶段；在功能上，COP从一开始就作为COE（共用操作环境）的一部分，被纳入全球指挥控制系统，成为其一个分系统，即“GCCS COP”。

5.6.2 FIOP的构成要素

5.6.2.1 COP的构成要素

COP通常用于战区司令部的战场态势感知，服务于战役战术筹划与决策领域。COP描述并强调当前的部署和态势，同时也包含了帮助指挥官预测和影响未来战场局势的信息。

COP所含态势数据要素有下述诸类[46]：

（1）敌、我、中立方的地面、水面、水下和空中目标的当前位置和所有可获得的状态信息。

(2) 敌、我、中立方的地面、水面、水下和空中目标的计划(预计)机动信息。

(3) 所有可能影响敌、我、中立方地面、水面、水下和空中作战单位部署/行动的信息(如天气、电磁、战损评估等)。

(4) 生成的要素和规划(作战计划、作战区域、飞行轨道描述等)。

(5) 在北约联合勇士互操作演示 2002 文件中,JointCOP 扩展内容包括政治与媒体敏感信息、我方作战单元的安全信息/人口相关信息/重大事件/后勤/人事财务信息等。

5.6.2.2 CTP 的构成要素

CTP 用于实时战术层次的指挥官,如联合部队中军兵种战术单位指挥官或联合特遣部队指挥官的指挥控制。CTP 是战术层次的 COP,其态势要素更注重实时、动态信息及其获取与传输手段。CTP 中的态势信息是构建更高层次(如战役级/战区级)COP 的重要数据来源。CTP 所含态势数据要素有下述几类:

(1) 敌方、我方、中立方部队的实时作战方案、计划部署图。

(2) 实时、近实时、非实时战场目标和环境(地理、天候、气象)数据。

(3) 共用战术数据库(CTD)。

(4) CTP 信息源包括图像情报机关、战区指挥中心、战术传感器及(地面/机载/舰载)探测/侦察系统等。

(5) CTP 的传输手段主要是数据链(Link - 11/16)、全球广播系统(GBS)、保密因特网协议路由器网络(SIPRNET)等。

5.6.2.3 SIP 的构成要素

SIP(单一合成图)是面向武器/火力控制使用的战场空间视图,SIP 提供覆盖全维作战空间,包括地面、水面、水下、空中、太空和网络/电磁等全维空间的及时、融合、精确、可靠和可伸缩的作战目标信息。

SIP 的态势要素以战场空间中的动态目标为主,其主要成员及所含主要态势要素和用户如下[42]:

(1) SIAP(单一合成空图):主要态势要素有飞机/飞行器、导弹(弹道导弹、战术导弹、巡航弹等)、炮弹等,用户是联合编成作战部队。

(2) SISpP(单一合成太空图):卫星、太空飞行器/物体、弹道导弹、再入飞行器/诱骗器等,用户是国防部。

(3) SIGP(单一合成地情图):地面指挥机构、武器平台、地面车辆、物体、运动部队等,用于陆军/海军陆战队。

(4) SISP(单一合成海情图):海面舰船/平台,用于海军。

(5) SIUP(单一合成海底图):潜艇、水雷、水下其他船只/设备,用于海军。

SIP 的上述成员主要用于火力打击,又称打击目标图。此外,SIP 还包含用于预警的 SIIP(单一合成情报图):侦察/监视情报、网络部署/能力/状态、备战/后勤/计划、政治/经济指标、文化/社会指数、媒体舆论等,用于国防部。

5.6.3 战役/战区级 COP 建立过程

5.6.3.1 GCCS COP 逐级报告规范

在全球指挥控制系统中,COP 的生成过程与指挥员向上级报告战场情况的报告过程密切相关。按美参联合主席指令 CJCS3151.01 的规定,GCCS COP 给出了下级军官向参联会、国防部长和决策者报告情况的规范,因此 COP 的生成与维护不仅是指挥官的技术职责,也是指挥官的作战职责。美军各级部队逐级报告如图 5-32 所示[47]。

图 5-32 中,数据源、数据融合中心和 COP 关联站点(CCS)等 3 个关键要素也是 COP 生成过程的三要素。其中,数据源为 CCS 提供构建 COP 的基础材料,数据源包括传感器、基于 GPS 的跟踪平台、GCCS 数据库或后勤/情报数据库、状态报告等;数据融合中心管理从下级 CCS 收集来的数据,进行融合处理并加入附加信息,它还是战区 COP 到国家军事指挥中心及各支持司令态势信息传输网关;COP 关联站点(CCS)负责目标轨迹管理、生成作战叠加层(态势标绘层)和传输本地 CTP/COP 到战区 CCS。各关联站点通常位于联合特遣部队(JTF)司令部、军种任务部门/司令部(CTF)和主要情报节点(JIC、JAC),具体由作战指挥官根据需要和节点能力确定。

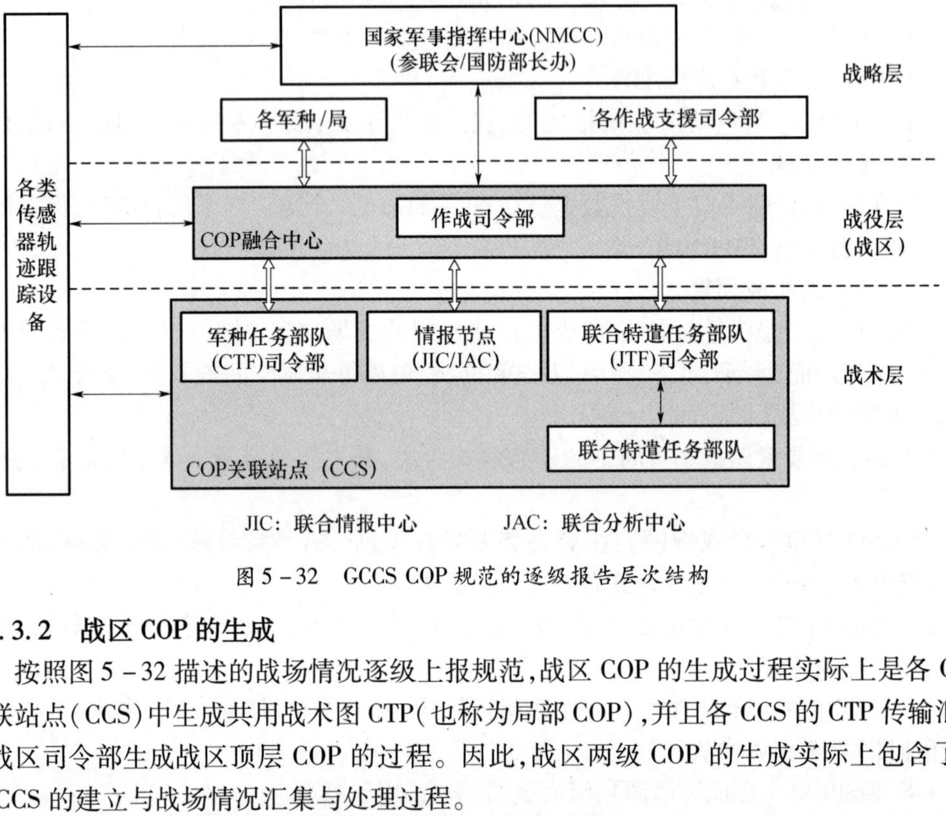

图 5-32 GCCS COP 规范的逐级报告层次结构

5.6.3.2 战区 COP 的生成

按照图 5-32 描述的战场情况逐级上报规范,战区 COP 的生成过程实际上是各 COP 关联站点(CCS)中生成共用战术图 CTP(也称为局部 COP),并且各 CCS 的 CTP 传输汇集到战区司令部生成战区顶层 COP 的过程。因此,战区两级 COP 的生成实际上包含了两级 CCS 的建立与战场情况汇集与处理过程。

从图 5-32 可以看出,战区司令部责任区内的两级 CCS 包含战区司令部、下属战术级 JTF 和 CTF、情报中心(JIC/JAC)。在应急行动需要建立 JTF 时,由联合部队司令负责建立各战术级 CCS,以将建立的局部 COP/CTP 报告给战区 CCS;在应急行动不需要建立 JTF 时,则由各军种 CTF 负责建立战术 CCS,以生成必要的目标航迹报告给战区 CCS。

下面通过简述战区 CCS 的职责,理解战区 COP 的生成过程:

(1) 战区 CCS 负责管理战区 COP,保持对战区 COP 体系结构的监督,以减少 COP 发生错误的可能性;各战术 CCS 负责管理各自的体系结构,每年向上报告其体系结构状态并适时更新。

(2) 战术 CCS 的指挥官负责管理目标航迹信息,并负责航迹报告,还要负责其他 CCS 通过数据分发系统向本 CCS 注入数据。

(3) 每个 CCS 负责建立共享 COP,以增强对当前和未来敌我作战行动的态势感知。

(4) 各 CCS 与相关的 COP 的参与者共享广播过滤器信息,确保收件人理解过滤信息的效果。

(5) CCS 与战区司令部协同规划通信路径,以将局部 COP/CTP 数据传输到战区 CCS。

战区 COP/CTP 生成如图 5-33 所示。

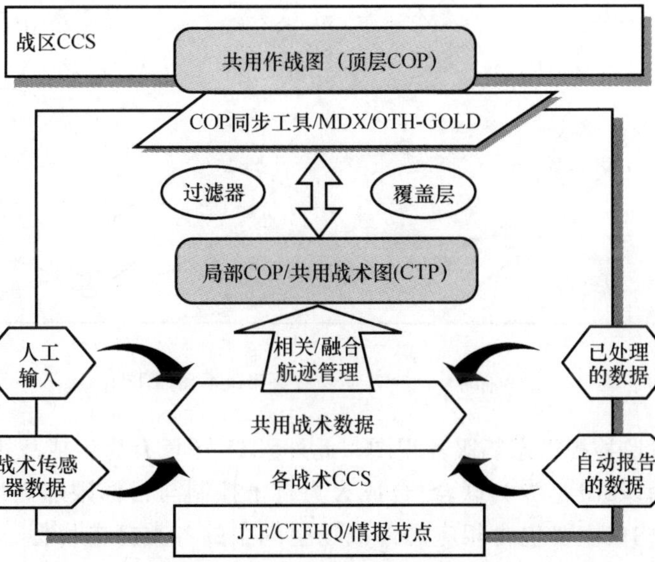

图 5-33　战区 COP/CTP 生成

MDX—消息数据交换；JTF—联合特遣部队；OTH-GOLD—超视距传输工具；CTFHQ—军种特遣部队司令部。

一个典型的共用战术图示例如图 5-34 所示[48]。

图 5-34 展现了陆军在某作战方向上采取两翼夹击钳形战术,对敌方多道防线突破攻击的共用战术图。图中标绘了双方兵力部署、攻击/防御行动和各个阶段/时节的态势估计和预测结果。

5.6.4　FIOP 体系结构

这里描述一致战场态势图——互操作作战图族的应用体系结构、网络拓扑结构和物理实现结构。

5.6.4.1　FIOP 的应用体系结构

如 5.6.3 节所述,FIOP 中的 COP 为国家军事指挥中心(NMCC)和战区司令部的作战方案/规划/计划的生成提供态势服务的视图,跨越了战略和战役两个层次;战术级的共用态势则按其支持功能又分为 CTP 和 SIP 两个层次,其中 CTP 为联合任务部队(JTF)/军种任务部队(CTF)司令部和情报节点的战术指挥控制和情报收集指挥方案/

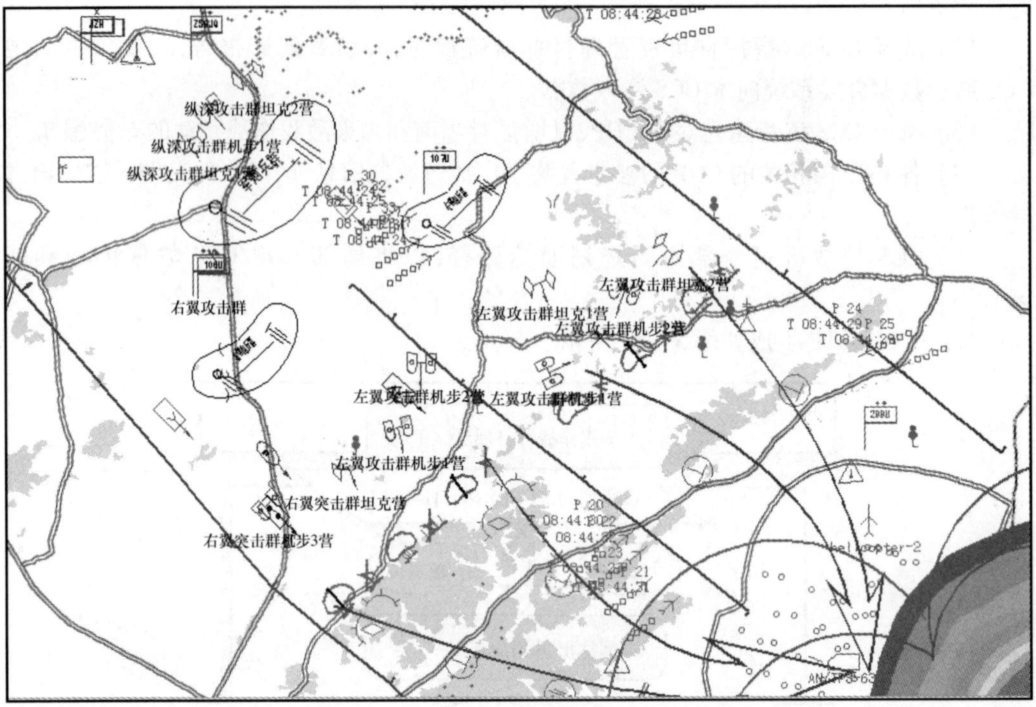

图 5-34　一个陆军攻防共用战术图(CTP)

计划生成与实时监控提供态势服务视图。此外,CTP 还负有为生成战役 COP 提供战术态势要素的使命。SIP 是专为联合/合成火力打击控制与目标跟踪提供的局部战场空间视图,其要素构成主要包含相应局部战场空间中的各类打击目标、火力单元及环境参数,依局部空间和打击目标不同,分别称为单一合成空图(SIAP)、海情图(SISP)、地情图(SIGP)、太空图(SIS_pP)等。各类 SIP 负有为生成 CTP 提供相应局部战场空间态势要素的使命。

战场态势及态势图的层次结构如图 5-35 所示。该图描述了 FIOP 中 3 级态势图与 3 级作战层次、指挥级别、应用节点的关系[49]。

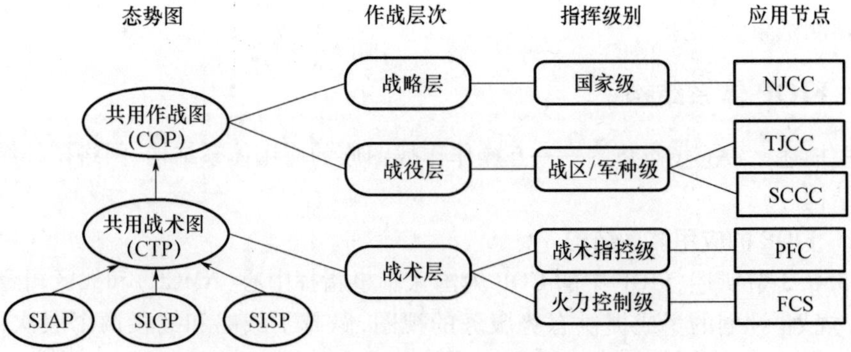

图 5-35　战场态势图与作战层次、指挥级别和应用层次

图 5-35 中,各缩略语的含义如下:

NJCC:National Joint Command Centre,国家联合指挥中心。

TJCC:Threat Joint Command Centre,战区联合指挥中心。

SCCC:Services Components Operational Command Centre,军兵种作战指挥中心。

PFC:Participate Forces Command,参战部队指挥所。

FCS:Fire Control Site,火力控制节点。

5.6.4.2 FIOP 的网络拓扑结构

共用作战图 COP、共用战术图 CTP 和单一合成图 SIP 分别服务于战役/战区指挥层、战术指挥层和火力控制层。在网络中心战条件下,它们分别通过联合计划网络、联合数据网络、复合跟踪网络连接其所属诸节点;然后再通过这 3 级网络的互连,实现该图族的纵向垂直连接关系。多个战区的 COP 与国家军事指挥中心(NMCC)连接,每个战区 COP(CTP)又分别与多个 CTP(SIP)连接,最低层的 SIP 则与相应的武器系统(WS)和跟踪传感器(SR)互连。自上而下的塔状网络拓扑结构如图 5-36 所示。

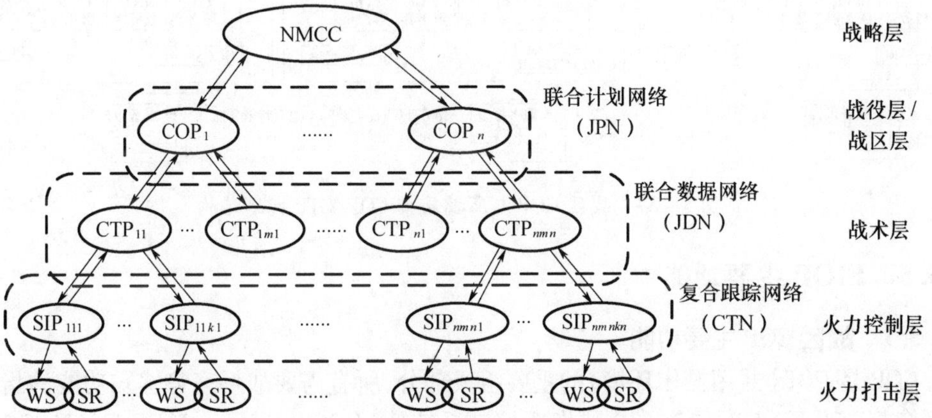

图 5-36 FIOP 垂直连接网络拓扑结构

5.6.4.3 战役/战区级 COP 物理实现结构

在图 5-36 所示拓扑结构中,COP 与其相关的各 CTP 以及国家军事指挥中心与各 COP 的连接均采用联合计划网络(JPN),其物理结构如图 5-37 所示[43]。其中,COP 所在站点是某战区司令部系统,而各 CTP 所在站点分别为联合特遣队指挥官和海/空/陆军战术指挥官系统。各军种 CCS 通过相应指控系统将实时战场感知数据报入 CTP 服务器,而 JTFCCS 则由战术接收设备或广播系统直接将近实时感知数据报入 CTP 服务器,航迹管理、目标关联/相关与融合等信息处理功能主要在 CTP 服务器中进行。在 PC 客户机上进行人工情报信息输入与控制。CTP/COP 的生成主要在 CTP/COP 服务器上进行,而其生成界面与操作在 CTP/COP 客户机上进行。图像服务器上存储数字地图与图像情报;ELVIS 服务器主要处理来自增强数据链的可视化信息;情报服务器和情报客户机主要处理来自本地情报和联合情报处理中心(JAC,JIC 等,如图 5-32 所示)的情报信息。图 5-37 中,远程传输采用卫星信道和加密互联协议路由器网络(SIPRNET),消息数据交换带宽 10Mb(MDX10)。

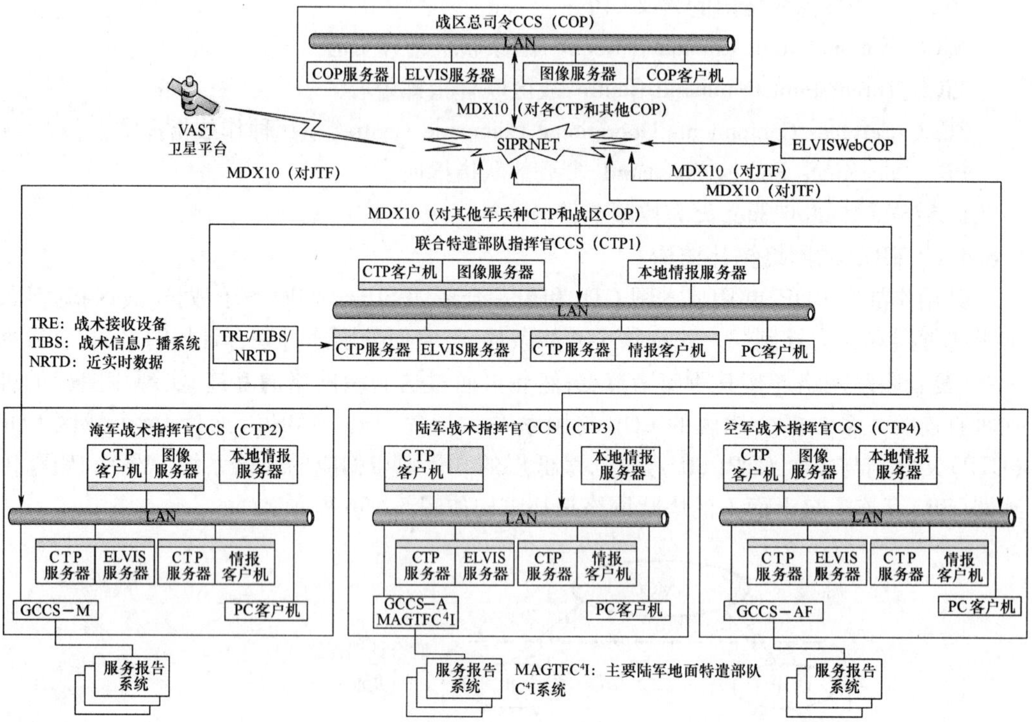

图 5-37 战区 COP 与所属局部 COP/CTP 网络结构

5.6.5 FIOP 主要功能

5.6.5.1 战区 COP 主要功能

COP 是 COE(共用操作环境)的重要组成部分,所有需要战场态势感知功能的指挥控制系统都离不开 COP,如美军全球指挥控制系统族(GCCS:GCCS - J、GCCS - M、GCCS - AF、GCCS - A)中皆使用 COP。作为 GCCS 的一个分系统,GCCSCOP 具有以下主要功能[50]:

1. 战场信息收集

目标轨迹数据来自战区责任区多类信源,主要有以下几种:

(1) 诸 CTF、JTF 的 CTP 上报数据。

(2) 典型传感器实时/近实时目标数据自动馈入战区 CCS。

(3) 探测平台位置(GPS)数据,通过保密 WAN 或直接注入本地设备。

(4) 情报节点经 JIC、JAC 筛选后上报数据。

(5) 跨国数据源,经过滤器/安全装置送入。

(6) 人工输入态势报告等。

2. 数据处理/显示与分发

(1) 轨迹关联/融合处理。

(2) 战场目标/轨迹数据管理。

(3) 覆盖层视图制作与图标显示。

(4) 地图更改、加载、删除及 2 维/3 维显示。

（5）向所属 CCS 分发 COP。

（6）向国家军事指挥中心、军种/局和作战支援司令部报送 COP。

（7）核准向责任区外机构，非下属责任区部队请求提供 COP 数据。

3. COP 数据交换

为 CCS 提供信息入/出机制，访问数据库接口，与其他 COP 同步等，以共享其他系统信息。COP 数据交换主要包含下述功能：

（1）COP 同步工具（CST）。所有连接战区 COP 服务器的下属 CCS 均使用 CST 交换数据，通过加密网际协议路由器网络（SIPR NET）实现。信道是 GCCS－J 提供的 CSTMDX NET 及其接口，带宽 32kb/s～40kb/s。

CST 所具有的终端处理功能包括与本节点信息处理类似的目标轨迹管理功能（轨迹添加/删除/合并/关联/去关联等）、对下级节点的过滤许可功能（如确定航迹报告责任单位），以及态势报告、定时/同步功能等。战区 CST 容许交换的轨迹数量为：平台/2000、数据链节点/3000、辐射源/1500、部队单元/3800、SPA－25/250、RAYCASV/50、SI/500、火控系统（FCS）/100。

（2）非实时数据交换（OTH GOLD）。全球联合指控系统（GCCS－J）向其他系统远程超视距非实时数据交换，支持串行传输格式化 ASCII 文本与 MDX 消息数据。

（3）实时战术信息交换系统。该系统包括战术信息广播系统（TIBS，提供卫星广播系统/传输空中与电子目标轨迹）、战术相关应用数据分发系统（TDDS，提供实时观测数据加密传输/UHF 卫通广播）、全源分析系统（ASAS，为陆军战术环节提供 CTP，再传到 GCCSCOP 中）、主管军官战术指挥信息交换系统（OTCIXS，是海上战斗群/舰舰数据链信息交换战术卫星网）。

（4）战术数据链。战术数据链（TDIL）含 Link11/Link11B/Link16/MIDS/JRE（联合范围扩展）。

（5）防空系统综合器（ADSI）。ADSI 是一个模块化、可重组的实时控制系统，能在多条 TDIL 间转发目标轨迹消息、生成融合空中图像、进行雷情与情报数据综合等。

4. 战术辅助决策（TDA）

COP 能够为战术指挥官决策提供辅助工具，包括目标轨迹运动分析预测，在地图上增加决策所需要的覆盖图，如重要区域、边界、禁区、恶劣气象区域等。TDA 系统通过发送和接收空中任务指令（ATO），参与空中任务信息的计划与监视；TDA 系统设置卫星数据库，分为 5 类（每类可存储 300 多颗卫星数据），通过卫星脆弱性选项输入，确定目标轨迹易受卫星观测或受其他卫星信息影响的时限。

5.6.5.2 战术 CTP 主要功能

CTP 是战术层面的 COP，战术 CCS 所属 CTP 的主要功能分类与战区 COP 相同，只是在具体内容上更加接近联合特遣队、各军种指挥官当前执行的任务与计划。如美陆军的 ATCCS（陆军战术指挥系统）和 $FBCB^2$（21 世纪旅和旅以下战斗指挥系统）皆使用 CTP。其采集的战术目标与兵力数据更加精确与及时，成为战区 COP 实时态势数据的主要来源。战区 CCS 所属 CTP 的功能还包括与下属部队司令部共享 CTP 数据。

美空军航空兵作战 OODA（观测/判断/决策/打击）环中所使用的各类共用战术图情况如图 5－38 所示[51]。

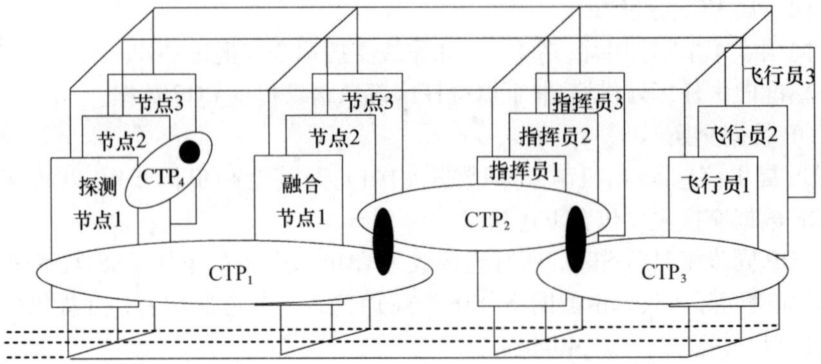

图 5－38　航空兵作战 OODA 环中各 CTP 及其之间关系

图5－38展示了航空兵作战OODA环分布式结构中的各类节点及其之间的态势信息共享关系。从左到右依次为探测、融合、指挥与火力平台等类节点，各类节点间通过相应的CTP实现目标信息共享，其中黑色区域表示一致共享数据区。

(1) CTP_4 是基于各探测节点信息生成的一致战术图(探测图)，每个 CTP_4 中的一致共用数据具有相同精度，分别为相应中心融合节点生成一致战术图服务。

(2) CTP_1 是各中心融合节点(对所属各 CTP_4 融合得到)的一致战术图(融合情报图)，其中一致共用数据是不同精度的各 CTP_4 数据的平滑值；诸 CTP_1 是为相应作战指挥节点生成所需指控图服务的。

(3) CTP_2 是从诸 CTP_1 中提取出的为作战指挥节点所需要的目标数据经融合构成的一致战术图(指控图)，其中一致共同目标数据是不同精度的各CTP数据的平滑值；诸 CTP_2 是为生成防空作战方案所需要的火力打击图服务的。

(4) CTP_3 是从诸 CTP_2 中提取出来的各作战飞机平台节点火力拦截所需目标数据，经融合构成一致战术图(打击目标图)，其中一致共用目标数据是不同精度的各 CTP_2 数据的平滑值。

从图5－38可以看出，不同的OODA环节上协同各方的CTP中所涉及的共用态势信息是不同的，因此，无法构造一个“统一”的CTP。

5.6.5.3　SIP 主要功能

SIP是面向某单一作战空间作战应用的多源探测/侦察信息融合图，它所提供的主要是目标融合状态参数。以单一合成空情图为例，它对战区内所有空中目标进行融合处理，生成为多种武器/部门共用的、连续的、清晰的目标航迹图。美军从1998年开始制定SIAP开发计划，为获得与空情图“融合”的武器数据，正在致力改善SIAP的质量，主要包括[2]：

(1) 完整性：图中所含有真实目标航迹所占百分比，涉及假目标/杂波的判断/滤除、目标关联、目标识别等多功能的改善。

(2) 精确性：图中所含目标航迹数据的精确度，涉及目标位置探测与融合的精度、运动参数和属性的估计精度。

(3) 共用性：各SIAP用户共享航迹数据的相同程度，涉及目标航迹的唯一性和多重性，以及目标标识的统一等。

(4) 连续性:目标航迹的时间维持性,涉及目标航迹的丢失率和持续获取率,指多源信息融合对目标的连续跟踪率。

(5) 实时性:目标航迹时间精度(延误),涉及多源探测信息的时空一致性,以及对目标状态估计与推测的时延,涉及目标是否/何时出现状态变化。

美军在 2001 年 SIAP 会议上公布:“SIAP 已经获得进展,但还有许多问题有待解决”,主要是指 JTIDS 处理和分发的 SIAP 稳定性欠佳,单目标融合航迹数大于 1.35,即存在单一目标产生多条航迹(航迹分裂),为消除多条伪航迹的相关处理又可能引发误判等问题。

5.6.6 FIOP 的发展趋势

当前,美军 COP 概念随军队信息化进程和联合作战需求而发展。美国防部在“2020 联合构想”[47]中明确提出:“全球信息栅格(GIG)以共用作战图形式为共享态势感知和知识提供基础,从而提高战斗力。”因此,目前 COP 正在向 GIG 体制发展/移植。

在 GIG 框架下,COP 的主要发展趋势有以下几点[52]:

1. COP 涵盖信息越来越广

战区 COP 及所属各 CTP 数据范围与精度的差异带来不同的用途:战区司令官监控表现战略(战役)意图的 COP,利用 COP 产生作战方案/规划;联合特遣队和军兵种指挥官监控表现战术态势的 CTP,利用 CTP 对部队实施指挥控制。

为获得更多、更全面、更详尽的战斗空间信息,COP 的关联站点 CCS 可划分为多级,所报告的范围愈益增加到包含陆、海、空、天和信息等五维战场空间,信息内容也扩大到包含兵力、火力、ISR(情报、监视与侦察)、后勤、机动等各类,从而为战区司令官生成责任区内的战场 COP。战区司令官再增加规划信息、气象与海洋信息,从而获得战区责任区内的完整情况,并按规定分发给下级与共享的各单元。

2. COP 向下延伸

COP 向下延伸指向作战应用的最低层—联合火力打击延伸,即 COP 要满足多作战单元火力打击协同对战场态势感知的需求。网络中心战要求在网络支持下,减少中间指挥层次、增强协同作战单元之间的横向交互(包括态势信息共享和作战能力协同共用)、指控权力前移即给一线指挥官更大的自主权。这 3 项扁平化功能均要求 COP 向下延伸,这也是互操作作战图族(FIOP)中增加单一合成图(SIP)的主要原因。SIP 的特点是空间范围小、目标轨迹少,但要求提供的目标具有尽量高的实时性和精度。按打击目标及实施协同打击的军种/武器平台不同,所需要的 SIP 也有差别。

3. COP 的知识转换能力不断增强

每一级 COP/CTP/SIP(或相应 CCS)都具有航迹相关/融合/管理等筛选处理功能,以展现给相应指挥官一幅其所关心的态势图。一幅直观的、信息域中的感知图对指挥官是不可或缺的,但并不是最有用的。若将信息域中筛选处理的感知信息转变为知识,那才对指挥官具有更高的价值。将态势信息转换为态势知识(Situation Knowledge,SK),才能成为指挥官和参谋人员发现解决问题,产生正确决策/方案的依据。因此,美军认为 COP 必须改变只提供感知信息的角色,而利用各类综合、智能技术将态势信息转变为态势知识,并快速将知识进行整合。

态势知识的转变与整合是信息域与认知域综合实现的,包含内容有作战企图估计、作战计划识别、作战行动/关键节点与路径估计、威胁对象/区域/时间与等级预测、兵力分布变化预测、战场事件及结果预测、战场态势与作战目标的关联分析等。

这相当于战场信息融合中的态势估计与威胁估计功能,态势知识实质是情报官员与指挥官员相结合才能提供的最高级的情报。

4. COP 的速度会越来越快

21 世纪信息化战争的高节奏和大信息量处理需要 COP 处理的高速度。目前美军的 COP 更新周期陆军已由 7min 减少为 5min,海军为 1min 左右,空军为 20s。随着 COP 功能的向下延伸,SIP 在火力控制直至武器控制中的应用,也要求 COP 处理速度加快。《2020 联合构想》中预期将信息转变为知识,其处理速度要求在技术上将产生新的体系结构,无缝联结的全球信息栅格(GIG)和 CEC 的复合跟踪网络会对 COP 处理速度的提高起有力的支撑作用。

5. COP 网络化程度愈益提高

这是网络中心战扁平化指控与协同作战的需求。适应网络中心战的全球信息栅格必将大大提高 COP 的网络化程度,包括探测节点接入/应用节点范围扩大和信息高速共享。有两种发展模式:

(1) 在网络集中保存和统一处理共用数据和共用作战图(COP/CTP),以使新接入的平台系统最大限度地增加从网络中获取信息的能力。这种模式会使每个接入的平台系统自主运行能力有限。

(2) 网络中每个接入的平台系统能够自主运行,但利用网络进行数据处理的能力会降低,即降低了网络共享能力。

美军未来的方案可能是这两种模式的折中。

6. SIAP 将成为 CEC 的替换方案

这是 COP 向下延伸应用的一个具体案例。

美军用于海上战斗群防空作战的协同作战能力(CEC)系统[53]于 1987 年立项,由雷声 (Ratheon)公司研制,至 2001 年已装备海军 21 艘舰、预警机和 PAC(爱国者)防空导弹部队;2004 年,CEC BLOCK1 系统已装备近 100 个平台。CEC 中的复合跟踪网络的每个节点处理器(CEP)所生成的战斗群所有成员共享的单一合成空空情图 SIAP,将使战斗群中所有指挥官如同站在同一幅态势图周围,协同确定“你向这个目标开火,我向另一个目标开火,他向第三个目标开火。”

美国弹道导弹防御局资助的联合复合跟踪网络(JCTN)以 CEC 为基础,把战区内所有火力控制传感器直接联接起来,整合厂商是洛克希德·马丁公司,该公司原计划在 2004 年 12 月将 CEC BLOCK2 插入“宙斯盾”系统,它能生成战区导弹防御轨迹图(SISpP),同时协调舰队的交战行动。然而,经过论证,美海军选择了 SIAP 取代价值 10 亿美元的 CEC BLOCK2 的升级计划。SIAP 能够实现战区内跟踪传感器的集成,生成一幅用于不同平台的 SIAP,能够连接的平台有 PAC 导弹连、中程增程防空系统、“宙斯盾”巡洋舰与驱逐舰、航空母舰、F/A－18E/F“超大黄蜂”战斗机、E－2C 预警机、AWACS、RC－135 监视飞机、通用空中指控系统等。

SIAP 旨在改进海军作战管理与指控系统,使老系统和新系统协同识别海上和空中的我方、敌方平台，正确、连续地将目标数据传递到用户手中，保障参与 SIAP 的各节点协同作战，减少误伤。作为 SIAP 核心的计算模型，能实现各节点系统之间的数据交换。SIAP 办公室 2005 年 9 月提供集成体系结构模型，它能够为不同的武器平台创建 SIAP。

参 考 文 献

[1] Martin E Liggins, David L Hall, James Llinas. Handbook of Multisensor Data Fusion: Theory and practice (2nd), Chapter 18 Foundation of Situation and Thread Assessment. CRC Press, Taylor & Francis Group. Boca Raton, London, New York. 2008.

[2] K. Devlin. Logic and Information. Press Syndicate of University of Cambridge, p31. Cambridge, MA. 1991.

[3] Steinberg A N, Bowman C L. Rethinking the JDL data fusion model. Proceedings of the MSS National Symposium on Sensor and Data Fusion. June, 2004.

[4] Nozawa E T. Peircean semeiotic: A new engineering paradigm for automatic and adaptive intelligent systems. Proceedings of the Third International Conference on Information Fusion. 2000, 2: 3 – 10.

[5] Roy J. From data fusion to situation analysis. Proceedings of the Fourth International Conference on Information Fusion. Montreal. 2001.

[6] Jousselme A L, Maupin P, Bosséé. Uncertainty in a situation analysis perspective. Proceedings of the Sixth International Conference on Information Fusion. Cairns, Australia. 2003, 2: 1207 – 1214.

[7] White F E. Joint Directors of Laboratories-Technical panel C^3, Data Fusion Sub – panel. Naval Ocean Systems Center. San Diego. 1987.

[8] Salerno J J. Where's level 2/3 fusion: A look back over the past 10 years. Proceedings of the Tenth International Conference on Information Fusion. Quebec. 2007.

[9] Lambert D A. A unification of sensor and higher-level fusion. Proceedings of the Ninth International Conference on Information Fusion. Florence, Italy. 2006: 1 – 8.

[10] Lambert D A. Tradeoffs in the design of higher-level fusion systems. Proceedings of the Tenth International Conference on Information Fusion. Quebec. 2007.

[11] Endsley M R. Toward a theory of situation awareness in dynamic systems. Human Factors., 1995, 37(1): 21 – 26.

[12] McGuinness B, Foy L. A subjective measure of SA: The Crew Awareness Rating Scale (CARS). Proceedings of the First Human Performance: Situation Awareness and Automation Conference. Savannah, GA. October 2000.

[13] Lambert D A. Situations for situation awareness. Proceedings of the Fourth International Conference on International Fusion. Montreal. 2001.

[14] Curry H, Feys R. Combinatory Logic, Volume 1. North-Holland Publishing Company, Amsterdam. 1974.

[15] Wright W. Artificial neural systems (ANS) fusion prototype. AFRL – IF – RS – TR – 1998 – 126, 1998.

[16] Schlabach J S, Hayes C, Goldberg D E. SHAKA – GA: A genetic algorithm for generating and analyzing battlefield courses of action (white paper), 1997, Cited in Evolutionary Computation. 1999, 7(1): 45 – 68.

[17] Laskey K B, Stanford S, Stibo B. Probabilistic Reasoning for Assessment of Enemy Intentions, Publications #94 – 25. George Mason University. 1994.

[18] Levitt T S, Winter C L, Turner C J. Bayesian inference-based fusion of radar imagery, military forces and tactical terrain models in the image exploitation system/balanced technology initiative. IEEE International Journal on Human-Computer Studies. 1995, 42: 667 – 686..

[19] Steinberg A N. Predictive modeling of interacting agents. Proceedings of the Tenth International Conference on Information Fusion. Quebec. 2007.

[20] Steinberg A N, Llinas J, Bisantz A, Stoneking C, Morizio, N. Error characterization in human – generated reporting. Proceedings of the MSS National Symposium on Sensor and Data Fusion. McLean, VA. 2007.

[21] Rasmussen J. Skills, rules, and knowledge: Signals, signs, and symbols, and other distractions in human performance models. IEEE Transactions on Systems, Man, and Cybernetics (SMC). 1983, 13(3):257-266.

[22] Steinberg A N. Stimulative intelligence. Proceedings of the MSS National Symposium on Sensor and Data Fusion, McLean, VA, 2006.

[23] Steinberg A N, Waltz E L. Perceptions on Imagery Fusion. Presented at NASA Data Fusion/Data Mining Workshop, Sunnyvale, CA. 1999.

[24] Erdley J D. Bridging the semantic gap. Proceedings of the MSS National Symposium on Sensor and Data Fusion. McLean, VA. 2007.

[25] McGuinness B, Foy L. A subjective measure of SA: The Crew Awareness Rating Scale (CARS). Proceedings of the First Human Performance: Situation Awareness and Automation Conference. Savannah, GA. October 2000.

[26] Rogova G, Nimier V. Reliability in information fusion: literature survey. Proceedings of the Seventh International Conference on Information Fusion. Stockholm. 2004:1158-1165.

[27] Steinberg A N. Threat Assessment and Methods. Tutorial presented at sensor Fusion Conference. Marcus-Evans, Washington, DC. December 2006.

[28] Hlaoui A, Shengrui W. A new algorithm for inexact graph matching. Proceedings of the Sixteenth International Conference on Pattern Recognition. 2002, 4:180-183.

[29] Sudit M. CMIF Information Fusion Technologies, CMIF Internal Presentation. 2005.

[30] Waltz E L, James Llinas. Multisensor Data Fusion, section 9.2.1. Artech House, Nrowood, Massachuselts. 1990.

[31] US Government printing office. IPB-Intelligence preparation of the battlefield. Sup R 6600-A. Washington, DC. June, 1983.

[32] Headquarters, Department of Army. Intelligence preparation of the battlefield. FM34-130. May, 1989.

[33] Stein M C, Winter C L. Recursive Bayesian fusion for force estimation. Proceedings of the Eighth National Symposium on Sensor Fusion. 1995.

[34] Hinman, M L. Some computational approaches for situation assessment and impact assessment. Proceedings of the Fifth International Conference on Information Fusion. Annapolis, MD. 2002, 1:687-693.

[35] Hinman M, Marcinkowski J. Final results on enhanced all source fusion. Proceedings of the SPIE, Sensor Fusion: Architectures, Algorithms and Applications IV. 2000, 4051:389-396.

[36] Das S. Tutorial AM3: An integrated approach to data fusion and decision support, part I: Situation assessment. Proceedings of the Eighth International Conference on Information Fusion. Philadelphia. 2005.

[37] Pearl J. Probabilistic Reasoning in Intelligent Systems: Networks of Plausible Inference. Morgan Kaufmann Publishers. San Mateo, CA. 1988.

[38] Jensen F V, Jensen F. Optimal Junction Trees. Uncertainty in Artifi cial Intelligence, 1994.

[39] Madsen A L, Jensen F V. LAZY propagation: A junction tree inference algorithm based on lazy evaluation. Journal of Artificial Intelligence. 1999, 113(1):145-151.

[40] Yedida Y S, Freeman W T, Weiss Y. Understanding belief propagation and ts generalization, in G. Lakemeyer and B. Nevel (Eds.), Exploring AI in the New Millennium. 2002:239-269.

[41] Steinberg A N. Threat Assessment Issues and Methods. Tutorial presented at Sensor Fusion Conference, Marcus-Evans, Washington, DC. December 2006.

[42] 梁炎,张仁茹,董岩.美国海军网络中心战浅析[J].舰船电子工程.2005,25(3):22-25.

[43] CJCSI 3151.01. Global Command and Control System Common Operational Picture Reporting Requirements[R]. 10 June, 1997.

[44] CJCSI 3151.01A. Global Command and control System Common Operational Picture Reporting Requirements[R]. 19 January, 2003.

[45] 李欣.美军通用作战图发展现状与发展趋势[J].测绘技术装备.2005,7 (3):13-15.

[46] Department of Defence (DoD), USA. Joint Vision 2020[R]. June, 2000.

[47] USEUCOM 55-2 Command. Common Opera-tional Picture (COP) policies and procedure [R]. 17 June 2004.

[48] 总装备部电子信息基础部.信息系统——构建体系作战能力的基石[M].北京:国防工业出版社.2011.
[49] 赵宗贵,李君灵,王珂.战场态势估计概念、结构与效能[J].中国电子科学研究院学报.2010,5(3):226-230.
[50] Common Operational Picture (COP) Handbook for GCCS 3.02[R].31 July,1998.
[51] James,Llinas. Enterprise Information Fusion Paradigm[R].2004.
[52] 梁炎.美国海军 GCCS-M 及其发展[J].舰船电子工程,2004,24(4):23-26.
[53] 中国电子科技集团第 20 研究所.美国海军协同作战框架(译文)[A],海军协同作战能力(CEC)文集[C].西安.2001,11.

第 6 章　差异信息柔性融合方法

6.1　概述

考虑到融合方法与融合结构及融合模型有关，本章首先回顾第 2 章介绍的信息融合功能模型和融合结构。

6.1.1　融合模型与融合结构

6.1.1.1　融合模型

自 1987 年出现美国防部实验室联合理事会 JDL 的信息融合原始模型[1]（称为初级模型）之后，1994 年出现了 Dasarathy 的输入/输出模型[2]，1998 年出现了 Steinberg、Bowman 和 White 的 JDL 修订模型[3]，Bedworth 等人 2000 年提出了多用途处理模型[4]，2004 年出现了 Llinas 的 JDL 推荐修订模型 II[5]。

图 6－1 给出了 2004 年修订融合模型[6]，该模型将数据融合分为 5 个级别：

（1）0 级融合：子对象估计，基于多源探测信号/数据，融合检测实体特征或复合实体中的单一子对象。该级融合在隐身环境、强干扰环境下至关重要。

（2）1 级融合：单一对象估计，即对独立的物理对象进行多源融合识别、定位与跟踪，或称独立实体的融合估计。包括动态实体的运动参数估计和身份、分类属性、运动特征属性等离散参数判断与估计。

（3）2 级融合：态势估计，是指对态势要素（实体、环境、意图等）之间的关系、复合要素内部关系，以及态势外部关系的融合估计，以聚集生成观测态势、挖掘发现态势知识（即生成估计态势）和进行态势预测。

（4）3 级融合：影响估计，主要是指预测的态势对后续作战活动的影响（效能/代价估计），对己方不利/有害的影响称为威胁。由威胁估计到影响估计的转变体现了由作战应用向非作战应用的扩展。

（5）4 级融合：过程估计，包括各级融合性能度量（MOP）估计和效能度量（MOE）估计，即将各级融合产品分别与战场真实状态和作战活动对融合产品需求进行对比，为融合过程的优化提供依据。

数据融合的信息源包括本地的情报源（雷达、水声、电子战、人工情报等）和数据库，以及异地分布的与扩展的各类情报源和数据库。

数据库管理系统、人机界面和资源管理是任何人机结合的信息系统都具有的通用功能，因此，没有将其列入数据融合（专用）范围，其中资源管理包括对资源的静态管理和动态控制。

从图 6－1 可以看出 0 级～4 级的 JDL 功能融合模型中，数据融合范围包含了单一节

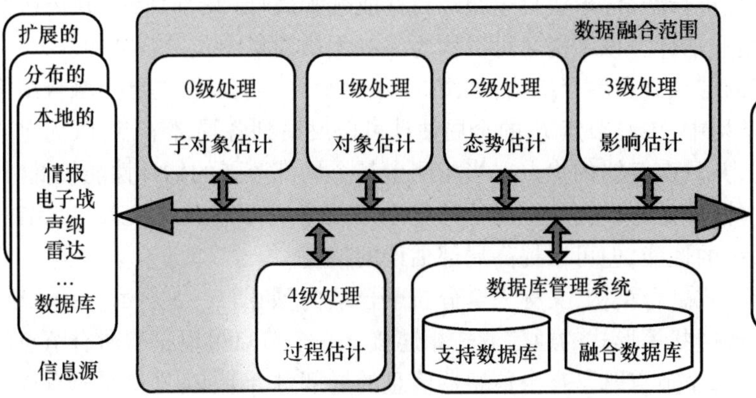

图 6－1　JDL 2004 年推荐的修订融合模型

点集中式融合的最完整的 5 级融合功能，然而，由于不同的融合级别、物理连接和功能需求不同，每个功能级输入的信息内容和粒度也不同，因此，可以产生不同级别或仅含其中几个级别的融合产品。从图 6－1 中还可以看出，JDL 融合功能模型可以从本地单节点扩展为分布式结构，相应的一级或多级融合功能也可以扩展为多节点分布式结构。这样，每一功能级别上的融合估计算法与融合结构密切相关，通常融合结构可以分为集中式、分布式和混合式等三大类[7,8]。

6.1.1.2　融合结构

这里仅介绍集中式融合结构和分布式融合结构。混合式融合结构是指在实际工程应用中，根据作战活动对信息融合产品的需求，采用集中式与分布式相结合的融合结构，其无通用结构模式，7.5.4 节给出了一个混合分布式融合结构案例。

1. 集中式融合结构

集中式融合，是指所有传感器测量数据和情报源的情报信息传送至一个中心节点进行处理和融合（图 6－2），产生目标的综合航迹和属性，以及态势和威胁估计结果。在此结构中，融合中心可以利用所有传感器的原始测量数据和和其他信息源的情报信息，没有任何信息的损失或损失很小，因此，融合结果是最优的，但这种结构需要对通信链路的传输速率和中心节点的处理能力要求较高，所以工程上经常采用的是树状分层式集中式融合结构。

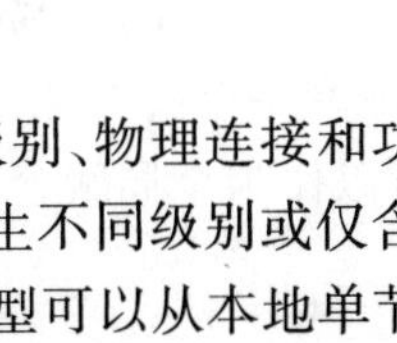

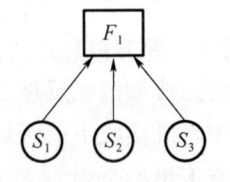

图 6－2　集中式融合结构图

2. 分布式融合结构

分布式融合是指每个传感器通过处理自身测量信号/数据产生目标的局部航迹或属性估计结果，然后将其送入融合中心进行局部航迹关联、融合产生目标全局航迹和综合属性估计，以及态势与威胁估计结果。这种结构对通信链路传输速率和中心节点的处理能力要求较低，但会损失掉部分有价值的原始测量信息。分布式结构与相应的指挥控制系统是一致的，是网络中心战环境必须采用的结构，因此，成为当前信息融合领域研究的重点。分布式融合从结构上又分为以下几种：

（1）无反馈的多级分布融合结构，如图 6－3 所示。该结构中各局部融合节点将其所属的各传感器测量进行融合，形成自主跟踪目标航迹和属性（局部估计）并传送给全局融合中心，以形成全局估计。该结构又可以称为多级无反馈集中式融合结构。

（2）带反馈的层次分布融合结构，如图 6－4 所示。与无反馈的层次融合结构不同之处在于，在这种结构中，中心节点 F_3 的全局估计可以反馈到各局部节点，以优化局部跟踪目标航迹和属性，并具有容错的优点。当检测出某个局部节点的估计性能较低时，不必把它排斥于系统之外，而是可以利用全局估计结果来改善局部节点的状态。此结构并不能改善全局融合系统的性能，但可以提高局部估计的精度[9]。

（3）对等分布式融合结构，又称为全分布融合结构，如图 6－5 所示。在该结构中，各融合节点由网状或链状等形式的通信方式相连接。一个节点可以享有所有节点的融合信息。在此结构中，每个节点既是自身传感器信息的局部融合节点，又是对所有局部融合结果进行再次融合的全局融合节点。当所有探测传感器皆相互连接时，每个融合节点能够同时（或在一个公共测量周期内）接收完全相同的所有传感器的探测信息，因此，每个节点都可以作为全局融合节点获得完全相同的全局最优融合结果。

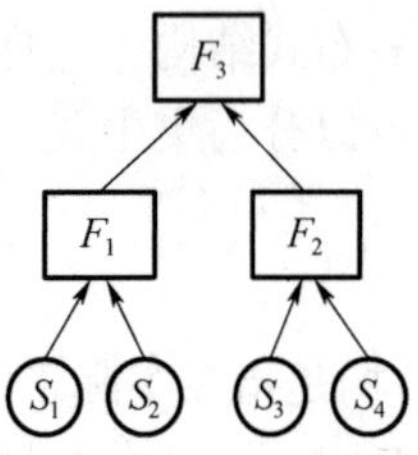

图 6－3　无反馈的层次分布融合结构图

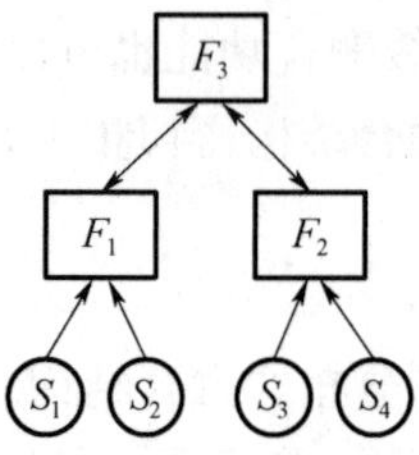

图 6－4　带反馈的层次分布融合结构图

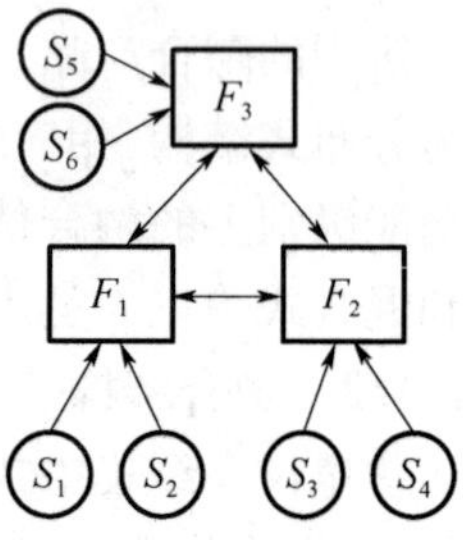

图 6－5　对等式融合结构图

6.1.2　差异信息概念与特征

6.1.2.1　差异信息产生原因

考虑典型的无反馈 3 级分布式融合结构，如图 6－6 所示。在该结构中，每一级中的融合中心既接收下一级局部融合航迹，又接收自身信息源探测信息。例如，融合中心 F_1 除带有下级融合中心 F_{11} 与 F_{12} 外，还有自身信息源 S_1。$S_{11}^{(1)}$ / $S_{11}^{(2)}$ 与 $S_{12}^{(1)}$ / $S_{12}^{(2)}$ 可能是不同类型的信息源，上报的信息可能有较大差异，如图像传感器与有源雷达、有源雷达与无源雷达等；它们也可能是有较大精度差异的同类传感器，如警戒雷达、引导雷达、跟踪雷达。因此，F_{11} 与 F_{12} 可能是不同介质/类型信息融合节点，从而 F_{11} 与 F_{12} 的处理结果的精度或可信度可能有较大差异。当 F_{11} 与 F_{12} 是不同业务类型的信息源/处理系统时，如技术侦察情报、人工情报、无源探测情报中心等，它们提供的情报信息中还含有征侯和趋势类信息，其中还可能含有人的主观理解和判断结果；在时间上表现为准实时、非实时或中长期情报，从而与实时探测/侦察获取的战场目标状态和属性信息在粒度、精度、完整性、可信度等特征上存在更大差异。美国专家 James Llinas 将人工收集的带有人的理解和判断结果的情报称为软数据，它们与传感器探测数据（称为硬数据）在融合方法上存在更加重大的差别。

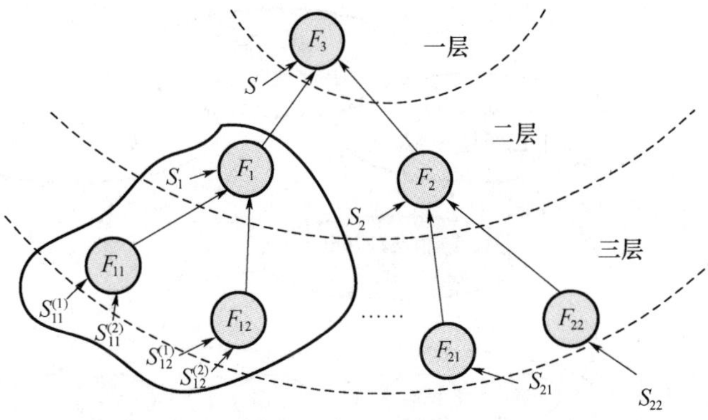

图 6-6　无反馈三层分布式融合结构图

6.1.2.2 信息差异的特征表现

战场感知信息差异的特征表现如下：

(1) 信息源类型的差异：不同介质（电磁、红外、光学、光电、声/振、SAR 等）传感器、不同探测/侦察平台（陆、空、舰、潜、星）、有源/无源传感器、不同技术手段的信源（部/技侦、人工情报、开源情报，以及多源组网情报）等会产生感知信息特征和形式上的大差异。

(2) 信息差异的具体分类：包括多精度信息（图 6-7）、多粒度信息（图 6-8）、完整/不完整测量信息（图 6-9）、互补/冲突信息（图 6-10）类别等。

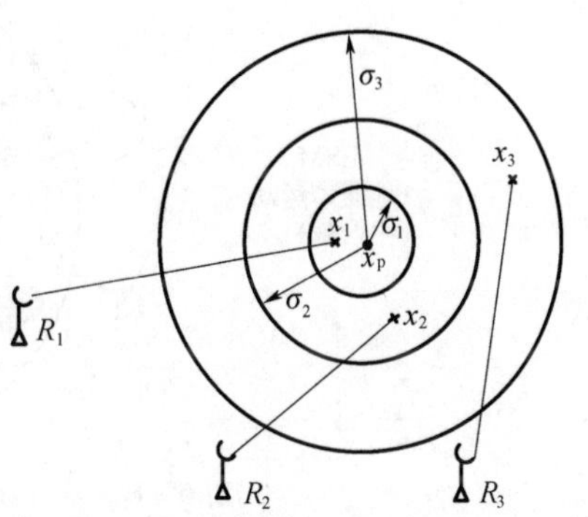

图 6-7　多精度测量信息示意图

图 6-7 描述了具有不同测量精度的雷达或由于探测环境引起对目标不同的探测精度，其中 σ_1、σ_2、σ_3 分别为雷达 R_1、R_2、R_3 的测量误差根方差，x_1、x_2、x_3 分别为 R_1、R_2、R_3 对目标 x_p 的测量位置点。

图 6-8 初步描述了人工、技侦、航行、IFF/SSR、有源雷达、无源 ESM 等 6 类信息源对目标属性观测/识别粒度分类，以及这 6 类探测/侦察手段获取的不同观测粒度集合的相互包含关系。多类信息源所获取的目标信息的详略程度（粒度）不同，其可能相互包含。图 6-8 中，人工情报能获得敌方对我突袭征候（时间、地点），技侦情报能获得袭击平台/武器的行动时间、数量，航行报能预告我机起飞机场、时间、机型等，而敌我识别装置（IFF/SSR）能报知目标的我机、民航、不明等属性，雷达测量获得目标属性是大目标、小目标、低空目标、高速目标，技侦或电侦（ESM）信息经处理后能判断出目标属性是轰炸机、侦察机，甚至识别出目标的具体机型，因此，能够进行敌我机区分等。图 6-8 大致勾画出了这 6 类信息之间的对应关系。

图 6-9 描述了有源雷达（R_4、R_5）对同一目标的完整测量（指单传感器即能进行目标定位）和 ESM（E_1、E_2、E_3）对该目标的不完整测量（仅有方位，无法进行单源目标定位）的示例。图 6-9 还示出了通过对 ESM 目标测量方位给出可能的或无穷大的距离量（S_1、S_2、S_3），形成伪完整测量，以实现与完整测量信息的融合。

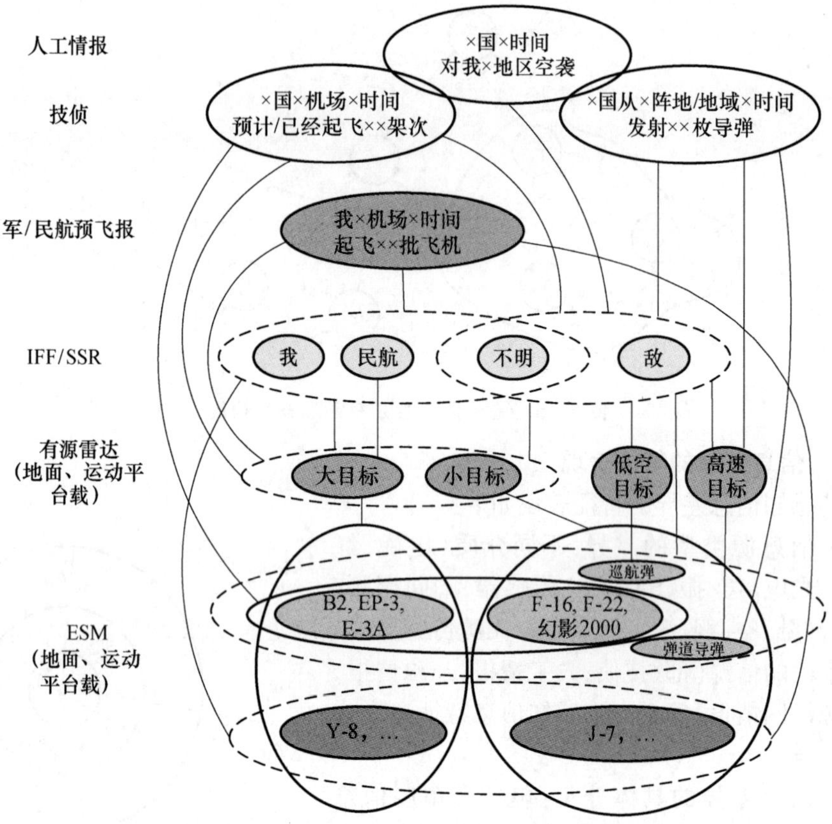

图 6-8　多粒度(多层次测量目标属性)信息示例图

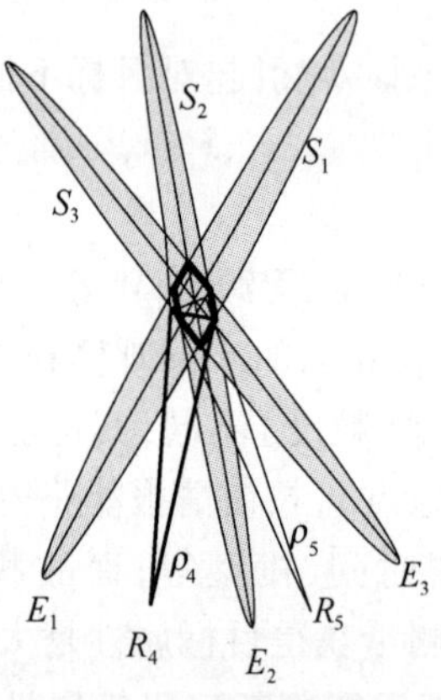

图 6-9　完整/不完整测量的目标距离

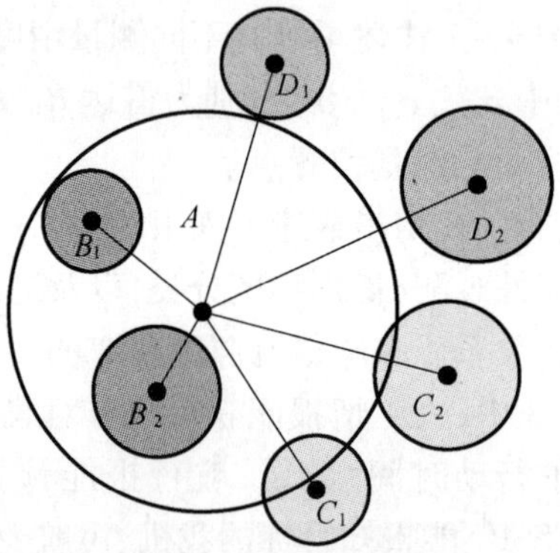

图 6-10　命题 A 证据空间中的证据类型示意

图 6-10 描述了多种技术手段收集到的目标属性识别的不同类型证据信息，其中证据 B_1、B_2 对属性命题 A 完全支持，C_1、C_2 对命题 A 部分支持（相容），而证据 D_1、D_2 则完全不支持属性命题 A，即与目标属性命题 A 相悖/冲突。

此外，战场感知信息的差异特征还表现为非时序、非同步，以及在可靠性和可信性等方面的差异。

6.1.3 多源信息柔性融合的概念与内涵

多源信息柔性融合的基本概念和内涵:多源信息柔性融合是指实现各类大差异特征信息融合的柔性融合结构和柔性融合方法的总称。柔性融合结构是指融合结构能够随融合产品指标、网络传输能力和过程噪声变化而自主变化;柔性融合方法则是针对在完整性、粒度、精度、分辨率、相关性、相容/相悖性等特征领域存在较大差异的多源信息,所建立的各种融合准则和融合方法的综合描述。柔性融合的目的是通过容纳多手段/多介质信息源、多类差异信息、多类融合环境(多融合节点结构和信息流程),提高战场感知信息质量和态势一致性。

6.1.3.1 柔性融合结构

1. 柔性融合结构概念与说明

柔性融合结构是指分布式系统中,信息源节点/融合节点的选择和资源配置及连接方式、信息流向与传输内容(反馈/无反馈/部分反馈),以及信息处理和输入/输出时机等融合结构要素能够随作战活动对融合产品性能/效能指标的不同需求,随通信网络结构(层次连接、分布式连接、混合连接等)和传输能力(带宽/速率、时延、误码率等)的不同,以及随过程噪声的不同而自主改变[10],进而产生新的融合结构,以在满足作战活动对战场感知信息需求的条件下,优化战场感知资源;或在已配置的资源条件下,通过调整信息流向和融合算法,提高感知信息质量。

为了说明融合结构的柔性变化,我们将全局融合航迹误差协方差椭圆与局部融合航迹误差协方差椭圆面积之比作为分布式融合性能指标,分析通信时延、状态过程噪声等因素对融合性能的影响。3 种融合结构下通信时延、状态噪声等对融合性能的影响分别如图 6-11~图 6-13 所示,其中,纵轴表示全局融合均方误差(MSE)椭圆面积 A 与局部融合均方误差椭圆面积 A^* 之比($A/A^*<1$),横轴表示状态过程噪声 q,其在$[10^{-4},10^{6}]$区间内变化,$n=1,2,4,8$ 分别表示信息传输延迟 $n-1$ 个周期。图中最上面的长划线表示诸融合结果的一个极大似然(ML)上界。

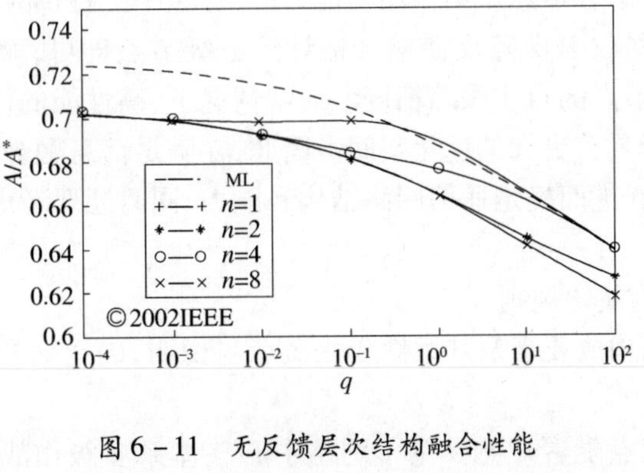

图 6-11 无反馈层次结构融合性能

在图 6-11 所示的无反馈融合中,全局融合性能对过程噪声比较敏感,当噪声级别较高时,全局融合性能以 50 逐渐接近稳定状态;增加状态噪声并减少局部误差向全局节点传输(n 增大),会引起性能接近 ML 性能所限制的上界。在最佳通信更新($n=1$)之下,融合过程基本上可以连续进行。然而,在无反馈融合时这些曲线之间差别不大,即合理延迟不会严重影响系统性能。

在图 6-12 所示的带反馈层次融合结构中，随着状态噪声增加和通信速率减小，融合性能严重恶化。当不良的全局融合结果反馈回局部节点时，局部节点融合性能直接受到影响，出现不稳定态势（全速率 $n=1$ 除外）。

部分反馈系指仅将全局状态估计（不含估计协方差）回送给含有不稳定（不确定性）协方差的局部节点。如图 6-13 所示，当通信时延较大时，部分反馈结构性能退化，能减少局部节点的不稳定且很快受控，这就使得部分反馈能获得与全反馈结构相反的有效性能，从图 6-13 与图 6-12 比较就可看出这一点，其中以均方误差椭圆面积比表示的反馈效果提供了类似于无反馈层次融合的性能。

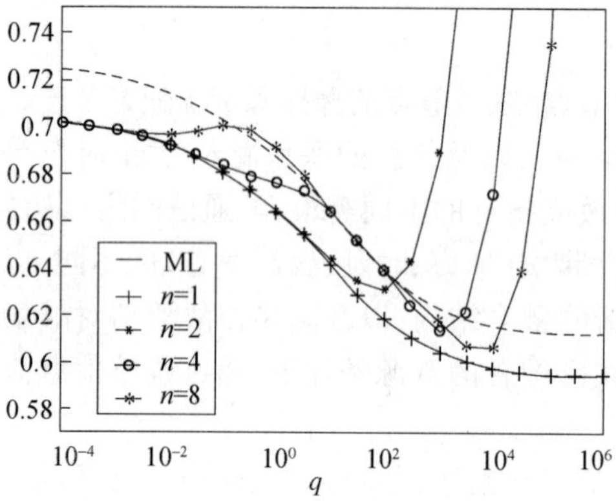

图 6-12　带反馈层次结构融合性能

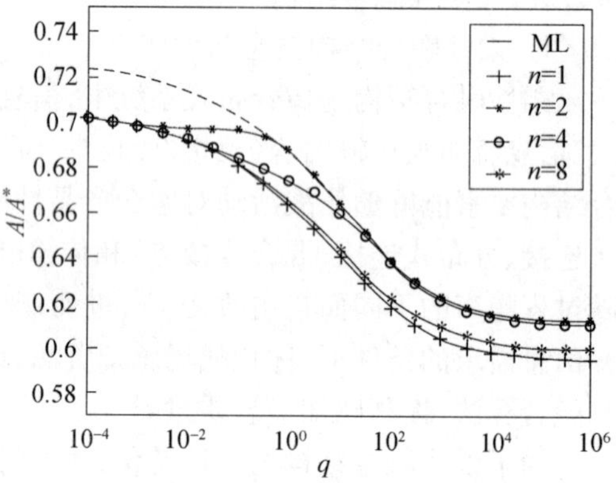

图 6-13　带部分反馈层次结构融合性能

从图 6-11～图 6-13 可以看出，当过程噪声 q 在$[10^{-4},10^{2}]$之间时，随着过程状态噪声增加和通信速率减小，不同融合结构下融合性能的变化是相同或相似的；当过程噪声 q 在$[10^{2},10^{6}]$之间时，全反馈融合结构下融合性能严重恶化（$n=1$ 除外）。

因此，为提高某局部融合节点的自主跟踪能力，当上级全局融合性能较高时，需要通信网络提供上级节点融合信息反馈传输功能，并要在速率上提供时效保障；当上级节点融合误差协方差较大时，仅需保障反馈融合估计给下级节点即可，而毋须反馈该误差协方差，否则会降低下级节点的自主跟踪精度。通常情况下，高性能的传输网络能够使分布式融合系统结构的选择具有更大的优化空间。因此，在满足信息融合效能的前提下，选择最佳的分布式融合结构，进而确定通信网络结构和能力，同时还要考虑目标状态噪声对信息融合效能的影响。

2. 柔性融合结构演化规则

由前述融合结构构成要素及其柔性变化概念与说明，确定融合结构随多类因素的演化规则如下：

（1）融合网络节点配置规则。基于网络中心战体系多级作战节点对战场信息的需求，配置诸融合网络节点，包括节点层次、数量和节点对战场信息的需求。

（2）信息流向、流程与时间控制规则。基于各融合网络节点对战场信息的需求，确定或调整信息流向，如自下而上无反馈逐级上报、部分反馈，以及全反馈控制等。

（3）信息融合处理资源配置与运行规则。包括诸融合节点基于其信息内容和指标需求，选择配置相应的融合软件资源并进行运行控制，还包括基于诸层融合节点功能支撑关系的信息输入输出控制与互操作运行控制规则等。

（4）基于网络传输能力的分布式融合结构自主调整规则。主要是指网络能够提供的节点间（信息收集、信息融合、信息用户3类节点）的信息传输带宽/速率、误码率、时间延误等能力变化时，基于上述3项规则对融合结构自主进行调整，并给出调整后融合系统性能与效能评估结果。

（5）基于噪声的分布式融合结构动态调整规则。指随着环境噪声/干扰、目标状态噪声和传感器测量噪声的变化，分布式融合结构能够基于上述4项规则进行动态/自适应调整，并能够给出调整后分布式融合系统的性能与效能评估结果。

6.1.3.2 柔性融合方法

柔性融合旨在灵活运用统计估计、方差分析、多分辨率图像稀疏变换、伪序贯滤波、模糊集理论、基于知识的系统（KBS）、D-S证据理论、随机集理论和低相容/冲突证据信度分配模型等理论方法和技术解决诸类大差异信息的融合问题，即针对各种不同特征差异的信息，在不同的融合结构和信息流程下，按照一定的准则选择或建立相应的融合方法。其目标是通过容纳多手段/多介质信源、多种类信息、多样化环境，提高态势感知的时空精度和一致性，包括物理域、信息域和认知域内战场态势的符合性、适时性、准确性、连续性、完整性与清晰性。

通过研究上述理论方法和技术的适用范围和不足之处，对其进行完善或建立柔性信息融合的新模型和新方法，以解决实际应用问题。图6-14的上半部分给出了各类特征差异信息融合模型与相关基础理论、方法的对应关系，下半部分则给出了各类差异信息融合模型与实际融合问题的对应关系，从而为基于实际问题，判断和选择适宜的柔性融合模型和方法奠定了基础。

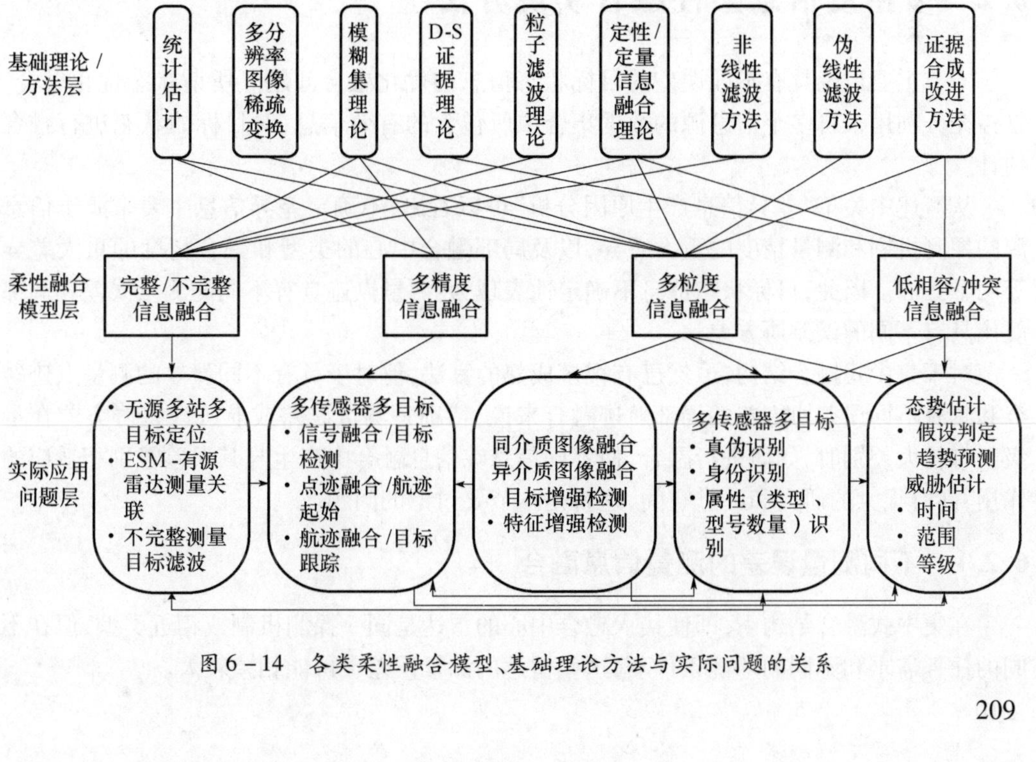

图6-14 各类柔性融合模型、基础理论方法与实际问题的关系

6.1.4 柔性融合与传统融合的区别

多源信息柔性融合与传统多源信息融合的主要区别有以下几点：

(1) 传统融合是针对集中式融合结构的，而柔性融合主要是针对网络中心战环境中的分布式融合结构。融合结构的柔性变化是分布式融合系统面临的最大挑战。

(2) 分布式融合结构中，一个节点既有自身配置的传感器和信息源的输入信息，又有其他融合节点的输入信息，这些信息在粒度、维度、精度、不确定性、相关性、时序，以及相容/相悖等特征上均可能存在较大差异。因此，需要寻求多类差异信息的柔性融合方法。

(3) 在集中式融合结构下，并不考虑信息的重复使用情况。而在分布式融合结构中，必须考虑信息重复/循环使用所产生的误差增长问题。对于多次使用共用时空节点信息的后续节点，多次受该共用节点的过程噪声和先验估计影响，从而使后续节点的融合误差大大增长。因此，滤除共用信息节点对后续融合节点产生的冗余效应是分布式系统提出的柔性融合功能需求之一。

(4) 传统的融合算法建立在"输入的多源信息是独立获取的"这一假设基础上，而在分布式融合结构中，这一假设通常是不成立的。在分布式融合系统中，当融合网络结构和信息流程图未知时，使用某共用节点(可以是传感器)信息的多个后续节点所产生的融合信息可能会产生很强的相关性，即目标状态估计误差协方差相关($P_{ij} \neq 0$)[11]。当这些信息再为某后续节点同时使用时，其输入信息显然是不独立的，从而无法应用传统集中式融合估计(滤波)技术和方法。因此，在分布式融合结构中，必须解决输入某融合节点的多源信息之间的相关性问题。寻求输入信息相关性已知、未知或部分未知状况下的多源信息融合理论、方法和实现技术是分布式融合系统提出的又一柔性融合功能需求。

6.2 多精度信息柔性融合实现方法

本节主要讨论具有不同误差的目标状态信息的优化融合问题。所谓状态优化融合，是指充分利用来自多个信息源的数据集合中所包含的有效信息，对目标的状态进行融合估计。

从概述中关于"差异信息产生原因分析"可以看出，不确定差异信息主要来源于信息源的探测机制和测量精度的重大差异，以及局部融合中心的类型和融合精度的重大差异等两个方面。因此，目标状态信息不确定性表现为：测量点迹具有不同的测量误差和局部航迹具有不同的误差协方差。

对于集中式融合结构，虽然已有很多成熟的算法，但对于具有不同误差的测量点迹融合和具有不同误差协方差的局部航迹融合来说，特别是测量误差或航迹误差协方差在量级上有较大差别时，如何进行融合，使不同信息在信息融合中产生与其误差级别相适应的作用，尚有很大的研究和改进空间，这就是本节要讨论的问题。

6.2.1 不同测量误差的测量信息融合

在集中式融合结构下，即使接入融合中心的雷达是同一探测机制或相近类型，但在不同的任务需求和不同的环境条件下，这些雷达的测量误差也可能相差较大。

针对这类差异信息的融合问题，解决的基本思路是：首先对测量集中的“粗点”（误差在某一限定范围之外的测量）进行滤除，再依据一定准则（将不确定性高的传感器归成一类，而将不确定性低的传感器归为另一类）进行多传感器聚类分组融合，最后进行统一信息融合。

1. 基于多冗余测量的粗点滤除法

1）粗点滤除的传统算法

（1）求均值、方差的递推公式。对样本容量为 $n(n>1)$ 的测量数据，其均值和方差的递推算法如下[12]：

$$\bar{x}_0 = 0, \quad \bar{x}_i = \bar{x}_{i-1} + \frac{1}{i}(x_i - \bar{x}_{i-1}) \quad i = 1,2,\cdots,n \tag{6-1}$$

$$s_0^2 = 0, s_i^2 = \frac{i-1}{i}s_{i-1}^2 + \frac{i-1}{i^2}(x_i - \bar{x}_{i-1})^2 \quad i = 1,2,\cdots,n \tag{6-2}$$

式中：$\bar{x}_i$ 为采集到第 i 个数据后算出的样本均值；s_i^2 为采集到第 i 个数据后算出的方差。

由式(6-1)、式(6-2)就可以根据第 i 次获得的 x_i 以及已计算出的 $i-1$ 个样本 $\bar{x}_{i-1}$ 和 s_{i-1}^2，计算 i 个样本的均值和方差，此种算法避免了直接计算中产生数据溢出的缺点。

（2）统计样本检验方法。去“粗”处理的关键在于对“粗点”的定义，按经典概率检验理论，给定一置信概率，在确定的分布下，即可确定一个置信限，凡超过这个限的数据就认为它是粗点，应予剔除。假设测量数据的误差服从正态分布，并给定置信概率为99.7%，则 $x_i \in \{|x_i - \bar{x}| > 3s\}$ 为“粗点”，即凡点落在距均值 $3s$ 以上点，称之为“粗点”。统计样本检验的步骤如下：

步骤1：根据所有采样点，按式(6-1)、式(6-2)计算均值 $\bar{x}$ 和方差 s^2。

步骤2：计算样本的置信区间 $[\bar{x}-3s, \bar{x}+3s] = \varepsilon$。

步骤3：对整个集合进行样本检验，如 $x_i \notin \varepsilon$，则 x_i 为“粗点”。

步骤4：将原采集的集合剔除全部“粗点”，得新的样本集合。

步骤5：重复步骤1～步骤4，直至“粗点”全部被剔除。

2）粗点滤除的新算法[13]

为了减少传统算法检验步骤中大量重复计算，特别是步骤1，本节提出在发现“粗点”后，利用原有的样本均值和方差计算去“粗点”后样本均值和方差的方法。

设采集的样本集合为 $\{x_1,x_2,\cdots,x_n\}$，仍采用式(6-1)、式(6-2)作为求取 n 个样本均值和方差的递推公式。在样本检验过程中，原已获得 n 个样本的均值 $\bar{x}_n$ 和方差 s_n^2，当发现一个“粗点” x_i 时，需将其剔除，产生新的样本集合 $\{x_1,x_2,\cdots,x_{i-1},x_{i+1},\cdots,x_n\}$，样本个数为 $n-1$。如仍按递推式(6-1)、式(6-2)求新的 $n-1$ 个样本集合的均值和方差，就必须重复进行 $n-1$ 次递推计算，才能得到最后结果，这样处理非常费时。

注意到样本集合 $\{x_1,x_2,\cdots,x_n\}$ 的均值和方差 $\bar{x}_n$、s_n^2 与样本集合中元素排列次序的无关性，从而给出由 n 个测量样本统计量 $\bar{x}_n$、s_n^2 计算（剔除“粗点” x_i）$n-1$ 个测量样本统计量 $\bar{x}_{n-1}$、s_{n-1}^2 的计算式为

$$\bar{x}_{n-1} = \frac{1}{n-1}(n \cdot \bar{x}_n - x_i) \tag{6-3}$$

$$s_{n-1}^2 = \frac{n}{n-1}s_n^2 - \frac{1}{n}(x_i - \bar{x}_{n-1})^2 \qquad (6-4)$$

从而避免了对新样本集合再一次递推求解的大运算量。依据式(6-3)、式(6-4)可以导出剔除粗点集合中多个“粗点”后求新样本集合均值和方差 $\bar{x}_{n-j}$、s_{n-j}^2 的逆向递推计算公式：

$$\bar{x}_{n-j} = \frac{1}{n-j}[(n-j+1)\cdot\bar{x}_{n-j+1} - x_j] \quad j = 1,2,3,\cdots,J, J < n \qquad (6-5)$$

$$s_{n-j}^2 = \frac{n-j+1}{n-j}s_{n-j+1}^2 - \frac{1}{n-j+1}(x_j - \bar{x}_{n-j})^2 \quad j = 1,2,3,\cdots,J, J < n \qquad (6-6)$$

式中：x_j 为“粗点”；j 为“粗点”在粗点集合中的排序序号；J 为粗点数。

新的统计样本检验方法在具体实施上可分为以下两种：

(1) 立即剔除法，检测出一个“粗点”后立即剔除。样本检验的步骤如下：

步骤1：根据所有采样点，按式(6-1)、式(6-2)计算均值 $\bar{x}$ 和方差 s^2。

步骤2：计算样本的置信区间 $[\bar{x}-3s, \bar{x}+3s] = \varepsilon$。

步骤3：对样本集合元素逐一进行检验，如 $x_i \notin \varepsilon$，则 x_i 为“粗点”，立即剔除，产生新样本集合。

步骤4：依据式(6-3)、式(6-4)计算新样本集合的均值和方差。

步骤5：重复步骤2~步骤4，直至剔除全部“粗点”。

(2) 成批剔除法，检测出样本集合所有“粗点”后再进行剔除。样本检验的步骤如下：

步骤1：根据所有采样点，按式(6-1)、式(6-2)计算均值 $\bar{x}$ 和方差 s^2。

步骤2：计算样本的置信区间 $[\bar{x}-3s, \bar{x}+3s] = \varepsilon$。

步骤3：对样本集合进行样本检验，如 $x_i \notin \varepsilon$，则 x_i 为“粗点”，直至得到“粗点”集合 E。

步骤4：依据式(6-5)、式(6-6)计算剔除集合 E 中全部“粗点”后新样本集合的均值和方差。

步骤5：重复步骤2~步骤4，直至剔除全部“粗点”。

以上两种统计样本检验方法在缩短样本检验的计算时间上是完全相同的。另外，剔除“粗点”后，新样本集合的标准差是呈递减的趋势，从而保证了“粗点”剔除的准确性。

2. 传感器分组信息融合方法

多传感器分组加权融合算法作为加权融合算法的一种变形，同样具备无偏、运算简单等特性。分组加权融合对多传感器信息进行组内分布处理和融合中心集中处理，提高了对多传感器信息的挖掘程度和算法的灵活性。但是，传感器的组合方式不同，最终融合估计效果会产生很大差异；只有分组合理，才能实现对状态更为准确的估计。通常，组间数据的不确定性差异越大，分组融合获得的目标状态估计(期望)效果越好[14]。目前，多传感器如何分组及每组传感器如何组合等问题是一直没有得到很好的解决。这里介绍一种常用的分组方法——贴近度因子法[15]。

为了度量传感器之间表现在不确定性上的贴近程度，选用“析取”算子作为贴近度，即

$$\beta_{ij} = \frac{\min(\psi_i, \psi_j)}{\max(\psi_i, \psi_j)} \tag{6-7}$$

式中：ψ 为不确定性度量算子(这里定义为分布函数)；min 表示交集，max 表示并集；β_{ij} 为传感器 i 与传感器 j 之间的不确定性贴近度。

β_{ij} 的物理意义如下：

(1) $\beta_{ij} = 0$ 表示传感器 i 与传感器 j 之间完全不相关，不可聚为一类，如图 6－15(a)所示。

(2) $\beta_{ij} = 1$ 表示传感器 i 与传感器 j 之间完全相关，可聚为一类，如图 6－15 (b)所示。

(3) $0 < \beta_{ij} < 1$ 表示传感器 i 与传感器 j 之间具有一定的相关性，能否聚为一类需要根据实际情况而定，如图 6－15 (c)所示。

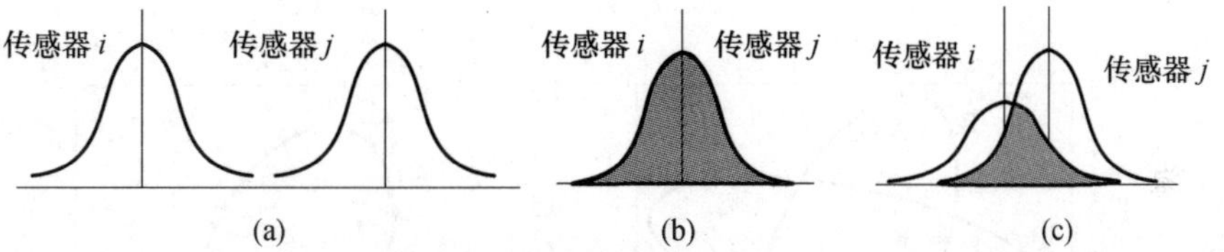

图 6－15　传感器 i 与传感器 j 之间在不确定性上的贴近度

贴近度描述了各类传感器之间在不确定性上的贴近程度。求出贴近度之后，就可以得到表示多传感器及其测量不确定性的关联矩阵 $\boldsymbol{R} = [r_{ij}]$。其中，关联系数 r_{ij} 由贴近度 β_{ij} 和选择的阈值 ε 决定，即

$$r_{ij} = \begin{cases} 1 & \beta_{ij} \geqslant \varepsilon \\ 0 & \beta_{ij} < \varepsilon \end{cases} \tag{6-8}$$

然后，利用聚类思想，将相互关联度系数 1 的传感器聚为一组。

分组后的各组内融合和基于各分组融合结果的集中融合均可采用传统滤波算法。

6.2.2　具有不同误差协方差的局部航迹的全局融合

6.2.2.1　原理介绍

1. 问题提出

考虑分布式融合系统中，多个局部融合节点所属传感器对同一目标进行探测，它们对同一目标状态的估计与误差协方差分别表示为 $\{\hat{x}_{F_i}, P_i\}(i = 1,2,\cdots)$。由于局部融合节点所属的传感器类型各异，探测精度存在较大差异，从而导致局部融合节点对目标状态估计的误差协方差也存在较大差异。另外，由于多个局部融合节点是基于相同的动态模型对同一目标航迹进行估计的，尽管每个局部融合节点所辖传感器独立进行测量，但由于目标动态模型相同，过程噪声模型相同，因此，诸局部融合节点生成的同一目标的局部航迹估计之间存在相关性，即局部节点 i 和 j 航迹估计误差之间存在交叉协方差，最终导致一个融合的全局协方差阵 $\boldsymbol{P} = \begin{bmatrix} \boldsymbol{P}_i & P_{ij} \\ P_{ji} & \boldsymbol{P}_j \end{bmatrix}$，其中，$\boldsymbol{P}_i$、$\boldsymbol{P}_j$ 分别为 F_i、F_j 的局部航迹估计误差协方差阵；P_{ij}、P_{ji} 表示两局部航迹估计误差之间的交叉协方差。为了简便起见，将局部航迹

估计分别记为 $\hat{x}_i$ 和 $\hat{x}_j$，当 P_{ij} 和 P_{ji} 非零时，就表示局部航迹估计 $\hat{x}_i$ 和 $\hat{x}_j$ 是相关的，$P_{ij}(P_{ji})$ 就是相关度量值，称其为两个局部节点的共同过程噪声[11]。

2. 协方差交集(CI)融合算法

当全局融合节点输入的诸局部融合航迹误差协方差存在较大差异且相关性未知或部分未知时，全局融合节点采用协方差交集 CI 算法[11]，即

$$\begin{aligned}\hat{x}_{\mathrm{CI}} &= \boldsymbol{P}_{\mathrm{CI}}[\omega_1\boldsymbol{P}_1^{-1}\hat{x}_1 + \omega_2\boldsymbol{P}_2^{-1}\hat{x}_2 + \cdots + \omega_N\boldsymbol{P}_N^{-1}\hat{x}_N] \\ \boldsymbol{P}_{\mathrm{CI}} &= [\omega_1\boldsymbol{P}_1^{-1} + \omega_2\boldsymbol{P}_2^{-1} + \cdots + \omega_N\boldsymbol{P}_N^{-1}]^{-1}\end{aligned} \tag{6-9}$$

式中：$\boldsymbol{\omega} = \{\omega_1,\omega_2,\cdots,\omega_n\}$ 为加权变量向量，其诸分量的选择实际上反映了各局部节点估计协方差 $\boldsymbol{P}_i(i=1,2,\cdots,N)$ 对估计精度的影响，同时也反映了诸 $\boldsymbol{P}_i$ 之间的相关程度。对于作为融合输入的任意两个二维目标状态估计协方差矩阵 $\boldsymbol{P}_1$、$\boldsymbol{P}_2$，全局融合状态估计 CI 算法所得到的融合误差协方差 $\boldsymbol{P}_{\mathrm{CI}}$ 与这两个局部节点的协方差的关系如图 6-16 所示。

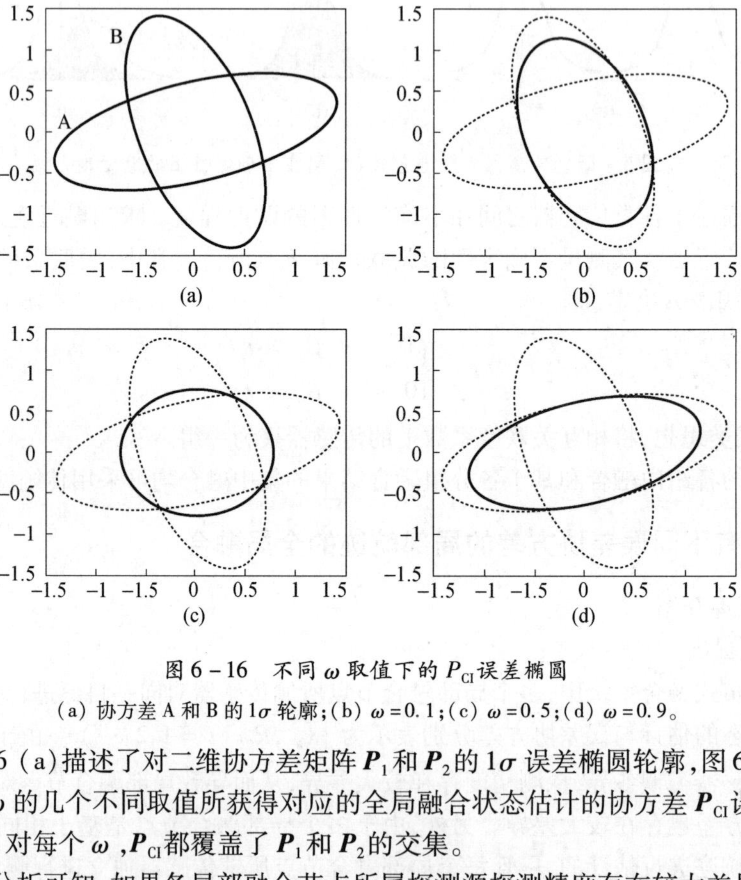

图 6-16　不同 ω 取值下的 P_{CI} 误差椭圆

(a) 协方差 A 和 B 的 1σ 轮廓；(b) $\omega=0.1$；(c) $\omega=0.5$；(d) $\omega=0.9$。

图 6-16 (a)描述了对二维协方差矩阵 $\boldsymbol{P}_1$ 和 $\boldsymbol{P}_2$ 的 1σ 误差椭圆轮廓，图 6-16 (b) ~ (d)描述了 ω 的几个不同取值所获得对应的全局融合状态估计的协方差 $\boldsymbol{P}_{\mathrm{CI}}$ 误差椭圆(用实线表示)。对每个 ω，$\boldsymbol{P}_{\mathrm{CI}}$ 都覆盖了 $\boldsymbol{P}_1$ 和 $\boldsymbol{P}_2$ 的交集。

由上述分析可知，如果各局部融合节点所属探测源探测精度存在较大差异，该差异最终体现在局部状态估计误差协方差的差异上，而 CI 算法则能保证全局融合后的误差协方差控制覆盖局部融合航迹的误差协方差的交集，并且保持在任一(最小)输入状态协方差范围之内，从而保证全局融合状态误差大大减少。

3. 加权变量 ω 的确定

CI 算法原理中，为确定输入的各局部融合信息的权重向量 ω，可以考虑使全局融合

状态估计协方差矩阵 $\boldsymbol{P}_{\mathrm{CI}}$ 的迹或行列式绝对值达极小的准则。即只考虑同一目标的各局部估计误差的协方差对全局估计误差的影响来确定诸加权系数 $\omega_i(i=1,2,\cdots,n)$。为此,建立下述规划模型:

$$\min_{\omega} \mathrm{abs}\,|\boldsymbol{P}_{\mathrm{CI}}|$$

$$\text{s.t.}\begin{cases}\boldsymbol{P}_{\mathrm{CI}}^{-1} = \sum_{i=1}^{n}\omega_i \boldsymbol{P}_i^{-1} \\ \sum_{i=1}^{n}\omega_i = 1 \\ 0 \leqslant \omega_i \leqslant 1 \quad i = 1,2,\cdots,n\end{cases}$$

采用外点罚函数法可以将上述有约束规划转换为无约束规划问题,并采用"Nelder - Mead 单纯形方向搜索(Nelder - Mead Simplex Direct Search)"算法,求解目标矩阵行列式绝对值的极小值。

6.2.2.2 全局融合算法

在诸局部融合节点的状态估计之间相关性未知的情况下,针对无反馈分布式结构(图 6-3),对全局融合节点带有自身探测源和不带自身探测源两种情况,给出相应的 CI 算法实现过程。

1. 全局融合节点自身不带探测源

考虑无反馈层级分布式结构,假设每一级融合节点只接收下一级局部融合航迹(图 6-17);并假设 N 个传感器对同一目标进行分布式跟踪,目标运动的状态方程和各传感器的测量方程通常可以表示为

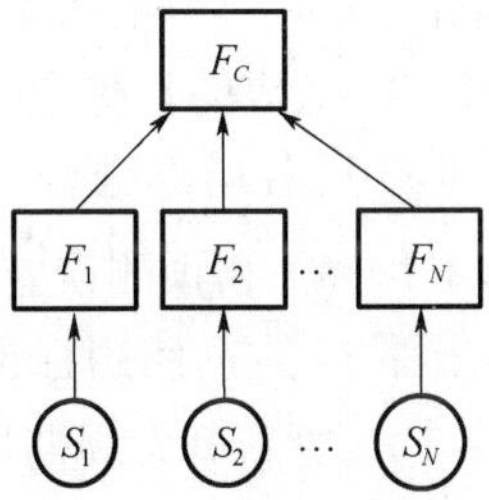

图 6-17 两级分布式无反馈融合结构(全局融合节点无自身探测源)

$$\begin{cases}x(k+1) = \boldsymbol{\Phi}(k)x(k) + w(k) \\ z_i(k) = H_i(k)x(k) + v_i(k)\end{cases} \quad i = 1,2,\cdots,N;k = 0,1,2,\cdots \tag{6-10}$$

式中:$w(k)$ 为过程噪声,是零均值的白噪声序列,相关性未知,其协方差矩阵为 $\boldsymbol{Q}(k)$;$v_i(k)$ 为传感器 i 的测量噪声,是零均值的白噪声序列,相关性未知,其协方差为 $R_i(k)$。

CI 算法的实现步骤如下:

步骤 1:给出 k 周期各局部融合节点 $F_i(i=1,2,\cdots,N)$ 目标状态局部估计 $\hat{x}_i(k|k)$ 及其协方差 $P_i(k|k)$;各 F_i 使用标准卡尔曼滤波预测方程生成目标局部预测状态 $\hat{x}_i(k+1|k)$ 和测量误差协方差 $P_i(k+1|k)$。

步骤 2:各局部融合节点 F_i 使用标准卡尔曼滤波预测方程,结合 $k+1$ 周期获取的该目标局部测量 $z_i(k+1)$,更新局部节点 F_i 的 k 周期状态估计,得到 $k+1$ 周期各局部估计:$\hat{x}_i^*(k+1|k+1)$、$P_i^*(k+1|k+1)$。

步骤 3:局部融合节点 i 将其 $k+1$ 周期局部估计传送给全局融合节点 F_C。

步骤 4:全局融合节点 F_C 将接收的来自局部融合节点的局部估计 $\hat{x}_i^*(k+1|k+1)$、$P_i^*(k+1|k+1)$,采用式(6-9)给出的 CI 融合算法进行融合,生成 $k+1$ 周期 N 个节点融合估计 $\hat{x}_C^*(k+1|k+1)$、$P_C^*(k+1|k+1)$。

步骤 5:全局融合节点 F_C 将基于自身 $k+1$ 周期估计的共用先验信息 $\hat{x}_C(k+1|k)$、

$P_C(k+1|k)$（即由 k 周期全局状态融合估计及其协方差预测获得）与 $k+1$ 周期 N 个节点融合估计 $\hat{x}_C^*(k+1|k+1)$、$P_C^*(k+1|k+1)$，再次采用式(6-9)给出的CI融合算法进行融合，获得 $k+1$ 周期分布式全局融合估计 $\hat{x}_C(k+1|k+1)$、$P_C(k+1|k+1)$。

2. 全局融合节点自身带有探测源

考虑无反馈层级分布式结构，假设每一级融合节点既接收诸下一级局部融合航迹，又接收自身信息源探测信息（图6-18）。

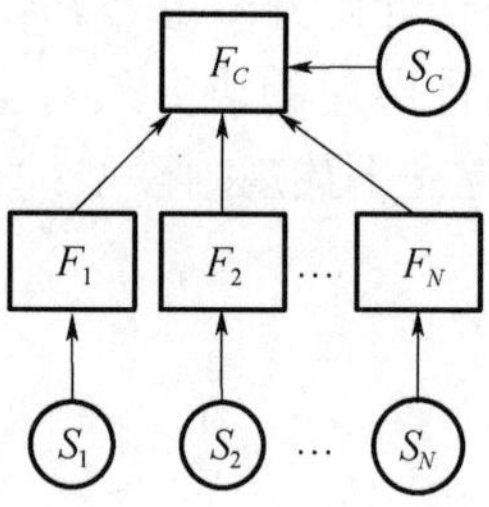

图6-18 两级分布式融合结构（全局融合节点含自身探测源）

此结构下的CI算法的实现过程如下：

给出第 k 周期，各局部融合节点 $F_i(i=1,2,\cdots,N)$ 的状态估计 $\hat{x}_i(k|k)$ 和估计误差协方差 $P_i(k|k)$。并给出第 $k+1$ 周期，F_i 的局部观测向量为 $z_i(k+1)$。全局融合节点 F_C 对自身 $k+1$ 周期目标全局融合航迹的预测信息、测量信息，以及来自各 F_i 的局部航迹进行融合，生成的目标全局融合航迹。CI分布式融合算法步骤如下：

步骤1：各局部融合节点 F_i 使用标准卡尔曼滤波预测方程生成目标局部预测状态 $\hat{X}_i(k+1|k)$ 和预测误差协方差 $P_i(k+1|k)$。

步骤2：各 F_i 使用标准卡尔曼滤波预测方程，结合 $k+1$ 周期对该目标的局部测量 $z_i(k+1)$，更新其 k 周期局部状态估计，得到其 $k+1$ 周期的局部估计：$\hat{x}_i^*(k+1|k+1)$、$P_i^*(k+1|k+1)$。

步骤3：诸局部融合节点 F_i 将其局部估计传送给全局融合节点 F_C。

步骤4：F_C 将接收的来自诸 F_i 的目标局部估计 $\hat{x}_i^*(k+1|k+1)$、$P_i^*(k+1|k+1)$，采用式(6-9)给出的CI融合算法进行融合，生成 N 个局部节点融合估计 $\hat{x}_C^*(k+1|k+1)$、$P_C^*(k+1|k+1)$。

步骤5：F_C 将基于自身 k 周期目标全局状态估计的 $k+1$ 周期全局预测状态（$k+1$ 周期的共用先验信息）$\hat{x}_C(k+1|k)$、$P_C(k+1|k)$ 与 $k+1$ 周期 N 个节点融合估计 $\hat{x}_C^*(k+1|k+1)$、$P_C^*(k+1|k+1)$，再次采用式(6-9)给出的CI融合算法进行融合，获得 $k+1$ 周期分布式半全局融合估计 $\hat{x}_C^{**}(k+1|k+1)$、$P_C^{**}(k+1|k+1)$。

步骤6：F_C 使用卡尔曼滤波更新方程将自身 $k+1$ 周期的目标测量 $z_C(k+1)$ 与步骤5所获得的分布式半全局估计 $\hat{x}_C^{**}(k+1|k+1)$、$P_C^{**}(k+1|k+1)$ 进行融合（因为 F_C 的观测与其预测是独立的，因此，其观测与其分布式全局估计相互独立，从而可以使用卡尔曼滤波），得到 $k+1$ 周期的目标状态全局估计及其协方差 $\hat{x}_C(k+1|k+1)$、$P_C(k+1|k+1)$。

6.3 多粒度信息柔性融合方法

多粒度信息的融合存在很大的困难，再加上其带有不确定性，使难度增大。当前实现多粒度信息融合的理论与方法仅有D-S证据理论，因其能够对基本命题集合的幂集（其元素由基本命题元素的任意组合构成）元素进行合成，从而实现对不同层次和不同粒度的证据或命题进行融合，产生新的融合命题及其可信度。

6.3.1 D-S 证据理论与应用案例

证据理论最初是以 Dempste 于 1967 年的工作为基础的，他试图用一个概率区间而不是单一的概率数值进行不确定性建模[16]。1976 年，Shafer 在《证据的数学理论》一书中扩展和改进了 Dempste 工作[17]，因此，该理论又称为 D-S 证据理论。它是一种在不确定条件下进行推理的方法，可以看作是同一层次/粒度的 Bayesian 后验概率推理向不同层次/多粒度信息融合推理的推广。

1. D-S 证据理论基本原理

假设有一个判决问题，将对于该问题所能认知的所有相互独立的可能结果称为对该问题的基本假设，各假设间必须互不相容并且所有假设能够完备地描述该问题。将所有基本假设组成的集合用非空集合 Θ 表示，Θ 称为基本辨识框架，其中诸基本命题假设选取依赖于先验知识及认知水平。证据推理正是建立在这个非空基本辨识框架 Θ 上的理论。以 2^{Θ} 表示 Θ 的幂集，它是由 Θ 的所有子集（命题/证据）构成的集合，2^{Θ} 中包含了辨识框架 Θ 的所有可能的命题组合，若 Θ 中含有 N 个元素，则 2^{Θ} 中含有 2^N-1 个元素。

在辨识框架 Θ 上定义基本概率分配（BPA）函数或基本信度分配函数（又称为 mass 函数）$m:2^{\Theta}\to[0,1]$，满足 $m(\phi)=0$，$\forall A\in 2^{\Theta}$，$m(A)\geqslant 0$，并且 $\sum\limits_{A\in 2^{\Theta}}m(A)=1$。$m(A)$ 实际上是定义在 Θ 上的概率或信度，表示对命题 A 的信任程度，它反映了原始信息源或人们的经验（统称为证据）对命题 A 的支持程度，是一种不确定性表示。如果 A 为 Θ 的子集，且 $m(A)>0$，则称 A 为焦元证据，所有焦元的集合称为证据核。

证据是由证据体$(A,\ m(A))$组成的，利用证据体可以定义 2^{Θ} 上的信任函数 Bel 和似真函数 Pl 两个信度测度函数：$Bel(A)=\sum\limits_{B\subseteq A}m(B)$，$Pl(A)=1-Bel(\bar{A})=\sum\limits_{A\cap B\neq\phi}m(B)$。$Bel(A)$ 为支持命题 A 的信任度，$Pl(A)$ 为不否定命题 A 的信任度，且 $Bel(A)\leqslant Pl(A)$，以 $Pl(A)-Bel(A)$ 表示对 A 的不确定信任度。

可将信度区间[0,1]分为 3 个区间：$[0,Bel(A)]$、$[Bel(A),Pl(A)]$ 和 $[Pl(A),1]$，如图 6-19 所示。

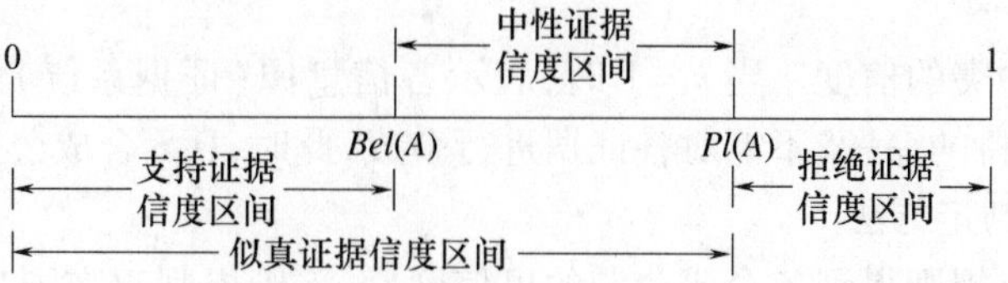

图 6-19 证据区间示意图

(1) $[0,Bel(A)]$ 可理解为支持命题 A 的证据所形成的信度区间，信任度 $Bel(A)$ 是该区间的上限。

(2) $[Bel(A),Pl(A)]$ 是既不明确支持也不明确反对命题 A 的证据所形成的信度区间，构成了对命题 A 的不确定信度区间，表示对 A 信任程度的不确定度量，减小不确定信度区间是证据理论的目的之一。如果区间 $[Bel(A),Pl(A)]$ 的长度为 0，即 $Bel(A)=P$

$(A)=Pl(A)$,则 $P(A)+P(\bar{A})=1$,此时 D-S 证据推理与贝叶斯推理是一致的。如果区间 $[Bel(A),Pl(A)]$ 的长度等于 1,那么整个 $[0,1]$ 区间均为信任度不确定区间,证据集合只提供了似乎支持命题 A 的信息,没有太多应用价值。

(3) $[Pl(A),1]$ 为拒绝(反对)命题 A 的证据所形成的拒绝信度区间。

2. Dempster 合成规则

设有两个证据采集/推理系统 e_1 与 e_2,它们之间是相互独立的,设 e_1 与 e_2 的基本可信度分配函数分别为 m_1 和 m_2。对于 e_1 与 e_2 的合成命题 C, e_1 与 e_2 的基本可信度的 D-S 合成公式为

$$m(C)=\frac{\sum\limits_{\substack{A_i\cap B_j=C\\ A_i,B_j\in 2^{\Theta}}} m_1(A_i)m_2(B_j)}{1-k} \tag{6-11}$$

式中: $\sum\limits_{A_i\cap B_j=C} m_1(A_i)m_2(B_j)$ 表示 e_1 与 e_2 共同支持命题 C 的联合可信度信息; $k=\sum\limits_{A_i\cap B_j=\phi} m_1(A_i)m_2(B_j)$ 为证据 e_1 与 e_2 的全局冲突程度(称全局冲突信度); $1-k=\sum\limits_{A_i\cap B_j\neq\phi} m_1(A_i)m_2(B_j)$ 则表示 e_1 与 e_2 共同支持的非空集中所有命题的联合可信度之和,它是合成后命题可信度的归一化因子。

D-S 合成规则反映了对两个证据系统提供的证据进行组合产生新的命题(证据)和相应的可信度。式(6-11)可以变形为

$$m(C)=\sum_{A_i\cap B_j=C} m_1(A_i)m_2(B_j)+\frac{\sum\limits_{A_i\cap B_j=C} m_1(A_i)m_2(B_j)}{\sum\limits_{A_i\cap B_j\neq\phi} m_1(A_i)m_2(B_j)}\cdot k \tag{6-12}$$

对 n 个系统采集的证据进行合成时,D-S 合成规则的一般形式为

$$m(A)=(1-k)^{-1}\sum_{\substack{\bigcap\limits_{i=1}^{n} A_i=A\\ A_i\in 2^{\Theta}}} m_1(A_1)m_2(A_2)\cdots m_n(A_n) \tag{6-13}$$

式中: $k=\sum\limits_{\bigcap\limits_{i=1}^{n} A_i=\phi, A_i\in 2^{\Theta}} m_1(A_1)m_2(A_2)\cdots m_n(A_n)$ 为全局冲突因子,表示 n 个证据系统采集的证据之间的总冲突的信度。当 $k=1$ 时,表示各信息源(证据系统)所提供的证据相互排斥,没有共同支持的命题,不能对各证据进行合成,此时,D-S 合成公式已不适用。

3. 合成命题判定方法

应用 D-S 合成规则得到各合成命题的可信度后,需给出判定准则,以确定哪一个命题为真。判定准则对于一个推理系统来说是至关重要的。选择一个有效的判定准则是相当复杂的,可能需要经过多次实验修正才能得到。目前,在证据理论中,普遍采用的判定准则有基于信任函数的判定准则、基于基本可信度函数的判定准则、基于最小风险的判定准则,使用较多的是前两个准则。

下面分别介绍各判定准则。

设所需判定的合成命题集合为辨识框架幂集 2^{Θ} 中的某一子集 Ψ,如在目标识别中为

目标的某些可能的属性或属性类,在态势估计中为战场上某些态势类别等。

(1) 基于信任函数的判定方法。采用信任函数 Bel 确定合成命题集合 Ψ 中的最优选择命题,判定准则是:

计算出子集 Ψ 的最大信任函数 $Bel(B_1^{\Psi}) = \max\{Bel(B_i^{\Psi}), B_i^{\Psi} \in \Psi, B_i^{\Psi} \neq \Theta\}$ 和次大信任函数 $Bel(B_2^{\Psi}) = \max\{Bel(B_i^{\Psi}), B_i^{\Psi} \in \Psi, B_i^{\Psi} \neq B_1^{\Psi}, B_i^{\Psi} \neq \Theta\}$,对预先给定的判定概率或信度门限 $\varepsilon_1, \varepsilon_2$,若 $Bel(B_1^{\Psi}) > \varepsilon_1$ 且 $Bel(B_1^{\Psi}) - Bel(B_2^{\Psi}) > \varepsilon_2$,则命题 B_1 即为最优判定选择结果。

(2) 基于基本可信度函数的判定方法。采用基本可信度函数 m 确定最优选择命题,判定准则是:

计算出最大信任函数 $m(B_1^{\Psi}) = \max\{m(B_i^{\Psi}), B_i^{\Psi} \in \Psi, B_i^{\Psi} \neq \Theta\}$ 和次大信任函数 $m(B_2^{\Psi}) = \max\{m(B_i^{\Psi}), B_i^{\Psi} \in \Psi, B_i^{\Psi} \neq B_1^{\Psi}, B_i^{\Psi} \neq \Theta\}$,对预先给定的判定概率或信度门限 ε_1、ε_2,若 $m(B_1^{\Psi}) - m(B_2^{\Psi}) > \varepsilon_1$、$m(\Theta) < \varepsilon_2$、$m(B_1^{\Psi}) > m(\Theta)$,则命题 B_1 即为最优判定结果。

(3) 基于最小风险的判定方法。设命题状态集为 $S = \{x_1, x_2, \cdots, x_q\}$,判定集为 $A = \{a_1, a_2, \cdots, a_p\}$。在真实状态为 x_j 时作出判定结果为 a_i 的风险函数为 $r(a_i, x_j)(i = 1, 2. \cdots, p; j = 1, 2, \cdots, q)$。设证据E在 S 上的焦元为 $A_1, A_2, \cdots, A_n$,其基本可信度分配函数为 $m(A_1), m(A_2), \cdots, m(A_n)$。

令:

$$\bar{r}(a_i, A_l) = \frac{\sum_{x_k \in A_j} r(a_i, x_k)}{|A_l|} \quad (i = 1, \cdots, p; l = 1, \cdots, n)$$

$$R(a_i) = \sum_{l=1}^{n} \bar{r}(a_i, A_l) m(A_l)$$

式中:$|A|$ 表示焦元 A 的基数,即 A 所含基本命题(辨识框架 Θ 中互不相容的元素)的个数。

若存在 $a_k \in A$,使得 $R(a_k) = \min\{R(a_1), R(a_2), \cdots, R(a_p)\}$,则 a_k 为最优判定结果。

6.3.2 D-S 证据理论的特点

与传统概论理论和模糊集理论比较,D-S 证据理论具有下述典型特征:

1. 面向不同空间层次的证据合成问题

(1) 基本辨识框架 Θ 中元素为可辨识的最小粒度命题。

(2) 2^{Θ} 中元素为 Θ 中元素的任意子集,包含了所有可能获取与识别的不同层次空间中的证据和命题,如空中目标的机型、机型类、敌/我/中身份等层次;

2. 两值不确定性

(1) 信任度 $Bel(A)$ 与似真度 $pl(A)$,更符合客观事实。

(2) 区间 $[Bel(A), pl(A)]$ 为"不反对"或"中性"证据或命题的不确定信度的范围。

3. 合成公式特征

(1) 证据 e_1 与 e_2 的合成命题只限于集合 $\{A_i \cap B_j = C \neq \phi, i = 1, 2, \cdots, m\, j = 1,$

$2,\cdots,n\}$。

(2) 若合成命题集合为空集,称 e_1 与 e_2 完全冲突,则 D-S 合成公式无意义,这一特征大大限制了 D-S 证据理论的应用范围。

(3) 非冲突信度和全局冲突信度 k 的分配:D-S 合成式(6-12)的第一项表示将非冲突信度 $\sum_{A_i\cap B_j=C} m_1(A_i)m_2(B_j)$ 分配给合成命题 C,第二项表示将全局冲突信度 k 按照权重 $\sum_{A_i\cap B_j=C} m_1(A_i)m_2(B_j)/\sum_{A_i\cap B_j\neq\phi} m_1(A_i)m_2(B_j)$ 分配给合成命题 C。式(6-12)中这两项表达式构成了对 D-S 证据理论改进和扩展的基础。

6.3.3 D-S 证据理论应用案例

一个典型的例子[18]是,预警机机载三类传感器(Radar、ESM、IFF)的多粒度信息融合。设两周期测量证据及其概率赋值如表 6-1 所列:

表 6-1 3 类传感器的两周期测量证据及其基本概率赋值表

传感器及识别结果 / 周期	有源雷达(R)			ESM				IFF	
	民航	大型机	不明	敌轰	敌强击	我轰	不明	我机	不明
T_1	0.3	0.4	0.3	0.4	0.3	0.2	0.1	0.5	0.4
T_2	0.3	0.5	0.2	0.4	0.4	0.1	0.1	0.4	0.5

有源雷达支持 3 个命题,ESM 支持 4 个命题,IFF 支持 2 个命题,融合结果有 7 个命题。其中,大型机包括敌轰、敌强击机和我轰;不明则包含所有飞机类型。

融合过程为先单源时域融合,后多源空域融合,如图 6-20 所示。

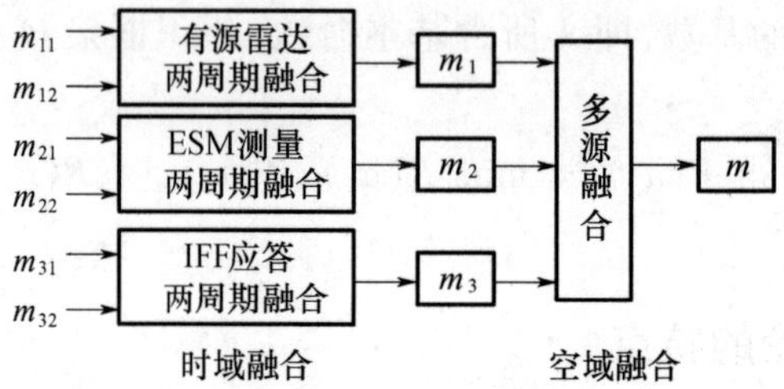

图 6-20 3 类传感器的两周期测量识别的融合

图 6-20 中,m_{ij}表示第 i 类传感器第 j 周期测量的概率赋值($i=1,2,3;j=1,2$),m_i表示第 i 类传感器两周期合成命题的概率赋值($i=1,2,3$),m 表示 3 类传感器两周期合成命题的概率赋值。

以有源雷达为例,时域融合结果为

$$\begin{aligned} m_1(\text{大型机}) &= [m_{11}(\text{大型机})\times m_{12}(\text{大型机}) + m_{11}(\text{大型机})\times m_{12}(\text{不明}) \\ &\quad + m_{11}(\text{不明})\times m_{12}(\text{大型机})]/(1-k) \\ &= [0.4\times0.5+0.4\times0.2+0.3\times0.5]/(1-0.27) = 0.589 \end{aligned}$$

7 个融合命题及(两周期)时域融合结果如表 6-2 所列。

表 6-2　融合命题及时域融合结果

命题 A	我轰	敌轰	敌强击	民航	大型机	我机	不明
$m_1(A)$	0	0	0	0.3288	0.589	0	0.0822
$m_2(A)$	0.102	0.4898	0.3878	0	0	0	0.0204
$m_3(A)$	0	0	0	0	0	0.76	0.24

空域融合结果为

$$\begin{aligned} m'(\text{我轰}) &= m_2(\text{我轰})[m_1(\text{大型机})\times m_3(\text{我机})+m_1(\text{大型机})\times m_3(\text{不明}) \\ &\quad +m_1(\text{不明})\times m_3(\text{我机})+m_1(\text{不明})\times m_3(\text{不明})] \\ &= 0.102\times[0.589\times 1+0.822\times 1]=0.06846 \end{aligned}$$

$$\begin{aligned} m'(\text{敌轰}) &= m_2(\text{敌轰})[m_1(\text{大型机})\times m_3(\text{不明})+m_1(\text{不明})\times m_3(\text{不明})] \\ &= 0.4898\times[0.589\times 0.24+0.822\times 0.24]=0.0789 \end{aligned}$$

$$\begin{aligned} m'(\text{敌强机}) &= m_2(\text{敌强机})[m_1(\text{大型机})\times m_3(\text{不明})+m_1(\text{不明})\times m_3(\text{不明})] \\ &= 0.3878\times[0.589\times 0.24+0.822\times 0.24]=0.06247 \end{aligned}$$

$$m'(\text{民航})=m_1(\text{民航})m_2(\text{不明})m_3(\text{不明})=0.00161$$

$$m'(\text{大型机})=m_1(\text{大型机})m_2(\text{不明})m_3(\text{不明})=0.00293$$

$$m'(\text{我机})=m_3(\text{我机})m_1(\text{不明})m_2(\text{不明})=0.00127$$

$$m'(\text{不明})=m_1(\text{不明})m_2(\text{不明})m_3(\text{不明})=0.0004$$

然后,对上结论进行归一化处理,即

$$m(A_i)=m'(A_i)/(1-k)=m'(A_i)/\sum_{j=1}^{7}m'(A_j)=m'(A_i)/0.78396,\ i=1,2,\cdots,7。$$

得到融合结论命题的合成赋值计算结果见表 6-3 所列。

表 6-3　融合命题的合成赋值

命题 A	我轰	敌轰	敌强击	民航	大型机	我机	不明
$m(A_i)$	0.31689	0.36521	0.28916	0.00745	0.01356	0.00588	0.00185

进一步可求取敌我身份命题的支持可信度和拟信度分别为

$$Bel(\text{我机})=m(\text{我机})+m(\text{我轰})=0.32277$$

$$\begin{aligned} Pl(\text{我机}) &= 1-[m(\text{敌轰})+m(\text{敌强})+m(\text{民航})] \\ &= m(\text{我轰})+m(\text{大型机})+m(\text{我机})+m(\text{不明})=0.33818 \end{aligned}$$

$$Bel(\text{敌机})=m(\text{敌轰})+m(\text{敌强击})=0.65437$$

$$Pl(\text{敌机})=Bel(\text{敌机})+m(\text{大型机})+m(\text{不明})=0.66978$$

6.4　弱相容/相悖信息柔性融合方法

6.4.1　证据冲突产生的原因

证据的冲突处理是学者们研究的热点,那么为什么会产生证据冲突呢?一般认为主要有以下两个方面的原因:

(1) 辨识框架不完整,如在证据理论进行实际融合应用中,辨识的目标有可能是新出现的事物而不完全知悉,也就是命题库没有包括该辨识命题,即命题库不完全。举例说明,假设目标属性命题库中只有 3 个命题 a、b、c,那么辨识框架就是这 3 个基本命题的幂集,如果命题库没有覆盖实际目标的属性 d,则各个传感器的报告常常会出现高度冲突,系统得到的肯定是错误的融合结果。

(2) 信息源报告的可靠性,这又包括几种情况:①由于信息源本身缺陷(如传感器维度或精度不满足测量要求)及不正确的测量,导致冲突证据的产生;②信息获取环境的复杂性,如恶劣环境干扰的存在,甚至存在人为干扰因素,导致传感器测量的信息源包含虚假或者错误的信息,可能产生证据间的冲突;③Dempster 组合规则的效果依赖于证据焦元的赋值即 mass 函数,由于大多数产生 mass 函数的模型都用依靠距离的最近邻信息的方法或者类似的一些函数产生,因此,模型或函数选取的不合适,或不能适用于所有证据 mass 函数的生成,都会造成证据组合冲突的产生。

当上述两类原因复合时,会更加导致证据之间相互冲突,并会使冲突表现的非常复杂而难以分析。

对两证据相容程度较差时,传统的 D-S 合成规则与常理相悖,如著名的 Zadeh 谋杀疑犯问题。

例 1 Zadeh 给了一个著名的例子说明其不合理性[19]。

两个证人给出了 3 个谋杀嫌疑犯 $\Theta = \{A,B,C\}$ 的基本可信度函数如下:

证据 e_1 : $m_1(A) = 0.99$, $m_1(B) = 0.01$, $m_1(C) = 0$ 。

证据 e_2 : $m_2(A) = 0$, $m_2(B) = 0.01$, $m_2(C) = 0.99$ 。

证据 e_1 与 e_2 的全局冲突信度 $k = m_1(A)[m_2(B) + m_2(C)] + m_1(B)m_2(C) = 0.9999$,于是两证据的合成结果为: $m(A) = m(C) = 0$; $m(B) = 0.0001/(1-k) = 1$。

此例中,尽管两证据对 B 的支持程度很低,但最终融合结果认为 B 为真,即 B 为杀人犯,该结果与常理相悖。这是因为证据理论中,要求 $\sum\limits_{A_i \in 2^\Theta} m(A_i) = 1$,因此,在证据合成时需要正则化运算。但在 $k \to 1$,即参与合成的各证据间冲突信度很高时,正则化运算可能会导致与实际相悖的结论。

除参与合成的各证据间冲突信度很高时,正则化运算可能会导致与实际相悖的结论外,Levre 进一步指出,在总冲突信度很高时,D-S 还对证据总冲突信度的微小扰动过于敏感[4]。

例 2 设识别框架为: $\Theta = \{H_1,H_2,H_3\}$ 。有两证据 e_1 、e_2 ,它们的基本可信度分配函数分别为 m_1 和 m_2 ,具体的信度赋值如下:

$$m_1(H_1) = \varepsilon, m_1(H_2) = 0.1, m_1(H_3) = 0.9 - \varepsilon$$

$$m_2(H_1) = 0.9 - \varepsilon, m_2(H_2) = 0.1, m_2(H_3) = \varepsilon$$

证据总冲突信度随 ε 的变化不断变化,令 ε 从 0.5 增大到 0.99,证据间的总冲突信度 k 是不断增大的。下面观察通过 D-S 合成后,在冲突信度 k 随 ε 值变化时,命题 H_2 的合成可信度值随冲突信度 k 的变化趋势,如图 6-21 所示。$m(H_2) = \dfrac{0.01}{1-k} = \dfrac{0.01}{1-(0.99-2\varepsilon(0.9-\varepsilon))}$。

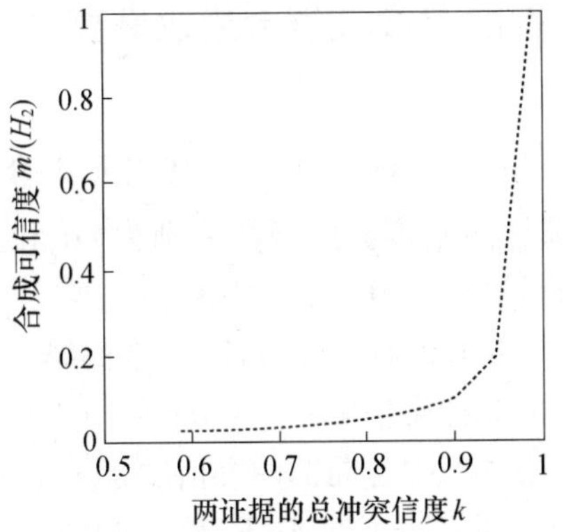

图 6-21　命题 H_2 的合成可信度值随冲突信度 k 的变化趋势

由图 6-21 可见，由于 D-S 合成公式的正则化过程，在总冲突信度较高时，D-S 的合成信度 $m(H_2)$ 还对证据总冲突信度的微小扰动特别敏感。

例 3　设辨识框架 $\Theta = \{a,b,c,d\cdots\}$，考虑下述两种情况的证据 e_1、e_2 及其合成情况，如表 6-4 所列。

表 6-4　D-S 证据理论中焦元间聚焦作用

证据	情况 1	情况 2
e_1	$A = \{a\},\Theta$；$m_1(A) = 0.6$，$m_1(\Theta) = 0.4$	$A = \{a\},\Theta$；$m_1(A) = 0.6$，$m_1(\Theta) = 0.4$
e_2	$B = \{a,b\},\Theta$；$m_2(B) = m_2(\Theta) = 0.5$	$B = \{abcd\},\Theta$；$m_2(B) = m_2(\Theta) = 0.5$
合成	$m(A) = 0.6$，$m(B) = m(\Theta) = 0.2$	$m(A) = 0.6$，$m(B) = m(\Theta) = 0.2$

合成结果是：两种情况的焦元 B 对焦元 $A(\subset B)$ 的聚焦作用相同，即都使 $m(A) = 0.6$，这是由于两情况焦元 B 的概率赋值 $m(B)$ 相同所致。然而，由于焦元的不确定性随其基数加大而增强，因此其聚焦能力随基数加大而减弱。该例中，（情况 2 焦元 B 的基数）$|B|_2 = 4 > 2 = |B|_1$（情况 1 焦元 B 的基数），因此情况 2 中焦元 B 对焦元 A 的聚焦能力应弱于情况 1，实际合成结果并非如此，即若两证据中某焦元概率赋值相同，则其聚焦能力相同，而不论其基数大小，这显然是不合理的。

任何融合算法都不具有绝对意义上的普适性，只能在某些条件满足的情况下适用。通过上述 3 个例子，可以发现证据理论在实际应用中存在以下几个方面的问题：

（1）如何根据实际应用确定证据的基本可信度分配函数。

（2）证据间存在高度冲突信度时的证据合成问题。当证据间的冲突信度较大时，D-S 合成规则对冲突信度的扰动过于敏感，往往会得到与实际相悖的合成结果。

（3）在计算上存在着潜在的焦元组合爆炸问题。幂集中的焦元个数可能随辨识框架的基本命题数的增加而呈指数增长，因此会存在焦元组合爆炸问题。

（4）D-S 合成规则没有考虑不同证据在合成中的聚焦能力的差别，无法根据焦元的基数大小决定向下聚焦的权重。因此，需要从证据合成规则和模型进行改进，以解决弱相容/相悖信息的融合问题。

6.4.2 基于局部信度分配的 D-S 证据合成改进算法[20]

6.4.2.1 基本思路

对同一辨识框架 Θ 下的两个证据 e_1 和 e_2，其焦元集合表示为 $\{A_1,A_2,\cdots,A_m\}$ 和 $\{B_1,B_2,\cdots,B_n\}$，设它们的基本可信度分配函数分别为 m_1 和 m_2。从式(6-12)可以看出，其右端第一项表示非冲突信度对合成命题 C 的分配，第二项则表示将冲突信度 k 以一定的权重分配给合成命题 C。本节将对式(6-12)右端的第一项、第二项分别采取不同的修正方法。对第一项中各局部非冲突信度 $m_1(A_i)m_2(B_j)$ $(A_i \cap B_j \neq \phi)$ 按聚焦权重重新分配给 A_i、B_j 和 $A_i \cap B_j$，对第二项中各局部冲突信度 $m_1(A_i)m_2(B_j)$ $(A_i \cap B_j = \phi)$ 按依赖于两证据广义"距离"的权重重新分配给 A_i,B_j 和 $A_i \cup B_j$。具体思路如下：

(1) 从证据 e_1 与 e_2 中焦元 A_i 与 B_j 之交的局部信度 $m_1(A_i)m_2(B_j)$ 的分配入手，解决证据 e_1 与 e_2 的全局合成命题的信度分配问题。

(2) 考虑了 A_i 与 B_j 不冲突和冲突，即 $A_i \cap B_j$ 非空和空两种情况，分别进行局部信度对合成命题的信度分配，从而将 D-S 证据合成公式扩展到冲突证据情况，解决较大冲突证据的合成命题信度分配的合理性(至少不悖常理)问题。

(3) 考虑证据 e_1 与 e_2 合成产生的新命题。焦元 $A_i \in e_1$ 与 $B_j \in e_2$ 合成产生的新命题如下：

① 当 $A_i \cap B_j = C \neq \phi$ 时，合成命题为 A_i、B_j、$A_i \cap B_j$。

② 当 $A_i \cap B_j = \phi$ 时，合成命题为 A_i、B_j、$A_i \cup B_j$。

e_1 与 e_2 基于非冲突焦元合成产生的命题集合为

$$\begin{cases} e(A) = \{A_i, A_i \cap B_j = A_i \mid A_i \cap B_j \neq \phi, A_i \in e_1, B_j \in e_2\} \\ e(B) = \{B_j, A_i \cap B_j = B_j \mid A_i \cap B_j \neq \phi, A_i \in e_1, B_j \in e_2\} \\ e(C) = \{A_i \cap B_j = C \mid C \neq A_i、B_j、\phi, A_i \in e_1, B_j \in e_2\} \end{cases} \tag{6-14}$$

e_1 与 e_2 基于冲突焦元新产生的命题集合为

$$\begin{cases} e'(A) = \{A_i, A_i \cup B_j = A_i \mid A_i \cap B_j = \phi, A_i \in e_1, B_j \in e_2\} \\ e'(B) = \{B_j, A_i \cup B_j = B_j \mid A_i \cap B_j = \phi, A_i \in e_1, B_j \in e_2\} \\ e'(C) = \{A_i \cup B_j = C \mid A_i \cap B_j = \phi, C \neq A_i、B_j, A_i \in e_1, B_j \in e_2\} \end{cases} \tag{6-15}$$

(4) 非冲突焦元合成局部信度分配。$A_i \cap B_j = C \neq \phi$ 时，在合成中局部信度 $m_1(A_i)m_2(B_j)$ 首先应从基数较大(携带确定信息少)的集合 A_i、B_j 向基数较小(携带确定信息多)的集合 C 聚焦。A_i、B_j 的基数不同，其在聚焦过程中对 C 的"贡献"亦不同，基数小的集合确定性大，因此，理应有"大的贡献"。

局部信度 $m_1(A_i)m_2(B_j)$ 在对交集 C 进行分配后，再将剩余的局部信度对 A_i、B_j、$A_i \cap B_j$ 进行二次分配，分配原则是按两个证据概率赋值函数均值 $q(A) = (m_1(A) + m_2(A))/2$ 成比例分配。

(5) 冲突焦元合成局部信度分配。当 $A_i \cap B_j = \phi$ 时，用证据的广义距离 d_{12} 表示 e_1 与 e_2 全局冲突程度，当 d_{12} 较大时，表明 e_1 与 e_2 相互支持程度较低，此时局部冲突信度 $m_1(A_i)m_2(B_j)$ 应首先分配给基数较大携带不确定信息较多的并集 $A_i \cup B_j = C$，以减少判定风险。

在局部冲突信度 $m_1(A_i)m_2(B_j)$ 对并集 $A_i \cup B_j = C$ 分配后,再将剩余的局部信度对 A_i、B_j、$A_i \cup B_j$进行二次分配。二次分配主要考虑全局冲突较小情况,适当分配给 A_i ,B_j 一些。二次分配原则也是按两个证据概率赋值函数均值 $q(A)$成比例分配。

6.4.2.2 局部合成信度分配

1. e_1 与 e_2 局部非冲突信度分配

基于上述思路,证据 e_1 的焦元 A_i 与 e_2 的焦元 B_j 之交非空时,局部信度 $m_1(A_i)m_2(B_j)$ 对合成命题 A_i 、B_j 、$A_i \cap B_j = C$ 的分配式为

$$\begin{cases} m_c^*(C) = \alpha_{A\cap B}(A_i,B_j) \times m_1(A_i)m_2(B_j) \\ m_c^*(A_i) = \alpha_A(A_i,B_j) \times m_1(A_i)m_2(B_j) \\ m_c^*(B_j) = \alpha_B(A_i,B_j) \times m_1(A_i)m_2(B_j) \end{cases} \tag{6-16}$$

其中,诸权系数为

$$\begin{cases} \alpha_{A\cap B}(A_i,B_j) = f_{ij} + (1-f_{ij})\dfrac{q(A_i \cap B_j)}{q(A_i)+q(B_j)+q(A_i \cap B_j)} \\ \alpha_A(A_i,B_j) = (1-f_{ij})\dfrac{q(A_i)}{q(A_i)+q(B_j)+q(A_i \cap B_j)} \\ \alpha_B(A_i,B_j) = (1-f_{ij})\dfrac{q(B_j)}{q(A_i)+q(B_j)+q(A_i \cap B_j)} \end{cases} \tag{6-17}$$

$$f_{ij} = f(A_i,B_j) = \frac{|A_i \cap B_j|}{|A_i \cup B_j|} \tag{6-18}$$

f_{ij}是按交集基数所占比例向交集首次进行局部信度分配的权值,而

$$q(A) = \frac{m_1(A)+m_2(A)}{2} \tag{6-19}$$

为两概率赋值均值,若 $A \notin e_i$,则 $m_i(A) = 0(i=1,2)$ 。

2. e_1 与 e_2 局部冲突信度分配

当 $A_i \cap B_j = \phi$ 时 $(A_i \in e_1, B_j \in e_2)$,局部信度 $m_1(A_i)m_2(B_j)$ 对合成命题 A_i ,B_j 、$A_i \cup B_j = C$ 的分配式为

$$\begin{cases} m_k^*(C) = \beta_{A\cup B}(A_i,B_j) \times m_1(A_i)m_2(B_j) \\ m_k^*(A_i) = \beta_A(A_i,B_j) \times m_1(A_i)m_2(B_j) \\ m_k^*(B_j) = \beta_B(A_i,B_j) \times m_1(A_i)m_2(B_j) \end{cases} \tag{6-20}$$

其中,诸权系数为

$$\begin{cases} \beta_{A\cup B}(A_i,B_j) = d_{12} + (1-d_{12})\dfrac{q(A_i \cup B_j)}{q(A_i)+q(B_j)+q(A_i \cup B_j)} \\ \beta_A(A_i,B_j) = (1-d_{12})\dfrac{q(A_i)}{q(A_i)+q(B_j)+q(A_i \cup B_j)} \\ \beta_B(A_i,B_j) = (1-d_{12})\dfrac{q(B_j)}{q(A_i)+q(B_j)+q(A_i \cup B_j)} \end{cases} \tag{6-21}$$

式中:d_{12} 为证据 e_1 、e_2 的广义距离,即

$$
\begin{cases}
d_{12} = d(e_1, e_2) = \sqrt{\frac{1}{2}(<\bar{m}_1, \bar{m}_1> + <\bar{m}_2, \bar{m}_2> - 2 <\bar{m}_1, \bar{m}_2>)} \\
<\bar{m}_1, \bar{m}_2> = \sum_{i=1}^{m} \sum_{j=1}^{n} m_1(A_i) m_2(B_j) \frac{|A_i \cap B_j|}{|A_i \cup B_j|} \quad A_i \in e_1, B_j \in e_2 \\
<\bar{m}_1, \bar{m}_1> = \sum_{i,j=1}^{m} m_1(A_i) m_1(A_j) \frac{|A_i \cap A_j|}{|A_i \cup A_j|} \quad A_i、A_j \in e_1 \\
<\bar{m}_2, \bar{m}_2> = \sum_{i,j=1}^{n} m_2(B_i) m_2(B_j) \frac{|B_i \cap B_j|}{|B_i \cup B_j|} \quad B_i、B_j \in e_2
\end{cases}
\tag{6-22}
$$

6.4.2.3 全局合成信度分配

1. e_1、e_2 证据非冲突信度的全局分配

局部非冲突信度分配式(6-16)是证据 e_1 和 e_2 中某非冲突焦元对$\{A_i、B_j\}$的局部信度 $m_1(A_i)m_2(B_j)$ 对合成后命题 A_i、B_j、$A_i \cap B_j$ 的分配式。

当 A_i 遍历 e_1，B_j 遍历 e_2 时，所有局部非冲突信度集合为

$$\{m_1(A_i)m_2(B_j) \mid A_i \cap B_j \neq \phi, i = 1,2,\cdots m; j = 1,2,\cdots,n\}$$

对合成命题集合 $e(A)$、$e(B)$、$e(C)$ 中各元素的信度分配式，即全局分配式为

$$m_{CA}(A_i) = \sum_{B_i \in e(B)} m_C^*(A_i) + \sum_{\substack{A_i \cap B_j = A_i \\ B_j \in e(B)}} m_C^*(A_i \cap B_j) \quad A_i \in e(A) \tag{6-23}$$

$$m_{CB}(B_j) = \sum_{A_i \in e(A)} m_C^*(B_j) + \sum_{\substack{A_i \cap B_j = B_j \\ A_i \in e(A)}} m_C^*(A_i \cap B_j) \quad B_j \in e(B) \tag{6-24}$$

$$m_{CC}(C) = \sum_{A_i \cap B_j = C} m_C^*(A_i \cap B_j) \quad C \in e(C) \tag{6-25}$$

从集合 $e(C)$ 的定义式(6-14)可知，式(6-25)不含 $A_i \cap B_j \in e(A)$、$e(B)$ 的局部非冲突信度分配，因其已分配到集合 $e(A)$、$e(\mathrm{B})$ 的元素中，如式(6-23)、式(6-24)中右端第二项所示。

2. 证据 e_1、e_2 冲突信度的全局分配

由局部冲突信度分配式(6-20)可得到所有局部冲突信度集合为

$$\{m_1(A_i)m_2(B_j), A_i \cap B_j = \phi, i = 1,2,\cdots,m; j = 1,2,\cdots,n\}$$

对合成命题集合 $e'(A)$、$e'(B)$、$e'(C)$ 中各元素的信度分配式为

$$m_{kA}(A_i) = \sum_{B_i \in e'(B)} m_k^*(A_i) + \sum_{\substack{A_i \cup B_j = A_i \\ B_j \in e'(B)}} m_k^*(A_i \cup B_j) \quad A_i \in e'(A) \tag{6-26}$$

$$m_{kB}(B_j) = \sum_{A_i \in e'(A)} m_k^*(B_j) + \sum_{\substack{A_i \cup B_j = B_j \\ A_i \in e'(A)}} m_k^*(A_i \cup B_j) \quad B_j \in e'(B) \tag{6-27}$$

$$m_{kC}(C) = \sum_{A_i \cup B_j = C} m_k^*(A_i \cup B_j) \quad C \in e'(C) \tag{6-28}$$

从集合 $e'(C)$ 的定义式(6-15)可知，式(6-28)不含 $A_i \cup B_j \in e'(A)$、$e'(B)$ 的局部

冲突信度,因其已经分配到 $e'(A)$、$e'(B)$ 中的元素中,如式(6-26)、式(6-27)中右端第二项所示。

6.4.2.4 证据 e_1、e_2 的合成命题的全局信度分配

1. e_1 与 e_2 合成命题集合构成分析

对证据 e_1 与 e_2 所有焦元的非冲突信度全局分配式(6-23)~式(6-25)和冲突信度全局分配式(6-26)~式(6-28)进行最终合成要考虑下述几点:

(1) 由集合 $e(A)$ 和 $e'(A)$ 的定义式(6-14)可知,若 $A_i \cap B_{j1} \neq \phi$, $A_i \in e_1$, $B_{j1} \in e_2$,则 $A_i \in e(A)$;若 $A_i \cap B_{j2} = \phi$, $A_i \in e_1$, $B_{j2} \in e_2$,则 $A_i \in e'(A)$。因此,合成命题集合 $e(A)$ 和 $e'(A)$ 可能有公共元素。同理,$e(B)$ 和 $e'(B)$ 也可能有公共元素。

(2) 从更普遍的意义上讲,由于证据 e_1 和 e_2 中诸焦元皆是辩识框架 Θ 的幂集(子集)元素,因此,若假设 $\{A_i\}_{i=1}^{m}$ 与 $\{B_j\}_{j=1}^{n}$ 没有相同焦元,则合成后命题集合具有下述性质:

性质1 e_1 与 e_2 基于非冲突焦元产生的命题集合 $e(A)$、$e(B)$、$e(C)$ 没有公共元素。

性质2 同理 $e'(A)$、$e'(B)$、$e'(C)$ 没有公共元素。

性质3 设:

$$e = e(A) \cup e(B) \cup e(C)$$
$$e' = e'(A) \cup e'(B) \cup e'(C)$$

则 e 与 e' 中可能存在公共元素。

(3) 若 $\{A_i\}_{i=1}^{m}$ 与 $\{B_j\}_{j=1}^{n}$ 存在相同焦元,则上述性质1与性质2不成立,但性质3仍然成立,即不但集合 e 与 e' 可能存在公共元素,而且 e 内3个子集、e' 内3个子集都可能存在公共元素。

2. e_1 与 e_2 合成命题的全局信度分配公式

第一种情况:考虑证据 e_1 与 e_2 的焦元集合 $\{A_i\}_{i=1}^{m}$ 与 $\{B_j\}_{j=1}^{n}$ 不存在相同焦元情况。

此时,e 的3个子集互不相交,e' 的3个子集互不相交。于是,非冲突信度全局分配式的统一表示式为

$$m_c(C) = \begin{cases} m_{cA}(A), C = A \in e(A) \\ m_{cB}(B), C = B \in e(B) \\ m_{cC}(C), C = A \cap B \in e(A \cap B) \end{cases} \tag{6-29}$$

冲突信度全局分配式的统一表示式为

$$m_k(C) = \begin{cases} m_{kA}(A), C = A \in e'(A) \\ m_{kB}(B), C = B \in e'(B) \\ m_{kC}(C), C = A \cup B \in e'(A \cup B) \end{cases} \tag{6-30}$$

最后,得证据 e_1、e_2 的合成命题的全局信度分配式可表述为

$$m(C) = \begin{cases} m_c(C), & C \in e - e \cap e' \\ m_k(C), & C \in e' - e \cap e' \\ m_c(C) + m_k(C), & C \in e \cap e' \end{cases} \tag{6-31}$$

第二种情况:考虑更一般的 $\{A_i\}_{i=1}^{m}$ 与 $\{B_j\}_{j=1}^{n}$ 有相同元素情况。

这种情况下,集合 e、e' 内部子集之间及其相互间均可能相交,即存在公共元素。此

时，非冲突信度全局分配式为

$$
\begin{aligned}
m_c(D) &= m_{cA}(D) + m_{cB}(D) + m_{cC}(D) \\
&= \sum_{B \in e(B)} \alpha_A(D,B) m_1(D) m_2(B) + \sum_{A \in e(A)} \alpha_B(A,D) m_1(A) m_2(D) + \\
&\quad \sum_{\substack{A \cap B = D \\ A \cap B \in e(C)}} \alpha_{A \cap B}(A,B) m_1(A) m_2(B), D \in e
\end{aligned} \tag{6-32}
$$

此时，冲突信度全局分配式为

$$
\begin{aligned}
m_k(D) &= m_{kA}(D) + m_{kB}(D) + m_{kC}(D) \\
&= \sum_{B \in e'(B)} \beta_A(D,B) m_1(D) m_2(B) + \sum_{A \in e'(A)} \beta_B(A,D) m_1(A) m_2(D) + \\
&\quad \sum_{\substack{A \cup B = D \\ A \cup B \in e'(C)}} \beta_{A \cup B}(A,B) m_1(A) m_2(B), D \in e'
\end{aligned} \tag{6-33}
$$

最后，得到 e_1 与 e_2 合成命题信度分配式为

$$
m(E) = m_c(E) + m_k(E), E \in \{e \cup e'\} \tag{6-34}
$$

6.4.2.5 仿真分析验证

考虑 Zadeh 3 个谋杀疑犯的例子，并增加灵敏度变量 ε，以进行效果分析。设两个证据：

$$
e_1: m_1(a) = 0.9 - \varepsilon, \quad m_1(b) = 0.1, \quad m_1(c) = \varepsilon
$$

$$
e_2: m_2(a) = \varepsilon, \quad m_2(b) = 0.1, \quad m_2(c) = 0.9 - \varepsilon
$$

按本文建立的冲突证据全局分配式(6-33)进行 e_1、e_2 合成的仿真计算，确定各合成命题信度分配 $m(b)$、$m(a)/m(c)$、$m(a \cup c)$、$m(b \cup c)$、$m(a \cup b)$ 等随两个证据冲突信度 k（其随 ε 增大呈上升趋势）的变化关系，并与其他几种合成改进算法进行比较。

图 6-22 为几种改进方法的 $m(b)-k$ 曲线。由于 e_1、e_2 对 b 支持皆较低，故合成结果 $m(b)$ 亦较小；当 k 较大（e_1、e_2 冲突较大）时，D-S 方法之 $m(b)$ 急剧增加是不正确的，其他方法都正确。

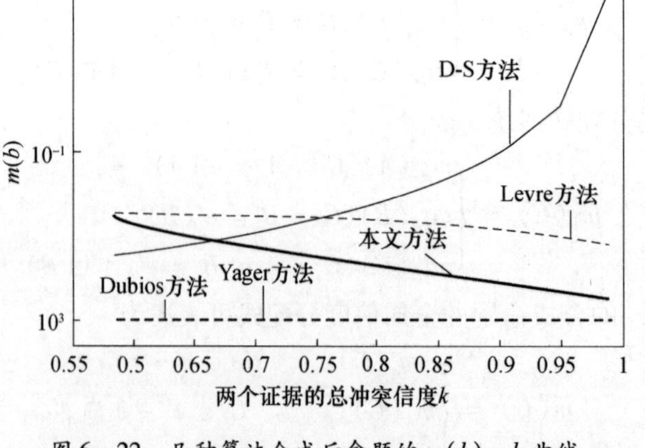

图 6-22 几种算法合成后命题的 $m(b)-k$ 曲线

图 6-23 是几种改进方法的 $m(a)$ / $m(c)$ $-k$ 曲线，当冲突较小时，两个证据对 a 支持信度皆较高，故 $m(a)$ 在 $k=0.6$ 附近值较大。随着 k 趋于 1，冲突加剧，$m(a)$ / $m(c)$ 趋

于0,各种方法都合理。但D-S合成方法只是在 k 接近1时,才骤然减小为0,是不适宜的。

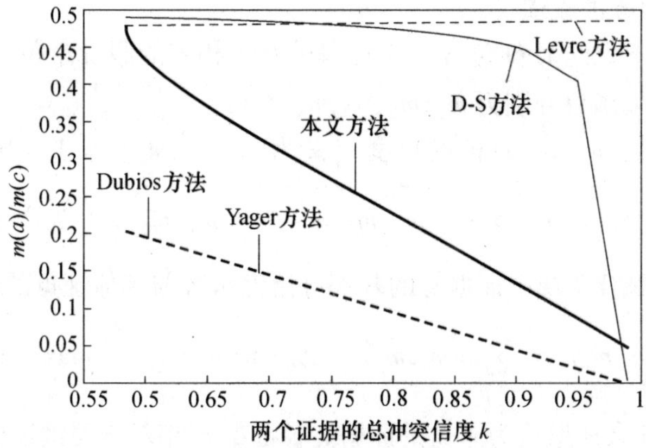

图6-23 几种算法合成后命题的 $m(a)/m(c)-k$ 曲线

图6-24表明当冲突较大时,冲突信度更多地回溯到了不确定性焦元较大的并集上,故 $m(a\cup c)$、$m(b\cup c)$、$m(a\cup b)$ 皆随 k 增大而增加,并且由于两个证据中焦元 a、c 冲突信度最大,故冲突信度更多地分配给了 $a\cup b$。

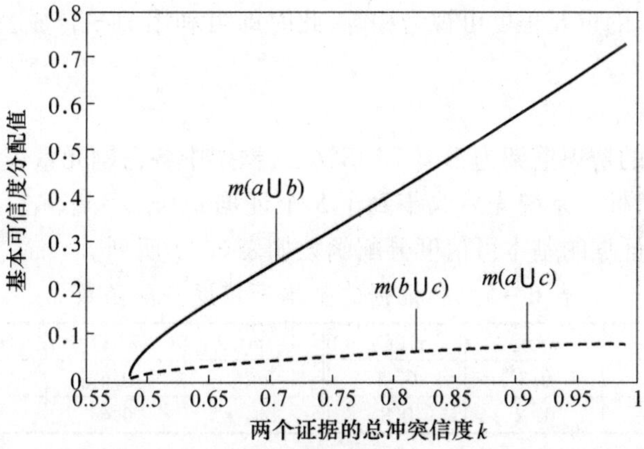

图6-24 本改进方法合成命题的基本可信度分配值随 k 的变化曲线

由于D-S证据理论的目标是实现不同层次(相互包含)证据的组合,这本身就存在巨大难度,当然这也正是其获得人们青睐之处。然而由于D-S证据理论自身的不完备性,故其合成式的应用条件、适用范围及临界点等一直困扰着应用者,一不小心就会出现不适宜甚至与常理相悖的结论。当前所出现的各种改进算法都是针对D-S证据理论中这一缺陷进行的。然而这些算法亦不完备,因这些算法基本上是针对某个(某些)案例进行的,尽管这些改进算法解决了一点或两点问题,但其应用条件和适用范围也是未知数。本节呈现给读者的对D-S证据合成公式的改进算法亦是针对具体案例进行,目标在于对高度冲突证据信度分配更加合理一些,对非冲突或低冲突证据信度分配聚焦能力更强一些,以减少出现与常理相悖结论的可能性。本书所提出的改进方法是在总结众多对D-S证据合成公式改进的基础上实现的。因此,对前人的感谢和对后人的期望也是作者的目的之一。

6.4.3 基于证据模型改进的证据合成方法

6.4.3.1 证据模型改进原理[21]

设融合系统的辨识框架 Θ 包含 N 个完备的互不相容的假设命题，n 个证据 e_1、e_2、…、e_n 的基本可信度分配函数分别为 $m_1,m_2,\cdots,m_n$。

基本可信度函数 m_1,m_2 的相近程度定义为：$s(m_1,m_2)=1-d(m_1,m_2)$。其中，$d(m_1,m_2)=\sqrt{\frac{1}{2}(<\overline{m}_1,\overline{m}_1>+<\overline{m}_2,\overline{m}_2>-2<\overline{m}_1,\overline{m}_2>)}$ 为产生 m_1,m_2 的证据 e_1 与 e_2之间的距离。融合系统中证据 e_i 的基本可信度函数与其他证据的基本可信度分配函数相近程度之和为 $a(m_i)=\sum\limits_{\substack{j=1\\j\neq i}}^{n}s(m_i,m_j)$。最大值 $a(m_f)=\max\limits_{1\leqslant i\leqslant n}\{a(m_i)\}$ 所对应的证据 e_f 为关键证据，其余证据均为非关键证据。各证据 e_i 相对于关键证据的证据权为 $\beta_i=\frac{a(m_i)}{a(m_f)}(i=1,2,\cdots,n)$。

利用证据权，对证据 e_i 的基本可信度分配函数 m_i 的转化为

$$m'_i(A)=\beta_i m_i(A)(\ \forall A\in 2^{\Theta},A\neq\Theta)$$

$$m'_i(\Theta)=\beta_i m_i(\Theta)+(1-\beta_i) \tag{6-35}$$

经过转换后，各证据的重要程度可视为相等，此时即可利用 D-S 合成公式，将转换后的各证据进行合成。

6.4.3.2 仿真案例

假设融合系统的辨识框架为 $\Theta=\{A,B,C\}$，框架中各命题元素表示目标类型分别为我机、敌机和不明目标。系统先后收集到了 5 个证据 e_1、e_2、e_3、e_4、e_5。通过合成，最终判断出目标类型。各证据的基本可信度分配函数如表 6-5 所列。

表 6-5　各证据的基本可信度分配函数

m	$m(A)$	$m(B)$	$m(C)$	m	$m(A)$	$m(B)$	$m(C)$
m_1	0.5	0.2	0. 3	m_3	0.6	0.1	0.3
m_2	0	0. 2	0.8	m_4	0.6	0.1	0.3

由表 6-5 可看出，除第 2 条证据外，其余各证据均在很大程度上支持命题元素 A，第 2 条证据实际上是干扰证据。最终合成的结果应判断出目标类型为 A。

利用本小节的方法首先需要计算各证据相对于关键证据的证据权，然后将 n 个证据的基本可信度分配函数按各自的证据权进行转换。各证据的证据权以及转换后的基本可信度分配函数如表 6-6 所列。表格第一列中 $\beta(e_1,e_2,\cdots,e_n)$ 表示有 n 个证据合成时的各证据相对于关键证据的证据权，该表列出了 $n=3,4,5$ 三种情况转化后的基本可信度分配函数值。

表 6-6　各证据的证据权及转化后的基本可信度分配函数值

$\beta(e_1,e_2,e_3)$	m'	$m(A)$	$m(B)$	$m(C)$	$m(\Theta)$
1	m'_1	0.5	0. 2	0. 3	0
0.6737	m'_2	0	0.1347	0.539	0.3263
0.9594	m'_3	0.5757	0.0959	0.2878	0.0406

（续）

$\beta(e_1,e_2,e_3,e_4)$	m'	$m(A)$	$m(B)$	$m(C)$	$m(\Theta)$
0.9816	m'_1	0.4908	0.1963	0.2945	0.0184
0.5917	m'_2	0	0.1183	0.4773	0.4083
1	m'_3	0.6	0.1	0.3	0
1	m'_4	0.6	0.1	0.3	0
$\beta(e_1,e_2,e_3,e_4,e_5)$	m'	$m(A)$	$m(B)$	$m(C)$	$m(\Theta)$
0.9572	m'_1	0.4786	0.1914	0.2871	0.0428
0.5473	m'_2	0	0.1095	0.4378	0.4527
1	m'_3	0.6	0.1	0.3	0
1	m'_4	0.6	0.1	0.3	0
1	m'_5	0.6	0.1	0.3	0

各类改进的合成方法所获得的合成命题的可信度赋值的结果如表6-7所列。

表6-7 各合成方法的合成结果

m_1,m_2,m_3	$m(A)$	$m(B)$	$m(C)$	$m(A\cup B)$	$m(A\cup C)$	$m(B\cup C)$	$m(\Theta)$
M1	0	0.143	0.857	0	0	0	0
M2	0.432	0.076	0.288	0	0	0	0.204
M3	0.3	0.036	0.258	0.024	0.144	0.036	0.202
M4	0.384	0.082	0.534	0	0	0	0
M5	0.354	0.072	0.573	0	0	0	0
M6	0.5068	0.0635	0.4297	0	0	0	0
m_1,m_2,m_3,m_4	$m(A)$	$m(B)$	$m(C)$	$m(A\cup B)$	$m(A\cup C)$	$m(B\cup C)$	$m(\Theta)$
M1	0	0.053	0.947	0	0	0	0
M2	0.3816	0.028	0.1476	0	0	0	0.4428
M3	0.402	0.0298	0.192	0.0516	0.2448	0.0366	0.0432
M4	0.4725	0.0642	0.4633	0	0	0	0
M5	0.496	0.008	0.496	0	0	0	0
M6	0.7425	0.0112	0.2463	0	0	0	0
m_1,m_2,m_3,m_4,m_5	$m(A)$	$m(B)$	$m(C)$	$m(A\cup B)$	$m(A\cup C)$	$m(B\cup C)$	$m(\Theta)$
M1	0	0.018	0.982	0	0	0	0
M2	0.4946	0.0471	0.1771	0	0	0	0.2812
M3	0.445	0.0161	0.155	0.0581	0.2358	0.0281	0.0619
M4	0.5291	0.0545	0.4164	0	0	0	0
M5	0.667	0.002	0.331	0	0	0	0
M6	0.8634	0.0022	0.1344	0	0	0	0

注：M1表示D-S合成方法；M2表示Yager合成方法；M3表示Dubios合成方法；M4表示Levre合成方法；M5表示Murphy合成方法，M6表示刘海燕合成方法

表6-7列出了3个、4个、5个合成这三种情况下合成命题的可信度数据，从中可看出证据增多时合成命题赋值的变化情况。

由表6-7可看出,由D-S合成公式得到的最终合成结果为目标类型为C,与实际相悖。这是由于D-S合成公式将参与合成的各证据的重要程度视为相同,算例中重要程度低的证据成为干扰因素,使得证据间的冲突程度很大,影响了整个的融合结果。

对于Yager合成方法、Dubios合成方法及Levre合成方法,它们均不满足结合律,并且未考虑各参与合成的证据的重要程度,合成结果识别速度慢。

对于Murphy方法,由于只是对证据进行简单平均,没有考虑到各参与合成的证据的重要程度,使得重要程度低的证据影响了整个的融合结果。

刘海燕合成方法同采用经典D-S合成公式和其他修正方法相比,能够在融合系统中得到更合理的合成结果,并具有更快的识别速度。

6.4.4 基于冲突属性转换的目标识别方法[22]

目前,关于“证据理论在目标识别中的应用”的研究文献很多,如文献[23]对不同粒度的多源目标识别方法进行了研究等。但总的应用效果并不理想,主要原因是这些研究成果的前提条件与实际应用存在差异。实际应用中,大多数情况是一个传感器只给出一个识别结果(实际应用中传感器可能会给出多个识别结果,但多数情况只上报一个),而且识别结果的粒度也不完全相同,粒度越细越容易造成证据冲突。冲突证据并不完全可用。本节将着重介绍“基于证据理论进行冲突属性转换的目标识别方法”,基本思想是从识别结果出发,反向推断传感器收集的证据,再进一步推断其他可能识别结果。该方法根据实际情况的统计结果制定了各传感器的可能识别结果之间的转换规则,解决了实际应用中传感器给出的识别结果偏少、容易引起证据冲突的问题,提高了多传感器目标综合识别的实用性与可靠性。

6.4.4.1 基本原理介绍

1. 证据函数构造规则

证据函数构造主要是利用传感器给出的识别信息构造证据信度赋值函数(mass函数),包括利用识别结果构造证据函数和改造单一识别结果证据函数,以及进行不同传感器证据函数的权重调整等。

1) 证据函数的合成

在D-S证据理论中,证据合成式(6-11)可改写为

$$m(\phi) = 0$$

$$m(C) = \frac{1}{N}\sum_{A\cap B=C} m_1(A)m_2(B) \quad A,B,C \in 2^{\Theta};C \neq \phi \tag{6-36}$$

式中:$m_1(\cdot)$、$m_2(\cdot)$是2^{Θ}上的mass函数,$m(C)$亦然;$N = 1 - k = \sum_{A\cap B\neq\phi} m_1(A)m_2(B)$($N=0$表示证据完全冲突,不能进行证据合成;$N>0$是证据合成的基础,$N=1$表示两个证据完全相同)。$N$实际表示两个传感器证据对合成命题$C$的相互佐证的程度,$N$称为证据的相容度。

2) 证据函数加权

设$m(\cdot)$是2^{Θ}上的mass函数,ϖ是权重系数,若

$$n(\phi) = 0$$

$$n(A) = \overline{\omega} \cdot m(A), A \in 2^{\Theta} \quad A \neq \Theta$$
$$n(\Theta) = 1 - \overline{\omega}[1 - m(\Theta)] \quad (6-37)$$

则 n 是 mass 函数。注意,式(6-37)与式(6-35)形式相同。

3）证据函数构造

根据传感器给出的识别结果,构造传感器证据函数,取值范围是可能的识别结果,值域是各种识别结果的可信度,并对不同识别结果的可信度进行归一化处理。通过证据函数构造,得到传感器目标识别的信任函数。传感器给出的识别结果不可能百分之百正确,对只给出一个识别结果传感器证据函数,在值域中增加一个不确定识别结果,函数值定义为识别结果可信度的余数(相对于1.0)。对于没有给出可信度的识别结果,根据传感器的类型定义其缺省值,供证据函数生成时使用。表6-8给出了一个5种传感器识别可信度的缺省的数据示例。

表6-8　5种传感器识别可信度的缺省数据示例

	情报	雷情	无源雷达	AIS	敌情通报
敌目标	0.9	0.7	0.7	0.7	0.7
我目标	0.7	0.85	0.7	0.7	

4）权重系数调整

由于各种传感器采用的技术手段和探测机理不同,以及累计探测结果产生的可信程度差别,实际应用中需要对不同的传感器的识别结果设置不同的权重系数(权重系数<1),证据综合前根据权重系数对传感器信任函数进行调整:以权重系数乘以信任函数各命题的基本可信度,多余的可信度加到不确定命题中。

2. 冲突属性转换规则

目标识别是一个概率事件,某传感器给出的目标属性的唯一识别结果不可能百分之百准确,一定包含有其他可能结果,这个“其他可能结果”与唯一识别结果存在着某种必然的联系。例如,无源传感器根据截获的雷达辐射参数给出的判定目标为A型驱逐舰,实际上这只是无源传感器给出的第一判性结果,同样型号的雷达也装备在B型护卫舰上,于是,B型护卫舰也是其备选识别结果。在综合识别过程中,当“A型驱逐舰”这样的传感器识别结果与综合识别结果属性冲突时,可以考虑将“A型驱逐舰”的传感器识别结果转换为包含“B型护卫舰”的多种可能识别结果。目标综合识别属性转换规则就是要根据某传感器识别的特点结合实际统计数据,找出“唯一”识别结果与“其他可能结果”的联系,定义“唯一”识别结果与各种其他可能结果之间相互转换的量化关系,从而为多传感器识别结果提供相容性较高的信任函数构造方法,解决目标综合识别过程中的属性冲突问题,实现多证据的自动合成。

1）雷情目标证据转换

(1) 目标大小之间属性转换。从雷达回波中应可以确定目标大小,可取值的范围:大、中、小。基于操作员的经验,难以确定大、中、小目标之间的严格界限,因此,在大、中目标及中、小目标之间肯定会存在交集,但在大、小目标之间可能不会存在交集。根据实际统计情况,可以给出大、中、小目标之间可信度相互转换示例,如表6-9所列。

（2）目标类型与目标大小之间的识别转换。仅仅根据雷达回波并不能直接判断出目标的属性，如果雷情上报的属性只给出了目标的回波大小，为配合与其他传感器给出的识别结果进行目标综合识别，可建立具体目标属性与目标大小之间对应关系（如表6－10所列）。例如，“驱逐舰”对应于“大目标”，用于确定证据综合时不同属性之间的包含关系，这种对应关系需根据具体目标类型/型号的雷达反射截面积的统计结果来确定。

表6－9 不确定目标属性之间可信度转换示例

	大	中	小
大	0.75	0.25	0
中	0.25	0.5	0.25
小	0	0.25	0.75

表6－10 目标类型与目标大小属性之间的转换示例

目标类型	目标大小	目标类型	目标大小
驱逐舰	大	猎潜艇	中
护卫舰	大	鱼雷艇	小
运输舰	大	导弹艇	小
运输艇	中	快艇	小

2）无源传感器识别的目标属性转换

无源传感器目标识别的重点在于辐射电磁参数到雷达目标型号的识别，即所谓指纹识别；而雷达目标到平台的识别是比较困难的，因为相同的雷达可以装备在不同的平台上。虽然存在从电磁参数到平台的直接识别方式，但在实际情况中，同型号的雷达电磁参数变化已经覆盖并超出了平台之间的细微差别，这就使得从电磁参数到平台的直接识别结果会出现张冠李戴的情况；由于平台的属性主要是依据其任务和活动规律确定，因此，基于平台活动规律较容易判断出已有识别结果的正确与否。

鉴于上述情况，在目标综合识别出现属性冲突时，可以根据目标识别过程中得到的比较可靠的无源传感器对“雷达型号”的中间识别结果。确定雷达型号与可能的配置平台识别结果之间的转换规则，包括属性转换、国籍转换、舰级转换、舰种转换和舰名转换等，表6－11给出了无源传感器识别的雷达型号到配置平台的各级可能识别结果的转换示例。

表6－11 无源传感器目标属性转换示例

<table>
<tr><th rowspan="2">雷达型号</th><th colspan="5">平台识别结果</th></tr>
<tr><th>属性</th><th>国籍地区</th><th>舰级</th><th>舰种</th><th>舰名</th></tr>
<tr><td rowspan="4">Ld－67</td><td rowspan="4">敌</td><td rowspan="2">XXX</td><td rowspan="2">Y－级</td><td rowspan="2">导弹艇</td><td>HY</td></tr>
<tr><td>JY</td></tr>
<tr><td>XXX</td><td>B－级</td><td>护卫舰</td><td>BK</td></tr>
<tr><td>XXX</td><td>K－级</td><td>快艇</td><td>XF</td></tr>
<tr><td rowspan="3">Ld－55</td><td rowspan="3">敌</td><td rowspan="3">WWW</td><td rowspan="3">C－级</td><td rowspan="3">护卫舰</td><td>CG</td></tr>
<tr><td>YF</td></tr>
<tr><td>TD</td></tr>
</table>

3）敌情通报识别的目标属性之间的转换

侦察途径获得的敌方情报，特别是中长期情报，其实时可信度相对较低，因为由于时间的推移，敌方的目标可能会由功能相近的目标替代，产生属性的变化，如驱逐舰变为护卫舰、导弹艇变为鱼雷艇、运输舰变为登陆舰等。表 6-12 给出情况通报目标属性转换示例。

表 6-12　敌情通报目标属性可信度转换示例

	导弹艇	鱼雷艇	快艇	其他
导弹艇	0.5	0.15	0.15	0.2
鱼雷艇	0.15	0.5	0.15	0.2
快艇	0.15	0.15	0.5	0.2

4）不需进行目标属性转换的情况

目标综合识别中对冲突属性的转换有一定的顺序，往往从可信度较低的传感器识别结果开始循环进行，经过逐级综合比较后确认最终识别结果。并不是所有参与综合的目标属性或都需要进行属性转换，有些来源的情报不能进行属性转换，如经过确认的我方目标属性或已经特定的敌方目标属性，此时需要将其他来源的情报属性向已确认的特定属性方向进行转换，以提高综合识别的可信度。

6.4.4.2　目标综合识别方法

基于上述原理描述，本节给出基于冲突属性转换的目标识别步骤如下：

1. 信任函数生成

根据证据构造规则，利用各类传感器的初步识别结果构造信任函数。根据不同传感器特性和目标识别的经验数据产生各传感器的权重系数，以最高权重系数为 1.0 对传感器权重系数进行调整，根据调整后的权重系数采用式（6-37）给出的证据函数加权方法对各类传感器识别结果的信任函数进行调整，得到最终用于证据计算的传感器目标识别信任函数。

2. 证据综合

利用式（6-36）给出的证据合成的方法进行证据综合。根据两个传感器给出的初步识别结果样本集合及样本之间的包含关系构建证据综合样本集合（即确定综合识别结果的样本集合），利用传感器目标识别信任函数及证据合成公式计算综合样本集合所有元素的可信度，生成一个新的信任函数，即证据综合结果。图 6-25 是证据综合处理流程。

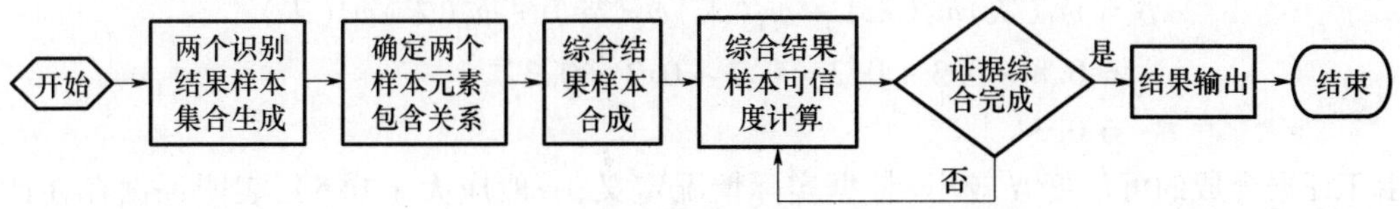

图 6-25　证据综合处理流程

根据 D-S 证据理论，证据合成满足结合律和交换律。因此，3 种以上传感器给出的目标识别结果的综合可采用逐一两两综合的方法获得最终的证据综合结果。

3. 目标综合识别

目标综合识别是指对多个传感器给出的初步识别结果进行综合，以产生目标的最终识别结果。目标综合识别的过程是：接收传感器给出的初步识别结果并转换成信任函数（mass 函数），对参与综合识别的不同传感器权重进行动态分配，以调整其信任函数，再利用调整后的信任函数进行证据合成，计算目标综合识别结果及可信度。例如，综合识别结果出现证据冲突(可利用证据合成有效度判断),则首先确定所接到的相互冲突的初步识别结果和相关的传感器/信息源类型,对传感器/信息源类型冲突属性依据6.4.4.1小节2中1)~3)所述规则进行转换,利用转换后的属性重新生成传感器信任函数再进行证据合成,计算目标综合识别结果及可信度。属性转换只对容许的传感器进行,一般进行一次,因为属性转换会降低传感器给出的识别结果可信度。图6-26表述了目标综合识别流程。

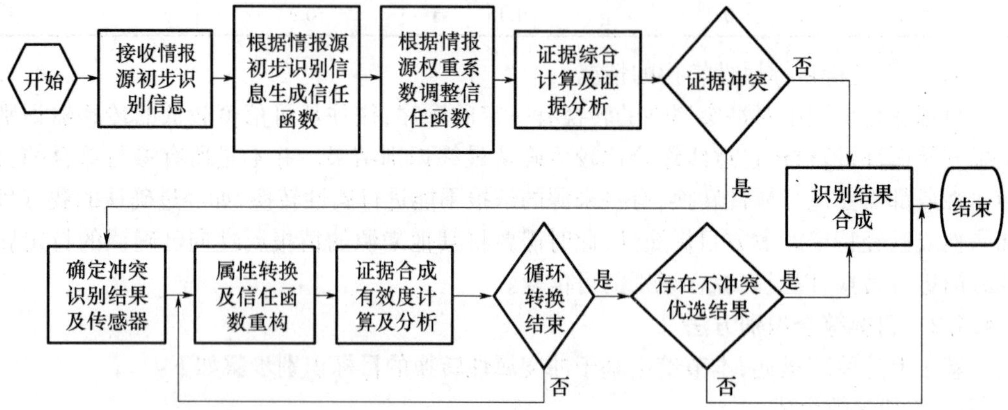

图6-26 目标综合识别流程

6.4.4.3 仿真案例

某目标综合识别系统接入的信息源包括有源雷达、无源传感器和敌情通报。无源传感器对目标的识别结果为:快艇0.8;有源雷达对目标的识别结果为:小目标;敌情通报目标属性为:导弹艇,它们具有相等的权重0.7。根据6.4.4.2节中信任函数生成给出的方法构造信任函数,则无源传感器识别结果为:{快艇0.8,未知0.2};有源雷达识别结果为:{小目标0.7,未知0.3};敌情通报识别结果为:{导弹艇0.7,未知0.3}。根据6.4.4.2节中证据综合给出的方法进行证据综合,首先对无源传感器和敌情通报识别结果进行综合,识别结果结合样本为:{快艇,导弹艇,未知},包含关系为:快艇、导弹艇包含于未知目标。根据证据合成公式,得

$$
\begin{aligned}
N &= m_1(\text{快})m_2(\text{未}) + m_1(\text{未})m_2(\text{导}) + m_1(\text{未})m_2(\text{未}) \\
&= 0.8\times0.3 + 0.2\times0.7 + 0.2\times0.3 \\
&= 0.34
\end{aligned}
$$

由于证据合成的可信度N较小(根据实际情况定义,一般应大于0.5),表明证据存在冲突,对冲突属性进行转换。首先,对无源传感器目标进行属性转换,根据表6-11的转换示例,将“快艇”转换为“Ld-67”,由“Ld-67”得到可能目标类型为导弹艇、护卫舰和快艇,由此重新构造无源传感器目标识别证据函数和包含关系为{导弹艇0.4,护卫舰0.2,快艇0.2,未知0.2},导弹艇、快艇、护卫舰包含于未知目标,重新进行证据可信度合成,得

$$
\begin{aligned}
N_1 &= m_1(\text{导})m_2(\text{导}) + m_1(\text{导})m_2(\text{未}) + m_1(\text{护})m_2(\text{未}) \\
&\quad + m_1(\text{快})m_2(\text{未}) + m_1(\text{未})m_2(\text{导}) + m_1(\text{未})m_2(\text{未}) \\
&= 0.4\times0.7 + 0.4\times0.3 + 0.2\times0.3 + 0.2\times0.3
\end{aligned}
$$

$$+0.2\times 0.7+0.2\times 0.3$$
$$=0.72$$

合成可信度大于0.5,证据合成有效。计算识别结果样本可信度,得

$$m_4(\text{导}) = 0.54/0.72 = 0.75$$
$$m_4(\text{护}) = 0.06/0.72 = 0.083$$
$$m_4(\text{快}) = 0.06/0.72 = 0.083$$
$$m_4(\text{未}) = 0.06/0.72 = 0.083$$

属性转换也可对敌情通报目标(表6-12)进行转换,属性转换后其证据可信度为{导弹艇0.35,鱼雷艇0.105,快艇0.105,未知0.44},由于这种属性转换方式下3个传感器识别结果的证据合成可信度(这里不详细计算)小于第一种属性转换方式下3个传感器的证据合成可信度而不予考虑。

利用无源传感器和敌情通报证据综合结果继续与有源雷达识别结果进行综合。综合识别结果样本和包含关系为:{导弹艇,快艇,护卫舰,小目标,未知},导弹艇、快艇包含在小目标中,小目标、护卫舰包含于未知目标中,再次进行证据可信度合成,得

$$\begin{aligned}N_2 &= m_4(\text{导})m_3(\text{小}) + m_4(\text{导})m_3(\text{未}) + m_4(\text{护})m_3(\text{未}) + \\ &\quad m_4(\text{快})m_3(\text{小}) + m_4(\text{快})m_3(\text{未}) + m_4(\text{未})m_3(\text{小}) + m_4(\text{未})m_3(\text{未}) \\ &= 0.75\times 0.7+0.75\times 0.3+0.083\times 0.3+0.083\times 0.7+ \\ &\quad 0.083\times 0.7+0.083\times 0.3+0.083\times 0.3 \\ &= 0.9409\end{aligned}$$

合成可信度大于0.5,证据合成有效。最后,计算识别结果样本可信度,得

$$m(\text{导}) = 0.75/0.9409 = 0.797$$
$$m(\text{护}) = 0.0249/0.9409 = 0.0265$$
$$m(\text{快}) = 0.083/0.9409 = 0.0882$$
$$m(\text{小}) = 0.0581/0.9409 = 0.0617$$
$$m(\text{未}) = 0.0249/0.9409 = 0.0265$$

于是,经过对3个传感器初步识别结果进行冲突属性转换及证据综合,得到目标的综合识别结果为导弹艇,可信度为0.797。

6.5 不同测量维数信息融合方法

在一个多传感器组成的数据融合系统中,不同类传感器对目标的测量维数可能不相同,单传感器能自主实现目标定位的测量称为完整测量,如包括距离和角度(方位角、仰角)的二维和三维测量;仅有角度测量或仅有距离测量的传感器无法自主实现目标定位,称为不完整测量。

在多传感器数据融合中,异类传感器(特别是有源和无源传感器)的数据融合一直是一个重要而又困难的问题[24,25]。有源雷达通常能够对运动目标进行精确定位和连续跟踪,但辐射信号使其位置容易暴露;无源传感器隐蔽性强,可以获得辐射源的信号特征,易于识别目标,但是数据的精度较差。利用这两类传感器所提供信息的互补性,对它们进行联合处理,一方面可以使无源传感器获取到精确的目标定位信息,以利于目标的隐蔽识别与跟踪;

另一方面为有源传感器定位目标提供属性识别信息,以利于对重点目标的预警、识别与跟踪。

6.5.1 有源雷达与无源传感器的统一状态融合估计

6.5.1.1 传统最小二乘估计算法

长期以来,仅有角测量的跟踪是指多个传感器以仰角 α_i 与方位角 β_i 作为观测方程的直接测量。这些测量与目标状态向量(x,y,z)的关系为非线性,即

$$\begin{cases}\alpha_i = \arctan[(z-z_i^0)/\sqrt{(x-x_i^0)^2+(y-y_i^0)^2}]+V_{\alpha_i}=f_1(x,y,z)\\ \beta_i = \arctan[(y-y_i^0)/(x-x_i^0)]+V_{\beta_i}=f_2(x,y,z)\end{cases} \tag{6-38}$$

式中:$i=1,2,\cdots,N$ 为传感器序号;(x,y,z) 为目标的直角坐标状态;(x_i^0,y_i^0,z_i^0) 为第 i 个传感器站址的直角坐标;α_i 、β_i 为已经过地球曲率修正、折光修正的目标仰角与方位测量值;V_{α_i} 、V_{β_i} 为白噪声序列,均值为0,方差分别为 $\sigma_{\alpha_i}^2$ 和 $\sigma_{\beta_i}^2$ 。

在由测量值求取目标位置估计的过程中,先将式(6-38)线性化,获得统一直角坐标系下的线性测量方程 $\boldsymbol{A}_i\boldsymbol{x}=\boldsymbol{b}_i(i=1,2,\cdots,N)$,然后再按最小二乘法加权求解,得出目标位置估计为

$$\hat{\boldsymbol{x}} = (\sum_{i=1}^{N}\boldsymbol{W}_i\boldsymbol{A}_i)^{-1}(\sum_{i=1}^{N}\boldsymbol{W}_i\boldsymbol{b}_i) \tag{6-39}$$

式中:$\hat{\boldsymbol{x}}=(\hat{x},\hat{y},\hat{z})^{\mathrm{T}}$ 为多传感器仅有角测量的情况下目标位置估计向量;W_i 为第 i 个传感器的权值;$\boldsymbol{A}_i$为(6-38)式线性化 Jabobi 矩阵,即

$$\boldsymbol{A}_i = \frac{D(f_1,f_2)}{D(x,y,z)} = \begin{bmatrix}\frac{\partial f_1}{\partial x} & \frac{\partial f_1}{\partial y} & \frac{\partial f_1}{\partial z}\\ \frac{\partial f_2}{\partial x} & \frac{\partial f_2}{\partial y} & \frac{\partial f_2}{\partial z}\end{bmatrix}_{(\overline{x_i},\overline{y_i},\overline{z_i})}$$

$$\boldsymbol{b}_i = (x_i^0,y_i^0,z_i^0)^{\mathrm{T}}+\boldsymbol{A}_i^{\mathrm{T}}(\alpha_i,\beta_i)^{\mathrm{T}}$$

式中:(x_i^0,y_i^0,z_i^0) 为第 i 个传感器在统一直角坐标系中的位置坐标;(α_i,β_i) 为目标仰角与方位角的测量值,$i=1,2,\cdots,N$。

该算法的缺点:仅有角度测量时,无法确定目标位置,矩阵 $\boldsymbol{A}_i$ 和 $\boldsymbol{A}_i^{-1}=\boldsymbol{A}_i^{\mathrm{T}}$ 中采用目标的滤波预测位置或无源多站定位位置会产生较大误差。此时,最小二乘法可能不收敛或需要若干次迭代才能收敛,系统效率低。

6.5.1.2 扩维融合算法的基本原理

为了解决上述问题,本节提出一种多传感器不完整测量融合的新算法——扩维融合法。该方法对原局部传感器的观测能力进行扩展,构造一个与其等效的、能提供“完整测量”的虚拟传感器:在扩展传感器观测能力时令其扩展分量值为某一可能值,而误差方差可为无穷大。

该算法适用于多不完整测量传感器同时观测一个目标、测量时间同步的情况下的不完整测量数据融合问题。测量时间不同步的情况可归结为非均匀测量时间的状态估计问题,需要预先对准到同一时刻。

定义一个地面东北天直角坐标系 $(O-\bar{e}_x,\bar{e}_y,\bar{e}_z)$,其坐标系原点可确定在一个理想位置,如机场、雷达站、指挥所等。将所有传感器的测量转换到该统一直角坐标系下,并进

行线性化。利用线性无偏最小方差估计算法,便可得到目标状态向量的最优估计。

第 i ($=1,2,\cdots,N$) 个传感器位置在统一坐标系下的坐标值为 (x_i^0,y_i^0,z_i^0)，测量方程为

$$z_i = H_i x + V_i \tag{6-40}$$

在各雷达站 $x-y$ 平面与统一坐标 $x-y$ 平面近似重合的条件下,转换到统一坐标系下的测量向量为

$$z_i = \begin{pmatrix} x_i^0 \\ y_i^0 \\ z_i^0 \end{pmatrix} + \begin{pmatrix} \rho_i\cos\alpha_i\sin\beta_i \\ \rho_i\cos\alpha_i\cos\beta_i \\ \rho_i\sin\alpha_i \end{pmatrix} \triangleq \begin{pmatrix} x_i^z \\ y_i^z \\ z_i^z \end{pmatrix}$$

式中: ρ_i、α_i、β_i 为第 i 个传感器 k 时刻的目标距离、俯仰角、方位角测量值; H_i 为 $n\times n$ 的测量矩阵; V_i 为均值为0、方差为 R_i 的测量噪声向量。

在各传感器测量相互独立的前提下,根据线性无偏最小方差估计,基于式(6-40)的目标状态估计为

$$\hat{x} = \left(\sum_{i=1}^{N} H_i^{\mathrm{T}} R_i^{-1} H_i\right)^{-1}\left(\sum_{i=1}^{N} H_i^{\mathrm{T}} R_i^{-1} z_i\right) \tag{6-41}$$

式中: H_i 为满秩的 $(N\times N)$ 测量矩阵。

测量已转换到统一坐标系之后, H_i 为单位矩阵。于是,式(6-41)为

$$\hat{x} = \left(\sum_{i=1}^{N} R_i^{-1}\right)^{-1}\left(\sum_{i=1}^{N} R_i^{-1} z_i\right) \tag{6-42}$$

式中: R_i 为第 i 个传感器测量误差方差矩阵,即

$$R_i = \begin{pmatrix} E(\delta_x)^2 & E(\delta_x\delta_y) & E(\delta_x\delta_z) \\ E(\delta_x\delta_y) & E(\delta_y)^2 & E(\delta_y\delta_z) \\ E(\delta_x\delta_z) & E(\delta_y\delta_z) & E(\delta_z)^2 \end{pmatrix} \tag{6-43}$$

式(6-42)即为三维直角坐标系下,目标位置的多传感器数据融合估计。式(6-42)需要目标距离与测距误差方差,而对无距离的不完整测量情况无法使用。为此,引进测距误差方差无穷大的概念。

定理:对于多个只有方位角测量而无距离测量的传感器,只要距离误差协方差设置为无穷大或设置的探测距离数值合理,则其得到的目标的位置融合估计与距离无关。

证明:设二维探测传感器测量误差协方差矩阵为

$$R_i = \begin{pmatrix} \sigma_{\rho_i}^2 & 0 \\ 0 & \sigma_{\beta_i}^2 \end{pmatrix}$$

由 $y_i=\rho_i\cos\beta_i$，$x_i=\rho_i\sin\beta_i$，可得

$$\begin{cases} \Delta y \approx \Delta\rho\cos\beta_i - \rho_i\Delta\beta\sin\beta_i \\ \Delta x \approx \Delta\rho\sin\beta_i - \rho_i\Delta\beta\cos\beta_i \end{cases}$$

从而得到在直角坐标系下,二维测量误差协方差矩阵为

$$R_i = \begin{pmatrix} \sigma_{\rho_i}^2\sin^2\beta_i + \sigma_{\beta_i}^2\rho_i^2\cos^2\beta_i & \sigma_{\rho_i}^2\sin\beta_i\cos\beta_i - \sigma_{\beta_i}^2\rho_i^2\sin\beta_i\cos\beta_i \\ \sigma_{\rho_i}^2\sin\beta_i\cos\beta_i - \sigma_{\beta_i}^2\rho_i^2\sin\beta_i\cos\beta_i & \sigma_{\rho_i}^2\cos^2\beta_i + \sigma_{\beta_i}^2\rho_i^2\sin^2\beta_i \end{pmatrix} \tag{6-44}$$

于是，有

$$R_i^{-1} = \frac{1}{|R_i|}\begin{pmatrix} \sigma_{\rho_i}^2\cos^2\beta_i + \sigma_{\beta_i}^2\rho_i^2\sin^2\beta_i & -\sigma_{\rho_i}^2\sin\beta_i\cos\beta_i + \sigma_{\beta_i}^2\rho_i^2\sin\beta_i\cos\beta_i \\ -\sigma_{\rho_i}^2\sin\beta_i\cos\beta_i + \sigma_{\beta_i}^2\rho_i^2\sin\beta_i\cos\beta_i & \sigma_{\rho_i}^2\sin^2\beta_i + \sigma_{\beta_i}^2\rho_i^2\cos^2\beta_i \end{pmatrix}$$

$$= \frac{1}{\rho_i^2\sigma_{\beta_i}^2}\begin{pmatrix} \cos^2\beta_i & -\sin\beta_i\cos\beta_i \\ -\sin\beta_i\cos\beta_i & \sin^2\beta_i \end{pmatrix} + \frac{1}{\sigma_{\rho_i}^2}\begin{pmatrix} \sin^2\beta_i & \sin\beta_i\cos\beta_i \\ \sin\beta_i\cos\beta_i & \cos^2\beta_i \end{pmatrix} \quad (6-45)$$

分析式(6-45)，可得出如下结论。

当 $\sigma_{\rho_i}^2 \to \infty$，且 $\rho_i^2\sigma_{\beta_i}^2 < \infty$ 时，下式成立：

$$R_i^{-1} = \frac{1}{\rho_i^2\sigma_{\beta_i}^2}\begin{pmatrix} \cos^2\beta_i & -\sin\beta_i\cos\beta_i \\ -\sin\beta_i\cos\beta_i & \sin^2\beta_i \end{pmatrix} \quad (6-46)$$

设传感器的测角误差方差 $\sigma_{\beta_i}^2$ 相同，设置的测量距离 ρ_i 也相同，则

$$R_i^{-1} = \frac{1}{\rho^2\sigma_\beta^2}\begin{pmatrix} \cos^2\beta_i & -\sin\beta_i\cos\beta_i \\ -\sin\beta_i\cos\beta_i & \sin^2\beta_i \end{pmatrix}$$

此时，有

$$\sum_{i=1}^{N} R_i^{-1} = \frac{1}{\rho^2\sigma_\beta^2}\begin{pmatrix} \sum_{i=1}^{N}\cos^2\beta_i & -\sum_{i=1}^{N}\sin\beta_i\cos\beta_i \\ -\sum_{i=1}^{N}\sin\beta_i\cos\beta_i & \sum_{i=1}^{N}\sin^2\beta_i \end{pmatrix}$$

$$R_i^{-1}\cdot z_i = \frac{1}{\rho^2\sigma_\beta^2}\begin{pmatrix} \cos^2\beta_i & -\sin\beta_i\cos\beta_i \\ -\sin\beta_i\cos\beta_i & \sin^2\beta_i \end{pmatrix}\cdot\begin{pmatrix} x_i^0 + \rho\sin\beta_i \\ y_i^0 + \rho\cos\beta_i \end{pmatrix}$$

$$= \frac{1}{\rho^2\sigma_\beta^2}\begin{pmatrix} x_i^0\cos^2\beta_i - y_i^0\sin\beta_i\cos\beta_i \\ -x_i^0\sin\beta_i\cos\beta_i + y_i^0\sin^2\beta_i \end{pmatrix}$$

因此，状态估计为

$$\hat{x} = \left(\sum_{i=1}^{N} R_i^{-1}\right)^{-1}\left(\sum_{i=1}^{N} R_i^{-1}z_i\right)$$

$$= \begin{pmatrix} \sum_{i=1}^{N}\cos^2\beta_i & -\sum_{i=1}^{N}\sin\beta_i\cos\beta_i \\ -\sum_{i=1}^{N}\sin\beta_i\cos\beta_i & \sum_{i=1}^{N}\sin^2\beta_i \end{pmatrix}^{-1}\begin{pmatrix} \sum_{i=1}^{N} x_i^0\cos^2\beta_i - y_i^0\sin\beta_i\cos\beta_i \\ \sum_{i=1}^{N} -x_i^0\sin\beta_i\cos\beta_i + y_i^0\sin^2\beta_i \end{pmatrix}$$

(6-47)

从式(6-47)可以看出，目标状态融合估计 $\hat{x}$ 仅依赖于诸传感器位置和相应测量方位角，而与目标与传感器间的距离无关。由此，可以得出如下结论：

(1) 只要满足 $\sigma_{\rho_i}^2 \to \infty$，且 $\rho_i^2\sigma_{\beta_i}^2 < \infty$ 时，多站无源定位(只有角度测量)的目标状态最小方差估计 $\hat{x}$ 与目标距离无关。

(2) 式(6-47)的使用前提是 $N > 1$，即至少两个以上的异地布局的无源探测传感

器，因为若 $N = 1$ 或者 β_i 相等时，有 $\left|\sum_{i=1}^{N} \boldsymbol{R}_i^{-1}\right| = 0$，导致其逆不成立。

（3）对于多个传感器的布局来说，每个传感器之间距离越近，即对于同一目标所测量的角度越接近，则融合结果的估计精度越低，因此，要注意传感器布局的分散程度。

使用测距误差方差极限值后，式(6－42)给出的目标状态估计可用于完整测量，也可用于不完整测量的数据融合问题；既可解决同维的多传感器数据融合问题，也可以解决不同维数测量的多传感器数据融合问题，即能充分利用各种测量信息。

6.5.1.3 扩维融合算法实现流程

首先讨论“无穷大”距离误差的概念，以实现不完整测量的扩维。

可以认为，在一个跟踪系统中，每个测量向量都把瞬时目标位置定位在一个有限的不确定性体积之内，即用有限标准差表示距离和角度两个定位参数的不确定性。但是，对于仅有角度测量的系统而言，每个测量向量的距离不确定性是无限的，因而其不确定性体积也是无限的。实际情况考虑的这种无限性的含义仅是一个相对于传感器探测距离的最大值，于是可将探测距离误差协方差设置为最大探测距离的平方。例如，光电经纬仪的最大探测距离为30km，则可取距离误差方差为900km²。

由于目标可位于这个不确定性体积的任何地方，故可取测距值为任一值，通过式(6－42)求出的目标状态向量估计仍会在一个小的区域（图6－27中的斜线区域）中，而与所取测距值无关。

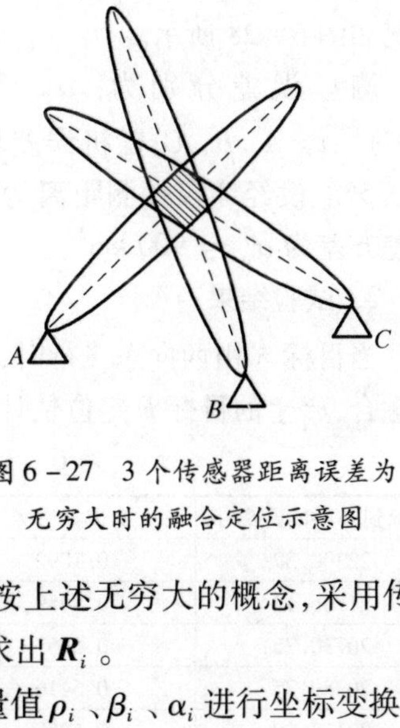

图6－27　3个传感器距离误差为无穷大时的融合定位示意图

设有 N 个传感器同时探测同一目标，测量值分别为某时刻探测到的目标与传感器的距离 ρ_i、目标相对于传感器的方位 β_i、目标相对于传感器水平面的俯仰角 α_i $(i=1,2,\cdots,N)$。下面描述完整测量与不完整测量统一融合算法的实现流程。

（1）计算测量方差矩阵 $\boldsymbol{R}_i$：测角误差方差 $\sigma_{\alpha_i}^2$ 和 $\sigma_{\beta_i}^2$ 已知，若有距离测量，可以获知测距误差方差 $\sigma_{\rho_i}^2$；若无距离测量，则对距离测量可采用任意常数，$\sigma_{\rho_i}^2$ 按上述无穷大的概念，采用传感器的探测距离的平方；最后利用式(6－43)或式(6－44)求出 $\boldsymbol{R}_i$。

（2）坐标转换：利用式(6－40)中的转换公式，将测量值 ρ_i、β_i、α_i 进行坐标变换，形成统一直角坐标系下的测量。

（3）由式(6－42)求出多站融合的目标位置估计向量 $(x,y,z)^{\mathrm{T}}$。

（4）修正各传感器坐标系正北不一致产生的偏差：考虑地球为椭球体，子午线都经过北极，由于各站 y 轴均指正北，显然，它们的 y 轴并不平行，使数据融合产生误差，所以，要对估值的位置向量进行修正，修正过程为

$$\begin{pmatrix} x \\ y \\ z \end{pmatrix} - \begin{pmatrix} x_i^0 \\ y_i^0 \\ z_i^0 \end{pmatrix} = \begin{pmatrix} u_i \\ v_i \\ w_i \end{pmatrix} \tag{6-48}$$

式中：$(x,y,z)^{\mathrm{T}}$ 为目标位置融合估计向量；$(x_i^0,y_i^0,z_i^0)^{\mathrm{T}}$ 为第 i 个传感器站的位置坐标向

量；u_i、v_i、w_i 分别为统一直角坐标系下目标与 i 站的相对坐标分量。

利用 u_i、v_i、w_i 重新计算，即

$$\rho_i = \sqrt{u_i^2 + v_i^2 + w_i^2},\sin\alpha_i = w_i/\rho_i,\cos\alpha_i = \sqrt{1-(w_i/\rho_i)^2}$$
$$\sin\beta_i = u_i/(\rho_i\cos\alpha_i),\cos\beta_i = v_i/(\rho_i\cos\alpha_i) \qquad (6-49)$$

最后，利用式(6-44)再次求取测量误差协方差矩阵 $\boldsymbol{R}_i$ $(i=1,2,\cdots,N)$。

必须指出的是，若统一直角坐标系采用地心地固坐标系(ECEF)，则不需要进行正北偏差修正，但各雷达站目标测量向 ECEF 坐标系下的转换公式要复杂得多。

(5) 坐标系转换：将式(6-49)重新算出的诸修正后参数代入式(6-40)，重新转换到统一坐标系下。

(6) 利用式(6-42)重新求出精确的目标状态向量估值 (x,y,z)，就是修正后的多传感器目标的最小方差融合估计结果。

6.5.1.4 应用案例

1. 应用背景

某机场利用 3 台光电经纬仪 A、B、C 对空中目标 F 进行角度(方位角 β、仰角 α)测量，分布情况如图 6-28 所示。

测量误差分别为：$\sigma_{\beta_i}^2 = (10'')^2$、$\sigma_{\alpha_i}^2 = (10'')^2$，$i=A, B, C$；随机误差均值为 0，标准差为 0.5°。设经纬仪探测距离为 30km，故取距离误差方差为 $\sigma_{\rho_i}^2 = 900\ \text{km}^2$。

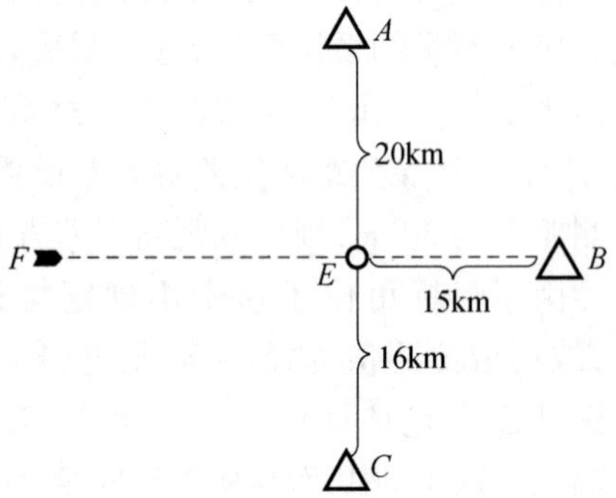

图 6-28 3 台光电经纬仪对空中目标测量示意图

2. 试验结果

当目标 F 由西向东飞行时，采用扩维融合算法对 A、B、C 三个传感器的测量逐周期进行融合，产生的目标 F 定位估计分量误差和综合位置误差协方差如表 6-13 所列。

表 6-13 3 站数据融合后位置误差方差

目标到 A 站的距离/m	x 方向误差方差/m^2	y 方向误差方差/m^2	z 方向误差方差/m^2	位置误差协方差/m^2
22300.37	0.7892	0.9477	0.6039	1.3732
21766.12	0.7459	0.9440	0.5833	1.3371
20730.75	0.6657	0.9102	0.5371	1.2491
20389.75	0.6416	0.8696	0.5164	1.1978
20176.00	0.6288	0.8108	0.4964	1.1396
20142.00	0.6359	0.6588	0.4539	1.0220
20323.00	0.6549	0.5792	0.4280	0.9735
21062.75	0.7205	0.4339	0.3590	0.9145
21608.75	0.7645	0.3749	0.3173	0.9087
22261.37	0.8094	0.3594	0.2837	0.9223
23012.37	0.8321	0.3594	0.3025	0.9555
23859.62	0.7019	0.4694	0.4862	0.9744
24788.00	0.1606	0.5644	0.7246	0.9325
25788.62	0.5096	0.4663	0.7181	0.9964
25857.75	0.5420	0.4549	0.7126	1.0056
25917.12	0.5686	0.4509	0.7079	1.0137

由表 6 – 13 可知，方位角与仰角误差方差为$(10'')^2$时，目标在较佳测量位置（图中的位置 E 处）的融合误差协方差为 $1m^2$。对于光电经纬仪这样的传感器，其方位角和仰角误差方差可达$(1'')^2$；此时，目标融合位置误差协方差可达 $0.1m^2$，因此融合精度很高。表 6 – 13 给出的结果验证了扩维融合算法的可行性。

3. 新老算法比较

新算法（扩维融合定位）和老算法（传统三站交叉定位）对目标 F 位置的估计结果如表 6 – 14 所列。

表 6 – 14　新老算法加随机误差后对目标的融合结果

真值			老算法			新算法		
x	y	z	x	y	z	x	y	z
-1000	500	2000	-929.72	484.85	2011.24	-932.19	484.90	2011.65
-400	530	2000	-331.95	514.35	2011.67	-334.37	515.32	2010.95
-200	540	2000	-132.67	524.19	2011.80	-134.07	525.14	2010.70
-500	-400	2000	-433.19	-416.86	2015.48	-433.23	-415.32	2013.79
-300	-300	2000	-234.75	-316.92	2015.24	-234.64	-315.46	2013.29
500	100	2000	564.11	82.86	2014.19	562.86	82.07	2011.21
800	100	2000	863.11	82.55	2011.42	861.85	83.79	2010.86
1200	-100	2000	1261.48	-118.19	2012.59	1260.65	-116.75	2010.97
1800	-400	2000	1859.15	-419.39	2014.37	1858.83	-417.57	2011.14
2000	-700	2000	2456.92	-720.67	2016.17	2456.97	-718.34	2011.28

由表 6 – 14 可以看出，新算法与老算法所得的数据波动情况一致，所以两种算法在不完全测量的情况下，对仅有角度测量的目标位置估计是等价的。新算法比老算法的优越之处在于，新算法能同时利用完全测量和不完全测量（仅有方位或仅有距离）进行滤波，即能充分有效利用多传感器测量信息，提高目标融合定位精度。对完全和不完全信息的统一滤波，比传统的先进行多站不完全测量目标定位，再与完全测量目标信息进行融合的两步算法能大大减少目标精确定位时间延误，这对于高实时定位系统，如飞机降落时航向和高度的实时控制无疑具有重要应用价值。

6.5.2　基于测向平面的无源多站目标定位

无源传感器通常利用对目标辐射/反射电磁波的测向数据实现目标的定位。在二维空间中，利用多部无源传感器对同一目标的测向方位线进行目标交叉定位，已经在电子侦察领域得到广泛应用。长期以来，无源多站测向定位存在的问题源于传感器的测向误差较大。然而，随着无源传感器测向精度的提高，二维平面定位准确性的其他因素逐渐暴露出来。众所周知，目标辐/反射的电磁波并不是完全沿直线传播[26]，由于受到地球引力和大气波导的影响，电磁波在传输过程中向垂直于地面的方向弯曲，因而使用直线表达目标位置的观测方向并不适宜，而采用测向平面表达对目标的观测方向更加符合实际情况。

另外，现有的交叉定位技术是在二维平面坐标系下建立起来的，由于地球表面是椭球曲面，不同测向站点处的正北方向不平行，且不同测向站点的参考平面（切平面）不同。因此，投影到同一平面后，以正北为起始的方位角存在不可克服的误差。例如，测向站观测位于同一纬度上的目标方位应小于90°，而通过等角墨卡托投影，在二维平面中该目标的方位却等于90°。基于上述原因，无论是对空中目标，还是对海上目标和地面目标，无源多站测向定位都应该立足于三维空间。目前，关于交叉定位技术的研究绝大多数是二维空间的交叉定位问题，即目标与所有测向站都位于同一平面，难得见到的关于三维空间定位的研究。尽管文献[27]提出了三维空间定位算法，但其也是先将三维空间投影到二维空间，然后再考虑目标的俯仰角，并没有解决二维空间测向目标交叉定位存在的上述不合理、不准确的问题。本书基于地心地固坐标系（ECEF），通过定义三维空间中测向站对目标的测向平面，实现对三维空间中多站测向目标的准确定位，给出三维空间中多站测向定位的一种新方法。

6.5.2.1 相关基础知识

本节给出基于无源多站测向数据在三维空间中进行目标交叉定位所采用的 ECEF 坐标系中的相关知识和公式[28]。

1. ECEF 坐标系下的地球椭球面方程

为了研究空间观测方位与目标之间的关系，建立 ECEF 坐标系：以地心为原点，地轴正北方向为 Z 轴，X、Y 轴位于赤道平面，地心到赤道上零经度点的有向直线为 X 轴，地心到赤道上东经 90°点的有向直线为 Y 轴。根据克拉索夫斯基地球模型[29]，地球长半轴 $a=6378.245\text{m}$，短半轴 $b=6356.863\ \text{m}$，于是，地球表面上的椭球面方程为（图6-29）

$$\frac{x^2}{a^2}+\frac{y^2}{a^2}+\frac{z^2}{b^2}=1 \tag{6-50}$$

2. 地面点在 ECEF 坐标系中的坐标

由文献[28]中式（1-10）可知，地面点 $N(\lambda,\varphi)$ 处的纬线半径为（图6-29、图6-30）

$$r=\frac{a}{(1-e^2\sin^2\varphi)^{1/2}}\cdot\cos\varphi \tag{6-51}$$

式中：φ 为 N 处的地理纬度，即 N 点法线与赤道面交角。

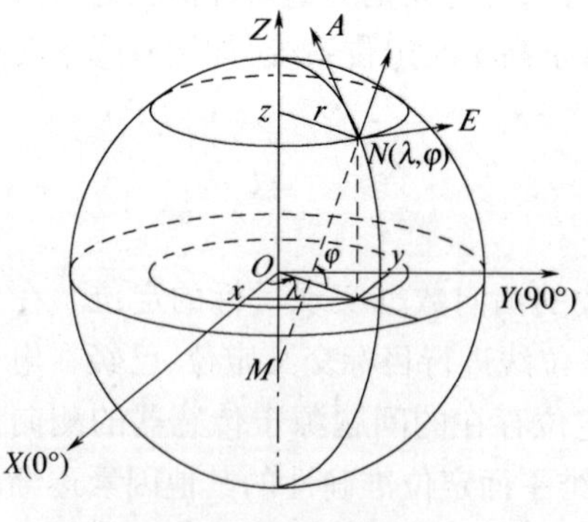

图6-29 ECEF 坐标系中地面点的纬圈半径、法线和正北向量

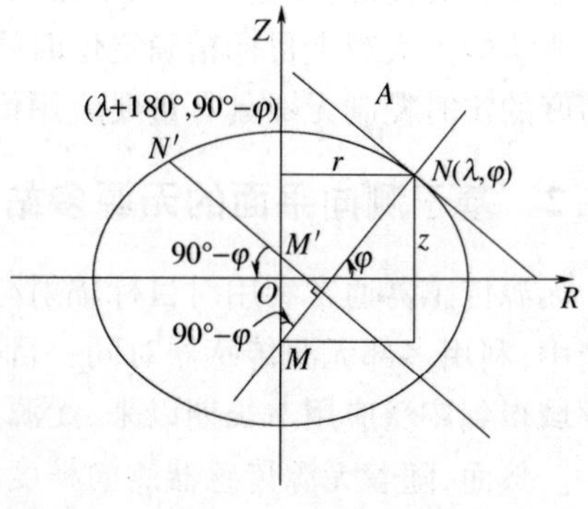

图6-30 地面点法线与正北向量

注意，在图 6－30 所示的经线圈中成立：

$$\frac{r^2}{a^2}+\frac{z^2}{b^2}=1$$

故成立：

$$z=b\sqrt{1-r^2/a^2}$$

综合图 6－29、图 6－30 可得，地面点 $N(\lambda,\varphi)$ 在 ECEF 坐标系中的坐标为

$$\begin{cases}x=r\cdot\cos\lambda\\y=r\cdot\sin\lambda\\z=b\sqrt{1-r^2/a^2}\end{cases}\tag{6-52}$$

3. 地面点的法线向量和正北向量

1）地面点的法线向量

地面点 N 的法线向量 $\boldsymbol{MN}$ 是指其与 N 点的地球切平面垂直的向量，M 为过 N 点的经线圈中法线与 Z 轴交点。设 MN 的长度为 n，由经纬度的定义，法线向量 $\boldsymbol{MN}$ 在 X、Y、Z 轴的投影为

$$\begin{cases}l_x=n\cdot\cos\varphi\cdot\cos\lambda\\l_y=n\cdot\cos\varphi\cdot\sin\lambda\\l_z=n\cdot\sin\varphi\end{cases}\tag{6-53}$$

因此，$\boldsymbol{MN}$ 的单位向量可表示为

$$MN/n=(\cos\varphi\cos\lambda,\cos\varphi\sin\lambda,\sin\varphi)\tag{6-54}$$

2）地面点的正北向量

地面点的正北向量是指该点的地球经线的切线且指向正北的向量。在图 6－30 所示的点 $N(\lambda,\varphi)$ 的经线圈中，地面点 $N'(\lambda+180°,90°-\varphi)$ 的法线向量 $\boldsymbol{M'N'}$ 与点 $N(\lambda,\varphi)$ 的切线向量平行。因此，N 点的单位正北向量可表示为

$$(-\sin\varphi\cdot\cos\lambda,-\sin\varphi\cdot\sin\lambda,\cos\varphi)\tag{6-55}$$

4. 三维空间点在地面上的投影

过空间中的一点 P，作地球椭球面的垂线 PN，垂足为 N，称 N 为空间一点 P 在地面上的投影点。

图 6－31(a) 为空间点 P 在过地轴及点 P 的平面上的投影，其中椭圆为地球经线圈，N 为 P 在地球表面的投影。在投影平面上建立 $R-Z$ 坐标系，则椭圆方程为

$$\frac{r^2}{a^2}+\frac{z^2}{b^2}=1\tag{6-56}$$

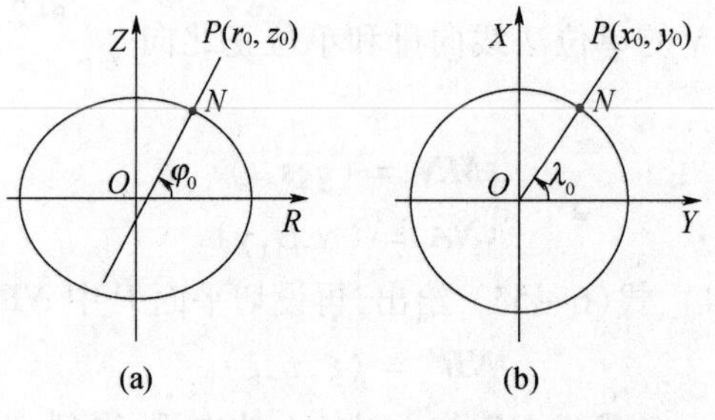

图 6－31　三维空间的点在地球上投影的视图

设 P 点在 ECEF 坐标系中的坐标为(x_0, y_0, z_0),则 P 在 $R-Z$ 坐标系中的坐标为(r_0, z_0),其中

$$r_0 = \sqrt{{x_0}^2 + {y_0}^2}$$

将式(6-56)对 r 求导数,得 $\frac{2r}{a^2} + \frac{2zz'_r}{b^2} = 0$。于是,得到经线圈上各点的切线斜率为

$$z'_r = -\frac{b^2 r}{a^2 z} \tag{6-57}$$

由于 PN 为 N 点的法线,因此,N 点的切线与 NP 垂直,再由相互垂直两直线斜率为负倒数关系,得

$$\frac{b^2 r}{a^2 z} = \frac{r_0 - r}{z_0 - z} \tag{6-58}$$

由式(6-56)、式(6-58)联立求出 N 点在 $R-Z$ 坐标系中的坐标(r, z),代入式(6-57)可求出图 6-31(a)中椭圆位于 N 点的切线斜率,由此推出 NP 与 R 轴的夹角,即 P 点的地理纬度 φ_0。

将 P 点投影到赤道平面,如图 6-31(b)所示,P 点的坐标(x_0, y_0)就是 P 点在 ECEF 坐标系中 X、Y 轴上的坐标,又因为

$$\tan\lambda_0 = \frac{x_0}{y_0} = \frac{x}{y}$$

从而,可求得 P 点(或 N 点)的经度 λ_0。

由于 P 点的高度即是 P 点到 N 点的距离,故

$$h = |PN| = |r_0| - |r| = \sqrt{x_0^2 + y_0^2} - |r|$$

6.5.2.2 仅有平面方位测量的空间目标定位

1. 测向平面的概念与表达式

测向平面是指过地面测向点、测向目标且与测向点处的地球切平面垂直的平面。在图 6-32 中,设 P 为地面观测点 N 处地球切平面,NA 为平面 P 内正北方向,N 点法线为 MN。再设平面 Q 经过 MN 及目标 B,平面 Q 即为过 N 点观测目标 B 的测向平面。显然,平面 $P\perp$ 平面 Q,若目标 B 在平面 P 中的投影为 B',则在 N 点观测到目标 B 的方位角为 θ。

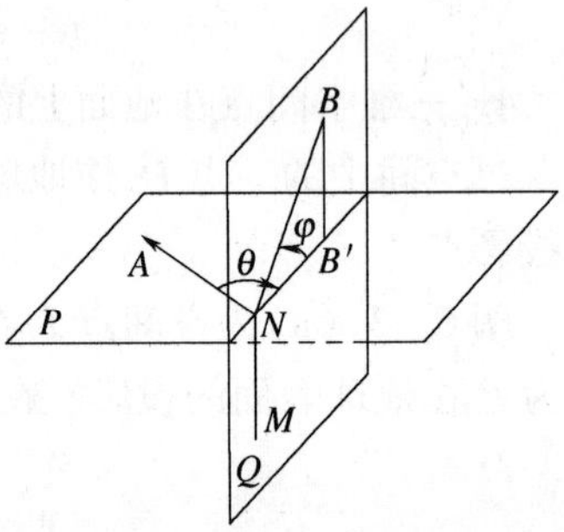

图 6-32 地面点 N 与观测目标 B 形成的平面

假设地面观测站点 N 的单位法线向量和单位正北向量分别为

$$\begin{cases} \boldsymbol{MN} = (q,s,t) \\ \boldsymbol{NA} = (\alpha,\beta,\gamma) \end{cases} \tag{6-59}$$

式中:参数可由式(6-54)、式(6-55) 给出,再设切平面 P 中 $\boldsymbol{NB'}$的单位向量为

$$\boldsymbol{NB'} = (\xi,\eta,\zeta)$$

由于 $MN\perp NB'$, $\angle ANB' = \theta$,通过 $\boldsymbol{NB'}$与 $\boldsymbol{MN}$、$\boldsymbol{NA}$ 的内积,得到

$$\begin{cases} q\xi + s\eta + t\zeta = 0 \\ \alpha\xi + \beta y + \gamma\zeta = \cos\theta \\ \xi^2 + \eta^2 + \zeta^2 = 1 \end{cases} \tag{6-60}$$

求解方程式(6－60)可得 NB' 的单位向量(ξ, η, ζ)。进一步，通过 NB' 与 MN 外积可得平面 Q 的一个法线向量为

$$(q,s,t) \times (\xi,\eta,\zeta) = (s\zeta - t\eta, t\xi - q\zeta, q\eta - s\xi)$$

设 N 点 ECEF 坐标为(x_0, y_0, z_0)，则在 ECEF 坐标系下，由地面点 N 对三维空间目标 B 的测向平面 Q 的方程为

$$(s\zeta - t\eta)(x - x_0) + (t\xi - q\zeta)(y - y_0) + (q\eta - s\xi)(z - z_0) = 0 \tag{6-61}$$

式(6－61)中的系数可通过式(6－54)、式(6－55)、式(6－60)求出。

2. 基于两个测向平面的二维目标定位问题

二维平面中两条观测方位线可以确定目标的位置，三维空间中两个测向平面可以确定目标 B 所在的直线，假定目标在地球表面，则该直线与地球曲面的交点就是目标的位置 S，如图 6－33 所示。

图 6－33 中，位于地面 N_1、N_2 点的测向站观测目标 B 的测向平面分别为 Q_1、Q_2，其交线为 CD，CD 与地球表面交点为 S，则 S 为地面观测目标的位置，其坐标由下列方程组确定：

$$\begin{cases} \dfrac{x^2}{a^2} + \dfrac{y^2}{a^2} + \dfrac{z^2}{b^2} = 1 \\ a_0 x + b_0 y + c_0 z + d_0 = 0 \\ a_1 x + b_1 y + c_1 z + d_1 = 0 \end{cases} \tag{6-62}$$

式中：后两个方程为目标 S 的两个测向平面表达式。

同二维测向定位一样，三维测向平面交叉定位也要判断两个测向平面是否存在前向交线，不存在前向交线的两个测向平面不能进行交叉定位。

如果在定位过程中考虑目标的高度，则需将 S 的位置指定在交线 CD 上的该高度点 B，然后再垂直投影到地球表面，由此确定目标的经纬度。若目标 B 的高度未知，则需要在地面 3 个不同点对目标观测，建立 3 个测向平面，求取目标 B 的三维空间位置。

3. 基于 3 个测向平面的三维空间目标定位问题

如图 6－34 所示，地面 3 个测向站 N_1、N_2、N_3 对空间目标 B 进行测向，得到 3 个测向

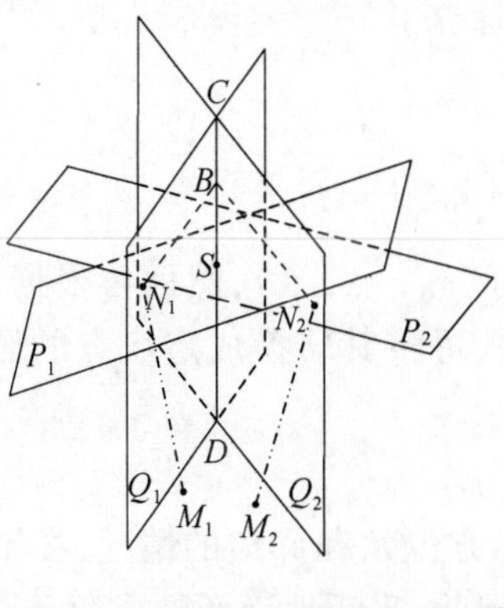

图 6－33　两测向平面目标定位示意图

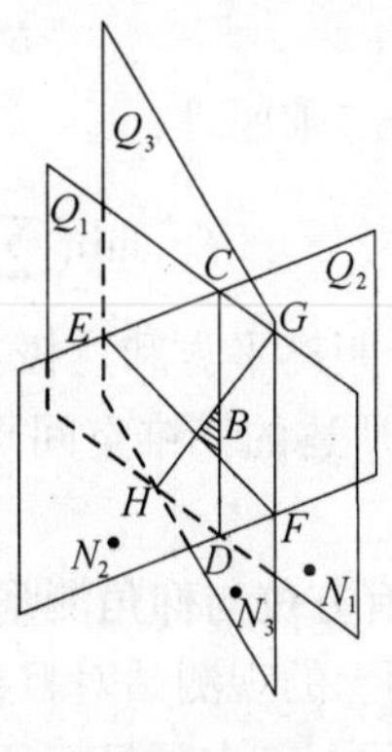

图 6－34　3 个测向平面目标定位示意图

平面 Q_1、Q_2、Q_3，若无测向误差，则两两平面相交得到 3 条交线 CD、EF、GH，其应交于一点，该点即为目标 B 的位置。若存在测向误差，3 条交线可能形成一个空间三角形，如图 6-34中阴影部分所示，并可依此求得空间目标 B 的位置。若 3 条交线不共面，则可求取与 3 条交线距离平方和最小的空间点为空间目标 B 的位置。

假设 3 个测向站 N_1、N_2、N_3测向获得空间目标 B 的 3 个测向平面 Q_1、Q_2、Q_3，则由这 3 个测向平面的方程：

$$\begin{cases} a_0x + b_0y + c_0z + d_0 = 0 \\ a_1x + b_1y + c_1z + d_1 = 0 \\ a_2x + b_2y + c_2z + d_2 = 0 \end{cases} \tag{6-63}$$

即可以确定目标 B 的空间位置，如前所述。并可根据需要，按 6.5.2.1 小节所述的三维空间点在地面上的投影方法，将三维空间点 B 的 ECEF 坐标转换为经、纬、高度地理坐标。

4. 多个测向平面的定位

如前所述，在一个地面站仅测得目标平面方位角的情况下，仅能对该目标形成一个测向平面，两个站形成两个测向平面相交一条线，需要辅助条件才能确定目标的位置。无误差的 3 个测向平面相交一点，可以确定目标空间位置。3 个以上测向平面相交形成多个交叉点，无法确定目标位置。为此，假设空间存在一点，该点到所有测向平面的距离的平方和最短，把该点近似作为空间多个测向平面的交叉定位点。

根据这一思想，假设空间中至少有 3 个地面站对同一目标进行观测所获得的 $n(>3)$ 个测向平面的方程为

$$\begin{aligned} a_0x + b_0y + c_0z + d_0 &= 0 \\ a_1x + b_1y + c_1z + d_1 &= 0 \\ &\vdots \\ a_{n-1}x + b_{n-1}y + c_{n-1}z + d_{n-1} &= 0 \end{aligned}$$

不妨假设：

$$\sqrt{a_i^{\ 2} + b_i^{\ 2} + c_i^{\ 2}} = 1 \quad i = 0,1,\cdots,n-1$$

再假设空间多个测向平面的交叉定位点坐标为$(x_0,\ y_0,\ z_0)$，该交叉点到第 i 个测向平面的距离为[28]

$$D_i = | a_ix_0 + b_iy_0 + c_iz_0 + d_i |$$

则可根据最小二乘原理：

$$\min_{(x,y,z)} \sum_{i=0}^{n-1} D_i^2 = \sum_{i=0}^{n-1} (a_ix + b_iy + c_iz + d_i)^2 \tag{6-64}$$

求取使这 n 个距离平方和达极小的点作为定位点坐标$(x_0,\ y_0,\ z_0)$，然后再根据需要，按 6.5.2.1 小节所述的三维空间点在地面上的投影方法，可将其转换成定位点的经、纬、高度坐标。

6.5.2.3 具有方位与仰角测量的空间目标定位

对于地面上的观测站对目标无源探测能获得目标方位角和仰角的情况，在不考虑测量误差时，实际上确定了目标所在的三维空间直线。因此，采用地面两站或两个以上观测

站测量，即能实现空间目标的交叉定位，实现方法与6.5.2.2小节所述原理大体相同。

1. 目标视距测量直线表达式

图6-35中，N为地球表面观测站位置，其经纬度为(λ,φ)，Nxy为N点地球切平面，Nz为切平面法线，Nx位于切平面内且指向正北，$Nxyz$为N点北东天坐标系。

设N点观测站获得空间目标的方位角为θ，仰角为ψ，则$\boldsymbol{NB}$矢量在$Nxyz$直角坐标系下的单位向量为

$$\boldsymbol{I}_N=[\cos\psi\cos\theta,\cos\psi\sin\theta,\sin\psi]^{\mathrm{T}}$$

将其转换到ECEF坐标系$OXYZ$下，得到

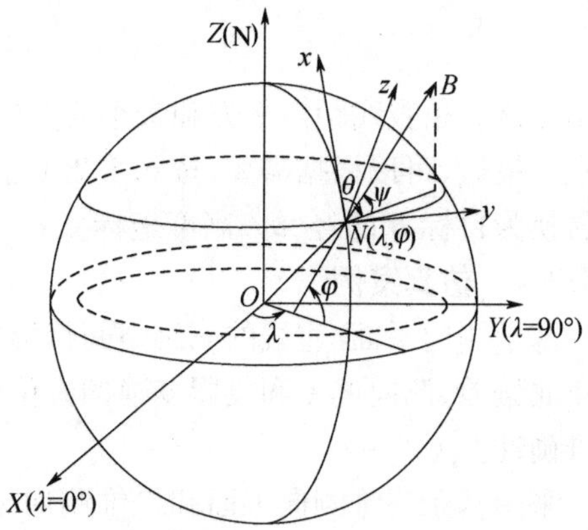

图6-35 ECEF坐标系与地面直角坐标系

$$\boldsymbol{I}_O=A[\cos\psi\cos\theta,\cos\psi\sin\theta,\sin\psi]^{\mathrm{T}}\triangleq[l,m,n]^{\mathrm{T}} \tag{6-65}$$

其中，坐标系变换矩阵为

$$\boldsymbol{A}=\begin{bmatrix}\cos\varphi & 0 & \sin\varphi\\ \sin\lambda\sin\varphi & -\cos\lambda & -\sin\lambda\cos\varphi\\ -\cos\lambda\sin\varphi & -\sin\lambda & \cos\lambda\cos\varphi\end{bmatrix} \tag{6-66}$$

式中：(λ,φ)为观测点N的经纬度。

于是得到过N点，如式(6-65)给出的单位向量所示的ECEF坐标系下的直线方程为

$$\frac{x-x_N}{l}=\frac{y-y_N}{m}=\frac{z-z_N}{n} \tag{6-67}$$

式中：$(x_N,\ y_N,\ z_N)$为地面观测站N的ECEF坐标，由式(6-52)给出。

2. 基于视距测量线的空间目标定位

设地面点N_1、N_2、…、$N_p(p\geqslant 3)$处观测得到的三维空间目标B的p条视距测量直线为

$$\frac{x-x_{N_i}}{l_i}=\frac{y-y_{N_i}}{m_i}=\frac{z-z_{N_i}}{n_i}\quad i=1,2,\cdots,p \tag{6-68}$$

式中：$(x,\ y,\ z)$为目标B的三维空间坐标。

由文献[28]给出的三维空间点线距离公式，点$(x,\ y,\ z)$对式(6-68)所示的第i条直线$(i=1,2,\cdots,p)$距离的平方为

$$D_i^2=\begin{vmatrix} i & j & k\\ l_i & m_i & n_i\\ x-x_{N_i} & y-y_{N_i} & z-z_{N_i}\end{vmatrix}^2$$

$$=[m_i(z-z_{N_i})-n_i(y-y_{N_i})]^2+[l_i(z-z_{N_i})-n(x-x_{N_i})]^2+[l_i(y-y_{N_i})-m(x-x_{N_i})]^2 \tag{6-69}$$

按式(6-69)可求得目标B到这p条测量直线的距离的平方为$D_1^2,D_2^2,\cdots,D_p^2$，然后，再由最小二乘原理：

$$\min_{(x,y,z)} \sum_{i=0}^{n-1} D_i^2 \tag{6-70}$$

求出与该 p 条直线距离平方和最小的点(x_0, y_0, z_0),其即为目标 B 在 ECEF 坐标系下定位点。最后,可以根据需要,按 6.5.2.1 小节所述的三维空间点在地面上的投影方法,将其转换为目标 B 的经、纬、高度坐标。

6.5.2.4 仿真案例

基于测向平面/直线的三维空间目标定位方法消除了传统二维空间交叉定位中存在的正北偏差、测向偏差和投影变换的方位变形等对定位精度的影响,提高了无源测向定位的准确性。

采用基于三维测向平面和二维测向方位线对三维空间目标的定位方法对 200km 处的固定目标进行交叉定位(图 6-36),具体数据如表 6-15 所列。

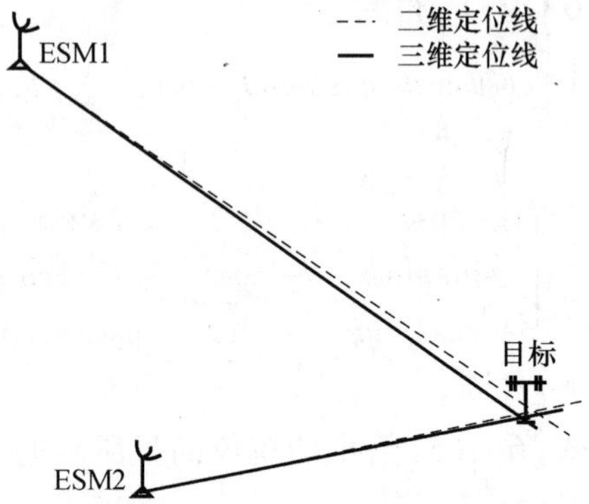

图 6-36 多 ESM 二维与三维交叉定位示意图

表 6-15 二维测向方位线定位与三维测向平面定位结果比较

	测向站经度/(°)	测向站纬度/(°)	测向方位/(°)	定位点经度/(°)	定位点纬度/(°)
三维测向平面定位	118	26	125	120.671	24.261
	119	24	80		
二维测向方位线定位	118	26	125	120.705	24.276
	119	24	80		
两种方法定位点经纬度偏差				0.034	0.015
两种方法定位点距离偏差				3.83km	

表 6-15 中的数据是采用两种方法对大量两站测量方位数据(加随机误差)进行定位计算获得的;从图 6-36 可以看出,三维测向平面定位结果接近目标真实位置(经度:120.673°,纬度:24.259°),比二维方位线交叉定位误差减少了 3km 左右。

参考文献

[1] White J. Data Fusion Lexicon[R]. Joint Directors of Laboratories, Technical Panel for C3, Data Fusion sub-panel, Naval Ocean System Center, San Diego, 1987.

[2] Dasarathy B V. Sensor fusion potential exploitation – innovative architectures and illustrative applications[C]. IEEE proceedings, Vol85, No 1, 1997.

[3] Steinberg A N, Bowman C L, White Jr F E. Revision to JDL Data Fusion Model[C]. proc. 3rd NATO/IRIS conf., Quebec City Canada, 1998.

[4] Bedworth M, O'Brien J. The omnibus model: a new model of data fusion[C]. IEEE Transaction on Aerospace and Electronic System, 2000, 15(4): 30–36.

[5] Llinas J et al. Revisiting the JDL Data Fusion Model II[C]. Proc, Fusion 2004.

[6] Liggins M E, David L H, Llinas J. Handbook of Multisensor Data Fusion: Theory and Practice (Second Edition), 3.5 Model Extension and Variant[M]. CRC Press, Taylor & Francis Group, Boca Raton London, New York. 2009.

[7] Hall D L. Mathematical Techniques in Multisensor Data Fusion. Norwood, MA: Artech House, 1992.

[8] 何友,王国宏,陆大金,等. 多传感器信息融合及应用[M]. 北京:电子工业出版社,2000.

[9] Zhu Y M, You Z S, Zhao J, Zhang K S, Li X R. The optimality for the distributed Kalman filtering fusion with feedback [J]. Automatica. 2001, 37 (9): 1489–1493.

[10] Liggins M E, David L H, Llinas J. Handbook of Multisensor Data Fusion: Theory and Practice (Second Edition), 17.2 Distributed fusion within a Network-Centric environment[M]. CRC Press, Taylor & Francis Group, Boca Raton London, New York. 2009.

[11] 李君灵. 分布式融合中冗余信息消除原理分析[J]. 指挥信息系统与技术, 2010,1(6): 46–49.

[12] 周概容. 概率论与数量统计[M]. 高等教育出版社. 1987.

[13] 林强. 一种统计样本检验的新算法及其应用[J]. 现代电子工程, 2002, 23(4): 20–23.

[14] Zhang L Y, Zhang L, Zhong C Q, et al. Study on grouping fusion algorithm for multisensor in the field of intelligent measurement[C]. Proceedings of the 6th International Symposium on Test and Measurement, June,2005, 6: 5184–5187.

[15] Li F. 模糊专家系统[M]. 武汉:华中理工大学出版社, 1995.

[16] 刘海燕. 信息融合中几个关键技术研究[D]. 解放军理工大学通信工程学院, 2007.

[17] Shafer G. A mathematical theory of evidence[M]. Princeton University, 1976.

[18] Dempster A P. Upper and lower probability induced by a multivalued mapping[J]. Mathematic. Statistics. 1967, 38 (1): 325–339.

[19] Zadeh L. A simple view of the Dempster–Shafer theory of evidence and its implication for the rule of combination[J]. AI Magazine. 1986, 7(1): 85–90.

[20] 赵宗贵, 刘海燕. 基于局部信度分配的证据合成方法[J]. 现代电子工程,2008,96(2):42–47.

[21] 刘海燕, 赵宗贵, 刘熹. D–S 证据理论中冲突证据的合成方法[J]. 电子科技大学学报. 2008, 37(5): 701–704.

[22] 汤扣林, 陆中华. 基于证据理论及冲突属性转换的目标识别方法[J]. 指挥控制系统与技术. 2011, 2(6): 46–50.

[23] 曹可劲, 赵宗贵, 江汉. 一种基于证据理论和条件规则的目标识别方法[J]. 系统工程与电子技术, 2006, 28 (8): 1169–1171.

[24] 余安喜, 胡卫东, 周文辉. 多传感器量测融合算法的性能比较[J]. 国防科技大学学报. 2003, 25(6):39–44.

[25] 李震, 张冰, 刘维亭, 等. 基于异类传感器的数据融合系统[J]. 船舶电子工程, 2007, 29 (1): 38–41.

[26] Merrill L. Skolnik. 雷达系统导论(第 3 版)[M]. 北京:电子工业出版社, 2007, p373–389.

[27] 李洪梅, 陈培龙. 三维多站测向交叉定位算法及精度分析[J]. 指挥控制与仿真, 2007, 29(2): 54–59.

[28] 数学手册编写组. 数学手册[M]. 北京:人民教育出版社, 1979.

[29] 吴忠性. 数学制图学[M]. 解放军测绘学院, 1962.

第 7 章　分布式系统中信息融合结构与应用

分布式信息融合系统又称为非中心式信息融合系统，是适应网络中心战环境的战场感知信息融合方法。与以往的集中式或逐级综合的信息融合方法不同，分布式信息融合系统中存在大量的网络节点之间的测量或融合信息交互，这使得信息之间的相关性、冗余性，以及统计分布特性等变得更加复杂和难以确定。因此，分布式信息融合目前已成为信息融合学科的前沿研究课题之一。

7.1　网络中心战中的信息融合

7.1.1　网络中心战与网络中心运用

网络中心（Network Centric）在概念上是指“基于网络的”，或“主要依靠网络的”，或“充分运用网络的”等涵义，实际上就是网络中心运用（Network Centric Operations，不能译为“网络中心作战”），即网络技术所能提供的支撑或应用，是技术概念。网络中心战（Network Centric Warfare）则是指网络化部队所能遂行的各种作战样式和行为的总和，即网络技术能够提供支撑的各种作战样式与行为，是作战概念。

C^4ISR 系统中的网络中心运用是指在战场感知、作战决策、指挥控制、火力打击和效果评估等诸作战链条中充分运用网络资源和网络技术，以达到最优作战效果（图 7－1）。

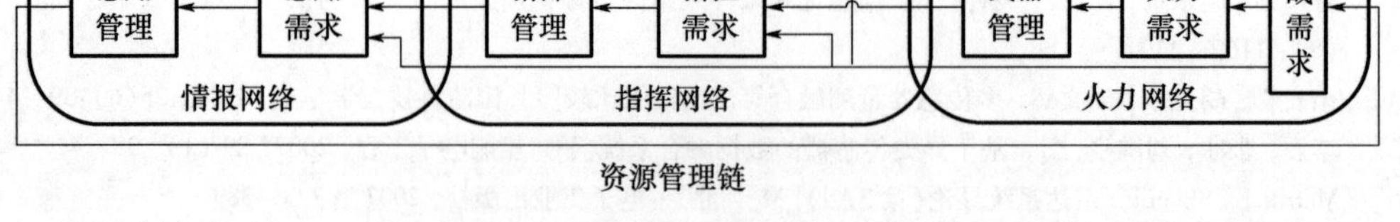

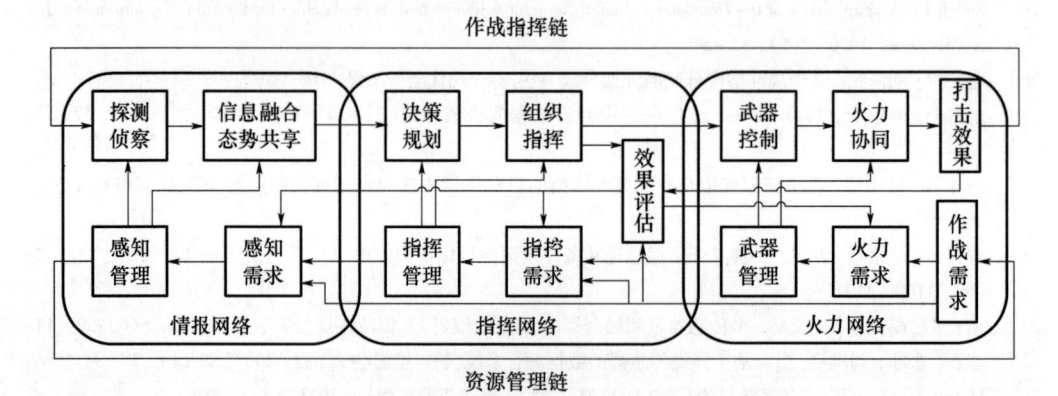

图 7－1　C^4ISR 中的网络中心运用

图 7－1 描述了 C^4ISR 系统中网络中心运用的作战指挥链和资源管理链的功能流程，其划分为情报网络、指挥网络和火力网络等 3 个应用逻辑网络。作战指挥链由左至右，从战场感知网络（探测/侦察、信息融合与态势共享）获得信息优势出发，到指挥网络（决策规划、组织指挥和打击效果评估）以获得决策优势；再通过火力网络（武器/平台控制和火力协同），获得火力优势，从而获得最优打击效果；产生新的战场态势反馈到战场感知网

络中;实现作战指挥链的闭环控制。资源管理链则从右向左,从作战需求出发,提出对火力网络、指挥网络、情报网络的需求;它们分别以火力需求、指控需求、感知需求的形式实现,并通过武器管理、指挥控制、情报感知等领域作战资源的管理,实现对相应作战指挥链各链条的运行控制;对各作战链条的逐一反馈控制是基于作战效果与作战需求的差距进行的,因此,作战效果评估是 C^4ISR 系统运行中动态反馈优化控制不可或缺的重要环节,是获得3个优势并最终获得优化作战效果的关键因素。

从图7-1还可以看出,资源管理链的功能既包含从中长期战略目标出发,对情报网络、指挥网络、火力网络资源的优化配置,又包含基于战术作战意图和战场实时打击效果,对这三个网络的需求(作战任务)和资源进行动态规划和调整,以保障作战指挥链三个网络的协调、优化运行。然而,目前许多人并没有将资源管理链的重要作用和建设提升到相应的位置上,这一点是很值得我们重视。

7.1.2 网络中心运用的融合结构案例

在网络中心战环境,特别是多军兵种联合作战环境中,遍布陆、海、空、天战场的武器平台、探测平台和指挥平台,通过一体化网络的连接和运用,能大大提升全维战场的感知能力、优化决策能力和协同打击能力,从而达到最优作战效果。其中,全维战场感知是联合作战的基础。图7-2描述了全维战场感知领域中,网络中心运用的一个具体案例。

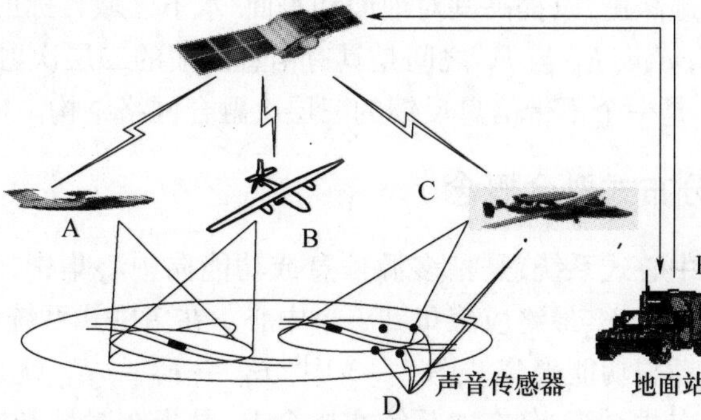

图7-2 战场感知中网络中心运用案例

该案例中,信息传输网络包括3级:无源声纳传感器网络、地空/舰空数据链、卫星通信网络。局部融合平台及其携载(连接)的传感器包括:

(1) 水面舰艇D:无源水声(声纳)传感器网络的一个节点,融合多声纳感知信息生成水面/水下目标局部航迹。

(2) 预警机C:采用舰空数据链接收舰载平台D的水声融合信息,与携载的其他传感器(雷达,ESM等)信息融合,生成海上/水下目标局部综合航迹和属性信息。

(3) 预警机A:携载有源雷达、ESM、光电传感器等探测某一区域地面目标,融合生成地面目标局部状态信息。

(4) 侦察机B:携载有源雷达、ESM、红外、光电等传感器,探测(与预警机A)同一区域的地面信息,并融合生成地面目标局部航迹与环境信息。

(5) 地面站E:通过通信卫星传输,接收预警机A、预警机C和侦察机B等局部融合平台(中心)上报的水面、水下和地面目标局部航迹和属性信息,并进行再次融合,获得地面和水面/水下目标全局航迹和属性。这里的地面站 E 可视为全局融合中心。

由以上描述，可获得在该 3 级信息传输网络支持下，诸平台及其携载传感器构成的融合网络，如图 7－3 所示。

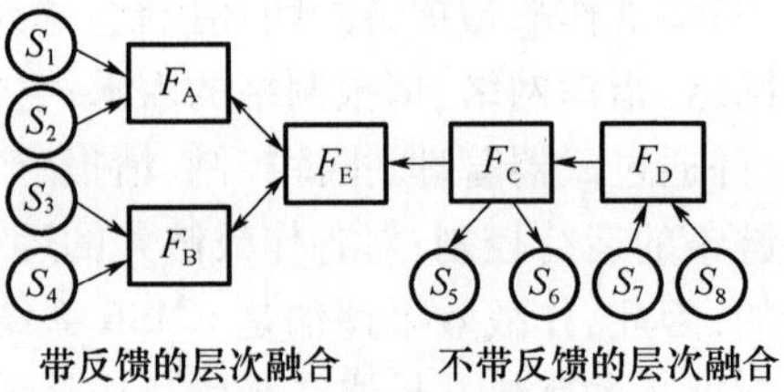

图 7－3 案例对应的融合网络

图 7－3 中，携载多传感器的飞机探测平台 A 和 B 分别独立探测同一地面区域中的运动目标和静态目标，并在各自平台上进行融合处理，生成地面目标的局部位置估计或航迹估计及其融合误差协方差，分别用 F_A 和 F_B 表示。然后，F_A 和 F_B 经通信卫星传输地面站 E。

水面舰艇平台 D 接收水声网络各节点声纳的无源探测信息，融合生成水面/水下目标局部航迹及其协方差，以 F_D 表示。然后通过舰空数据链传输给飞机平台 C。飞机平台 C 将接收的水声目标融合信息与其携载的其他传感器对同一海域的探测信息进行融合，生成水面/水下目标的二次局部融合航迹和误差协方差，以 F_C 表示；通过卫星传输到地面站 E。

地面站 E 是该战术网络中心系统的全局融合中心，它对经通信卫星传输接收的 F_A、F_B、F_C 等局部融合信息进行融合，生成地面目标和水面/水下目标的全局融合航迹（含属性）及其误差协方差，以 F_E 表示。F_E 还要分别回送给飞机探测平台 A 和 B，对它们进行目标探测指示和局部航迹修正，以提高其对地面和水面/水下区域目标的及时、准确，连续探测与跟踪能力。这样，F_A、F_B 与 F_E 之间是具有信息反馈的二层次融合网络结构。与此对照，$F_D \to F_C \to F_E$ 是一个不带信息反馈的三层次融合网络结构。

7.1.3 集中式与分布式融合概念

集中式系统又称中心式系统，是指多源信息或功能向中心集中（聚集）的系统，可具有一个中心或多层次多中心，最终应聚集到一个中心。在集中式系统中，不存在由上至下和同层次横向信息流动与功能聚集。图 7－3 中，$F_D \to F_C \to F_E$ 就是一个集中式系统。与集中式对应的是分布式系统，分布式系统在概念上，是指在时域和空域上分散，基于通信网络连接，实现信息交互和功能协同的多节点系统。

网络中心运用支持全分布式系统，即所有连接的节点间均可能存在信息交互和功能协同，当各节点功能完全相同时，又称为（各节点）对等分布式系统。多层次中心式系统若存在自上而下的功能或信息的反馈，如图 7－3 左部分，F_A、F_B 与 F_E 即是带反馈的两层次融合，也是一种类型的分布式融合系统。实际上，网络中心运用自然也支持集中式系统，只是其需要网络中心运用的很少部分功能（自下而上的传输功能）支持。

信息融合从集中式向分布式发展皆基于通信网络的支持。从信息融合功能概念上说，集中式融合系统是指诸多信息源的战场探测/侦察原始信息皆集中到一个中心进行目标检测、目标估计、态势与威胁估计等多级融合功能，即是指具有单一层次的融合系统。而具有多层次融合节点的集中式系统也划归到分布式融合系统中，以利于对比分析。图 7－4 给出的 2004 年推荐的 JDL 修正融合模型中，将之前的诸 JDL 融合模型推广到分布式，并提出了资源管理和功能扩展概念。

实际上，图 7－4 所确定的数据融合范围，即 0 级～4 级融合功能，除了表示采用信息

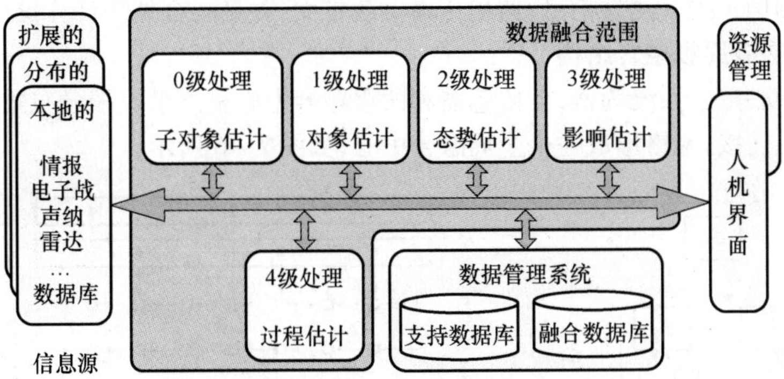

图 7-4　2004 JDL 修正融合模型

由低到高的融合级别外，还表示在应用中可根据具体的信息获取层次和融合产品需求，进行其中一级或几级融合，而不是全部。这就是图 7-4 采用网络（总线）结构进行逐级功能接入的原因。从这个意义上讲，图 7-4 所确定的融合范围可以在一个层次一个中心进行，也可在多层次多中心即分布式实现。特别明显的是，4 级（过程估计）在逐级分布式融合时，更需要通信网络的支持。至于图 7-4 中的信息融合功能扩展的内涵、资源管理内涵及其与信息融合的关系，已在第 2 章中进行了一些讨论，目前仍在发展中。

7.2　分布式信息融合结构

7.2.1　不带反馈的融合结构

不带反馈的融合结构是集中式融合结构（单级）或其组合（多级），信息融合是由下至上逐级进行，并且没有由上至下反馈或同级节点之间的信息交互融合。

7.2.1.1　单级中心融合结构

单级中心结构中，信息源和融合节点呈分布式部署，由通信网络实现集中式连接，其融合结构和信息流程图如图 7-5 所示。

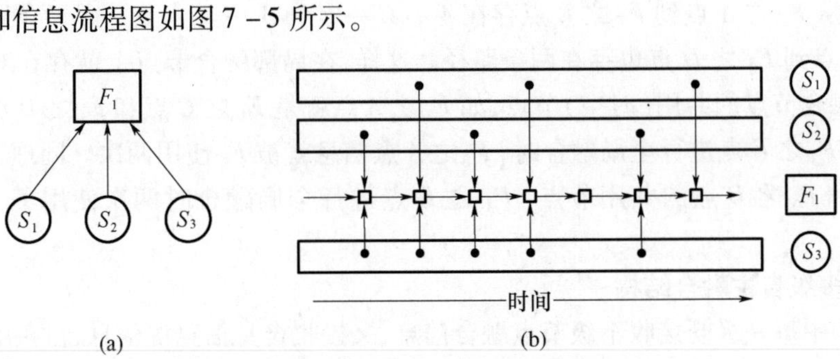

图 7-5　单级中心融合结构及其信息流程

图 7-5(a) 是典型的单级融合系统，图 7-5(b) 是融合信息流程图。其中，S_1、S_2、S_3 是接入融合节点的传感器，其将相同或不同时刻探测的信息传输到融合中心，在融合中心生成目标综合航迹及其误差协方差，用 F_1 表示。当然，也可根据作战需求，在融合中心进一步生成态势估计和威胁估计产品，以及评估和反馈控制诸传感器的工作状态和工

作模式。该结构不损失测量信息，通信传输负载较大，并且融合处理计算量也较大。

7.2.1.2 多层级逐级融合结构

以两级中心融合系统为例，各传感器和两级融合中心呈不带反馈分布式，由通信网络实现由下至上连接，最终形成一个全局融合中心，如图 7 - 6 所示。

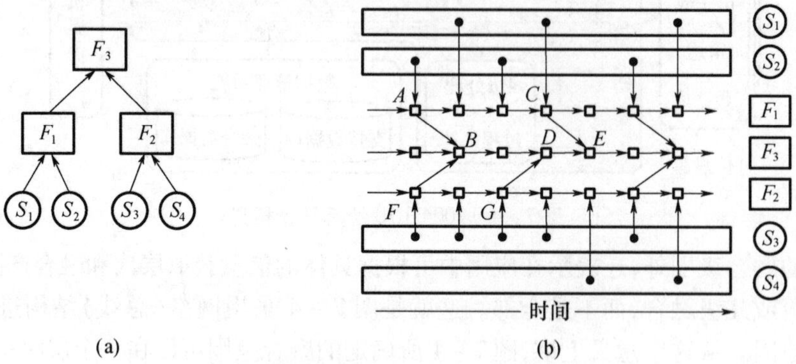

图 7 - 6 两级中心融合结构及其信息流程

该结构是适应当前战场感知信息逐级上报/融合系统的通用结构，可扩展为多级中心式结构。从图 7 - 6(b) 可以看出，节点 F_1、F_2、F_3 在诸时间点上的融合过程如下。

F_1 是传感器局部航迹融合节点，A、C 是该节点局部航迹的上报点，C 点的局部航迹由 A 点局部航迹与后续获取的 S_1、S_2 传感器测量融合产生。同样，F_2 的 G 点局部航迹由 F_2 的 F 点局部航迹与后续获取的 S_3 传感器测量融合产生。全局融合中心 F_3 之 B 点的全局航迹则由 F_3 在 B 点的全局先验航迹与 F_1 之 A 点、F_2 之 F 点报来的两条局部航迹融合获得；F_3 之 D 点的全局航迹则由 B 点全局航迹与 F_2 之 G 点报来的局部航迹融合获得；F_3 之 E 点则对自身 D 点的全局航迹与 F_1 之 C 点报来的局部航迹进行融合，生成 E 点的全局航迹。

由上述融合过程描述不难看出，从局部融合节点到后续时间的全局融合节点存在冗余路径，如从 F_1 之 A 点到 F_3 之 E 点存在 $A \to C \to E$ 和 $A \to B \to D \to E$ 两条路径；同样，从 F_2 之 F 点到 F_3 之 D 点也存在两条路径。这样，在局部融合节点上就存在对后续的局部或全局融合节点的共用(时空)节点，如 F_1 之 A 点就是 F_1 之 C 点和 F_3 之 D 点的共用节点，从而在 F_3 之 E 点进行全局融合时，F_1 之 A 点信息就被 F_3 使用两次。同理，F_2 之 F 点是其 G 点和 F_3 之 D 点的共用节点，F_3 之 E 点进行全局融合时两次使用了 F_2 之 F 点的信息。

7.2.1.3 多级自主融合结构

该结构中每一级既接收下级节点融合信息，又接收自身信息源信息，自主融合后报到上级节点，其中只有一个最高级节点堪称中心节点，其他以下诸级节点皆为局部节点(也可分为多级局部节点)，由通信网络实现诸级传感器与融合节点的连接，以及融合节点的逐级上报连接。图 7 - 3 右部的融合网络就属这类结构，但地面站 E 也存在自身信息源，其可能是全局节点，也可能是一个大的地面融合网络的一个局部节点，如图 7 - 7 所示。

该结构之所以称为自主融合结构，除其能够进行自身信息源信息与下级报来信息的自主融合上报外，还能够为同级作战节点(决策或火力节点)提供战场目标感知信息，特

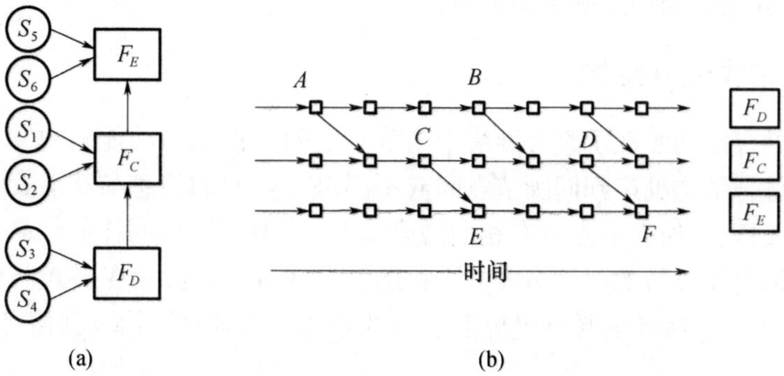

图 7-7 多级自主融合结构及信息流程

别是战场感知与作战功能相互嵌套的指挥控制系统更是如此(如平台中心战)。因此,该结构是适应当前多级作战指挥系统的运用结构,工程实现中经常采用该结构。

在该结构中,自下而上存在冗余路径,某一下级时空节点可能成为上级节点或更上级时空节点的共用节点。如图 7-7(b)所示 F_D 之 A 点既是 B、D 的共用节点,又是 D、E 的共用节点;F_D 之 A 点的信息被 F_E 之 F 点使用了 3 次。

7.2.2 带反馈的融合结构

带反馈的融合结构是指上级节点的(全局)融合信息反馈给下级(局部)融合节点,从而使下级融合节点获得更大范围、更完整、更精确的感知信息,这能够大大提高该下级节点的跟踪能力和对作战应用的支持能力。但从感知和信息使用角度看,这种结构存在众多的冗余路径和共用节点,从而产生大量的信息冗余,如图 7-8 所示。

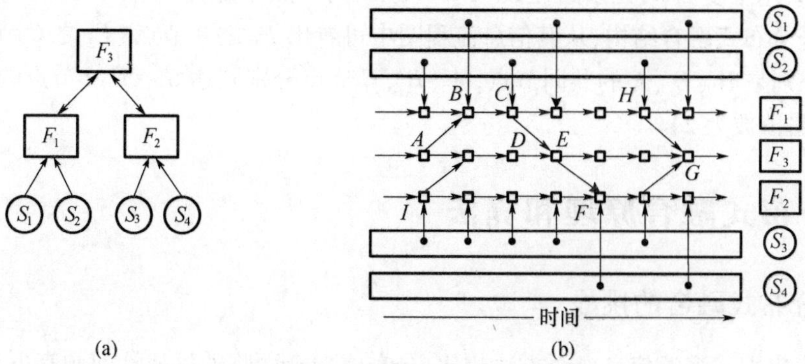

图 7-8 带反馈的两级融合结构及其信息流程

从图 7-8(b)信息图可以看到,该结构中的共用时空节点既可能出现在局部融合节点上,也有可能出现在全局融合节点上,如 F_3 之 A 点是其 D 点和 F_1 之 C 点的共用节点,F_3 之 E 点在融合中两次使用了 F_3 之 A 的信息。F_1 之 C 点是其 H 点和 F_3 之 E 点的共用节点,F_2 之 I 点是其 F 点和 F_3 之 E 点的共用节点。

如上所述,通信网络支持的不带反馈的单级或多层级融合结构,以及多层级自主融合结构并不是严格的分布式结构,其节点的信息与功能关系只是由下至上的支撑关系;而带反馈的融合结构实现了上一级融合节点与下一级融合节点在信息与功能上的相互支持关系，从而向分布式融合结构迈进了一大步。

7.2.3 全分布式融合结构

全分布式融合结构实现了融合网络中诸节点之间在信息和功能上的完全相互支撑，它将带反馈的融合结构推广到同级节点间或不同级节点间的信息与功能交互，即在融合功能上已无层级概念，所有节点具有相同融合功能，能融合生成同样的结果信息。因此，这是互联通信网络能支持的典型分布式（全分布式）融合结构，它在多武器平台共同（协同）打击同一目标时，具有重要应用价值。两级全分布式融合结构及其信息图如图 7-9 所示。

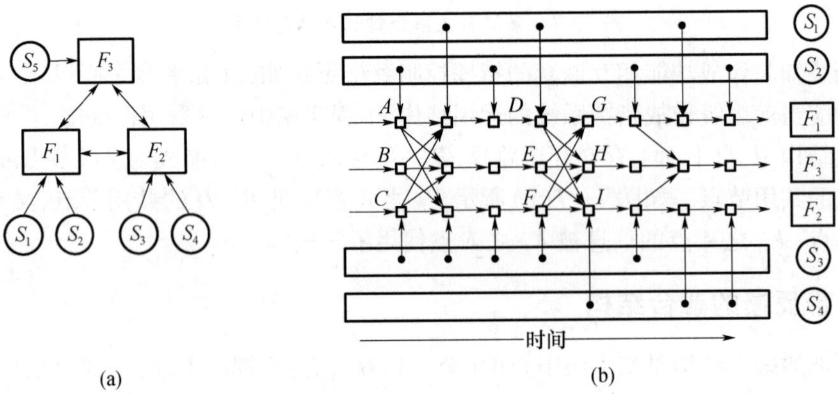

图 7-9 全分布式融合结构及其信息流程

从图 7-9(b) 可以看出，在全分布式融合结构中，任一分布节点都能成为其他节点的共用节点，共用维度为 n，冗余路径数 $\leqslant n-1$（n 为节点数量）。例如，对于图 7-9 给出的 3 节点全分布式融合结构，从其信息流程图中可看出 F_1 之 A 节点、F_2 之 C 节点、F_3 之 B 节点都分别是 D、E、F 的共同节点，A、B、C 节点分别到达 G、H、I 节点的路由数皆为 3（冗余路由数为 2）。

7.3 分布式融合原理和算法

7.3.1 分布式融合的挑战

与传统集中式多源信息融合方法相比，分布式融合面临的挑战性问题有下述几点。

第一，在已知融合网络结构和信息图情况下，能够准确地确定一个节点与其他节点的信息交换关系和交换时机（或称时空节点，如图 7-6 中节点 F_1 之 A、C 等时空点），并能在时域和空域上进一步确定其是否是共用节点或使用了哪些时空节点信息和使用次数。例如，图 7-6 中，A 是 C、D 的共同节点，F 是 G、D 的共同节点，E 点在融合处理中两次使用了 A 点信息和 F 点信息。图 7-9 所示的典型（对等式）全分布结构中，A、B、C 都是 D、E、F 的共用节点，G、H、I 在融合处理中皆 3 次使用了 A、B、C 点的信息。我们知道，所谓局部节点 i 信息是指其对输入信息进行融合处理生成的目标局部航迹估计信息 $\hat{x}_i$ 及其协方差 P_i $(i=A, B, \cdots)$，对于某后续应用的全局节点来说，$\hat{x}_i$ 和 P_i 分别视为输入该全局融合节点的目标状态估计信息和过程噪声。这样,对于多次使用前面某共用时空节点信息的后续节点,其多次受该共用节点的过程噪声和先验估计影响,从而使该后续融合节点的目标融合状态误差大大增长。因此,亟待滤除共用信息节点估计和噪声对后续融合节点的多次影响,这就是分布式融合结构不同于单级集中式融合结构而产生的第一个挑战性问题。

第二,在融合网络结构和信息图未知的情况下,使用某共用节点(可以是传感器)信息的多个后续时空节点所产生的融合输出信息会产生很强的相关性,表现在目标状态估计信息的相关性和估计误差协方差(视为噪声)的相关性,这些具有相关性的信息再为某后续节点同时使用时,则该后续节点的输入信息显然是不独立的,因此,无法应用输入信息独立假设下的各种集中式融合估计(滤波)技术和算法。就是说,在分布式融合网络中,必须解决输入某融合节点的多来源信息之间,包括输入的目标状态信息和噪声信息之间的相关性问题,这就亟待寻求解决输入信息及其协方差(不确定性)相关情况的融合(估计)方法与技术。

第三,分布式融合处理中,一个节点既有自身配置的传感器和信息源的输入信息,又有其他融合节点的输入信息,而这些信息由于信息源类型(传武器、技侦、图像等)不同,会存在较大差异,包含粒度、精度、不确定性、完整性、时序/同步,以及信息内容的相容/冲突和信息维度等方面的差异;因此,寻求多类差异信息的柔性融合方法,也是分布式融合所面临的挑战之一。

第四,分布式融合系统的结构,包括信息源、多融合节点及其连接方式、信息流向(反馈、非反馈)和传输信息内容和时机等皆极大地依赖于支撑其运行的通信网络的结构和传输能力(全分布连接、冗余路由、传输带宽/速率等),以及目标状态和测量噪声。因此,分布式融合系统的效能与其依存的通信网络结构、能力和运用密切相关。例如,为提高某融合节点的自主跟踪能力,需要通信网络提供上级节点融合信息反馈传输功能,并要在速率上提供时效保障;当上级节点融合误差协方差较大时,仅需反馈融合估计给下级节点即可,而毋须反馈估计误差协方差,否则会降低下级节点的跟踪精度。通常情况下,高性能的传输网络能够使分布融合系统结构的选择具有更大的优化空间。因此,在满足信息融合效能的前提下,选择最佳的分布式融合结构,进而确定通信网络结构和能力。此外,还要考虑过程噪声对融合效能和通信网络传输性能的影响,这是一个综合优化问题。

7.3.2 消除冗余信息基本原理

如上所述,共用信息节点会使后续时空融合节点产生信息冗余,冗余信息中的共用过程噪声和共用先验估计会增大融合误差。目前,所研究的消除冗余信息产生误差增长的方法在原理上分两类,即冗余信息密度扣除法[1]和小航迹交互法。

1. 冗余信息密度扣除法

为了描述消除冗余共用信息的密度扣除法原理,仍回顾图 7-6 所示的两级中心融合结构及其流程信息图。两个局部融合节点 F_1 和 F_2 跟踪同一目标,在已有多周期测量的条件下,经滤波估计(如线性卡尔曼滤波或非线性系统的某种滤波估计)所得到的两局部节点的该目标状态及其协方差估计序列:$\{\hat{x}_{F_1}(k), P_{F_1}(k); \hat{x}_{F_2}(k), P_{F_2}(k)\}_{k=1,2,\cdots}$,从文献[1]中 17.4 节可知,它们应分别满足如下递推公式:

$$\begin{cases}\hat{x}_{F_i}(k+1) = \boldsymbol{\Phi}_{F_i}(k)\hat{x}_{F_i}(k) + W(k) \\ P_{F_i}(k+1) = \boldsymbol{\Phi}_{F_i}(k)P_{F_i}(k)\boldsymbol{\Phi}_{F_i}^{\mathrm{T}}(k) + Q(k)\end{cases} \quad i = 1,2;k = 0,1,2,\cdots \tag{7-1}$$

式中：$W(k)$ 为高斯状态噪声，其方差为 $Q(k)$；$\boldsymbol{\Phi}_{F_i}(k)$ 为状态转移矩阵。

图 7-6 中，每个局部节点 F_j 的传感器混合测量模型分别为

$$Z_{F_jS_i}(k) = \boldsymbol{H}_{S_i}(k)x_{F_j}(k) + V_{S_i}(k) \quad j = 1,2;k = 0,1,2,\cdots \tag{7-2}$$

式中：$\boldsymbol{H}_{S_i}(k)$ 为目标从状态到测量的转换矩阵；$V_{S_i}(k)$ 为测量高斯白噪声，其方差为 $R_{S_i}(k)$；$S_i(k)$ 为传感器标记（$i = 1,2,3,4$），如图 7-6 所示。

每个传感器的历史测量可表示为

$$S_1:Z_{11}(k) = (z_{11},z_{12},\cdots); \quad S_2:Z_{12}(k) = (z_{21},z_{22},\cdots)$$

$$S_3:Z_{23}(k) = (z_{31},z_{32},\cdots); \quad S_4:Z_{24}(k) = (z_{41},z_{42},\cdots)$$

当每个传感器（S_1,S_2,S_3,S_4）皆观测到该目标时，F_1、F_2 节点分别独立生成该目标的局部状态估计，并传送到全局融合中心 F_3，以融合生成该目标状态的综合（全局）估计。因此可以说，在节点 F_3 融合产生的目标全局状态估计是基于"F_1 与 F_2 的局部估计之间是独立的"这一假设形成的。为了理解这一过程，可考察局部节点 F_1 与 F_2 生成的航迹状态信息。由于传感器测量表示当前总的测量信息，故可以表示成测量的并集，即

$$F_1:Z_1 = Z_{11} \cup Z_{12} = (z_{11},z_{12},\cdots) \cup (z_{21},z_{22},\cdots)$$

$$F_2:Z_2 = Z_{23} \cup Z_{24} = (z_{31},z_{32},\cdots) \cup (z_{41},z_{42},\cdots)$$

测量集合 Z_1 和 Z_2 中包含的共同信息 $Z_1 \cap Z_2$ 必须在融合中心 F_3 滤除一次，否则基于 Z_1 和 Z_2 的局部估计就不是条件独立的。图 7-10 给出了一个概念框架，参见文献[2,3]。其中，用 Z_i/Z_j 表示 Z_i 中不包含与 Z_j 相同测量的集合，于是可以得到相互独立的 3 个测量集合之并集：

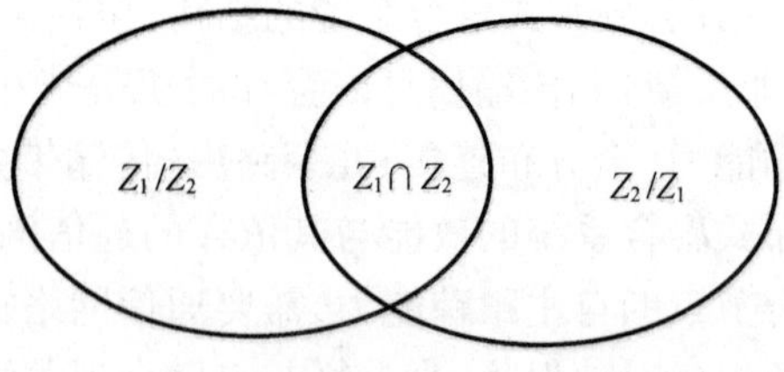

图 7-10　两局部融合节点测量的条件关系

$$Z_1 \cup Z_2 = (Z_1/Z_2) \cup (Z_2/Z_1) \cup (Z_1 \cap Z_2)$$

注意：$P(Z_1) = P(Z_1/Z_2)P(Z_1 \cap Z_2)$，$P(Z_2) = P(Z_2/Z_1)P(Z_1 \cap Z_2)$，$P(Z_1)P(Z_2)/P(Z_1 \cap Z_2) = P(Z_1/Z_2)P(Z_2/Z_1)P(Z_1 \cap Z_2) = P(Z_1 \cup Z_2)$。于是，可以得到条件似然函数关系为

$$P(Z_1 \cup Z_2/x) = P(Z_1/x)P(Z_2/x)/P(Z_1 \cap Z_2/x)$$

从而可以得到共用状态 x 的后验密度为

$$P(x/Z_1 \cup Z_2) = C^{-1}P(x/Z_1)P(x/Z_2)/P(x/Z_1 \cap Z_2) \tag{7-3}$$

推导过程可见文献[3]和文献[2]中的证明。其中，$P(x/Z_1)$ 与 $P(x/Z_2)$ 分别表示局部融合节点 F_1 与 F_2 对目标状态的融合估计密度，两个节点之间的共用信息由 $P(x/Z_1 \cap Z_2)$ 给出，其位于分母中等价于"扣除了"该共同信息一次。F_3 产生的全局融合信息密度表示为 $P(x/Z_1 \cup Z_2)$，C 是归一化常数。

这样，对于图 7-6 所示的不带反馈的层次结构，为表示在 F_3 之 E 点对 F_1 之 C 点和 F_3 之 D 点的估计信息进行融合时，要扣除来自 F_1 之 A 点的共同信息，式(7-3)可改为

$$P(x/Z_{F_3}(E)) = C^{-1}\frac{P(x/Z_{F_1}(C))P(x/Z_{F_3}(D))}{P(x/Z_{F_1}(A))} \quad (7-4)$$

在图 7-6 中，F_3 的 E 点的上述融合结果还要扣除来自 F_2 之 F 点的共同信息，因此 F_3 之 E 点的最终融合结果为

$$P(x/Z_{F_3}(E)) = C^{-1}\frac{P(x/Z_{F_1}(C))P(x/Z_{F_3}(D))}{P(x/Z_{F_1}(A))P(x/Z_{F_2}(F))} \quad (7-5)$$

类似，对于如图 7-8 给出的带反馈的两级融合结构，对 F_3 之 E 点的全局融合来说，共用信息源出现在全局融合中心 F_3 之 A 点，故此时 F_3 之 E 点的最终融合结果为

$$P(x/Z_{F_3}(E)) = C^{-1}P(x/Z_{F_1}(C))P(x/Z_{F_3}(D))/P(x/Z_{F_3}(A)) \quad (7-6)$$

对于图 7-8 中 F_3 之后续 G 点的全局融合来说，共用时空节点有 F_1 之 C 点、F_2 之 I 点，它们的信息均要扣除。

对于图 7-9 给出的全分布结构，3 个融合节点中的每一个均相互发送和接收其他节点的信息，因此，在许多节点上对共同处理的同一目标信息要使用 3 次，这就要求对共用节点信息扣除两次。例如，对 F_1 之 G 点的融合处理来说，要求分别扣除共用节点 A 、B 、C 的信息各两次，即

$$P(x/Z_{F_1}(G)) = \frac{P(x/Z_{F_1}(D))P(x/Z_{F_3}(E))P(x/Z_{F_2}(F))}{P(x/Z_{F_1}(A))^2P(x/Z_{F_3}(B))^2P(x/Z_{F_2}(C))^2} \quad (7-7)$$

对于 F_3 之 H 点、F_2 之 I 点也是如此。

2. 小航迹交互法

与分布密度扣除法一样，小航迹(Tracklet)交互法也是针对分布式融合网络中存在共用时空信息节点，目标状态估计及其估计误差协方差通过冗余路径对后续融合节点产生多次影响，从而产生融合误差增长的问题。该方法的原理是，上游节点采用小航迹向下游节点上报，而小航迹是仅依据该上游节点自身来源的信息融合生成的，从而在报知的下游融合节点上避免产生信息冗余。某上游融合节点的分段小航迹估计按该节点对下游节点的交互周期进行，在每个周期中，该小航迹估计只基于本节点所属信息源在该周期内报知的测量信息生成，既不采用该目标本节点上一周期的估计作为先验信息，也不融合其他节点在本周期内与本节点的交互信息。小航迹生成概念如图 7-11 所示。

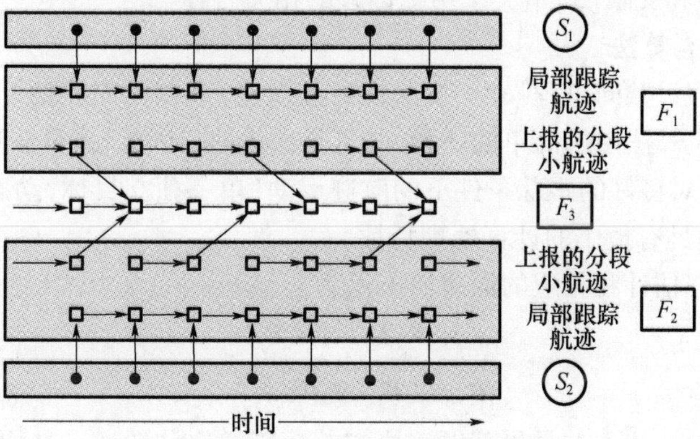

图 7-11 小航迹生成概念图

图 7-11 是基于图 7-6 所示的两级无反馈结构形成的，由于此时小航迹只出现在局部节点 F_1 或 F_2，故称为重启局部小航迹。对于带反馈的图 7-8 情况，由于 F_3 还要向 F_1 和 F_2 反馈信息，为了避免产生反馈信息冗余，除重启局部小航迹，还要重启全局小航迹。

生成小航迹的目的是为了与其他节点交互时避免出现信息冗余，当某节点以不同周期向不同节点报知估计信息时，则要按不同的报知周期生成相应的多条逐段上报小航迹。从小航迹的生成方法可以看出，某节点接收的多个其他节点的小航迹实际上只分别来源于其他诸节点所属信息源，这就避免了下游节点的信息冗余和多次使用，从而在下游节点不会出现融合误差的增长。若报知的多个节点所属信息源是独立探测，则下游融合节点所接收的诸多节点目标融合信息也是独立的。

7.3.3 面向信息相关假设的分布式融合算法

本节针对 7.3.1 节所述的分布式融合的第二个挑战性问题，即基于共用信息源的共用噪声和共用先验估计所产生的相关性问题，描述适宜的分布式融合算法。

这里，对局部融合节点 F_i 和 F_j 的局部融合结果进行融合的全局节点的输入信息如下：

(1) F_i 和 F_j 的目标估计及其协方差 $\hat{x}_i, \boldsymbol{P}_i$；$\hat{x}_j, \boldsymbol{P}_j$。

(2) F_i 和 F_j 的交叉协方差，称为 F_i 和 F_j 的共用(相关)过程噪声：

$$P_{ij} = \mathrm{cov}(\boldsymbol{P}_i^{\mathrm{T}}, \boldsymbol{P}_j),\ P_{ji} = \mathrm{cov}(\boldsymbol{P}_j^{\mathrm{T}}, \boldsymbol{P}_i)$$

(3) 全局融合节点自身上周期目标估计及其协方差 $\bar{x}, \bar{\boldsymbol{P}}$，称为共用先验估计。

目前，有 4 种分布式融合算法用来解决共用过程噪声和共用先验误差问题，它们在不同程度上考虑了局部融合节点间的状态估计信息的相关性和状态协方差条件独立性[2,4-10]，分别是“自然”(Naive)融合方法、交叉协方差(Cross-Covariance)融合方法、信息矩阵(Information Matrix)融合方法和极大后验(Maximum A Posterior)融合方法。与这 4 种分布式融合算法不同，称为第 5 种方法的协方差交集(Covariance Intersection, CI)融合算法不需要协方差条件独立假设，重点关注的是协方差的分布密度。下面给出的各算法是在不带反馈的层次融合结构，并假设是线性、高斯噪声条件下建立的，算法的详细讨论参见文献[3-16]和文献[5]中关于历史回顾的相关内容。

7.3.3.1 自然融合算法

该融合算法假设共同过程噪声(交叉协方差误差)和共同先验估计误差均可以忽略。该融合算法是 4 类算法中最简单的一种，并且是次优的。因此，该算法更适用于简单的跟踪问题，包括在相对良好的跟踪条件下的航迹运动(单一独立目标，动态模型具有很少的模糊性)。该算法具有最小的计算处理特征。

全局融合状态估计和相应的误差协方差为

$$\begin{aligned}\hat{x} &= \boldsymbol{P}(\boldsymbol{P}_i^{-1}\hat{x}_i + \boldsymbol{P}_j^{-1}\hat{x}_j)\\ \boldsymbol{P} &= (\boldsymbol{P}_i^{-1} + \boldsymbol{P}_j^{-1})^{-1}\end{aligned} \tag{7-8}$$

注意到融合航迹协方差是局部航迹协方差矩阵逆之和的逆。从而，融合协方差的值比任一单个误差小得多，这将导致本算法的过于自信。

由于被融合的估计航迹是在每个局部融合节点分别生成的，因此，需要一种方法对来自两个节点的估计航迹进行关联。相应的性能度量为（图 7－6 中局部节点 F_1 和 F_2 之间）分配用于融合的最适宜的相关局部航迹估计提供了一个基础：

$$C_{ij} = \| \hat{x}_i - \hat{x}_j \|^2_{(\boldsymbol{P}_i - \boldsymbol{P}_j)^{-1}} \tag{7-9}$$

该度量是马氏（Mahalanobis）距离度量，通常用于卡尔曼滤波跟踪。

7.3.3.2 交叉协方差融合算法

该融合方法考虑共用过程噪声而不考虑共用先验估计，算法描述如下：

$$\begin{aligned} \hat{x} &= \hat{x}_i + (\boldsymbol{P}_i - P_{ij})(\boldsymbol{P}_i + \boldsymbol{P}_j - P_{ij} - P_{ji})^{-1}(\hat{x}_j - \hat{x}_i) \\ \boldsymbol{P} &= \boldsymbol{P}_i - (\boldsymbol{P}_i - P_{ij})(\boldsymbol{P}_i + \boldsymbol{P}_j - P_{ij} - P_{ji})^{-1}(\boldsymbol{P}_j - P_{ji}) \end{aligned} \tag{7-10}$$

由于考虑了交叉协方差项 P_{ij} 和 P_{ji}，交叉协方差融合需要传输更多的信息，这些结果仅在极大似然意义下是最优的。交叉协方差融合可以应用于已知目标存在（如较低的地面杂波）且仅需确定跟踪参数的情况。如果 $P_{ij} = P_{ji} = 0$，该算法简化为自然融合准则。

相应的度量准则可通过 χ^2 检验给出：

$$C_{ij} = \| \hat{x}_i - \hat{x}_j \|^2_{(\boldsymbol{P}_i + \boldsymbol{P}_j - P_{ij} - P_{ji})^{-1}} \tag{7-11}$$

它提供了对该动态模型的“多项式拟合质量”。

7.3.3.3 信息矩阵融合算法

该融合算法假设共用先验估计占主导，而忽略共用过程噪声。该融合算法描述如下

$$\begin{aligned} \hat{x} &= \boldsymbol{P}(\boldsymbol{P}_i^{-1}\hat{x}_i + \boldsymbol{P}_j^{-1}\hat{x}_j - \bar{\boldsymbol{P}}^{-1}\bar{x}) \\ \boldsymbol{P} &= (\boldsymbol{P}_i^{-1} + \boldsymbol{P}_j^{-1} - \bar{\boldsymbol{P}}^{-1})^{-1} \end{aligned} \tag{7-12}$$

式中：$\bar{x}$、$\bar{\boldsymbol{P}}$ 表示共用先验估计。该共用先验估计是上一周期全局融合航迹估计和误差协方差的累计历史值（包括基于该全局航迹信息源和来自局部节点（F_i 和 F_j）的所有影响）进行外推获得的。

信息矩阵融合是对信息流程图的一个补充。该算法的简单性有以下几个方面：

（1）信息矩阵融合算法仅比自然融合稍微复杂一点。如果共同先验估计可以忽略，那么信息矩阵融合就简化为自然融合，这与“局部估计是条件独立的”假设一致。

（2）不需要保留局部节点间的交叉协方差信息，这有效降低了通信带宽的需求。

（3）当没有（显著）过程噪声——目标动态模型是确定性的，或进行每个局部更新时都将其传送给融合中心（全速率通信），该方法是最优的。

（4）当目标动态误差模型可以快速建立，如快速检测机动，并指派适宜的目标模型（如使用多滤波模型）时，可以使用信息矩阵融合算法。

该算法的融合性能度量为

$$C_{ij} = \| \hat{x} - \hat{x}_i \|^2_{(\boldsymbol{P}_i)^{-1}} + \| \hat{x} - \hat{x}_j \|^2_{(\boldsymbol{P}_j)^{-1}} - \| \hat{x} - \bar{x} \|^2_{(\bar{\boldsymbol{P}})^{-1}} \tag{7-13}$$

7.3.3.4 极大后验融合算法

极大后验融合算法是最完全但也是最复杂的融合形式。该融合算法综合考虑了共用过程噪声和共用先验估计，描述如下：

$$\begin{aligned} \hat{x} &= \bar{x} + W_i(\hat{x}_i - \bar{x}) + W_j(\hat{x}_j - \bar{x}) \\ \boldsymbol{P} &= \bar{\boldsymbol{P}} + \sum\nolimits_{x\hat{z}} \sum\nolimits_{\hat{z}\hat{z}}^{-1} \sum\nolimits'_{\hat{z}x} \end{aligned} \tag{7-14}$$

其中

$$
\begin{aligned}
&[W_i W_j] = \sum_{x\hat{z}} \sum_{\hat{z}\hat{z}}^{-1} \\
&\sum_{x\hat{z}} = [\sum_i \sum_j] = [\bar{\boldsymbol{P}} - \boldsymbol{P}_i \quad \bar{\boldsymbol{P}} - \boldsymbol{P}_i] \\
&\sum_{\hat{z}\hat{z}} = \begin{bmatrix} \hat{\sum}_{ii} & \hat{\sum}_{ij} \\ \hat{\sum}_{ji} & \hat{\sum}_{jj} \end{bmatrix} = \begin{bmatrix} \bar{\boldsymbol{P}} - \boldsymbol{P}_i & \bar{\boldsymbol{P}} - \boldsymbol{P}_i - \boldsymbol{P}_j + \boldsymbol{P}_{ij} \\ \bar{\boldsymbol{P}} - \boldsymbol{P}_i - \boldsymbol{P}_j + \boldsymbol{P}_{ji} & \bar{\boldsymbol{P}} - \boldsymbol{P}_j \end{bmatrix} \\
&\hat{\boldsymbol{z}} = [\hat{\boldsymbol{x}}_i \quad \hat{\boldsymbol{x}}_j]^{\mathrm{T}}
\end{aligned}
\tag{7-15}
$$

系数 $W_{k|k} = [W_i W_j] = \sum_{x\hat{z}} \sum_{\hat{z}\hat{z}}^{-1}$ 形成了增益矩阵,它确定了来自每个局部节点的有效影响。$\sum_{x\hat{z}} = [\sum_i \sum_j]$ 表示节点 F_i 、F_j 的目标状态 x 与联合局部估计 $\hat{\boldsymbol{z}} = [\hat{\boldsymbol{x}}_i \ \hat{\boldsymbol{x}}_j]^{\mathrm{T}}$ 之间的交叉协方差。另外,$\sum_{\hat{z}\hat{z}} = \begin{bmatrix} \hat{\sum}_{ii} & \hat{\sum}_{ij} \\ \hat{\sum}_{ji} & \hat{\sum}_{jj} \end{bmatrix}$ 表示 $\hat{z}$ 的协方差矩阵。

该方法与信息矩阵融合算法不同。当局部状态估计在非高斯假设下使用,并且假设目标静止或采用全速率通信(在每个传感器观测后立即更新状态估计)时,极大后验融合提供了线性最小均方误差估计。对低于全速率通信的情况,极大后验融合可能是次优的。许多文献都关注目标静止条件,但对极大后验融合性能的多次迭代的影响目前还没有充分研究。

极大后验融合性能的一个应用是局部航迹中带有显著偏差表示的一个潜在的航迹机动条件。极大后验融合的主要缺点在于融合公式的复杂性。当 $\sum_{ij} = \sum_{ii} \bar{\sum}^{-1} \sum_{jj}$(即相关性仅受共用先验估计影响)时,极大后验融合过程转变为信息矩阵滤波。

综上所述,这 4 种融合算法都基于共用过程噪声和共用先验信息研究航迹融合准则。自然融合忽略两种误差源的影响,交叉协方差融合仅考虑了共用过程噪声,而信息矩阵融合仅考虑共用先验信息,最后,极大后验融合容纳了两种误差。

在所出现的这 4 种情况的自适应多模型融合算法中,信息矩阵融合处理方法通常是最好的选择。

7.3.3.5 协方差交集融合算法

协方差交集融合算法(CI)与上述讨论的 4 种融合算法的规则不同,它对局部航迹估计条件独立性不作任何要求。CI 的开发者们认识到各局部估计通常是相关的,即认为条件独立性是“一个非常稀少的性质”。因此,依赖于这个条件开发近似于集中式情况的分布式健壮航迹估计是不可行的方法[17]。每个局部航迹协方差必须人为生成以保持融合节点的相关性假设。研究者们不断地讨论 CI 与其他方法(如信息矩阵融合)性能度量对比。

CI 算法的基本性质依赖于卡尔曼滤波的几何解释。该方法产生的动因是,每当 $\hat{\boldsymbol{x}}_j$ 与 $\hat{\boldsymbol{x}}_j$ 之间的相关性未知时,能够给出一个保守估计。在这些条件下,最优的融合算法在计算上可能不可行,但可以证明其以 CI 算法的协方差估计 $\boldsymbol{P}_{\mathrm{CI}}$ 为界限[18]。

CI 融合算法为

$$\hat{\boldsymbol{x}}_{CI} = \boldsymbol{P}_{CI}[\omega \boldsymbol{P}_i^{-1}\hat{x}_i + (1-\omega)\boldsymbol{P}_j^{-1}\hat{\boldsymbol{x}}_j]$$
$$\boldsymbol{P}_{CI} = [\omega \boldsymbol{P}_i^{-1} + (1-\omega)\boldsymbol{P}_j^{-1}]^{-1} \quad \omega \in [0,1] \qquad (7-16)$$

仔细考查 ω，就可以得出一些有意义的结论。CI 融合公式在形式上类似于简单的凸组合算法（自然融合），即两个节点的自然融合输入的协方差阵是 $\boldsymbol{P}_i$ 和 $\boldsymbol{P}_j$，被 CI 算法分别改写为 $\omega^{-1}\boldsymbol{P}_i$ 和 $(1-\omega)^{-1}\boldsymbol{P}_j$，其中 $\omega \in [0,1]$。与自然融合相比，CI 协方差阵给出了一个保守的界限。从概念的角度，CI 方法可以被视为两个交叠的局部协方差估计的加权估计。传统的自然融合方法将导致融合协方差估计小于两个局部航迹协方差估计区域 $\boldsymbol{P}_i^{-1} + \boldsymbol{P}_j^{-1}$ 的交叠部分；而 CI 包含了交叠部分，归因于局部航迹和更低的权重 ω 所引起的更高的不确定性。在图 6－16(b) 中，如果节点 F_1 的协方差误差的权重 ω 为 0.1，那么 $\boldsymbol{P}_{CI}$ 结果将由 F_1 的不确定性主导，合并的融合协方差仅略小于 P_1；此时，F_2 中的误差 P_2 在 $\boldsymbol{P}_{CI}$ 仅占很小的一部分（与交叠区域的大小类似）。ω 取值为 0.5 将使状态估计与自然融合相同，但协方差误差将是自然融合的 2 倍，即

$$\hat{\boldsymbol{x}}_{CI} = (\boldsymbol{P}_1^{-1} + \boldsymbol{P}_2^{-1})^{-1}(\boldsymbol{P}_1^{-1}\hat{\boldsymbol{x}}_1 + \boldsymbol{P}_2^{-1}\hat{\boldsymbol{x}}_2) = \hat{\boldsymbol{x}}_{NF}$$
$$\boldsymbol{P}_{CI} = 2(\boldsymbol{P}_i^{-1} + \boldsymbol{P}_j^{-1})^{-1} = 2P_{NF} \qquad (7-17)$$

一般，选择权重以使 $\boldsymbol{P}_{CI}$ 的迹或行列式绝对值最小，如 6.2.2.1 小节中所示的规划模型。

Chong 与 Mori[18] 考察了 CI 的派生方法。这些派生方法依赖于集合论（称为集合论 CI 算法），它提供了对 CI 滤波性质的自然解释。他们通过定义一个依赖于融合估计的附加权重因子 α^2，该因子为真实协方差不确定性定义了一个更严格的界限，即

$$\alpha^2 = (\hat{\boldsymbol{x}}_i - \hat{\boldsymbol{x}}_j)^{T}[\omega \boldsymbol{P}_i^{-1} + (1-\omega)\boldsymbol{P}_j^{-1}](\hat{\boldsymbol{x}}_i - \hat{\boldsymbol{x}}_j) \qquad (7-18)$$

只要 $\alpha^2 < 1$（两个局部估计交叠时，这一个条件成立），这个椭圆就是真实航迹不确定性的精确表述，从而式(7－16)可以改写为

$$\hat{\boldsymbol{x}}_{CI} = P_{CI}[\omega \boldsymbol{P}_i^{-1}\hat{\boldsymbol{x}}_i + (1-\omega)\boldsymbol{P}_j^{-1}\hat{\boldsymbol{x}}_j]$$
$$\boldsymbol{P}_{CI} = (1-\alpha^2)[\omega \boldsymbol{P}_i^{-1} + (1-\omega)\boldsymbol{P}_j^{-1}] \qquad (7-19)$$

关键在于式(7－18)可以改写为类似于信息矩阵融合滤波的形式，即

$$\alpha^2 = \omega\hat{\boldsymbol{x}}_i^{T}\boldsymbol{P}_i^{-1}\hat{\boldsymbol{x}}_i + (1-\omega)\hat{\boldsymbol{x}}_j^{T}\boldsymbol{P}_j^{-1}\hat{\boldsymbol{x}}_j - \hat{\boldsymbol{x}}_{CI}^{T}\boldsymbol{P}_{CI}^{-1}\hat{\boldsymbol{x}}_{CI}) \qquad (7-20)$$

这样，α^2 就可以用来反向评价融合估计的依赖性。与 CI 算法的主要不同是，尽管集合论 CI 算法的融合估计误差存在于局部协方差误差交集中，但当逐一融合所增加的局部估计时，误差的概率分布集合不会增加。

7.4 分布式融合结构、性能与条件分析

比较分布式层次融合结构的性能[19－22]，考虑 3 种形式的层次融合结构：不带反馈的融合（图 7－6）、带反馈的融合（图 7－8），以及带部分反馈（混合）层次融合结构。为了以相同尺度比较这 3 种融合结构的性能，采用同样的目标状态方程：

$$x_{k+1} = \begin{bmatrix} 1 & T \\ 0 & 1 \end{bmatrix} x_k + \begin{bmatrix} T^2/2 \\ T \end{bmatrix} w_k$$

每个传感器测量模拟为

$$z_k = [1 \quad 0]x_k + v_k$$

并假设诸测量独立。

采用信息矩阵融合算法来比较这3种融合结构性能。性能指标采用全局融合航迹误差协方差椭圆面积A与局部融合航迹误差协方差椭圆面积A^*之比A/A^*，这里A^*采用基于单一传感器性能的稳态协方差最优面积。由于从每个局部融合节点到全局融合节点信息传输时延的存在，故传输信息的通信速率对融合性能有重要影响。第一个条件选择通信速率，假设局部节点到全局节点的时延分为n级，$n=1$表示全速率，$n=8$表示要等待7个更新周期才能将局部融合节点的结果传输到全局融合节点。目标运动的状态噪声对全局融合性能起决定性作用。这样，采用5000个模拟样本，分别针对通信速率$n=1, 2, 4, 8$和目标状态噪声（根方差q）在较大范围内（$10^{-4} \sim 10^6$）变化情况，对3种融合结构的融合性能进行了试验。结果如图7-12~图7-14所示。

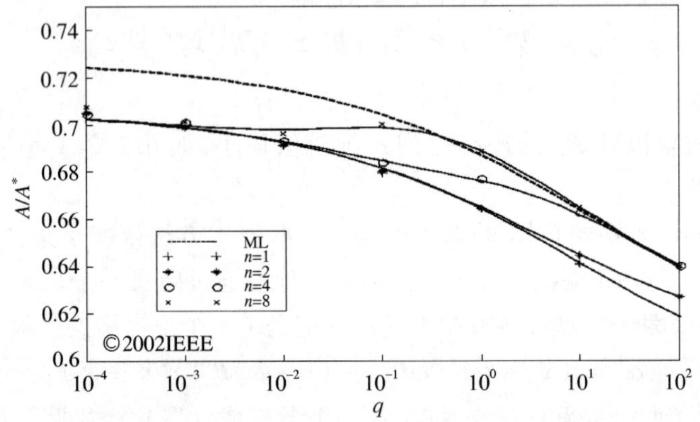

图7-12　不带反馈层次融合性能

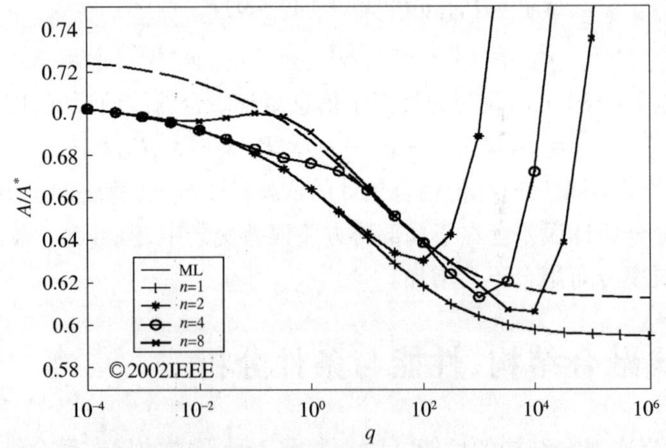

图7-13　带反馈层次融合性能

在这3个统计曲线图中，各融合结果（对应通信速率$n=1, 2, 4, 8$）曲线在每个图中分别画出，最上面的长划线表示采用交叉协方差融合结果提供的这4种通信速率下的融合曲线的一个极大似然（ML）上界。

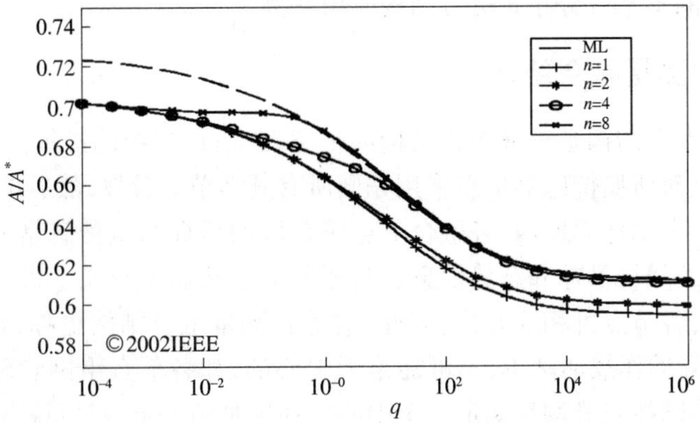

图 7-14　带部分反馈层次融合性能

无反馈融合表示一个基于指挥命令的层次网络结构。指挥员关心的是获得尽可能好的战场信息，以制定有效的作战方案。该结构能增加互补探测源，改善可观测性，扩展监视探测能力，以适当获得最优的目标航迹估计。图 7-12 表明，对于状态噪声 q 和通信传输延误等级来说，该曲线族是较理想的。全局融合性能对过程噪声比较敏感，当噪声级别较高时，全局融合性能逐渐接近 50% 的稳定状态；增加状态噪声并减少局部误差向全局节点传输（n 增大），会引起性能接近 ML 估计性能所限制的上界，如采用 $n=8$ 大量减少了局部更新，全局误差则接近相对小的状态噪声（$q=0.1$）对应的 ML 估计性能上界。在最佳通信更新（$n=1$）之下，融合过程基本上可以连续进行。然而，在无反馈融合时这些曲线之间差别不大，即合理延迟不会严重影响系统性能。

带反馈的层次融合适用于局部融合节点需要维持其最小估计协方差，以自主跟踪目标。从图 7-13 中可以看出，当状态噪声较大时，目标的速度和加速度参数受到影响，但全反馈结构（$n=1$）对目标位置不直接影响。随着状态噪声增加和通信速率减小，融合性能严重恶化。当不良的全局融合结果反馈回局部节点时，局部节点融合性能直接受到影响，出现不稳定态势（全速率 $n=1$ 除外）。此时，出现比“不带反馈融合结构”更坏的情况。

部分反馈是指仅将全局状态估计（不含估计协方差）回送给含有不稳定（不确定性）协方差的局部节点。当通信时延较大时，部分反馈性能退化，能减少局部节点的不稳定且很快受控，这就使得部分反馈能获得与全反馈结构相反的有效性能，将图 7-14 与图 7-13 比较就可看出这一点，其中以误差协方差面积比表示的反馈效果提供了类似于无反馈层次融合的性能。

该案例表明了 3 种融合结构（不反馈、带反馈、部分反馈）融合性能（A/A^*）、通信延迟（$n=1,2,4,8$）、过程噪声（q：$10^{-4}\sim10^{6}$）之间的相互影响，尚未进行各种融合算法的融合性能比较试验（这里仅采用信息矩阵融合算法）。然而，从中已经能够看出在确定的融合指标之下，分布式融合结构的选择依赖于通信传输能力和过程噪声；或者说，融合结构、通信传输能力和过程噪声是分布式融合性能的重要依赖条件，当然，融合算法也是依赖条件之一。

7.5　工程应用中的分布式融合结构

本节描述工程中应用的 4 种分布式融合结构，分别是对等式（全分布）测量融合结构、无反馈多层次融合结构、时空分布式融合结构和混合分布式融合结构。本节最后给出一个战术空战中的多平台分布式融合结构应用案例。

7.5.1 对等式测量融合结构

对等式测量融合结构是全分布式结构向传感器/信息源级的扩展。在对等式测量融合结构中,各节点对所属传感器信息采用先向所有其他节点分发,然后再进行处理的运行方式。这样,在一个采样周期内,各融合节点所获取的目标测量信息是完全相同的,从而各节点融合输出的战场目标和态势信息也是相同的。从这个意义上讲,各节点在信息和功能上是对等的,各节点可相互替代,因此,对等式测量融合结构也称为无中心(Noncentral)结构。在实际的作战活动中,不可能是无中心的,如各节点组网管理、节点入网和接入、节点之间的协同控制等均须确定一个中心。在这种情况下,可以说对等式测量融合结构的每一个融合节点都可以作为组网中心。对等式测量融合结构和信息图如图 7-15 所示。从图 7-15 可以看出,对等式测量融合结构将信息对等扩展到传感器级。

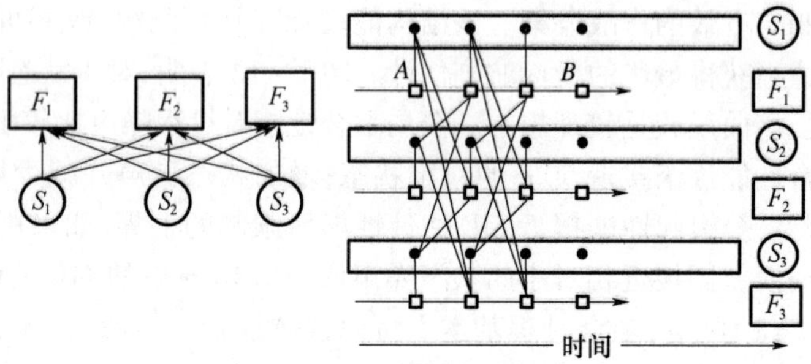

图 7-15　对等式测量融合结构与信息图

对等式测量融合结构的诸节点在每个采样周期内能生成相同的感知态势,因此,毋需相互传输融合结果,即能实现诸节点态势统一。对等式测量融合结构应用于多节点协同作战系统中,如美海军编队防空作战应用的协同作战能力(CEC)部件就采用该结构[23],由于舰艇编队各舰探测传感器的互补性,CEC 中每个舰艇上都能看到连续、一致的目标航迹,这对于多作战平台协同打击同一目标来说,显得格外重要。图 7-16 给出了 CEC 系统中每艘舰艇上复合航迹的生成过程。

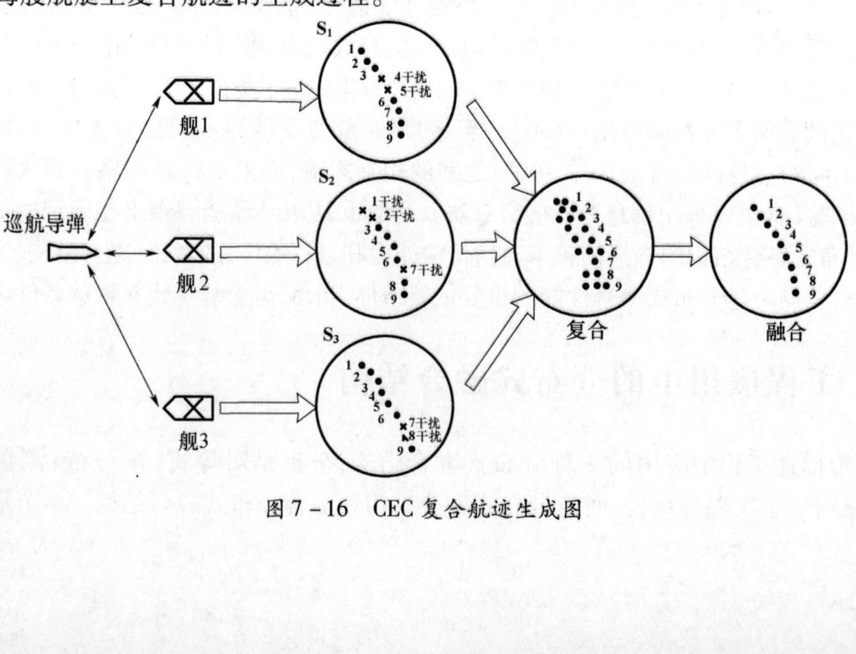

图 7-16　CEC 复合航迹生成图

对等式测量融合结构要求网络通信资源较大,通信速率通常要达数十兆,以实现在“远程平台30英里和本平台30英尺”距离上的信息传输容量、时间延误和可靠性等方面达到同等水平。对等式测量融合结构面向多平台协同打击应用,支持网络瞄准(又称协同瞄准/协同跟踪)、协同发射、制导接力(又称前传交战)等火力协同打击功能。

7.5.2 无反馈多层次融合结构

无反馈多层次融合结构是当前与指挥关系一致的最适用的融合结构。在该结构中,每一级融合节点只接收自身所属探测/侦察信息源的感知信息,尽管有时也收上级融合节点反馈信息或同级其他节点的目标提示信息,但并不参与本节点融合处理。每个节点的融合信息除上报上级节点外,还支持本级作战节点的作战活动。无反馈多层次融合结构和两级信息图,如图7-17所示。

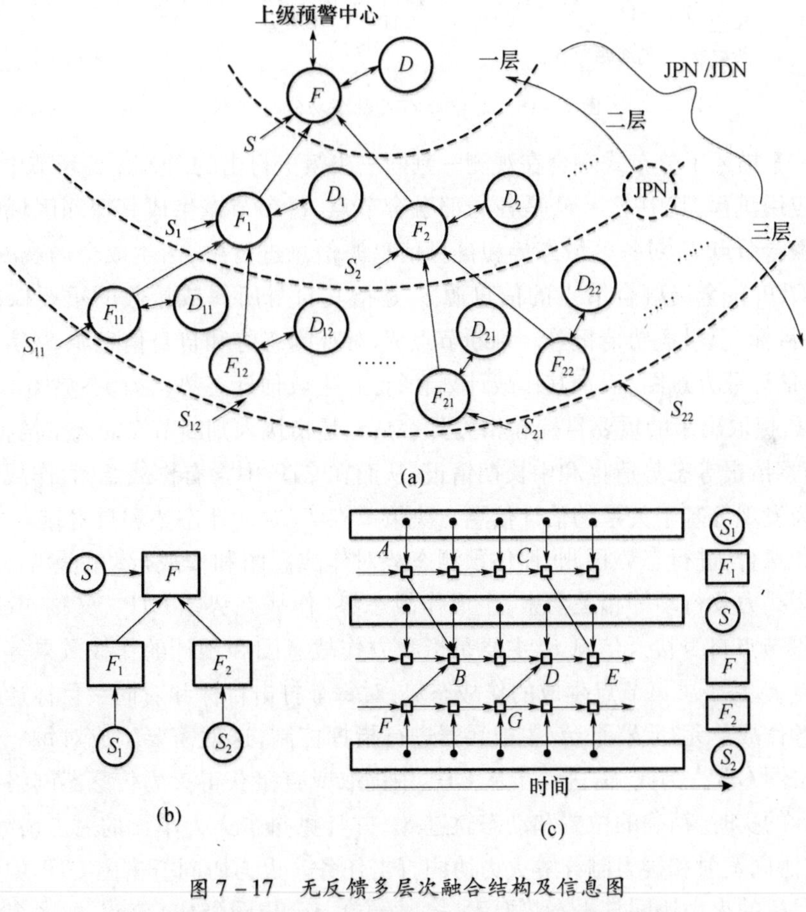

图7-17 无反馈多层次融合结构及信息图

(a) 多层次融合结构;(b) 两级融合结构;(c) 两级融合信息图。

图7-17(a)中,F(F_i, F_{ij})表示融合中心,D(D_i, D_{ij})表示相应的作战中心,S(S_i, S_{ij})表示不同层次的传感器/信息源,皆可以是多数量。通信网络则是指常规的低于全速率的通信手段,如有线、无线、光纤网、数据链、卫星通信等。

图7-17(a)中的节点类型包括单一军兵种合成作战和多军兵种联合作战的各级情报中心和指挥中心(指控系统),可跨越战术、战役和战略层次,面向战场预警、作战决策、

指挥控制和火力打击应用。

7.5.3 时空分布式融合结构

时空分布式融合结构是指按作战过程逐阶段地设置时空串行融合节点，节点之间按作战链条次序进行信息衔接和融合功能衔接，实现信息融合与作战应用的紧密耦合。诸节点在空间上可以是分散的，也可以集中设置。时空分布式结构集战场感知（信息融合）与作战活动于一体，结构中既有探测/融合节点，又有信息融合与作战决策结合的节点，以及信息融合与火力控制结合的节点。时空分布式融合功能、流程如图 7－18 所示。

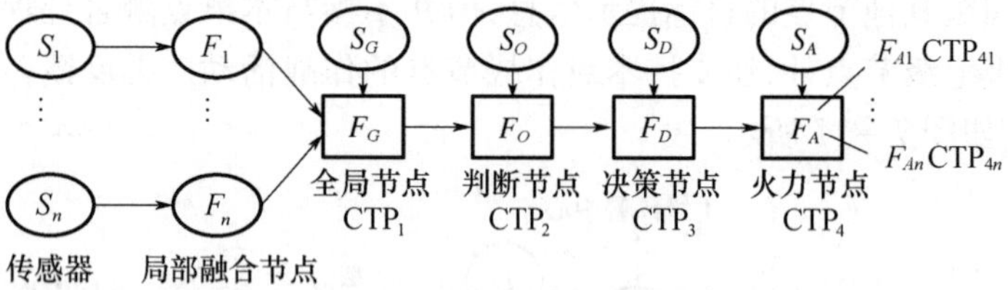

图 7－18　时空分布式融合功能与流程

图 7－18 描述了分布式融合在观测—判断—决策—打击的 OODA 各环节中的融合处理与作战应用流程，其中 $F_1 \sim F_n$ 是各局部融合节点，每个节点生成其探测区域的观测态势。全局融合节点 F_G 对各区域态势和自身信息源信息进行融合，生成全局观测态势（观测态势图 CTP_1）；全局融合节点的信息源 S_G 是指其自身所属或接收的重要探测手段情报，如战略目标、卫星遥感情报等。判断节点 F_O 对观测态势和自身信息源 S_O 信息进行融合，判断和估计敌方意图、识别其作战计划和行为，生成估计态势（估计态势图 CTP_2，其中含有从 CTP_1 提取出来的重要目标和相关要素）；S_O 是指接入判断节点的人工情报、开源情报，以及侦察情报等态势情报和中长期情报，从而在 CTP_2 中含有作战意图、作战计划识别和作战行为发现等基于关系的估计信息。决策节点 F_D 对估计态势和自身接入的信息 S_D 进行关联和融合，进行态势预测，评估预测态势对作战意图和作战行动的影响，选择打击目标和使用兵力及行动等相关要素，生成作战态势（作战态势图 CTP_3，又称作战方案/计划图）；决策节点自身接入信息 S_D 主要是指我方作战意图和预计的作战效果等信息。火力打击节点 F_A 基于决策节点生成的作战态势，对每个打击目标和对同一目标遂行协同打击任务的各作战单元/武器平台/主战兵器进行指挥控制，这就需要生成对每一目标的火力协同打击图 CTP_4；为此，需进一步从 CTP_3 中提取或直接获得火力传感器网络提供的关于打击目标的实时、精确的位置和动态轨迹 S_A，并计算每个火力单元的射击诸元，以遂行网络瞄准、协同发射和接力制导等火力协同打击任务。火力协同打击图 CTP_4 中含有对每一个打击目标的火力协同打击态势要素，故属于单一合成图（SIP）范畴，即多个单一打击目标态势的合成。

在防空作战中，时空分布式融合结构（图 7－18）中的 CTP_1 相当于总空情图，CTP_2 相当于来袭目标威胁估计图，CTP_3 相当于目标截击方案图，CTP_4 又称为单一合成空图 SIAP，相当于歼击航空兵协同截击指挥控制图。如果采用地面防空火力对某来袭目标遂行拦截，CTP_4 则相当于多级多火力节点对该目标的火力协同打击图。

7.5.4 混合分布式融合应用结构

本节介绍针对大范围运动目标跨警戒区域交接监视时产生的航迹跳变或不连续现象,所提出的一种混合分布式融合应用结构。该融合结构能实现目标航迹跨警戒区域时的平滑、连续衔接。

该结构属于集中式融合结构与对等式融合结构的混合运用。首先,介绍大范围运动目标跨警戒区域时,采用硬交接方式的融合结构,如图 7-19(a)所示。

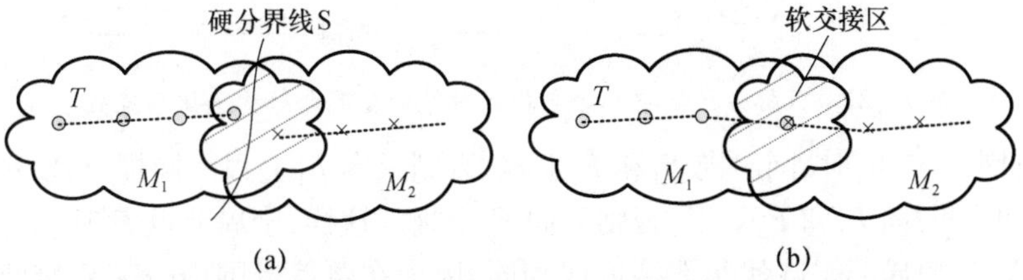

图 7-19 目标跨警戒区运动的两种交接方式

(a) 硬交接航迹跳变图示;(b) 软交接航迹平滑图示。

警戒区 M_1 和 M_2 的局部融合中心分别为 F_1 和 F_2,全局融合中心 F_3 只接收 F_1 和 F_2 上报的目标局部航迹,并不进行融合处理。跨警戒区运动的硬交接方式系指目标在警戒区硬分界线左侧区域运动时,F_3 只接收 F_1 的局部航迹;目标跨越硬分界线进入右侧区域时,F_3 变为只接收 F_2 的局部航迹。由于 F_1、F_2 都只接收其自身所属传感器的探测信息,而 F_1、F_2 各自信息源的探测能力和信息质量不同,故 F_1、F_2 产生的目标局部航迹误差协方差也不同,而全局中心 F_3 并未进行融合处理。因此,目标 T 的运动轨迹在硬分界线两侧必然存在偏差,从而产生跳变或不连续现象,如图 7-19(a)所示。

F_1、F_2 对各自警戒区内的目标探测信息进行自主集中融合,并上报 F_3。目标跨硬分界线时,F_1、F_2 对 F_3 上报的硬交接结构和信息流程如图 7-20 所示。

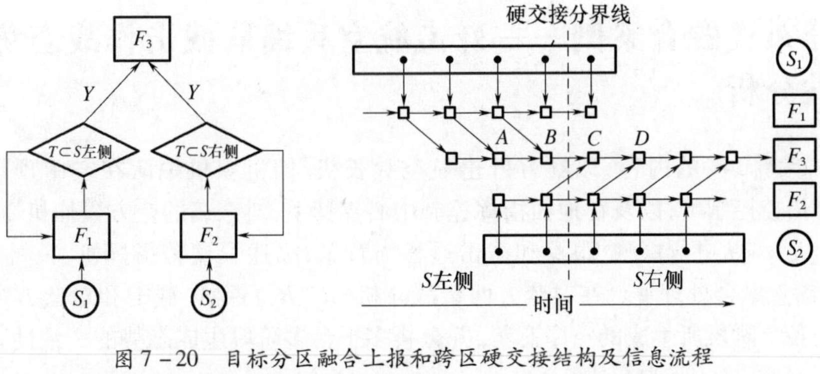

图 7-20 目标分区融合上报和跨区硬交接结构及信息流程

为了克服硬交接方式产生的目标航迹间断或跳变,在探测覆盖区内,F_1、F_2 采用对目标 T 的所有测量信息进行滤波并上报 F_3,以实现航迹平滑软交接,如图 7-19(b)所示。软交接方式所对应的混合分布式融合应用结构和信息流程如图 7-21 所示。

从图 7-21 不难看出,在覆盖范围外,F_1、F_2 均采用各自的集中式融合结构;而在覆盖范围内,F_1、F_2 为对等式融合结构。当隶属 F_1 的传感器族 S_1 发现目标 T 进入 F_1 和 F_2 的警

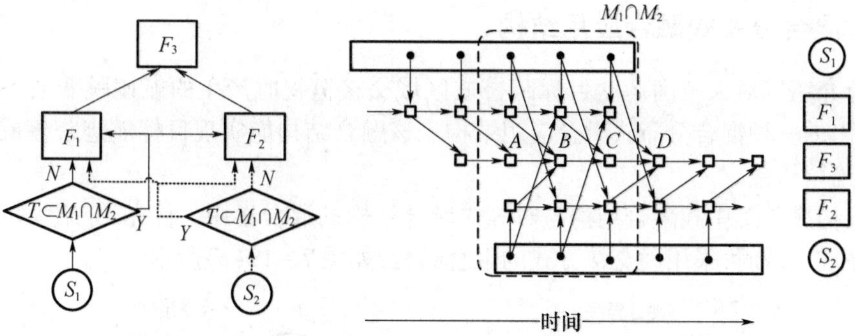

图 7-21 目标分区集中融合与跨区对等融合混合结构及信息流程

戒区覆盖范围 $M_1 \cap M_2$ 时，同时向 F_1 和 F_2 上报，否则只向 F_1 上报。同样，S_2 发现目标进入 $M_1 \cap M_2$ 时，也同时向 F_1 和 F_2 上报，否则只向 F_2 上报。这样，全局节点 F_3 在覆盖范围内所接收到的 F_1、F_2 的局部航迹就非常接近或相同，因为在覆盖范围内，F_1、F_2 接收的关于目标 T 的探测信息完全相同。尽管 F_1、F_2 的局部先验航迹及协方差可能存在一些差别，由于进入（离开）覆盖范围时，目标 T 的测量信息逐步增加（或减少），其航迹受先验信息影响越来越小，故能保持目标 T 航迹的平滑交接。

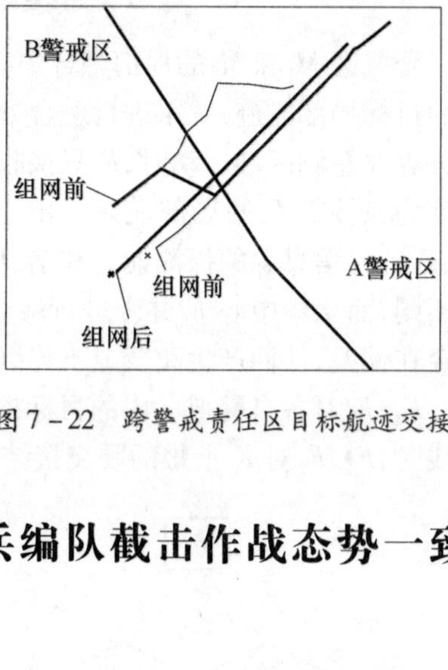

图 7-22 跨警戒责任区目标航迹交接

在一个大区域雷达情报系统中，目标从东北方 A 警戒空域飞往西南方 B 警戒空域时，采用如图 7-20所示的航迹硬交接结构时，航迹产生跳变，如图 7-22 中组网前跨分界线的两段航迹所示。采用如图 7-21 所示的混合分布式融合结构，则实现了航迹的平滑交接，如图 7-22 中组网后跨分界线时的连续、平滑航迹所示。

7.6 分布式融合案例——歼击航空兵编队截击作战态势一致性分析

基于文献[24]的内容，以红方歼击航空兵长机/僚机双机编队在空中预警指挥机（AWACS）指控控制下，以及在地面指挥控制中心支持下，对来袭的蓝方轰炸机/护航战斗机混合（4 机）编队进行探测、跟踪和截击过程为背景，描述了预警指挥机、长机（B_1）、僚机（B_2）等信息融合处理平台在对蓝方两架战斗机（R_1、R_2）探测、截击和对蓝方轰炸机探测、发现的各个阶段所生成的空中态势，并分析多平台多阶段生成态势的一致性。

7.6.1 战术空战剧本背景

战术空战背景如图 7-23 所示，其中描述了在预警指挥机指挥控制下，红方多个空中编队对蓝方多方向来袭轰炸机编队实施空中搜索、监视、跟踪、截击直到击毁蓝方飞机的过程中的一系列时间序列事件。

图 7-23 中，红方预警指挥机在 10km 高度以上巡逻空域作空域监视预警飞行，在技

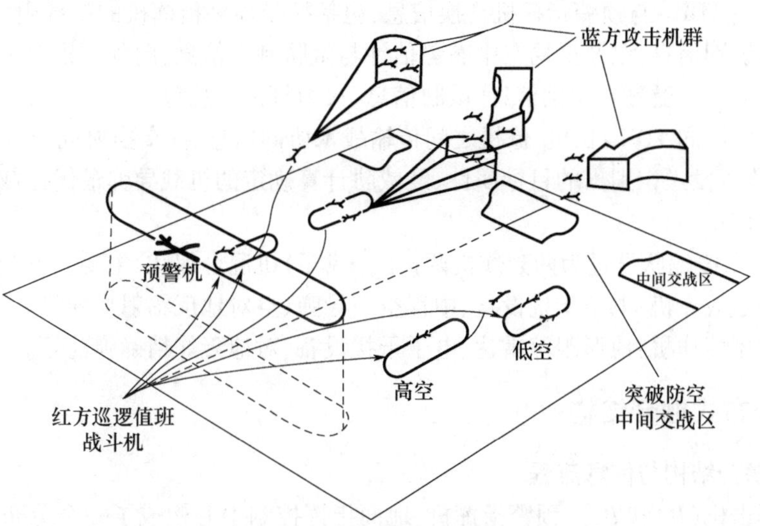

图 7-23 战术空战剧情背景

侦情报提供可能出现蓝方来袭征兆后,红方歼击机编队在蓝方可能的来袭方向和不同高度上巡航,进行空域待战。而地面值班歼击机则在机场进入一等,随时准备起飞执行拦截作战任务。当蓝方来袭轰炸机群已有部分编队突破防空中间交战区时,红方空域待战编队则改出巡航区,飞向蓝方来袭编队,实施空中拦截任务;而地面值班待战的红方歼击机立即起飞或进入空域待战状态,或在预警指挥机指挥引导下直接飞向蓝方轰炸机编队,实施拦截作战任务。

7.6.2 兵力编成与装备(武器)配置

红方作战平台包括预警指挥机 1 架,歼击机多架。

1. 预警指挥机机载探测传感器和任务电子系统装备

(1) 远程搜索监视雷达:对 500m 以上高度飞机目标实施探测,探测距离 370km ~ 440km,距离精度 80m,方位精度 0.34°,监视整个作战空域蓝方目标。

(2) ESM 传感器和 IFF 传感器:用于探测蓝方辐射源目标和识别蓝方目标。

(3) 数据链:地空数据链(地空 TDIL)与地面指挥控制中心交换目标航迹和态势信息。空空 TDIL 与红方歼击机交换信息包括:向红方歼击机指示目标位置和属性、向歼击机发送空中态势,接受歼击机上报的蓝方目标航迹与识别信息等。

2. 红方歼击机机载探测传感器和任务电子系统装备

(1) 火控雷达:在预警指挥机目标指示下,搜索、跟踪和瞄准蓝方空中目标。

(2) 红外(IR)搜索与监视雷达:与火控雷达联动搜索、跟踪蓝方空中目标,并对发射弹药进行制导。

(3) 光电(EO)传感器和雷达 - IR - EO 报警传感器:监视与跟踪目标,并对红方飞机接近蓝方飞机火力范围时进行报警。

(4) 地空 TDIL:直接与地面指挥控制中心交换信息,包括接收地面指挥控制中心的指挥引导命令和广域空中态势;向地面指挥控制中心上报自主生成的局部蓝方目标航迹和识别信息等。

(5) 空空 TDIL:与预警指挥机交换信息,包括接受预警指挥机的指挥引导命令,目标位置指示和识别信息,以及全局空中态势估计与威胁判定信息;向预警指挥机上报自主生成的局部蓝方目标航迹和识别信息、威胁信息、火力打击信息等。

(6) 空空协同 TDIL:长机/僚机之间传输战术协同信息,如交换协同跟踪蓝方目标航迹,长机向僚机发送识别出的目标属性、经威胁计算确定的机载导弹最优拦截点等优化分配截击指控信息。

3. 蓝方来袭编队设置为两轰炸机两护航(战斗)机混合编队,主要装备配置为:

(1) 护航战斗机:电子干扰设备、中程空空导弹、空对地反辐射导弹等。

(2) 重型轰炸机:地形跟踪雷达、电子干扰设备、对地轰炸精确弹药等。

7.6.3 分布式融合结构

7.6.3.1 融合结构与信息流程

红方歼击机(B_1 和 B_2)、预警指挥机、地面指挥控制中心构成了一个分布式三级信息融合结构,如图 7-24 所示。

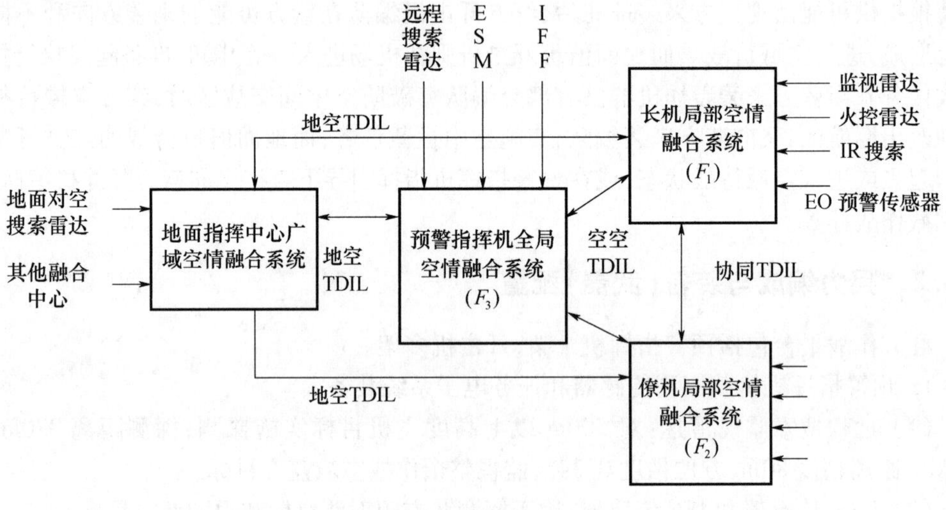

图 7-24 战术空战案例信息融合结构

弱化该结构中地面指挥控制中心的作用,即防空截击作战中主要考虑预警指挥机节点(F_3)和歼击机节点(长机 F_1、僚机 F_2)两级结构,其融合信息流程如图 7-25 所示。

图 7-25 中,S_1、S_2与 S_3、S_4分别表示长机和僚机所携带的探测传感器。值得指出的是,图 7-25 中的 F_1、F_2、F_3节点在各时间点上的信息的相互传递并不是该时刻的所有信息融合结果,而是互补性即按周期重启小航迹或态势信息,如目标指示信息、威胁判断信息、优化分配拦截信息等,否则会出现共用节点信息在某后续融合节点中的多次重用,引起融合误差增长。

7.6.3.2 融合功能

1. 预警机节点(F_3)融合功能

F_3进行自身携载传感器(远程搜索监视雷达、ESM、IFF 传感器等)探测信息的一次融合,生成预警机局部航迹;再经过地空 TDIL 和空空 TDIL 接收地面指挥控制中心和 F_1、F_2

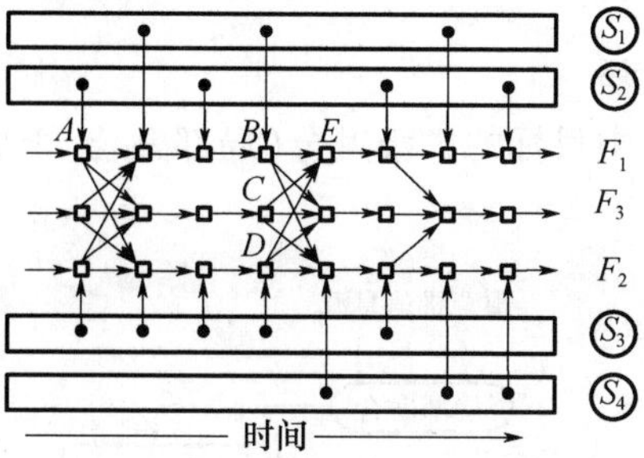

图 7-25 战术空战两级分布式融合信息流程图

报知的目标局部航迹和属性信息，进行二次融合，生成空战区域全局目标航迹和空情态势视图，并进行威胁判断；在不同空战阶段，F_3通过地空 TDIL 向地面指挥控制中心上报空域全局空情态势，通过空空 TDIL 向 F_1、F_2分别发送全局目标航迹、综合属性，全局空情态势、威胁判断结果等，以使 F_3视图上的目标航迹、全局态势与地面指挥中心的广域态势保持一致，与 F_1、F_2的局部态势和相应目标航迹/属性保持一致。F_3为 F_1、F_2进行目标指示，使其掌握全局空情态势和威胁，为其自主确定截击目标和截击方案提供支撑。F_3的目标融合处理能力可达到 100 批以上。

F_3经信息融合生成全局空情态势和威胁判断的同时，还负责对 F_1、F_2进行截击任务分配和对其截击行动进行指挥引导，包括：依据红蓝双方目标空中相对态势和截击任务需求，与 F_1、F_2协同确定各自的截击目标、截击空域，计算 F_1、F_2的截击飞行航线和截击时间，生成指挥引导命令（应飞航向、速度、转弯点和截击点），下达 F_1、F_2执行，以完成对目标分配和截击引导任务。F_3最多能够同时引导（包含概略引导和精确引导）50 批飞机执行截击任务。

2. 红方歼击机节点（F_1、F_2）的融合功能

F_1、F_2根据 F_3的目标指示信息进行目标捕获、识别、跟踪和交接，每架 F_1/F_2具有 10 条～30 条目标航迹的自主式融合功能，生成目标局部航迹、属性信息、态势和威胁判定信息，并与 F_3以及 F_1、F_2之间相互交换融合信息，生成 F_3、F_1、F_2之间一致的目标航迹/属性、空中态势和威胁判断结果；必要时（F_1、F_2接受地面指挥控制中心引导时），F_1、F_2可直接与地面指挥控制中心实时交换融合信息，生成与地面指挥控制中心一致的目标航迹/属性、空情态势和威胁判断结果。

F_1、F_2分别生成本平台超视距武器（火力）范围包络线空域内融合目标的作战视图。基于与 F_3一致的态势估计与威胁判断，F_1、F_2配合 F_3制定编队协同任务分配、指挥引导和目标攻击方案，其中 F_1与 F_2之间的协同任务分配与攻击方案主要由 F_1（长机）生成；通过空空协同 TDIL 向 F_2下达任务分配和攻击方案命令，F_1、F_2按命令执行攻击行动。

3. 地面指控中心功能

地面指挥控制中心的指挥控制功能主要有：

（1）接受地面广域部署的对空搜索雷达、所有空中探测/武器平台报知的空情，生成广域空中态势。

（2）向 F_3和 F_1、F_2等提供完整的广域空中态势。

（3）对 F_3进行概略引导和作战指挥，协助 F_3指挥引导作战飞机编队截击来袭蓝方航

空兵编队。

7.6.3.3 融合功能实现流程

该战术空战案例中，空中目标的3级融合(局部融合、全局融合、广域融合)功能实现流程如图7-26所示。

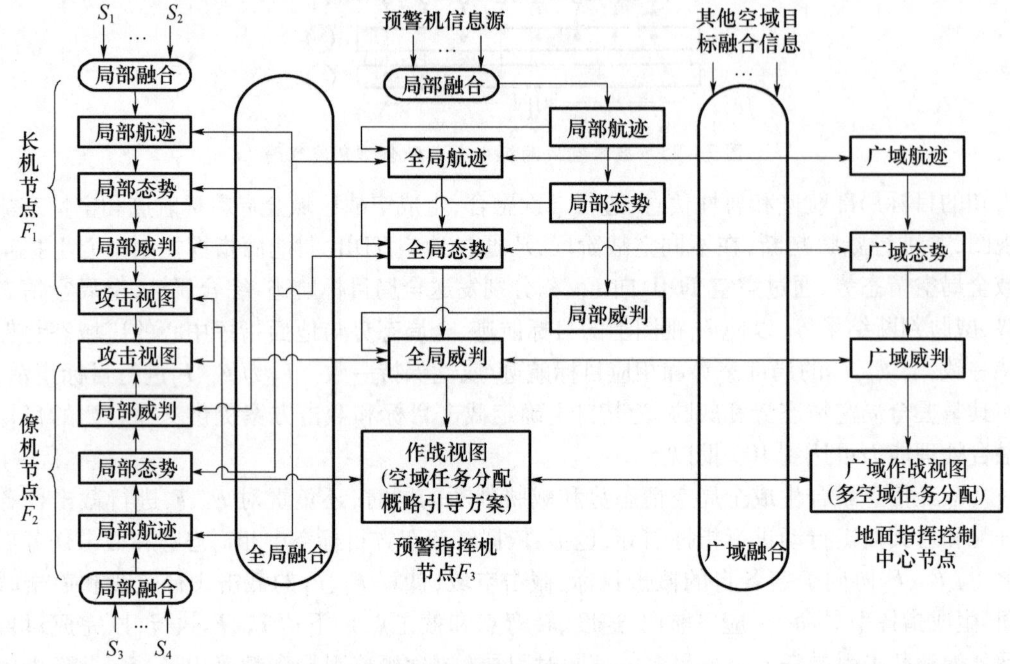

图7-26 战术空战3级融合功能实现流程

不难看出，图7-26将长机/僚机和预警指挥机的信息融合功能和战术空战的指挥控制功能紧密结合在一起，图7-26中的局部威胁判断与攻击视图分别支持长机/僚机对蓝方来袭护航战斗机实施拦截作战的指挥控制，直接引导长机/僚机的截击作战行动；图7-26中的全局威胁判断和作战视图生成功能支持预警指挥机对长/僚机的指挥控制行动，包括对长机/僚机的截击任务分配，概略引导长机/僚机接近蓝方轰炸机编队等。在各截击作战阶段，长机/僚机关于蓝方轰炸机编队的局部航迹、局部态势，以及预警指挥机关于蓝方轰炸机编队各目标的全局航迹和全局态势是基于截击作战任务需求，采用自身携带的传感器不断探测、融合，并相互间不断进行信息交换产生和更新的，这就使源于同一目标的局部航迹，局部航迹与全局航迹达到一致(含属性识别的一致)。各目标的局部航迹和全局航迹，以及识别结果的生成和更新过程与各截击作战阶段的具体关系在下一节相应阶段的截击活动中描述。

7.6.4 战术空战序列事件的描述

7.6.4.1 战术空战阶段的划分

图7-27给出了在空中预警指挥机的指挥控制下，红方长机、僚机编队对蓝方轰炸机编队(2架护航战斗机、2架轰炸机)即2对4实施拦截迎头空战的具体例子，其中将空战过程分为5个阶段(在图7-27中ⓘ表示阶段i，$i=1,2,\cdots,5$)：

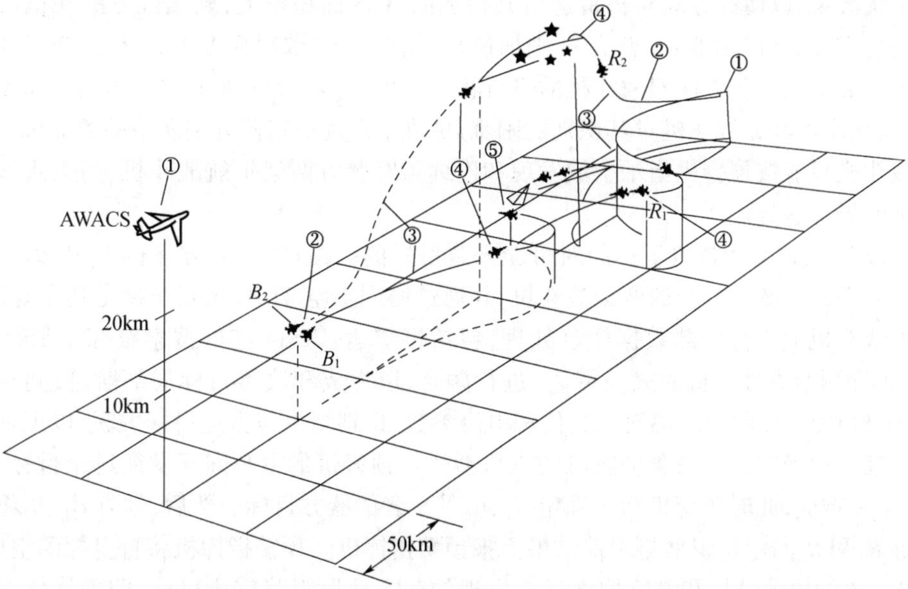

图 7-27　超视距截击空战剧情的阶段划分

(1) 预警机领受任务/初始空中态势生成。

(2) 作战任务分配/长机、僚机局部空中态势生成。

(3) 局部航迹、全局航迹更新/截击方案生成。

(4) 威胁确认和导弹拦截行动。

(5) 轰炸机定位、识别、威胁估计与拦截。

图 7-27 中标识出了红方歼击机 B_1、B_2 和蓝方护航战斗机 R_1、R_2 在截击空战中各自的飞行轨迹和各空战阶段所在的位置，以及最后的截击点位置。

7.6.4.2　战术截击空战 5 个阶段事件描述

这里描述超视距截击空战剧情 5 个阶段中发生的信息融合和指挥控制事件，按相互关系和时间顺序描述。

阶段 1：预警指挥机远程雷达在监视空域边缘探测到蓝方进攻机群，首先发现两架护航机在距离 200km ~ 300km，高度 10km 处向红方进袭，因两架轰炸机进行低空飞行并落在后面，混杂在地物杂波中使预警机雷达难于发现。但机载 ESM 传感器已探测到轰炸机的地形跟踪雷达发射机的方位，这就构成了包含蓝方两架护航机航迹和轰炸机方位的空情初始局部态势。预警机指挥控制系统指示机载远程雷达改变脉冲重复频率（PRF），在后续扫描中增强对该方位扇区内该蓝方轰炸机地形跟踪雷达频率信号的检测处理，以改善机载雷达探测尽早发现来袭的蓝方编队中的轰炸机。

阶段 2：预警指挥机将发现的蓝方两架护航战斗机航迹分别发送给红方两架值班（实际上已处于空域待战）战斗机编队，并指示其拦截“可能的敌方”目标。首先，要正确识别目标的身份，若为敌，则用中程导弹拦截（超视距）。于是红方两架飞机 B_1、B_2 飞向预警指挥机指示的高度 10km，距离在 200km ~ 300km 处的蓝方护航机航迹所在空域。在飞行中，红方两架战斗机按预警指挥机指示的空域，机载雷达检测发现了蓝方两架战斗机 R_1、R_2。蓝方 R_1 发现被红方飞机雷达照射，突然从轰炸机上方离开进行左转弯并首先发射无线电干扰波束，以使红方战斗机雷达对其探测的 RCS 面积增大，欺骗红方战斗机误认为 R_1就是蓝方轰炸机（示假）。蓝方 R_2则加速并逐渐上升以取得高度优势，试图吸引红方战斗机远离轰炸机。蓝方两架战斗机的飞行状态变化（R_1转弯机动，R_2上升机动）和无线干扰行为，加剧了红方战斗机对其识别的困难，更难于发现识别蓝方编队中的轰炸机。此时红方战斗机只能按预警机指示空域发现和连续跟踪蓝方两架护航战斗机，尚无法形成完整正确的局部态势。

阶段 3：按预警指挥机下达的对可能来袭目标的拦截任务，红方飞机 B_1和 B_2上的机载雷达分别跟踪蓝方分开的两架战斗机，并通过协同空空 TDIL 相互交换雷达跟踪航迹。在红方战斗机上进行局部数据融合处理，包括将雷达、IRST（红外搜索跟踪）、ESM 数据（此时正探测蓝方战斗机的火控雷达）进行融合，以生成和改善目标局部航迹；同时试图将 ESM 和 IRST 探测到的辐射源方位和电磁参数、识别结果与雷达目标关联，以识别辐射源是否唯一地确定蓝方来袭护航机的飞机型号。预警机的 IFF 询问发往每个目标，结果 R_1，R_2均无响应，此时预警机初步确定 R_1、R_2是来袭的蓝方目标。然后，红方 B_1、B_2将对来袭目标 R_1和 R_2的定位识别与跟踪结果上报预警指挥机。预警指挥机将自身探测空情（含关于 R_1、R_2的探测结果和继续搜索尚未发现的蓝方地形跟踪雷达目标，即轰炸机方位信息）与 B_1、B_2上报空情进行融合，生成关于蓝方战斗机 R_1、R_2的全局航迹和属性，并进行态势估计和威胁估计，生成全局态势与威胁估计结果。在此步骤上，预警指挥机从使传感器覆盖范围与导弹交战机会达最优出发，将分配 B_1截击 R_1，B_2截击 R_2，并引导它们转到截击相应目标的位置。于是 B_1、B_2分别计算对 R_1和 R_2的截击方案，并报送预警指挥机，进行战斗管理协调。随即 B_1转向在其雷达视野内跟踪 R_1；B_2则加速并爬升，由于它已能够在稀少杂波环境高度 10km 以上跟踪 R_2，因此跟踪任务分配从雷达切换到 IRST，以检测 R_2上的辐射源。在此步骤上红方长机/僚机的显示画面上显示了从截击命令到可能交战的整个动态转换过程和态势与威胁估计结果，包括：

（1）蓝方来袭目标航迹、红方拦截机航迹。

（2）蓝方目标识别信息（符号）。

（3）长机/僚机自身面对的威胁判断情况。

（4）截击任务分配方案。

（5）B_1对 R_1，B_2对 R_2的截击方案。

（6）对指定截击目标的导弹发射包络线。

其中红方每架战斗机上的蓝方 R_1、R_2航迹识别结果与预警指挥机上的 R_1和 R_2航迹识别结果要保持一致，并具有态势估计和威胁估计的一致判断结果。

阶段 4：随着红方 B_1、B_2飞向指定截击目标，预警指挥机要对传感器资源（能力）进行管理以获得尽可能多的目标属性识别信息，准确识别目标。此时激活传感器的中距离非合作目标识别模式，通过传感器特征视图来识别目标。长机 B_1通过雷达波形（RCS）特征结合机载 ESM 获取的辐射源电磁参数数据，能够识别出 R_1是蓝方的一种具体战斗机型。然后经威胁估计处理确定机载导弹截击的可能性并预测最优截击点。该信息通过协同数据链传给僚机 B_2，鉴于 R_2和 R_1的协同行为，如 R_2刚刚切换到雷达模式，表明它要与 B_2交战，再注意到 R_2已开始干扰红方 B_2的跟踪雷达这一事实（这认为是敌对行为），因此，B_2尽一步确认出 R_2是蓝方飞机。B_1、B_2分别向 R_1和 R_2发射导弹，各自进行击落蓝方飞机的战斗。其中，每枚导弹的射击指令参数（射击诸元计算和装填）和对导弹发射后的制导指令参数（航向修正参数或打击目标精确位置）由每架战斗机一级融合获得的跟踪数据提供支持。

阶段5：在交战过程中，预警指挥机上的ESM传感器和B_1上的ESM传感器已断续地检测到蓝方轰炸机的地形跟踪雷达。B_1将探测到的辐射源方位传送到预警指挥机，以对其进行双平台无源定位。随着预警指挥机与B_1间基线（主要指间隔）的增加，以及B_1与蓝方轰炸机距离的减少，辐射源平台（蓝方轰炸机）航迹估计得到改善，导致获得蓝方轰炸机航迹状态的准确估计，并且指令长机B_1去搜索和跟踪轰炸机，在截击前通过辐射源和雷达检测特征在近距离内识别出轰炸机型号、可能载弹量，以进行威胁估计、确定红方飞机机载导弹截击可能性、预测截击点，并制定截击反案，在预警指挥机指挥控制下，B_1和B_2各自实施指派的对蓝方轰炸机的拦截行动。

7.6.5 战术截击空战中的态势一致性分析

7.6.5.1 长机/僚机局部航迹与预警机全局航迹的一致性

长机/僚机局部航迹是由歼击机机载目标跟踪/火力瞄准传感器，包括雷达、IRST、ESM的探测数据进行关联、融合获得的，其精度较高（距离精度10m，方位精度0.1°），但探测距离较近（最远100km）。

预警机探测距离较远（400km），但精度较低（距离精度100m，方位0.4°左右），预警机发现目标后，对歼击机（B_1、B_2）进行目标指示；在歼击机发现目标后，要与预警机指示的目标航迹进行关联，关联成功后实现探测目标的交接。歼击机发现目标后，要将其局部航迹向预警指挥机上报，预警机将其与自身探测目标局部航迹进行关联、融合，以生成预警机全局航迹。在歼击机上和预警机上进行的关联计算若出现漏关联和错关联，则会出现歼击机与预警机上同一目标航迹混乱，引起态势不一致。

对于蓝方轰炸机的探测与定位，预警机ESM首先探测到轰炸机的地形跟踪雷达发射机方位和信号参数，指示其机载远程搜索雷达改变PRF，增强对该方位该频率信号目标的探测，同时为歼击机长机B_1指示ESM探测方位和探测频率。B_1一旦检测出蓝方轰炸机辐射源方位和信号参数，立即上报预警机，进行双平台无源定位和识别，并与歼击机共享。随着预警机与B_1基线增加和B_1与轰炸机距离的减少，轰炸机定位航迹得到改善。

7.6.5.2 目标识别的一致性

蓝方战斗机为掩护轰炸机，有时发射干扰波束，增大红方歼击机探测的RCS，达到示假效果。预警机的ESM和IFF融合识别目标，并与其远程搜索雷达目标进行关联，以确定雷达目标属性。歼击机的IR、IFF和EO传感器能融合识别目标，并与自身火控雷达目标进行关联，以确定跟踪目标是否是敌机及其机型。从时间顺序来说，预警机最早识别出目标属性（敌我、型号），并分发给长机/僚机；长机/僚机识别出目标属性后再上报预警机，经融合生成目标综合属性，再下发，实现目标识别的一致性。需指出的是，红方歼击机直到最后对跟踪目标实施截击开火行动之前，一直对跟踪目标的属性（敌我、战斗机型）进行探测和识别，并且两架歼击机相互交换识别结果，进行识别印证，以免误伤并确定选用的截击兵器。

本空战案例中，红方歼击机B_1携有ESM传感器，在预警机方位指示下能接收蓝方轰炸机机载地形跟踪雷达发射机的电磁信号参数和方位线，与预警机 ESM 对蓝方轰炸机辐射源方位线和信号参数进行交叉定位，并进行电磁信号参数融合，识别轰炸机的型号，为估计蓝方轰炸机的威胁提供依据。由于红方僚机 B_2 没携载 ESM 传感器，故 B_1 与预警机联合识别出的蓝方战斗机 R_2 的型号和识别出的轰炸机型号均通报给僚机 B_2，为其对蓝方 R_2 扩航机和轰炸机的截击行动（截击兵器选择和截击参数计算等）提供支持。

7.6.5.3 各平台上的态势一致性

该空战案例中的态势指敌方态势和作战态势。敌方态势指来袭的蓝方轰炸机编队中 4 架飞机（2 护 2 轰）的位置航迹和型号识别结果，及其相互间作战任务关系（轰炸任务和护航任务）、协同行动（案例中的战斗机 R_1 与 R_2 的协同动作、R_1 和 R_2 对轰炸机的掩护行动）关系等，展现在敌方态势视图上。作战态势是在敌方态势视图上增加红方预警机和长机/僚歼击机编队航迹及其之间的指挥关系与协同截击行动关系，还包含对蓝方战斗机干扰、示假，以及蓝方战斗机和轰炸机的威胁估计结果等。

预警机的作战态势图上显示红方歼击机 B_1、B_2 和发现的蓝方战斗机 R_1、R_2 航迹及属性识别结果，还显示所发现的蓝方轰炸机方位和最后与 B_1 交叉定位获得的蓝方轰炸机位置并融合识别出的两架轰炸机型号，以及对蓝方战斗机和轰炸机的威胁估计结果等。

长机和僚机态势视图上显示蓝方战斗机航迹和属性，基于其跟踪雷达视野，确定显示 R_1、R_2 或 R_1 与 R_2 同时显示，但 B_1 至少显示 R_1 航迹/机型/威胁，B_2 至少显示 R_2 航迹/机型/威胁。B_1（B_2）计算对 R_1（R_2）的截击方案（截击路径和截击点）和导弹火力包络线，以实施截击行动。

预警机作战态势视图上的蓝方战斗机 R_1（R_2）航迹/机型/威胁通过与红方歼击机 B_1（B_2）作战态势中的 R_1（R_2）航迹/机型/威胁的交互，达到作战态势中相应信息的一致。

地面指挥控制中心的作战态势视图上包含多个作战空域的空情态势，通过与预警机交互，与预警指挥机态势视图中的监视空域态势信息保持一致。地面指挥控制中心在需要时，可通过地空 TDIL 直接与红方歼击机进行空情信息交互，其中相应的态势信息与该歼击机的作战态势视图要保持一致。

参 考 文 献

[1] Liggins M E, David L H, Llinas J. Handbook of Multisensor Data Fusion: Theory and Practice (Second Edition), chapter 17 Distributed Fusion Architectures, Algorithms, and Performance within a Network-Centric Architecture. CRC Press, Taylor & Francis Group, Boca Raton London, New York. 2009.

[2] Chong C Y, Mori S. Graphical models for nonlinear distributed estimation, 7th International Conference on Information Fusion, Stockholm, Sweden, pp. 614 – 621, July 2004.

[3] Liggins M E, Chong C Y, Kadar I, Alford M G, Vannicola V, Thomopoulos S. Distributed fusion architectures and algorithms for target tracking, (Invited paper), in Proceedings of the IEEE, Vol. 85, Issue 1, pp. 95 – 107, January 1997.

[4] Chong C Y, Mori S, Chang K C, Barker W. Architectures and algorithms for track association and fusion, Proceedings Second International Conference on Information Fusion, Sunnyvale, USA, pp. 239 – 246, July 1999.

[5] Mori S, Barker W, Chong C Y, Chang K C. Track association and track fusion with non-deterministic target dynamics, IEEE Transactions Aerospace Electronic Systems, 38(2), 659 – 668, 2002.

[6] Chong C Y. Hierarchical estimation, in Proceedings of 2nd MIT/ONR C3 Workshop, Monterey, CA, July 1979.

[7] Chong C Y. Problem characterization in tracking/fusion algorithm evaluation, in Proceedings of the Third International Society of Information Fusion, Fusion, Vol. 1(10), pp. MOC 2/26 – MOC/ 21, Paris, France, 13 July 2000.

[8] Chang K C, Saha R, Bar-Shalom Y. On optimal track-to-track fusion, IEEE Transactions on Aerospace and Electronic Systems, 33(4), 1271 – 1276, 1997.

[9] Chong C Y. Distributed architectures for data fusion, in Proceedings First International Conference on Multisource Multi-sensor Information Fusion '98, Las Vegas, pp. 85 – 91, July 1998.

[10] Bar-Shalom Y. On the track-to-track correlation problem, IEEE Transactions on Automatic Control, 26(2), 571 – 572, 1981.

[11] Chong C Y, Mori S. Graphical models for nonlinear distributed estimation, 7th International Conference on Information Fusion, Stockholm, Sweden, pp. 614 – 621, July 2004.

[12] Liggins M E, Chong C Y, Kadar I, Alford M G, Vannicola V, Thomopoulos S. Distributed fusion architectures and algorithms for target tracking, (Invited paper), in Proceedings of the IEEE, Vol. 85, Issue 1, pp. 95 – 107, January 1997.

[13] Chang K C, Saha R, Bar-Shalom Y, Alford M. Performance evaluation of multisensory track – to – track fusion, in Proceedings of the 1996 IEEE/SICE/RSJ International Conference on Multi sensor Fusion and Integration for Intelligent Systems, pp. 627 – 631, 1996.

[14] Chang K C, Tian Z, Saha R. Performance evaluation for track fusion with information fusion, in Proceedings First International Conference on Multisource Multisensor Information Fusion '98, Las Vegas, pp. 648 – 654, July 1998.

[15] Chang K C. Evaluating hierarchical track fusion with information matrix fi lter, in Proceedings of the Third International Society of Information Fusion, Fusion, 00, Paris, France, Vol. 1(10), 13 July 2000.

[16] Chang K C, Mori S, Tian Z, Chong C Y. MAP track fusion performance evaluation, in Proceedings of the Fifth International Society of Information Fusion, Annapolis, Vol. 1, pp. 512 – 519, July 2002.

[17] Julier S, Uhlmann J. General decentralized data fusion with covariance intersection (CI), in Handbook of Multisensor Data Fusion, D. Hall and J. Llinas (Eds.) CRC Press, New York, NY, 2001.

[18] Chong C, Mori S. Convex combination and covariance intersection algorithms in distributed fusion, in ISIF Fusion 2001, Montreal Quebec, Canada, August 2001.

[19] Chang K C, Saha R, Bar-Shalom Y, Alford M. Performance evaluation of multisensor track-to-track fusion, in Proceedings of the 1996 IEEE/RSJ International Conference on Multisensor Fusion and Integration for Intelligent System. PP. 627 – 631, 1996.

[20] Chang K C, Tian Z, Saha R. Performance evaluation for track fusion with information fusion, in Proceedings First International Conference on Multisource Multisensor Information Fusion'98, Las Vegas, PP. 648 – 654, July 1998.

[21] Chang K C. Evaluating hierarchical track fusion with information matrix filter, in Proceedings of the Third International Society of Information Fusion, Fusion, 00, Paris, France, Vol. 1(10), 13 July 2000.

[22] Chang K C, Mori S, Tian Z, Chong C Y. MAP track fusion performance evaluation, in Proceedings of the Fifth International Society of Information Fusion, Annapolis, Vol. 1, pp. 512 – 519, July 2002.

[23] Brendan P Rivers, Michael Puttre. The US Navy presents its battle plan for network – centric warfare. The Journal of Electronic Defenece, 2011.

[24] Waltz E, Llinas J. Multisensor Data Fusion, Chapter 3, Section3. 1. 2. Artech House, Boston London, 0 – 89006 – 277 – 3, 1990.

第 8 章　图像融合概念与方法

8.1　图像融合概述

8.1.1　图像融合的基本概念

图像融合技术是 20 世纪 70 年代末 80 年代初兴起的一种图像处理方法，90 年代末，随着传感器技术的进步，图像融合技术也得到了快速发展，近年来更是成为许多学者研究的热点。图像融合（Image Fusion）是指将多分辨率或多介质图像数据通过空间配准和图像信息互补产生新的图像的综合分析技术。与单一传感器图像相比，融合图像能最大限度地利用各源图像的信息，提高分辨率和清晰度，增加图像目标感知的灵敏度、感知距离和精度、抗干扰能力等，从而减少目标感知的不完全性和不确定性，提高对目标识别的准确率和场景解释能力[1]。

融合图像的裨益主要表现在下述几点[2]。

（1）信息裕度：不同传感器对于同一场景目标感知的置信度可能不同，冗余图像信息的融合能降低目标感知的不确定性，提高目标的感知精度。当某些传感器出现故障时，信息裕度仍能保障系统的可信赖性。

（2）信息互补：多传感器互补性信息融合，可获取单一传感器所无法得到的完整景物特征（扩大特征空间覆盖）。例如，热成像图像反映目标和场景的红外热辐射特性，而电视图像反映物体的光电反射特性，二者具有较大的互补性，融合后的图像能反映目标较完整的特征。

（3）增大时空覆盖：多重图像信息可以具有较长的时间覆盖，多传感器图像具有更大的空间覆盖。

（4）高性能价格比：当传感器达到一定数量后，随着传感器数目的增加，系统效费比降低。而多传感器图像融合，能获得整体大于部分之和的效果，具有更高的效费比。

图 8-1 给出了完整的图像融合流程。首先，对多幅源图像进行一些预处理操作，如滤除噪声等；其次，对图像进行时空配准，即将它们映射到同一个时空坐标系中，以确保它们时空位置的一致性；再次，对配准后的图像采用相应的方法进行处理（如小波变换等）；最后，根据一定的融合规则进行融合处理得到融合图像。

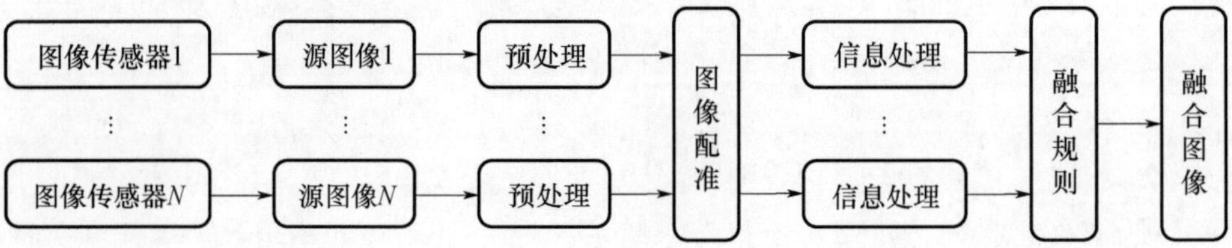

图 8-1　图像融合流程图

8.1.2 图像传感器类型和特点

图像传感器在预警侦察、指挥控制、火控制导等作战活动中,主要承担目标探测、发现、识别、跟踪等任务。目前常用的军用图像传感器及其主要性能指标见表8-1。除此之外,还有紫外光成像仪、X光成像仪、超声波成像仪等其他图像传感器,在这里没有一一列举。

表8-1 常用图像传感器及其主要性能特点[3]

传感器类型	主要特点
可见光CCD	波段:0.4μm~1.0μm;工作方式:被动;成像分辨率高,隐蔽性好,可获得丰富的对比度、颜色和形状信息;受环境光照影响,不能夜间工作,无伪装识别功能
红外热像仪	波段:8μm~14μm(长红外波段),3μm~5μm(中红外波段);工作方式:被动;昼夜两用,具有一定穿透烟、雾、雪等能力,隐蔽性好,成像分辨率高,探测距离一般在几千米至十几千米;受气候影响,作用距离较远时图像不够稳定
毫米波雷达	波段:1mm~7.5mm;工作方式:主动;准全天候工作方式,成像分辨率高,频带宽,电磁兼容性、隐蔽性和抗干扰性较其他雷达好;目标特征不够充分直观,易暴露,一定程度受气候和电子对抗措施影响
合成孔径雷达(SAR)	波段:2.5cm~30cm;工作方式:主动;全天候,全天时,高空间分辨率,高灵敏度大面积成像,作用距离远,对于植被、土壤和水有一定穿透能力,因此可探测浅层地下和水下目标;易暴露,成像分辨率较可见光、红外低,受电子对抗措施影响
激光成像雷达	兼有测距、测速和成像功能,成像距离3km~5km;由于激光束很细(小于10mm),探测分辨能力强,能够探测出架空电缆这类的细小物体
多光谱/超光谱成像仪(遥感成像传感器)	多个光谱谱段同时、精确测量目标;可用于地形测绘、检测和分析等

从表8-1可以看出,毫米波雷达、SAR等作为一种具备较远探测距离、高空间分辨率、高灵敏度和全天候工作能力的成像设备,装备后能够提高部队的侦察、预警能力,但有源探测设备在某些情况下并不适用。可见光CCD、红外热像仪、遥感成像传感器由于采用被动工作方式,隐蔽性较好。若能把有源探测设备与无源探测设备得到的探测图像融合起来,充分利用不同种类图像传感器的优点,必将大大增强部队在电磁干扰环境下和隐身条件下对目标的检测和发现概率,提高预警能力和对目标的识别率。

8.1.3 图像融合的层次分类

在图像信息的采集中,由于受到环境条件(如云,风,雨,烟雾等)、光照条件、目标状态(运动与静止、环境的遮挡、目标隐蔽等)的影响,且囿于成像介质的局限性,单一传感器很难得到完整的目标图像信息,利用图像融合技术提取多传感器图像中的互补信息,则能提高传感器系统的效能。

图像融合按信息提取程度从低到高分为3个层次:像素级融合、特征级融合和判定级融合,这3个层次采用的融合算法各不相同,分别如图8-2(a)、(b)、(c)所示。

(1) 像素级图像融合:直接对原始图像像素进行融合操作,形成一幅新的图像。像素融合能增加每一像素的信息内容,为下一步图像处理提供更多的特征信息,从而更容易提

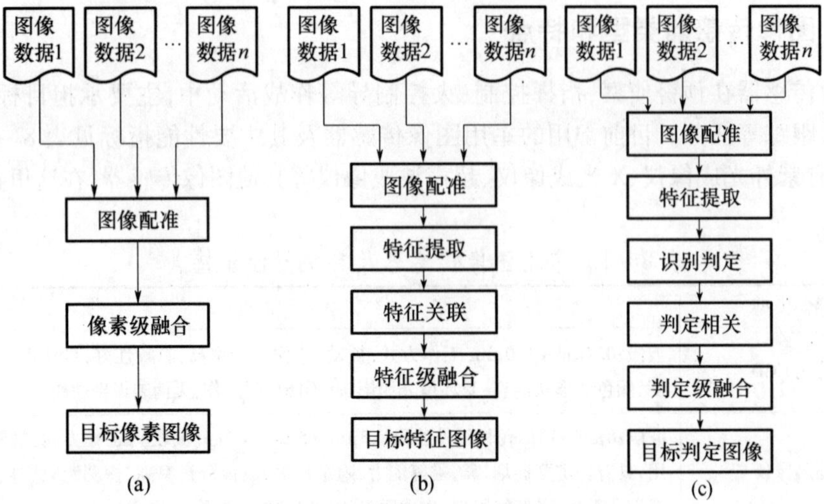

图 8-2 图像融合的 3 个层次

取和识别潜在目标。如果参加融合的图像具有不同分辨率,则需要在图像相应区域作映射处理。像素级图像融合方法是一种低层次的融合,融合精度比较高,能保留尽可能多的原始信息。

(2) 特征级图像融合:各源图像配准后,提取其主要特征和似然率,进行多图像同类特征融合,产生具有目标综合特征的新图像。图像特征提取包括边界提取、同密度或同景深区域表示等。当多个图像传感器报告同一位置出现类似特征时,特征融合能够增加特征实际出现似然率,消除虚假特征并建立综合特征,提高特征测量精度。特征融合可以基于源图像分量特征进行,也可以基于各源图像分量特征属性融合产生新型特征。

(3) 判定级图像融合:对来自各源图像的自主判定结果进行逻辑融合推理或统计融合推理,生成目标综合判定结果。由于从传感器信息导出的结果仅代表基于目标某个介质领域特征做出的判定,因而除了传感器提供的信息,融合过程还需要来自环境或系统的先验信息,此时要将传感器提供的特征与环境模型和系统先验信息匹配后,再进行融合推理。

表 8-2 列出了图像融合在上述 3 个层次中的性能指标的定性比较。综合表 8-2 与以上所述,像素级融合能够提供其他层次融合所不具备的细节信息,但需要处理的数据量大,所以对于计算机的运算速度和内存容量要求较高;特征级融合和判定级融合分别针对目标特征和判定结果进行融合处理,处理的数据量远远低于像素级融合。特征级融合和判定级融合输入的目标属性级别不同,但采用的关联技术相近,二者对支撑知识的依赖程度不同,判定级融合对外部知识的依赖性较大,因而难度更大。若各源图像信息提取层次不同,则图像融合可能同时涉及这 3 个层次。目前,图像融合的研究主要集中在像素级融合。

表 8-2 3 个层次上的图像融合的性能指标比较

性能指标	像素级融合	特征级融合	判定级融合
信息类型	多维图像	图像特征	判决符号
信息保有量	最大	中等	最低
信息表征层次	最低	中等	最高

（续）

性 能 指 标		像素级融合	特征级融合	判定级融合
配准要求	时间	中	中	低
	空间	高	中	低
实现的难度		最易	中等	最难
通信及传输要求		最高	中等	最低
分析支持能力		最差	中等	最好

8.1.4 图像融合的基础技术——多尺度分解方法

多尺度分解方法是目前像素级融合算法中应用最多的方法，其原理结构如图 8－3 所示。图 8－3 中的多尺度变换主要包括拉普拉斯金字塔变换、小波变换，以及基于这两种变换的其他改进方法，它们是图像空间配准和图像融合的基础技术。

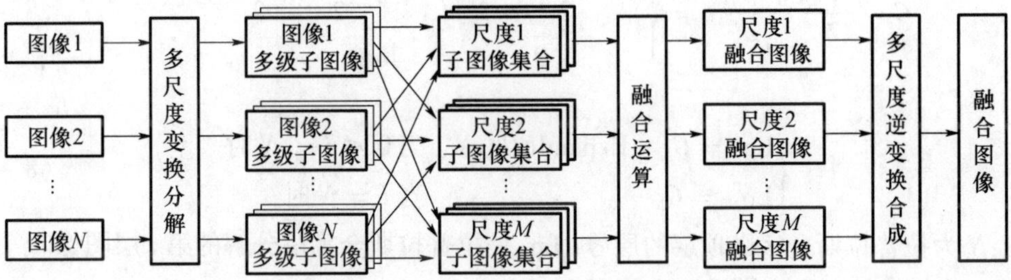

图 8－3　多分辨率图像融合原理结构图

8.1.4.1 拉普拉斯金字塔变换

图像处理中的金字塔算法最早是由 Burt 和 Adelson 提出的，是一种多尺度（多分辨率）的方法。它将原图像分解成许多不同空间分辨率的子图像，并把高分辨率的子图放在下层，把低分辨率的子图置于上层，从而构成一个上小下大的金字塔形。图像拉普拉斯金字塔变换可以将图像的重要特性按照不同尺度分解到金字塔形的不同分解层上，其主要由以下几个步骤组成。

1. 建立图像的高斯金字塔

要建立图像的拉普拉斯金字塔分解首先要进行高斯金字塔分解。设 G_0 为一幅灰度图像，以 G_0 作为高斯金字塔的第 0 层（最底层），高斯金字塔的第 i 层图像 G_i 构造方法如下。

先将 $i-1$ 层图像 G_{i-1} 和一个具有低通特性的窗口函数 $w(m,n)$ 进行卷积，再把卷积的结果做隔行隔列降采样，即

$$G_i = \sum_{m=-2}^{2}\sum_{n=-2}^{2} w(m,n)G_{i-1}(2h+m,2l+n) \quad 0 < i \leqslant N, 0 \leqslant h < C_i, 0 \leqslant l < R_i \tag{8-1}$$

式中：N 为高斯金字塔总层数；C_i 为高斯金字塔第 i 层图像的列数；R_i 为高斯金字塔第 i 层图像的行数；$w(m,n)$ 为高斯模板。

为了简化书写，引入缩小算子 Reduce，则式（8－1）可记为

$$G_i = \text{Reduce}(G_{i-1}) \tag{8-2}$$

至此，G_0，G_1，…，G_N 就构成了高斯金字塔，其中 G_0 为金字塔的底层，G_N 为金字塔的顶层，高斯金字塔的总层数为 $N+1$，上层图像的大小依次为其前一层图像大小的1/4。

2. 由高斯金字塔建立拉普拉斯金字塔

先将 G_i 内插放大，得到放大图像 G_i^*，使 G_i^* 的尺寸与 G_{i-1} 的尺寸相同。为此引入放大算子 Expand，即

$$G_i^* = \text{Expand}(G_i) \tag{8-3}$$

Expand 算子定义如下：

$$G_i^* = 4\sum_{m=-2}^{2}\sum_{n=-2}^{2} w(m,n) G_i\left(\frac{h+m}{2}, \frac{l+n}{2}\right) \quad 0 < i \leqslant N, 0 \leqslant h < C_i, 0 \leqslant l < R_i \tag{8-4}$$

其中

$$G_i\left(\frac{h+m}{2}, \frac{l+n}{2}\right) = \begin{cases} G_i\left(\frac{h+m}{2}, \frac{l+n}{2}\right) & \text{当}\frac{h+m}{2}\text{、}\frac{l+n}{2}\text{为整数时} \\ 0 & \text{其他} \end{cases} \tag{8-5}$$

令：

$$\begin{cases} \text{Lp}_i = G_i - \text{Expand}(G_{i+1}) & \text{当} 0 \leqslant i < N \text{时} \\ \text{Lp}_N = G_N & \text{当} i = N \text{时} \end{cases} \tag{8-6}$$

式中：N 为拉普拉斯金字塔顶层的层号；Lp_i 是拉普拉斯金字塔分解的第 i 层图像。

3. 由拉普拉斯金字塔重建出原图像

从拉普拉斯金字塔的顶层开始逐层由上至下，按照式(8－6)反向进行递推，可以恢复其对应的高斯金字塔，并最终可以得到原图像 G_0。

8.1.4.2 小波变换

类似于金字塔变换，小波变换也是一种信号分析方法。两者主要的差别就是图像金字塔变换导致数据增大，而小波变换具有非冗余性，经小波分解的图像数据量不会变大。下面给出离散小波变换的基本原理。

1. 小波理论的提出

针对短时傅里叶变换（Gabor 于 1964 年提出）窗口的固定性无法满足信号分析需求的弊端，出现了小波变换理论。小波变换能够满足图像分析的时频局部化要求，即：反映信号的高频成分需要较窄的时间窗，反映信号的低频成分需要较宽的时间窗[4~6]，因而在图像融合领域得到了广泛应用。

小波变换思想最早由法国地球物理学家 Morlet 和理论物理学家 Grossman 在 20 世纪 80 年代初分析地球物理信号时作为一种信号分析工具提出[7]，真正的小波热开始于 1986 年，Daubechies、Grossman 和 Meyer 对完全重构的非正交小波基做了详细的研究，构造了连续小波变换理论中的容许条件[8]。1989 年，Mallat 将计算机视觉领域内的多尺度分解思想引入到小波分析中，提出了多分辨率分析的概念，统一了在此之前 Stromberg、Meyer、Lemarie 等人提出的各种具体的小波构造方法；给出了构造正交小波基的通用方法和与 FFT 同等重要的快速算法— Mallat 算法[9,10]，并将其有效地应用于图像的分解与重建。与此同时，Daubechies 用基于离散滤波器迭代的方法构造了紧致集的规范正交小波基，使

小波分解可以用信号和离散滤波器的卷积来实现[11,12]。这样,就初步建立了小波分析的系统理论,为小波理论的进一步发展和应用奠定了基础。20 世纪 90 年代初期,小波理论最具成就的进展当属 Kovacevic、Vetterli 等人提出的“双正交小波”的概念[13~16],以及 Wickerhauser 等人提出的“小波包”的概念[17]。以上小波理论的各种概念可以参见文献[18,19]相关章节,因为篇幅所限,不在这里详细论述。

同傅里叶变换一样,小波变换也存在连续小波、小波级数展开和离散小波变换等 3 种形式,但在图像融合中,通常采用离散小波变换。

2. 离散小波变换原理

离散小波变换的发展与滤波器组理论、多分辨率分析和子带编码 3 种技术密切相关[8]。离散小波变换最终是通过相应的高低通滤波器来完成的,即通过高低通滤波将图像的高频(空间特征)和低频(光谱特征)成分分离;采用子带编码理论不仅可将图像分解成窄带分量,而且能够以一种无冗余、无重建误差的方式来表示它们;而多分辨率分析技术则为小波变换在图像处理中的应用起到了关键推动作用。

图像中显示的物体以不同大小尺度出现,这与地图非常相似,因为地图通常也是以不同尺度来获得的。一幅地图的尺度是用地面物体实际大小与它在地图上大小的比值来表示的。在大范围宏观的小比例尺地图上,大陆和海洋等主要特征是可见的,而像城市街道这样的细节信息就在地图的分辨率之外了。在大比例尺地图上,细节虽变得可见,但较大范围的特征却不见了[8]。小波变换正是沿着多分辨率这条线发展过来的,而变尺度则是通过由基本小波膨胀和压缩而构成的一组基函数来实现。由于小波变换可将图像分解为一系列具有不同分辨率、频率和方向特性的子带信号,因此研究者很容易找到小波系数和原始图像内容在空间和频率域两方面的对应关系。

离散小波变换的实现一般采用 Mallat 算法,其以迭代方式使用双子带编码,并且自底向上建立小波变换。下面以一维信号为例给出 Mallat 算法的计算过程[20](图 8-4)。

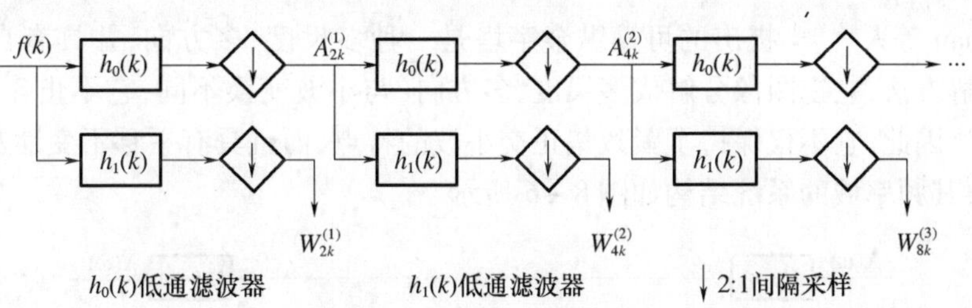

图 8-4 离散小波变换算法

(1) 首先对离散采样信号 $f(k)$ 进行双子带编码,即分别用低通滤波器 $h_0(k)$ 和高通滤波器 $h_1(k)$ 对 $f(k)$ 滤波,再对每个输出进行间隔抽样,以产生两个半长度的子带信号 $A_{2k}^{(1)}$ 和 $W_{2k}^{(1)}$,它们分别为图像的低频和高频半长度子带信号,上标代表分解次数。

(2) 对低频半长度子带信号 $A_{2k}^{(1)}$ 再一次实施双子带编码得到 $A_{4k}^{(2)}$ 和 $W_{4k}^{(2)}$。连续进行这一过程,每一步都保留高频半长度子带信号,并进一步编码低频半长度子带信号,直至得到一个仅有一个点的低频半长度子带信号为止。而小波变换系数就是这个低频半长度子带点再加上用子带编码的高频半长度子带信号的全部。

一维信号的 Mallat 算法可以很容易地推广到二维图像,因为二维尺度函数和小波函数都可分离，所以图像的二维小波变换可以分解为在行和列方向上的一维小波变换，如图 8－5(a)所示，先沿行方向做低通和高通滤波，将图像分解成概貌图像和细节图像两部分，并进行 2∶1 采样；然后再对行运算结果沿列方向做高通和低通滤波，并进行 2∶1 采样。这样得到的 4 路输出中，图像 $A_{2^{j+1}}^{(0)}(m,n)$ 为原图像的概貌图像，上标代表分解后的低频部分，$D_{2^{j+1}}^{(1)}(m,n)$、$D_{2^{j+1}}^{(2)}(m,n)$、$D_{2^{j+1}}^{(3)}(m,n)$ 分别为垂直方向、水平方向和对角线方向的高频子带信号，分别用上标 1,2,3 区分。小波重建是小波分解的逆过程，如图 8－5(b)所示。

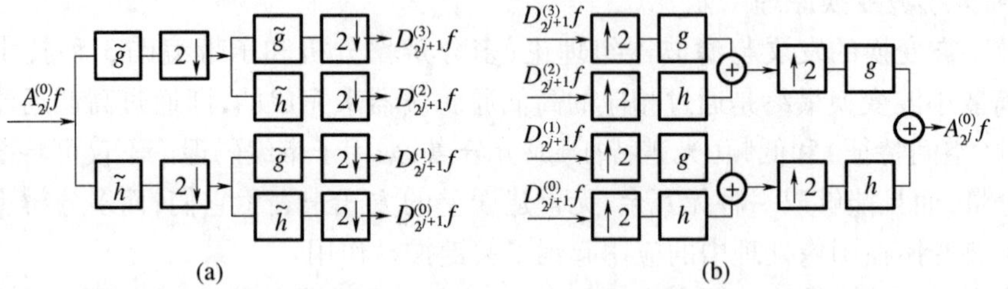

图 8－5 Mallat 算法的小波分解与重建过程

(a) 分解；(b) 重建。

图 8－5 中，$\tilde{g}$ 为高通分解滤波器，$\tilde{h}$ 为低通分解滤波器，2↓为 2∶1 间隔采样，g 为高通重建滤波器，h 为低通重建滤波器，↑2 为 1∶2 增频采样。

8.1.4.3 改进的变换方法

前面介绍了两种传统的多尺度分解方法，研究人员在这些传统的分解方法基础上，先后提出了低通对比度金字塔、形态学金字塔、可操纵金字塔、平移不变小波等各种改进的变换方法。限于篇幅，这里仅介绍可操纵金字塔变换，对于其他方法，读者可以查阅相关文献。

Freeman 等人[21~23]提出的可操纵金字塔是一种多尺度、多方向，并具有自转换能力的图像分解方法，它把图像分解成多尺度、多方向(与小波变换不同，它不止 3 个方向)的子带系列。因此，它不仅保持了紧致集正交小波的特点，而且具有平移不变性及方向可操纵等优点，其频率域的系统结构如图 8－6 所示。

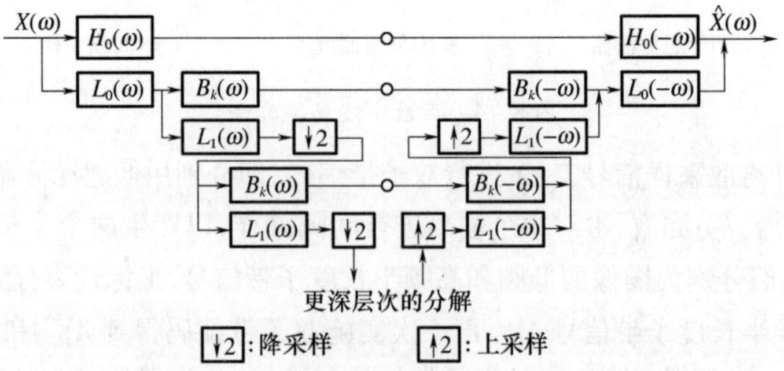

图 8－6 可操纵金字塔频率域系统结构图

可操纵金字塔的基函数是方向微分算子(Directional Derivative Operators)，可具有不同的方向和尺度。图 8－6 中，$X(\omega)$ 和 $\hat{X}(\omega)$ 分别为原始图像和重建图像，$H_0(\omega)$、

$L_0(\omega)$ 和 $L_1(\omega)$ 分别为高通、低通和窄带低通滤波器，$\{B_k(\omega) \mid k = 0,1,\cdots,n\}$ 是具有方向选择特性的带通滤波器组。输入图像首先通过高通和低通滤波器，得到高频和低频图像。接着，用一组带通滤波器和一个低通滤波器对低频图像进行滤波。然后，对低频图像进行降采样，采样系数为 2，也就是为上一分解层次图像大小的一半。这样递归对图像进行分解。

由图 8－6，可以得出重建图像的公式为

$$\hat{X}(\omega) = \{ |H_0(\omega)|^2 + |L_0(\omega)|^2 (|L_1(\omega)|^2 + \sum_{k=0}^{n} |B_k(\omega)|^2) \} X(\omega) + \text{a. t.} \tag{8-7}$$

式中：a. t. 表示失真项（aliasing terms）；n 等于方向数减 1。

为了能够完美重建图像，滤波器系数须满足以下条件：

（1）带通限制（以避免降采样导致的失真），即

$$\text{当} |\omega| > \frac{\pi}{2} \text{时}, L_1(\omega) = 0 \tag{8-8}$$

（2）具有平坦的系统响应，即

$$|H_0(\omega)|^2 + |L_0(\omega)|^2 (|L_1(\omega)|^2 + \sum_{k=0}^{n} |B_k(\omega)|^2) \leqslant 1 \tag{8-9}$$

这里，等号成立表示重建图像不变形。

（3）递归（迭代）计算，即

$$\left| L_1\left(\frac{\omega}{2}\right) \right|^2 = \left| L_1\left(\frac{\omega}{2}\right) \right|^2 (|L_1(\omega)|^2 + \sum_{k=0}^{n} |B_k(\omega)|^2) \tag{8-10}$$

此外，带通滤波器的角度（方向）须满足：

$$B_k(\omega) = B(\omega) [-j\cos(\theta - \theta_k)]^n \tag{8-11}$$

其中

$$\theta = \arg(\omega), \theta_k = \frac{k\pi}{n+1}, B(\omega) = \sqrt{\sum_{k=0}^{n} |B_k(\omega)|^2} \tag{8-12}$$

图 8－7 给出了可操纵金字塔变换示意图。

8.1.5 图像融合技术应用现状

目前，图像融合技术已经在某些领域得到应用，如在动目标检测与跟踪、目标识别特征变化监测等军用和民用领域均有一定程度的应用。

多源图像融合技术始于军事领域，发展的主要动力也来自于军事领域[23]，包括多传感器图像融合在内的战场感知技术已成为现代战争的支柱。美国国防部在不同时期制定的关键战术计划中，有相当一部分任务涉及到多源图像融合方面。“战斧”巡航导弹末制导采用红外成像和毫米波雷达实现目标搜索与打击，其命中精度可达米级。海湾战争中具有高作战效能的 LANTIRN 吊舱就是一种图像融合系统；美国 TI 公司于 1995 年从美国夜视和电子传感器管理局（NVESD）获得了将前视红外与三代微光图像融合系统集成到先进直升机（AHP）传感器系统的合同，信号处理功能由 TMS320C30 DSP 完成；英国以Ⅱ类通用组件为基础，研制出具有图像融合功能的双波段热像仪；英美联合研制的“追踪

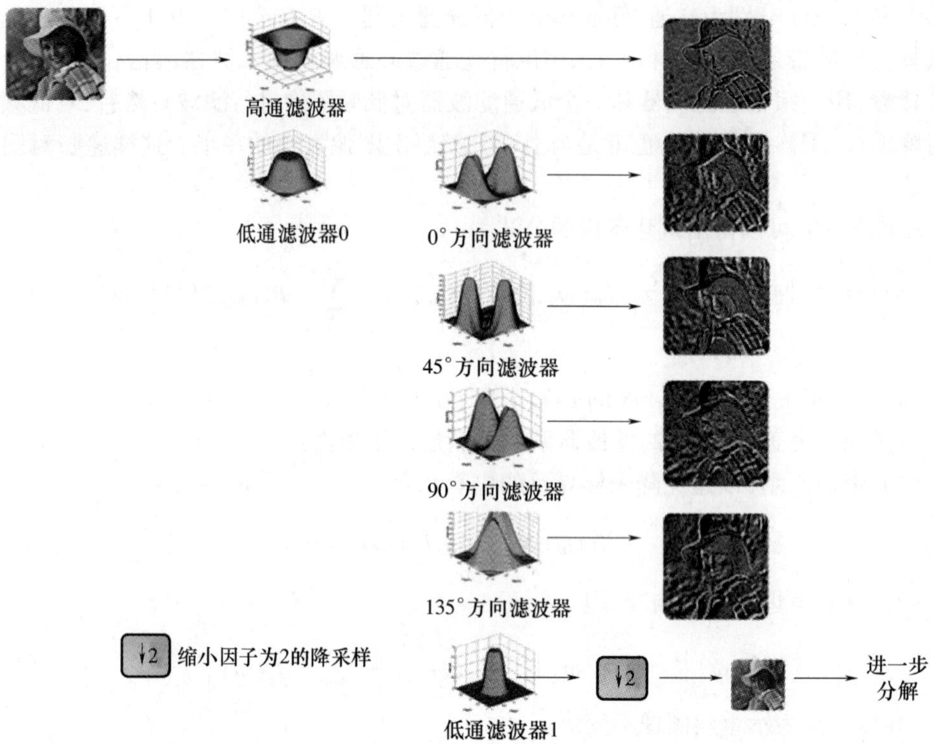

图 8-7 可操纵金字塔变换图像分解示意图

者"战术侦察车将热成像仪、电视摄像仪及激光测距仪等多个传感器进行融合利用;2000年5月,美国波音公司航空电子飞行实验室成功演示并验证了联合攻击机(JSF)航空电子综合系统的多源信息融合技术和功能。

20世纪90年代,美国海军在SSN691(孟菲斯)潜艇上安装了第1套图像融合样机,可使操纵手在最佳位置上直接观察到各传感器的全部图像[24,25]。1998年1月7日《防务系统月刊》电子版报道,美国国防部已授予BTG公司2项合同,其中一项就是美国空军的图像融合设计合同,该系统能为司令部一级的指挥机构和网络提供比较稳定的战场图像。20世纪90年代以来,美国研制的数据融合系统如ASAS(全源信息分析系统)、LENSCE(战术陆军和空军指挥员自动情报保障系统)、SLM(美国陆军实验室数据融合实验台)、NATO数据融合演示器、波音公司传感器数据融合分析实验台等;英国目前已开发并投入使用的系统如WAVELL(莱茵河英军机动指挥控制系统)、ZKBS(舰船多传感器数据融合系统)、ZFFF(飞机的敌/我/中识别系统)、AIDD(炮兵智能数据融合示范系统)等;这些系统中,大多应用了图像传感器与图像融合技术。

综合来看,图像融合技术在军事方面的应用主要有以下4个方面。

(1) 情报、监视与侦察(ISR),由卫星、预警机、侦察机等携载的各类图像传感器实时感知战场环境和目标,支持战略侦察和空海陆战场作战活动。

(2) 运动目标的检测、识别与跟踪,包括地面时敏目标、巡航导弹、飞机、舰船、卫星等陆海空目标。

(3) 导弹和精确弹药的末端寻的制导,单手段或多手段实时探测融合图像与目标模式图像准确匹配,确定打击目标。

（4）战场态势与打击效果评估。现代战争中，由于军事设施常常采用地面和地下掩体相结合的建造方式，在一次攻击中很难将其摧毁。通过多源图像融合获得的战场设施打击图像可以更客观地反映打击效果。

在民用方面，遥感图像融合为更方便、更全面地认识环境和自然资源提供了可能[26~28]，其成果广泛应用于大地测绘、植被分类与农作物长势评估、天气预报、自然灾害预测等诸多方面。1999 年 10 月 4 日，由我国和巴西联合研制的“资源一号”卫星发射升空，安装了我国自行研制的 CCD 相机和红外多光谱扫描仪，这两种遥感图像融合，大大扩展了卫星的遥感应用范围。在医学成像领域，CT、MR 和 PET 图像的融合提高了计算机辅助诊断能力[29]。2001 年 11 月 25 日至 30 日在美国芝加哥召开了 RSNA 北美放射学会年会，在会议上 GE 公司医疗系统部展销了其 2001 年 6 月推出的最新 PET/CT 产品 Discovery LS，它是 PET 与最高档的多排螺旋 CT 的结合体，能完成能量衰减校正、分子代谢影像（PET）与形态解剖影像（CT）的同机图像融合，使检查时间成倍降低，具有单体 PET 无法比拟的优势。在网络安全领域，多尺度图像融合技术可将任意图像水印添加到载体图像中，以确保信息安全。

综合来看，图像融合技术在民用领域的应用主要有以下 5 个方面[24,25]。

（1）智能机器人领域：包括对环境的视觉触觉力矩反馈、立体摄像融合、智能注视控制、动作控制、自动目标识别和跟踪。信息融合技术对机器人领域技术发展起到了推动作用。

（2）医学影像领域：如计算机辅助手术、3 - D 表面空间校准等。医学图像融合是医学图像处理的热点，主要包括转换、配准和信息提取 3 个步骤，它充分利用多模式图像获得互补信息，使临床的诊断和治疗更加准确完善。

（3）制造业领域：电子线路和部件检查、产品表面测量和检验、材料探伤、生产过程监视、复杂设备故障诊断等。

（4）遥感领域：包括电磁光谱应用、黑白空中摄影到多光谱主动微波空间成像雷达、基于摄影方法和数字方法的融合技术等。

（5）道路网络自动提取：可用于把 SAR 图像和现有地图或其他传感器图像融合。但由于雷达图像的噪声斑点特性，这仍是一项非常困难的工作。

可以预见，随着图像融合技术研究的不断深入与传感器技术的成熟，图像融合技术将在越来越多的领域内得到应用。

8.2 图像配准

图像配准是模式识别领域中的一项基本课题，广泛应用于计算机视觉、遥感图像处理、医学图像分析等领域，是实现图像融合的前提。本节主要讨论图像配准相关概念及基本算法。

8.2.1 图像配准的基本概念和步骤

图像配准是指将不同时间、不同传感器、不同视角或不同拍摄条件下获取的同一场景的两幅或多幅图像进行时空一致匹配的处理过程，是数字图像处理首先要解决的一个基本问题。通过对同一场景在不同成像条件下获取的不同图像进行匹配与叠加，可生成一个从单一拍摄的图像信息中无法获得的有关此场景的新解释。如图 8－8(a)、(b)是同一场景的两幅图片,图 8－8(b)有一定扭曲。观察图像配准处理后获得的图 8－8(c),可知它更能真实地反映该场景。

图 8－8 图像配准实例

(a) 源图像 1;(b) 源图像 2;(c) 配准之后。

在 Browns[30]的综述中,图像空间配准包含以下 4 个步骤:

1. 确定特征空间

特征空间是指从图像中提取的用于匹配的特征集合,它决定了图像配准所适用的算法。这些特征可以是像素的灰度值本身,也可以是常见的特征如边缘、曲线、曲面,显著的视觉特征如拐角,交叉线,高曲率的点,以及统计特征如不变矩、高层结构或语义描述算子等。特征空间是几乎所有计算机视觉和图像处理任务都会涉及到的基本因素。

2. 确定搜索空间

搜索空间是所有可用的图像配准变换的集合,其大小和复杂度取决于所采用的配准变换模型。配准模型可分为全局和局部变换 2 种形式。全局变换指整幅图像的变化可以用统一的模型或参数矩阵描述,典型的全局几何变换包括平移、旋转、各向同性或各向异性的缩放、多项式变换等一种或几种的组合。局部变换允许变换参数有位置依赖性,局部变换的参数一般只定义在特定的关键点上，其他区域通过插值确定，对应的搜索空间更大，也更复杂。

3．相似性度量

相似性度量用来确定每种图像配准方法的优劣，它通常与提取出来的配准特征有关。给定可用变换的搜索空间，相似性度量也可用来寻找最终所用配准变换的参数；二者结合还可用来提高配准算法的抗干扰能力。

4．搜索策略

搜索策略是决定下一步可选配准变换的方法。由于很多配准变换都伴随着大量的计算，常规的贪婪搜索无法实现，因此，寻找有效的搜索策略成为图像配准算法要解决的一个关键问题。给定一组对应特征和特征空间参数化的变换，则最优搜索策略由搜索空间和相似性度量方法决定。

以上 4 个部分构成了图像空间配准的基本框架，目前几乎所有的配准算法都可以分解成这 4 个步骤。

8.2.2 图像配准层次和典型算法

迄今为止，图像配准方法大致分为 3 个层次。

（1）像素级图像配准方法，参考图像与二维傅里叶变换得到或经过图像校正、边缘锐化、增强运算后的待配准图像进行像素配准，参与配准运算的是整个区域的图像像素数据。这类方法根据配准图像的相关函数、傅里叶变换等关系式来计算配准参数。

（2）特征级图像配准方法，对从参考图像上提取的边缘、特征区域、特征点等特征集与待配准图像进行特征配准，或者在提取的特征基础上进一步构造图像的模型描述，进行基于模型的配准。这类方法需要先提取特征，如边缘、角点、线、曲率等，然后与待配准图像建立特征点集之间的对应关系，由此求出配准参数。

（3）基于图像理解的配准方法。这种方法要求能自动识别图像中各种目标的性质及相互关系，是一种与图像目标识别相结合的配准方法。目前对这种配准方法的研究还没有明显进展。

下面介绍目前 3 种常见的像素级和特征级图像配准方法。

8.2.2.1 基于灰度的图像配准方法

基于灰度的配准方法的基本思想：利用整幅图像的灰度值度量两幅图像（分别称为参考图像和待配准图像）的相关性，然后搜索相似性度量最大或最小值点，确定两幅图像之间的变换模型。

文献[31]中提出了一种基于灰度统计的图像配准方法，用来进行模板匹配和识别。对一个大小为 $m \times n$ 的模板 T 和一幅大小为 $M \times N$ 的图像 f，表示每一个位移 (u,v) 位置相似程度的归一化二维互相关函数为

$$C(u,v) = \frac{\sum_x \sum_y T(x,y) f(x-u, y-v)}{\sqrt{\sum_x \sum_y f^2(x-u, y-v)}} \quad 1 \leqslant u \leqslant M-m, 1 \leqslant v \leqslant N-n \tag{8-13}$$

如果这两幅图像在某点完全匹配，则交叉相关系数应在匹配点 (i,j) 处达到峰值。

较互相关度量更直观的是两幅图像的方差(SD),即

$$D(u,v) = \sum_x \sum_y \{T(x,y) - f(x-u,y-v)\}^2 \tag{8-14}$$

该函数随着图像相似性程度的上升而下降,在最相似点 (u,v) 处取得最小值。

另一种类似的常用度量方式为相关系数,即

$$\mathrm{Corr}(u,v) = \frac{\mathrm{cov}(f,T)}{\sigma_f \sigma_T} = \frac{\sum_x \sum_y [T(x,y) - \mu_T][f(x-u,y-v) - \mu_f]}{\sqrt{\sum_x \sum_y [T(x,y) - \mu_T]^2 [f(x-u,y-v) - \mu_f]^2}}$$

$$1 \leqslant u \leqslant M - m, 1 \leqslant v \leqslant N - n \tag{8-15}$$

式中:μ_T、σ_T 分别表示模板 T 的均值与标准差;μ_f、σ_f 分别表示图像 f 的均值与标准差。

以上的相似性准则尽管各有其优点,但总体来说有着共同的不足,即受不同灰度属性或对比度差异的影响较大,鲁棒性差。

利用灰度统计信息的另一种方法是基于互信息原理的图像配准技术[32],它以互信息作为相似性度量。互信息概念是 1948 年 Shannon 在信息论中提出的,用来度量两个变量之间的相似性,或度量一个变量包含另一个变量的信息量的多少。图像 A 和图像 B 之间的互信息表示为

$$\mathrm{MI}_{AB} = \sum_{k=0}^{L-1} \sum_{i=0}^{L-1} p_{AB}(k,i) \log_2 \frac{p_{AB}(k,i)}{p_A(k) p_B(i)} \tag{8-16}$$

式中:L 为最大灰度级数;$p_A(k)$ 为灰度级 k 在图像 A 中出现的概率;$p_B(i)$ 为灰度级 i 在图像 B 中出现的概率;$p_{AB}(\cdot,\cdot)$ 代表两个图像灰度级的联合概率密度。

互信息用于图像配准的关键思想是:如果两幅图像已经配准,则它们的互信息达到极大值。

以上方法均是基于全局相似性度量的配准方法,由于高分辨率大尺度图像相似性度量的计算量很大,必须采用适宜的搜索策略以减少计算量。最常用的是由粗到精的金字塔迭代搜索算法,它将高分辨率图像分解为低分辨率图像,从而减少搜索数据量,以低分辨率图像的搜索结果作为下一步搜索的初始值,逐步迭代提高分辨率直到获得原分辨率图像的搜索结果。

8.2.2.2 基于变换域的图像配准方法

在基于变换域的图像配准方法中,最主要的方法就是傅里叶变换方法。这种配准方法利用了图像平移不影响傅里叶变换的幅值,图像旋转在频域相当于对其傅里叶变换做相同角点旋转等特性。

其中,相位相关技术是配准两幅平移失配图像的典型方法[33],其依据的是傅里叶变换的平移幅值不变性质。对仅差一个平移量(u,v)的两幅图像 $f_1(x,y)$ 和 $f_2(x,y)$,即

$$f_2(x,y) = f_1(x-u,y-v) \tag{8-17}$$

它们对应的傅里叶变换 F_1 和 F_2 之间的关系为

$$F_2(\xi,\eta) = \mathrm{e}^{-\mathrm{j}(\xi u+\eta v)} F_1(\xi,\eta) \tag{8-18}$$

可以看出 $f_1(x,y)$ 和 $f_2(x,y)$ 的傅里叶幅值相同,其相位差 $\mathrm{e}^{-\mathrm{j}(\xi u+\eta v)}$ 仅与它们的平移量相关。根据位移原理,这一相位差等于两幅图像的交叉功率谱,即

$$\frac{F_1(\xi,\eta)F_2^*(\xi,\eta)}{|F_1(\xi,\eta)F_2^*(\xi,\eta)|} = e^{j2\pi(\xi u+\eta v)} \tag{8-19}$$

式中:“ * ”表示共轭运算。

如果两幅图像之间不仅存在平移(u,v),还存在旋转角 ϕ_0,则两幅图像之间的关系为

$$f_2(x,y) = f_1(x\cos\phi_0 + y\sin\phi_0 - u, -x\sin\phi_0 + y\cos\phi_0 - v) \tag{8-20}$$

根据傅里叶变换的平移和旋转性质,二者的傅里叶变换关系为

$$F_2(\xi,\eta) = e^{-j(\xi u+\eta v)} \times F_1(\xi\cos\phi_0 + \eta\sin\phi_0, -\xi\sin\phi_0 + \eta\cos\phi_0) \tag{8-21}$$

两幅图像的交叉功率谱函数的极坐标形式为

$$G(\gamma,\theta,\phi) = \frac{F_1(\gamma,\theta)F_2^*(\gamma,\theta-\phi)}{|F_1(\gamma,\theta)F_2^*(\gamma,\theta-\phi)|} \tag{8-22}$$

这样,用将交叉功率谱相位调整为近似于单位脉冲的方法计算出旋转角 ϕ 后,在这个脉冲的位置便可计算出二者的相对位移(u,v)。

变换域配准方法在对噪声的敏感性和计算的复杂度上都有一定的优势,适用于傅里叶变换中有相应定义形式(如旋转、平移、缩放等)的图像转换,一般应用于仿射变换的图像配准中。

8.2.2.3 基于特征的图像配准方法

在多源图像融合中,由于多传感器所获取的图像灰度不一致,且基于图像灰度的方法对缩放、扭曲和旋转等都很敏感,使其应用受限。而变换域配准方法受限于傅里叶变换的不变性,对图像转换形式较复杂的情况无能为力。基于特征的图像配准方法则能有效避免上述两种方法的不足,该方法一般分为以下 3 个步骤。

(1) 特征提取:根据图像性质提取用于配准的几何或灰度特征。

(2) 特征匹配:根据特征匹配准则,寻找两幅待配准图像对应的特征,排除没有对应的特征。

(3) 图像转换:求取基于对应特征的图像转换参数,将其代入符合图像形变性质的图像转换式,最终配准两幅图像。

点特征(如图像角点)是图像配准中最常用的特征之一。基于角点的配准法的难点在于建立两幅图像角点间的对应关系。已有的解决方法有松弛法、相对距离直方图聚集束检测法、Hausdorff 距离法和相关法等。但这些方法对检测到角点的条件有些苛刻,如要求数量一致、变换关系简单等,因而不适用于一般配准应用。

边缘特征能够代表图像大部分结构,能剔除一些畸变的影响,而且边缘检测计算快捷,使其成为特征空间一个较好的选择。在 R. Y. Wong 给出的算法中,先进行边界提取、滤掉杂乱边界、加宽边界,然后采用基于灰度的相关类算法或相应的配准相似度进行配准。该算法在图像结构特征不变的情况下,能排除灰度变化的影响;缺点是对旋转、缩放等几何畸变的适应能力不强。针对这一缺陷,David M. Mount 的算法将提取的边界点作为特征点,以 Hausdorff 距离作为点特征的相似度度量,对几何畸变参数空间采用 Branch—And—Brnad 算法进行搜索,具有较好的鲁棒性。文献[34]对图像采用小波变换,在细节尺度上采用 LOG 算子提取边缘特征,然后用得到的边缘信息求得配准参数,从而实现红外与可见光图像的快速配准。

从以上各种图像配准方法可以看出,不同类型的待配准图像所适用的配准方法也不同。但是,各种图像配准方法之间又存在相关的共性特征,能否找到一种适合于各种类型图像的配准方法,成为目前图像处理领域研究的一个重要课题。目前对于图像配准算法研究的重点主要有两个,一是寻找能够适合大多数图像类型的通用配准算法;二是提高图像配准算法的速度、精度和稳定性。

8.3 多介质图像融合

本节主要探讨目前正在研究的几类典型传感器图像的融合算法。

8.3.1 IR 图像与可见光图像融合

目标内有较大的温度梯度或背景与目标有较大热对比度时,可见光图像中的低可视目标很容易在红外图像中看到。由于可视图像能比热图像提供更多的目标细节,因此,IR 与可视图像融合能获取较详细的目标图像。例如,FLIR(前视红外)与 TV 图像融合,形成的融合图像保留了由高局部亮度对比度表征的重要细节。美国建立了基于可见光与红外图像的自适应数据融合实验床,可用于模拟战场环境下的图像融合,已在外场进行了一些试验。

8.3.1.1 基于多特征模糊聚类的图像融合方法

美国加州大学 L. A. Zadeh 教授于 1965 年创立了模糊集理论[35],利用隶属度函数来定量表达事物的模糊性。而近来的研究表明,在很多图像融合应用领域,分割目标所在区域并提取区域特征进行图像融合能取得更合理的融合效果[36~38]。Milan Sonka[39]在理论和实验中证明了综合使用多特征比只使用某一种特征能够取得更合理的分割结果。

本节给出同时应用多特征模糊 C–均值聚类(FCM)算法和采用柯西函数构造模糊区域相似度的图像融合方法,算法步骤如下。

1. 多特征提取

设 A 为一幅灰度图像,将 A 分割成 $M \times N$ 窗体,num 为 A 中的窗体数目。从每个窗体中提取的特征向量 $f_i(f_i \in R^6, 1 \leqslant i \leqslant \text{num})$ 包含 6 个特征分量,前 3 个分量是窗体的纹理特征,通过对窗体做二维离散平稳小波分解获得。$M \times N$ 窗体经过一层小波分解后,产生 LL、LH、HL 和 HH4 个频段,其中 LL 为低频段,LH、HL 和 HH 为高频段,每个频段中包含 $M \times N$ 个小波系数,窗体的纹理特征从这 3 个高频分量中提取。不失一般性,假定 HL 频段中的小波系数是 $\{c_{k,l}, c_{k,l+1}, c_{k+1,l}, c_{k+1,l+1}\}$,可以求得一个特征分量 f,即

$$f = \left(\frac{1}{4}\sum_{i=0}^{1}\sum_{j=0}^{1} c_{k+i,l+j}^{2}\right)^{\frac{1}{2}} \quad k = 1,2,\cdots,M; l = 1,2,\cdots,N \tag{8-23}$$

同样,可以从 LH、HH 频段中求得另外两个特征分量,详情见文献[40]。第 4 个特征分量是窗体区域的灰度均值,表示图像的颜色特征。第 5、第 6 个特征分量分别为窗体左上角的横坐标与纵坐标,表示每个窗体的空间位置。这样就得到 num 个窗体的特征向量 f_i,为了在聚类过程中使特征向量的每个分量所起的作用均衡化,将每个 f_i 归一化为 $\hat{f}_i$。

2. 基于 FCM 算法的图像分割

本文采用目前广泛应用的 FCM 算法进行区域分割[39]。

设 N_cluster 为给定的类别数,利用 FCM 算法对特征空间 R^6 中的特征向量 $\hat{f}_j$ $(1 \leqslant j \leqslant \text{num})$ 聚类,得到 $\mu_{ij}(1 \leqslant i \leqslant \text{N\_cluster}, 1 \leqslant j \leqslant \text{num})$,$\mu_{ij} \in [0,1]$ 表示特征向量 $\hat{f}_j$ 属于第 i 类的程度。算法结束后,对所有特征向量进行归类。

3. 构造模糊柯西特征

按照 FCM 算法对图像聚类分割后,一幅图像就可以看成一个区域集合 $\{R_1, R_2, \cdots, R_{\text{N\_cluster}}\}$。相应地,在特征空间里图像就可以用区域特征集合 $F = \{F_1, F_2, \cdots, F_{\text{N\_cluster}}\}$ 来刻画,其中区域特征集 F_j 描述区域 R_j。

由颜色、纹理和空间位置构成的 6 维特征空间 R^6 中的模糊特征 $\tilde{F}$ 可用一个隶属度函数 $\mu_{\tilde{F}}: R^6 \to [0,1]$ 来定义,其中,值 $\mu_{\tilde{F}}(f)$ 称为 f 对 $\tilde{F}$ 的隶属度。这里选用柯西函数作为隶属度函数[41]:

$$\mu_{\tilde{F}_i}(f) = [1 + (\| f - \hat{f}_j \| / d_f)^{\alpha}]^{-1} \tag{8-24}$$

式中:$d_f = \dfrac{2}{\text{N\_cluster}(\text{N\_cluster} - 1)} \sum\limits_{i=1}^{\text{N\_cluster}-1} \sum\limits_{k=i+1}^{\text{N\_cluster}} \| \hat{f}_i - \hat{f}_k \|$ 是聚类中心的平均距离,$\alpha > 0$ 决定函数的峰值。

4. 计算模糊柯西相似度

考虑图像区域用模糊特征表示,区域之间的相似性就可以由相应的模糊特征集合来计算。集合 A 和集合 B 的相似性可以定义为交集 $A \cap B$ 的大小。

设 R^k 上的模糊集合 $\tilde{A}$ 和 $\tilde{B}$,其对应的隶属度函数分别为 $\mu_{\tilde{A}}: R^k \to [0,1]$ 和 $\mu_{\tilde{B}}: R^k \to [0,1]$。交集 $\tilde{A} \cap \tilde{B}$ 的隶属度函数 $\mu_{\tilde{A} \cap \tilde{B}}: R^k \to [0,1]$ 定义为

$$\mu_{\tilde{A} \cap \tilde{B}}(x) = \min[\mu_{\tilde{A}}(x), \mu_{\tilde{B}}(x)] \tag{8-25}$$

并集 $\tilde{A} \cup \tilde{B}$ 的隶属度函数 $\mu_{\tilde{A} \cup \tilde{B}}: R^k \to [0,1]$ 定义为

$$\mu_{\tilde{A} \cup \tilde{B}}(x) = \max[\mu_{\tilde{A}}(x), \mu_{\tilde{B}}(x)] \tag{8-26}$$

从而,模糊集合 $\tilde{A}$ 和 $\tilde{B}$ 的相似度就可以表示成 $S(\tilde{A}, \tilde{B})$,即

$$S(\tilde{A}, \tilde{B}) = \sup_{x \in R^k} \mu_{\tilde{A} \cap \tilde{B}}(x) \tag{8-27}$$

用柯西函数作为隶属度函数,即

$$\mu_{\tilde{A}}(x) = [1 + (\| x - u \| / d_a)^{\alpha}]^{-1}, \ \mu_{\tilde{B}}(x) = [1 + (\| x - v \| / d_b)^{\alpha}]^{-1} \tag{8-28}$$

式中:u、v 分别为两模糊集合的中心点。

将式(8-28)代入式(8-25)和式(8-27),可得模糊集合 $\tilde{A}$ 和 $\tilde{B}$ 的模糊相似度为

$$S(\tilde{A}, \tilde{B}) = (d_a + d_b)^{\alpha} / [(d_a + d_b)^{\alpha} + \| u - v \|^{\alpha}] \tag{8-29}$$

5. 融合过程

首先将图像 A、B 分别进行二维离散平稳小波变换,这里采用 Symlets-4 小波函数。

定义 $y_i^{k,p}$（$1 \leqslant i \leqslant$ N_cluster）为经过 k 层小波分解后 p 频段的第 i 个区域的小波系数集，其中 $p=0$ 代表低频段，$p=1,2,3$ 代表3个高频段。设 x 代表任意 $M \times N$ 窗体小波系数均值，U 代表 $y^{k,p}$ 中所有窗体均值构成的集合，则 $x \in U$。定义 x 对 $y^{k,p}$ 中某一模糊区域 $\tilde{A}$ 的隶属度函数为

$$\mu_{\tilde{A}}(x): U \to [0,1], x \in U \tag{8-30}$$

这样，分别得到源图像 A、B 经过小波分解后某一频段的模糊区域 $\tilde{A}$、$\tilde{B}$ 的隶属度函数 $\mu_{\tilde{A}}(x)$、$\mu_{\tilde{B}}(x)$ 如式(8-28)所示，$\tilde{A}$、$\tilde{B}$ 的模糊柯西相似度如式(8-29)所示，其中

$$d_a = \frac{2}{\text{N\_cluster}(\text{N\_cluster}-1)} \sum_{i=1}^{\text{N\_cluster}-1} \sum_{j=i+1}^{\text{N\_cluster}} \| \bar{y}_{i,A}^{k,p} - \bar{y}_{j,A}^{k,p} \| \tag{8-31}$$

$$d_b = \frac{2}{\text{N\_cluster}(\text{N\_cluster}-1)} \sum_{i=1}^{\text{N\_cluster}-1} \sum_{j=i+1}^{\text{N\_cluster}} \| \bar{y}_{i,B}^{k,p} - \bar{y}_{j,B}^{k,p} \| \tag{8-32}$$

式中：$\bar{y}_{i,A}^{k,p}$ 表示 $y_{i,A}^{k,p}$ 的区域均值；$\bar{y}_{i,B}^{k,p}$ 表示 $y_{i,B}^{k,p}$ 的区域均值。

此时，式(8-29)所示的 $S(\tilde{A},\tilde{B})$ 可理解为区域 $y_{i,A}^{k,p}$ 和 $y_{i,B}^{k,p}$ 的模糊柯西相似度，其即为区域匹配度，记做 $M_{i,AB}^{k,p}$。

设 C 为区域 i 中窗体的个数，$\bar{y}_{ij}^{k,p}(1 \leqslant j \leqslant C)$ 为区域 i 中第 j 个窗体的系数均值，则区域信息量定义为

$$E_i^{k,p} = \sum_{j=1}^{C} | \bar{y}_{ij}^{k,p} |^2 \tag{8-33}$$

图像融合采用 Burt 和 Kolczynski 在文献[42]中提出的加权平均方法，该方法在区域相似度和区域信息量的基础上构造加权因子，通过加权因子得到融合图像，即

$$F_i^{k,p} = \omega_A A_i^{k,p} + \omega_B B_i^{k,p} \tag{8-34}$$

式中：ω_A 和 ω_B 分别为区域 $A_i^{k,p}$ 和 $B_i^{k,p}$ 的加权因子，其求取规则如下：

当 $M_{i,AB}^{k,p} \leqslant T$ 时：

$$\begin{aligned} &\text{若 } E_{i,A}^{k,p} > E_{i,B}^{k,p}\text{，则 } \omega_A = 1,\ \omega_B = 0 \\ &\text{若 } E_{i,A}^{k,p} \leqslant E_{i,B}^{k,p}\text{，则 } \omega_A = 0,\ \omega_B = 1 \end{aligned} \tag{8-35}$$

当 $M_{i,AB}^{k,p} > T$ 时：

$$\text{若 } E_{i,A}^{k,p} > E_{i,B}^{k,p}\text{，则 } \omega_A = \frac{1}{2} + \frac{1}{2}\left(\frac{1-M_{i,AB}^{k,p}}{1-T}\right),\ \omega_B = \frac{1}{2} - \frac{1}{2}\left(\frac{1-M_{i,AB}^{k,p}}{1-T}\right)$$

$$\text{若 } E_{i,A}^{k,p} \leqslant E_{i,B}^{k,p}\text{，则 } \omega_A = \frac{1}{2} - \frac{1}{2}\left(\frac{1-M_{i,AB}^{k,p}}{1-T}\right),\ \omega_B = \frac{1}{2} + \frac{1}{2}\left(\frac{1-M_{i,AB}^{k,p}}{1-T}\right)$$

式中：T 为选取的区域匹配度阈值。

图8-9为一个基于多特征模糊聚类的IR和可见光图像的融合案例。其中，源图像大小为256×256，窗口大小选择4×4，匹配度阈值 T 为0.5，小波分解层数为3。

图8-9(a)中人物比较清晰，但除了人物之外的景物对比度较低，比较模糊；图8-9(b)中由于光线较暗，很难发现人物，但景物对比度高，道路、灌木、方桌、水瓶、栅栏等都清晰可辨；从图8-9(c)可知，图像融合后，人物与景物都清晰可见。

8.3.1.2 基于多通道 Gabor 滤波器的图像融合方法[43]

Gabor 函数由 Gabor 定义，Daugman 将其扩展成二维结构，是目前唯一能够达到时频

(a) (b) (c)

图 8 - 9 IR 图像与可见光图像的融合

(a) IR 图像; (b) 可见光图像; (c) 融合后图像。

测不准关系下界的函数,能最好地兼顾信号在时域和频域中的分辨能力,非常适于处理图像信息[44]。

本节介绍多通道 Gabor 滤波器和模糊 C - 均值聚类算法(FCM)相结合的融合算法,该方法基于 Gabor 滤波器所提取的纹理特征,应用 FCM 算法进行区域分割,并采用本节建立的新的区域相似性度量方法,实现 IR 与可见光图像融合。

1. 多通道 Gabor 滤波器设计

为了提取信号傅里叶变换后的局部信息,英国物理学家 Dennis Gabor[45] 在 1946 年引入了一个时间局部化“窗函数” $g(t-b)$,其中参数 b 用于平移窗体以覆盖整个时域。Gabor 用一个 Gauss 函数作为窗函数,称为 Gabor 变换。因为 Gauss 函数的傅里叶变换还是一个 Gauss 函数,所以傅里叶逆变换也是局部的,可用于时间—频率同时局部化。一维 Gauss 函数 $g(x) \sim \exp(-x^2/2\sigma^2)$ 的傅里叶变换为 $G(u) \sim \exp(-2\pi^2\sigma^2u^2)$ 。由著名的“测不准原理”可知,它具有最小的时频窗。其中,窗面积定义为时域和频域分辨率的乘积,即: $\Delta x \cdot \Delta u \geqslant 1/4\pi$ 。Daugman[46] 把一维 Gabor 函数扩展到二维,这样,Gauss 窗函数的二维 Gabor 函数就能实现最精确的时间—频率局部化。

一个平滑对称的 Gabor 滤波器在空间域中的一般形式如下:[47]

$$G_{\theta,f}(x,y) = \exp\left\{-\frac{1}{2}\left[\frac{x'^2}{\delta_x^2}+\frac{y'^2}{\delta_y^2}\right]\right\}\cos(2\pi f x') \quad x' = x\cos\theta + y\sin\theta, y' = -x\sin\theta + y\cos\theta \tag{8-36}$$

式中: f 为滤波器的径向中心频率; θ 为滤波器的主轴方向角; δ_x 、 δ_y 分别为高斯包络在 x 轴和 y 轴方向的空间常量。

Gabor 滤波器的位置主要由 θ 和 f 两个参数决定。就纹理识别的目的而言,没有必要选择覆盖整个频域的参数空间,由于 Gabor 滤波器在频域共轭对称,所以只需在 $0^\circ \sim 180^\circ$ 内选择方向参数 θ 即可。对一个 $N \times N$ 的纹理图像,中心频率 f 的选择范围为 $f \leqslant N/2$ [48,49]。这里对一个径向中心频率 f ,选取 8 个相位参数 0° 、 22.5° 、 45° 、 67.5° 、 90° 、 112.5° 、 135° 、 157.5° 作为相位角,组成 8 通道 Gabor 滤波器。

2. 纹理特征提取

源图像用 8 通道 Gabor 滤波器分别进行卷积,得到 8 幅 Gabor 滤波之后的输出图像,在这 8 幅输出图像中进行纹理特征提取。首先,将每幅输出图像分割成 num 个 $M \times N$ 大小的窗体。窗体的大小选择影响到特征向量的有效性和模糊聚类的复杂度,取小一点可以保留更多的特征信息,但增加了计算时间;反之,取大一点会丢失一些特征信息,但可缩短计算时间。其次,从每个 $M \times N$ 窗体中提取的特征向量 $\boldsymbol{f}_i(\boldsymbol{f}_i \in R^{18}, 1 \leqslant i \leqslant num)$ 包含 18 个特征量,前 16 个分量是窗体的纹理特征,分别用 8 通道 Gabor 滤波器滤波后的 8 幅输出图像的窗体均值和标准偏差表示,第 17 个、第 18 个特征分量分别为窗体左上角的横坐标与纵坐标,表示窗体的空间位置。在聚类过程中,空间位置的设定可以增强区域的空间聚合性,减小离散空间域的产生。这样,得到 num 个窗体的特征向量 $\boldsymbol{f}_i$ 。为了在聚类过程中使特征向量的诸分量作用均衡化,将特征向量归一化为 $\hat{\boldsymbol{f}}_i$ 。

3. 基于纹理特征的图像分割方法

这里采用模糊 C－均值聚类算法(FCM)进行区域分割[40]。

设 N_cluster 为给定的类别数,利用 FCM 算法对特征空间中的特征向量 $\hat{\boldsymbol{f}}_j(\hat{\boldsymbol{f}}_j \in R^{18}, 1 \leqslant j \leqslant \text{num})$ 进行聚类,得到 $\mu_{ij}(1 \leqslant i \leqslant \text{N\_cluster}, 1 \leqslant j \leqslant \text{num})$, $\mu_{ij} \in [0,1]$ 表示特征向量 $\hat{f}_j$ 属于第 i 类的程度。算法结束后,可按下面方法对所有特征向量进行归类:

若 $\mu_{ij} > \mu_{lj}, l = 1,2,\cdots,\text{N\_cluster}; i = 1,2,\cdots,\text{N\_cluster}; l \neq i$,则将 $\hat{\boldsymbol{f}}_j$ 归入第 i 类。

最终所有特征向量 $\hat{\boldsymbol{f}}_i$ 被分成 N_cluster 类,相应地,源图像也就被分割成 N_cluster 个区域 $\{R_1, R_2 \cdots, R_{\text{N\_cluster}}\}$ 。区域 R_i 对应特征向量集 F_i ($1 \leqslant i \leqslant \text{N\_cluster}$),其中: $F = \{\hat{\boldsymbol{f}}_j \in R^{18}: 1 \leqslant j \leqslant \text{N\_cluster}\}$ 。图 8－10 是用该方法对图像区域分割的效果图。

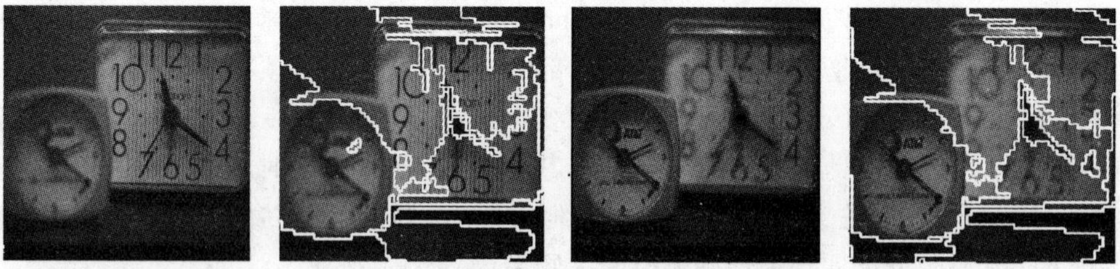

(a) (b) (c) (d)

图 8－10　图像区域分割的效果图

(a)前景模糊;(b)(a)图区域分割;(c)背景模糊;(d)(c)图区域分割。

4. 图像融合过程

首先将图像 A、B 分别进行二维离散平稳小波变换,经过 k 层小波分解后,每层产生 LL、LH、HL 和 HH 四个频段,其中 LL 为低频段,LH、HL 和 HH 为高频段。对 3 个高频段分别进行 Gabor 滤波,每个高频段得到 8 幅输出图像,分别记为 $\xi_1, \xi_2, \cdots, \xi_8$ 。第 k 幅输出图像的第 i 个区域的均值 Mean_i^k 和标准偏差 Std_i^k ($1 \leqslant i \leqslant \text{N\_cluster}$, $1 \leqslant k \leqslant 8$) 分别为

$$\text{Mean}_i^k = \sum_{x \in L, y \in K} \xi_i^k(x,y) / \text{Num}_i^k \tag{8-37}$$

$$\text{Std}_i^k = \sqrt{\sum_{x \in L, y \in K} [\xi_i^k(x,y) - \text{Mean}_i^k]^2 / \text{Num}_i^k} \tag{8-38}$$

式中: Num_i^k 为第 k 幅输出图像的第 i 个区域的像素数目; L、K 为区域大小。

于是,可以得到源图像 A 和 B 经小波分解后任意一个高频段区域 i 的均值和标准偏

差特征向量，即

$$\boldsymbol{\eta}_{i,A} = [\text{Mean}_{i,A}^1, \text{Mean}_{i,A}^2, \cdots, \text{Mean}_{i,A}^8]^{\text{T}}, \boldsymbol{\eta}_{i,B} = [\text{Mean}_{i,B}^1, \text{Mean}_{i,B}^2, \cdots, \text{Mean}_{i,B}^8]^{\text{T}} \tag{8-39}$$

$$\boldsymbol{\delta}_{i,A} = [\text{Std}_{i,A}^1, \text{Std}_{i,A}^2, \cdots, \text{Std}_{i,A}^8]^{\text{T}}, \boldsymbol{\delta}_{i,B} = [\text{Std}_{i,B}^1, \text{Std}_{i,B}^2, \cdots, \text{Std}_{i,B}^8]^{\text{T}} \tag{8-40}$$

为使区域相似性度量过程中特征向量的作用均衡化，把 $\boldsymbol{\eta}_{i,A}$ 归一化为 $\boldsymbol{\eta}'_{i,A}$，$\boldsymbol{\eta}_{i,B}$ 归一化为 $\boldsymbol{\eta}'_{i,B}$。本节采用欧式距离作为区域相似性度量准则，区域相似度定义为

$$m_{i,AB}^{(1)} = 1 - \| \boldsymbol{\eta}'_{i,A} - \boldsymbol{\eta}'_{i,B} \|, m_{i,AB}^{(2)} = 1 - \| \boldsymbol{\delta}'_{i,A} - \boldsymbol{\delta}'_{i,B} \| \tag{8-41}$$

式(8-41)仅考虑了区域均值和标准偏差的相似度。综合考虑均值和标准偏差信息，定义相似性度量如下

$$M_{i,AB} = 1 - \| \boldsymbol{\zeta}_{i,A} - \boldsymbol{\zeta}_{i,B} \| \tag{8-42}$$

式中：$\boldsymbol{\zeta}_{i,A} = [\boldsymbol{\eta}'_{i,A}, \boldsymbol{\delta}'_{i,A}]$，$\boldsymbol{\zeta}_{i,B} = [\boldsymbol{\eta}'_{i,B}, \boldsymbol{\delta}'_{i,B}]$ 分别表示在图像 A、B 任意一个高频段区域 i 中，均值和标准偏差信息的综合特征向量。

仍采用文献[42]中提出的加权平均融合方法，基于区域相似度和区域信息量构造加权因子。为此，要求取图像 A、B 的区域信息量。

设 C 为区域 i 中窗体的个数，y_{ij}^A 和 $y_{ij}^B$$(1 \leqslant 1 \leqslant C)$ 分别为图像 A、B 的区域 i 中第 j 个窗体的系数均值，则区域信息量 $E_{i,A}$ 和 $E_{i,B}$ 的定义为

$$E_{i,A} = \sum_{j=1}^{C} y_{ij}^A, E_{i,B} = \sum_{j=1}^{C} y_{ij}^B \tag{8-43}$$

有了待融合图像区域相似度和信息量之后，图像 A、B 的区域加权因子为

当 $M_{i,AB} \leqslant T$ 时：

若 $E_{i,A} > E_{i,B}$，则 $\omega_A = 1,\ \omega_B = 0$

若 $E_{i,A} \leqslant E_{i,B}$，则 $\omega_A = 0,\ \omega_B = 1$

(8-44)

当 $M_{i,AB} > T$ 时：

若 $E_{i,A} > E_{i,B}$，则 $\omega_A = \dfrac{1}{2} + \dfrac{1}{2}\left(\dfrac{1 - M_{i,AB}}{1 - T}\right),\ \omega_B = \dfrac{1}{2} - \dfrac{1}{2}\left(\dfrac{1 - M_{i,AB}}{1 - T}\right)$

若 $E_{i,A} \leqslant E_{i,B}$，则 $\omega_A = \dfrac{1}{2} - \dfrac{1}{2}\left(\dfrac{1 - M_{i,AB}}{1 - T}\right),\ \omega_B = \dfrac{1}{2} + \dfrac{1}{2}\left(\dfrac{1 - M_{i,AB}}{1 - T}\right)$

式中：T 为区域相似匹配阈值。

最后，得加权融合图像为

$$y_{i,F} = \omega_A y_{i,A} + \omega_B y_{i,B}$$

式中：$y_{i,A}$、$y_{i,B}$ 分别为待融合图像 A、B 的 i 区域小波系数集；$y_{i,F}$ 为融合图像 i 区域的小波系数集。

图 8-11 为基于多通道 Gabor 滤波器的 IR 与可见光图像融合案例。其中，径向中心频率 f 的特征向量维数为 16，其他参数以及对融合前后图像的分析同图 8-9。

基于多通道 Gabor 滤波器的图像融合方法充分利用了 Gabor 函数的特性，将其应用于图像分割和纹理特征提取；并在纹理特征的基础上，结合新建立的区域相似性度量方法进行图像融合。由于融合性能对 Gabor 滤波器参数（径向中心频率和方向角）的选取不敏感，故将 Gabor 滤波器应用于图像融合算法具有一定的稳定性，同时基于区

图 8-11 IR 图像与可见光图像的融合

(a) IR 图像; (b)可见光图像; (c) 融合后图像。

域的图像融合方法考虑了区域之间的相关性,突出了区域特性,可得到较合理的融合结果。

8.3.2 多光谱图像与可见光图像融合

这里介绍几种典型多光谱图像与可见光图像的融合算法,以及图像融合中颜色失真的消除方法。

8.3.2.1 基于 PCA 变换的图像融合方法

主成分分析(Principal Component Analysis,PCA)方法在图像压缩和随机噪声信号的去除等方面均有广泛的应用,Chavez 等人[50]最早把它应用于低分辨率的多光谱图像(Multispectral Image)与高分辨率的全色图像(Panchromatic Image,PAN)融合。该方法优点在于融合速度快,适用于多光谱图像的所有波段。但它仅是一种伪彩色融合,融合结果不符合人们的视觉习惯,并且可能会丢失反映光谱特性的有用信息[51]。

1. PCA 变换原理

PCA 方法是在最小均方差意义下的最佳正交变换方法,主要用于图像编码、图像数据压缩、图像增强、边缘检测及图像融合等应用领域[51~53]。PCA 变换的主要步骤如下:

(1) 设原始图像为 X,其协方差矩阵为

$$\boldsymbol{C} = E[(X - \bar{X})(X - \bar{X})'] \tag{8-45}$$

式中:$\bar{X} = E(X)$,表示图像 X 的均值。

(2) 求出协方差矩阵 $\boldsymbol{C}$ 的特征值 λ 和特征向量 $\boldsymbol{U}$,使

$$(\lambda I - \boldsymbol{C})\boldsymbol{U} = 0 \tag{8-46}$$

(3) 将特征值按 $\lambda_1 \geqslant \lambda_2 \geqslant \cdots \geqslant \lambda_m$ 排序,并确定对应的归一化特征向量 $\boldsymbol{U}_1, \boldsymbol{U}_2, \cdots, \boldsymbol{U}_m$,其中 $\boldsymbol{U}_j = [u_{1j}, u_{2j}, \cdots, u_{mj}]^{\mathrm{T}}$。

(4) 求取变换矩阵 $\boldsymbol{T}$,即

$$\boldsymbol{T} = U^{\mathrm{T}}$$

式中:$\boldsymbol{U} = [\boldsymbol{U}_1, \boldsymbol{U}_2, \cdots, \boldsymbol{U}_m] = [u_{ij}]_{m \times m}$ 是各特征向量列矩阵,其是正交矩阵,即满足:$\boldsymbol{U}^{\mathrm{T}}\boldsymbol{U} = \boldsymbol{U}\boldsymbol{U}^{\mathrm{T}} = I$(单位矩阵)。

(5) 将变换矩阵 $\boldsymbol{T}$ 代入线性变换公式 $\boldsymbol{Y}=\boldsymbol{TX}$,即可得到 PCA 变换的具体表达式:

$$\boldsymbol{Y}=\begin{bmatrix} u_{11} & u_{21} & \cdots & u_{m1} \\ u_{12} & u_{22} & \cdots & u_{m2} \\ \vdots & \vdots & \vdots & \vdots \\ u_{1m} & u_{2m} & \cdots & u_{mm} \end{bmatrix}\boldsymbol{X}=\boldsymbol{U}^{\mathrm{T}}\boldsymbol{X} \tag{8-47}$$

式中:矩阵 Y 的行向量 $\boldsymbol{Y}_j=[y_{j1},y_{j2},\cdots,y_{jm}]$ 为第 j 个主成分。

经过 PCA 变换后,得到以 Y 的各个行向量表示的一组(m 个)向量,它们依次被称为第一主成分,第二主成分,……,第 m 主成分。由于前几个主成分通常反映了变量的绝大部分特征,在 PCA 反变换时,只需运用前几个主分量,这也是主成分分析名称的由来。

2. 基于 PCA 变换的图像融合方法

基于 PCA 的图像融合方法主要步骤如下:

(1) 待融合图像首先进行几何校正,实现图像精确配准(误差在一个像素之内)。

(2) 对多光谱图像按 PCA 变换原理进行变换,获得各主成分,即

$$Y_k=\sum_{i=1}^{m}x_i u_{ik} \quad k=1,2,\cdots,m \tag{8-48}$$

(3) 将高分辨率的全色图像(可见光灰度图象)和多光谱图像第一主分量图像进行灰度直方图匹配,然后将第一主分量用全色图像替换。

(4) 做 PCA 反变换得到融合图像。

8.3.2.2 基于 IHS 变换的图像融合方法

遥感图像的处理可以采用不同的色彩空间变换技术,如 IHS 变换、YIQ 变换和 YUV 变换等。其中,IHS 坐标系统比 RGB 系统能够更好地反映色彩本身的物理特性以及人眼视觉之间的关系,它用亮度、色度和饱和度来代替 RGB 系统中的红、绿、蓝三基色来表现物体的颜色,容易进行定量分析。在遥感图像的 IHS 表示中,亮度(Intensity)主要表现图像的空间结构信息,由图像的地物反射能量决定;色度(Hue)是指组成色彩的主波长,由红、绿、蓝三基色的比例决定;饱和度(Saturation)是颜色的纯度饱和度,表示的是相对中性灰色而言的颜色纯度,即颜色的鲜艳度,它与色度合称为色品,主要反映地物的光谱信息。

基于 IHS 变换的图像融合主要步骤如下:

(1) RGB-IHS 的线性变换:

$$\begin{bmatrix} I_0 \\ v_1 \\ v_2 \end{bmatrix}=\begin{bmatrix} 1/3 & 1/3 & 1/3 \\ -\sqrt{2}/6 & -\sqrt{2}/6 & 2\sqrt{2}/6 \\ 1/\sqrt{2} & -1/\sqrt{2} & 0 \end{bmatrix}\begin{bmatrix} R_0 \\ G_0 \\ B_0 \end{bmatrix} \tag{8-49}$$

(2) 用全色图像 Pan 代替多光谱图像的亮度成分 I_0 。

(3) IHS-RGB 的线性变换:

$$\begin{bmatrix} R_{\text{new}} \\ G_{\text{new}} \\ B_{\text{new}} \end{bmatrix}=\begin{bmatrix} 1 & -1/\sqrt{2} & 1/\sqrt{2} \\ 1 & -1/\sqrt{2} & -1/\sqrt{2} \\ 1 & \sqrt{2} & 0 \end{bmatrix}\begin{bmatrix} \text{Pan} \\ v_1 \\ v_2 \end{bmatrix} \tag{8-50}$$

式中: R_0 、G_0 、B_0 、I_0 、v_1 和 v_2 分别表示精确配准之后的多光谱图像的对应值;R_{new}、G_{new} 和 B_{new} 分别表示融合图像的对应值。

直接实现式(8－49)和式(8－50)的方法需要数字相加相乘的操作,运算比较复杂。在不做改变的前提下,可以将此方法简化为

$$\begin{bmatrix} R_{\text{new}} \\ G_{\text{new}} \\ B_{\text{new}} \end{bmatrix} = \begin{bmatrix} 1 & -1/\sqrt{2} & 1/\sqrt{2} \\ 1 & -1/\sqrt{2} & -1/\sqrt{2} \\ 1 & \sqrt{2} & 0 \end{bmatrix} \begin{bmatrix} I_0 + (\text{Pan} - I_0) \\ v_1 \\ v_2 \end{bmatrix}$$

$$= \begin{bmatrix} 1 & -1/\sqrt{2} & 1/\sqrt{2} \\ 1 & -1/\sqrt{2} & -1/\sqrt{2} \\ 1 & \sqrt{2} & 0 \end{bmatrix} \begin{bmatrix} I_0 + \delta \\ v_1 \\ v_2 \end{bmatrix} = \begin{bmatrix} R_0 + \delta \\ G_0 + \delta \\ B_0 + \delta \end{bmatrix} \tag{8-51}$$

其中

$$\delta = \text{Pan} - I_0$$

式(8－51)中,融合后的图像值 $[R_{\text{new}}, G_{\text{new}}, B_{\text{new}}]^{\text{T}}$ 能够很容易地从原始图像的 $[R_0, G_0, B_0]^{\text{T}}$ 中取得。

8.3.2.3 基于BT变换的图像融合方法

BT(Brovey变换)方法是一个简单的图像融合方法,它可以保留每个像素的相关谱特性,并且将所有的亮度信息变换成高分辨率的全色图像[54]。Brovey变换定义如下:

$$[R_{\text{new}} \quad G_{\text{new}} \quad B_{\text{new}}]^{\text{T}} = r\,[R_0 \quad G_0 \quad B_0]^{\text{T}} \tag{8-52}$$

式中:$r = \text{Pan}/I_0$,I_0 是经RGB－HIS变换所得到的多光谱图像亮度成分,Pan为可见光全色图像。

8.3.2.4 基于小波变换的图像融合方法

小波图像融合的主要功能是在不改变图像谱特性的前提下获得较好的分辨率。小波图像融合可以通过两种方法实现,即替代法和附加法。小波替代法就是将多光谱图像的细节用全色图像的细节来代替,然后将剩余的图像进行融合。步骤如下:

(1) 多光谱图像分解:

$$[R_0 \quad G_0 \quad B_0]^{\text{T}} = [R_r \quad G_r \quad B_r]^{\text{T}} + \left[\sum_{k=1}^{n} W_{\text{RK}} \quad \sum_{k=1}^{n} W_{\text{GK}} \quad \sum_{k=1}^{n} W_{\text{BK}}\right]^{\text{T}}$$

$$= [R_r \quad G_r \quad B_r]^{\text{T}} + [\delta_R \quad \delta_G \quad \delta_B]^{\text{T}} \tag{8-53}$$

(2)可见光全色图像分解:

$$\text{Pan} = \sum_{k=1}^{n} W_{\text{Pk}} + \text{Pan}_r = \delta_P + \text{Pan}_r \tag{8-54}$$

(3)用可见光全色图像细节代替多光谱图像细节:

$$[R_{\text{new}} \quad G_{\text{new}} \quad B_{\text{new}}]^{\text{T}} = [R_{\text{r}} \quad G_{\text{r}} \quad B_{\text{r}}]^{\text{T}} + \left[\sum_{k=1}^{n} W_{\text{PK}} \quad \sum_{k=1}^{n} W_{\text{PK}} \quad \sum_{k=1}^{n} W_{\text{PK}}\right]^{\text{T}}$$

$$= [R_r \quad G_r \quad B_r]^{\text{T}} + [\delta_P \quad \delta_P \quad \delta_P]^{\text{T}} \tag{8-55}$$

式中:$\delta_P = \sum_{k=1}^{n} W_{\text{PK}} = \text{Pan} - \text{Pan}_r$ 表示全色图像Pan的空间细节,Pan_r 是Pan的光滑值;δ_R、δ_G 和 δ_B 分别是 R_0、G_0 和 B_0 的细节;R_r、G_r 和 B_r 是多光谱图像的光滑值。

小波附加法是将可见光全色图像的空间细节直接加到多光谱图像上，即

$$[R_{\text{new}} \quad G_{\text{new}} \quad B_{\text{new}}]^{\mathrm{T}} = [R_0 \quad G_0 \quad B_0]^{\mathrm{T}} + [\delta_P \quad \delta_P \quad \delta_P]^{\mathrm{T}} \tag{8-56}$$

小波附加法没有分解多光谱图像，只是在多光谱图像上增加了全色图像的细节信息，这种方法比小波替代法更简单、快速。在融合质量方面，Tu 等人通过理论及实验表明小波替代法虽然将全色图像的细节信息替代了多光谱图像的细节信息，但融合质量并没有提高。与传统的融合方法相比，小波替代法和附加法保留了图像的谱特性，但融合图像的空间分辨率较小，详情见文献[54]。

8.3.2.5 基于区域颜色校正的图像融合方法[55]

基于区域颜色校正的融合方法目的是解决 IHS 变换、BT 变换和 PCA 变换等融合方法在图像融合过程中出现的颜色失真问题。

该融合算法首先利用模糊 C－均值聚类算法（FCM）在多特征形成的特征空间上对图像进行区域分割，然后利用常规方法（PCA 变换、IHS 变换、BT 变换等，常规方法的选取可以根据待融合图像的特点而定）融合多光谱图像与全色图像，针对颜色失真的区域采用小波变换方法进行颜色校正，从而得到最终融合图像。该方法保留了常规方法的优点，提高了多光谱图像的空间分辨率。同时，在一定程度上克服了常规方法的缺点，改善了颜色失真现象，并且具有良好的视觉效果。

下面选取 IHS 变换作为常规方法说明该算法的融合过程：

（1）I_m、I_p 和 I_f 分别为多光谱图像、全色图像和融合图像。

（2）提取多光谱图像 I_m 和全色图像 I_p 的多特征，根据多特征利用 FCM 算法进行区域分割（算法见 8.3.1.1 小节）；

（3）根据式（8－51）得到多光谱图像与全色图像经过 IHS 变换后的融合图像 I_{f1}。

（4）根据式（8－55）得到多光谱图像与全色图像经过小波变换后的融合图像 I_{f2}。

（5）计算不同区域的多光谱图像 I_m 和融合图像 I_{f1} 之间的欧氏距离 Dis，计算过程为：

第一步：将多光谱图像 I_m 和融合图像 I_{f1} 的 R、G、B 值归一化。

第二步：在区域 R_i（$1 \leqslant i \leqslant \text{N\_cluster}$）中，分别计算归一化后的 R、G、B 的区域均值，得到 $f^i = [\nu_R^i \quad \nu_G^i \quad \nu_B^i]^{\mathrm{T}}$。

第三步：计算多光谱图像 I_m 和融合图像 I_{f1} 在区域 R_i 中的欧氏距离，即

$$\text{Dis}^i = \sqrt{(f_{I_m}^i - f_{I_{f1}}^i)^2} = \sqrt{\sum_{\text{R,G,B}} (\nu_{I_m}^i - \nu_{I_{f1}}^i)^2}$$

（6）根据融合规则得到融合图像，融合规则为

如果 $\text{Dis}^i > T$，$I_f^i = I_{f2}^i$

如果 $\text{Dis}^i \leqslant T$，$I_f^i = I_{f1}^i$

其中，T 为阈值，如果多光谱图像 I_m 和融合图像 I_{f1} 在区域 R_i 中的欧氏距离大于阈值 T，那么融合图像的在该区域取 I_{f2}^i，否则取 I_{f1}^i。

融合规则说明：在区域 R_i 中，多光谱图像和融合图像相比较，如果颜色失真程度大于阈值 T，用小波变换方法对融合区域进行校正；否则，若颜色失真程度小于或等于阈值 T，融合区域选取常规方法（本文选取 IHS 变换方法）得到的区域。

下面以美国 IKONOS 公司拍摄的大小为 256×256 像素的天鹅湖卫星图像为例，说明该算法的融合效果。图 8－12（a）为经过高斯模糊处理后的多光谱图像，实验中为了体现

算法的有效性，将分辨率 4m 左右的多光谱图像进行了高斯模糊；图 8－12(b)为全色图像，分辨率在 1m 左右；图 8－12(c)为经过 IHS 变换的融合图像，从图中可以看到该图的空间分辨率与图 8－12(b)一致，但发生了较严重的颜色失真现象；图 8－12(d)为经过 BT 变换的融合图像，视觉效果同图 8－12(c)；图 8－12(e)为采用 PCA 算法的融合图像，该图像提高了原多光谱图像的空间分辨率，颜色失真程度较小；图 8－12(f)为采用基于区域颜色校正方法的融合图像，该图空间分辨率和图 8－12(b) 保持一致，且由于校正了颜色失真现象，视觉效果得到了提高。

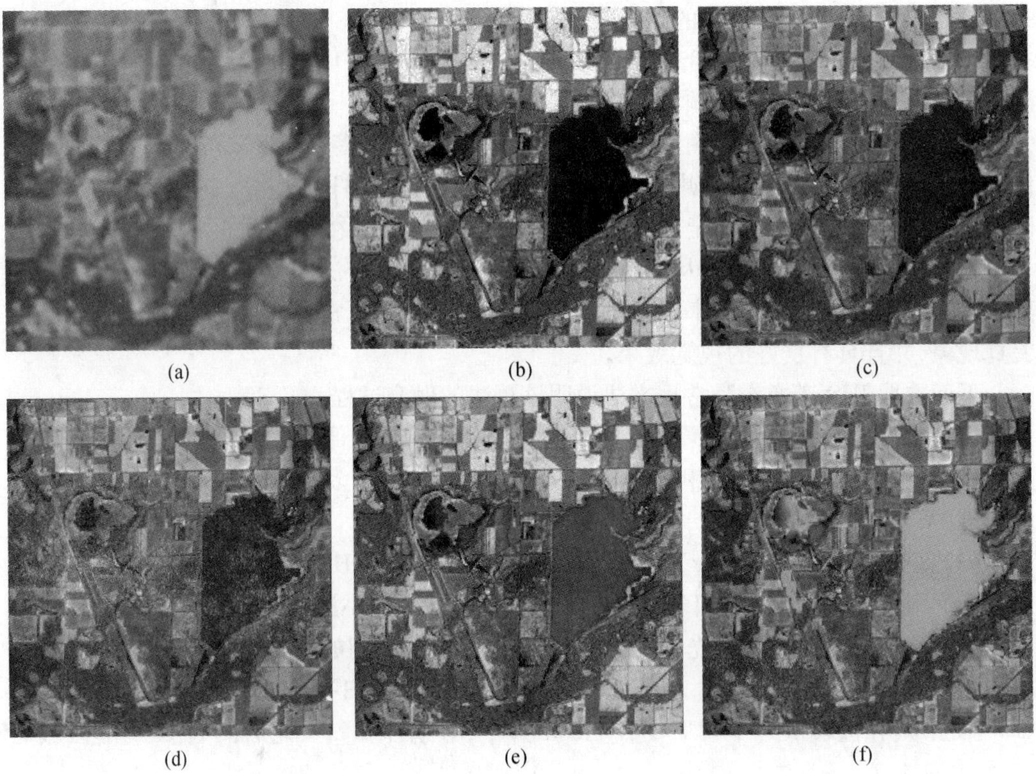

图 8－12　常规方法与基于区域颜色校正方法融合效果图

(a) 多光谱图像；(b) 全色图像；(c) IHS 变换；(d) BT 变换；(e) PCA 方法；(f) 基于区域颜色校正方法。

基于区域颜色校正的多光谱图像与全色图像融合方法结合了多特征模糊 C－均值聚类算法和小波变换算法，对常规方法得到的融合图像进行区域颜色校正，最终融合图像在获得了与全色图像一致的空间分辨率的基础上提高了区域谱特性。

8.3.3　基于 SAR 图像的融合

SAR 的全称是合成孔径雷达(Synthetic Aperture Radar)，是一种高分辨率的微波遥感雷达，其通过有效地利用信号处理技术获得距离和方位上的高分辨率微波图像。SAR 具有全天时、全天候对地球表面进行高分辨率成像的能力，SAR 图像的轮廓比较清晰，细节信息和纹理信息丰富，分辨率较高。但 SAR 图像不含光谱信息，且 SAR 图像的目标易受微波反射频率、反射角和极化方式的影响，导致相同物体可能存在不同的表现形式，因而仅用 SAR 特征难以实现目标的检测和识别。通过 SAR 图像与其他介质图像的互补融合可以解决这个问题。

8.3.3.1 SAR 图像与光学图像融合

光学图像含有丰富的光谱信息，目标识别较简单直接，适于植被分类、变化检测等应用，但光学传感器受大气衰减以及观测时刻影响较大。将 SAR 图像与光学图像融合，就是利用 SAR 图像和光学图像的信息互补，在增加纹理信息的同时尽可能保持光谱信息。下面给出一种基于小波变换的 SAR 图像与光学图像融合方法[56]。

这里采用基于小波变换的融合方法。在进行图像融合前，须对源图像进行严格配准。小波多分辨率分解实际上也是一种金字塔分解，只是每一层金字塔包含水平、垂直和对角线 3 个带通(高频部分)细节图，它们能够表示图像的纹理细节变化情况。SAR 图像基于多分辨率分解的融合算法包括如下步骤：

(1) SAR 图像降斑重构。

(2) 将源图像进行小波分解，获得不同分辨率下的小波系数图。

(3) 根据不同源图像成像特点以及应用需求，选择融合规则，分别对小波每一分解层的每一系数图进行合成，获得合成的小波系数分解图像。

(4) 由合成小波系数分解图重建融合图像。

小波多分辨率图像融合算法流程图如图 8-13 所示。

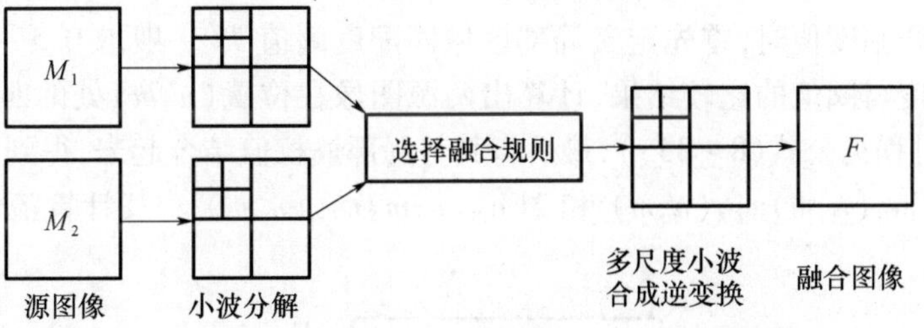

图 8-13　小波多分辨率图像融合算法流程图

小波分解(图 8-5)将图像在 2^j 分辨率上分解为 $A_{2i}^d f$、$D_{2i}^1 f$、$D_{2i}^2 f$、$D_{2i}^3 f$ 4 个子图，$A_{2i}^d f$ 是图像的低频部分，即近似图像；$D_{2i}^1 f$ 是图像在垂直方向上的高频成分，即水平边缘信息；$D_{2i}^2 f$ 是图像在水平方向上的高频成分，即垂直边缘信息；$D_{2i}^3 f$ 是图像在对角线方向上的高频成分。其中，$A_{2i}^d f$ 为正的系数及其他未在 0 附近变化的系数，表示图像的边缘纹理变化的细节信息。

对融合结果起决定作用的是第 3 步，即融合规则的选择。在此提出了利用分解图像显著特征与熵相结合的融合规则。对低频近似图像 $A_{2i}^d f$ 的处理比较简单，这里采用加权平均合成。对于高频细节图 $D_{2i}^1 f$、$D_{2i}^2 f$ 和 $D_{2i}^3 f$，分别计算各源图像高频小波分解的局部显著特征值 $E_l(n,m)$ 和局部熵 $Ent(n,m)$，即

$$E_l(n,m) = \sum_{m'n'} q(n',m') L_l(n+n',m+m')^2$$

$$\mathrm{Ent}(n,m) = \sum_{l=0}^{K} p_i \ln p_i \tag{8-57}$$

式中：q 表示邻域；$L_l(n,m)$ 表示 l 级分解(n,m)位置图像的幅度；$K+1$ 表示分解图像灰度的级数；$\mathrm{Ent}(n,m)$ 为 l 级分解(n,m)位置的局部熵；p_i 表示区域图像中像素灰度值为 i

的像素占图像总像素数的比率,局部邻域可以选择以样本像素为中心的 3×3 、5×5 、7×7 区域。

完成多分辨率小波分解后,在多源图像融合之前,还需要获得表示多个源图像对应局部区域的匹配度,即多源图像的局部"相似性"。局部区域匹配度可表示为

$$M_{l,A,B}(n,m)=\frac{2\sum_{m',n'}q(n',m')L_{l,A}(n+n',m+m')L_{l,B}(n+n',m+m')}{L_{l,A}(n,m)+L_{l,B}(n,m)} \tag{8-58}$$

式中: $M_{l,A,B}\in[0,1]$,如果 $M_{l,A,B}$ 为 1,表示两图像在该位置完全一致。

当完成某一位置的显著性、熵和局部区域匹配度测量之后,可以对该位置的融合方式进行选择。图像在该位置的合成规则都可以定义为加权平均,权值依赖于该位置的显著性度量 $E_{l,A}$ 、$E_{l,B}$ 、$\mathrm{Ent}_{lA}(n,m)$ 、$\mathrm{Ent}_{lB}(n,m)$,以及局部区域匹配度 $M_{l,A,B}$ 。

计算局部熵的权值:

$$\begin{aligned}\mathrm{En}_{lA}(n,m)&=\frac{\mathrm{Ent}_{lA}(n,m)}{\mathrm{Ent}_{lA}(n,m)+\mathrm{Ent}_{lB}(n,m)}\\ \mathrm{En}_{lB}(n,m)&=\frac{\mathrm{Ent}_{lB}(n,m)}{\mathrm{Ent}_{lA}(n,m)+\mathrm{Ent}_{lB}(n,m)}\end{aligned} \tag{8-59}$$

在计算融合幅度值时,首先定义局部区域匹配度阈值 T(一般取 0.5 ~ 1),然后根据局部区域匹配度与阈值的比较结果,计算出两源图像在位置(n,m)处的匹配度权重 $w_{l,A}$ 和 $w_{l,B}$ (计算过程见公式(8-35)),最后将其与局部熵权值结合起来,得到两源图像的融合特征权值 $2\mathrm{En}_{lA}(n,m)w_{l,A}(n,m)$ 和 $2\mathrm{En}_{lB}(n,m)w_{l,B}(n,m)$ 。其计算流程如图 8-14 所示。

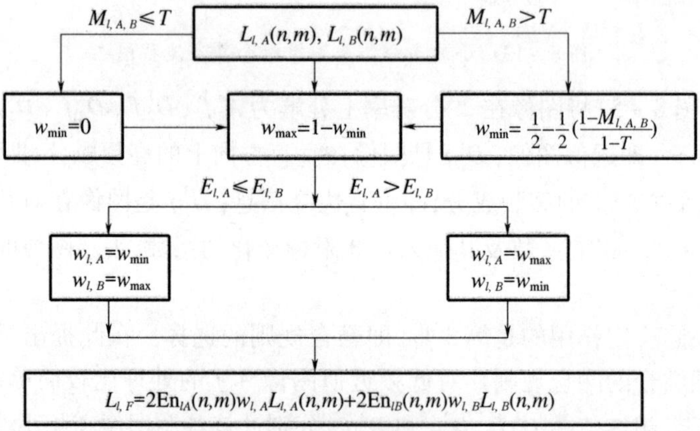

图 8-14　融合幅度值计算

图 8-14 意味着以下合成规则:

(1) 如果两幅图像在某一领域不相似,即其匹配度低于阈值 T,这时两权值分别取 1 和 0(即选择模式)。

(2) 如果相似性很高,匹配度接近 1 时,两权值都取 1/2,即取平均合成。

(3) 熵和显著值大的,对应的权值也大。

图 8－15 给出了 SAR 图像与红外和可见光图像的融合示例。从图中可以看到，由于本算法在设计时保留了 SAR 图像的谱信息，融合图像的低频部分采用 SAR 图像的低频信息，且把光学图像的边缘纹理信息加入到融合图像中，从而增强了融合图像中机场跑道及道路的边缘，使机场的建筑结构更加清晰明了，更利于判读。

图 8－15　SAR、光学、红外融合效果图像

（a）5m 分辨率 SAR 图像；（b）1m 分辨率光学图像；（c）5m 分辨率红外图像；（d）SAR 与光学图像融合结果；（e）SAR/光学/红外融合效果图。

8.3.3.2　多波段 SAR 图像融合

伪彩色融合处理是多波段 SAR 图像融合处理的一个重要手段，它将常规的雷达灰度图变成人眼比较容易接受的彩色图像，颜色的丰富也便于进行目标分类和模式识别，本节给出一种基于小波变换与 IHS 变换相结合的多波段 SAR 图像融合方法[57]。

1. 基于 RGB 的伪彩色融合处理

彩色空间模型有很多种，常用的有 RGB 模型、IHS 模型等。基于 RGB 空间的图像融合算法思想是：对不同波段的 SAR 图像数据，分别赋以 R、G、B 不同颜色通道，合成一幅伪彩色图像，以达到分辨图像、识别目标的目的。如何对原始单波段 SAR 灰度图像进行预处理并将其映射到 RGB 三颜色通道是本算法的重点。图 8－16 为 RGB 彩色空间模型示意图，图 8－17 为多波段 SAR 图像 RGB 伪彩色融合流程图。

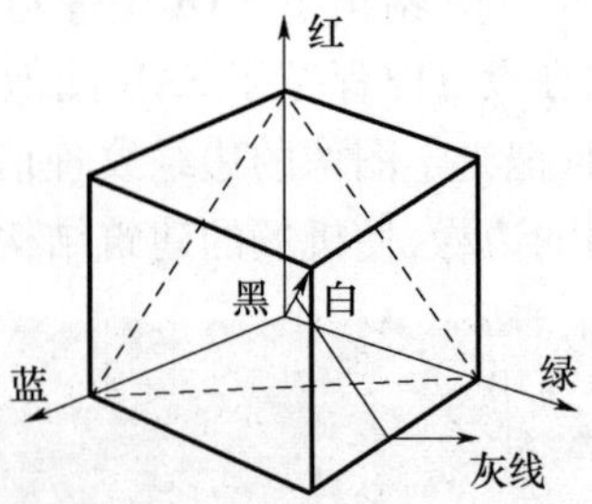

图 8－16　RGB 彩色空间模型示意图

本算法计算简单，处理速度快，易实现。但彩色调色板需要通过多次试验比较才能确定，而不同区域、不同目标和背景对彩色调色板的要求又各不相同，因而该算法一般用于 1 个～3 个图像通道的数据融合。此外，由于不同波段对地物的反射特性不同，在同一时间、同一地区，SAR 各波段图像特征有很明显的差异。一般来说，以同样入射角观测同一地物时，高波段 SAR 图像较细腻，纹理信息丰富，比低波段更能精确地描述目标的细微形状。由于不同波段 SAR 图像之间的相关性很低，可以考虑直接将原始多波段 SAR 数据通过 RGB 通道进行伪彩色融合输出。但这种方法需要对各波段 SAR 图像进行灰度拉伸等增强处理，以提高色差。

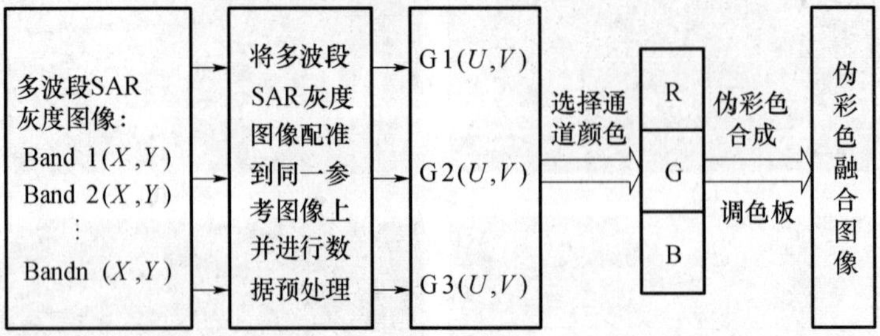

图 8－17　多波段 SAR 图像 RGB 伪彩色融合流程图

2. 小波变换与 IHS 变换相结合的融合方法

基于 IHS 变换与小波变换相结合的融合方法是将小波变换应用到 IHS 图像融合处理算法中，利用小波变换的多分辨分析特性，增强融合图像的信息量。该方法首先将高波段 SAR 图像和伪彩色 SAR 图像 I 分量进行一阶小波分解，然后进行融合，最后再进行小波重建[58]。这里的小波变换采用具有线性相位的双正交小波基函数[57－59]。这种融合方法能较好地增强图像的空间细节表现能力，是对 IHS 方法的一个改进。基于小波变换的多重图像融合算法流程如图 8－18 所示。

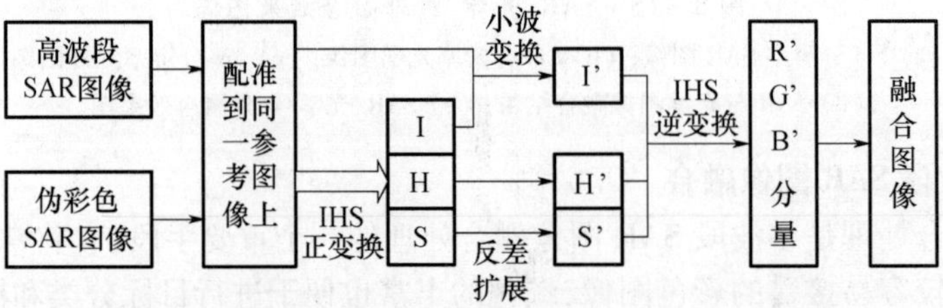

图 8－18　基于小波变换的多重图像融合算法流程图

本节选取海南三亚某地区多波段 SAR 图像（Ku、X、L、P 波段，2005 年 1 月 26 日）进行融合试验，分辨率为 1m×1m。

由于 Ku 波段频率最高，其图像的细节表现能力最强，故选取 Ku 波段 SAR 图像作为多重图像融合时的高波段输入图像。在伪彩色图像融合处理时，由于 X 波段图像纹理丰富，能较精确地描述目标的细微形状，根据人的直观感觉，将其作为 G 通道；P 波段图像整体较暗淡，反映的是植被或者地表下面的地物，将其作为 R 通道；而 L 波段图像作为 B 通道。在伪彩色图像融合之前，将 P、X、L 波段 SAR 图像分别进行增强处理、直方图匹配等，并将灰度值全部归一化到 0 ~ 255。融合结果如图 8 - 19(e)所示。

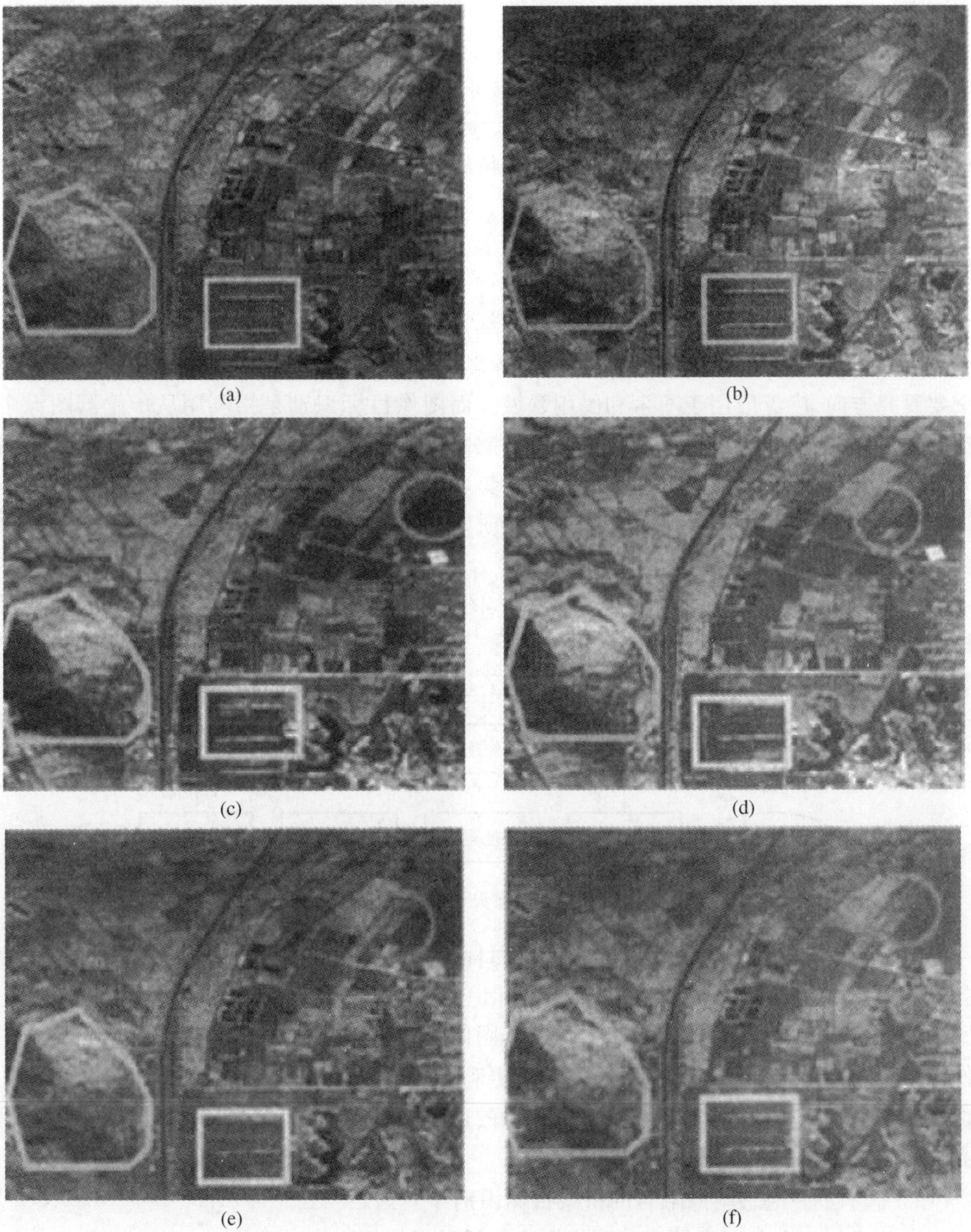

图 8 - 19　源图像及融合效果图

(a) Ku 波段 SAR 图像；(b) X 波段 SAR 图像；(c) L 波段 SAR 图像；(d) P 波段 SAR 图像；(e) P/X/L 波段 SAR 图像伪色彩融合结果；(f) 多重 SAR 图像融合处理结果。

从图 8－19(e)与源图像的对比可以看出，伪彩色融合图像综合了 P、X、L 等 3 个波段 SAR 图像的特征，可以很明确地判读被树木等遮挡的目标，进行地物目标分类。图 8－19(f)是将 Ku 波段 SAR 图像作为多重图像融合时的高波段输入图像，利用小波变换与 IHS 变换结合的融合处理方法对图 8－19(a)、(b)、(c)、(d)进行多重图像融合的融合结果。与图 8－19(e)相比，图 8－19(f)更加细腻，纹理信息更为丰富，图像中目标的边缘更加清晰。

8.4 图像融合应用实例

本节主要介绍图像融合在目标识别、定位跟踪以及打击效果评估等领域的应用原理和案例。

8.4.1 基于图像融合的目标识别

1. 基于图像融合目标识别的原理和分类

目标识别是指利用传感器和计算机对探测目标进行辨识的技术，是模式识别的一个重要研究方向，广泛应用于军事和民用领域。而图像目标识别是指利用从传感器图像中提取的目标特征，实现对目标的检测、定位和分类识别。现代战争中，对飞机、导弹、舰船等重要军事目标的实时识别，对掌握战场态势、提高作战效果具有重大意义。为了准确地识别目标，现代目标识别技术更加注重多介质信息的获取和融合，从而促进了多源图像融合技术在目标识别领域的发展。

基于图像融合的目标识别一般包括输入图像的预处理、图像配准、图像融合、潜在目标的探测和分割、特征提取与选择、特征融合、目标特征聚类和类参数学习、分类识别与性能评估等多级多类功能[60]。图 8－20 描述了基于图像融合的目标识别流程。

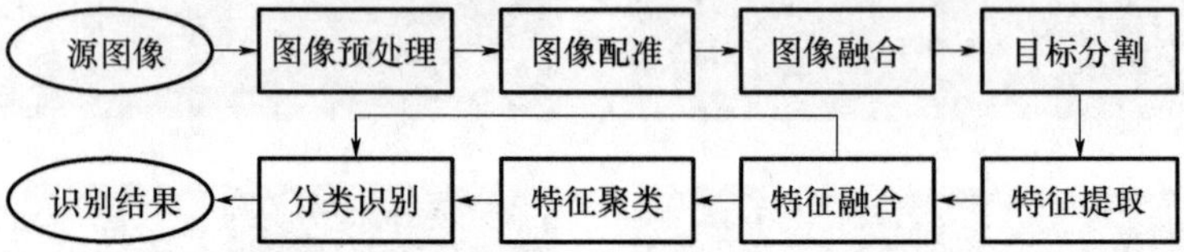

图 8－20 基于图像融合的目标识别流程

根据所要识别的图像类型又可将图像目标识别方法分为三大类：基于红外图像融合的目标识别方法，基于 SAR 图像融合的目标识别方法和基于多传感器图像融合的目标识别方法。由前面的介绍可知，由于多传感器图像融合的源图像具有互补性，融合得到的图像信息更丰富、纹理和形状等特征更详细，更利于目标检测和识别，使得基于多传感器图像融合的目标识别方法较其他方法效果更好，识别率更高，因而成为目标融合识别方法研究的一个重要方向。

2. 基于多源遥感图像融合的桥梁目标识别

本节介绍一个基于多源遥感图像融合的桥梁目标识别案例[61]。

在地面作战中，桥梁通常是首要打击的时敏目标，因此，桥梁目标识别的准确性直接影响着打击的效果。

桥梁检测识别涉及3类物体：桥梁、河流和陆地。三者的关系及其在图像中的特征如下：

(1) 桥梁横跨河流，垂直邻域是陆地。

(2) 在红外和近红外图像上，河流表现为暗区，而桥梁、陆地的灰度值相对较高。

(3) 在全色图像上，桥梁外缘明显，表现为近似平行线段。

桥梁的检测首先要提取桥梁所在的背景——河流，获得河域后便可限制后续处理的作用范围，从而减少运算量，以满足实时处理的需要。本节利用近红外图像和全色图像所提供信息的互补性，设计一种基于多源图像融合的桥梁检测模型，有效地实现桥梁检测识别。图8-21给出了整个处理流程，具体步骤如下：

(1) 对近红外图像和全色图像进行几何校正、配准。

(2) 对近红外图像进行区域分割，得到河流区域。

(3) 利用(2)获得的河流区域作为限制条件，在高分辨率全色图像中提取线特征。

(4) 线段后处理。

(5) 检测识别结果。

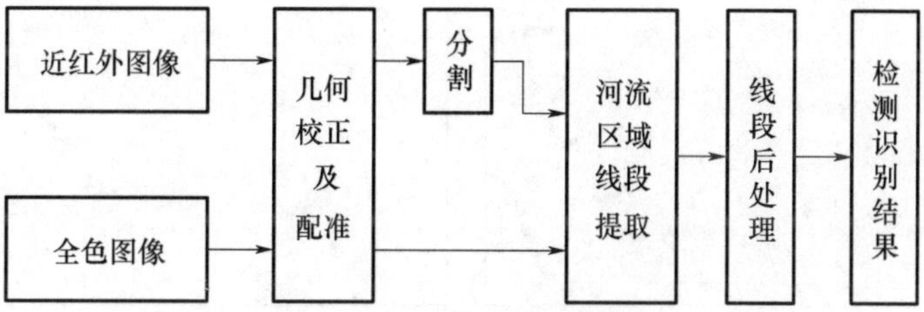

图8-21 基于多源遥感图像融合的桥梁识别流程

为获取河流区域，这里采用OSTU分割法[62]，采用最大类间方差准则，自动选取两个阈值，将整个图像分为3类，即水体类、植被类和陆地类。得到分割图像后，先合并植被类和陆地类，将分割图像变为二值图像；再计算各连通区域面积，根据面积滤除非河流区域；接着用式(8-60)进行膨胀、腐蚀等形态学运算，消除河流和陆地边界的毛刺，修复河流轮廓。

$$\begin{cases} f(m,n) \oplus B = \max\limits_{i,j \in B}\{f(i+m,j+n)\} \\ f(m,n) \Theta B = \min\limits_{i,j \in B}\{f(i+m,j+n)\} \end{cases} \tag{8-60}$$

式中：$f(m,n)$ 表示二维图像；B 表示形态学处理的结构元素；$\oplus$ 表示膨胀操作；Θ 表示腐蚀操作。

在提取线特征时，先采用Sobel算子提取边缘，再用Burns法[72]把边缘形成线特征。由于种种原因(如局部的灰度突变)，同一线特征可能被提取为多条线段，需要根据各线段的相邻性特征、共线性特征以及重叠性特征进行连接，使之成为一条长线段。

线段连接完成后，根据桥梁、河流和陆地的关系信息，以及线段与河流方向的夹角，滤除河流中的干扰线段和河流与陆地的边缘线段。

图8-22给出了基于全色卫星图像和近红外卫星图像融合进行桥梁目标识别的试验结果。图8-22(c)中，黑色部分为水体，白色部分为植被类，灰色部分为其他类，图

8 - 22(f) 中的椭圆形河流上的平行线即是识别出的桥梁外边缘。

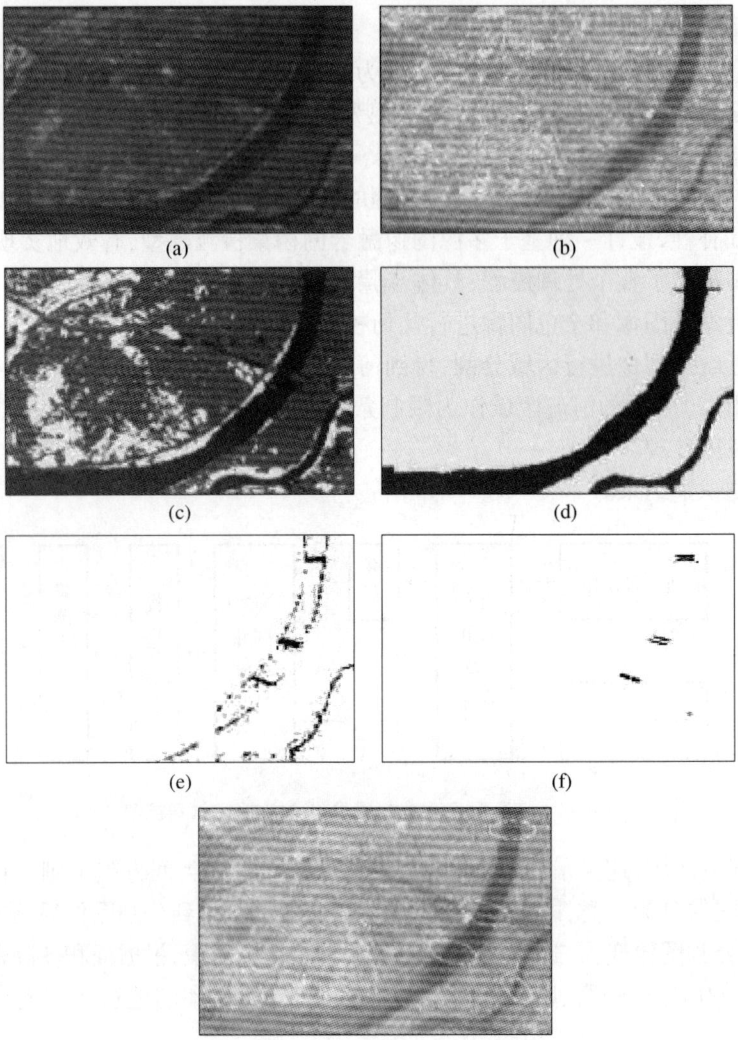

图 8 - 22　基于全色和近红外卫星图像融合进行桥梁目标识别的试验结果

(a) 近红外图像；(b) 全色图像；(c) 近红外图像分割结果；(d) 近红外图像分割出河流区域；
(e) 全色图像限制区域后提取线特征；(f) 最终检测识别结果；(g) 在全色图像上显示检测结果。

从图 8 - 22(f)、(g) 中可看到，在最左边椭圆形河流上共检测出两对平行线形状的桥梁，这是因为在桥梁上有大型突起的桥塔，导致梯度相位差异较大，线支持区破裂，使桥梁的一条边缘对应两条线段；而本文在线段后处理连接中采用的距离规则十分严格，并未将它们连接成一条线段。此类问题，应该在得到所有平行线之后进行处理。对获得的每对平行线，提取它们的中心线，判断中心线是否可以连接，以确定其是否属于同一线段。由于河流上两座桥梁之间的距离一般较远，此时线段连接的端点间最小距离阈值可以稍稍放宽。综合来看，本节所提算法可以在复杂大幅场景中有效地检测识别桥梁目标，并获得其相关参数。

8.4.2 基于图像融合的弱小目标增强

所谓弱小目标,是指目标在图像平面上占有的像素数量较少且信噪比较低的情况。在现代战争中,弹道目标、巡航弹、直升机等均属于弱小目标;而隐身和电磁干扰环境中的常规目标和机动目标,从探测角度也以弱小目标形式出现。武器系统能否及时发现、跟踪、捕获和锁定敌方弱小目标对获取战场主动权非常关键。由于弱小目标在图像中仅占少量像素,当背景相对复杂时,很容易被高强度的背景噪声淹没。而环境因素的影响,会导致人造目标与自然背景在灰度上的差别变得不稳定,使图像中的无关信息和可变信息增多,增加检测的难度。弱小目标检测的上述诸多难点使目标检测之前利用有效的方法进行弱小目标增强成为迫切的需求。

目标增强是通过突出图像中的某些信息,削弱甚至去除某些不需要的信息,产生对某种特定应用来说比原图像更适宜的图像的过程。

现有的目标增强方法主要分为空域方法(如 Unsharp masking[63]、邻域统计增强[64]等)、频域方法(如同态增晰[65]等)和空频分析方法[66,67]等 3 类。其中,空频分析方法能够兼顾图像的空域和频域特性,其多方向性和多分辨率性也符合人眼的视觉特性,具有较好的增强效果。该方法首先对图像进行多级小波分解;然后根据图像特点和实际增强需求调整带通子带小波系数;最后用调整后的小波系数重建增强图像[68]。

本节在空频分析的基础上用图像融合的方法进行弱小目标增强。一般认为背景处于图像的低频部分,目标处于图像的高频部分,因而,取低频信息重建成与原图像大小相同的图像,称为背景图像,用融合后的去噪图像与背景图像进行差分运算,使所得图像中只含有目标和噪声点,从而检出弱小目标,如图 8-23 所示。

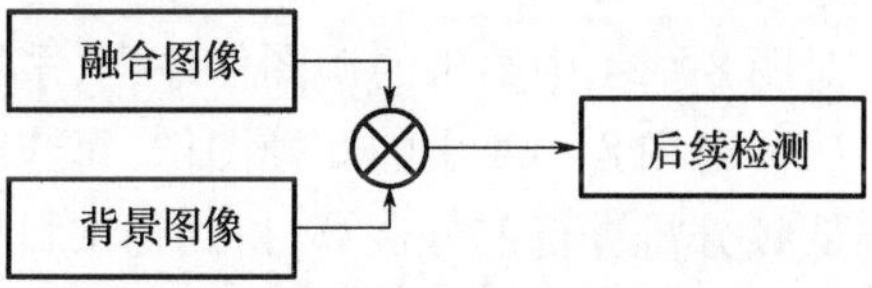

图 8-23 目标增强方法示意图

本节采用战斗机穿云视频做为实验数据,取视频的连续 6 帧图像进行仿真实验,如图 8-24 所示。

首先对图像进行基于小波分解的融合。其基本步骤如下:

(1) 对每一原始图像分别进行二维离散小波变换,建立图像的小波塔形分解。

(2) 对各分解层分别进行融合处理。各分解层上的不同频率分量可采用不同的融合规则进行融合处理,最终得到融合后的小波金字塔。

(3) 对融合所得的小波金字塔进行二维离散小波逆变换,重建出融合图像。

其中,融合规则的选择方法如下:

对低频部分,采用像素级平均加权法,该方法实现简单、运行速度块,且可抑制噪声。

$$F(x,y) = \omega_1 \times A(x,y) + \omega_2 \times B(x,y) \tag{8-61}$$

式中:$F(x,y)$ 为融合后的低频系数;$A(x,y)$、$B(x,y)$ 为源图像 A、B 小波分解后的低频系数;ω_1 和 ω_2 为权值系数(此处取 $\omega_1 + \omega_2 = 1, \omega_1 = \omega_2$)。

考虑到目标处于图像的高频部分,处理过程中要尽量保留图像的高频信息,因而对高频部分采用绝对值取大规则,以突出图像的高频信息。

$$F_D(x,y) = MAX(A_D(x,y), B_D(x,y)) \tag{8-62}$$

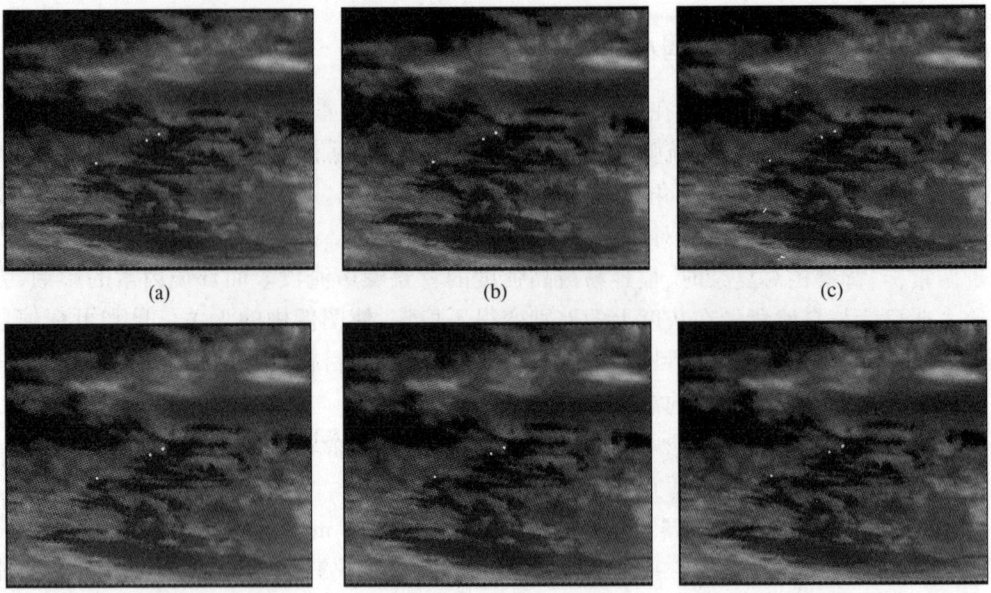

(a) (b) (c)

(d) (e) (f)

图 8-24　战斗机穿云视频连续帧图像

(a) 第一帧；(b) 第二帧；(c) 第三帧；(d) 第四帧；(f) 第五帧；(g) 第六帧。

式中：$F_D(x,y)$ 为融合后的高频系数；$A_D(X,Y)$ 、$B_D(x,y)$ 为源图像 A、B 小波分解后的高频系数。

对图 8-24 中给出的源图像序列，采用如下 3 种方式进行弱小目标增强。

(1) 对图 8-24 中的 6 帧图像，每连续 3 帧分别运用上文的融合策略进行融合，然后再与低频分量进行差分运算，得到初次目标增强图像，如图 8-25 所示。

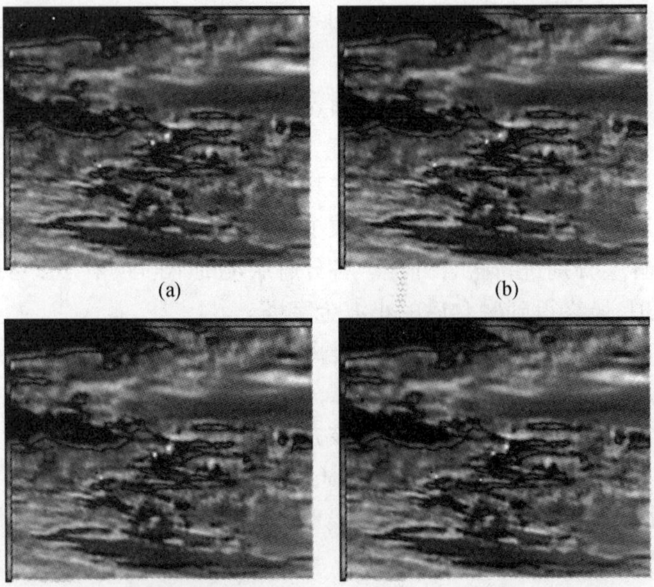

(a) (b)

(c) (d)

图 8-25　连续 3 帧融合差分图像

(a) 1,2,3 帧融合差分结果；(b) 2,3,4 帧融合差分结果；(c) 3,4,5 帧融合差分结果；(d) 4,5,6 帧融合差分结果。

(2) 对图 8－24 中的 6 帧图像先进行两两插帧操作,对插帧后的图像再进行融合差分运算,结果如图 8－26 所示。

(a) (b) (c)

图 8－26 两两插帧融合差分图像

图 8－26(a)是对 1,2,3,4 帧分别两两插帧,然后对插帧结果进行融合,再对融合结果进行差分运算的结果;图 8－26(b)是对 2,3,4,5 帧分别两两插帧,然后对插帧结果进行融合,再对融合结果进行差分运算的结果;图 8－26(c)是对 3,4,5,6 帧分别两两插帧,然后对插帧结果进行融合,再对融合结果进行差分运算的结果。

(3)对图 8－24 中的 6 帧图像进行融合,再进行差分运算,最后进行两两插帧,结果如图 8－27 所示。

(a) (b) (c)

图 8－27 6 帧图像融合差分再两两插帧图像

图 8－27(a)是对 1,2,3 帧和 2,3,4 帧分别进行融合再差分运算后再进行插帧的结果;图 8－27(b)是对 2,3,4 帧和 3,4,5 帧分别进行融合再差分运算后再进行插帧的结果;图 8－27(c)是对 3,4,5 帧和 4,5,6 帧分别进行融合再差分运算后再进行插帧的结果。

比较图 8－25、图 8－26 和图 8－27 的结果,可以发现图 8－26 和图 8－27 的目标像素灰度值明显得到了提高,目标亮度增加,并且目标区域也增大了,目标更加突出。三组实验结果的客观评价见表 8－3。

表 8－3 增强效果的客观评价结果

目标增强方法	目标总灰度值	像 素 比	归一化能量
原始视频图像	1274	12/76800	1
融合差分	3865	25/76800	2.572
先插帧再融合差分	3005	19/76800	/
先融合差分再插帧	3206	23/76800	/

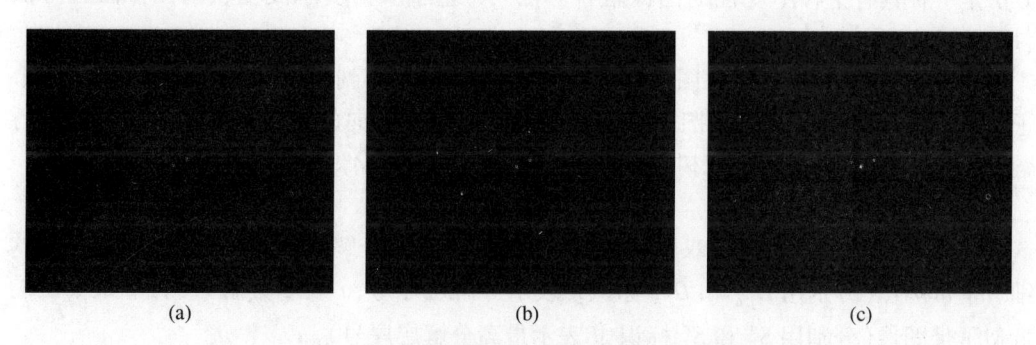

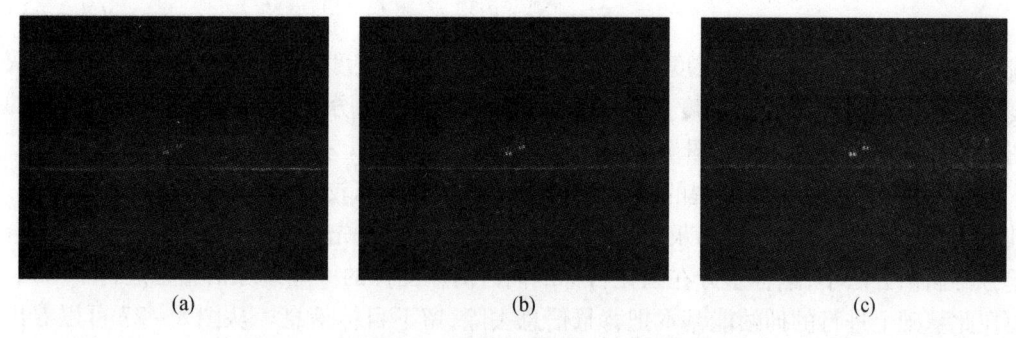

在表 8－3 中，目标总灰度值反映的是目标的亮度及大小，其值越大说明目标越亮，所占区域越大。像素比为目标呈现的像素数与整幅图像像素之比。能量比为

$$S = \sum t^2 / \sum b^2 \tag{8-63}$$

式中：分子表示目标像素的灰度能量和，t 为目标像素的灰度值；分母表示背景像素的灰度能量和，b 为背景像素的灰度值。归一化能量比为 S/S_0，分子 S 为融合差分处理得到的图像的能量比，分母 S_0 为源图像能量比。

从表 8－3 可见，3 种方法的目标总灰度值和像素比都较原始视频图像提高了很多。其中，融合差分方法的目标总灰度值和像素比最高，其次是先融合差分再插帧方法。融合差分再插帧方法中，融合差分在强化目标的同时对原图像的一些边缘信息也进行了增强，而在此基础上进行的插帧能基本把背景信息去除，留下目标信息。从图 8－27 可以看出其效果相当明显。综合考量客观评价结果和视觉效果，先融合差分再插帧这种方法最为有效。后续目标检测也证明在相同情况下使用该方法能够提高检测率。

8.4.3 基于图像融合的战场打击效果评估

在信息化战场上，对军事目标打击效果的评估决定着对整个战场态势的实时判断和之后采取的目标打击决策。本节建立一种基于图像融合的战场打击效果评估方法[65]，该方法是一种具有平移不变性的图像融合方法——基于双树复小波变换的图像融合方法（DT－CWTF）。

该算法的基本思想：对源图像进行双树复小波分解，得到多个分解层多个方向的细节子带图像和最高层的近似子带图像；对低频和高频各个方向的子带依据适宜的规则进行融合；对融合得到的子带做双树复小波逆变换，重建融合图像。

算法实现步骤如下：

（1）对源图像 A、B 进行双树复小波分解，得到多个分解层，每个分解层 6 个方向的细节子带图像（分别用 $D_{j,a}^A$ 和 $D_{j,a}^B$ 标识，j 表示分解层序号，a 表示分解方向）和最高层的近似子带图像（分别用 S_J^A 和 S_J^B 标识，J 表示最高分解层序号）。

（2）对各尺度不同频率分量采用不同的融合策略进行融合处理，得到融合后的各个频带子图像。

其中，低频、高频的测度函数分别为

$$E(P) = \{x : x \text{ 是邻域 } P \text{ 中出现的灰度级数}\} \tag{8-64}$$

$$Q_{j,a}(m,n) = S_{j-1,a}(m,n) \times S_{j,a}(m,n) \times S_{j+1,a}(m,n) \tag{8-65}$$

式中：$S = \left\{\frac{1}{MN}\left\{\sum_{m=0}^{M-1}\sum_{n=1}^{N-1}[I(m,n) - I(m,n-1)]^2 + \sum_{m=0}^{M-1}\sum_{n=1}^{N-1}[I(m,n) - I(m-1,n)]^2\right\}\right\}^{1/2}$，$I(m,n)$ 表示 (m,n) 处的像素灰度值。

对低频子带，采用基于改进的邻域熵的融合策略。先根据式（8－64）计算出近似子带对应的改进邻域熵图像 E_{nJ}^A 和 E_{nJ}^B，然后据此构造出融合图像近似子带，即

$$S_J^F(m,n) = \begin{cases} S_J^A(m,n) & E_{nJ}^A(m,n) \geqslant E_{nJ}^B(m,n) \\ S_J^B(m,n) & \text{其他} \end{cases} \tag{8-66}$$

式中：(m,n) 表示像素位置；F 表示融合图像。

对高频近似子带,采用跨尺度的邻域空间频率作为融合测度。先用式(8 - 65)求取各细节子带对应的邻域空间频率图像 $S_{j,a}$,然后,根据本尺度和相邻尺度同方向对应位置的邻域空间频率求取测度参数 $Q_{j,a}(m,n)$,并据此构造出各高频细节子带,即

$$D_{j,a}^{F}(m,n)=\begin{cases}D_{j,a}^{A} & Q_{j,a}^{A}(m,n)\geqslant Q_{j,a}^{B}(m,n)\\ D_{j,a}^{B} & \text{其他}\end{cases}\tag{8-67}$$

(3) 对融合后的各个频带进行一致性验证。这里采用文献[66]中提出的方法对它们进行一致性检测和调整。

(4) 对经过一致性验证的双树复小波频带进行逆变换,得到融合图像 F。

图 8 - 28 给出了本算法的试验结果,其中,图 8 - 28 (a)是阿富汗战争中美军对某电台打击前的图像,图 8 - 28 (b)是打击之后的图像,图 8 - 28 (e)、(f)分别是基于离散小波变换方法(DWTF)和本节算法 (DT - CWTF) 融合的最终结果。

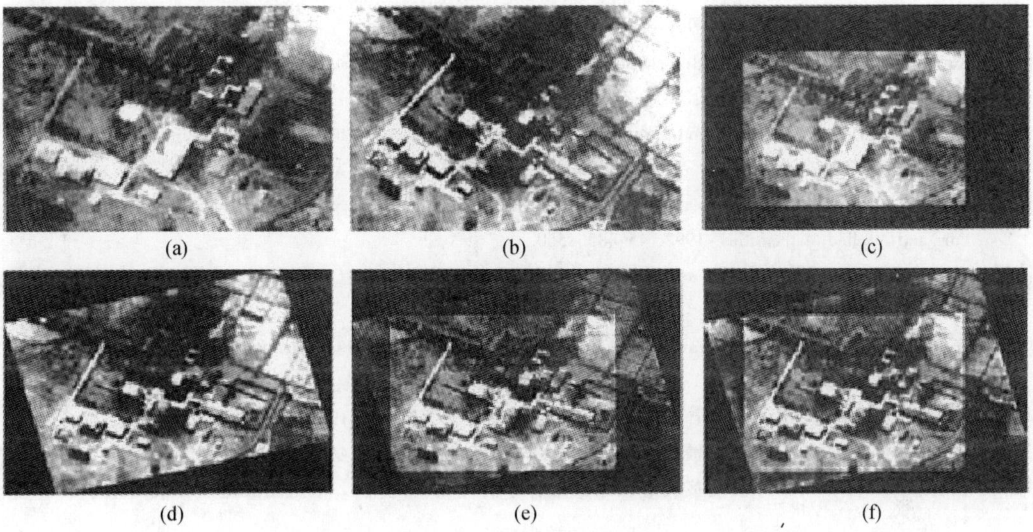

图 8 - 28　基于图像融合的战场打击效果评估试验

(a) 打击前的图像; (b) 打击后的图像; (c) 已配准的打击前的图像; (d) 已配准的打击后的图像; (e) DWTF 方法融合图像; (f) 本文方法融合图像。

从图 8 - 28 可以看出,基于图 8 - 28(e)、(f)的融合图像更容易对打击的位置(或关键部位)以及毁伤程度进行评估。比较图 8 - 28(e)和图 8 - 28(f),可以看出本节算法的融合图像包含更多边缘和纹理信息,效果要明显好于 DWTF 的融合结果,能更准确地评估打击效果。

参 考 文 献

[1]　章毓晋. 中国图像工程及当前的几个研究热点[J]. 计算机辅助设计与图形学学报, 2002,14(6):489 - 500.

[2]　崔麦会,周建军,陈超,等. 面向军事应用的多传感器图像融合技术发展研究[J]. 装备与技术, 2005. 4.

[3]　李玲玲. 像素级图像融合与应用[M]. 兰州:甘肃人民出版社, 2006.

[4] 李建平. 小波分析与信号处理——理论、应用及其软件实现[M]. 重庆:重庆出版社,1997.
[5] 杨福生. 小波变换的工程分析与应用[M]. 北京:科学出版社,1999.
[6] 吴秀清,周蓉,席育孝. 采用小波变换的图像数据融合方法及实现[J]. 小型微型计算机系统, 2000, 21(8): 833 - 835.
[7] Castleman K R. 数字图像处理[M]. 朱志刚,等译. 北京:电子工业出版社, 1998.
[8] Daubechies I, Grossman A, Meyer Y. Painless nonorthogonal expansions[J]. Journal of Mathematical Physics, 1986, 27(5):1271 - 1283.
[9] Mallat S G. Multiresolution Approximation and Wavelet Orthogonal Bases of $L^2(R)$[J]. Transactions of the American Mathematics Society, 1989, 315(1):69 - 87.
[10] Mallat S G. A Theory for Multiresolution Signal Decomposition: the Wavelet Representation[J]. IEEE Transactions on Pattern Analysis and Machine Intelligence, 1989, 11(7): 674 - 693.
[11] Daubechies I. Orthonormal Bases of Compactly Supported Wavelets[J]. Communications on Pure and Applied Mathematics, 1988, 41:909 - 996.
[12] Daubechies I. The Wavelet Transform, Time - frequency Localization and Signal Analysis[J]. IEEE Transactions on Information Theory, 1990, 36(5):961 - 1003.
[13] Kovacevic J, Vetterli M. Perfect Reconstruction Filter Banks with Rational Sampling Factors[J]. IEEE Transactions on Signal Processing, 1993, 41(6):2047 - 2066.
[14] Vetterli M, Herley C. Wavelet and Filter Bank: Theory and Design[J]. IEEE Transactions on Signal Processing, 1992, 40(9):2207 - 2231.
[15] Cohen A, Daubechies L, Feauveau J C. Biorthogonal Bases of Compactly Supported Wavelets[J]. Communications Pure and Applied Mathematics, 1992, 45:485 - 560.
[16] Cohen A. Biorthogonal Wavelets and Dual Filter[A]. Wavelets in Image Communication[C], Elsevier: [s. n.], 1994, 1 - 26.
[17] Wickerhauser M I. Lectures on Wavelet Packet Algorithms[R]. Lecture Notes, Department of Mathematics, Yale University, New Haven, 1991.
[18] 秦前清,杨宗凯. 实用小波分析[M]. 西安:西安电子科技大学出版社,1994.
[19] Stéphane Mallat. 信号处理的小波导引[M]. 杨力华等译, 北京:机械工业出版社,2003.
[20] 霍宏涛,游先祥, 等. 小波变换在遥感图象融合中的应用研究[J]. 中国图象图形学报,2003, 8A(5): 551 - 556.
[21] Simoncelli E P, Freeman W T. The steerable pyramid: a flexible architecture for multi - scale derivative computation[A]. In: Proc. of 2nd IEEE International Conference on Image Processing. Washington, DC. 1995, vol III, pp. 444 - 447.
[22] Freeman W T, Adelson E H. The design and use of steerable filters[J]. IEEE Transactions on Pattern Analysis and Machine Intelligence, 1991, 13(9):891 - 906.
[23] 敬忠良,肖刚,李振华. 图像融合——理论与应用[M]. 北京:高等教育出版社, 2007.
[24] 覃征, 等. 多传感器图像融合及其应用综述[J]. 微电子学与计算机,2004,21(2)1 - 5.
[25] 蒋晓瑜, 高稚允, 周立伟. 基于小波变换的多分辨图像融合[J]. 北京理工大学学报, 1997, 17(4):458 - 460.
[26] Bhogal A S, Goodenough D G, Dyk A, et al. Extraction of forest attribute information using multisensor data fusion techniques:A case study for a test site on Vancouver island, British Columbia[A]. In:IEEE Pacific RIM Conference on Communications, Computers and Signal Processing[C], 2001, pp. 674 - 680.
[27] Liu Q J,Takeuchi N. Vegetation inventory of a temperate biosphere reserve in China By image fusion of landsat TM and SPOT HRV[J]. Journal of Forset Research,2001,6(3):139 - 146.
[28] 陈东,李飚,沈振康. SAR 与可见光图像融合算法的研究[J]. 系统工程与电子技术, 2000, 22(9):5 - 7.
[29] Kropas-Hughes C V. Image fusion using autoassociative-heteroassociative neural networks[D]. USA: Air University,1999.
[30] L G Brown. A survey of image registration techniques. ACM Computering Survey 24 (1992):326 - 376.
[31] Rosenfeld A, Kak A C. Digital Picture Processing, Vol. I and II, Academic Press. Orlando, 1982.

[32] Philippe T, Michael U. Optimization of mutual information for multiresolution image registration[J]. IEEE Trans. on Image Processing, 2000,9(12):2083 - 2099.
[33] Kuglin C D, Hines D C. The phase correlation image alignment method[C]. Proc. of IEEE 1975 Int. ConLCybemetics and society, September, 1975:163 - 165.
[34] 曾文锋. 红外与可见光图像融合中的快速配准方法[J]. 红外与激光工程, 2002, 31(2):158 - 160.
[35] Bandemer H, Nather W. Fuzzy Data Analysis. Kluwer Academic Publishers, 1992.
[36] Piella G, Heijmans H. Multiresolution image fusion guided by a multimodal segmentation[A], In: Proceedings of Advanced Concepts for Intelligent Vision Systems, Ghent, Belgium, 2002. 175 - 182.
[37] Lewis J J, et al. Region - based image fusion using complex wavelets [A], In: Proceedings of the 7th International Conference on Information Fusion, Stockholm, Sweden, 2004. 555 - 562.
[38] Piella G. A general framework for multiresolution image fusion: from pixels to regions [J]. Information Fusion, 2003, 4: 259 - 280.
[39] 边肇祺,等. 模式识别[M]. 第2版. 北京:清华大学出版社, 2000.
[40] Chen Y X, Wang J Z. A region - based fuzzy feature matching approach to content - based image retrieval[J], IEEE Transactions on Pattern Analysis and Machine Intelligence, 2002, 24(9): 1252 - 1267.
[41] Hoppner F, Klawonn F, Kruse R, et al. Fuzzy Cluster Analysis: Methods for Classification. Data Analysis and Image Recognition. John Wiley & Sons, New York, 1999.
[42] Burt P J, and Kolczynski R J. Enhanced image capture through fusion. In Proceedings of the 4th International Conference on Computer Vision, Berlin, Germany. 1993,173 - 182.
[43] 吴小俊,苏冬雪,罗晓清. 一种基于区域的图像融合新方法[J]. 江南大学学报(自然科学版), 2009, 8(4): 386 - 391.
[44] 焦峰,等. 基于局部特征分析的人脸识别方法[J]. 计算机辅助设计与图形学学报, 2003, 15(1):53 - 58.
[45] Daugman J G. Uncertainty relation for resolution in space, spatial frequency, and orientation optimized by two-dimensional visual cortical filters. J. Opt. Soc. Amer., 1985, 2 (7): 1160 - 1169.
[46] Daugman J G. Complete discrete 2 - D Gabor transforms by neural networks for image analysis and compression. IEEE Transactions on Acoustics, Speech, and Signal Processing, 1988, 36(7): 1169 - 1179.
[47] Jain A K, Prabhakar S, Hong L, et al. Filterbank - based fingerprint matching [J]. IEEE Transactions on Image Processing, 2000, 9(5): 846 - 859.
[48] 朱勇, 谭铁牛, 王蕴红. 基于笔迹的身份鉴别[J]. 自动化学报, 2001, 27(2): 229 - 234.
[49] 赵英男, 刘正东, 杨静宇. 基于Gabor滤波器和特征加权的红外图像识别[J]. 计算机工程与应用, 2004, 40(32):22 - 24.
[50] 赵荣椿, 等. 数字图像处理导论[M]. 西安:西北工业大学出版社, 1996.
[51] 金剑秋, 等. 多光谱图象的真实感融合[J]. 中国图象图形学报, 2002, 7A(9)926 - 931.
[52] 王文杰,唐娉,朱重光. 一种基于小波变换的图像融合算法[J]. 中国图象图形学报,2001, 6A(11):1130 - 1135.
[53] 刘哲. 多光谱图像与全色图像的像素级融合研究[J]. 数据采集与处理,2003,18(3):296 - 301.
[54] Tu T M, Su S C, Shyu H C. A new look at IHS-like image fusion methods[J]. Information Fusion, 2001, 2(3): 177 - 189.
[55] 苏冬雪,吴小俊. 基于局域颜色校正的遥感图像融合方法[J]. 江苏科技大学学报(自然科学版), 2006, 20(2):60 - 64.
[56] 刘振华,张冰,于文霞. SAR图像与其他源图像融合算法[J]. 现代雷达, 2007,2(29):56 - 59.
[57] 阮祥伟,陈仁元,张长耀等. SAR图像与光学图像的融合. 2003 — CSAR会议, 2003:233 - 241.
[58] 徐佩霞,孙功宪. 小波分析与应用实例[M]. 合肥:中国科学技术大学出版社, 2001.
[59] 徐建达,王洪华. 基于IHS变换与小渡变换的遥感影像融合[J]. 测绘学院学报, 2002, 19(3):198 - 199..
[60] 王连亮. 多源图像融合的目标识别研究. 四川大学硕士论文,2005.
[61] 刘伟, 蒋咏梅, 雷琳, 等. 一种基于多源遥感图像融合的桥梁目标识别方法[J]. 信号处理, 2004, 20(4): 427 - 430.

[62] Otsu N. A Theshold Selection Method From Gray—Level Histograms, IEEE Trans On System, Man, nd Cybemetics, 979, (1):2 -66.
[63] Levi L. Unsharp masking and related image enhancement techniques[J]. Computer Graphics Image Processing, 1974, 3(2):163 -177.
[64] Lee J S. Digital image enhancement and noise filtering by use of local statistics[J]. IEEE Transactions on Pattern Analysis and Machine Intelligence, 1980, 2(2): 165 -168.
[65] Gonzales R C, Wintz P. Digital Image Processing[M]. Addison-Wesley Publishing Company, New York, 1987.
[66] Laine A F, Schuler S, Fan J, Huda W. Mammographic feature enhancement by multiscale analysis[J]. IEEE Transactions on Medical Imaging, 1994, 13(4): 725 -740.
[67] Lu J, Herly D M, Jr, Weaver J B. Contrast enhancement of medical images using multiscale edge representation[J]. Optical Engineering, 1994, 13(7):2151 -2161.
[68] 张新明,沈兰荪. 于小波和统计特性的自适应图像增强[J]. 信号处理,2001,17(3):227 -231.
[69] 李玲玲, 王洪群, 娄联堂,等. 平移不变性图像融合及在打击效果评估中的应用[J]. 华中科技大学学报(自然版), 2006,34(7):67 -70.
[70] Li H, Manjunath B S, Mitra S K. Multisensor image fusion using the wavelet transform[J]. Graphical Models and Image Processing, 1995,57(3):235 -245.

第 9 章 信息质量概念与评价方法

20 世纪 70 年代以来,以信息技术为核心的高新技术飞速发展,推动军事领域的新一轮深刻变革。信息化是新军事变革的核心,以 C^4ISR 系统为代表的信息系统对作战效果产生了巨大影响。据美军报道,装备 16 号数据链的战斗机比只装备语音通信设备的战斗机,其空空交战的作战效能大大提高,平均杀伤概率提高约 25 倍。然而,对于为什么高质量的信息能够提高作战效果,如何理解这些提高产生的原因,信息质量与作战效果究竟存在什么关系,尚待人们深刻认识。

由于信息对于现代社会各个领域的重要性,信息质量已经成为军民用各类信息系统中信息管理竞相研究的重点内容,评价信息的质量特性,并给出定量化的计算分析方法,正成为军民用信息技术、管理技术和计算机技术领域所关注的焦点。

本章内容旨在为信息融合的第 4 级,即融合过程评估提供概念、方法与实现技术。首先,给出了信息质量与可信度的概念、内涵、关系,以及态势质量与态势一致性的关系;然后,确定了战场感知信息质量指标的三级多层元数据模型和基于不确定性的逐级综合方法。作为案例,本章提出了基于目标运动状态的航迹质量分级体系构建方法和目标航迹质量实时确定方法,还给出了质量指标中态势信息质量定量计算模型。

9.1 信息质量与可信度概念及内涵

9.1.1 信息质量概念

夏昊翔教授和王众托院士等人提出[1],客观世界中实体的存在和事件的发生须通过一定的方式和途径作用于其他实体才能得到反映。于是,将实体的属性、状态和过程可以作用于其他实体,因而为其他实体所"感知"的这一性质称为该实体所拥有的"信息"(这里将"感知"广义理解为一个实体受另一实体的作用和影响)。作为主体的人,其对实体运动状态及变化方式的感知和表述是以一定的符号为中介的。认识主体是通过表示实体的符号,间接地获得对实体本身的认识和显式或潜在的效用。在这一认识论定义中,实体信息包含了如下的三元结构:

信息内容—表示信息的符号—接收者对信息的理解与效用

信息的符号简称为"信息符号"。一方面,信息只有通过信息符号才能表述,人们通过信息符号获取、表达、传播和交流信息;另一方面,任何信息符号都是为了表达一定的信息内容而存在的,没有任何内容的信息符号是不存在的。

随着信息时代的到来,信息对于一项活动的成败显得越来越重要。很明显,随着人们对信息资源依赖性的增强,信息质量将会越来越严重地影响人们的经营、生产及其他正常活动。因而,关于信息质量的评价指标体系和评价方法的研究正成为管理技术、信息技术和计算机技术领域关注的焦点。

从夏昊翔教授和王众托院士的实体信息三元结构出发,信息质量的概念可定义如下:

信息质量=信息内容质量+信息的符号表示质量+用户效用质量

式中:信息内容质量是指感知信息反映实体的真实程度;信息的符号表示质量描述信息符号所能表达信息内容的程度,如完整性、精确性、及时性、连续性等;用户效用质量是指信息满足用户需求的程度。

对于战场感知信息来说,目前已建立了各种表示信息内容、分类、格式等的规范和标准,因此,可以认为信息的符号表示质量主要体现在信息的可视化程度。于是,信息质量的定义可改写为

信息质量=(信息的真实性,信息的可用性,信息的可视性)

其中,信息的真实性是指信息反映战场的真实程度,是从理论和认知角度理解信息质量,可以从感知信息与实体(真实目标/事件)的符合程度进行度量,情报部门通常将信息的真实性作为信息质量的定义;信息的可用性是指感知信息对作战需求的满足程度,可以通过信息分别对战场预警、指挥决策、武器控制和火力打击等作战活动的满足程度进行度量,作战部门通常使用信息可用性来表述信息质量;信息的可视性质量是实现信息共享和一致理解的基础,主要表现在二维显示平面上目标投影与底图(地图)投影变形的一致性、不同显示平台上军队标号与态势标绘的一致性等,它是态势一致应用的基础。

9.1.2 信息质量内涵与分析

9.1.2.1 国内外信息质量内涵描述现状

军械工程学院的曹瑞昌等人对来自法国、德国、美国、英格兰等国际著名七大信息质量评价指标体系描述的主要评估指标名称、内涵,以及采用指标的统计数量进行了描述,如表9-1所列[2]。

表9-1 国外七大信息质量评价体系主要指标统计

序号	评估指标(一级指标)	内涵(二级指标)	采用该指标的信息质量体系数量
1	客观性(真实性)	客观性、可信性、准确性、精确度、确实性等	6
2	易理解性	易理解性、可理解性、简化性、透明度	5
3	可达性	可实现性、能达到性	5
4	相关性	关联性、相关性	5
5	实用性	有效性、可用性	4
6	连贯性	一致性、连续性、继承性	4
7	通用性	共用性、适合性	3
8	完整性	全面性、充分性	3
9	时效性	实时性、响应性	3
10	交互性	互通性、互操作性	3
11	安全性	信息安全防护类指标	2

文献[2]中还提出了信息质量评估的3层结构的指标体系,如图9-1所示。

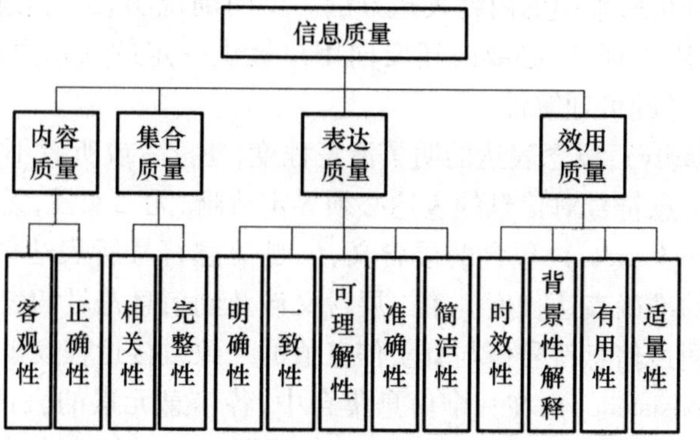

图9-1 信息质量评价的指标体系

对该指标体系逐项说明如下:

1. 信息的内容质量

其评价指标包括客观性和正确性。

(1) 客观性(Objectivity):从事物自身角度去考察,与一切个人感情、偏见或意见无关。信息反映的事实应是某个事物(或系统)的某一真实属性,其本身具有客观性。不真实的属性会导致随之做出的决策、控制方法和管理措施不能达到预期目的。因而,客观性成为评价信息内容质量的首要指标。

(2) 正确性(Correctness):符合事实、道理或某种公认标准的程度。不同的行业有不同的行业规范和标准,因此,信息内容的正确性评价指标具有一定的主观性,但这种主观性的引入必须与事实、公认的道理和标准相一致、相符合。

我们认为,信息内容的客观性和正确性能够保证信息内容的可靠性和可信性。也就是说,只要信息内容是客观的、正确的,那么,就可以认为信息内容是可靠的和可信的。

2. 信息的集合质量

其评价指标包括相关性和完整性。

(1) 相关性(Relevancy):信息集合中信息元素之间的相关性。当信息系统将一个信息集合提供给用户时,其中的信息元素之间应该具有较强的相关性。毫无关联的信息元素无法组成信息集合,它会使得用户不知所云,无法使用。信息相关性还包含信息与用户的使用目的相关,将其归于信息的可用性。

(2) 完整性(Completeness):作为一个信息集合,必然具有一定的结构。这里的完整性就是指信息集合结构的完整,一个具有完整结构的信息集合才能够完整地表述一个思想和事实,描述一个事物。另外,完整性是相对于信息集合使用者的需求而言的,因而具有相对性。同样的信息集合对不同目的的用户,其完整性评价可能不同。因而,在信息系统分析设计时,分析用户的信息需求是极为关键的一步。

3. 信息的表达质量

其评价指标包括下述5点:

(1) 可理解性(Understandability):信息是通过信息符号来表达的,信息符号必须能够且易于被用户理解，以便于用户使用，否则信息的用途就会丧失。可理解性表现为基于不同理解能力用户分析所采用的内容表达方法。要明确说明表达信息符号的编码格式、简写形式等，以便于用户理解，必要时还要向用户提供一定的元信息（The Meta Information），以增强信息符号的可理解性。

（2）明确性（Clarity）：概念表达的明了清楚程度，使读者或听者不用思索便懂。信息符号的明确性要求信息符号对信息的表达必须界定清晰，无二义性，无模糊性。

（3）准确性（Preciseness）：包含两层含义，一是信息符号所表达信息的准确程度；二是信息符号对信息的准确表达程度。第二层含义涉及到信息符号的表达能力问题。信息符号的准确性可以通过信息符号值与真实信息值的一致或接近程度来度量。

（4）一致性（Consistency）：在一个信息集合中，各信息元素的表达符号须保持一致，包括表达符号格式的一致性和表达符号意义的一致性。这就要求表达信息时要选用一套规范、完整、具有较强表达能力的符号体系。

（5）简洁性（Conciseness）：要求信息的表达符号要尽可能简单明了。很明显，过于复杂的表达符号不仅占用信息系统资源，而且必然增加信息符号的理解难度，从而导致信息的弃用。

4. 信息的效用质量

其评价指标包括下述4点：

（1）有用性（Usefulness）：信息满足用户需求的程度，它体现了设计的信息内容与用户期望的信息内容之间的差距。

（2）时效性 Timeliness 信息满足应用时限的程度，超出这一时限的信息将失去价值。一个可变属性值的时间性可以用其超过应用时限的时间长度来度量。有些属性值具有永久性，而无时间性限制。

（3）背景性解释（Background Reports）：当一个信息提供给用户时，为了更好地使用户理解和便于使用这些信息，应该将部分必要的背景性信息提供给用户。

（4）适量性（Amount of Information）：信息量应该尽可能适当。信息量不足会使用户信息缺乏或不详细；而信息过量会产生大量的信息冗余，浪费信息系统的处理资源，或用户难于找到对自己有用的信息。

考虑各项指标在信息质量综合评估中的作用，文献[3]提出了信息质量三级指标体系及各项指标的权重，如表9-2所列。

表9-2 信息质量评估指标体系及权重

序号	一级指标及加权系数	二级指标及加权系数	序号	一级指标及加权系数	二级指标及加权系数
1	真实性20%	客观性10% 准确度10%	5	时效性10%	采集时间是否短5% 变更速度是否快5%
2	通用性15%	通用性10% 排他性（不与其他重叠）5%	6	实用性15%	方便程度7.5% 有效性7.5%
3	完整性10%	完整性10%	7	安全性15%	不易被更改7.5% 不易丢失7.5%
4	易理解性15%	易理解性10% 简化性5%			

9.1.2.2 战场感知信息质量基本内涵

综合国内外关于信息质量特别是军事领域战场感知信息质量内涵的分析研究成果，将信息的真实性和可用性统一起来，可用下述7个维度/表征域来描述战场感知信息质量（包括单一目标信息质量和态势信息质量）的基本内涵。

（1）感知的完整性，是指战场感知信息的完备性，包括感知范围对战场的覆盖程度、感知的战场目标与真实战场态势在目标种类和数量上的差异，以及信息内容满足用户需求的完全（或缺失）程度。

（2）航迹的精确性，是指感知的目标航迹与真实目标航迹的偏离程度，包括系统误差、随机误差，以及具体的运动参数误差等。

（3）识别的符合性，是指目标识别结果与实际目标身份的符合程度，包括目标的真伪，以及敌我、国籍、类型/分类、型号、数量、目标标识号等识别结果的符合程度。

（4）应用的适时性，是指感知信息满足用户需求的及时程度，包括信息获取和处理时延、目标航迹更新周期、态势更新周期等。

（5）状态的连续性，是指感知的动态目标航迹或战场态势状态的连续程度，特别是目标出现机动时或远程目标跨责任区时的航迹连续程度。

（6）态势的清晰性，包含由漏关联/相关和错关联/相关综合产生的航迹冗余度，即一个目标可能拥有超过传感器数目的多条航迹所带来的模糊性；还包含没有分配给任何目标的，即与所有目标皆不关联/相关的假航迹（杂波或孤立点）率，是由虚警和漏关联/相关造成的。

（7）信息的可视性，是指战场态势信息的可视化显现，是实现态势共享和一致理解的基础。涉及目标二维显示投影方式和变形与底图保持相同，不同显示平台上军标符号标绘与显示一致，以及认知域的态势可视理解等。

在侦察/探测信息、单一目标状态/属性估计信息、态势估计与影响（威胁）估计信息等不同的战场感知层次上，由于输入信息内容和粒度不同，输出的信息融合产品内涵和粒度也不同，相应的7类信息质量内涵可能表现出不同的形式。

9.1.3 可信度及其与信息质量的关系

9.1.3.1 信息不确定性与可信度

可信度是随着不确定性概念的出现而产生的，可信度在概念上是对信息不确定性的一种度量。到目前为止，人们对信息不确定性的分类包括随机性、模糊性和信赖性。随机性是对信息随时间变化的不确定性描述，模糊性是人们对事物认识的清晰程度的不确定性描述，而信赖性在概念上比较复杂，它包含信息表征事物的可靠性、健壮性，以及人们对该信息的认可（相信）程度的综合描述。

从不确定性概念产生与应用的历史看，最早出现的不确定性是随机性，以统计概率为度量标准。Zadeh在20世纪60年代建立的模糊性采用模糊隶属度为度量标准。随着人工智能与知识工程的产生和发展，作为多种因素引起的综合不确定性，特别是人在认知域中对事物的察觉、理解和规划（预测）中产生的对信息“信任程度”问题愈益突出，于是出现了对信息不确定性的一种综合度量标准，即可信度。因此，可以进一步认为可信度是对迄今为止所处理的不确定性的各种表现形式（随机性、模糊性、信赖性等）的一种综合度量，特别是当无法确定不确定性的诸多影响因素时，也只能采用可信度为不确定性度量标准，此时可称为广义可信度。

9.1.3.2 可信度与信息质量的关系分析

众所周知，产品质量是描述该产品达到规定功能（性能）的程度，或者说是该产品在功能（性能）上偏离设计（预期）能力或标称值的程度。同样，信息作为人们认识世界和改造世界的一种资源，在获取或加工过程中，其质量表述的是信息的真实性和可用性的不确定程度，即信息反映世界的真实程度和信息对改造世界的可用程度。实际上，信息质量的各维度/表征域描述的就是信息在相应维度中的不确定性，如目标航迹信息的精确性描述的是估计的目标航迹与目标真实航迹位置的不确定统计偏差；而识别的符合性则描述目标融合识别结果的不确定性，即识别结果可能有多个而无法确定，最多能描述哪个识别结果可能性大些（可信度高）或小些（可信度低）。由此，可以认为信息质量与可信度的关系是：**可信度是信息质量的一种度量标准。**

信息的可信度（不确定性）对信息质量参数的影响概略分析如下：

（1）虚假目标信息是不可信赖的。

（2）系统误差和随机误差存在模糊性和随机性。

（3）信息的实时性、连续性和完整性具有随机变化特征。

（4）信息处理中的关联/相关、融合估计与预测误差存在随机性。

（5）杂波/假目标存在模糊性、随机性。

（6）信号/融合目标检测、点迹融合/航迹起始误差和时延存在随机性。

（7）空间环境因素（干扰、杂波……）存在模糊型和随机性。

（8）传感器功能/性能存在可靠性。

（9）信息获取和信息传输/信息处理环节均存在可靠性。

9.1.3.3 战场感知信息质量与可信度的关系

由上述分析可知，信息可信度的广义内涵是对信息质量参数的不确定性的综合度量，或者说信息质量内涵的7类质量参数都可能具有综合不确定性，均可采用可信度进行度量，当然也可采用其他概念和原理来表述（如信息熵或其他量化方法）并对这7类参数的综合不确定性进行度量。

1. 战场目标信息质量概念与可信度

对于战场目标特别是对空、海和地面运动目标来说，包括三大类信息表征参数，一是在战场空间中的状态（包括时间/空间位置、速度/航向、加速度等）；二是自身具有的属性特征（包括真伪、国籍、敌我、类型/分类、型号、数量等信息）；三是目标之间及其与战场环境等要素之间的关系。长期以来，人们已习惯于采用随机偏差统计量描述战场目标的空间定位误差/精度、时间延误、连续性等目标状态信息的不确定性；采用识别率或识别符合率描述对目标各级属性特征识别信息，以及关系信息的不确定性，如专家系统和D－S证据理论中的可信度主要是针对证据命题或判断/决策结论的不确定性度量。在应用到目标及其关系识别时，可信度就是对目标属性/关系的证据或识别结果的不确定性描述。因此，可以将战场目标的状态估计信息质量和属性/关系识别信息质量的可信度分别表述为目标状态估计时空偏差统计量和识别符合率，称为狭义可信度。

2. 信赖性概念与度量

上述两个狭义可信度实际上是对战场目标的状态精确性和识别准确性的度量。此外,目标状态信息质量又涉及目标状态变化(机动)检测与判定,识别信息质量又涉及到情报/指挥人员的分析与判断能力;并且它们同时受物理域/信息域软硬件可靠性和健壮性影响。例如,对不同的雷达站(雷达和操作员)具有不同的依赖度,对不同能力的人判断结果的依赖度也不同。因此,目标状态估计与属性识别信息质量有时需要加入"信赖性"的影响,从而统一到可信度上来。

信赖性在统计上称为置信性,信息的置信性可理解为对信息质量某个指标的分布区间的度量,即测量获得的该质量指标的分布区间覆盖该指标标称值的概率。从这个意义上讲,信赖性可以作为衡量信息点状指标的可信度的度量,即区间度量,有时称为二阶可信度。

3. 信息质量与不确定性概念关系

图 9-2 描述了战场感知信息质量、目标质量,及其与不确定性和可信度等概念之间的相互关系。该关系框架对信息质量的 3 个级别都是适用的。

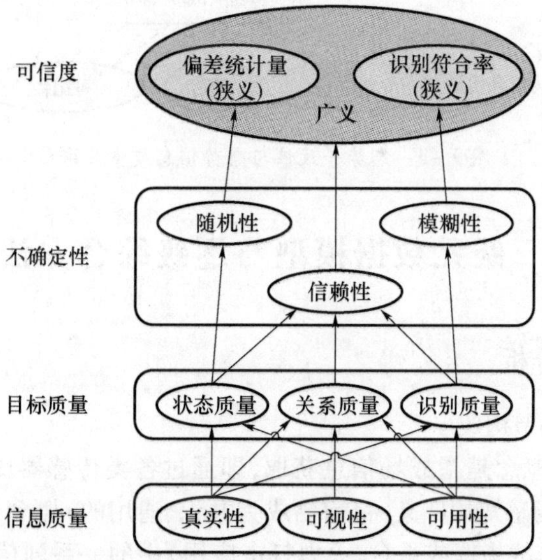

图 9-2 信息质量与可信度内涵与关系框架

9.1.4 信息质量与态势一致性的关系

态势的绝对一致性是指人们感知的态势与战场真实态势的一致程度(或在误差允许范围内),而态势的相对一致性是指同时遂行同一任务的两个或两个以上作战单元对其共同关心的态势信息的一致程度(或在误差允许范围内)。从作战应用角度出发,态势的相对一致性更有实际意义。对战场感知信息质量与态势一致性的关系分析如下:

(1) 信息质量中的真实性概念与态势的绝对一致性概念是相互对应的,它们在概念和内涵上并无差别。

(2) 态势的相对一致性概念与信息质量中的可用性是相互对应的,当然,这是从态势的相对一致性更有实用价值的意义下获得的结论。

(3) 从更广泛的意义上看,信息质量中的可用性是以信息的真实性为基础的,不真实的信息显然是不可用的,然而在实际战场上,未知的非合作目标信息的真实性是很难度量的,因此常常会出现真实性未知的信息信赖性差或不可用的情况,这与态势绝对一致性无法度量,而态势相对一致性更有实用价值的道理是一样的。

(4) 态势的相对一致性是以遂行同一任务的诸作战单元共同关心的态势信息具有较大的真实程度为前提的,只是由于真实程度无法准确度量,而将诸作战单元的态势信息误差具有共同的取向或相对误差在允许的范围之内作为度量准则,因而更具有可用性。

将上述分析结果表示为图 9 - 3 所示的关系,其中虚线表示真实战场对态势相对一致性、战场信息可用性和可视性质量的间接支撑。

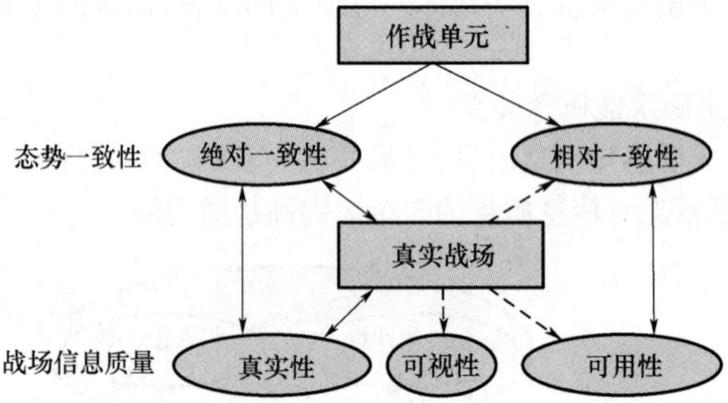

图 9 - 3　态势一致性与态势信息质量关系

9.2　信息质量三级元数据模型与逐级综合方法

9.2.1　信息级别分析

9.2.1.1　战场感知环节构成

战场感知的狭义概念是指战场信息获取,即通过各类传感器或侦察手段“感知”或“获取”战场信息;战场感知的广义(目前已成为共识、通用的)概念是指从信息获取直到最终提交用户使用(作战指挥或平台/火力打击应用)中的一系列信息处理过程,主要包括以下 6 个环节:

(1) 信息获取,是指通过各类介质传感器和采用各种人工或技术手段获取战场目标和战场环境要素的过程。例如,通过地面和海、空、天基各类平台上设置的有源雷达、ESM、IFF,以及 SAR、IR、EO 等图像传感器实时探测和识别战场目标,采用技侦、人工和开源情报获取目标属性及敌方状态与动向等准实时和中长期情报信息等。该环节主要位于物理域。

(2) 时空配准,是指各作战单元(含战场感知、作战决策与控制、武器/火力打击等单元)实现统一时空基准、消除系统误差的处理过程。例如,时间/空间基准统一、时间同步,以及消除源于探测的空间系统误差等。该环节位于物理域和信息域。

(3) 目标估计,是指基于多源信息关联/相关和融合实现战场目标定位、识别与跟踪的处理;包括信息关联/相关、目标状态融合估计、目标属性融合识别,以及目标预测与跟踪等。该环节主要位于信息域和认知域。

(4) 态势估计,是指基于目标估计信息识别和估计战场要素(实体、环境、意图等)之间的关系,生成基于意图的现实世界局部结构的过程。例如,基于作战意图、规则和条令/条例估计战场要素之间关系,基于关系聚集生成局部观测结构,并估计敌方企图、计划、方针/方案(COA)和行动/行为,以及预测战场事件及其结果等。该环节位于认知域和信息域。

(5) 态势显现与分发,是指基于态势信息生成态势图并准确显示和按需分发给指挥员的处理过程;例如,统一的军队标号生成与显示、目标与底图投影的一致、不同地图投影的转换等。该环节位于信息域和物理域。

(6) 信息传输,是指将信息源报知信息、目标估计信息和态势信息,以及态势图等实时准确地传输给相应处理节点和用户的信息传输过程,该环节的传输带宽和误码率对态势信息质量有重大影响。该环节位于物理域。

战场感知6个环节及其所在域如图9-4所示。

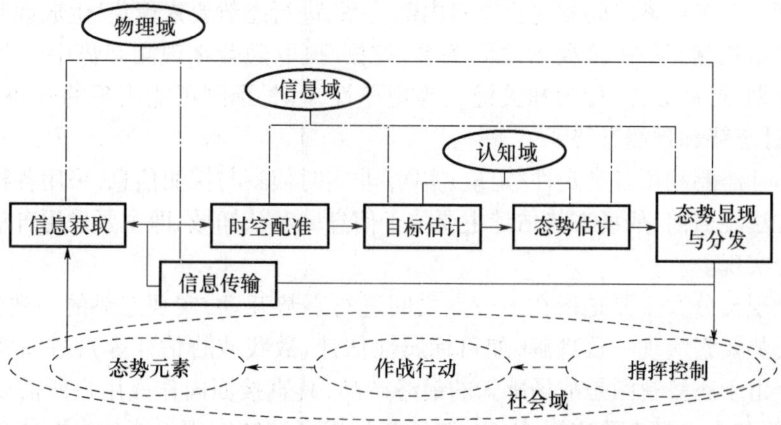

图9-4 战场感知6个环节及其与诸域关系

图9-4描述了战场感知6个环节及其之间的关系,还描述了战场感知各环节与其所处物理域、信息域和认知域的关系,以及对社会域(作战空间)中作战活动的影响。

9.2.1.2 战场感知环节分析

从图9-4不难看出,信息获取是战场感知信息时空误差来源的主要环节,因此成为战场感知信息质量评估的主要依据。信息传输是战场感知不可或缺的环节,特别在信息源到融合中心信息报知过程中起重要影响。然而,由于融合中心通常是在系统结构和传输网络确定情况下进行信息处理,因此,融合中心有时将信息传输视为信息获取的一部分,即将传输误差也融入信息获取误差一并考虑也是可以理解的。信息获取环节主要位于物理域。

时空配准涉及到多信息源和多网络节点。基于单/多传感器测量的空间配准的目的是改善传感器探测信息质量,所进行的相关传感器系统误差估计和补偿基本上是在融合中心进行的,当然也可反馈给相关传感器修正其局部跟踪航迹。时间配准是指各网络节点(包括传感器、各级融合中心和作战节点)之间的时间同步,包括消除或减少时间基准误差和时统误差,使各节点之间的时间误差处于作战容许范围之内。时空配准主要是在信息域中进行的,是提升信息获取质量的主要环节之一。

目标估计主要是指依据多源获取信息对战场目标,特别是对动态目标(空中、海上、地面移动目标)进行融合定位、识别与跟踪。由于探测与侦察手段不同,传感器介质不同,以及信息形式的差别,使得战场目标估计技术和方法异常复杂,迄今为止尚有许多未解决的问题和技术,如密集回波或杂波环境的目标关联、识别与跟踪,机动目标的融合跟踪,多介质图像融合/目标提取,多类信源目标属性融合识别等。随着运动平台动力性能、隐身能力的提升和战场环境日趋复杂,目标估计始终在滚动发展,成为信息融合学科出现和发展的原始推动力。由于目标信息特别是动态目标信息是构成战场态势的重要元素,并能直接为作战指挥和火力控制提供支撑,因此,目标估计的时空精度成为改善战场感知信息时空质量的最重要环节,主要位于信息域,部分判定问题处于认知域。

态势估计又称为"关系估计",从 Context 和本体论与认知方法来说,态势估计包含的"关系估计"功能如下:

(1) 确定战场要素与作战意图的关系,进行态势要素选择。

(2) 确定态势要素之间和复合要素内部关系,进行态势要素聚集,生成观测态势。

(3) 分析观测态势中诸要素之间关系,挖掘/提取隐蔽在观测态势中的非合作方企图、能力、计划、行动方针、行为和关键点等规律性知识,预测可能出现的威胁、事件和结果,生成估计态势和预测态势。

态势估计需要利用各类定性/定量、实时/非实时侦察与探测信息,采用各种统计与智能类估计方法。当前,战场态势估计主要位于信息域和认知域,即主要采用自动估计和人机交互结合实现。

态势显现与分发主要是指在多节点之间进行态势互动,实现态势的一致性(即对共同关心的态势要素实现一致理解,如目标属性估计、敌我威胁估计等),进而实现态势分发与共享。由于态势视图是战场感知的最终产品,其直接面向作战用户所需要的战场预警、指挥决策和火力打击等应用,因此,该环节是战场感知应用效能的主要体现。该环节主要位于物理域,也有一定信息域成分。

9.2.1.3 战场感知信息级别划分

由上节对战场感知诸环节的作用分析,可将战场感知信息分为 3 个级别:原始感知信息、实体感知信息、关系感知信息,它们形成了由低到高、由模糊到清晰、由局部到整体的感知过程和信息关系;每一级别具有不同的战场信息表征、不同的粒度和不同的作战应用,如图 9-5 所示。

原始感知信息包括由各类介质、体制、手段获取的全维战场目标和战场环境信息,形式/格式多种多样,如数据/信号、图像、回波点迹,以及传感器局部航迹、识别与跟踪信息等。原始感知信息由信息获取(信息源与通信)环节支持获得,其中首发确认的目标信息直接提供作战预警发布应用;在作战指挥控制下,该环节确认的高威胁目标信息可以直接提供火力打击应用。

实体感知信息基于对原始感知信息的融合处理获得,主要包括估计并消除系统误差和平滑滤除随机误差,获得战场各单一目标的独立状态和属性估计,实现单一目标的融合定位、预测与跟踪。实体感知信息由时空配准和目标估计环节支持获得,提供作战指挥与控制应用,也可提供预警和火力打击使用,但实时性差一些。

关系感知信息基于对实体感知信息的关系估计获得，包括战场实体间关系估计、复合实体内各子对象之间关系估计，以及实体与作战意图关系估计、实体与战场环境关系估计等，以生成观测态势、估计态势和预测态势。关系感知信息由态势估计与视图分发环节支持获得，其产生的态势视图产品支持作战筹划与决策应用。

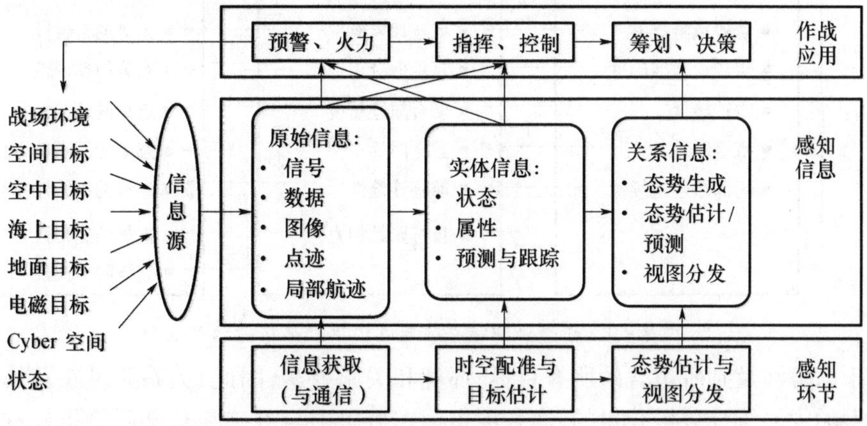

图 9－5　3 个级别感知信息及其与感知环节/作战应用的关系

9.2.2　信息质量元数据模型构成

9.2.2.1　三级战场感知信息质量的两层次分解

从图 9－5 描述的三级战场感知信息关系模型可以看出，能够在 3 个级别上评估信息质量，即信源报知信息质量、融合目标信息质量和态势信息质量。信源报知的信息是输入情报中心的原始侦察/探测信息，对空、海目标来说，通常以单源目标点迹（传感器目标航迹是带有局部标识的点迹）形式出现，其信息质量可以称为点迹质量（Plot Quality，PQ）；融合目标信息指经时空配准和融合滤波获得的目标状态估计和属性识别信息，通常以综合航迹形式出现，其信息质量称为航迹质量（Track Quality，TQ）；态势信息指基于作战意图提取的战场环境和目标信息等态势要素，以及经估计、判断产生的态势要素之间的关系信息，其信息质量称为关系质量（Relation Quality，RQ）。图 9－6 描述了按信息处理层次的战场感知信息质量的 3 级 2 层次划分的元数据（Meta Data-MD）模型。

图 9－6 中，点迹质量是指传感器探测获得的检测点迹质量，包括目标点、虚警、杂波。点迹风险概率包括虚警率、漏警率，以及不同虚警率下的目标检测率等；点迹识别准确度是指传感器级初判目标属性（敌/我/不明，以及目标类型等）的准确程度；点迹精度是指定位精度和状态测量精度；点迹时延是指目标发现时间延误，即从检测到第一点到识别报出的时间延误；而局部航迹连续性是指传感器级局部航迹的丢点率、连续丢点时间和标识（批号）改变率等。

航迹质量中，航迹风险概率是指目标航迹丢失率和假航迹（源于杂波或虚警的航迹）率；目标融合识别率包括对目标多级属性（敌/我、国籍、类型、型号等）识别的正确率；融合航迹精度主要是指目标融合定位精度、状态误差、配准剩余误差等；航迹处理时延含综合航迹起始时延和航迹更新时延，以及融合识别时延；航迹连续性包含目标综合批号改变率和批号最大持续时间，以及丢点时间；目标跟踪能力则包含目标错跟率（跟踪假目标比例和批号与航迹错配率）、目标机动响应时间和偏离程度等。

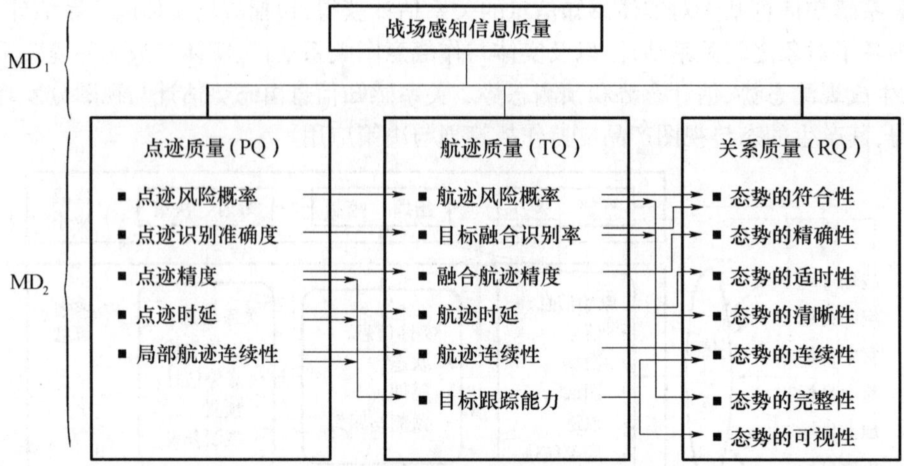

图9-6 战场感知信息质量3个级别及传递关系

由于态势涉及到所包含的所有目标、环境和关系要素,因此,关系质量在总体上是对态势要素的大量统计分析获得的,其各项指标在概念上与点迹和航迹质量指标有许多不同点,如态势的清晰性、连续性、适时性等包含一些新概念,并且7项关系质量指标都是由大量航迹特征统计生成的。

图9-6还描述了3个级别信息质量指标之间的大致传递关系。目标点迹质量指标与航迹质量指标之间的对应关系是明显的,并且点迹精度、时延和局部航迹连续性共同支持目标跟踪。航迹质量指标对关系质量指标的支撑关系比较复杂,图9-6仅大致描述了一些,如航迹风险概率和目标识别率共同支持态势的清晰性和完整性,航迹的连续性和目标跟踪能力共同支持态势的连续性等;航迹质量诸项指标对关系质量指标的支撑关系要在下一层次指标展开后才能较准确地反映出来,如漏关联率、错关联率、假目标率、目标编号变化率等指标的各支撑因素能更准确地反映指标之间的关系。

9.2.2.2 战场感知信息质量的三层分解

在本节给出战场感知信息质量的三层分解,即分别描述点迹质量(PQ)、航迹质量(TQ)和关系质量(RQ)的三层指标,分别由图9-7、图9-8和图9-9表述。

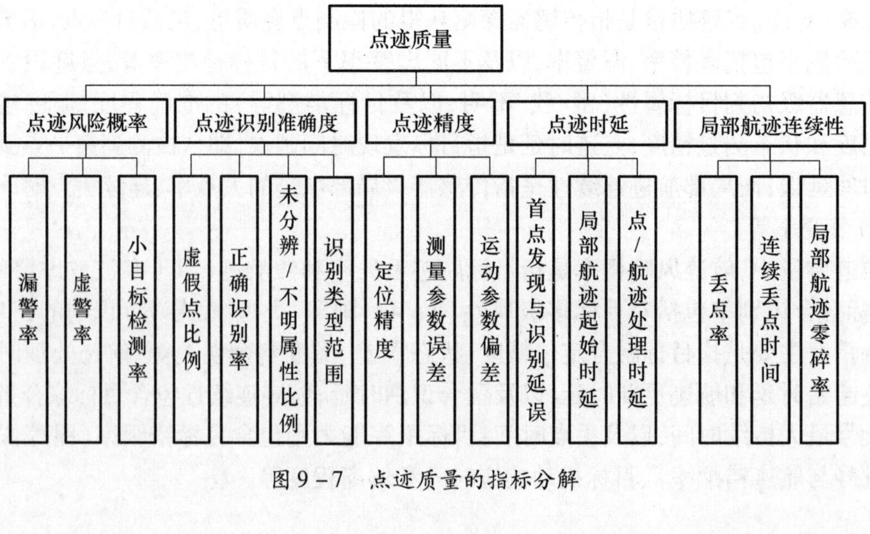

图9-7 点迹质量的指标分解

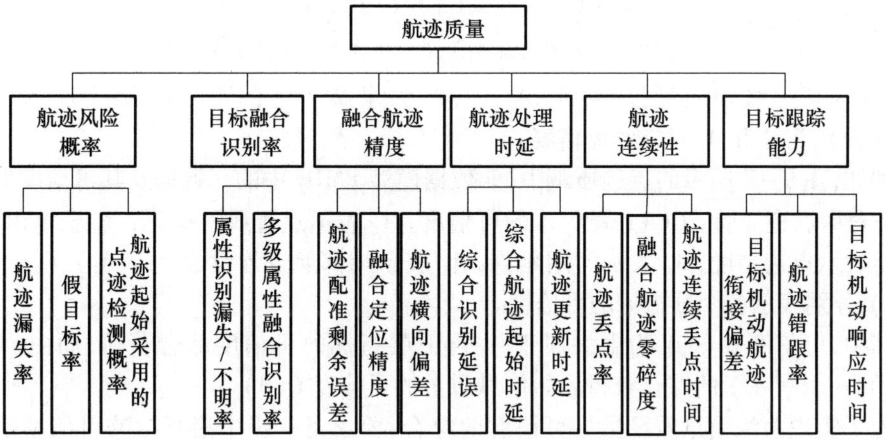

图 9-8　航迹质量的指标分解

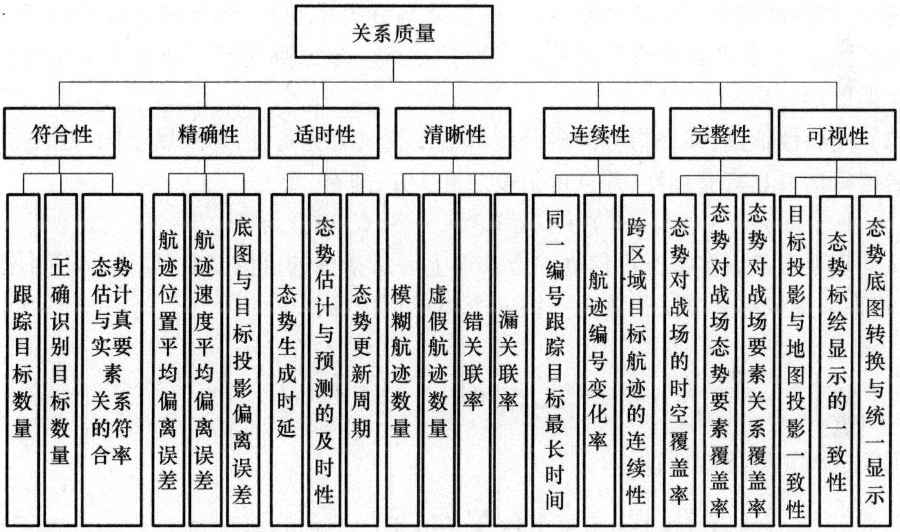

图 9-9　关系质量的指标分解

值得指出的是,本节描述的战场感知信息质量的第三层指标是具体的可测量、可统计和可评估的定量指标,是生成和评估前两层信息质量指标的依据。第三层质量指标再向下分解,所出现的就是对诸三层指标的影响因素(如信息源技术指标/机理,信息处理模型,人的智慧/认知能力等)和对第三层指标的测试、统计和估计方法(如时间延误测试与统计方法、状态参数精度测试与统计方法、属性参数/特征测试、统计与估计方法、丢点率和丢点时间统计方法等),这已不属于信息质量指标范畴。

9.2.3　信息质量的不确定性综合方法

9.2.3.1　信息质量元数据模型的可信度分配原则

在表示三层信息质量的元数据模型图 9-7 ~ 图 9-9 以及图 9-6 表示的二级信息质量的元数据模型中,任意两级质量的元数据构成及相应可信度模型均可表示如下:

$$\begin{cases}A = \{A_1, A_2, \cdots, A_n\} \\ C(A) = f[C_1(A_1), C_2(A_2), \cdots, C_n(A_n)]\end{cases} \tag{9-1}$$

式中：A 为某一级别质量指标；$A_1, A_2, \cdots, A_n$ 为隶属于 A 的下一级分指标；而 $C(A)$、$C_i(A_i)$ 分别为 A 和 A_i 对应的可信度。

例如，图 9-7 所示的点迹质量中，元数据模型 PMD_2 中的元数据及其可信度如下：

A 表示点迹质量，$C(A)$ 表示 A 的可信度，A_1 表示点迹风险概率，A_2 表示识别准确度，A_3 表示点迹精度，A_4 表示时间延误，A_5 表示局部航迹连续性，$C_1(A_1), C_2(A_2), \cdots, C_5(A_5)$ 分别表示各个分指标的可信度。

其中，可信度 $C_i(A_i)$ 为由隶属于 A_i 再下层指标的可信度综合获得，而由 $C_1(A_1), C_2(A_2), \cdots, C_5(A_5)$ 的综合获得原始信息质量的可信度 $C(A)$。

为了实现两级信息质量指标可信度的综合，要求每一级中诸指标的可信度赋值（最低层指标）或综合结果要满足下述原则。

(1) 指标独立性：指标参数 $A_1, A_2, \cdots, A_n$ 之间具有独立性，即独立获取或独立综合获得。例如，属性准确度与点迹精度独立、虚警率与漏警率独立、综合航迹起始时延与综合识别时延独立、态势的连续性与态势符合性独立等。该原则使同一指标多分量可信度的融合变得更加容易。

(2) 完备性准则：某一指标的多分量可信度要具有完备性，即隶属于同一指标的下一层次诸指标谱系具有完整性，并且可信度之和为 1，即有

$$C_1(A_1) + C_2(A_2) + \cdots + C_n(A_n) = 1$$

该准则要求某级多指标可信度综合获得上一级指标的可信度后，要进行正则化处理。例如，若采取加权综合方法得到上一级 n 个指标可信度：

$$C'_i(A_i) = \sum_{j=1}^{m_i} w_{ij} C(A_{ij}) \qquad i = 1, 2, \cdots, n$$

则要进行正则化处理：

$$C_i(A_i) = C'_i(A_i) / \sum_{j=1}^{n} C'_j(A_j) \quad i = 1, 2, \cdots, n$$

以保证有

$$\sum_{i=1}^{n} C_i(A_i) = 1$$

(3) 统计置信度准则：对于最底层的诸质量指标的可信度赋值来说，取决于所含有的影响因素及采用的统计计算（估计）方法，而统计估计方法的置信度依赖于所采用的统计分布模型（概率分布密度）和获取的样本数。通常取置信度为 0.95，概率密度采用 n 个相同的正态分布之和，即自由度为 n 的 $\chi^2(n,x)$ 分布：

$$0.95 = \int_0^{x_T} \chi^2(n,x)\,dx$$

在给出置信区间 $[0, x_T]$ 情况下（x_T 相当于被统计指标/影响因素的需求范围），样本数 n 要充分大，以使上式成立。

(4) 经验数据获取条件：最底层的诸质量指标的可信度赋值，或上层的诸质量指标在采用相应下层指标综合时采用的先验估计值（如贝叶斯方法中的先验概率、D-S 证据理

论合成公式中的焦元先验赋值等)，也可由专家经验给出。专家的经验数据要考虑下述条件：

① 典型环境条件，如战场环境、传感器工作状态和实际达到的性能等要具有代表性和一定的通用性。

② 人的操作水平和判断/识别率能力等要具有典型性。

③ 经验数据累积时间要有一定限制，既要保持数据的平稳性，又要满足时限要求(新鲜性)。

9.2.3.2 基于信息质量元数据模型的可信度逐级综合方法

1. 基于后验概率的贝叶斯推理方法

贝叶斯推理以后验概率作为命题的不确定性度量，将下一级诸质量指标 $A_1, A_2, \cdots, A_n$ 作为子命题，通过贝叶斯变换，进行下一级子命题存在概率的综合，将所属上一级质量指标 A 的先验概率改进为后验概率。信息质量的贝叶斯推理估计模型如下。

已知证据集合 $E = \{E_1, E_2, \cdots, E_n\}$，则论证命题 A 的条件事件(即子命题)为：$A_i = \{E_i | A\}$，定义 A_i 的可信度函数 $C(A_i)$ 为其条件似然函数：

$$C(A_i) = P(E_i \mid A) \quad i = 1,2,\cdots,n \tag{9-2}$$

式中：$A_i = \{E_i \mid A\}$ 理解为条件证据，即将证据 E_i 对命题 A 的支持(影响)因素视为子命题。

当诸条件证据独立获取时，可得条件证据事件 $\{E \mid A\}$ 的似然函数为

$$P(E \mid A) = \prod_{i=1}^{n} P(E_i \mid A) = \prod_{i=1}^{n} C(A_i) \tag{9-3}$$

应用贝叶斯变换公式，即可得到上一级质量指标 A 的后验概率为

$$C(A) = \Pr(A \mid E) = \frac{P(E \mid A)\Pr(A)}{P(E)} = \frac{\Pr(A)\prod_{i=1}^{n} C(A_i)}{P(E_1, E_2 \cdots, E_n)} \tag{9-4}$$

式中：$\Pr(A)$ 为质量指标 A 的先验概率；$P(E_1, E_2, \cdots, E_n)$ 为证据 E 的分布密度，为已知量；而 $C(A)$ 为基于诸下级质量指标(条件证据)密度 $\{C(A_i)\}_{i=1}^{n}$ 的质量指标 A 的后验概率。

式(9-4)就是质量指标不确定性批量综合的贝叶斯公式。该公式要求给出 A 的先验概率 $\Pr(A)$。

当诸条件证据不独立时，式(9-3)将不成立。此时，可将贝叶斯综合公式以序贯变换的形式实现，即对下一级指标(统计获得的)证据序列 $E = \{E_1, E_2, \cdots, E_n\}$ 中诸证据的逐一到来，依次实现对质量指标 A 的可信概率的改善，即

$$C(A^{(i)}) = \Pr(A \mid E_i) = \frac{P(E_i \mid A)\Pr(A \mid E_{i-1})}{P(E_i)} = \frac{C(A^{(i-1)})C(A_i)}{P(E_i)} \quad i = 1,2,\cdots,n \tag{9-5}$$

式中：$C(A^{(i-1)}) = \Pr(A \mid E_{i-1})$ 是前一证据 E_{i-1} 支持下获得的质量指标 A 的概率，当 E_i 到来时，将其视为先验概率。式(9-5)就是质量指标不确定性序贯综合的贝叶斯公式，其中当下级分指标证据全部到来时，基于式(9-5)即可获得全部下级指标可信概率的综合，即

$$C(A) = C(A^{(n)})$$

式(9－5)要求给出 A 的先验概率 $P(A^{(0)}) = \Pr(A \mid E_0)$ 。

2. 基于可信度的 D－S 证据理论及其改进方法

D－S 证据理论以可信度作为命题的不确定性度量,某级质量指标 A 和下一级诸质量指标 $A_1, A_2, \cdots, A_n$ 均作为基本命题集合 $\Theta = \{\theta_1, \theta_2, \cdots, \theta_m\}$,($\theta_i \cap \theta_j = \phi, i \neq j$)中诸元素的组合(幂集) 2^Θ 中非空元素(证据),通过 D－S 合成变换,将诸下级质量指标合成为上级质量指标 A ,将诸下级质量指标的概率赋值(可信度)合成为上级质量指标 A 的可信度。具体合成模型如下。

已知集合 Θ 之幂集 2^Θ 中 n 个元素(即 n 个子集)及其概率赋值为

$$\begin{cases} \{A_1, \cdots, A_n\} \qquad A_i \neq \phi \qquad i = 1,2,\cdots,n \\ \{m_1(A_1), \cdots, m_n(A_n)\} = \{C_1(A_1), \cdots, C_n(A_n)\} \end{cases} \tag{9-6}$$

于是按 D－S 证据理论的多证据合成公式,即可得到多证据交集 A 的可信度计算式为

$$C(A) = m(A) = \frac{\sum\limits_{\bigcap_{i=1}^{n} A_i = A, A_i \in 2^\Theta} C_1(A_1)\cdots C_n(A_n)}{(1 - \sum\limits_{\bigcap_{i=1}^{n} A_i = \phi, A_i \in 2^\Theta} C_1(A_1)\cdots C_n(A_n))} \tag{9-7}$$

由式(9－7)的合成公式可以看出:

$$\begin{cases} A = \bigcap\limits_{i=1}^{n} A_i \neq \phi \\ \sum\limits_{i=1}^{n} C_i(A_i) = \sum\limits_{i=1}^{n} m_i(A_i) \end{cases} \tag{9-8}$$

由于D－S 证据理论不适应弱相容命题(证据)即 $\cap_{i=1}^{n} A_i \approx \phi$,或相悖命题即 $\cap_{i=1}^{n} A_i = \phi$ 的合成[4],因此,许多学者在基于 D－S 证据理论研究一些新的命题合成方法。目前主要有:基于局部信度分配的弱相容/冲突证据合成方法[5],基于证据模型改进的证据合成方法[5],Dezert-Smaradache 似真理论(DSmT)[6]等。

3. 基于模糊隶属函数的模糊推理方法

在模糊推理方法中,以模糊隶属函数(隶属度)作为命题的不确定性度量:

$$\mu_A(\theta) \in [0,1], \quad \forall \theta \in \Theta, A \subset \Theta$$

这里的模糊隶属函数 $\mu_A(\theta)$ 表示命题集合 Θ 中的元素 θ 隶属于 Θ 的子集 A 的程度。

对于基于不确定性的质量指标逐级综合来说,某级指标 A 及其下级指标集合为 $\{A_1, A_2, \cdots, A_n\}$,相应的不确定性关系为 $C(A) = f[C_1(A_1), C_2(A_2), \cdots, C_n(A_n)]$,采用模糊推理进行不确定性综合,可以把这里的 A 和 $C(A)$ 理解为某级质量指标 A 及其对上级质量指标集合 Θ 的隶属度; A_i 和 $C_i(A_i)$ 可以理解为下层质量指标 A_i 及其对本级质量指标 A 的隶属度,即

$$\begin{cases} C(A) = \mu_\Theta(A) \in [0,1] \\ C_i(A) = \mu_A(A_i) \in [0,1] \end{cases} \quad \sum_{i=1}^{n} \mu_A(A_i) = 1 \qquad i = 1,2,\cdots,n \tag{9-9}$$

于是,由 $\{A_i\}_{i=1}^{n}$ 综合得到命题(指标) A 和由 $\{C(A_i)\}_{i=1}^{n}$ 综合获得 $C(A)$ 可采用模糊综

合推理方法。

1) 多参数合取推理

当下层参数来源皆可靠时或当 A 是诸 A_i 的标准交集 $A = \bigcap_{i=1}^{n} A_i$ 时，有

$$\mu_{\Theta}(A) = \inf_{x \in \{A_i\}_{i=1}^{n}} \{\mu_A(x)\}$$

于是

$$C(A) = \inf_{i=1,2,\cdots,n} \{C_i(A_i)\} \tag{9-10}$$

它描述的是诸下层指标 A_i 同时支持 A 的某一维度/表征域的属性或支持 A 的同一特征的情形。

2) 多参数析取推理

当下层参数来源不全可靠或 A 是诸 A_i 的标准并集 $A = \bigcup_{i=1}^{n} A_i$ 时，有

$$\mu_{\Theta}(A) = \sup_{x \in \{A_i\}_{i=1}^{n}} \{\mu_A(x)\}$$

于是

$$C(A) = \sup_{i=1,2,\cdots,n} \{C_i(A_i)\} \tag{9-11}$$

它描述的是某些下层指标 A_i 或各 A_i 分别支持 A 的不同维度/表征域的属性或支持 A 的不同特征，且下层指标 A_i 互不相容的情形。

3) 多参数综合推理

$$\mu_{\Theta}(A) = \begin{cases} \inf\limits_{x \in \{A_i\}_{i=1}^{n}} \{\mu_A(x)\}, A = \bigcap\limits_{i=1}^{n} A_i \neq \varnothing \\ \sup\limits_{x \in \{A_i\}_{i=1}^{n}} \{\mu_A(x)\}, A = \bigcap\limits_{i=1}^{n} A_i = \varnothing \end{cases} \tag{9-12}$$

4. 变权综合推理

对于质量及其不确定性综合问题：

$$A = \{A_1, A_2, \cdots, A_n\},\ C(A) = f[C_1(A_1), C_2(A_2), \cdots, C_n(A_n)]$$

加权综合推理方法为

$$C(A) = w_1 C_1(A_1) + w_2 C_2(A_2) + \cdots + w_n C_n(A_n) \tag{9-13}$$

式中：若权系数 $w_i = w_i(A_1, A_2, \cdots, A_n)$，$i = 1,2,\cdots,n$，在映射 $[0,1]^n \to [0,1]$ 中，满足下述公理。

(1) 归一性：$\sum_{i=1}^{n} w_i(A_1, A_2, \cdots, A_n) = 1$。

(2) 连续性：w_i 对每个变元连续。

(3) 惩罚性：$w_i(A_1, A_2, \cdots, A_n)$ 基于变元 A_i 单调下降，$i = 1,2,\cdots,n$。 (9-14)

对自然数 p ($1 \leqslant p \leqslant n$)，有

$w_i(A_1, A_2, \cdots, A_n)$ 对于 A_i 单调下降，$i = 1,2,\cdots,p$。

$w_i(A_1, A_2, \cdots, A_n)$ 对于 A_i 单调上升，$i = p+1,\cdots,n$。

称 $\boldsymbol{W}(w_1, w_2, \cdots, w_n) = \boldsymbol{W}(A_1, A_2, \cdots, A_n)$ 为混合型变权向量，其与实际情况更贴近，因确实存在对综合效果的奖励和惩罚两类变元。

由常权向量 $\boldsymbol{W} = (w_1, w_2, \cdots, w_n)$ 构造产生变权向量 $\boldsymbol{W}(A)$ 的公式如下：

$$\boldsymbol{W}(A) = \frac{(w_1 s_1(A), w_2 s_2(A), \cdots, w_n s_n(A))}{\sum_{i=1}^{n} w_i s_i(A)} = \frac{\boldsymbol{W} \cdot \boldsymbol{S}(A)}{\sum_{i=1}^{n} w_i s_i(A)} \quad (9-15)$$

式(9－15)称为 Hardarmard 乘积。

这里 $\boldsymbol{S}(A)$ 称为变权状态向量，变权向量 $\boldsymbol{W}(A)$ 是常权向量 $\boldsymbol{W}$ 与变权状态向量 $\boldsymbol{S}(A)$ 的 Hardarmard 乘积。实际上 $\boldsymbol{S}(A)$ 可以视为某函数（称为均衡函数）的梯度向量。下面描述 $\boldsymbol{S}(A)$ 如何确定：

设已知均衡函数为

$$\text{和型} \quad B_1(X) = \sum_{j=1}^{m} x_j^{\alpha} \quad (9-16)$$

$$\text{积型} \quad B_2(X) = \prod_{j=1}^{m} x_j^{\alpha} \quad \alpha \geqslant 0 \quad (9-17)$$

对式(9－16)和式(9－17)分别求一阶导数，并将 A_i 带入 x_j 即可得到状态变权向量：

$$\boldsymbol{s}_i^1(A) = \frac{\partial B_1(X)}{\partial x_i} = \alpha A_i^{\alpha-1} \quad (9-18)$$

$$\boldsymbol{s}_i^2(A) = \frac{\partial B_2(X)}{\partial x_i} = \alpha B_2(X) A_i^{-1} \quad (9-19)$$

代入式(9－15)即得到相应的两种类型的变权向量：

$$\boldsymbol{w}_i^1(A) = \frac{w_i A_i^{\alpha-1}}{\sum_{j=1}^{n} w_j A_j^{\alpha-1}} \quad (9-20)$$

$$\boldsymbol{w}_i^2(A) = \frac{w_i A_i^{-1}}{\prod_{j=1}^{n} w_j A_j^{-1}} \quad (9-21)$$

它们分别与模糊综合推理中的析取与合取综合方法相对应，即分别对应某质量指标的诸下层指标相互兼容与互不相容的情况。

9.2.4 态势质量指标的计算模型

本节有关战场态势信息质量各项指标的计算模型只包含了态势信息质量一层分解指标，并且只考虑了概念和内涵中的主要因素或能够量化计算的因素，因此是不完备的；特别是其中的“可视性”所给出的一致理解所提供的几项影响因素，目前尚无法定量描述，故未列入。下面给出的 6 项指标计算模型可以作为研究关系质量指标计算的参考[7]。

1. 态势的符合性

态势的符合性反映态势中所含有的被跟踪的目标处在正确识别状态的程度，通过正确识别目标数与跟踪目标总数之比来衡量，态势符合性的计算模型为

$$A_1 = \text{Cor} = \sum_{k=1}^{K} N_6(t_k) \Delta t_k \Big/ \sum_{k=1}^{K} N_5(t_k) \Delta t_k \quad (9-22)$$

式中：K 为统计周期数；$N_6(t_k)$ 表示 t_k 时刻处于正确识别状态的被跟踪目标数目；$N_5(t_k)$

表示 t_k 时刻处于识别状态的被跟踪目标数目；Δt_k 为持续时间间隔。

2. 态势的精确性

态势的精确性指融合的目标航迹位置和速度与相关联的目标真实位置和速度的偏离程度，用融合航迹位置均方根误差（RMSE）和速度 RMSE 两个因素来衡量，计算模型为

$$A_2 = w_{21}\mathrm{e}^{-AAcc_1} + w_{22}\mathrm{e}^{-AAcc_2} \tag{9-23}$$

式中，Acc_1、Acc_2 分别为融合航迹位置和速度的 RMSE，w_{21}、w_{22} 为相应的加权系数。

$$Acc_1 = \sqrt{\frac{\sum_{k=1}^{K}\sum_{j=1}^{J}\sum_{i\in S_j(t_k)}(\Delta Px_{ji}(t_k)^2 + \Delta Py_{ji}(t_k)^2 + \Delta Pz_{ji}(t_k)^2)\cdot\Delta t_k}{\sum_{k=1}^{K}\sum_{j=1}^{J}\| S_j(t_k)\|\cdot\Delta t_k}} \tag{9-24}$$

$$Acc_2 = \sqrt{\frac{\sum_{k=1}^{K}\sum_{j=1}^{J}\sum_{i\in S_j(t_k)}(\Delta Vx_{ji}(t_k)^2 + \Delta Vy_{ji}(t_k)^2 + \Delta Vz_{ji}(t_k)^2)\cdot\Delta t_k}{\sum_{k=1}^{K}\sum_{j=1}^{J}\| S_j(t_k)\|\cdot\Delta t_k}} \tag{9-25}$$

式中：J 为统计的目标数；$(\Delta Px_{ji}(t_k),\Delta Py_{ji}(t_k),\Delta Pz_{ji}(t_k))$ 为分配给目标 j 的第 i 条航迹在 t_k 时刻位置与目标真实位置的偏差；$S_j(t_k)$ 为 t_k 时刻分配给目标 j 的航迹集合；$\| S_j(t_k)\|$ 为 t_k 时刻分配给目标 j 的航迹数；$(\Delta Vx_{ji}(t_k),\Delta Vy_{ji}(t_k),\Delta Vz_{ji}(t_k))$ 为相应速度（在各方向上）偏差。

3. 态势的适时性

态势的适时性是对态势生成时间和态势更新周期与作战活动对态势需求时间延误的衡量，计算模型为

$$A_3 = w_{31}\mathrm{e}^{-\Delta T_1} + w_{32}\mathrm{e}^{-\Delta T_2} \tag{9-26}$$

式中：$\Delta T_1 = \sum_{i=1}^{M}(T_{\mathrm{SB}_i} - T_{\mathrm{SB}})/M$、$\Delta T_2 = \sum_{i=1}^{M}(T_{\mathrm{SU}_i} - T_{\mathrm{SU}})/M$ 分别为 M 个态势生成时间的平均延误和态势更新时间的平均延误；T_{SB_i}、T_{SU_i} 分别为第 i 个态势的生成时间和更新时间；T_{SB}、T_{SU} 分别为作战活动对态势生成时间和更新周期的需求。

4. 态势的清晰性

态势的清晰性是对态势中所含有模糊航迹和虚假航迹程度的衡量，计算模型为

$$A_4 = w_{41}\mathrm{Cla}_1^{-1} + w_{42}(1 - \mathrm{Cla}_2) \tag{9-27}$$

式中：Cla_1、Cla_2 分别为航迹的模糊度和虚假航迹率，w_{41}、w_{42} 分别为加权系数。

Cla_1 的计算公式为

$$\mathrm{Cla}_1 = \sum_{k=1}^{K}N_2(t_k)\Delta t_k / \sum_{k=1}^{K}N_1(t_k)\Delta t_k \tag{9-28}$$

式中：$N_1(t_k)$ 为 t_k 时刻已关联生成的（至少分配有一条航迹）的目标数；$N_2(t_k)$ 为 t_k 时刻系统态势中被指派给目标的航迹总数。

Cla_1 又称为目标航迹零碎度（一个目标拥有的平均航迹数），主要是由错关联和漏关联引起的。通过分析可知，$\mathrm{Cla}_1 \in [1,\infty)$，$\mathrm{Cla}_1 = 1$ 表示不存在模糊航迹，Cla_1 值越大表示模糊航迹的比重越大。

Cla_2 的计算公式为

$$\mathrm{Cla}_2 = \sum_{k=1}^{K}(N_3(t_k) - N_2(t_k))\Delta t_k / \sum_{k=1}^{K} N_3(t_k)\Delta t_k \qquad (9-29)$$

式中：$N_3(t_k)$ 为 t_k 时刻态势中所含有的航迹总数；Cla_2 为没有分配的剩余航迹所占的比例，主要是由杂波和错关联引起的。

通过分析可知，$\mathrm{Cla}_2 \in [0,1]$，Cla_2 值越大表示假航迹的比重越大，$\mathrm{Cla}_2 = 0$ 表示不存在假航迹。

5. 态势的连续性

与航迹连续性不同，态势的连续性是对所含目标分配的航迹编号（批号）发生改变程度的描述，若分配给目标的航迹编号未发生改变，则系统态势是连续的。态势连续性由目标航迹编号改变频率和航迹编号维持最大时长比率来衡量，计算模型为

$$A_5 = w_{51}\mathrm{e}^{-\mathrm{Con}_1} + w_{52}\mathrm{Con}_2 \qquad (9-30)$$

式中：Con_1、Con_2 分别为航迹编号改变频率和航迹编号维持最大时长比率；w_{51}、w_{52} 为权系数。

Con_1 的计算公式为

$$\mathrm{Con}_1 = \sum_{j=1}^{J}(N_{4j} - 1) / \sum_{j=1}^{J} T_j \qquad (9-31)$$

式中：N_{4j} 为目标 j 在被跟踪期间分配的航迹编号总数，T_j 为目标 j 被跟踪的总时间。

不难看出，$\mathrm{Con}_1 \in [0,\infty)$，$\mathrm{Con}_1 = 0$ 表示航迹编号没发生改变，Con_1 值越大表示航迹编号改变越频繁。

Con_2 的计算公式为

$$\mathrm{Con}_2 = \sum_{j=1}^{J} T_{j-\max} / \sum_{j=1}^{J} T_j \qquad (9-32)$$

式中：$T_{j-\max}$ 为分配给目标 j 的所有航迹编号维持时间的最大值。

不难得知，$\mathrm{Con}_2 \in (0,1]$，$\mathrm{Con}_2 = 1$ 表示目标仅维持一条航迹，即航迹编号没有间断。

6. 态势的完整性

态势的完整性是对通过探测，跟踪获取的战场目标反映战场真实目标数量的程度。当无虚假目标（虚警或杂波）时，完整性可以定义为

$$A_6 = \mathrm{Com} = \sum_{k=1}^{K} N_1(t_k)\Delta t_k / \sum_{k=1}^{K} N_0(t_k)\Delta t_k \qquad (9-33)$$

式中：$N_0(t_k)$ 为 t_k 时刻战场真实目标总数；$N_1(t_k)$ 为 t_k 时刻所获取（至少分配一条航迹）的目标数。

$\mathrm{Com} \in [0,1]$，$\mathrm{Com} = 1$ 表示系统态势是完整的。值得指出的是，$N_0(t_k)$ 只有在仿真或演习时才能从想定获得。从态势的概念出发，其完整性应包含对所有态势要素的认知程度，如实体关系、战场环境和范围等要素，不仅仅是战场目标。

9.3 运动目标航迹质量分级体系构建方法

9.3.1 JTIDS 的目标航迹质量分级表及其分析

9.3.1.1 美军 JTIDS 目标航迹质量分级表

美军为其战术数据链 Link－16 的终端设备联合战术信息分发系统（JTIDS）制定了空

中、海上和地面目标航迹质量标准，包括分级（体系）表和相应的判定门限，如表 9－3 所列。其中，Ⅰ栏取自美军 Link－16 数据链标准[8] 和北约规定的战术数据链 Link－16 标准[9]，采用航迹误差散布椭圆面积为航迹质量分级门限，单位为数据英里（Data Mile-DM）的平方；Ⅱ栏取自基于美军战术数据链 Link－16 编著的《JTIDS/ Link－16 数据链》[10]，其中的 16 级航迹质量分级门限距离数据单位为数据英里。经分析，表 9－3Ⅰ与Ⅱ两栏的航迹质量门限在数值上呈圆面积/半径关系。

表 9－3　Link－16 JTIDS 目标航迹质量（TQ）分级（体系）

面积 $S=\pi r^2$（DM2）	TQ 等级	半径 r（DM）	面积 $S=\pi r^2$（DM2）	TQ 等级	半径 r（DM）
非实时航迹	0	TQ 值 >40	TQ 值 <4.4	8	TQ 值 ∈（0.6，1.2）
TQ 值 >2755	1	TQ 值 ∈（30，40）	TQ 值 <1.10	9	TQ 值 ∈（0.096，0.6）
TQ 值 <2755	2	TQ 值 ∈（15，30）	TQ 值 <0.0281	10	TQ 值 ∈（0.048，0.096）
TQ 值 <686	3	TQ 值 ∈（12，15）	TQ 值 <0.0070	11	TQ 值 ∈（0.024，0.048）
TQ 值 <439	4	TQ 值 ∈（9，12）	TQ 值 <0.0018	12	TQ 值 ∈（0.012，0.024）
TQ 值 <247	5	TQ 值 ∈（6，9）	TQ 值 <0.0004	13	TQ 值 ∈（0.006，0.012）
TQ 值 <110	6	TQ 值 ∈（3，6）	TQ 值 <0.0001	14	TQ 值 ∈（0.003，0.006）
TQ 值 <27.0	7	TQ 值 ∈（1.2，3）	TQ 值 <0.00003	15	TQ 值 ∈（0，0.003）
Ⅰ		Ⅱ	Ⅰ		Ⅱ

9.3.1.2　美军 JTIDS 目标航迹质量分级体系分析

表 9－3 是美军基于其当前所装备的对空中、海上和地面运动目标进行探测/侦察的设备类型、型号和性能建立的，既考虑了各类型设备的技术性能指标，又考虑了各设备所承担的作战任务和实际工作的作战环境条件，并经过较长时间、较大数量的试验结果统计分析处理生成的。该表体现了美军和北约陆、海、空目标探测精度的分布情况，是基于目标探测精度—风险需求进行划分形成的。因此，该表对美军和北约所装备的侦察/探测设备实时获取的战场目标航迹质量分级和对基于原有设备改进或新列装装备（无重大跳跃式发展）获取的目标航迹质量分级具有实际应用价值。为清楚起见，仅对表 9－3（b）给出的误差圆半径门限进行如下分析。

表 9－3（b）中所给出的空中、海上和地面目标 15 级航迹质量分级门限的分布有如下规律：

（1）第一段：15 级至 10 级，该段航迹质量分级的误差圆半径门限较小，其值的变化规律是成倍增长（0.003～0.096），对应于高精度探测的 6 类精度等级的传感器/信息源在典型环境下探测的目标航迹质量风险等级；10 级到 9 级，误差圆半径门限从 0.096 跳跃到 0.6。

（2）第二段：9 级至 8 级，该段航迹质量分级的误差圆半径门限增大且也是成倍关系（0.6，1.2）；8 级至 7 级，误差圆半径门限从 1.2 跳跃到 3.0。

（3）第三段：7 级至 3 级，该段航迹质量分级的误差圆半径门限更大且呈等差递增（3.0～15.0）。

（4）第四段：3 级至 2 级/1 级从 15.0 跃到 30/40，该段航迹质量分级的误差圆半径门限更大。

(5) 当该段航迹质量分级的误差圆半径门限超越 40 时,则表示该航迹为非实时航迹。

可以将该目标航迹质量分级门限表中初值与变化规律不同的 4 段分别理解为对应于空中目标高精度传感器/信息源探测的目标航迹质量—风险的 6 个分级门限,对应于空、海目标的较高精度探测的目标航迹质量—风险的 2 个分级门限,以及对应于水面和地面运动目标的较低精度探测目标航迹质量—风险的 5 个分级门限,也可理解为三维空间(空、海、地)运动目标的探测的高精度、较高精度和较低精度直至对非实时目标航迹的低精度目标航迹质量—风险的分级门限。

9.3.2 航迹精度与置信度概念

9.3.2.1 目标航迹精度的定义

对非合作目标探测与跟踪时,目标真实状态未知。因此,基于目标测量的各种统计估计方法都无法准确估计出目标航迹误差,即使在物理域进行传感器标校/对准或在信息域进行传感器时空配准,仍无法消除测量系统误差。剩余的系统误差与随机误差混杂在一起,成为目标航迹精度的主要因素。

目标航迹精度的定义:目标航迹状态估计与目标真实航迹状态之差的协方差,即

$$\mathrm{cov}(\boldsymbol{e}(\boldsymbol{x}),\boldsymbol{e}(\boldsymbol{x})^{\mathrm{T}}) = E[(\boldsymbol{e}-E(\boldsymbol{e}))(\boldsymbol{e}-E(\boldsymbol{e}))^{\mathrm{T}}] \tag{9-34}$$

$$\boldsymbol{e}(\boldsymbol{x}) = \hat{\boldsymbol{x}} - \boldsymbol{x}$$

式中:$\hat{\boldsymbol{x}}$ 为目标状态估计;$\boldsymbol{x}$ 为目标真实状态;$\boldsymbol{e}$ 为目标状态估计误差。

目标航迹估计误差的下界是 Fisher 矩阵 $\boldsymbol{J}(\boldsymbol{e})$ 之逆,$\boldsymbol{J}(\boldsymbol{e})$ 表达式为

$$\boldsymbol{J}(\boldsymbol{e}) = E\left\{\left[\frac{\partial}{\partial \boldsymbol{x}}\ln p(\boldsymbol{e} \mid \boldsymbol{x})\right]^{\mathrm{T}}\left[\frac{\partial}{\partial \boldsymbol{x}}\ln p(\boldsymbol{e} \mid \boldsymbol{x})\right]\right\} \tag{9-35}$$

式中:$p(\boldsymbol{e} \mid \boldsymbol{x})$ 为给定目标状态时,误差向量 $\boldsymbol{e}$ 的密度函数。

通常,传统意义下的目标航迹精度是指对其进行滤波所获得的随机误差协方差的平方根,即标准差 σ [11]。对于同一信息源来说,其系统误差是相对稳定的。因此,广义的航迹精度包含系统误差和随机误差两部分。此时,若随机误差的非零均值比较稳定,在实用上可将其近似作为系统误差。图 9-10 为二维目标位置状态情况下,航迹精度的分级定义图(常规航迹精度)和实用图(广义航迹精度)。当系统误差 $\mu = 0$ 时,两个精度分级定义合为一个。

当误差向量诸方向分布不均时,表现为多维误差椭圆,此时可变换为覆盖误差椭圆的圆域,以单一的误差半径 R 表示误差范围,详见 9.3.3 节。

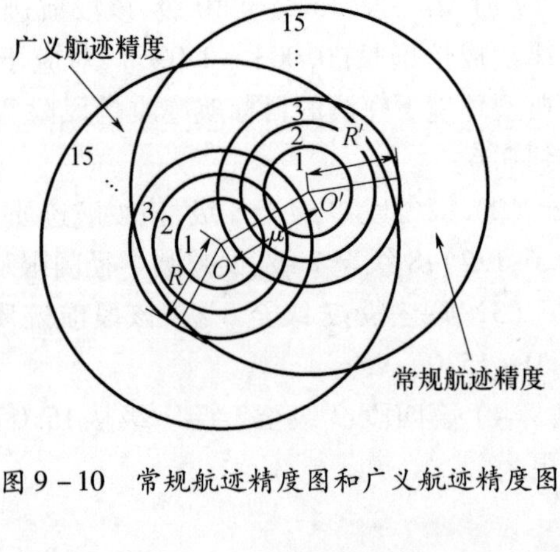

图 9-10 常规航迹精度图和广义航迹精度图

需要特别指出的是,不同的信息源的系统误差和随机误差不同,每个信息源的广义航迹精度反映了其系统误差与随机误差的综合结果。因此,航迹精度分级实用图(广义航迹精度)更能反映由于系统误差的影响而产生的不同信息源航迹精度之间的

差异。

从上述分析不难看出,不管是航迹精度的分级定义图还是航迹精度的分级实用图,其精度的差别最终都体现在航迹误差方差(或标准差)的大小。就是说,在给定置信风险之下,基于目标航迹误差的方差(或标准差),按容许误差分布的区域大小(容许门限)进行航迹精度分级。下面研究目标航迹状态估计误差的概率分布特性及其置信区间的计算方法,为建立目标航迹精度的分级体系提供理论基础。

9.3.2.2 目标航迹误差分布与置信度

1. 目标航迹误差二阶统计分布

设目标状态向量为 m 维,则估计误差向量为

$$\boldsymbol{e}(\boldsymbol{x}) = \boldsymbol{e}(x_1, x_2, \cdots, x_m) = (\tilde{x}_1, \tilde{x}_2, \cdots, \tilde{x}_m)^{\mathrm{T}} \tag{9-36}$$

式中:$x_i = \hat{x}_i - x_i^0$ 为估计值与真值之差,$i = 1,2,\cdots,m$。

例如,只考虑平面误差时,$m = 2$,$x_1 = \hat{x} - x$,$x_2 = \hat{y} - y$;再考虑平面运动速度时,$m = 4$,此时 $x_3 = \hat{v}_x - v_x$,$x_4 = \hat{v}_y - v_y$。

当 $\boldsymbol{e}(\boldsymbol{x}) \sim N(O_m, \sum_m)$ 时,目标航迹误差的二阶统计度量服从 χ^2 分布,即

$$\boldsymbol{e}(\boldsymbol{x}) \sum_m^{-1} \boldsymbol{e}(\boldsymbol{x})^{\mathrm{T}} \sim \chi^2(y, m) \tag{9-37}$$

式中:$O_m = (0,0,\cdots,0)^{\mathrm{T}}$,为 m 维零向量,$y = \boldsymbol{e}(\boldsymbol{x}) \sum_m^{-1} \boldsymbol{e}(\boldsymbol{x})^{\mathrm{T}}$。

$$\chi^2(y,m) = \begin{cases} y^{(m/2)-1}\mathrm{e}^{-y/2}/2^{m/2}\Gamma(m/2) & y > 0 \\ 0 & y \leqslant 0 \end{cases} \tag{9-38}$$

$$\sum_m = \begin{pmatrix} \operatorname{cov}(x_1, x_1^{\mathrm{T}}) & \operatorname{cov}(x_1, x_2^{\mathrm{T}}) & \cdots & \operatorname{cov}(x_1, x_m^{\mathrm{T}}) \\ \cdots & \cdots & \cdots & \cdots \\ \operatorname{cov}(x_m, x_1^{\mathrm{T}}) & \operatorname{cov}(x_m, x_2^{\mathrm{T}}) & \cdots & \operatorname{cov}(x_m, x_m^{\mathrm{T}}) \end{pmatrix} \tag{9-39}$$

$m = 2,3,6$ 时,$\chi^2(y,m)$ 的分布曲线分别如图 9-11(a)、(b)、(c)所示。

2. 目标航迹误差置信度与置信区间

目标航迹误差二阶统计量的 χ^2 分布的置信度与置信区间关系为

$$\int_0^{k_\alpha(m)} \chi^2(y,m)\,\mathrm{d}y = 1 - \alpha \tag{9-40}$$

式中:α 为置信概率(置信度);$k_\alpha(m)$ 为置信区间。

物理含义是目标航迹的二阶统计误差落入 $[0, k_\alpha(m)]$ 空间范围内的概率为 $1-\alpha$,α 又称为风险率。

在图 9-11(a)、(b)、(c)表示的 $m = 2,3,6$ 情况的 χ^2 分布图中,当取置信度为 0.95 时,对应的置信区间 $[0, k_\alpha(m)]$ 分别为

$$k_\alpha(2) = 5.98 \approx 6, k_\alpha(3) = 7.81, k_\alpha(6) = 12.59 \tag{9-41}$$

9.3.2.3 基于二阶统计度量的航迹误差样本容量

设 t_i 时刻获取的航迹状态误差样本为 $\boldsymbol{e}(i)$,则 n 个时刻独立获取的误差样本 $\boldsymbol{e}(1)$,$\boldsymbol{e}(2)$,$\cdots$,$\boldsymbol{e}(n)$ 的二阶统计分布为

$$\sum_{i=1}^{n} \boldsymbol{e}(i) \sum_m (i) \boldsymbol{e}^{\mathrm{T}}(i) \sim \chi^2(y, mn) \tag{9-42}$$

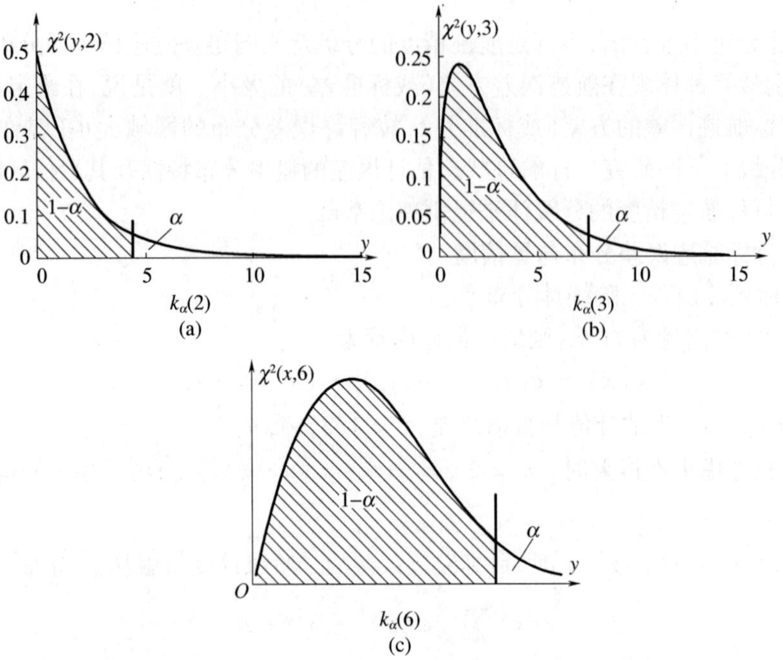

图 9-11 航迹误差二阶统计量的 $\chi^2(y,m)$ 分布曲线图

置信水平 α 与相应置信区间的关系为

$$\int_0^{k_\alpha(mn)} \chi^2(y,mn)\mathrm{d}y = \alpha \tag{9-43}$$

按式(9-43)查 χ^2 分布表,发现置信门限 $k_\alpha(mn)$ 随样本容量 n 递增。为此,定义基于样本容量的置信门限均值:

$$\bar{k}_\alpha(mn) = \frac{1}{n}k_\alpha(mn) \tag{9-44}$$

计算表明,对于确定的 m , $\bar{k}_\alpha(mn)$ 随 n 的增加而递减,当于某值时,呈平稳状态。于是,可取使 $\bar{k}_\alpha(mn)$ 递减速度明显变小或呈现平稳状态的 n 值作为样本容量。例如, $\bar{k}_\alpha(2n)$ 随 n 变化曲线如图 9-12 所示。

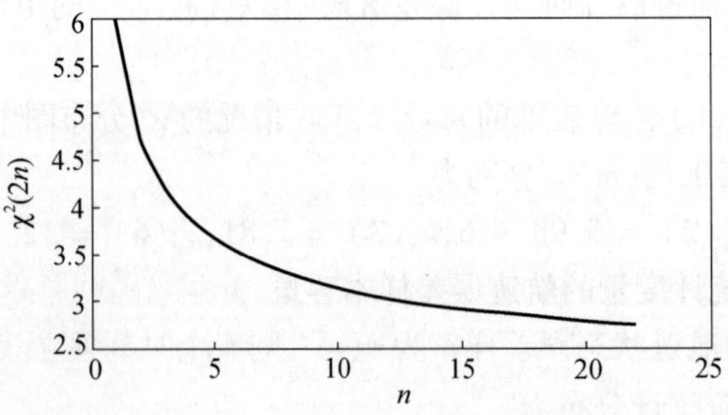

图 9-12 $\bar{\chi}_{0.05}{}^2(2n)$ 的取值与样本容量 n 的关系

从图9－12可以看出，当 $n>7$ 时，$\bar{k}_\alpha(2n)$ 随 n 递减速度明显下降，$n>20$ 时，$\bar{k}_\alpha(2n)$ 呈平稳状态。于是可取样本容量 $n=7\sim20$。

对于 $m=3,6$ 情况，$\bar{k}_\alpha(3n)$、$\bar{k}_\alpha(6n)$ 递减速度明显下降点和呈平稳状态点与 $m=2$ 情况略有增加。

9.3.2.4 有序样本最优聚集的 Fisher 方法[12,13]

有序样本聚集方法又称为有序样本最优分割方法，包括建立模型和模型求解两部分。

1. 有序样本最优聚集模型

1）有序样本及分类概念

有序数值样本集合 $x=(x_1,x_2,\cdots,x_n)$ 是指已按数值大小排列的集合，即 $x_i<x_j$（若 $i<j$）$1<i,j<n$。设有序样本结合 x 中按数值接近的某一有序聚类为 $(x_i,x_{i+1},\cdots,x_j)$ $j>i$，将其下标集合记为 $G=\{i,i+1,\cdots,j\}$。定义该有序样本聚类均值为

$$\bar{x}_G=\frac{1}{j-i+1}\sum_{h=i}^{j}x_k \tag{9-45}$$

再定义该有序样本聚类的直径为

$$D(i,j)=\sum_{k=i}^{j}(x_k-\bar{x}_G)^2 \tag{9-46}$$

或

$$D(i,j)=\sum_{k=i}^{j}(x_k-\tilde{x}_G)\quad(\tilde{x}_G\text{ 为该类数据中位数}) \tag{9-47}$$

2）有序样本最优聚类模型

将含有 n 个有序样本集合 x 分割为 k 类的某种方法记为 $b(n,k)$，该 k 类分割子集的下标集合为

$$\begin{aligned}G_1&=\{i_i,i_i+1,\cdots,i_2-1\}\\G_2&=\{i_2,i_2+1,\cdots,i_3-1\}\\&\vdots\\G_k&=\{i_k,i_k+1,\cdots,n\}\end{aligned} \tag{9-48}$$

式中：诸分割点为 $1=i_1<i_2<\cdots<i_k=n=i_{k+1}-1$。

式(9－48)可以视为有序样本最优聚类模型的约束条件。

有序样本集合的 k 类分割方法 $b(n,k)$ 的损失函数定义为

$$L(b(n,k))=\sum_{t=1}^{k}D(i_t,i_{t+1}-1) \tag{9-49}$$

于是可知，$L(b(n,k))$ 值最小，分割 $b(n,k)$ 产生的各类的直径之和最小，即各类中的每一项与该类均值或中位数之差的平方和之总和最小。这样，就可以将损失函数达极小作为该聚类问题的目标函数：

$$\min L(b(n,k))=\sum_{t=1}^{k}D(i_t,i_{t+1}-1) \tag{9-50}$$

2. 求解规划模型的 Fisher 算法

设使损失函数 $L(b(n,k))$ 达极小的最优聚类方法 $b^*(n,k) = p(n,k)$ 。Fisher 提出了求解 $p(n,k)$ 的两个递推公式：

$$L[p(n,2)] = \min_{j=2,\cdots,n}\{D(1,j-1)+D(j,n)\} \tag{9-51}$$

$$L[p(n,k)] = \min_{j=2,\cdots,n}\{L[p(j-1,k-1)]+D(j,n)\} \tag{9-52}$$

式(9－51)是将有序样本集合分为两个集合的最优聚集划分方法，只需按 $j=2, 3,\cdots,n$ 逐一枚举计算，即能获得最优两段分划 $p(n,2)$ 。式(9－52)是可按需要的聚集数 k，寻求最优聚集的划分 $p(n,k)$ 的方法。式(9－52)给出的递推算法实际上是基于多级动态规划的最优性原理产生的，它所描述的是对于有序样本集合的最优 k 个子集划分 $p(n,k)$ 来说，其中的 $k-1$ 个子集的划分也是最优的。

基于式(9－52)的逐级尝试寻求有序样本集合的最优化分步骤如下：

首选寻找使式(9－52)右侧达极小的 j_k，即

$$L[p(n,k)] = L[p(j_k-1,k-1)] + D(j_k,n)$$

于是，得到第 k 类划分的下标集合 $G_k = \{j_k, j_k+1, n\}$ 。然后，再寻找 j_{k-1}，满足下式：

$$L[p(j_{k-1},k-1)] = L[p(j_{k-1},k-2)] + D(j_{k-1},j_k-1)$$

于是，得到第 $k-1$ 类划分的下标集合 $G_{k-1} = \{j_{k-1}, j_{k-1}+1, j_k-1\}$ 。

依次类似寻优，最后得到所有类划分的下标集合 $G_k, G_{k-1},\cdots,G_2,G_1$ 。$p(n,k) = \{G_1, G_2,\cdots,G_k\}$ 就是所寻求的有序样本集合的 k 个最优划分（聚集）子集的下标集合。

9.3.3 目标航迹状态误差半径计算模型

9.3.3.1 误差椭球与误差半径概念

注意式(9－37)，目标航迹误差 $\boldsymbol{e}(\boldsymbol{x})$ 的二阶统计度量 $y = \boldsymbol{e}(\boldsymbol{x})\sum_m^{-1}\boldsymbol{e}(\boldsymbol{x})^{\mathrm{T}}$ 服从 $\chi^2(y,m)$ 分布。再注意式(9－40)给出的置信度 α 与置信区间上限 $k_\alpha(m)$ 的关系式，可以得到 m 维椭球表达式：

$$\boldsymbol{e}(\boldsymbol{x})\sum_m^{-1}\boldsymbol{e}(\boldsymbol{x})^{\mathrm{T}} = k_\alpha(m) \tag{9-53}$$

式(9－53)称为目标航迹的 m 维状态误差椭球。由 9.3.2.2 小节可知，目标航迹的 m 维状态误差向量落入该椭球之内的概率为 $1-\alpha$ 。

设 m 维误差椭球的各向半径分别为 $a_1, a_2,\cdots,a_m$，则以下式表示的球体覆盖该误差椭球。

$$R^2 = k_\alpha(m)({a_1}^2 + {a_2}^2 + \cdots + {a_m}^2) \tag{9-54}$$

式(9－42)中的量 R 称为目标航迹误差球半径，简称误差半径。

引入航迹 m 维误差球和误差球半径，可将 m 维椭球置信区间变换为一维标量，为建立基于目标航迹状态误差的多级综合航迹质量体系，以及基于目标航迹状态综合误差确定航迹质量等级提供了依据。值得提出的是，将误差椭球的 m 个半径综合为一个球半径标量，在客观上忽略了多维误差之间的差异，并对误差椭球进行了一定程度的扩展，因此，在理论上是不严格的。

9.3.3.2 航迹误差半径计算模型[14]

这里给出考虑目标航迹的二维位置、三维位置，以及同时考虑目标航迹位置和速度的

航迹状态误差半径计算模型。

1. 基于二维位置的航迹误差半径

二维位置（$m = 2$）情况，误差向量为 $\boldsymbol{x} = (x,y)^{\mathrm{T}}$。此时对 x,y 分为独立和相关两种情况分别描述。

（1）若二维误差分量 x,y 相互独立，即 $\sigma_{xy} = \mathrm{cov}(x,\boldsymbol{y}^{\mathrm{T}}) = 0$，则在 $\alpha = 0.95$ 置信度下，$k_{0.05}(2) = 5.99 \approx 6$，航迹位置误差椭圆为

$$\frac{x^2}{\sigma_x{}^2} + \frac{y^2}{\sigma_y{}^2} = 6 \quad 或 \quad \frac{x^2}{(\sqrt{6}\sigma_x)^2} + \frac{y^2}{(\sqrt{6}\sigma_y)^2} = 1 \tag{9-55}$$

由式(9-55)得到二维航迹位置误差圆半径为

$$R_2 = \sqrt{6(\sigma_x{}^2 + \sigma_y{}^2)} \tag{9-56}$$

误差椭圆和误差圆及相应半径之间关系如图 9-13 所示。

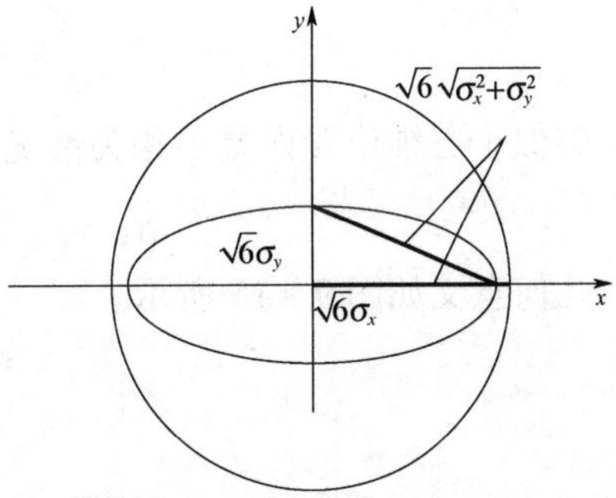

图 9-13 二维航迹位置误差椭圆与误差半径

（2）若二维误差分量 x、y 相关，即 $\sigma_{xy} = \mathrm{cov}(x,\boldsymbol{y}^{\mathrm{T}}) \neq 0$，则在 $\alpha = 0.95$，$k_{0.05}(2) = 6$ 之下，航迹位置误差椭圆为

$$(x \quad y)\begin{pmatrix} \sigma_x{}^2 & \sigma_{xy} \\ \sigma_{xy} & \sigma_y{}^2 \end{pmatrix}^{-1}\begin{pmatrix} x \\ y \end{pmatrix} = 6 \tag{5-57}$$

由平面解析几何可知，二维直角坐标系下的二次曲线方程为

$$F(x,y) = a_{11}x^2 + 2a_{12}xy + a_{22}y^2 + 2a_{13}x + 2a_{23}y + a_{33} = 0 \tag{5-58}$$

可以通过平移和旋转将其变形为标准型，椭圆方程为

$$\frac{x'^2}{a^2} + \frac{y'^2}{b^2} = 1 \tag{5-59}$$

其中

$$I_1 = a_{11} + a_{22} = \frac{1}{a^2} + \frac{1}{b^2} = I'_1 \qquad I_2 = \begin{vmatrix} a_{11} & a_{12} \\ a_{12} & a_{22} \end{vmatrix} = \begin{vmatrix} 1/a^2 & 0 \\ 0 & 1/b^2 \end{vmatrix} = I'_2 \tag{5-60}$$

是变换过程中的不变量，且变换前后的椭圆长短半轴平方和也是不变量。

$$I_1'/I_2' = I_1/I_2 = \frac{a_{11} + a_{22}}{a_{11}a_{22} - a_{12}{}^2} = a^2 + b^2 \tag{5-61}$$

式(9-57)左侧表达式与式(9-58)中二次项比较，可得

$$a_{11} = \frac{\sigma_y{}^2}{\sigma_x{}^2\sigma_y{}^2 - \sigma_{xy}{}^2}, a_{22} = \frac{\sigma_x{}^2}{\sigma_x{}^2\sigma_y{}^2 - \sigma_{xy}{}^2}, a_{12} = a_{21} = \frac{-\sigma_{xy}}{\sigma_x{}^2\sigma_y{}^2 - \sigma_{xy}{}^2} \tag{5-62}$$

于是，式(9-57)左侧所表示的误差椭圆长短半轴平方和为

$$a^2 + b^2 = \frac{a_{11} + a_{22}}{a_{11}a_{22} - a_{12}{}^2} = \sigma_x{}^2 + \sigma_y{}^2 \tag{5-63}$$

不难导出，式(9-57)变换得到的标准型误差椭圆的长短半轴为

$$\lambda_1^2 = 3(\sigma_x^2 + \sigma_y{}^2 + \Delta) \qquad \lambda_2^2 = 3(\sigma_x^2 + \sigma_y^2 - \Delta) \tag{5-64}$$

其中

$$\Delta^2 = (\sigma_x^2 - \sigma_y^2)^2 + 4\sigma_{xy}^2\sigma_x^2\sigma_y^2 \tag{5-65}$$

于是

$$R_2 = \lambda_1^2 + \lambda_2^2 = 6(\sigma_x^2 + \sigma_y^2) \tag{9-65}$$

这就得到了与 $\sigma_{xy} = 0$ 情况相同的二维航迹位置误差半径表达式。为消除相关性，采用的旋转变换产生的误差椭圆长短半轴与误差半径如图 9 - 14 所示。

2. 基于三维位置的航迹误差半径

（1）若三维误差分量 x、y、z 相互独立，从式(9 - 41)和式(9 - 54)可知，在 $\alpha = 0.95$，$k_{0.05}(3) = 7.81$ 之下，航迹位置误差椭圆为

$$\frac{x^2}{\sigma_x{}^2} + \frac{y^2}{\sigma_y{}^2} + \frac{z^2}{\sigma_z{}^2} = 7.81 \tag{9-66}$$

类似于二维位置误差不相关情况，三维位置误差球半径为

$$R_3 = \sqrt{7.81(\sigma_x{}^2 + \sigma_y{}^2 + \sigma_z{}^2)} \tag{9-67}$$

几何意义如图 9 - 15 所示。

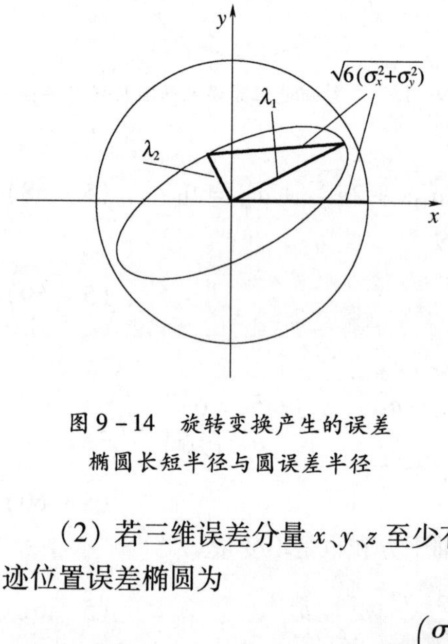

图 9 - 14　旋转变换产生的误差椭圆长短半径与圆误差半径

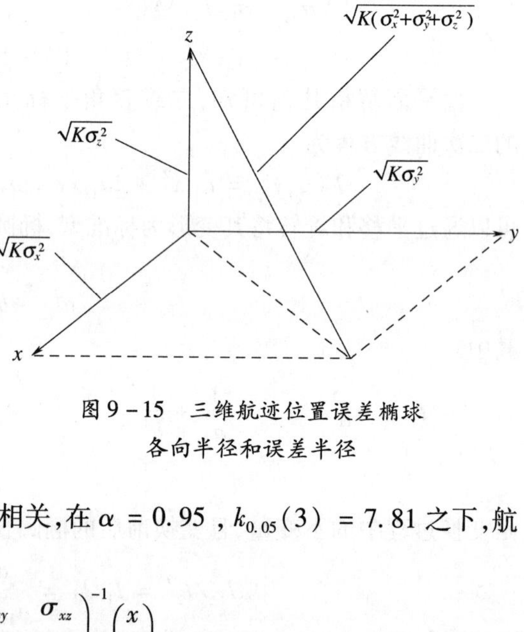

图 9 - 15　三维航迹位置误差椭球各向半径和误差半径

（2）若三维误差分量 x、y、z 至少有两个相关，在 $\alpha = 0.95$，$k_{0.05}(3) = 7.81$ 之下，航迹位置误差椭圆为

$$(x \quad y \quad z)\begin{pmatrix} \sigma_x{}^2 & \sigma_{xy} & \sigma_{xz} \\ \sigma_{yx} & \sigma_y{}^2 & \sigma_{yz} \\ \sigma_{zx} & \sigma_{zy} & \sigma_z{}^2 \end{pmatrix}^{-1}\begin{pmatrix} x \\ y \\ z \end{pmatrix} = 7.81 \tag{9-68}$$

注意，三维直角坐标系下的二次曲线通用形式：

$$F(x,y,z) = a_{11}x^2 + a_{22}y^2 + a_{33}z^2 + 2a_{12}xy + 2a_{13}xz + 2a_{23}yz + 2a_{14}x + 2a_{24}y + 2a_{34}z + a_{44} = 0 \tag{9-69}$$

在坐标系平移和旋转之下的 4 个不变量为

$$\begin{cases} I_1 = a_{11} + a_{22} + a_{33}, I_2 = \begin{vmatrix} a_{11} & a_{12} \\ a_{12} & a_{22} \end{vmatrix} + \begin{vmatrix} a_{11} & a_{13} \\ a_{13} & a_{33} \end{vmatrix} + \begin{vmatrix} a_{22} & a_{23} \\ a_{33} & a_{33} \end{vmatrix} \\ I_3 = \begin{vmatrix} a_{11} & a_{12} & a_{13} \\ a_{12} & a_{22} & a_{23} \\ a_{13} & a_{23} & a_{33} \end{vmatrix}, I_4 = \begin{vmatrix} a_{11} & a_{12} & a_{13} & a_{14} \\ a_{21} & a_{22} & a_{23} & a_{24} \\ a_{31} & a_{32} & a_{33} & a_{24} \\ a_{14} & a_{24} & a_{24} & a_{44} \end{vmatrix} \end{cases} \tag{9-70}$$

与二维位置误差相关情况完全类似,可以导出式(9-68)左侧所表示的误差椭球三个半轴的不变量平方和为

$$\lambda_1^{\ 2} + \lambda_2^{\ 2} + \lambda_3^{\ 2} = \frac{I_2}{I_3} = 7.81 \times (\sigma_x^{\ 2} + \sigma_y^{\ 2} + \sigma_z^{\ 2}) \tag{9-71}$$

从而得到式(9-56)的椭圆3个半轴平方和为 $7.81 \times (\sigma_x^{\ 2} + \sigma_y^{\ 2} + \sigma_z^{\ 2})$。将式(9-71)的推导留给读者。

这样,包含三维位置误差椭球的三维误差球可表示为

$$x^2 + y^2 + z^2 = 7.81 \times (\sigma_x^{\ 2} + \sigma_y^{\ 2} + \sigma_z^{\ 2}) \tag{9-72}$$

其半径为

$$R_3 = \sqrt{7.81 \times (\sigma_x^{\ 2} + \sigma_y^{\ 2} + \sigma_z^{\ 2})} \tag{9-73}$$

于是,可得到与三维误差分量 x、y、z 相互独立情况相同的误差球半径相同表达式。

3. 基于目标位置和速度的航迹状态误差半径

讨论目标二维运动状态和三维运动状态两种情况。

(1) 二维运动状态。此时目标航迹状态误差包括定位误差和速度误差 x、y、v_x、v_y。当这4个误差相互独立时,在0.95置信度下,置信区间 $k_{0.05}(4) = 9.488$。四维误差参数满足椭圆方程为

$$\frac{x^2}{\sigma_x^{\ 2}} + \frac{y^2}{\sigma_y^{\ 2}} + \frac{z^2}{\sigma_{v_x}^{\ 2}} + \frac{z^2}{\sigma_{v_y}^{\ 2}} = 9.488 \tag{9-74}$$

当 x、y、v_x、v_y 至少有两个相关时,在0.95置信度下,置信区间 $k_{0.05}(4) = 9.488$ 之下,误差椭圆为

$$(x \quad y \quad v_x \quad v_y) \begin{pmatrix} \sigma_x^2 & \sigma_{xy} & \sigma_{xv_x} & \sigma_{xv_y} \\ \sigma_{xy} & \sigma_y^2 & \sigma_{yv_x} & \sigma_{yv_y} \\ \sigma_{xv_x} & \sigma_{yv_x} & \sigma_{v_x}^2 & \sigma_{v_xv_y} \\ \sigma_{xv_y} & \sigma_{yv_y} & \sigma_{v_xv_y} & \sigma_{v_y}^2 \end{pmatrix}^{-1} \begin{pmatrix} x \\ y \\ v_x \\ v_y \end{pmatrix} = 9.488 \tag{9-75}$$

与仅基于目标位置的航迹误差半径公式类似,可以推导出考虑目标位置和速度的航迹四维状态误差半径为

$$R_4 = \sqrt{9.488 \times (\sigma_x^{\ 2} + \sigma_y^{\ 2} + \sigma_{v_x}^{\ 2} + \sigma_{v_y}^{\ 2})} \tag{9-76}$$

(2) 三维运动状态. 此时目标航迹状态误差 x、y、z、v_x、v_y、v_z,在0.95置信度下,置信区间 $k_{0.05}(6) = 12.59$。此时,六维航迹状态误差椭圆为

$$\boldsymbol{e}(\boldsymbol{x}) \sum\nolimits_6^{-1} \boldsymbol{e}(\boldsymbol{x})^{\mathrm{T}} = 12.59 \tag{9-77}$$

其中

$$e(x) = (x, y, z, v_x, v_y, v_z)^{\mathrm{T}}$$

$$\sum_6 = \mathrm{cov}(e(x), e(x)^{\mathrm{T}})$$

同样,可以导出状态误差的6个参数不相关和至少有两个参数相关两种情况下目标航迹状态的误差半径为

$$R_6 = \sqrt{12.59 \times ({\sigma_x}^2 + {\sigma_y}^2 + {\sigma_z}^2 + {\sigma_{v_x}}^2 + {\sigma_{v_y}}^2 + {\sigma_{v_z}}^2)} \tag{9-78}$$

9.3.4 目标航迹质量体系的构建方法

本节旨在给出空中、海上和地面运动目标航迹质量分级的基本原理、质量分级体系构建方法和步骤,以及实施案例。

9.3.4.1 目标航迹质量分级的基本原理

进行空中、海上和地面运动目标航迹质量分级的基本原理有下述诸点。

1. 基于目标航迹精度进行航迹质量分级

在9.2.2节中,图9-8给出了实体即目标航迹信息质量的三层指标分解,其中包含了目标航迹质量的6项指标。不难分析得知,其中的两项基础性指标是目标的识别率和目标航迹精度。在无法获知非合作目标的真实身份和位置的情况下,目标识别率是一个很难准确获得的信息,物理模型和统计模型复杂且可信度不高,无法实时实现。而目标航迹位置则可依据测量信息及融合处理实时、准确地获得。因此,这里主要依据所获取的目标航迹位置精度进行目标航迹质量分级,以满足真实确定目标航迹质量的需求。

2. 目标航迹精度信息的来源

(1) 传感器/信息源的技术指标,主要指各类有源/无源传感器的探测精度指标和某些信息源(如技侦、人工情报)提供的目标信息所具有的精确性或准确性指标。

(2) 传感器/信息源提供的目标信息处理(局部处理或融合处理)后所达到的统计精度指标,所处理的输入信息要具有典型环境背景、充分性和新鲜性等条件,以使处理获得的目标统计精度具有较高的可用度。

(3) 目标航迹精度的模糊分类,主要依据对信息源实际能力的可信性,是人对信息源的较长期累计和印象的统计或主观估计结果。

3. 目标航迹质量分级密度的依赖因素

从对表9-3所列数据的分析可以看出,美军JTIDS的目标航迹质量的15级分级体系的门限密度是不均匀的,该门限密度主要依赖的因素如下:

(1) 基于信息源/传感器类型的差别。不同体制、不同制式的传感器在不同搜索/跟踪状态下其精度有显著差别,因此在航迹质量分级表中,分级门限之间的间隔要体现出不同类型传感器和信息源所达到的精度,以为不同的应用提供相应的航迹质量等级。

(2) 基于作战活动对目标精度的需求。情报预警、作战决策、指挥控制和火力打击对目标航迹质量的精度分级具有不同的要求。通常,预警和决策环节对航迹质量分级门限间隔可以大一些;而指挥控制和火力打击具有高精度、高实时协同要求,对目标航迹质量分级要求有较密集的门限分布。

(3) 基于不同作战应用中的目标状态变化率。陆、海、空和空间目标的运动状态(速度、航向和机动)变化是不同的,其对航迹质量的分级密度要求也不同。通常,运动速度较快的空间和空中目标,要求质量分级门限较密集,以适应作战活动的快速变化需求。

(4) 基于不同的战场环境。战场环境的不同体现在电磁、水文/气象、地形地貌、干扰/杂波等环境因素的不同。在不同环境因素下,对目标航迹质量分级门限的密度要求也不相同。

4. 目标航迹偏差的分级聚集和统计估计方法

目标航迹质量分级是基于目标航迹状态偏差按等级聚集,然后对每个聚集分类进行统计估计获得。

(1) 目标航迹偏差的分级聚集采用按偏差数值大小的有序样本最优聚类方法,该方法是基于多级动态规划的最优性原理构建的,实现基于最小距离的样本最优聚集,详见9.3.2.4 小节。

(2) 对目标航迹偏差的每个分级聚类集合,采用二阶χ^2分布,进行航迹偏差的统计分布度量,在0.95 置信度下,求取航迹偏差的置信门限,并进一步计算航迹偏差半径,详见9.3.3.2 小节。

(3) 空中目标的航迹状态考虑三维空间航迹位置和速度,其二阶状态偏差统计量服从$\chi^2(x,6)$分布;海上和地面目标的航迹状态考虑二维平面航迹位置和速度,其二阶状态偏差统计量服从$\chi^2(x,4)$分布。

9.3.4.2 目标航迹质量分级体系构建步骤

基于9.3.2 节和9.3.3 节给出的预备知识和9.3.4 节描述的目标航迹质量分级基本原理,确定目标航迹质量分级体系构建步骤如下:

步骤1:收集信息源报知信息的误差数据,包括航迹质量应用的战场范围内多传感器的精度(距离、方位、仰角精度)指标和基于对空中、海上和地面运动目标的实测样本数据,还包括经单源或多源数据融合产生的目标航迹精度(位置、速度精度)信息,以及其他感知手段报知的目标信息精度。

步骤2:求取收集的多源目标状态误差的空间聚类分布。采用9.3.2.4 小节给出的有序样本最优聚集的 Fisher 方法,确定目标航迹状态误差的空间分布树谱图。该步骤中,同一传感器在不同范围(如不同距离上)的测量,由于误差不同,可能会聚集到不同的类别当中。

步骤3:对误差分布树谱图产生的目标航迹误差的各聚类,求取其稳定的充分统计量$\sigma_x^2,\sigma_y^2,\sigma_z^2,\sigma_{v_x}^2,\sigma_{v_y}^2,\sigma_{v_z}^2$。该步骤中要考虑每个聚类中所含误差样本数,要超过一定数量,否则统计量由于样本不充分,在应用中会产生波动误差;还要考虑某一聚类中含有不同来源的误差,以及不同的误差类型(传感器精度、测量样本、融合精度)等各种误差方差的综合方法。

步骤4:计算各航迹误差聚类的误差半径。按9.3.3 节建立的航迹误差半径计算公式,在0.95 置信度下,确定相应置信门限。对于海上和地面运动目标,考虑二维位置和速度误差,采用$\chi^2(y,4)$分布求取置信区间门限$\chi_{0.05}^2(y,4) = 9.488$;对于三维位置和速度误差,$\chi_{0.05}^2(y,6) = 12.59$。然后基于步骤3 获得的各聚类误差方法诸维度分量$\sigma_x^2,\sigma_y^2$,

$\sigma_z{}^2,\sigma_{v_x}{}^2,\sigma_{v_y}{}^2,\sigma_{v_z}{}^2$，按式(9－76)和式(9－78)，计算获得各聚类的误差半径。

$$\begin{cases} R_4(i) = \sqrt{9.488(\sigma_x^2+\sigma_y^2+\sigma_{v_x}^2+\sigma_{v_y}^2)_i} \\ R_6(i) = \sqrt{12.59(\sigma_x^2+\sigma_y^2+\sigma_z^2+\sigma_{v_x}^2+\sigma_{v_y}^2+\sigma_{v_z}^2)_i} \qquad i=1,2,\cdots,k \end{cases} \tag{9-79}$$

式中：k 为目标航迹误差聚类个数。

步骤5：确定目标航迹质量的分级门限。基于战场环境要素和不同的作战应用需求，以及传感器精度与测量目标动态特征，检验步骤2和步骤3所获得的航迹误差聚集数和相应误差半径的合理性。例如，合理则转步骤7；若不合理，转步骤6。

步骤6：当 k 数值较大时，对步骤4所产生的 k 个误差半径，再次采用9.3.2.4小节给出的有序样本最优聚集的Fisher方法，确定目标航迹聚集误差半径集合的分布树谱图，获取新的航迹误差聚类和相应的误差半径。若聚类数和误差半径合理，转步骤7；若仍不合理，则转步骤1，增加收集各类信息源报知的目标航迹误差数据，重复步骤2到步骤6。

步骤7：将所获得的目标航迹误差聚类数作为航迹质量分级数，各聚类之间的分界值作为与各质量级别对应的综合距离分级门限，将误差半径形成的球域作为覆盖航迹误差多维椭圆的综合空间门限。所生成的二维目标航迹质量分级体系如表9－4所列。

表9－4　基于目标状态精度的二维航迹质量分级体系

TQ 等级	误差的源于面积门限 $S=\pi r_i^2/\text{km}^2$	综合距离误差门限 r/km	TQ 等级	误差的源于面积门限 $S=\pi r_i^2/\text{km}^2$	综合距离误差门限 r/km
0	S_0	r_0	…	…	…
1	S_1	r_1	N	S_N	r_N
2	S_2	r_2			

其中，TQ＝0表示非实时航迹，$r_0,r_1,\cdots,r_N$ 数字由大到小排列。当目标航迹综合距离误差实时计算结果为 r 且 $r_{i-1}<r<r_i$ 时，该目标航迹质量等级 TQ＝i。

9.3.4.3　目标航迹质量分级体系构建案例

本节基于较简单的二维雷达测量偏差仿真构建目标航迹质量分级体系案例。

1. 二维雷达测量精度设置方法

二维雷达极坐标测量（$\rho'=\rho+\Delta\rho,\quad \theta'=\theta+\Delta\theta$）向笛卡儿坐标系转换公式（具有相应误差量）为

$$\begin{cases} x+\Delta x = (\rho+\Delta\rho)\sin(\theta+\Delta\theta) \\ y+\Delta y = (\rho+\Delta\rho)\cos(\theta+\Delta\theta) \end{cases} \tag{9-80}$$

位置误差传递公式为（略去二阶项）：

$$\begin{cases} \Delta x = \Delta\rho\sin\theta+\rho\Delta\theta\cos\theta \\ \Delta y = \Delta\rho\cos\theta-\rho\Delta\theta\sin\theta \end{cases} \tag{9-81}$$

误差方差传递公式为（假设 $\Delta\rho$ 与 $\Delta\theta$ 独立）：

$$\begin{cases} \sigma_x{}^2 = \sigma_\rho{}^2\sin^2\theta+\rho^2\sigma_\theta{}^2\cos^2\theta \\ \sigma_y{}^2 = \sigma_\rho{}^2\cos^2\theta+\rho^2\sigma_\theta{}^2\sin^2\theta \\ \sigma_{xy} = \sin\theta\cos\theta(\sigma_\rho{}^2-\rho^2\sigma_\theta{}^2) \end{cases} \tag{9-82}$$

从式(9－82)可知，转换到直角坐标系下的误差协方差与目标到传感器的距离有关。因此，传感器对目标的测量精度与目标相对该传感器的距离有关。这里的航迹质量分级体系构建案例中，采用30个类型的二维雷达（$R_1, R_2, \cdots, R_{30}$）的测量精度指标按测量距离进行分割。测量距离间隔取50km，共获得206组雷达测量精度数据。

由于案例采用的样本数据较少，这里对航迹质量分级体系构建步骤进行了简化，即对206组雷达测量精度数据不进行分类聚集，而是直接计算各组雷达测量精度数据的误差半径；然后，再对所获得的206个误差半径进行航迹偏差聚集。这与9.3.4.2小节所描述的构建步骤在原理上是一致的。

2. 基于测量误差半径的航迹聚集

9.3.3.2小节给出的基于二维位置的航迹误差半径公式 r_2（采用 r_2 为避免与雷达编号重复）为

$$r_2 = \sqrt{6}\sqrt{(\sigma_x{}^2 + \sigma_y{}^2)} = \sqrt{6}\sqrt{(\sigma_\rho{}^2 + \sigma_\theta{}^2)} \tag{9-83}$$

按此公式对206组雷达精度数据进行计算，获得相应的206个航迹误差半径。

然后，按9.3.2.4小节给粗的有序样本最优聚集的Fisher方法，对已获得的206个航迹误差半径数据进行聚集。仿美军目标航迹质量体系划分为16级，这里也要求将206个误差半径数据分割聚集为16类，其中每一类中各元素的聚集半径由“有序样本聚集软件”确定。该软件的聚集分类输出结果为各聚类的聚集中心值和聚类内所含的元素。

表9－5给出了对206个航迹误差半径的聚集分类结果，包括类中心点位置、每一类所含元素(误差半径)序号、每一类的聚集范围(误差半径覆盖范围)、每一类所含雷达类型，以及类中心距离和类边缘距离等。

表9－5　航迹误差半径聚集分类表

序号	类中心点/km	元素序号	元素(误差半径)范围/km	雷达类型(R_i)	类中心距离/km	类边缘距离/km
1	0.89	1～54	0.37～1.52	R_1, R_2, R_6～R_8, R_{11}～R_{15}, R_{17}～R_{30}	0	0
2	2.63	55～119	1.62～3.87	R_2, R_4～R_7, R_9, R_{10}～R_{14}, R_{16}～R_{30}	1.74	0.1
3	4.83	120～146	4.23～5.78	R_2, R_4～R_6, R_9～R_{13}, R_{16}, R_{18}, R_{20}, R_{24}～R_{26}	2.2	0.36
4	6.78	147～167	5.99～7.70	R_3～R_7, R_9, R_{10}, R_{12}, R_{13}, R_{16}, R_{20}, R_{24}～R_{26}	1.95	0.21
5	8.55	168～175	8.17～8.85	R_4, R_9, R_{10}, R_{12}, R_{13}, R_{16}, R_{25}, R_{26}	1.77	0.47
6	10.20	176～184	9.56～10.75	R_3, R_5, R_9, R_{10}, R_{12}, R_{13}, R_{26}	1.65	0.71

（续）

序号	类中心点/km	元素序号	元素（误差半径）范围/km	雷达类型（R_i）	类中心距离/km	类边缘距离/km
7	13.17	185～192	11.88～14.21	R_3，R_5，R_7，R_9，R_{10}，R_{12}，R_{13}	2.97	1.13
8	17.41	193，194	17.02～17.79	R_3，R_5	4.24	2.81
9	19.24	195	19.24	R_6	1.83	1.45
10	21.49	196～198	21.17～21.93	R_3，R_7，R_{25}	2.25	1.93
11	25.89	199，200	25.66～26.12	R_3，R_{26}	4.4	3.73
12	30.33	201	30.33	R_3	4.4	4.21
13	34.56	202	34.56	R_3	4.23	4.23
14	38.64	203，204	38.49～38.80	R_3，R_6	4.08	3.93
15	42.33	205	42.33	R_{25}	3.69	3.53
16	51.31	206	51.31	R_{26}	8.98	8.98

图 9－16 显现了表 9－5 中所给出的目标航迹误差样本聚集类位置分布。其中，横坐标为聚类序号，纵坐标为聚类位置，包括类中心位置和类上限、下限位置。从图 9－16 中可见，第 8 聚类以后的各聚类由于所含元素少，故聚集范围较小或缩为一个点（类中心）。

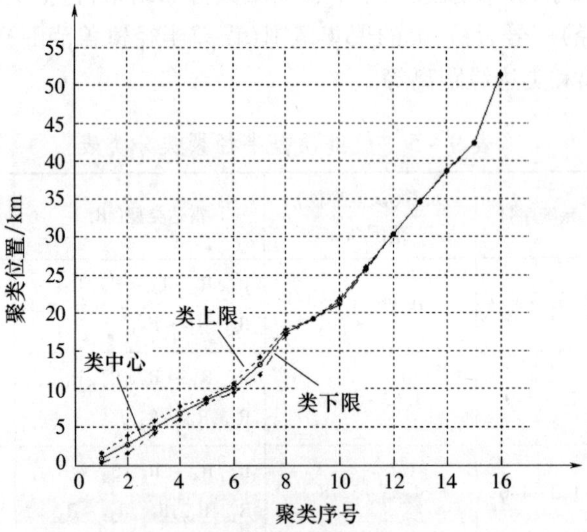

图 9－16　航迹误差半径样本聚类位置分布

3. 基于误差半径聚类的目标航迹质量分级体系构建

从已获得的样本误差半径聚集结果，构建航迹质量分级体系。将表 9－5 中的每一聚类分布范围（即所含误差半径子样本覆盖范围）视为一个航迹质量等级，由于诸类边缘存在一定距离，采用距离中间线作为航迹质量相应等级的分界线。这样，就获得了如表9－6 所列的基于雷达误差样本聚类的目标航迹质量分级体系表。

表 9－6　基于雷达误差样本聚类的目标航迹质量分级体系

TQ 等级	综合距离误差/km	TQ 等级	综合距离误差/km
0	TQ 值 ≥ 46.82	8	TQ 值 ∈ (15.62,18.52)
1	TQ 值 ∈ (40.56,46.82)	9	TQ 值 ∈ (11.32,15.62)
2	TQ 值 ∈ (36.53,40.56)	10	TQ 值 ∈ (9.21,11.32)
3	TQ 值 ∈ (32.45,36.53)	11	TQ 值 ∈ (7.97,9.21)
4	TQ 值 ∈ (28.22,32.45)	12	TQ 值 ∈ (5.88,7.97)
5	TQ 值 ∈ (23.80,28.22)	13	TQ 值 ∈ (4.05,5.88)
6	TQ 值 ∈ (20.20,23.80)	14	TQ 值 ∈ (1.57,4.05)
7	TQ 值 ∈ (18.52,20.20)	15	TQ 值 ∈ (0,1.57)

相应的航迹质量偏差分级范围分布如图 9－17 所示。

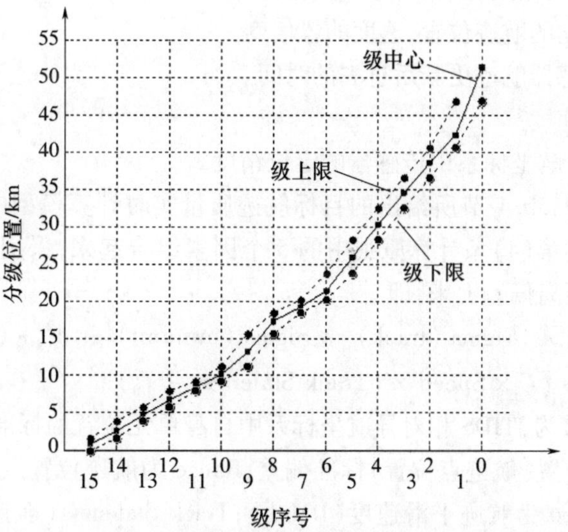

图 9－17　航迹质量偏差分级范围分布

表 9－6 将目标航迹质量分为 0 级～15 级，其中 0 级为非实时目标。航迹质量（TQ）等级越高表示航迹综合距离误差越小，即精度越高。该仿真案例仅采用 30 个雷达样本，雷达探测距离从 50km～3000km（间隔 50km）范围较大，且分布不均匀。因此，聚集计算中，各误差半径门限值相对偏大，且精确度较低。这恰恰说明，照抄外军的相关标准，不能反映本国的实际应用需求。

本节仿真案例只为说明基于测量精度（偏差）的目标航迹质量分级体系构建方法，实际应用中，需要根据具体应用背景，充分采集所应用的各类传感器对目标的测量偏差数据，严格按照 9.3.4.2 小节给出的步骤进行目标航迹质量分级体系构建。当然，采集的传感器类型越多，采集的目标误差样本数据量越大，所构建的目标航迹质量分级体系的应用范围越广。

9.4 目标航迹质量实时确定方法

9.4.1 外军目标航迹质量实时计算应用现状

英军在 Link－16 数据链应用中，对空、海和地面运动目标的传感器测量航迹质量(TQ)数值的实时计算原则是：

(1) 如果目标航迹是非实时(NRT)航迹，则其 TQ 值为 0。

(2) 如果传感器/数据源没有自身位置数据，也没有提供目标位置质量评估结果，则目标航迹也视为 NRT。

(3) 如果数据源提供了目标位置质量，则通过表 9－3 可将数据源提供的质量评估结果转换为 TQ 值。

(4) 计算空中、水面或地面目标航迹 TQ 值考虑的因素有：

① 传感器/信源的精度，包括传感器到目标的距离。

② 跟踪系统建立的航迹位置、速度的置信度。

③ 最近一次传感器航迹更新后过去的时间。

④ 目标的平均速度。

⑤ JTIDS 相对导航坐标系中传感器的定位精度。

在文献[10]之 11.5.1 节所给出的目标航迹质量实时计算模型中，将航迹位置偏差 Sigma (Track)与上述第(4)条计算原则中的 5 个因素组合起来，采用下述公式将所产生的航迹误差统一到距离偏差上来，即

$$\begin{aligned}\mathrm{TQ}(距离) = 3 \times \{&\mathrm{Sigma}\,(\mathrm{track})^2 + \mathrm{Sigma}\,(\mathrm{ownunit})^2 + A^2 + (B \times \mathrm{Range})^2 \\ &+ [C \times \mathrm{Speed} \times (\mathrm{Track\ Staleness} - T_0)]^2\}^{1/2}\end{aligned} \tag{9-84}$$

式中：Sigma(ownunit)为 JTIDS 相对导航坐标系中自身单元位置的标准偏差；Sigma(track)为传感器探测目标位置(航迹点位置)标准偏差；Range 为航迹位置点相对(传感器平台)平滑距离(DM)；Speed 为航迹平滑速度(DM/h)；Track Staleness(航迹点持续时间)为传感器最新航迹更新后过去的时间(s)；A 为固定常数项(0～10，间隔 0.05，单位为 DM)；B 为与距离有关的常数项(0～0.1，间隔为 0.0001，单位为 rad)；C 为与机动有关的常数项(0～0.1，间隔为 0.0001)；T_0 为目标机动响应时间(0～30，间隔 1s)，$5\mathrm{s} < T_0 <$ 航迹机动相应时间门限。

计算出目标航迹质量的多因素综合距离偏差 TQ(距离)之后，将 TQ(距离)数值与表 9－3 中(b)所示的 Link－16JTIDS 目标航迹质量的距离偏差分级表进行匹配，即可获得该目标航迹质量等级。

上述空、海和地面运动目标航迹质量实时计算的 4 条原则无疑是正确的，特别是第 4 条中给出的所考虑的 5 个因素。文献[10]给出的英军应用 Link－16 时关于空、海和地面运动目标航迹质量的实时计算模型考虑因素全面、合理，遗憾的是，该计算模型中前面所加的系数“3”的含义并没有给出来源，即不知是如何确定的，也没有给出该模型与所考虑的具体测量维度和置信度的关系。

9.4.2 目标航迹质量实时计算模型

9.4.2.1 目标航迹状态误差及其主要影响因素

目标航迹分为单传感器局部航迹和多传感器全局融合航迹，局部航迹误差影响因素主要来自目标测量误差，而全局航迹误差的影响因素除局部航迹误差因素外，还包含融合环节产生的误差或改善程度。将目标航迹状态误差作为狭义的航迹质量，并且只考虑一级误差元数据模型情况，根据 9.3.4.1 小节对目标航迹质量分级基本原理的讨论可知，影响目标航迹状态精度的主要因素与建立每一传感器航迹误差聚类门限所考虑的因素应基本一致，包括以下诸项：

(1) 携载传感器的测量平台的定位精度和姿态误差。

(2) 传感器测量精度，即实际测量误差或生成的局部航迹误差估计值。

(3) 目标航迹速度平滑值。

(4) 目标至传感器的距离。

(5) 对目标航迹机动的响应能力及最近更新后过去的时间。

(6) 局部航迹/全局航迹的状态(含位置、速度)估计的置信度。

其中，第(2)项传感器测量精度是在探测平台及其携载传感器经时空配准后的测量精度，广义的测量精度是配准后传感器剩余系统误差与随机误差的合成。第(5)项是指某周期航迹更新后直至当前该目标尚无测量到来已过去的时间(航迹持续时间)，在这期间可能发生目标运动状态的改变(机动)。第(6)项是指所获取的目标航迹状态即目标位置 (x,y,z) 和速度 (v_x,v_y,v_z) 的置信度。

9.4.2.2 目标航迹误差半径及其计算方法

参照英军应用 Link－16 提出的空、海和地面运动目标航迹综合偏差的计算方法，提出如下实时计算目标航迹综合位置误差的方法。

1. 获取目标航迹状态样本

包括传感器获取的目标航迹点位置(方位、距离)、与航迹点同时刻的平台导航定位误差、平滑得到的目标速度更新，以及传感器对目标机动的响应能力和丢点时间等参数的样本。

2. 计算各影响因素的单一距离偏差量

应用样本均值与样本标准差等统计方法，计算诸影响因素的单一距离偏差量，主要包括：

(1) 传感器携载平台相对导航定位偏差平方($D^2_{\text{navigation}}$)。

(2) 传感器测量目标位置点偏差平方(D^2_{sensor})。

(3) 传感器测量距离增益所产生的距离偏差平方(D^2_{gain})。

(4) 目标机动响应能力和丢点时间所产生的距离偏差平方(D^2_{time})。

(5) 其他不确定因素引起的航迹距离偏差平方(D^2_{others})。

3. 计算目标航迹点综合位置误差

基于得到的各影响因素的单一偏差量，计算目标航迹点综合位置误差。在 x 、y 、z 轴上目标航迹点综合位置误差的计算公式如下：

$$\begin{cases} D_x^{\ 2} = D^2_{x\_\text{navigation}} + D^2_{x\_\text{sensor}} + D^2_{x\_\text{gain}} + D^2_{x\_\text{time}} + D^2_{x\_\text{others}} \\ D_y^{\ 2} = D^2_{y\_\text{navigation}} + D^2_{y\_\text{sensor}} + D^2_{y\_\text{gain}} + D^2_{y\_\text{time}} + D^2_{y\_\text{others}} \\ D_z^{\ 2} = D^2_{z\_\text{navigation}} + D^2_{z\_\text{sensor}} + D^2_{z\_\text{gain}} + D^2_{z\_\text{time}} + D^2_{z\_\text{others}} \end{cases} \tag{9-85}$$

其中

$$\begin{cases} D_{x\_gain}^2 = A_x \times (\text{Range})^2, D_{x\_time}^2 = B_x \times [\text{Speed}_x \times (\text{Track Staleness} - T_0)]^2 \\ D_{y\_gain}^2 = A_y \times (\text{Range})^2, D_{y\_time}^2 = B_y \times [\text{Speed}_y \times (\text{Track Staleness} - T_0)]^2 \\ D_{z\_gain}^2 = A_z \times (\text{Range})^2, D_{z\_time}^2 = B_z \times [\text{Speed}_z \times (\text{Track Staleness} - T_0)]^2 \end{cases}$$

式中：A 为与目标相对距离有关的常数项；B 为与传感器对目标机动响应能力有关的常数项；其他各参数概念见 9.4.1 节。

注意：对于二维目标来讲，只需要计算 x 、y 轴方向上的综合位置误差即可。

4. 计算目标航迹误差半径

在 9.3.3 节中，较严格地描述了在 0.05 风险概率之下，相应维度的航迹误差椭球和误差球半径的概念和计算公式。

在 9.3.4 节对目标质量体系构建方法的描述中，已应用了航迹误差球半径概念与计算公式。因此，在这里实时确定航迹质量等级的计算中，仍采用该概念和公式，以保持与航迹质量分级体系的一致性。

对于二维目标的航迹位置来说，由式(9－56)可知，该误差半径的计算公式为

$$R_2 = K_\alpha \sqrt{(D_x{}^2 + D_y{}^2)} \tag{9－86}$$

当 $\alpha = 0.05$ 时，$K_\alpha = \sqrt{6} = 2.45$ 。

对于三维目标航迹位置来说，由式(9－67)可知，该误差半径的计算公式为

$$R_3 = K_\alpha \sqrt{(D_x{}^2 + D_y{}^2 + D_z{}^2)} \tag{9－87}$$

当 $\alpha = 0.05$ 时，$K_\alpha = \sqrt{7.81} = 2.79$ 。

值得指出的是，美军在 JTIDS 目标航迹质量分级表中，无论二维目标还是三维目标，在风险概率为 $\alpha = 0.05$ 时，均取 $K_\alpha = 3$ 。

将基于式(9－85)计算得到的目标航迹综合位置偏差诸分量代入式(9－86)或式(9－87)，就实时得到了目标航迹的误差半径。

9.4.2.3 目标航迹质量等级的实时判定

将目标航迹的实时误差半径与多类传感器测量目标航迹质量分级门限表(表 9－4)进行匹配比较，即可以确定该目标航迹的实时质量等级。

9.4.2.4 案例说明

下面通过一个案例来说明 9.4.2 节提出的的目标航迹质量实时计算模型。该例为某型地面雷达对空中机动目标跟踪，目标航迹点数为 20 个点的情况下，对该条目标航迹质量进行实时评估。该型雷达的导航定位系统的定位偏差量(km²)为 $(0.15^2, 0.15^2, 0.15^2)$ ，航迹上的 20 个点迹的信息如表 9－7 所列。

表 9－7 该条目标航迹上 20 个点迹的信息

编号	位置偏差量/km² (L_x^2, L_y^2, L_z^2)	距 离/km	速 度/(km/h)	时 间/(h:min:s)
1	$(1.01^2, 1.01^2, 0.89^2)$	200	850	08:55:28
⋮	⋮	⋮	⋮	⋮
13	$(1.01^2, 1.02^2, 0.89^2)$	488	854	08:57:37
14	$(1.01^2, 1.04^2, 0.89^2)$	512	852	08:57:50

（续）

编号	位置偏差量/km² (L_x^2,L_y^2,L_z^2)	距 离/km	速 度/(km/h)	时 间/(h:min:s)
15	($1.03^2,1.02^2,0.89^2$)	536	851	08:58:00
16	($1.01^2,1.02^2,0.89^2$)	560	849	08:58:12
17	($1.01^2,1.05^2,0.89^2$)	584	852	08:58:25
18	($1.01^2,1.02^2,0.89^2$)	608	850	08:58:38
19	($1.02^2,1.02^2,0.89^2$)	632	853	08:58:50
20	($1.03^2,1.02^2,0.89^2$)	656	855	08:59:02

该型雷达的距离增益常数为 $A = 0.0035$，雷达对目标机动响应能力常数为 $B = 0.002$，对目标机动响应时间门限 $T_0 = 10\text{s}$。

步骤1:获取目标航迹状态样本。从9.3.2.3小节对样本容量的分析可知,航迹的点迹数大于7即可,所以只需要处理最新7个点迹,即用点迹14至点迹20共7个点迹的信息进行航迹质量实时评估。由表9-7可以得到点迹14至点迹20的航迹时效分别为:13s,10s,12s,13s,13s,12s,12s。

步骤2:计算目标航迹质量诸影响因素的单一距离偏差量。

各航迹点由传感器携载平台相对导航定位偏差量造成的距离偏差量均为

$$d_{\text{navigation}} = \sqrt{L_{\text{x\_navigation}}^2 + L_{\text{y\_navigation}}^2 + L_{\text{z\_navigation}}^2} = \sqrt{0.0675} = 0.2598$$

航迹点14至航迹点20由传感器测量目标跟踪航迹点的位置偏差量造成的距离偏差量 d_{sensor} 分别为1.7011,1.7010,1.6890,1.7072,1.6890,1.6950,1.7010。

航迹点14至航迹点20由传感器测量距离增益引起的距离偏差量 d_{gain} 分别为1.7920,1.8760,1.9600,2.0440,2.1280,2.2120,2.2960。

航迹点14至航迹点20由目标机动响应时间门限和航迹点维持时间引起的距离偏差 d_{time} 分别为0.004,0.003,0.004,0.004,0.003,0.003。

步骤3:计算目标航迹点综合距离偏差 d。航迹点4至航迹点20的综合距离偏差分别为2.4845,2.5456,2.600,2.6758,2.7292,2.7988,2.8692。

步骤4:计算目标航迹点误差散布椭圆的阈值,对于三维空间的航迹,取 $\alpha = 0.05$ 时,则有 $k_\alpha(3) = 2.79$。

步骤5:计算目标航迹点误差半径,航迹点14至航迹点20的航迹误差半径分别为6.9316,7.1023,7.2549,7.4656,7.61444,7.8087,8.0052。

步骤6:目标航迹质量实时评估,此7个目标航迹点的平均目标航迹误差半径为

$$(6.9316 + 7.1023 + 7.2549 + 7.4656 + 7.61444 + 7.8087 + 8.0052)/7 = 7.4547$$

与9.3.4.3小节仿真案例所构建的目标航迹质量等级体系表(表9-6)进行匹配,该案例获得的目标航迹质量等级应为TQ=12。

参考文献

[1] 夏昊翔,王众托,党延忠.关于信息系统概念基础的一点思考[J].系统工程理论与实践,2001,10.

[2] 曹瑞昌,吴建明.信息质量及其评价体系[J].情报探索,2002,12.

[3] 曹孟谊,吴建明,吴秀玲.国外信息质量评估指标体系研究[J].军事运筹与系统工程,2004,4.
[4] 刘海燕.信息融合的几个关键技术研究(博士论文)[D].解放军理工大学.2007.
[5] 赵宗贵,刘海燕.基于局部信度分配的证据合成方法[J].现代电子工程,2008,29(2):11-14.
[6] Jean Derzent. Quantitative and Qualitative Information Fusion[A]. International Conference of Information Fusion. 杭州电子科技大学,2009.6.
[7] 吕建民,邓克波.防空 C^4ISR 系统应用层抗干扰能力评估[J].指挥信息系统与技术.2011,2(2):1-5.
[8] 美军.MIL-STD-6016、MIL-STD-6016A(C)[S].
[9] 北约.STANAG No.5516[S].
[10] 梅文华,蔡善法.JTIDS/ Link-16 数据链[M].北京:国防工业出版社,2007.
[11] Kay S M,罗鹏飞等译.统计处理基础——估计与检测理论[M].北京:电子工业出版社,2003.
[12] 张尧庭,方开泰.多元统计分析引论[M].北京:科学出版社,1999.
[13] 陈希孺.数理统计引论[M].北京:科学出版社,2007.
[14] 朱鼎助,陈绍菱.空间解析几何学[M].北京:北京师范大学出版社,1981.

第 10 章　信息融合技术验证试验与评估方法

10.1　信息融合验证试验技术现状

随着科学技术的不断进步,我国信息融合技术研究得到蓬勃发展,不仅有大量的理论研究成果问世[1-3],而且在众多领域内获得成功应用。然而,对信息融合技术的研究成果和应用效果的验证试验与评估研究相对滞后,虽然也有一些理论和方法研究及成果[4,5],但实际应用还有较大差距。

通常,对信息融合技术的测试评估主要有以下两种类型:

(1) 信息融合技术自身达到的性能测试评估。在某些技术研究和工程项目建设过程中,为保证所采用的信息融合技术指标达到设计要求,而通过仿真数据的试验验证,对所采用的信息融合技术进行性能评价。

(2) 实际应用效果的测试评估。在实际应用环境中,为保证所采用的信息融合产品性能满足用户需求,而通过真实环境中实测数据进行试验验证,对产品应用效能进行评价。

目前,国内外关于信息融合测试评估技术研究处于蓬勃发展之中。美国、澳大利亚和加拿大自 1995 年起一直联合进行了雷达信息融合技术评价研究,提出了点迹融合质量评价指标体系,包括:目标探测精度和漏检率、运动学测量精度、属性测量准确度、未分辩目标群数量和虚假测量数量等 5 类指标;航迹质量评价指标体系包括运动学航迹精度、信任度与支持度的演变、关联的性能和航迹管理统计等 4 类项指标;战术图质量评价指标体系包括目标探测和漏检、航迹管理、关联的性能、分段航迹、冗余航迹数、运动学精度和目标身份识别精度等 7 类指标。瑞典著名信息融合专家 Bowman 和 Steinberg 等人对于分布式多传感器融合系统提出了相应的评价指标,具体包括航迹起始、航迹维持、运动学精度、假航迹、航迹身份估计、及时性、态势图完整性和各节点态势图一致性等 7 类指标。在信息融合仿真试验技术方面,美国的乔治 - 梅森大学(George Mason University)C^3I 中心在 20 世纪 80 年代中期成立时就提出了包括数据融合在内的仿真测试平台的设想。数据融合仿真实验平台的研究到目前为止已经历了 3 个研究阶段:第一阶段(20 世纪 80 年代末到 90 年代初)以数据融合的单项技术测试为主,如各种数据关联算法的研究和测试;第二阶段(20 世纪 90 年代初到 90 年代中期)以一级融合的技术测试为主,如多传感器目标跟踪和识别仿真试验平台;第三阶段(20 世纪 90 年代中期至今)引入人工智能专家系统技术,建立集目标跟踪与识别、态势与威胁估计于一体的仿真试验环境。加拿大开发了多传感器数据融合概念分析与仿真环境,该仿真环境直接为加拿大巡逻护卫舰的指控软件升级提供服务。2000 年 7 月,在巴黎召开的“FUSION 2000”国际会议上,“数据融合系统评估和试验床”作为特邀专题进行讨论,可见其研究和开发的重要性。目前,国外典型数据融合仿真试验平台如表 10-1 所列。

表 10-1　国外典型的数据融合仿真试验床

试验床名称	开发组织	开发起始时间(年)	功　能	特　色
DFTB(数据融合试验床)	以色列高级技术实验室	2000	用于多传感器目标跟踪算法的测试与评估	一种通用试验床,不受限于任何传感器和目标场景的特定配置
SRTE(实时仿真环境)	加拿大 Lockheed Martin 研究开发小组和国防研究机构实验室(DREV)	1999	实现一个包含场景生成、环境仿真、性能评估以及资源监控等工具的闭环式仿真试验床	可提供场景、目标生成器,以及传感器组合的高保真仿真等;态势威胁评估、资源管理的功能被表示成 KBS 顶层的知识源
Joint-FACET(联合/融合算法概念开发试验床)	荷兰、加拿大联合开发	1998	比较各种多传感器数据融合算法的性能	可产生、编辑测试场景,有多种 MSDF 算法;可使用仿真数据和军事演习中的测量数据
CASE-ATTI(自动目标跟踪与识别概念分析和仿真环境)	加拿大国防研究机构实验室(DREV)	1994	提供一级数据融合的算法级测试	具有高度模块化、结构化及灵活的特点;被测的融合算法可以是集中式、分布式和混合式的
MACET(模块化算法概念评估工具)	美国 WL/MNG 军械技术小组	1992	支持精确制导武器算法开发及评估研究	具有雷达、红外、被测毫米波、主动毫米波 4 个输入通道
ASSET(全源系统评估试验床)	美国弗吉尼亚大学并行计算学院	1990	测试评估军用数据关联算法	系统由信息产生器和测试模具两部分组成;评估指标采用关联算法输出的表达与基准表达之间的距离测度

在国内,国防科学技术大学胡卫东教授等人在“十五”期间提出了多传感器融合系统的跟踪性能评估指标[6];空军雷达学院肖兵副教授等人提出了性能度量、效能度量等多传感器数据融合性能评价指标[7];中国电子科技集团公司第 28 研究所于永生研究员在“十五”期间提出了多雷达数据融合情报质量评价指标[8],并在“十一五”期间进一步提出了目标状态融合和识别融合的指标体系[9]。

国内在信息融合仿真试验技术研究方面也取得较大发展,中国电子科技集团公司第 28 研究所建立了可供工程应用系统研制的 C^4ISR 仿真试验平台,并在“十一五”期间建立了信息融合技术专用测试评估平台。该信息融合试验平台在战场目标的战术活动、传感器的感知能力等仿真模拟方面,具有较高的逼真度;在被测试评估的信息融合产品类型方面,可以是算法模型、单项信息融合技术产品或多项信息融合技术合成的系统;在指标评价方面,主要针对战场目标的融合状态性能和属性融合识别结果。

10.2　信息融合技术指标

本章基于中国电子科技集团公司第 28 研究所“十一五”期间建立的信息融合应用试

验平台及试验系统结构,介绍信息融合技术验证与评估方法。其中以融合目标的航迹状态为主,描述信息融合技术指标,大体包括3类:

(1) 目标航迹的精确性指标。

(2) 目标航迹的时效性指标。

(3) 目标航迹的应用性指标。

基于以上目标状态融合指标体系考虑,本节重点介绍信息融合试验平台所采用的跟踪目标数、目标连续跟踪率、目标定位精度、目标航迹的横向偏差、目标速度的精度、目标航向的精度、目标关联正确率、目标航迹起始时延和假航迹系数等9项融合技术指标,采用的几个概念如下:

(1) 真目标航迹:雷达探测的各种运动目标的实际航迹。

(2) 假航迹:在一定条件下雷达探测的杂波形成的虚假航迹。

(3) 能跟踪时间:在雷达探测网中,同一个目标从第一部雷达探测发现到最后一部雷达探测消失所经历的时间。

(4) 基准运动状态:运动目标在某坐标系下的真实时空位置、速度和航向等状态。

10.2.1 跟踪目标数

检验被测信息融合系统所跟踪的目标的最大数量。用单位时间分割整个验证试验时间,对被测信息融合系统输出的所有目标航迹,计算每个单位时间内跟踪的目标总数,统计单位时间内跟踪目标的平均总数,作为跟踪的目标平均数;将单位时间内跟踪的目标总数最大值,作为跟踪的目标最大数。

$$\text{跟踪的目标平均数} = \frac{\sum_{i=1}^{N} m_i}{N} \tag{10-1}$$

$$\text{跟踪的目标最大数} = \max\{m_1, m_2, \cdots, m_i, \cdots, m_N\} \tag{10-2}$$

式中: m_i 为第 i 个单位时间内跟踪的目标总数,共有 N 个单位统计时间。

10.2.2 目标连续跟踪率

检查被测信息融合系统输出的真目标航迹跟踪时间与能跟踪时间的比值。本指标衡量被测系统对目标的跟踪率,即被测系统掌握目标的时间比例。该时间比例越大,被测系统掌握目标的连续性越高。

在整个试验期间内,对被测信息融合系统输出的所有真目标航迹按照统一要求的目标更新周期 T,分别进行丢点周期和跟踪点周期统计计算,得到丢点总时间和跟踪点总时间;计算每一条目标航迹的首点和消失点的时间,得到该目标航迹的存在时间,统计这个时间得到目标应能跟踪时间。将跟踪点总时间除以能跟踪时间得到连续跟踪目标率,将所有目标的跟踪点总时间之和除以航迹总数得到真目标平均跟踪时间,将所有目标的丢点总时间之和除以航迹总数得到真目标平均跟踪中断时间。具体计算公式如下:

设: Δt_k = 目标 k 本点时刻 - 目标 k 上点时刻, T 为测量周期。

当 $\Delta t_k > 1.5T$ 时, $t_{kj} = \Delta t_k$,为目标 k 第 j 个丢点段 (10-3)

$$\Delta t_k \leqslant 1.5T \text{时}, t_{ki} = \Delta t_k \text{，为目标 } k \text{ 第 } i \text{ 个丢点段} \quad (10-4)$$

$$\Delta T_k = \text{消失时刻} - \text{首点时刻,为目标 } k \text{ 能跟踪时间} \quad (10-5)$$

得到

$$\text{丢点总时间}: T_d = \sum_{k=1}^{L} \sum_{j=1}^{N_k} t_{kj} \quad (10-6)$$

$$\text{跟踪点总时间}: \quad T_x = \sum_{k=1}^{L} \sum_{i=1}^{M_k} t_{ki} \quad (10-7)$$

$$\text{能跟踪时间}: T_z = \sum_{k=1}^{L} \Delta T_k \quad (10-8)$$

则

$$\text{目标连续跟踪率} = \frac{T_x}{T_z} \quad (10-9)$$

$$\text{平均跟踪时间} = \frac{T_x}{L} \quad (10-10)$$

$$\text{平均中断时间} = \frac{T_d}{L} \quad (10-11)$$

式中：L 为被测信息融合系统输出真目标航迹数；N_k 为第 k 条航迹丢点总段数；M_k 为第 k 条航迹跟踪点总段数。

10.2.3 目标定位精度

检查被测信息融合系统输出的目标航迹位置精度。通过与目标的标准位置对比，计算位置误差的均值和离散值。该指标是衡量被测系统的处理精度，即被测系统掌握的目标精确性和消除测量误差的能力。目标位置误差的均值和离散值越小，被测系统掌握目标的精度越高。

在整个试验期间内，对被测信息融合系统输出的所有真目标航迹的坐标进行采样：目标位置为 $(x_{ij}, y_{ij}, h_{ij}, t_{ij})$，基准位置为 $(\bar{x}_{ij}, \bar{y}_{ij}, \bar{h}_{ij}, t_{ij})$，其中下标 i 表示航迹编号，下标 j 表示航迹上位置点编号。计算所有航迹的坐标差值 $(x_{ij} - \bar{x}_{ij})$ 和 $(y_{ij} - \bar{y}_{ij})$，并进行点估计，得到相应的位置误差均值和均方根差指标。

1. 位置误差均值

第 i 条航迹第 j 个位置点与基准点的坐标差：

$$dx_{ij} = x_{ij} - \bar{x}_{ij} \quad dy_{ij} = y_{ij} - \bar{y}_{ij} \quad (10-12)$$

第 i 条航迹坐标平均误差值：

$$\bar{dx}_i = \frac{1}{M_i} \sum_{j=1}^{M_i} dx_{ij} \quad \bar{dy}_i = \frac{1}{M_i} \sum_{j=1}^{M_i} dy_{ij} \quad (10-13)$$

式中：M_i 为第 i 条航迹的总点数。

位置误差均值：

$$\bar{dx} = \frac{1}{N} \sum_{i=1}^{N} \bar{dx}_i \quad \bar{dy} = \frac{1}{N} \sum_{i=1}^{N} \bar{dy}_i \quad (10-14)$$

式中：N 为被测系统输出的总航迹数。

2. 位置误差均方根差

$$s_{x_i} = \frac{1}{M_i}\sum_{j=1}^{M_i}(dx_{ij} \times dx_{ij}) \quad s_{y_i} = \frac{1}{M_i}\sum_{j=1}^{M_i}(dy_{ij} \times dy_{ij}) \tag{10-15}$$

$$s_x = \frac{1}{N}\sum_{i=1}^{N} s_{x_i} \quad s_y = \frac{1}{N}\sum_{i=1}^{N} s_{y_i} \tag{10-16}$$

位置误差均方根差：

$$\sigma_x = \sqrt{s_x} \quad \sigma_y = \sqrt{s_y} \tag{10-17}$$

10.2.4 目标航迹横向偏差

检查被测信息融合系统输出的目标航迹横向偏差的均方差。它是衡量被测系统的目标航迹平滑性指标。横向偏差的离散值越小，目标的航迹越平滑，平滑的目标航迹具有重要的作战应用效能。

在整个试验期间内，对被测信息融合系统输出的所有真目标航迹，对每一条目标航迹在直线段的横向偏差进行采样：$d_{ij} = (x_{i,j} - x_{i,j-1}) \times \cos \overline{K_{ij}} - (y_{i,j} - y_{i,j-1}) \times \sin \overline{K_{ij}}$，其中下标 i 表示航迹编号，下标 j 表示构成航迹的位置点编号；$\overline{K_{ij}}$ 是基准航向，d_{ij} 是其横向偏差。对所有航迹的横向偏差 d_{ij} 进行点估计，得到相应的横向偏差均值和均方根差，计算公式如下。

1. 横向偏差均值

第 i 条航迹横向偏差均值：

$$d_i = \frac{1}{M_i - 1}\sum_{j=2}^{M_i} d_{ij} \tag{10-18}$$

式中：M_i 为第 i 条航迹的总点数。

横向偏差均值：

$$\bar{d} = \frac{1}{N}\sum_{i=1}^{N} d_i \tag{10-19}$$

式中：N 为被测系统输出的航迹总数。

2. 横向偏差均方根差

$$s_i = \frac{1}{M_i - 1}\sum_{j=2}^{M_i}(d_{ij} \times d_{ij}) \tag{10-20}$$

$$s = \frac{1}{N}\sum_{i=1}^{N} s_i \tag{10-21}$$

横向偏差均方根差：

$$\sigma_{hx} = \sqrt{s} \tag{10-22}$$

10.2.5 目标速度精度

检查被测信息融合系统输出的目标速度精度。通过与目标的基准速度对比，计算速度的平均误差和离散统计值。它是衡量被测系统的速度处理精度，即被测系统掌握的目标速度精确性和消除测量误差的能力。显然,速度误差的平均值和离散统计值越小,被测系统掌握目标的速度精度越高。

在整个试验期间内,对被测信息融合系统输出的所有真目标航迹的位置点在非速度机动段进行速度采样:目标速度为 $(v_{x_{ij}}, v_{y_{ij}}, t_{ij})$,基准速度为 $(v_{\bar{x}_{ij}}, v_{\bar{y}_{ij}}, t_{ij})$,其中下标 i 表示航迹编号,下标 j 表示构成航迹的位置点编号。对所有航迹点上估计的速度差值进行点估计,得到相应的速度误差均值和均方根差,计算公式如下。

1. 速度误差均值

第 i 条航迹第 j 个坐标点与基准点的速度差:

$$dv_{x_{ij}} = v_{x_{ij}} - v_{\bar{x}_{ij}} \quad dv_{y_{ij}} = v_{y_{ij}} - v_{\bar{y}_{ij}} \tag{10-23}$$

第 i 条航迹速度平均误差值:

$$dv_{x_i} = \frac{1}{M_i}\sum_{j=1}^{M_i} dv_{x_{ij}} \quad dv_{y_i} = \frac{1}{M_i}\sum_{j=1}^{M_i} dv_{y_{ij}} \tag{10-24}$$

式中:M_i 为第 i 条航迹的总点数。

速度误差均值:

$$\overline{dv}_x = \frac{1}{N}\sum_{i=1}^{N} dv_{x_i} \quad \overline{dv}_y = \frac{1}{N}\sum_{i=1}^{N} dv_{y_i} \tag{10-25}$$

式中:N 为被测系统输出的总航迹数。

2. 速度误差均方根差

$$s_{v_{x_i}} = \frac{1}{M_i}\sum_{j=1}^{M_i}(dv_{x_{ij}} \times dv_{x_{ij}}) \quad s_{v_{y_i}} = \frac{1}{M_i}\sum_{j=1}^{M_i}(dv_{y_{ij}} \times dv_{y_{ij}}) \tag{10-26}$$

$$s_{v_x} = \frac{1}{N}\sum_{i=1}^{N} s_{v_{x_i}} \quad s_{v_y} = \frac{1}{N}\sum_{i=1}^{N} s_{v_{y_i}} \tag{10-27}$$

速度误差均方根差:

$$\sigma_{v_x} = \sqrt{s_{v_x}} \quad \sigma_{v_y} = \sqrt{s_{v_y}} \tag{10-28}$$

10.2.6 目标航向精度

检查被测信息融合系统输出的目标航向精度。通过与目标的基准航向对比,计算航向的平均误差和离散值。它是衡量被测系统的航向处理精度,即被测系统掌握的目标航向精确性和消除测量误差的能力。显然,同目标的真实航向相比,航向误差的平均值和离散统计值越小,被测系统掌握目标的航向精度越高。

在整个试验期间内,对被测信息融合系统输出的所有真目标航迹的非航向机动段进行航向采样:目标航向坐标为 (K_{ij}, t_{ij}),基准航向为 $(\overline{K_{ij}}, t_{ij})$,其中下标 i 表示航迹编号,下标 j 表示构成航迹的位置点编号。对所有航迹点上的相应航向偏差进行估计,并进一步计算相应的航向误差均值和均方根差,计算公式如下。

1. 航向误差均值

第 i 条航迹第 j 个坐标点与标准点的航向差:

$$dK_{ij} = K_{ij} - \overline{K_{ij}} \tag{10-29}$$

第 i 条航迹航向平均误差值:

$$dK_i = \frac{1}{M_i}\sum_{j=1}^{M_i} dK_{ij} \tag{10-30}$$

式中：M_i 为第 i 条航迹的总点数。

航向误差均值：

$$\bar{d}K = \frac{1}{N}\sum_{i=1}^{N} dK_i \tag{10-31}$$

式中：N 为被测系统输出的总航迹数。

2. 航向均方误差

$$K_i = \frac{1}{M_i}\sum_{j=1}^{M_i} (dK_{ij} \times dK_{ij}) \tag{10-32}$$

$$K = \frac{1}{N}\sum_{i=1}^{N} K_i \tag{10-33}$$

航向均方根误差：

$$\sigma_K = \sqrt{K} \tag{10-34}$$

10.2.7 目标关联正确率

检查被测信息融合系统准确掌握目标的能力。通过目标的真实数量与被测系统输出的目标数量对比，衡量被测系统掌握真实目标、抑制错误目标的能力，即正确跟踪目标的能力。显然，正确关联概率越大，被测系统正确掌握、跟踪目标的能力和可靠性越强。

在整个试验期间内，对被测信息融合系统输出的所有目标航迹进行统计，得到输出目标航迹总数（不含假目标）M；对输出的所有真目标航迹进行统计，得到输出真目标航迹总数 M_{zo}；对所有信息源输入的真目标航迹进行关联统计，得到输入真目标航迹总数 M_{zi}；对基准源与输入源相关的真目标进行统计，得到基准目标总数 M_{zb}，计算公式如下。

$$\text{关联正确率} = \frac{M_{zo}}{M_{zb}} \tag{10-35}$$

$$\text{冗余航迹率} = (M - M_{zo})/M_{zb} \tag{10-36}$$

$$\text{漏航迹率} = (M_{zi} - M_{zo})/M_{zb} \tag{10-37}$$

10.2.8 目标航迹起始时延

检查新目标的识别判定时间。对于多传感器目标跟踪的新目标起始，实际上是衡量被测系统对新目标的判定能力，即确认目标是新目标的判定时间。目标航迹起始时延越小，被测系统判定真目标越快。

在整个试验期间内，对被测信息融合系统输出的目标综合航迹首点时刻采样 t_i；在与输出的该目标综合航迹相关的各信息源的局部航迹中，选择最先发现目标的局部航迹首点时刻 t'_i；其中 i 是航迹编号。对所有综合航迹的首点时刻差值 $(t_i - t'_i)$ 进行点估计，得到所有目标航迹起始平均时延均值及其均方根。记录最大的航迹首点时刻差值，得到目标航迹起始最大时延，计算公式如下。

1. 航迹起始时延均值

第 i 条航迹的起始时延：

$$\Delta t_i = t_i - t'_i \tag{10-38}$$

起始时延均值：

$$\overline{\Delta t} = \frac{1}{N}\sum_{i=1}^{N}\Delta t_i \tag{10-39}$$

式中：N 为被测系统输出的总航迹数。

2. 起始时延均方根

$$\Delta t = \frac{1}{N}\sum_{i=1}^{N}(\Delta t_i \times \Delta t_i) \tag{10-40}$$

起始时延均方根：

$$\sigma_t = \sqrt{\Delta t} \tag{10-41}$$

3. 最大起始时延

$$t_{\max} = \max\{\Delta t_1, \Delta t_2, \cdots, \Delta t_i, \cdots, \Delta t_N\} \tag{10-42}$$

10.2.9 假航迹系数

检查被测信息融合系统输出的总目标航迹中，假目标航迹所占的比率，是衡量被测系统处理假目标的能力，即被测系统对假目标的抑制率。假航迹系数越小，被测系统跟踪的假目标比例越小。

在整个试验期间内，统计被测信息融合系统输出假目标航迹数，得到输出假目标总数 M_f；统计所有的输出真目标航迹数，得到输出真目标总数 M_t。于是，可以得到

$$\text{假航迹系数} = M_f/(M_t + M_f) \tag{10-43}$$

10.3 信息融合技术验证试验平台结构与功能

10.3.1 验证试验平台的主要功能

信息融合技术验证试验平台主要具有以下功能：

(1) 可进行信息融合算法模型、单项信息融合技术和多项信息融合技术合成系统等产品的性能测试和指标统计分析。

(2) 信息融合产品与试验平台是独立的两个部分，信息交互符合实际应用的环境要求。

(3) 提供多种标准信息接口，满足产品的不同信息传输格式约定要求。

(4) 提供良好的人机界面、显示测试过程中的各种试验信息。

(5) 能够仿真战场目标活动和各种传感器对目标的感知过程（主要是固定和运动平台的各种雷达、ESM 等传感器）。

(6) 可进行验证试验信息和指标评估信息重演。

10.3.2 验证试验平台组成及其功能

信息融合技术验证试验平台是对信息融合技术产品的功能、性能进行试验测试和评

估的平台,可对多个被测信息融合产品同时进行验证试验,为各被测信息融合产品提供客观、可信的评估结果。信息融合技术验证试验平台由被测信息融合产品运行载体、测试评估设备和仿真信息源3部分组成,如图10-1所示。

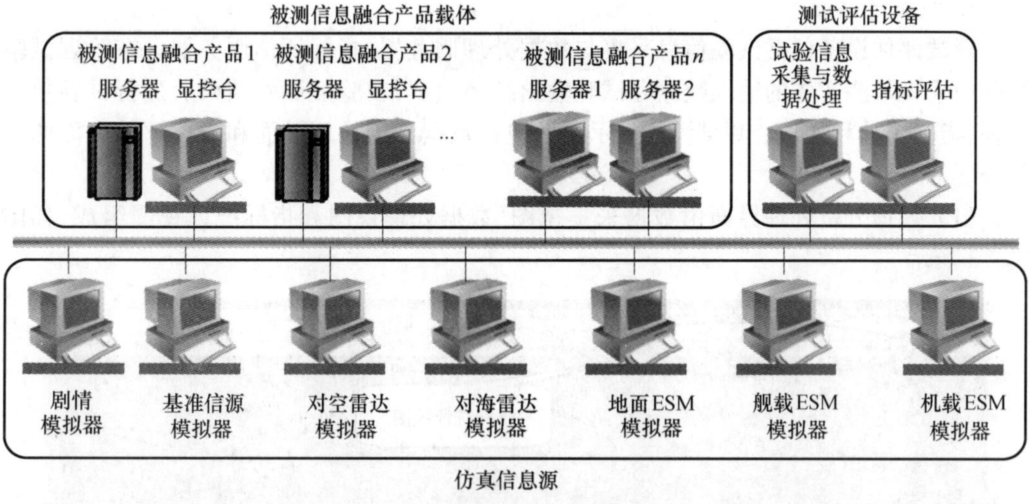

图10-1 信息融合技术验证试验平台组成

1. 仿真信息源

仿真信息源模拟验证试验需要的战场目标活动和传感器对目标的感知过程,包括剧情仿真、基准信源仿真、对空雷达仿真、对海雷达仿真、地面ESM仿真、舰载ESM仿真和机载ESM仿真等信息源模拟器。验证试验的仿真环境如图10-2所示。

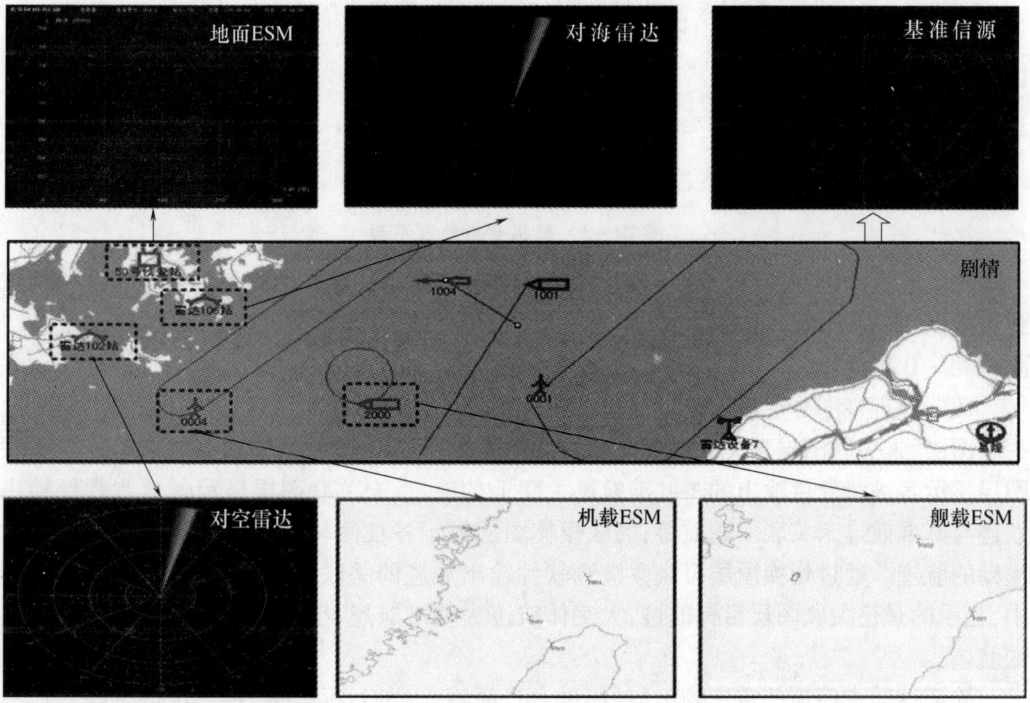

图10-2 仿真信息源界面

2. 被测信息融合产品载体

被测信息融合产品为可独立运行的软件,产品载体设备(硬/软件)对其进行安装、连接和输入信息接入与运行控制等。

3. 测试评估设备

测试评估设备包括试验信息采集与数据处理服务器、指标评估服务器。在验证试验过程中采集被测实体的输入数据和试验输出结果数据,在验证试验结束后进行试验数据处理、指标统计和评估。测试评估显示界面包括数据分析处理界面和指标评估界面两个部分。

(1) 数据分析处理界面由数据采集视图、数据处理视图和指标统计视图组成,如图10-3所示。

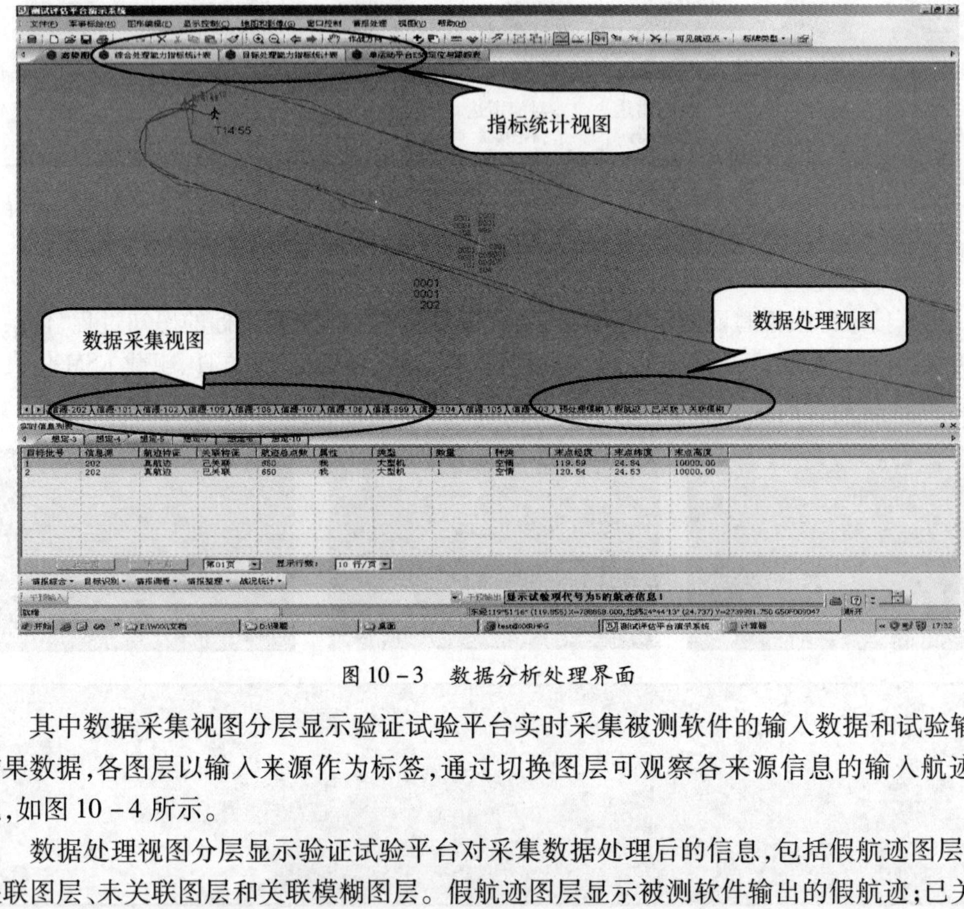

图10-3 数据分析处理界面

其中数据采集视图分层显示验证试验平台实时采集被测软件的输入数据和试验输出结果数据,各图层以输入来源作为标签,通过切换图层可观察各来源信息的输入航迹情况,如图10-4所示。

数据处理视图分层显示验证试验平台对采集数据处理后的信息,包括假航迹图层、已关联图层、未关联图层和关联模糊图层。假航迹图层显示被测软件输出的假航迹;已关联图层显示各被测软件输出的与基准航迹关联上的航迹;未关联图层显示各被测软件输出航迹与基准航迹未关联上的航迹;关联模糊图层显示各被测软件输出的与基准航迹关联模糊的航迹。通过切换图层可观察被测软件输出航迹的关联情况,如图10-5所示。其中,显示的是已关联图层目标航迹,大字体航迹为基准航迹,小字体航迹为被测软件输出的航迹。

验证试验中模拟的雷达输出(被测融合产品输入)的目标航迹、被测试信息融合产品输出的目标航迹与(模拟的)真实目标航迹的关联是在被测信息融合软件输出数据记录

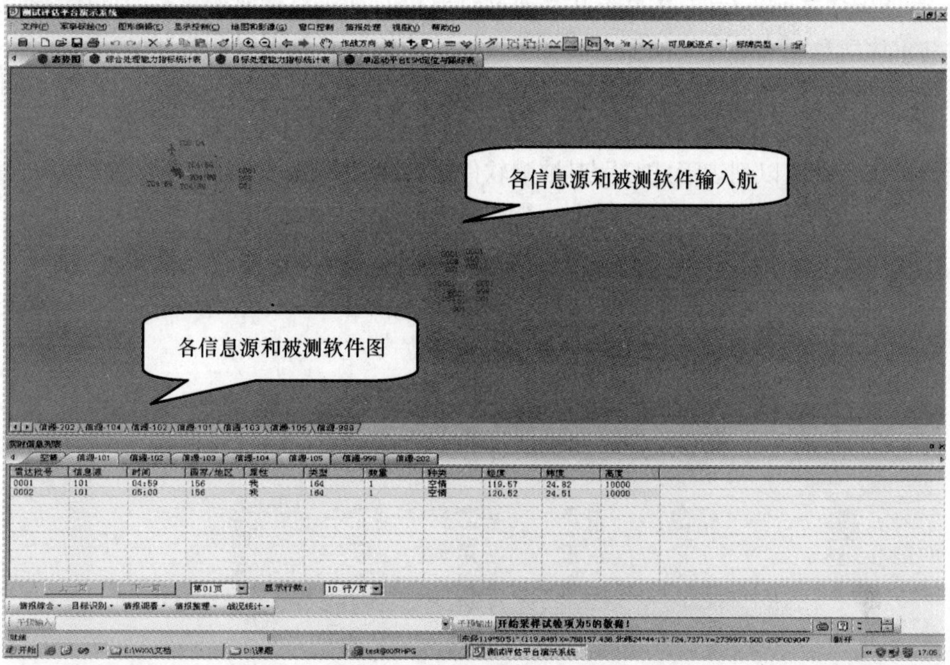

图 10－4　数据采集视图界面

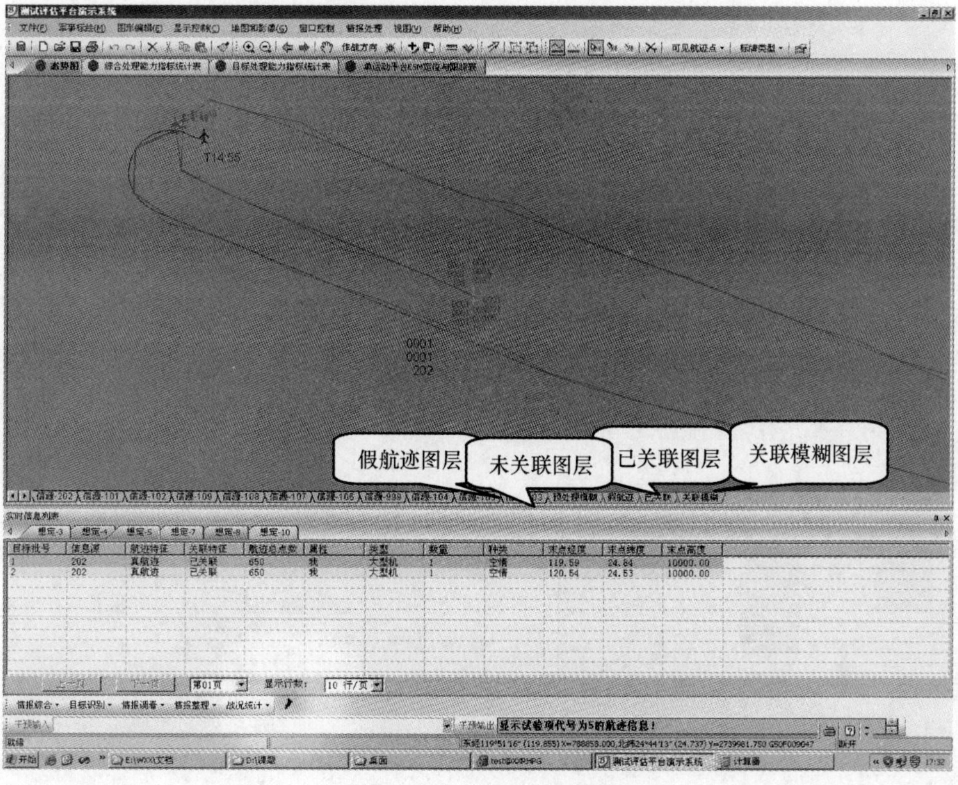

图 10－5　数据处理视图界面

之后、性能评估之前进行的，关联方法是通过对模拟的真实目标航迹进行空间坐标插值，获得与雷达信息源或融合产品输出的每条目标航迹的所有发现时刻点相对应的位置点，然后统计出相应坐标差值的均值和均方根差，在均方根差小于指定关联门限的模拟目标航迹中，选取均值最小的模拟目标航迹为与该融合产品输出目标关联的航迹。

指标统计视图以列表形式显示对被测软件试验结果的指标统计结果。如图 10－6 所示，左列显示的为统计的指标项，最上一行显示参与验证试验的被测系统及其信息源。

目标处理能力指标统计表

指标名称	信源1	信源2	信源3	信源4	融合系统
实时跟踪目标数	6	6	6	6	6
正确关联概率	1.00	1.00	1.00	1.00	0.83
虚警率	0.00	0.00	0.00	0.00	0.17
漏警率	0.45	0.45	0.45	0.45	0.55
连续跟踪目标系数	0.85	0.86	0.79	0.83	--
航迹平均系数	1.00	1.00	1.00	1.00	1.00
假航迹平均系数	0.00	0.00	0.00	0.00	0.00
航迹平均跟踪时间	69.66s	69.37s	51.74s	55.60s	--
航迹平均跟踪中断时间	12.44s	11.46s	13.54s	11.37s	--
假航迹平均跟踪时间	0.00s	0.00s	0.00s	0.00s	--
目标航迹起始平均时延	--	--	--	--	--
目标航迹起始最大时延	--	--	--	--	--
X方向定位平均精度	-12.91m	-19.81m	-1.13m	-0.65m	55.22m
X方向定位均方根差	372.98	620.85	11.45	10.84	1111.07
Y方向定位平均精度	10.35m	18.64m	-0.71m	-1.66m	201.13m
Y方向定位均方根差	342.71	570.39	12.94	12.83	1227.94
横向偏差平均精度	-4.57m	-2.77m	-0.15m	0.26m	-34.94m
横向偏差均方根差	362.13	613.29	11.99	11.63	466.59
速度平均精度	0.00m/s	0.00m/s	0.00m/s	0.37m/s	2.56m/s
速度均方根差	0.00	0.00	0.00	9.61	24.14
航向平均精度	-0.00rad	-0.00rad	0.01rad	0.00rad	0.01rad
航向均方根差	0.02	0.02	0.24	0.13	0.52
敌我识别正确概率	--	--	--	--	--
类型识别正确概率	--	--	--	--	--
数量识别正确概率	--	--	--	--	--

图 10－6　指标统计视图界面

（2）图 10－7 给出了由表格区、图形区和右侧的选项区等 3 部分组成的指标评估界

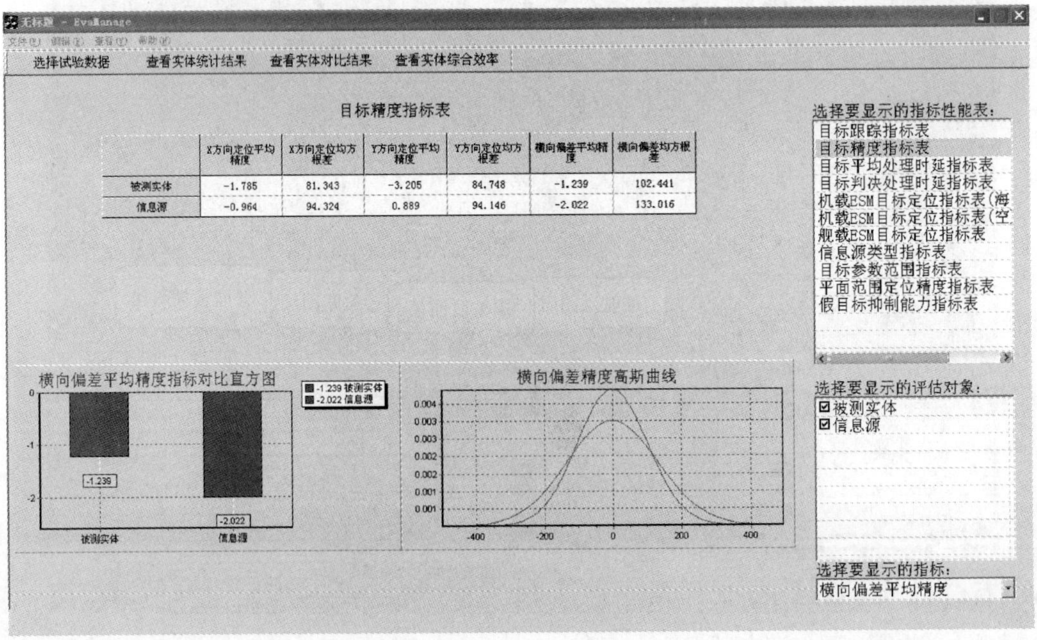

图 10－7　指标评估界面

面。其中,表格区显示各被测信息融合软件的指标数据,图形区以柱状图、曲线图直观反映出各被测信息融合软件的指标评估结果,选项区可进行指标项和评估对象的选取。通过表、图的联动,可以方便快捷地了解各被测信息融合软件的评估结果。

10.3.3 运行环境

1. 软件配置

(1) 应用软件配置。信息融合技术验证试验与评估应用软件配置及功能如表 10-2 所列。

表 10-2 信息融合技术验证试验应用软件配置清单

序号	软件模块	功　能
1	数据处理软件	对被测信息融合产品数据进行采集和数据处理
2	综合显示软件	在二维界面显示对被测系统采集和处理后的信息
3	指标评估软件	对被测信息融合产品指标进行评估
4	评估显示软件	显示对被测信息融合产品的测试评估结果
5	剧情产生软件	制作测试评估想定,包括雷达探测信息、目标运动状态等信息
6	标准信源模拟软件	将剧情产生器产生的目标情报真值,转为探测情报格式,作为进行测试评估的基准信息
7	传感器模拟软件	接收剧情产生器产生的目标真值,按照各传感器的探测模型和设定的设备状态,模拟产生对目标的探测信息
8	总控软件	对验证试验平台各部分的运行过程进行总控

(2) 平台软件配置。信息融合技术验证试验平台软件包括系统软件和运行环境支持软件两类。

① 系统软件。

PC 操作系统:Windows 2000。

网络协议:TCP/IP 协议簇。

② 运行环境支持软件。

通用文字处理软件:Word 7.0 以上,WPS 2000。

数据库管理系统软件:Oracle 8.0 以上。

图形支持软件:GIS、MGIS。

2. 设备配置

信息融合技术验证试验平台的设备配置包括仿真信息源设备、测试评估设备,设备清单如表 10-3 所列。

表 10-3 信息融合技术验证试验平台设备清单

序号	设备类型	型　号	单位	数量	备注
1	剧情产生器		台	1	
2	标准信源模拟器		台	1	
3	雷达模拟器(对空、对海)	DELL T5400	台	1	
4	地面 ESM 模拟器		台	1	
5	运动 ESM 模拟器(机载、舰载)		台	1	

（续）

序号	设 备 类 型	型　号	单位	数量	备注
6	数据处理及数据库服务器	HP ProLiant ML370 G5	台	1	
7	指标评估	DELL T5400	台	1	
8	路由器及电缆	WIC－2T SS－CAB－V.35MT	套	1	
9	交换机	华为 S1016	台	1	

信息融合技术验证试验平台实物环境如图 10－8 所示。

图 10－8　信息融合技术验证试验平台实物环境图

10.3.4　接口描述

1. 硬件接口

信息融合技术验证试验平台在局域网内搭建,系统内设备采用的接口为速率 100M 的以太网卡接口,通信协议采用 GJB 4908 网络协议。

2. 软件接口

信息融合技术验证试验平台的信息交互关系如图 10－9 所示。

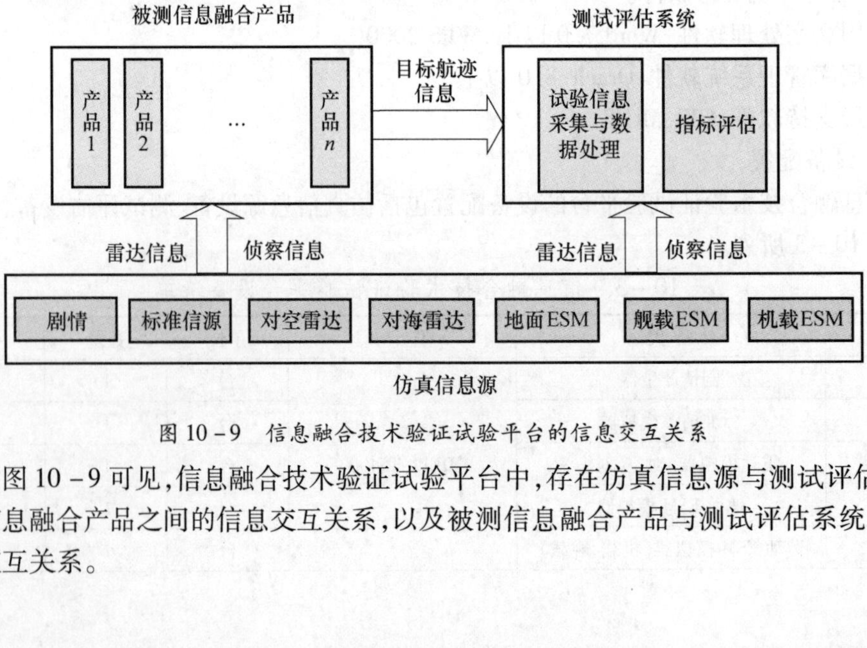

图 10－9　信息融合技术验证试验平台的信息交互关系

由图 10－9 可见,信息融合技术验证试验平台中,存在仿真信息源与测试评估系统、被测信息融合产品之间的信息交互关系,以及被测信息融合产品与测试评估系统之间的信息交互关系。

(1) 测试评估系统接收被测信息融合产品试验输出的目标航迹信息。

(2) 测试评估系统、被测信息融合产品接收其所需要的仿真信息源发送的各类传感器目标探测和侦察信息。

(3) 测试评估系统接收仿真信息源发送的仿真信源产生的目标基准航迹信息。

信息融合技术验证试验平台的内部信息交互关系与格式如表 10－4 所列。

表 10－4　系统内部信息交互关系与格式

序号	信 源	信 宿	信息交换内容	信息形式	信息交换格式
1	仿真信息源	测试评估系统	雷达信息 侦察信息	数据格式报	QDB12A—2004 格式 GJB 701. 6—89 格式 GJB 5779. 3—2006 格式等
2		被测信息融合产品			
3	被测信息融合产品	测试评估系统	目标航迹信息	数据格式报	QDB12A—2004 格式 GJB 701. 6—89 格式 GJB 5779. 3—2006 格式等

10.3.5　时间同步

系统的时间同步采用国际通用的网络时间协议服务(NTP-SERVER),基于 NTP 对网络各节点时钟设备进行精确的时间同步服务。

10.4　验证试验工作过程

信息融合技术验证试验工作过程包括试验准备、试验运行与数据采集、统计分析评估等 3 个阶段。

10.4.1　试验准备阶段

试验准备阶段包括验证试验想定制作和被测信息融合软件接入两个部分,信息流程如图 10－10 所示。

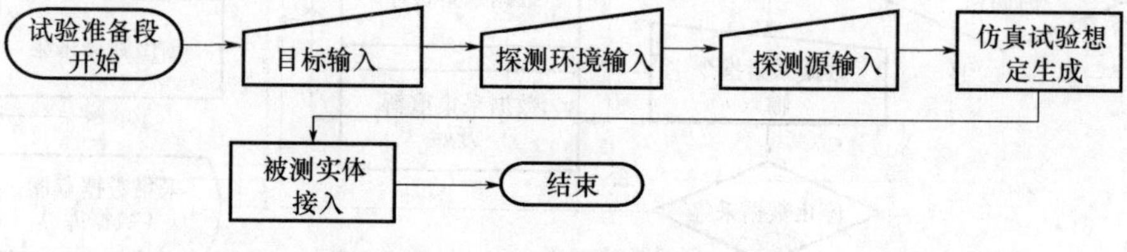

图 10－10　试验准备阶段信息流程图

1. 验证试验想定制作

按照制定好的信息融合技术通用验证试验作战活动剧情,将本次验证试验所需要的战场目标、探测源和战场环境等类数据,输入计算机,主要内容如下。

目标:包括各类战场目标及其类型、属性、数量和运动轨迹等。

探测信息源:包括各类探测/侦察平台及其携载传感器型号及其种类、位置、作用距离、探测信息内容和精度等。

探测环境:包括探测区域范围;区域内杂波类型、位置和分布密度;杂波体大小、出现时间和出现率等。

按照已输入计算机的剧情，将目标、探测信息源、杂波等分别以预设模板格式整理，存入测试评估想定数据区。按照想定时空要求，用想定的目标、杂波、假目标等信息驱动探测信息源的探测/侦察仿真。目标探测仿真受控于测试评估控制管理软件。

2. 被测信息融合软件接入

被测信息融合软件主要由用户提供，用户需提供符合测试评估平台要求的信息融合软件有关接口。被测软件分两级，即系统级和模块级，验证试验平台可以按需控制接入。

10.4.2 试验运行与数据采集阶段

试验数据采集阶段信息流程如图10-11所示。在试验数据采集过程中，可以按照数据采集过程的需求，对试验想定的执行进行调整，对测试评估对象、探测源、探测环境进行反馈控制；以及根据实验要求，对数据采集过程进行开始、暂停和结束等控制。

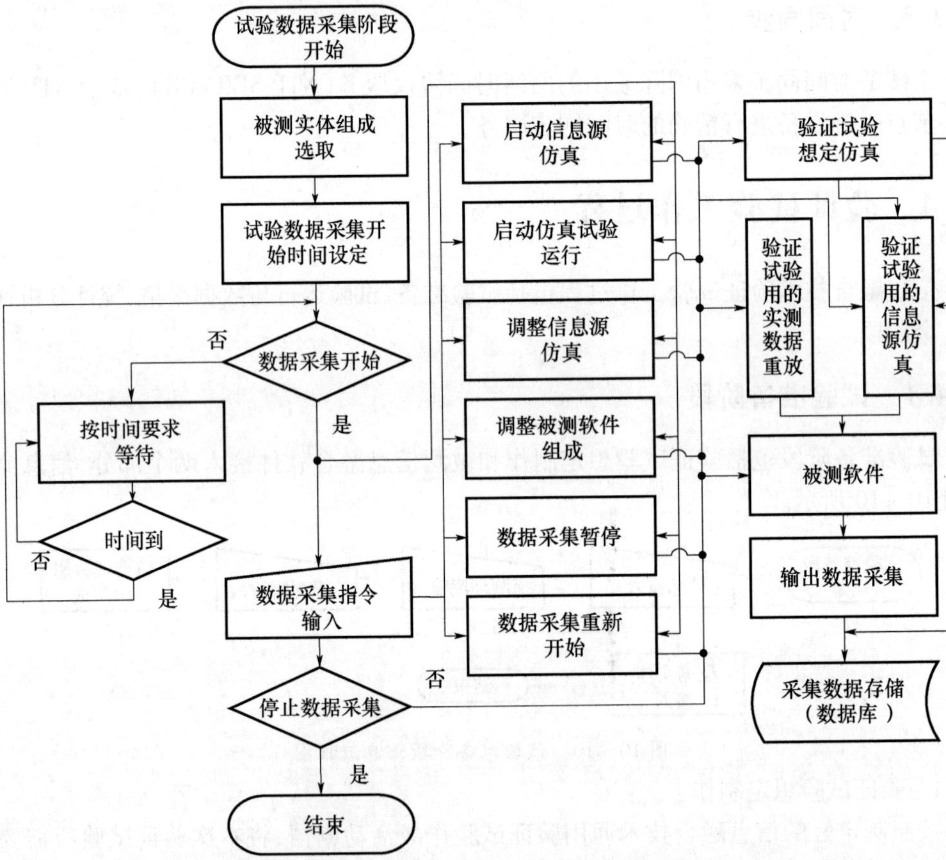

图10-11　试验数据采集阶段信息流程图

探测源的探测仿真结果，储存到信息源数据区中，为效能评估提供数据。

实体运行的中间结果和最终结果，储存到信息源信息区，为指标统计、分析和评估提供数据。

10.4.3 统计分析评估阶段

在试验数据采集结束后，先确定评估指标的测试范围、指标评估的权系数，选择采集记录的测试结果数据，然后进行记录数据分类统计和分析，以及进行被测信息融合软件模块系统性能指标的计算与评估等。统计分析评估阶段的信息流程如图 10－12 所示。

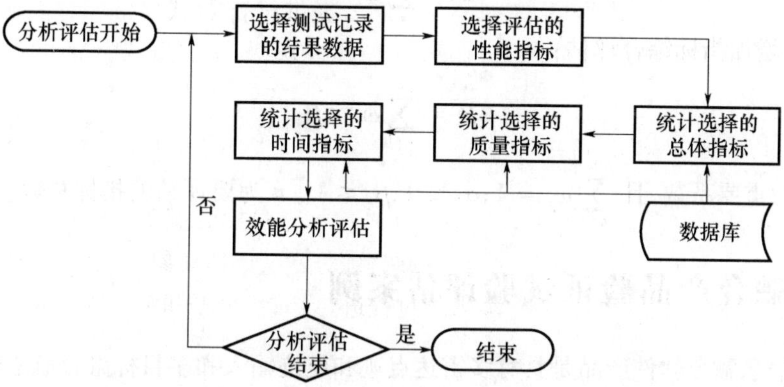

图 10－12　统计分析评估阶段信息流程图

10.5 信息融合技术评估通用实现方法

10.5.1 指标值定义

（1）融合指标的规定值：根据被测信息融合技术的需求而确定的指标值 $A_i(i=1,2,\cdots,n)$，如跟踪目标数、连续跟踪目标效率、目标定位精度、目标航迹的横向偏差、目标速度的精度、目标航向的精度、目标正确关联率、目标航迹起始时延和假航迹系数等需求指标值。

（2）融合指标的试验测试值：在仿真环境条件下对相应的信息融合技术需求指标 A_i 的指标测试值 $B_i(i=1,2,\cdots,n)$。

（3）信息源输入指标的测试值：对信息源输入数据（点迹或航迹）指标测试值 $D_i(i=1,2,\cdots,n)$，基本上与 A_i、B_i 相对应。

10.5.2 指标值评估方法

1. 单项指标的评估

① 当 $A_i > B_i$ 时，指标达到规定（需求）的程度：

$$\alpha_i = B_i/A_i \tag{10-44}$$

输入/输出指标对比，即指标改善程度：

$$\beta_i = B_i/D_i \tag{10-45}$$

② 当 $A_i < B_i$ 时，指标达到规定的程度：

指标能力超出（规定）量：

$$DBA_i = B_i - A_i \tag{10-46}$$

指标相对超出比率：

$$\alpha_i = DBA_i / A_i \tag{10-47}$$

2. 指标的综合评估

达到指标综合评估：

$$\alpha = \sum_{i=1}^{n} \omega_i \times \alpha_i \tag{10-48}$$

改善/增加指标综合评估：

$$\beta = \sum_{i=1}^{n} \omega_i \times \beta_i \tag{10-49}$$

式中：ω_i 为重要系数，且 $\sum_{i=1}^{n} \omega_i = 1$；$\alpha_i \leqslant 1$，$\beta_i \leqslant 1$，$n$ 为要评估的指标总数。

10.6 融合产品验证试验评估案例

被测信息融合软件产品是具有多雷达点迹和航迹输入和多目标融合航迹输出的多雷达数据融合系统。该验证试验评估的指标包括跟踪目标数和平均跟踪率、目标位置精度、目标关联正确率和综合航迹起始时延等指标。

10.6.1 试验内容

1. 验证试验的环境

验证试验想定共模拟空中目标 100 批，目标速度 600km/h ~ 1200 km/h，目标最小间隔 5km，目标机动最大转弯坡度 70°。2 部雷达模拟目标点迹输出，2 部雷达模拟目标航迹输出，雷达扫描周期 10s，雷达测量随机误差：方位 0.12°、斜距 150m。空情态势如图 10－13 所示。

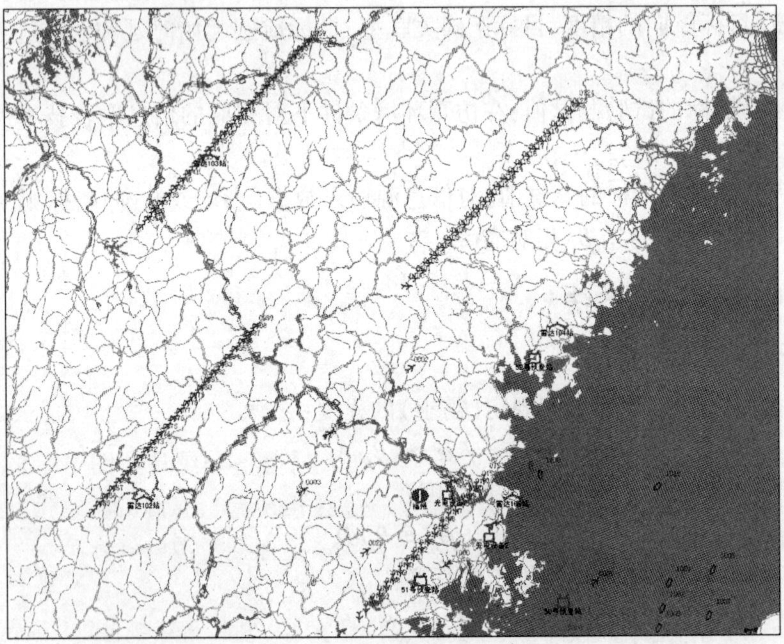

图 10－13 验证试验想定空情态势图

2. 验证试验过程

（1）被测的多雷达数据融合系统接收验证试验平台仿真信息源的2部雷达目标点迹探测信息，经过2次验证试验，调整相关处理模型和算法，实现目标的稳定跟踪。

（2）被测实体接收验证试验平台仿真信息源的2部雷达目标航迹探测信息，经过3次验证试验，调整相关处理模型和算法，实现目标的稳定跟踪。

（3）由被测的多雷达数据融合系统的"点航融合软件模块"，接收验证试验平台仿真信息源的2部雷达目标点迹探测信息经过融合处理后再传送到由被测实体的"航航融合软件模块"，经过3次验证试验，调整相关的处理模型和算法，实现目标的稳定跟踪。

10.6.2 验证试验结果

1. 测试结果

（1）目标跟踪能力。

平均跟踪时间：774.366 s

平均跟踪率：0.9904

（2）目标位置精度。

目标 x 方向的定位精度：

误差平均值：-1.785 m

误差均方根差：81.343 m

目标 y 方向的定位精度：

误差平均值：-3.205 m

误差均方根差：84.748 m

目标航迹横向偏差：

偏差平均值：-1.239 m

偏差均方根差：102.441 m

（3）目标正确关联率。

目标正确关联率：0.952

（4）目标航迹起始时延。

起始最大时延：0.735 s

起始时延平均值：0.261 s

起始时延均方根差：0.233 s

2. 结果评估

1）指标统计显示

信息源和被测数据融合软件产品的目标处理精度指标统计如图10-14所示。图10-14中，上半部分以表格形式显示被测数据融合系统和信息源的位置精度指标，下半部分以柱状图和高斯分布曲线表示被测数据融合系统和信息源的 x 方向、y 方向、横向偏差均值对比和分布密度。

信息源和被测数据融合软件产品的目标跟踪指标、关联指标统计如图10-15所示。图10-15中，上半部分以表格形式显示被测信息融合系统和信息源的跟踪指标，下半部

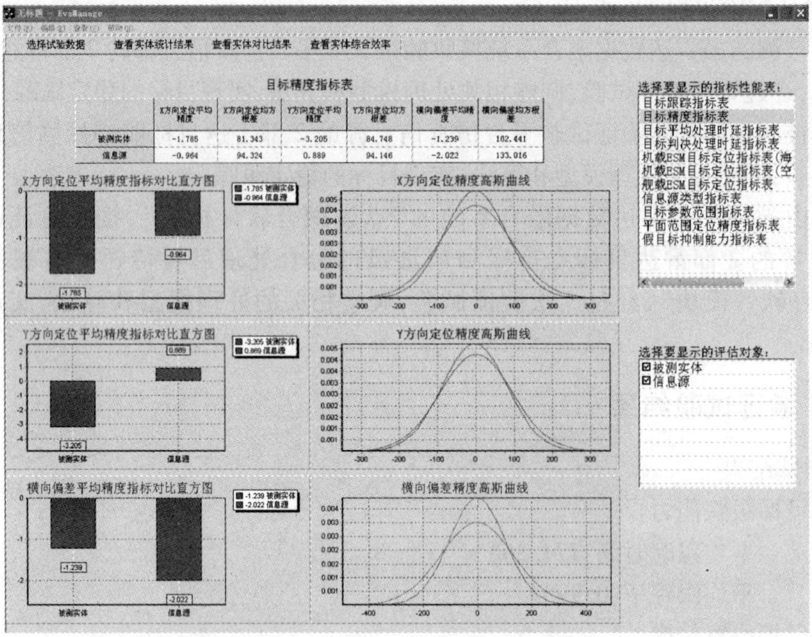

图 10-14　目标处理精度指标统计

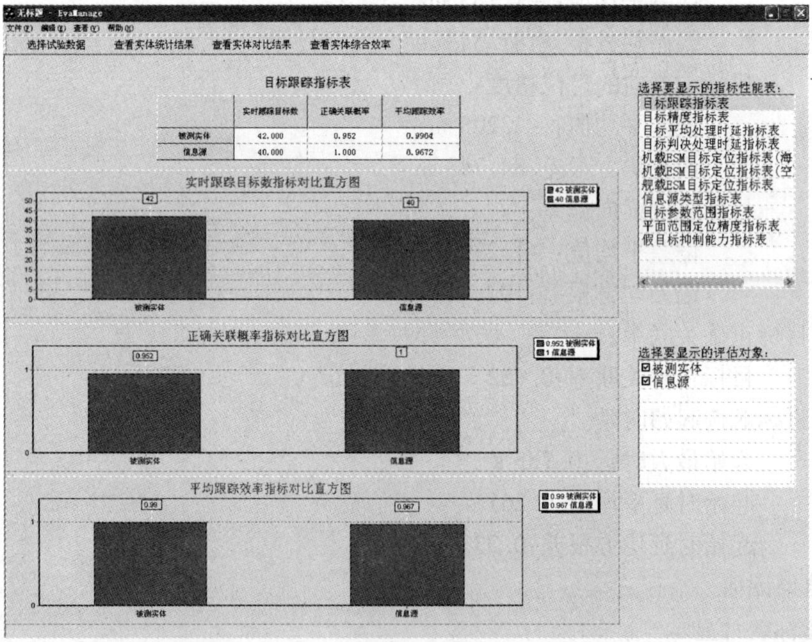

图 10-15　目标跟踪指标、关联指标图

分以柱状图表示被测数据融合系统和信息源的实际跟踪目标数、关联正确概率和平均跟踪效率对比。

2）指标评估结果

主要技术指标对比评估如表 10-5 所列。

表 10-5 主要技术指标对比评估表

评估项目 / 指标	信息源	被测多雷达数据融合系统	输入输出指标改善 $\beta_i = B_i/D_i$	评估说明
跟踪的目标数/批	40	42	1.05	需要优化
关联正确率	1	0.952	0.952	合理
平均跟踪效率	0.9672	0.9904	1.024	合理
坐标 x 误差平均值/m	-0.964	-1.785	1.85	需要优化
坐标 x 误差均方根差/m	94.324	81.343	0.862	合理
坐标 y 误差平均值/m	0.889	-3.205	3.61	需要优化
坐标 y 误差均方根差/m	94.146	84.748	0.9	合理
横向偏差平均值/m	-2.022	-1.239	0.613	合理
横向偏差均方根差/m	133.016	102.441	0.77	合理

10.7 小结

本章建立了融合目标航迹状态的3类9项技术性能和应用效能指标模型,设计了信息融合技术验证试验平台体系结构,描述了部件配置和各部件的功能与接口,展现了验证试验各阶段功能和流程。最后,通过对一个多雷达数据融合系统的试验评估案例,统计估计了其达到的多项指标及对输入指标的改善状况,并给出了初步评估意见。

随着信息融合技术的不断发展,信息融合技术的验证试验作为开放式的仿真测试环境,将起到越来越重要的作用。本章主要向读者展示信息融合技术试验验证与评估的原理、方法与实现技术,但所述功能和技术并不完善,如尚未包含对目标识别结果、战场态势与威胁的性能和效能指标体系及试验验证和评估方法。因此,建立一个完备的信息融合技术产品的性能和效能指标体系和更加完整的、涵盖信息融合各级功能的验证试验和评估的理论与方法是一个进一步期待解决的问题。

参考文献

[1] 何友,王国宏,彭应宁,等. 多传感器信息融合及应用. 北京:电子工业出版社,2000.
[2] 康耀红. 数据融合理论与应用. 西安:西安电子科技大学出版社,1997.
[3] 韩崇昭. 朱洪艳,段战胜,等. 多源信息融合. 北京:清华大学出版社,2006.
[4] 于永生. 多雷达数据融合情报质量评价体系研究. 现代电子工程,2003,1.
[5] 刘维顺. 多雷达数据融技术应用效果研究. 现代电子工程,2003,1.
[6] 胡卫东. 融合系统性能的评估,火力控制与指挥,2001,4.
[7] 肖兵,蒋艳,瞿彬彬. 多传感器数据融合性能评估结构的设计[J],武汉理工大学学报,2006,28(12):11-15.
[8] 于永生. 多雷达数据融合情报质量评价体系研究. 现代电子工程[J],2003,1.
[9] 于永生."通用信息融合测试评估平台技术"研究报告. 中国电子科技集团公司第28所,2010.

内容简介

本书面向工业部门应用领域，系统地阐述了信息融合的概念、结构和主要方法。在跟踪国际技术前沿的同时，对该领域几十年来的研究成果与应用效果和经验予以归纳和总结。本书主要内容：信息融合基本概念与内涵，信息融合的通用概念、军事概念、态势感知的概念及其与信息融合的关系等，以及信息融合赖以发展的基础理论；信息融合系统结构与模型，包括以美国国防部实验室联合理事会的 JDL 模型为代表的信息融合体系结构和模型的发展沿革、最新发展技术现状，以及网络网络中心应用背景下的分布式信息融合结构及其应用；空间配准方法，包括固定平台和运动平台传感器空间配准原理和方法，以及应用案例；多传感器多目标探测与跟踪方法，主要介绍了多传感器优化部署规划模型及解法，杂波抑制和点迹融合/点航迹融合方法，复杂环境和目标机动跟踪方法等；态势估计与威胁估计，重点介绍了态势估计与影响/威胁估计的最新概念、内涵和实现方法，以及应用案例；多源差异信息柔性融合方法，包括柔性融合概念、内涵、结构和方法，以及粒度、精度、相容性、完备性等特征差异较大信息的融合方法与实现技术；图像融合技术与方法，特别是异介质图像融合方法及其应用；感知信息质量的概念、与内涵、层次划分、评价方法，特别给出了运动目标航迹质量体系构建方法和目标航迹质量实时计算模型；最后一章基于某信息融合技术验证试验平台的研究成果，介绍了对信息融合模型软件构件或系统构件进行测试和评估所采用的仿真场景、测试指标和评估模型，以及实现技术。

本书理论体系完整、结构合理、取材适当、内容新颖，填补了信息融合某些理论和应用领域空白，对从事信息融合理论研究和工程专业技术人员具有应用和参考价值。